中国政治思想通史

先秦政治思想史

孟祥才 著

中国社会科学出版社

图书在版编目(CIP)数据

先秦政治思想史/孟祥才著. —北京：中国社会科学出版社，2024.6
（中国政治思想通史）
ISBN 978－7－5227－3599－3

Ⅰ.①先… Ⅱ.①孟… Ⅲ.①政治思想史—中国—先秦时代
Ⅳ.①D092.2

中国国家版本馆 CIP 数据核字（2024）第 101529 号

出 版 人	赵剑英
责任编辑	刘 芳
责任校对	李 敏
责任印制	李寡寡

出　　版	中国社会科学出版社
社　　址	北京鼓楼西大街甲 158 号
邮　　编	100720
网　　址	http://www.csspw.cn
发 行 部	010－84083685
门 市 部	010－84029450
经　　销	新华书店及其他书店

印　　刷	北京明恒达印务有限公司
装　　订	廊坊市广阳区广增装订厂
版　　次	2024 年 6 月第 1 版
印　　次	2024 年 6 月第 1 次印刷

开　　本	710×1000　1/16
印　　张	38.25
字　　数	588 千字
定　　价	198.00 元

凡购买中国社会科学出版社图书，如有质量问题请与本社营销中心联系调换
电话:010－84083683
版权所有　侵权必究

目 录

绪 论 …………………………………………………………… (1)
  一 先秦的历史地位 ………………………………………… (1)
  二 五帝与夏、商政治思想概观 …………………………… (3)
  三 西周政治思想概观 ……………………………………… (6)
  四 春秋政治思想概观 ……………………………………… (8)
  五 战国政治思想概观 ……………………………………… (11)

第一编　五帝与夏商西周政治思想

第一章　传说中的五帝时代及其政治思想 ………………… (21)
  第一节　五帝的传说 ………………………………………… (21)
    一 扑朔迷离的五帝 ……………………………………… (21)
    二 禅让及禅让观念 ……………………………………… (22)
  第二节　五帝时代的政治思想 ……………………………… (25)
    一 黄帝和颛顼、帝喾的政治理念 ……………………… (25)
    二 唐尧的政治理念 ……………………………………… (26)
    三 虞舜的政治理念 ……………………………………… (27)
    四 皋陶的德刑意识 ……………………………………… (32)

第二章　夏商时期的政治思想 ……………………………… (35)
  第一节　夏朝的政治思想 …………………………………… (35)
    一 夏朝的政治变迁与社会发展 ………………………… (35)

  二 夏禹的功绩和政治理想 …………………………………… (37)
  三 《尚书·夏书》展示的政治思想 ………………………… (44)
  四 夏桀的暴政观念 ……………………………………………… (46)
 第二节 商代的政治思想 ……………………………………………… (48)
  一 商朝的政治变迁与社会发展 ……………………………… (48)
  二 商汤的政治思想 ……………………………………………… (50)
  三 伊尹的政治思想 ……………………………………………… (52)
  四 盘庚的开明政治理念 ………………………………………… (57)
  五 武丁的保民思想 ……………………………………………… (59)
  六 纣王的政治观念 ……………………………………………… (62)
 第三节 微子与箕子及其政治思想 ………………………………… (64)
  一 微子其人及其政治思想 …………………………………… (64)
  二 箕子《洪范》展示的政治思想 …………………………… (66)

第三章 西周时期的政治思想 ………………………………………… (70)
 第一节 西周的政治变迁与社会发展 ……………………………… (70)
  一 西周的奴隶制 ………………………………………………… (70)
  二 西周的经济发展 ……………………………………………… (73)
  三 西周的政治制度 ……………………………………………… (74)
 第二节 文王、武王的政治理念 …………………………………… (82)
  一 文王的事功和政治思想 …………………………………… (82)
  二 武王的事功和政治思想 …………………………………… (89)
 第三节 周公的敬德保民思想 ……………………………………… (92)
  一 周公其人 ……………………………………………………… (92)
  二 周公对殷人天命思想的革新 ……………………………… (94)
  三 "敬德保民" ………………………………………………… (100)
  四 "制礼作乐" ………………………………………………… (106)
  五 周公思想的历史地位 ……………………………………… (108)
 第四节 成王、康王、穆王、厉王、幽王及其臣子的
     政治思想 ……………………………………………………… (112)
  一 成王、康王的政治思想 …………………………………… (112)
  二 穆王、祭公谋父与《吕刑》的制定 …………………… (114)

三　厉王时期召公和芮良夫的政治思想 …………………… (116)
　　四　宣王、幽王及其臣僚的政治思想 …………………… (118)
第五节　齐太公姜尚开创"齐学" ……………………………… (120)
　　一　姜尚其人 ……………………………………………… (120)
　　二　"尚功尊贤" …………………………………………… (123)
　　三　"六韬"展示的兵学思维 ……………………………… (125)

第二编　春秋战国时期的政治思想

第四章　春秋战国时期的政治变迁和社会发展 ………………… (131)
第一节　春秋时期的政治变迁和社会发展 …………………… (131)
第二节　战国时期的政治变迁和社会发展 …………………… (138)
第三节　"百家争鸣"思潮 …………………………………… (142)

第五章　春秋列国政治家的政治思想 …………………………… (147)
第一节　东周王室及其政治家的思想 ………………………… (147)
第二节　齐国管仲、晏婴的政治思想 ………………………… (148)
　　一　管仲与晏婴 …………………………………………… (148)
　　二　管仲的"四维"和"顺民""富民"理念 ………… (150)
　　三　晏婴的"和而不同"理念与礼治、君臣关系论 …… (156)
第三节　鲁国展禽、里革、季文子和公仪休的政治思想 …… (166)
　　一　展禽和里革的政治思想 ……………………………… (166)
　　二　季文子和公仪休的政治思想 ………………………… (169)
第四节　晋国执政大夫的政治思想 …………………………… (175)
　　一　郭偃其人与"郭偃之法" …………………………… (175)
　　二　范文子的政治思想 …………………………………… (178)
　　三　叔向的刑政论 ………………………………………… (181)
　　四　赵简子、史黯和阳毕的政治思想 …………………… (185)
第五节　郑国子产的政治思想 ………………………………… (191)
　　一　"不毁乡校" ………………………………………… (191)
　　二　"救世"与"宽猛相济" …………………………… (192)
第六节　秦穆公的政治思想 …………………………………… (196)

4　先秦政治思想史

  第七节　楚、越执政大夫的政治思想·················（200）
   一　楚国执政大夫的政治思想·····················（200）
   二　勾践的民本理念和君王自律意识·················（205）
   三　范蠡"顺天待时"的政治思想···················（207）

第六章　春秋时期思想家的政治思想···················（216）
  第一节　老子的政治思想·························（216）
   一　老子——道家学派的创始人·····················（216）
   二　老子政治思想的哲学基础·····················（218）
   三　"无为而治"的政治意识·······················（223）
  第二节　孔子的政治思想·························（230）
   一　孔子——儒家学派的创始人·····················（230）
   二　天人合一论···························（231）
   三　仁礼互补的社会思想·······················（236）
   四　行政理想···························（245）
   五　君子人格修养论·························（254）
   六　孔门弟子的政治思想·······················（264）
  第三节　《司马法》《孙子兵法》的政治思想···············（276）
   一　司马穰苴与《司马法》的政治思想·················（276）
   二　孙武其人与《孙子兵法》的政治思想···············（280）

第七章　战国时期各主要诸侯国执政者的政治思想···········（285）
  第一节　魏文侯、武侯和李悝的政治思想·················（285）
   一　魏文侯、武侯的政治思想·····················（285）
   二　李悝主持的变法与《法经》····················（288）
  第二节　楚悼王支持下的吴起变法····················（290）
   一　吴起在楚国的变法·······················（290）
   二　《吴子兵法》展示的政治思想··················（291）
  第三节　商鞅在秦国的变法及其政治思想·················（295）
   一　秦孝公支持下的商鞅变法·····················（295）
   二　变法的理论基础·························（302）
   三　富国强兵的耕战理念·······················（304）

     　　四　法制理论 ………………………………………………（311）
     　　五　对君、臣、民的权利和义务的设定 ………………………（316）
     第四节　其他国家的变法思想 ………………………………………（324）
     　　一　齐威王、宣王君臣的政治思想 …………………………（324）
     　　二　赵武灵王君臣的政治思想 ………………………………（329）

第八章　墨家的政治思想 ……………………………………………（335）
     第一节　墨翟与墨家学派 ……………………………………………（335）
     　　一　墨翟——"农与工肆之人"的代表 ………………………（335）
     　　二　墨家学派的兴衰 …………………………………………（337）
     第二节　墨子的政治思想体系 ………………………………………（339）
     　　一　"尊天""事鬼"和"非命" ……………………………（339）
     　　二　"兼爱"与"非攻" ………………………………………（343）
     　　三　"尚同"和"尚贤" ………………………………………（346）
     　　四　"节用""节葬"和"非乐" ……………………………（353）
     第三节　墨家别派的政治观念 ………………………………………（358）
     　　一　许行与农家学派 …………………………………………（358）
     　　二　宋钘与尹文 ………………………………………………（362）

第九章　儒家的政治思想 ……………………………………………（365）
     第一节　曾子的政治思想 ……………………………………………（365）
     　　一　曾子的生平事迹 …………………………………………（365）
     　　二　《大学》展示的政治思想 …………………………………（366）
     第二节　子思的政治思想 ……………………………………………（368）
     　　一　子思与《中庸》 ……………………………………………（368）
     　　二　郭店楚简透出的子思思想 ………………………………（372）
     第三节　孟子的"仁政"理论 ………………………………………（375）
     　　一　孟子其人其事迹 …………………………………………（375）
     　　二　"性善论" …………………………………………………（377）
     　　三　统治权合法性与仁政论 …………………………………（385）
     　　四　君子人格论 ………………………………………………（394）
     　　五　对杨、墨的批判 …………………………………………（401）

六　对纵横家的批判与纵横家的谋略思想……………………（405）
　　七　孟子弟子的政治思想…………………………………………（423）
第四节　荀子的政治思想………………………………………………（431）
　　一　集儒学之大成的百科全书式学者和思想家………………（431）
　　二　"天人相分"……………………………………………………（435）
　　三　"人性恶，善者伪也"…………………………………………（440）
　　四　"群"论导出的历史观…………………………………………（443）
　　五　"隆礼重法"与惠民富民………………………………………（444）
　　六　军事思想………………………………………………………（451）
　　七　君子人格………………………………………………………（458）

第十章　道家的政治思想…………………………………………………（465）
　第一节　庄子学派的政治思想…………………………………………（465）
　　一　庄子其人………………………………………………………（465）
　　二　"道"论和认识论………………………………………………（467）
　　三　文明退步与"至德之世"………………………………………（474）
　　四　人生哲学………………………………………………………（478）
　　五　同道之人杨朱和陈仲子的政治意识…………………………（480）
　第二节　稷下黄老学派的政治思想……………………………………（486）
　　一　稷下学宫与黄老学派…………………………………………（486）
　　二　慎到与田骈……………………………………………………（489）

第十一章　集法家思想之大成的韩非思想………………………………（494）
　第一节　韩非其人………………………………………………………（494）
　　一　悲剧人生………………………………………………………（494）
　　二　对前人思想的继承与发展……………………………………（496）
　第二节　韩非的法治思想体系…………………………………………（499）
　　一　唯物论的自然观………………………………………………（499）
　　二　"参验"的唯物主义认识论……………………………………（502）
　　三　今胜于昔的历史进化观………………………………………（504）
　　四　法、术、势相结合的法制思想…………………………………（508）

第十二章　阴阳学派和兵家的政治思想 …………………………（520）

第一节　阴阳学派 …………………………………………………（520）
　一　阴阳学派的形成 ……………………………………………（520）
　二　邹衍的阴阳五行理论 ………………………………………（522）
　三　广泛深远的影响 ……………………………………………（525）

第二节　战国兵家的政治思想 ……………………………………（526）
　一　《孙膑兵法》展示的政治思想 ……………………………（526）
　二　《尉缭子》展示的政治思想 ………………………………（532）

第十三章　《周官》和《礼记》的政治思想 …………………………（541）

第一节　《周官》之谜 ……………………………………………（541）
第二节　儒家的"伊甸园" ………………………………………（545）
　一　儒家荀子一派的政治理想 …………………………………（545）
　二　宏伟的王室和政府架构 ……………………………………（553）
　三　《周官》的深远影响 ………………………………………（562）

第三节　《礼记》的政治思想 ……………………………………（565）
　一　天人合一论 …………………………………………………（565）
　二　以礼为核心的思想体系 ……………………………………（567）
　三　"古之为政，爱人为大" ……………………………………（570）
　四　君子人格与儒行 ……………………………………………（572）

第十四章　《吕氏春秋》的政治思想 …………………………………（576）

第一节　吕不韦其人 ………………………………………………（576）
　一　阳翟大贾的理想 ……………………………………………（576）
　二　跃上巅峰的悲剧 ……………………………………………（579）

第二节　《吕氏春秋》的政治思想 ………………………………（588）
　一　《吕氏春秋》的编纂 ………………………………………（588）
　二　理想意识形态和政治模式的构建 …………………………（591）

主要参考文献 …………………………………………………………（599）

绪　　论

一　先秦的历史地位

在中国古代历史的谱系中，先秦指的是从中国境内人类诞生至公元前221年秦朝统一这一长时段的历史。其中包括距今170万年至距今5000年的原始社会的历史。此一时段的历史包括旧石器时代和新石器时代，已经从中国丰富的考古发现中得到清晰的证明。元谋人、蓝田人、北京人、大荔人、丁村人、马坝人、长阳人、徐家窑人、河套人、峙峪人、山顶洞人，基本上标识了自170万年前至1万年前旧石器时代的序列。而公元前1万年至公元前5000年的历史，正与传说中的"钻燧取火"的燧人氏相对应。裴李岗、磁山、仰韶、马家窑、河姆渡等标志性遗址，则构成了新石器时代发展的文化序列，并与传说中的"制耒耜，教民农作"的神农氏相对应。从公元前5000年至公元前4000年，是中国历史自原始社会向奴隶社会的过渡时期，与之相对应的是大汶口、龙山、齐家、良渚、屈家岭等文化和传说中的黄帝、颛顼、帝喾、尧、舜五帝时代。分布于中国广袤大地上的考古发现表明，中国古代文明的发生和发展是"满天星斗"式的多元一体模式。与世界几个古老的文明发祥地古埃及、古希腊、古巴比伦、古印度遵循同一规律，但又展示出不同的民族和地域特点，形成独立的文明发展系统，贡献了独特的中国古代文明的发展道路。近年来，随着众多考古遗址的发掘，中国在5000年前已经迈进阶级社会的门槛已是铁定的事实，即在五帝时代已经迎来文明社会的第一缕阳光。到公元前21世纪夏朝建立的时候，作为占据中国中心区域的奴隶制国家政权，完全能够与世界其他文明古国相比肩。

夏朝从公元前21世纪至公元前16世纪（前2070—前1600年），历经14世17王、约400多年的岁月，是中国奴隶社会的初级阶段，直辖疆域在黄河中下游地区，奠定了商朝和西周的发展基础。继夏而起的商朝，从公元前16世纪至公元前1046年，历经17世31王600余年的岁月，直辖疆域达到黄河、长江的中下游地区，创造了中国奴隶社会的发展繁荣期。其中，奴隶主贵族专政的制度文化，以青铜器为代表的物质文化，"君权神授"理念和甲骨文为代表的精神文化，都达到了很高的水平。公元前1046年，周武王姬发率领的诸侯联军攻伐商朝最后一个君主纣王，经牧野（今河南淇县一带）一战，推翻商朝的统治，建立周朝。① 周朝达到了中国奴隶制社会发展的顶峰，以嫡长子继承、诸子分封、"世卿世禄"为代表的奴隶主贵族专政的政治制度，以"井田制"和"工商食官"为代表的奴隶主贵族多级占有的经济制度，以"德治"和礼乐教化为代表的政治意识和精神文化，展示了周朝统治的独特风貌。

按照郭沫若先生关于中国古代奴隶社会和封建社会分期的观点，② 周朝到幽王统治结束的公元前771年，奴隶社会走向瓦解。这一年，居于西陲的犬戎发兵袭击周王室，攻破首都镐京（今陕西西安）并将周幽王杀死于骊山下，史称"镐京之变"。幽王的儿子周平王于公元前770年迁都洛邑（今河南洛阳），继续周朝的统治。中国古代的历史编纂学将武王至幽王这一时段的历史称为西周，将平王以后的历史称为东周。因为东周时期的历史基本上被鲁国史《春秋》一书记载，所以东周的历史又称春秋时期。而从春秋即东周开始，中国历史进入封建社会。其实，春秋时期更多呈现的是从奴隶社会到封建社会过渡的特点。这一时期，政治上，周王室权力日渐衰落，几个大的诸侯国轮番走强，"尊王攘夷"，五霸迭起。经济上，"井田制"逐步瓦解，地主土地私有制和私营工商业诞生并茁壮成长。在思想文化领域，"礼崩乐坏""学在王官"的制度式微，私学勃兴，道家、儒家初展头角，思想学术上的争鸣显露端倪。经过近三个世纪的社会发展特别是诸侯争战，至公元

---

① 周武王伐纣即商、周易代的年代，学术界有几十种说法，此处取夏商周断代工程给出的年代。

② 中国古代社会分期曾是中国历史学界讨论的热门问题，观点多达近十种，本书采用"春秋封建说"。

前476年，春秋时代结束。下一年，即周元王继位的公元前475年，历史进入战国时代。①

经过春秋时期的争霸战争，"弑君三十六，亡国五十二，诸侯奔走不得保其社稷者不可胜数"②，到战国时代启幕的时候，只剩下齐、楚、燕、韩、赵、魏、秦七个大的诸侯国和几个夹在大国之间苟延残喘的小国，实现了区域性的统一。与此同时，众多氏族、部落构成的族群和他们建立的小国，大部分融入华夏民族中，中华民族的雏形已经展现在广阔的华夏大地上。

战国时代（前475—前221年）的两个半世纪，是继春秋之后的又一个剧烈变动时期。春秋时期的大国争霸战争变成了列国间争取统一中国的决斗，最后由秦国逐次灭掉六国，第一次从真正意义上完成了中国的统一。通过封建化的变法运动，各大诸侯国基本上完成了由奴隶社会到封建社会的转化。政治上，建立了专制主义中央集权的行政体制，官吏的任免制代替了"世卿世禄"制。经济上，地主土地私有制（国有与私有互补）、一家一户的个体生产、工商业的国营和私营互补，成为主导的模式。思想文化领域的"百家争鸣"，将中国古代思想文化推向第一个高峰，留下一批具有永恒魅力和价值的思想文化元典。

显然，经过中国古代先民的奋斗开拓，中国自进入文明社会后约三千年间的先秦时期，已经取得了影响中国此后两千多年的政治、经济和思想文化成果，留下了丰厚强大的文化基因，奠定了此后中国历史发展的坚实基础。

二 五帝与夏、商政治思想概观

司马迁《史记》记述的五帝时期约一千年，历史经历了由原始社会至奴隶社会的过渡，政治思想也开始萌生并得以初步发展。从黄帝开始，产生了以"帝"为核心的政权意识、权位传递观念、设官分职思想等。后来的尧贡献了传贤和任贤的理念，是中国贤人政治思想的首创者。舜的政治思想在五帝中最为丰富。他接替尧的帝位后，将治下的版图划为12州，完善中央政府的机构设置，设官分职，任命禹、稷、皋

---

① 战国开始的年代还有公元前403年、前468年、前481年三说。
② 司马迁：《史记》卷130《太史公自序》，中华书局1959年版，第3297页。

陶、伯益等人担任重要职务，负责管理国家和社会的诸多事务。尤为重要的是，他具有强烈的规则意识，制定了一系列的典则来规范国家和社会的运行。他是中国最早实施"德主刑辅"理念的政治家。在德治方面，他提出"五典"也就是"五教"引导臣民向善而行，这"五教"按照《左传》的解释就是"父义、母慈、兄友、弟恭、子孝"①，《孟子·滕文公上》的解释是："使契为司徒，教以人伦：父子有亲，君臣有义、夫妇有别、长幼有序、朋友有信。"从这里看到了后来儒家伦理思想的发端。所以司马迁认定"天下明德皆自虞帝始"②。与此同时，舜也十分重视法制建设，《尚书·舜典》记载："象以典刑，流宥五刑，鞭作官刑，扑作教刑，金作赎刑。眚灾肆赦，怙终贼刑。……流共工于幽州，放欢兜于崇山，窜三苗于三危，殛鲧于羽山，四罪而天下咸服。"③皋陶是舜任命的士官，专门掌管法律刑罚。《尚书·皋陶谟》记载了他对"九德""五礼""五刑"的解释。"九德"要求人们在为人处事方面采取刚柔有度等恰到好处的态度，"五礼"就是君臣、父子、兄弟、夫妇、朋友之间关系的常法，"五刑"就是墨、劓、剕、宫、大辟五种不同等级的刑罚。在这里，皋陶是将"德""礼""刑"作为一个密不可分的整体加以论述的。

夏朝是"禹传子，家天下"建立的第一个完整意义上的奴隶制的王朝。禹是舜当政时期领导治水的英雄，他刻苦自励的勤政精神成为后来君王的表率。他从舜那里通过禅让取得帝位后，有几点作为显示了他政治思想的特点。一是相信武力在治国戡乱中的作用，表现在他坚持对有苗用兵。二是进一步完善九州或十二州的行政区划，完善中央国家机构的组织，即所谓的"夏后氏百官"。三是"夏有乱政，而作禹刑"④，进一步完善法制建设。四是"夏后氏五十而贡"，建立税收制度。五是对诸侯和臣民施德示惠、礼贤下士："禹纳礼贤人，一沐三握发，一食三起。"⑤ 说明禹的政治思想较前人更加丰富和有所发展。由于禹传子破坏了禅让的传统，所以夏初各部族之间争夺王位的斗争十分激烈，启

---

① 杨伯峻编著：《春秋左传注》，中华书局2009年版，第638页。
② 司马迁：《史记》卷1《五帝本纪》，第42页。
③ 《十三经注疏》，中华书局1980年版，第128页。
④ 杨伯峻编著：《春秋左传注》，第1275页。
⑤ 皇甫谧：《帝王世纪》，四库全书本。

死之后出现后羿、寒浞相继夺位的乱局，直至第五代少康才恢复王位，史称"少康中兴"。乱局促使夏朝君王反思治理国家和臣民的方略，于是在古文《尚书·五子之歌》中才有"民可近，不可下。民惟邦本，本固邦宁"的认知。可惜夏朝最后一个君王桀"不务德而武伤百姓，百姓弗堪"①，"为虐政淫荒"②，失去民心，被商汤以武力推翻。

商朝的创建者汤笃信天命鬼神，重德爱民，已经将"德"提到相当的高度。辅佐商汤推翻夏桀的伊尹是商朝最著名的政治家，他认为君王必须敬天法祖，加强自身的道德修养，推行贤人政治，从民本出发执行重民、爱民、为民的政策。他的思想对周朝政治思想的丰富和发展起了先导和重要启迪的作用。其后的名王盘庚，进一步发展了商汤和伊尹的爱民重民思想，对各级执政官员提出了遵纪守法、清廉行政、勤奋工作的基本要求。再后的名王武丁和他的两位贤臣傅说与祖己则强调任用贤臣和虚心纳谏的重要意义。而晚商的箕子则通过《尚书·洪范》展示了更丰富的政治思想。他提出"五行"的概念，要求君王顺天行政，做到貌恭、言从、视明、听聪、思睿，能谋善断，不受欺蒙，达到圣人的境界；进而要求君王特别关注食、货、祀、司空、司徒、司寇、宾、师"八政"，即涉及国家行政管理的粮食、财货、祭祀、工程、土地、司法、朝觐、宾客、军事八方面的要求，表明他对国家行政的方方面面及其相互之间的关系已经有了较深入的理解和认识。

商朝最后的国君是纣王，他既没有继承先祖商汤、盘庚、武丁等人的加强自律、修德重民的意识，"暴虐于百姓，以奸宄于商国"③，更拒绝用贤和纳谏，一味痴迷上天、祖宗、神灵对自己的佑护，直到西周的坐大已经威胁到商朝的生死存亡，他还自信满满地呼叫："我生不有命在天乎？"④ 这说明纣王将夏、商以来政治思想中最恶劣的糟粕发扬光大了。

商朝主政者的政治思想，已经涉及上帝和祖先崇拜、王权专制观念、"德""礼""刑"、重民、"畜众"、用人等内容，较之夏朝丰富多

---

① 司马迁：《史记》卷2《夏本纪》，第88页。
② 司马迁：《史记》卷3《殷本纪》，第95页。
③ 司马迁：《史记》卷4《周本纪》，第122页。
④ 司马迁：《史记》卷3《殷本纪》，第107页。

了。"殷人尊神，率民以事神。先鬼而后礼，先罚而后赏"①的商朝人的思想，较之夏朝人的思想，已经迈上了一个新台阶。

三　西周政治思想概观

西周（前1046—前476年）是中国奴隶社会最繁荣的时期，也是显露衰颓的时期，在政治思想的建构方面取得显著进展。

周族是在原始社会即于渭水流域繁衍生息的古老民族，到商朝末年的文王姬昌当政时期，已经发展为西方大国。文王是一个很有作为的君王，在传说他作的《周易》和记载他事迹的《尚书·周书》《逸周书》等文献中，展示了他丰富的政治思想。其中最突出的是深刻的辩证意识，强烈的民本思想和自律意识下对君子人格的呼唤，再加上制度建设理念、德刑互补意识和对民进行教化的执着，即对民进行忠、信、敬、刚、柔、和、固、贞、顺"九德"的教育，"动之以则，发之以文，成之以名，行之以化"②，为西周政治思想的建构带来了一个良好的开端。武王姬发在位时间虽然短暂，但他接续文王思想而有所发展，这表现在他对天人关系良性互动的追求，对民本意识的阐发，对暴政和腐败的批判，特别是他提出君王应该具备的定、正、静、敬"四位"和孝、悌、慈、惠、忠恕、中正、宽弘、温直，兼武"九德"，突出展示了他对执政者德行的严格要求。

对周朝的思想建构贡献最大的是周公姬旦。他对殷人的天命思想在继承的基础之上进行了大胆革新，将商朝晚期殷人天与祖宗合一的一元神论改造为天与祖宗区分的二元神论，并以"天人感应"论诠释天人之间的良性互动，突出人的道德修养、自主活动对行政管理的决定意义，从而为人的主观能动性的发扬找到了较广阔的空间。他最大的贡献是提出"敬德保民"理念，这个"德"涉及君王个人修养、个人作风、个人品格的方方面面，其中最重要的是"克自抑畏"，知百姓之苦和稼穑之难，抑制自己的享受欲望，戒奢戒酒，虚心听取小民的诉告，冷静理性地对待怨言，将其作为一种鉴戒，真心实意与小民同甘共苦，强调的是

---

① 孙希旦：《礼记集解》，沈啸寰、王星贤点校，中华书局1989年版，第1310页。
② 黄怀信等：《逸周书汇校集注·常训解》，上海古籍出版社2007年版，第52页。

"人无于水监，当于民监。"① 最重要的是将"德"贯彻到行政措施中，突出"民本"的理念。一方面爱民、重民，了解他们的疾苦，"慎刑勤政"，为之创造较好的生产和生活条件，使民自愿归附："王若欲求天下民，先设其利而民自至。譬之若冬日之阳，夏日之阴，不召而民自来。此谓归德。"② "均分以利之则民安，足用以资之则民乐，明德以师之则民让。"③ 还应该特别关照弱势群体，"送行逆来，振乏救穷。老弱疾病，孤子寡独，惟政所先"④。另一方面也要加强管理，宽严结合，既使小民感受君王的爱民之心，也使他们知道刑法的威严，"义刑义杀"，对故意犯罪者、辜恶不悛者予以严惩，决不手软。周公对贤人政治情有独钟，他认为君王必须坚持任人唯贤的原则，将"吉士""常人"安排在关键的岗位上，绝对摈弃"憸人"即无德无才只会溜须拍马、搬弄是非的宵小之徒。周公同时意识到，为了国家和社会的有效治理与有序运行，建立结构合理、分工明晰的完善的行政机构是完全必要的。为此，周公作《立政》，主要申明任官使能的基本原则。周公"制礼作乐"，改造和发展了夏商以来的礼乐文化，使周文化以礼乐文化的表征直接促成了春秋时期儒家学说的建构，深深影响了中国后来思想文化的发展。

周公的政治思想成为西周王朝主导的意识形态，后来的西周政治家和思想家基本上是在继承的前提下对他的思想进行某些补充、修正、丰富和发展。穆王时期对政治思想文化发展的最大贡献是《吕刑》的制定与实施。这个刑律是由吕侯（《史记·周本纪》作"甫侯"）建议制定的，所以定名为《吕刑》。穆王和吕侯认识到，德刑应该互相为用，"有德惟刑"，二者缺一不可，所以制定了"五刑之属三千"。西周后期的厉王是个暴虐无道的君主，他用卫巫监视国人的言行，结果引出邵公要求允许民众言论自由的议论："防民之口，甚于防川。川壅而溃，伤人必多，民亦如之。是故为川者决之使导，为民者宣之使言。"⑤ 但厉王以及后来的幽王都是反周公之道而行之，最后激化了阶级矛盾与民族矛盾，西周也就在犬戎的进击中灭亡。

---

① 《尚书·酒诰》，《十三经注疏》，第207页。
② 黄怀信等：《逸周书汇校集注·大聚解》，上海古籍出版社2007年版，第408页。
③ 黄怀信等：《逸周书汇校集注·本典解》，第755页。
④ 黄怀信等：《逸周书汇校集注·大聚解》，第395—396页。
⑤ 上海师范大学古籍整理组校点：《国语》，上海古籍出版社1978年版，第9页。

以周公为代表的西周主政者的政治思想，涉及王权神授、天下王有、尊祖、礼乐、明德、保民、慎罚、用贤、律己等内容，沿着政治伦理化的方向前行，对后世中国政治思想的发展产生了深远影响。

四　春秋政治思想概观

春秋时期（前770—前476年）近三个世纪，是中国奴隶社会向封建社会的过渡时期。这一时期的政治和思想状况被历史学家以"礼崩乐坏"作了形象的概括。这一时期的政治思想，一方面是各诸侯国的主政者在行政实践中提炼总结出的思想观念；一方面是思想家有意识的理论创新，显示了政治家和思想家逐渐分途的端倪。

春秋时期各诸侯国的主政者针对"礼崩乐坏"的困局，不断提出应对方略，而他们思想创新的火花就在这一过程中绽放。齐国相管仲辅佐齐桓公在"尊王攘夷"的口号下号令四方，使齐国成为"春秋五霸"之首。他提出的"四维"（礼、义、廉、耻）和"顺民""富民"观念，丰富和发展了周公的德刑并用思想，继姜尚之后为创建"齐学"立下大功。齐景公的相晏婴首次提出"和而不同"的观念，在民本、廉政、勤政理论方面颇多创新之点。晋国执政大臣郭偃辅佐晋文公厉行改革，推行"郭偃之法"，使晋国迅速强大起来，继齐国之后登上"春秋五霸"之一的宝座。郭偃强调笃行礼义，突出德行，顺应天时，特别重视各种制度建设，使国家和社会有序运行；同时要求君王严格自律，协调好君民、君臣以及各权势集团之间的关系，使各自的利益得以维护；尤其注重发展农业生产，繁荣工商业，减轻赋敛，省用节财，救助弱势群体，让所有人都能活下去，以维系社会的稳定。晋平公时期的大夫叔向的刑德思想也有一定特色，他坚持臣子事君应遵循"比而不别"的原则，"比德以赞事"，反对"引党以封己，利己而忘君"[①]；同时坚持任人唯贤，人尽其才，才尽其用，主张以严刑惩治那些违法犯罪、贪得无厌的奸佞之辈，以使国家和社会能够顺畅有序地运行。但他坚持礼治的基本原则，反对法家唯法是视、摒弃礼治的主张，显示了保守的倾向。稍后于叔向的晋国执政大臣赵简子，在识贤、用贤和自律改

[①]《国语》，第462页。

过以及关注民生等方面也颇有特色。郑国执政子产"不毁乡校",让国人畅所欲言,坚持民本理念,厉行"宽猛相济"的行政原则,特别重视人才的选取和任用,要求人才首先具有爱民、为民的从政意识。楚庄王时期的执政大臣申叔时要求对百姓实行以教化为主的施政方略,通过向百姓传授诗、书、礼、乐和各种训典仪则,使之自觉地"知族类,行比义",达到恭敬、勤勉、孝顺、忠信,以便节制行动,发扬德音。但对民众也必须施以赏罚的手段,这就是"明除害以道之武,明精意以道之罚,明正德以道之赏,明齐肃以耀之临"①,显示了儒法互补的执政理念。越王勾践被吴王夫差打败后,为了报仇雪耻,卧薪尝胆,十年生聚,十年教训,在艰难的崛起中展现了自己的政治思想,其核心是以民为本和君王严格自律,从爱民出发实施一系列富民、惠民的政策。辅佐勾践完成复国大业的范蠡,具有杰出的政治智慧、军事才干和权谋韬略,他强调"顺天待时",认定天时、地利和人为之间有着最恰切的互动关系,人的主观能动性,尤其是人的政治智慧,就表现在对天时、地利条件的准确把握和及时运作,进而认定只要做到"四封之内,百姓之事,时节三乐,不乱民功,不逆天时,五谷睦孰,民乃蓄滋",就能达到"君臣上下交得其志"的目的。

春秋时期思想史上的最显著成就是思想学术流派的诞生。随着"学在王官"制度的难乎为继,文化下移,一方面庙堂中的知识分子散落民间;一方面民间知识分子"士"阶层崛起,私学勃兴,为学派的兴起创造了条件。老子李耳是周王室的守藏史,掌握了周王室所存的历代文献典籍,是当时学识最渊博的学者。他写出《道德经》五千言,创建了道家学派。他第一次将"道"这个字提到哲学的高度,并赋予它极其丰富的内涵。他认为"道"是万物的本源,将"道"视为脱离物质的精神本体,建立起客观唯心论的哲学体系。老子思想中最值得珍视的是他的朴素辩证法。作为一个学识渊博、避开政治漩涡、冷眼观察自然界的发展变化和人类社会翻云覆雨的无穷斗争的学者,他逐渐体悟并总结出自然界和人类社会的不少发展演化的规律,天才地猜测到对立统一、从量变到质变和否定之否定的规律。老子是中国历史上较早意识到剥削制度不合理,并对这一制度发出抗议之声的思想家。与此同时,他

---

① 《国语》,第529页。

还对人类文明发展过程中产生的负面影响进行了较早且较深入的思考。老子认识到，人类文明的发展，必然带来价值观念的更新，许多古老的美好的伦理观念被抛弃，人们的私有观念越来越强烈，对财富的追求越来越迫切，越来越肆无忌惮，越来越不择手段。仁、义、礼、智、信之类道德信条的广泛宣传，不是人们道德水准提高的表现，恰恰是道德水准日趋堕落的标志。他愤怒地说："大道废，有仁义；智慧出，有大伪；六亲不和，有孝慈；国家混乱，有忠臣。"① 他珍视个体生命，反对外在强力对个人生活的干预，所以主张"无为而治"，反对给百姓带来灾难的一切战争。由于认定文明进步带来的全是负面影响，所以要求社会退回"小国寡民"的文明初始状态："小国寡民。使有什伯之器而不用，使民重死而不远徙。虽有舟舆，无所乘之。虽有兵甲，无所陈之。使民复结绳而用之，甘其食，美其服，安其居，乐其俗。邻国相望，鸡犬之声相闻，民至老死，不相往来。"② 这种政治意识显然是保守的。老子以《道德经》一书开创了道家学派，这一学派在战国时期蔚为大观，以后也成为儒家思想的重要补充，最后以"儒道互补"的形式对中国历史和思想文化产生了极其深远的影响。

春秋晚期产生了以孔子为首的儒家学派。孔子建立了比较完备的思想理论体系，其中包括天人合一的天道观和"敬鬼神而远之"的信仰观念，仁礼互补的社会思想，以民为本、爱人、及人的行政理论，君子人格的个人修养论。尤为重要的是，孔子对"仁""礼"概念的扩张和弘扬，在中国思想史上具有重要的积极意义。孔子将"仁"的理想延伸至政治和社会领域，展示出他的行政理想。这个理想可用"德治"两个字来概括，具体办法是从"正名"入手，按周礼的规定，所有社会上的各类人都回归本位，君、臣、父、子、诸侯、卿大夫、士以及庶民百姓中的各层次、各行业，都严格履行自己应有的权利和义务。君明臣忠，君正臣贤，从民本出发，实行"德主刑辅"的基本施政方略，使所有百姓在富之、教之的过程中达到"老者安之，朋友信之，少者怀之"境界，最后由"小康"而进入"大同"的社会。孔子还创造了行仁践义为职志的君子人格形象，这个君子人格，经过后世儒家，尤其是孟子的丰富发展弘扬，逐渐定格为一个崇高的道德和智慧的形象，成为引领社会正义、

---

① 陈鼓应注译：《老子今注今译》，商务印书馆2003年版，第145页。
② 陈鼓应注译：《老子今注今译》，第345页。

使命担当的一面旗帜,在中国的政治和社会生活中产生了持久而积极的影响。

孔子一生的最大功绩,一是创办私学,创立儒家学派,建立起对中国和世界影响深远的儒家学说;二是整理六经,保存和传授中国传统思想文化的元典,为中华民族建立起最初的精神家园。孔子和儒家学派的出现,标志着中国传统思想文化轴心时代的降临,为战国时代思想文化上"百家争鸣"局面的到来做了有力的铺垫和引领,起了金鸡一鸣天下晓的作用。他作为中国标志性的思想文化巨人,被中国历代王朝推尊为"大成至圣先师",享受绵绵不绝的尊崇和祭祀,是当之无愧的。

春秋时期的政治思想,最大的特点是从怀疑天、帝的权威,进而向重人、重民意识的倾斜,涉及王权合法性、圣人圣王、仁义道德、任官尚贤、礼法刑政互补等一系列问题,后世经常使用的许多政治观念和范畴,在这一时期已经基本具备或萌芽了。

五 战国政治思想概观

战国时代(前475—前221年)的两个半世纪,是中国政治思想史上最辉煌的时代之一。这一时期,经过春秋三个半世纪的征战,西周以来数以百计的诸侯国只剩下秦、齐、楚、燕、韩、赵、魏七个大国和几个苟延残喘的小国,相互间进行着越来越激烈的兼并战争。与此同时,各诸侯国都在程度不同地从事封建化的改革,复杂尖锐的阶级矛盾、社会矛盾、统治集团内部矛盾、诸侯国之间的矛盾纵横交错在一起,混乱程度远远超过春秋时期的"礼崩乐坏"。中国向何处去?社会如何发展?个人何以自处?种种问题都需要给出明确的答案。为了回应社会和人们的关切,政治家和思想家纷纷抛出不同的治国理政方案,由此形成思想学术上的"百家争鸣"局面。战国后期,参与争鸣的思想家开始尝试总结这场思想学术论争,《庄子·天下篇》《荀子·非十二子》和《韩非子·显学篇》就是从各自学派立场进行的总结和评论。西汉司马谈的《论六家要旨》,第一次将当时的思想学术流派分为儒、墨、名、法、道、阴阳六家,并对他们各自的优长和不足进行评判。东汉班固在《汉书·艺文志》中又将其分为儒、墨、名、法、道、阴阳、纵横、农、杂、小说十家,详细梳理了各学派及其分支的代表人物与著作,是中国文献学史上一次具有划时代意义的分类和总结。从政治思想的角度而言，名、阴阳、小说等学派提供的资源很少，儒、墨、道、法的政治思想资源是最为丰富的。

战国时期各诸侯国的君王和执政大臣在变法中展示了他们的政治思想。魏文侯重用李悝率先变法，突出展现了他们的法制思维和"食有劳而禄有功"的理念。楚悼王任用吴起进行变法，展示了"明法审令"、富国强兵的意识。商鞅在秦孝公支持下在秦国推行了较其他诸侯国更全面、系统和彻底的变法，展示了更丰富深刻的政治思想，如"异势而治""异道而王"的进化观念，奖励耕战的富国强兵思想，建立制度、制定法令、统一政务、"刑无等级""轻罪重罚"的法制意识，对君、臣、民权利和义务设定的责任担当观念和赏、刑、教的御臣治民原则等，都是前无古人的创造。其他如齐威王、齐宣王君臣和赵武灵王君臣等，都在变法改革中显示了自己独特的政治观念。

战国政治思想的重镇是由诸子百家构筑的，需要对主要流派的政治观点作概要性的说明。

墨家创始人墨翟，以"尊天""事鬼""尚同""尚贤""兼爱""非攻""非命""非乐""节用""节葬"等信条，全面展示了自己代表的"农与工肆之人"的思想意识，既反映了他们反对剥削、"赖力而生"、追求平等的进步思想，也显露了他们作为小生产者安于最低消费的保守观念。"别墨"一派的宋钘、尹文，基本上继承了墨子"救民之斗，禁攻寝兵"的思想，但也吸收了老子的"情欲寡浅"和"见侮不辱"的理念。尽管不乏家国情怀，但因其与富国强兵的时代要求相疏离，很难获得主政者的青睐。

以许行为代表的农家学派，将传说中的神农氏推尊为自己学派的教主，他们的政治理想是建立一个人人劳动、共同消费、没有阶级、没有剥削和压迫的农耕社会。但由于他们忽视社会分工促进历史发展的积极意义，致使其对未来社会的设计只能是无法实现的空中楼阁。

战国时期的儒家学派，以孟子、荀子为代表，继孔子之后创造了儒学发展的第二个高峰。先是曾子继承和发展了孔子的修养论，"仁以为己任"[1]，刻苦自励，以"自省"和"慎独"的功夫达到"正心诚意"的境界。归于他名下的《大学》一书，以"三纲八目"集中阐发儒家

---

[1] 《论语·泰伯》，《十三经注疏》，第2487页。

的"内圣外王"之道，凸显"亲民""爱民"的民本意识。孔子的孙子子思继之，以《中庸》一书阐发至诚通天、"赞天地之化育""与天地参"的天人合一思想，进而要求做好政治制度建设，完善"三重"，即"义礼""制度""考文"三个方面的建构，达到"王天下"的目标。再后是孟子和荀子横空出世，将儒学推至巅峰。

孟子是最早自觉论述君主统治权合法性的思想家，他认为君主统治权的合法性来源于"天授"和"民受"，即天授予，民接受，由此完成了君主统治权合法性的最经典表述，成为后世主政者最钟情的理论。孟子对政治思想的最大贡献是推出由性善论导引的仁政说，这一理论由民贵君轻、德主刑辅、施仁百姓、制民恒产、取民有制、君王自律、选贤用贤、人民有权诛杀桀纣之类独夫民贼等内容组成。孟子敏锐地意识到中国走向统一的趋势，认定天下达到太平的唯一条件是"定于一"。他渴望统一，但反对以战争的手段统一，坚信"不嗜杀人者"能够统一。他理想的仁政社会是没有战争的世界，所以他痛斥"春秋无义战"，主张"善战者服上刑"。孟子的仁政理想既带有强烈的感情色彩，又带有浓烈的理想化色彩。这样的仁政，在孟子的时代只能是一种乌托邦式的幻想，在以后中国两千多年的历史上，也没有真正实行过。尽管如此，孟子的仁政理想仍然具有不可磨灭的积极意义，这是因为这个仁政理想设计了中国古代最理想的美好政治的模式，成为日后衡量政治优劣的标准和一切仁人志士努力追求的目标。所有儒家学者都钟情于君子人格的塑造，因为这是他们"修齐治平"理论的第一要义。继孔子之后，孟子是对君子人格进行最充分论证的思想家。他的君子人格论是由养浩然之气、专心致志、艰苦磨炼、独立思想等内容组成，最终目标是达到大丈夫的境界。这种境界就是据守仁义，永远不为外力所屈服，不为外物所引诱，以坚定的信念，不变的操守，傲视天地间："居天下之广居，立天下之正位，行天下之大道；得志，与民由之；不得志，独行其道。富贵不能淫，贫贱不能移，威武不能屈，此之谓大丈夫。"[①] 这种君子人格，一直成为后世中国知识分子矢志追求的修身目标，产生了广泛而深远的影响。

战国时期，较孟子稍后而与之齐名的另一位儒学大师是荀子，他是战国儒家八派中孙氏之儒的创始人。荀子不仅是先秦儒家思想的集大成

[①]《孟子·滕文公下》，《十三经注疏》，第2710页。

者,也是诸子百家的集大成者,是一位百科全书式的思想家。在天人关系上,他坚持"天人相分"的基本原则,将天从神坛上拉下来,还原其自然的物质的本质。他认定物质世界是可以认识的,"凡以知,人之性也;可以知,物之理也",从而将自己的学说建立在唯物论认识论的基础之上。他坚持历史进化论观念,认为在整个动物世界中人之所以最宝贵,能够战胜其他一切动物,原因就是人能"群",即组成了人类社会。而这个社会由于能"分",所以能够合乎规则地有序运行。荀子反对孟子的性善论,认定"人性恶,善者伪也",即人的自然本性是自私的,善是后天教育修为的结果。他由此倡导"隆礼重法""援法入儒",更多地使礼向法倾斜,提出了一套较完整的以王权为中心将礼、法和人治结合在一起的行政理论。不过,荀子基本上继承孔子、孟子的民本思想,以舟水比喻君民关系,要求君主爱民、惠民、富民,"节用裕民",轻徭薄赋,杜绝聚敛害民。同时强调加强法制建设,充分发挥赏和罚的作用,使民按照君主的意志和封建礼法自觉行动,做遵纪守法的"顺民"。荀子也注重君子人格的修养,认为养成君子的最根本途径是遵礼崇师,以礼法作为自己行为的准则,以从师那里获得礼法的全部知识和学问为荣。与孔子、孟子不同,荀子有比较丰富的军事思想,在这方面,他坚守的是儒家学派的基本立场,认定政治重于军事,君王立于不败之地的不拔之基是仁义为本、修政亲民。他认为一个优秀的将帅,必须具备"六术""五权""三至"和"五圹"的识见、品格和才能。荀子的政治思想为未来的统一王朝提供了较完备的统治方略,所以后来谭嗣同说中国两千年之学是"荀学"。

  战国时期道家学派的代表人物是庄周。他上承老子,进一步对"道"作为造物主的特质作了创造性的阐发,以凸显自我与造物主的"道"合流:"天地与我并生,而万物与我为一。"从而完成了"道"由客观存在的精神本体向道、我合二而一的转化,即由客观唯心论向主观唯心论的转化。在认识论上,庄子是彻底的绝对的相对论者。在他眼里,世界的一切,贵贱、大小、有无、然否,即从客观存在的事物到人的主观认识能力,都是相对的,任何东西都不存在质的规定性。所有的差别、对立等,都只不过是因为观察角度的差异而产生的主观感觉的不同。庄子沿着是非的相对性前进,最后达到消解是非的不可知论,显示了其认识论的根本缺陷:一是认为世界不可知,人也没有认识世界的能力;二是否认检验真理有标准，压根就不承认实践是检验真理的标准。与老子一样，庄子看到人类社会的进步需要付出代价，看到当时社会的污秽与不公，进而断定历史的发展带来的是文明的退步，"圣人不死，大盗不止"。所以他认定人类社会应该回到"同与禽兽居，族与万物并"的"至德之世"，即人与动植物不分的史前岁月。由于此一理想在现实中根本不可能存在，庄子不得已而求其次，要求"无为而治"，尊重所有人自愿选择自己的生活方式，国家不要干预。他自己的人生哲学是无用就是有用，放弃对国家社会的责任，而要求国家和社会养活自己。与庄子同时代的杨朱是他的同道，杨朱的人生信条是"拔一毛利天下而不为"，这种生活态度显然是消极的。由道家变异而来的黄老思想在齐国的稷下学派中占有相当优势，该学派以慎到和田骈为代表，推出法道结合的"无为而治"理论，强调法，尤其是"势"即国家权力的重要性，要求国君在牢牢控驭权力的前提下，减少对百姓生产和生活的干预，达到与民休息、安定社会的目的。黄老思想曾在西汉初年成为朝廷行政的指导原则，对恢复发展经济、稳定社会秩序发挥了积极作用。

战国时期法家的代表人物是商鞅、慎到、申不害和韩非。在思想上，商鞅对法的制定和阐发，慎到对势的申论和阐述，申不害对术的应用和诠释，都作出了独特贡献。韩非作为法家理论的集大成者，冶法、术、势于一炉，建立了法家学派的完整体系，是贡献最大的法家学派的思想家。

韩非对老子的"道""理"进行唯物论的阐释，建立起自己的"参验"的唯物主义认识论。他继承和发展荀子的历史进化观，批判了儒、墨、道等学派将人类历史黄金时代定在远古的法先王历史观，批判君权神授的宗教迷信，从人类的经济活动中寻找历史发展的动因，鼓吹"世异备变"的不断变革理念，由此适应了当时新兴地主阶级变革现实的要求，在战国晚期社会急剧变化的历史条件下，成为弃旧迎新、变法求强的新学问，其进步作用是主要的。韩非继承荀子的"性恶论"，阐明以法规范人类言行的重要性。他认为法是人类的行为准则，特点一是"明"，要求人人知法守法；二是法律面前人人平等，"法不阿贵，绳不挠曲。法之所加，智者弗能辞，勇者弗敢争。刑过不避大臣，赏善不遗匹夫。"[1] 他把"术"看成"藏之胸中，以偶众端而潜御群臣"的工

---

[1] 王先慎：《韩非子集解》，中华书局2013年版，第41页。

具。君王高居尊位,"无为而治","圣人不亲细民,明主不躬小事"①,知人善任,"因任而授官,循名而责实",以用人之智,用人之能。君王还必须坚持和维护高度专制主义中央集权的行政体制。一方面"独断专行":"独视者谓明,独听者谓聪,能独断者故可以为天下主。"②另一方面,执掌国家大政方针的决策权,以便提纲挈领、执简御繁,牢牢地掌控政治中枢,号令一切。这就是所谓"事在四方,要在中央,圣人执要,四方来效"③。君王还必须以阴谋诡计和各种酷烈的手段制御臣子,对他们严加防范,因为"人主者不操术,则威势轻而臣擅名"④。韩非特别强调权力,即"人为之势"的重要性,要求君王"抱法处势":"抱法处势则治,背法去势则乱。"⑤ 牢牢地控制住政权,并运用政权的力量去行法用术。韩非进而认定,所有人与人之间的关系都是一种利益交换关系,没有道德和亲情的联系,所以君王只能用富贵利禄去换取臣子和民众的忠诚与服务。韩非作为先秦时代最后一位法学大师,完成了先秦法家理论的完整化和系统化,适应了新兴地主阶级建立专制主义中央集权体制的要求,为建立封建的统一王朝奠定了理论基础。他的思想,既表现了新兴地主阶级在上升时期的虎虎生气,也显示了为剥削阶级辩护的那种特有的坦率和真诚。但是完全按照韩非理论建立的秦王朝二世而亡的事实,暴露了韩非学说严重的局限性,证明仅靠严刑峻法还不足以使封建统治长治久安。依照韩非的理论建构的专制主义中央集权的体制,一方面为封建经济的发展,尤其是国家的统一起了积极的促进作用;但在另一方面,又表现出严重的弊端,如本质上的人治传统、官本位、决策失误、腐败盛行等,特别到封建社会后期,它还严重阻碍了资本主义萌芽的成长,延缓了中国历史的发展。这些弊端,当然不能完全由韩非负责,但作为始作俑者,他也有不可推卸的责任。不过,历史地看待韩非的思想及其学说,在先秦时期,他是同封建社会初期的历史进步连在一起的,所以他仍不失为中国古代历史上一位具有重要影响的思想家。

---

① 王先慎:《韩非子集解》,第371页。
② 王先慎:《韩非子集解》,第348页。
③ 王先慎:《韩非子集解》,第47页。
④ 王先慎:《韩非子集解》,第372页。
⑤ 王先慎:《韩非子集解》,第428页。

战国时期，战争是历史舞台上最重要的角色，残酷的战争锻造出一批著名的将帅和军事家，其中留下兵学著作的是孙膑、吴起和尉缭子。

孙膑撰写的《孙膑兵法》，西汉以后亡佚，1972 年发掘临沂银雀山汉墓得以重见天日。《孙膑兵法》认为战争是达到政治目的工具，只有"战胜而强力"，才能收到"天下服"的效果。而在战场上拼杀的是将帅和士卒，所以人心向背决定战争的胜负，他因此特别重视人在战争中的作用，提出了"天地之间莫贵于人"①的重要论断。他要求君王爱护民众和士卒，赏罚必信，建立国家与民众、将帅与士卒的互信关系；同时要千方百计地鼓励士气，使之在昂扬的激气、利气、厉气、延气的状态下奋勇杀敌。

尉缭留下的兵书是《尉缭子》，其政治思想主要是从兵学的角度阐发的。例如，在《原官》中，他就论述了许多有关国家政治和社会的事务的理论，如国家设官分职、文武分途对于治理国家和社会的重要意义，涉及爵禄、奖惩、人口、税收、农民种田、工匠制器、申明法令、官吏分工、统一政策标准、上下情畅通、国家财政收入与分配以及知己知彼等的必要性等一系列问题，涵盖了国家和社会治理的方方面面，都是很有价值的见解。

成书于战国末期的《周官》（也称《周礼》），更多反映的是荀子一派的政治理想。因为荀子是儒家学派中最先"援法入儒"的人物，所以该书也显示了一些法家色彩。不过该书总的倾向是儒法互补，德刑并用，突出了荀子一派儒家思想的特色。其中讲德治、礼教、富民、教民的内容在官制的各个层面都有显现，这正是儒学的基本理念。该书以宏伟的王室和政府架构，以天官、地官、春官、夏官、秋官、冬官六大系统的细密而层次分明的分工，构筑了儒家关于王室和政府架构的理想蓝图，被后世的官制改革者屡屡借鉴，产生了深远影响。

秦国丞相吕不韦主持修撰的《吕氏春秋》是战国杂家的代表作，它汇集了儒、墨、道、法、农、兵、阴阳等诸家的理论。其中蕴含着丰富的政治思想方面的内容，如倡导"公天下"的观念，赞誉"禅让"，强调"德治"，钟情"民本"，"宗庙之本在于民"②，认为得民的根本是得"民心"，为此必须"爱民""忧民""利民"，祛除为政中的"暴

---

① （战国）孙膑著，张震泽撰：《孙膑兵法校理·月战》，中华书局 1984 年版，第 59 页。
② 许维遹：《吕氏春秋集释》，梁运华整理，中华书局 2016 年版，第 257 页。

虐奸诈",加强君主个人修养,这一切都可归结到儒家"修齐治平"和"内圣外王"的核心理论。《吕氏春秋》明显受道家影响的是它的"君道无为论"。它认为"示能""自奋""有为"、事必躬亲的君主是失掉自我、失掉本分的"亡国之主"。一个好的君主必然遵循"清静无为"的理念,因为无为,故能"使众";因为无为,故能使"千官尽能";因为无为,故能"无不为"。《吕氏春秋》在鼓吹"德治",主张对百姓施以忠、孝、仁、义教化的同时,也没有忘记赏罚的作用,但认为惩罚必须适度,决不能流于烦苛:"礼烦则不庄,业烦则无功,令苛则不听,禁多则不行。"① 而适度的赏罚则是维持正常社会秩序,保证"民无不用"的条件。《吕氏春秋》也主张奖励耕战,特别重视农业在国民经济中的主导作用,显示了法家思想的影响。从一定意义上讲,《吕氏春秋》是吕不韦留给秦王嬴政的建国纲领,是指导国家和社会顺畅运行的正确法则,与荀子的理论相当接近,比较适宜于当时和以后中国社会的意识形态。可惜由于吕不韦的败亡,嬴政以人废言,没有按照此一设计规划统一后的中国的政治制度和思想体系,过度遵从了法家的治国理念和制度设计,这与秦朝二世而亡是有密切关联的。

夏、商、周三代,尤其是春秋、战国时期,中国经历了轴心时代思想文化创造发展的辉煌岁月。这一时期,产生了中国传统思想文化最重要的元典:十三经中的大部分篇章、诸子论著和以《春秋左传》为代表的史书;诞生了老子、管子、孔子、墨子、孟子、庄子、荀子、韩非等思想文化巨人以及他们代表的儒、墨、名、法、道、阴阳等影响深远的学派;在政治思想领域推出了忠、孝、节、义、仁、礼、智、信、天人合一、内圣外王、德主刑辅、赏罚并用、民贵君轻、法前平等、尚同尚贤、修齐治平、明德亲民、君子人格、无为而治、君明臣贤等一系列概念、范畴,对当时和以后中国政治、经济、社会和思想文化的发展产生了巨大而深远的影响,对世界历史,尤其是思想文化的发展也投射了耀眼的光芒。作为博大精深的思想文化资源,作为不断再出发的基地,它将历久弥新地提供启迪,孕育新知,培育新的思想文化的生长点,不断催生劲勃的新苗和绽放灿烂的新花。

---

① 许维遹:《吕氏春秋集释》,第 462 页。

第一编

五帝与夏商西周政治思想

第一章 传说中的五帝时代及其政治思想

第一节 五帝的传说

一 扑朔迷离的五帝

司马迁《史记》的开篇是《五帝本纪》，此篇记述的五帝是指黄帝、颛顼、帝喾、唐尧和虞舜。由于五帝是传说中的人物，司马迁当时为他们作传时也有很多难以说清的问题，所以他才说："学者多称五帝，尚矣。然《尚书》独载尧以来，而百家言黄帝，其文不雅训，荐绅先生难言之。……予观《春秋》《国语》，其发明《五帝德》《帝系姓》章矣，顾弟弗深考，其所表见皆不虚。《书》缺有间矣，其轶乃时时见于他说。非好学深思，心知其意，固难为浅见寡闻道也。"[①] 司马迁之时，五帝之前还有三皇的传说。司马迁连五帝都说不清楚，大概为了慎重起见，他就抛开三皇而从五帝叙述中国创世纪的历史。不过，因为"传说是一个民族的口述历史"，所以经过不断的加工改造，而中国流传的那些远古的传说又是由各个不同的族群创造和流传的，各个不同来路的传说自然免不了穿帮和互相抵牾，所以关于三皇五帝的记载就出现相当多的歧异。清代学者，曾做过福建巡抚的宫梦仁在其所撰的《读书纪数略》一书中，就指出三皇有五种说法：《史记》认为是天皇、地皇、泰皇，郑玄认为是伏羲、女娲、神农，《白虎通》认为是伏羲、神农、祝融，《风俗通》认为是遂皇、羲皇、农皇，他自己则认为三皇应该是太昊伏羲氏（风姓，在位115年）、炎帝神农氏（姜姓，在位

---

① 司马迁：《史记》卷1《五帝本纪》，中华书局1959年版，第46页。

140年）和黄帝轩辕氏（姬姓，在位100年）。五帝有三种说法：《史记》《大戴礼》《孔子家语》认为是黄帝轩辕氏、颛顼高阳氏、帝喾高辛氏、帝尧陶唐氏、帝舜有虞氏。《皇王大纪》认为是包牺、神农、黄帝、尧、舜。宫梦仁则认为是少昊金天氏、颛顼高阳氏、帝喾高辛氏、帝尧陶唐氏、帝舜有虞氏。司马迁的《五帝本纪》是他对当时流传的各种传说，按照中国从来一统、帝王"万世一系"的观念加以整合的结果。由于不同来路的传说本来就互相抵牾，硬是将其整合成黄帝一系的血缘传递，必然出现许多难以自圆其说的尴尬和困境。例如，尧将二女嫁于舜，就是老祖姑奶奶匹配侄孙。然而，我们不能因为传说中五帝辈分和事迹的互相抵牾就否认这样一个时代的存在。应该说，作为历时1000年左右的五帝时代肯定是存在的，黄帝、颛顼、帝喾、唐尧和虞舜尽管不可能是同一姓氏顺序继承的帝王，但他们作为不同族群的首领，很可能是同时或相继担任了部落联盟的首领，因而被传说塑造成圣帝名王，而在不断改造的过程中，他们按照后来统一王朝的模式被安排成同一姓氏顺序传承的帝王。与这一时期疑似对应的大汶口、龙山、齐家、良渚、屈家岭等考古学遗址表明，这一时期的中国刚刚迈进文明社会的门槛，同时又带着浓重的原始社会的遗存，呈现出许多原始社会向文明社会过渡的特征。不过，由于此一时期贫富分化明显，阶级产生，国家权力机构已经脱离氏族部落等组织而独立存在，变成一种公共管理机构，地方由州一级的行政组织实施对原部落群体的管理，刑罚已经出现并作为一种惩戒手段广泛运用于维护国家和社会的正常秩序。存在决定意识，与国家权力运行相应的政治思想自然也就萌生并逐步发展了。

二 禅让及禅让观念

与五帝特别是尧、舜、禹相联系的"禅让"问题，一直是近代以来研究上古史的热门话题之一，因为它牵扯到政治思想中的一个重要问题，就是由王权、皇权为代表的国家权力的存在和继承的合法性问题。这一问题包含两个重要疑问，一是"禅让"是真实的历史存在，还是思想家的虚构？二是如果"禅让"是真实的历史存在，对其性质如何定位？

认定禅让根本不存在的观点，以康有为、顾颉刚为代表。他们认为所谓禅让是儒、墨等思想家为了阐发自家的理想而编造的。古史辨派的学者大都认同这一观点并进行各自的诠释。其他如刘仁航、姚永扑也认定禅让是出于后世的附会与编造。陈泳超认为禅让是儒墨政治理想的寄托，冷德熙认为禅让是两汉纬书编造的政治神话。李学勤认为尧舜时代领袖人物的产生方式主要是世袭而非禅让，田昌五则认为历史上所谓尧、舜、禹"禅让"和"篡夺"的说法皆是后人的精心安排，真实情况是部落集团首领的"轮流称雄"。总之，他们认为，所谓"禅让"在中国历史上压根就不存在，所有关于它的说辞，都是思想家们出于明确目的而实施的精心编造。

也有的学者认为"禅让"和"篡夺"都是真实存在的，二者在一定条件下互相转化。

更多的学者认为禅让是历史上真实存在的现象，王国维和以钱穆为代表的一批学者认定古代文献对禅让的记载是完全可信的。郭沫若、范文澜、翦伯赞、吕振羽等马克思主义权威史学家也认定禅让曾在历史上真实存在过。改革开放以来，有更多的学者肯定禅让的存在。但是，对禅让如何解释，则存在很多分歧。

郭沫若、范文澜、翦伯赞、吕振羽等学者认为，禅让是母系氏族社会的"二头军长制"选举。郭沫若特别指明，尧嫁二女给舜，反映当时处于群婚状态，禅让是氏族评议会民主选举首领。吴泽认为禅让反映的是男子出嫁习俗，氏族酋长只能由外氏族人担任。王震中认为当时的政治制度是"邦国联盟"，禅让是"邦国联盟"盟主的传位方式。王和认为禅让是"前国家形态向国家形态的过渡"时期"部族定位变更的反映"。周谷城认为禅让存在，"反映贵族专政的力量"，因为禅让是部落联盟首领之间的私相授受。陈登原认为禅让存在，其性质是部落酋长的"自然承袭"。黎东方则认为禅让是两个部落结盟，轮流担任联盟首领。钱耀鹏认为禅让是平等的部落联盟领袖的产生方式，而刘宝才却认为禅让是多个部落都无武力统一的实力，不得已而采取的一种相互妥协的选取首领的办法。陈新对禅让的评价较高，认定它是原始民主与公仆意识的反映。

不少学者尽管承认禅让的存在，但拒绝从道德的高度去评价，而是更多地从历史必然性的角度说明它存在的合理性。如刘兴林认为禅让是母系氏族社会向父系氏族社会过渡时期的特有现象，侯玉臣认为禅让是部落联盟首领在激烈斗争的情况下采取的特殊的传位方式。王汉昌认为禅让是氏族酋长个人权力膨胀，私相授受，破坏了"一致同意"原则，杜勇也认为禅让是对"暴力夺位的粉饰"，唐冶泽认为禅让是由原始民主制向君主制的过渡，类似个人独裁。张广志也认为，禅让虽是原始民主残余的体现，但实际上"篡夺的意义更多"。谢宝笙虽然认为禅让存在，但指出它不是固定的制度，而是一种特例，因为它在历史上仅实行了两次，就是《史记·五帝本纪》记载的传承，也是世袭多于禅让。许兆昌将"国际次体系"的概念引进禅让的研究，认为禅让是"国际次体系"时代特有的首领产生方式。更有学者认定，禅让来源于巫术，是一种傩戏的表演。

究竟如何认识禅让，的确是一个相当棘手的学术问题。因为从春秋战国以来，中国的历史学家和思想家对此就有决然相反的认识，形成"禅让"和"篡夺"的对立。三千多年过去了，今天的学者仍然围绕着这两个命题争论。马克思主义历史唯物论观点和方法的运用，也只是使双方的辨析进一步细化和深入，但并没有达成共识，看来这个问题还要继续辩论下去。

事实上，无论是"禅让"还是"篡夺"，都是后人对五帝时期首领传承方式的概括，而且是根据当时的历史和社会经验得出的不同概括。近代以来，随着西方社会学和历史学理论的传入，尤其是马克思主义历史唯物论的传入，摩尔根的《古代社会》和恩格斯的《家庭、私有制和国家的起源》两书产生的影响越来越大。学者们力求用新的观点和方法对其进行重新诠释，努力将禅让纳入合乎或体现历史发展规律的轨道。在马克思主义历史唯物论看来，社会历史是按照原始社会——奴隶社会——封建社会——资本主义社会——共产主义社会（包括社会主义社会和共产主义社会两个阶段）这样五种生产方式依次发展的。因为在原始社会有一个军事民主时期，实行所谓"二头军长制"选举，部落联盟的首领不是一姓世袭而是通过选举贤人产生，这种形式与禅让十分贴近，于是学者们就将禅让纳入了这个诠释框架。必须承认，到目前为止，这个诠释框架还是最有说服力的。但对其提出异议者也逐渐增多，因为如果"二头军长制"经历过一个相当长的时期，何以禅让只在尧——舜——禹的承袭中实行了两次，而此前此后都是世袭呢？禅让作为特例而不是通例岂不是更合适？而如果禅让只是特例，它就不是合乎规律的现象，它就只能是偶然出现的溢出常规的一次偶然展示。

人类历史的发展显然有着不以人的意志为转移的客观规律，但这个规律在各个国家民族历史上的展现又显示出千姿百态。世界几大文明古国，埃及、巴比伦、印度、希腊、罗马，各有自己与中国迥然不同的发展特点，他们似乎都没有中国的"禅让"。中国境内的各少数民族，在自己原始社会向奴隶社会转化时期，似乎也没有"禅让"。看来禅让作为特例而不是作为惯例似乎更符合实际。所以，与其花大力气证明禅让符合规律，倒不如将其作为特例放在一边，在文献和考古资料的结合上尽最大努力发掘五帝时期"帝位"传承的真相，做出更符合实际的概括。

第二节　五帝时代的政治思想

一　黄帝和颛顼、帝喾的政治理念

在《史记·五帝本纪》中，主要列举了黄帝的四项政绩。

一是"习用干戈，以征不享"，征伐了"最为暴"的蚩尤和"侵陵诸侯"的炎帝。

二是不断巡视四方，"迁徙往来无常处"。建都涿鹿，"以师兵为营卫"。

三是建立政权机构，设官分职，以实现对所辖区域的管理："官名皆以云命，为云师。""黄帝受命，有云瑞，故以云纪事也。春官为青云，夏官为缙云，秋官为白云，冬官为黑云，中官为黄云。"[1] 同时"置左右监，监于万国"，"举风后、力牧、常先、大鸿以治民"[2]。

四是教民发展农业、畜牧业和采集与手工业："播百谷草木，淳化鸟兽虫蛾，旁罗日月星辰水波土石金玉，劳勤心力耳目，节用水火材物。"[3]

以上黄帝事迹展示的基本政治思想，就是建立由最高统治者掌握的武装力量，以征伐所有不服王化的族群；建立各级国家机构，设官分职，对民众进行有效管理；教民从事各种生产事业，发展经济，以保证社会存在和发展的物质基础。

---

[1] 司马迁：《史记》卷1《五帝本纪》"集解"应劭曰，第7页。
[2] 司马迁：《史记》卷1《五帝本纪》，第6页。
[3] 司马迁：《史记》卷1《五帝本纪》，第11—12页。

继承黄帝的颛顼和帝喾的事迹，史书记载甚少。《史记·五帝本纪》记载颛顼"静渊以有谋，疏通而知事；养材以任地，载时以象天，依鬼神以制义，治气以教化，絜诚以祭祀"。又记载他与黄帝一样巡狩四方，"北至于幽陵，南至于交阯，西至于流沙，东至于蟠木。动静之物，大小之神，日月所照，莫不砥属"①。显示其政治理念基本继承黄帝，只是在祭祀方面似乎较黄帝有所增强。

《史记·五帝本纪》对帝喾的事迹有以下记载：

> 高辛生而神灵，自言其名。普施利物，不于其身。聪以知远，明以察微。顺天之义，知民之急。仁而威，惠而信，修身而天下服。取地之财而节用之，抚教万民而利诲之，历日月而迎送之，明鬼神而敬事之。其色郁郁，其德嶷嶷。其动也时，其服也士。帝喾溉执中而遍天下，日月所照，莫不从服。②

从中透出的帝喾执政理念似乎较颛顼更丰富，涉及君王自身修养、顺天知民、仁威惠信、丰财节用、抚民利导、执中用权等，标志着许多后世中国普遍认可的政治观念的萌芽。

二　唐尧的政治理念

《史记·五帝本纪》中，记载唐尧和虞舜的事迹最为丰富。在《尚书》中，也有《尧典》和《舜典》记述他们的事功；这两篇文献被许多学者判定为后人伪托，但在一定程度上仍然具有参考价值。

《尧典》这样记述尧的事迹：

> 曰若稽古，帝尧曰放勋，钦明文思安安，允恭克让，光被四表，格于上下。克明俊德，以亲九族。九族既睦，平章百姓，百姓昭明，协和万邦，黎民于变时雍。
>
> 乃命羲和，钦若昊天，历象日月星辰，敬授人时。分命羲仲，宅嵎夷曰旸谷。寅宾出日，平秩东作。日中星鸟，以殷仲春。厥民析，鸟兽孳尾。申命羲叔，宅南交，曰明都，平秩南为，敬致。日

---

① 司马迁：《史记》卷1《五帝本纪》，第11—12页。
② 司马迁：《史记》卷1《五帝本纪》，第13—14页。

永星火,以正仲夏。厥民因,鸟兽希革。分命和仲,宅西曰昧谷。寅饯纳日,平秩西成。宵中星虚,以殷仲秋。厥民夷,鸟兽毛毨。申命和叔,宅朔方曰幽都,平在朔易,日短星昴,以正仲冬。厥民隩,鸟兽氄毛。帝曰:"咨!汝羲暨和。期三百有六旬有六日,以闰月定四时,成岁。允厘百工,庶绩咸熙。"

帝曰:"畴咨,若时登庸。"放齐曰:"胤子朱,启明。"帝曰:"吁!嚚讼,可乎?"

帝曰:"畴咨,若予采?"欢兜曰:"都!共工方鸠僝功。"帝曰:"吁!静言庸违,象恭滔天。"

帝曰:"咨!四岳,汤汤洪水方割,荡荡怀山襄陵,浩浩滔天。下民其咨,有能俾乂?"佥曰:"于!鲧哉。"帝曰:"吁!咈哉,方命圮族。"岳曰:"异哉,试可乃已。"

帝曰:"往!钦哉。"九载,绩用弗成。

帝曰:"咨!四岳。朕在位七十载,汝能庸命巽朕位?"岳曰:"否德忝帝位。"曰:"明明扬侧陋。"师锡帝曰:"有鳏在下,曰虞舜。"帝曰:"俞,予闻,如何?"岳曰:"瞽子,父顽,母嚚,象傲,克谐以孝,烝烝乂,不格奸。"帝曰:"我其试哉!"女于时,观厥刑于二女。厘降二女于妫汭,嫔于虞。帝曰:"钦哉!"①

从《尧典》记述的尧的事迹看,他特别注重懂得历法的官员,让他们敬授四时,安排百姓一年的顺时劳作。根据每个人的品格和能力任命官吏,不搞任人唯亲的不正之风,拒绝儿子接替自己的职位,极力寻找贤人授予重任,试用在民间有影响的品行优异、能力卓越的舜接替君位,凸显了传贤任贤的政治理念,对后世的政治思想产生了深远影响。

唐朝的韩愈首创"道统"说,认定中国历史上有一个"道统"即真理的传授系统,这个系统的首创者就是唐尧。此说被后世儒家继承并传扬下去,唐尧的尊位就更是日益巩固了。

三 虞舜的政治理念

虞舜是五帝中排序最后的君王,史书中记载的他的事迹超过其他四

---

① 《尚书·尧典》,《十三经注疏》,中华书局1980年影印本,第118—123页。

帝。《尚书·舜典》较详细地记述了他的事功，其中有不少与政治思想有关的内容。

  帝舜曰重华，协于帝，浚哲文明，温恭允塞，玄德升闻，乃命以位。慎徽五典，五典克从。纳于百揆，百揆时叙。宾于四门，四门穆穆。纳于大麓，烈风雷雨弗迷。
  舜让于德，弗嗣。正月上日，受终于文祖。在璇玑玉衡，以齐七政。肆类于上帝，禋于六宗，望于山川，遍于群神。辑五瑞，既月乃日，觐四岳群牧，班瑞于群后。岁二月，东巡守，至于岱宗，柴。望秩于山川，肆觐东后，协时月正日，同律度量衡。修五礼、五玉、三帛、二生、一死。贽如五器，卒乃复。五月南巡守，至于南岳，如岱礼。八月西巡守，至于西岳，如初。十有一月朔巡守，至于北岳，如西礼。归，格于艺祖，用特。五载一巡守，群后四朝，敷奏以言，明试以功，车服以庸。
  肇十有二州，封十有二山，浚川。
  象以典刑，流宥五刑，鞭作官刑，扑作教刑，金作赎刑。眚灾肆赦，怙终贼刑。钦哉，钦哉，惟刑之恤哉！
  流共工于幽州，放欢兜于崇山，窜三苗于三危，殛鲧于羽山，四罪而天下咸服。
  二十有八载，帝（尧）乃殂落，百姓如丧考妣。三载，四海遏密八音。
  月正元日，舜格于文祖，询于四岳，辟四门，明四目，达四聪。咨十有二牧，曰："食哉惟时，柔远能迩。惇德允元，而难任人，蛮夷率服。"
  舜曰："咨！四岳。有能奋庸熙帝之载，使宅百揆，亮采惠畴？"佥曰："伯禹作司空。"帝曰："俞！咨禹，汝平水土，惟时懋哉！"
  帝曰："弃，黎民阻饥，汝后稷，播时百谷。"
  帝曰："契，百姓不亲，五品不逊，汝作司徒，敬敷五教，在宽。"
  帝曰："皋陶，蛮夷猾夏，寇贼奸宄，汝作士，五刑有服，五服三就，五流有宅，五宅三居，惟明克允。"

帝曰:"畴若予工?"佥曰:"垂哉!"帝曰:"俞!咨垂。汝共工。"

帝曰:"畴若予上下草木鸟兽?"佥曰:"益哉!"帝曰:"俞!咨益,汝作朕虞。"

帝曰:"咨!四岳,有能典朕三礼?"佥曰:"伯夷。"帝曰:"俞!咨伯,汝作秩宗,夙夜惟寅,直哉惟清。"

帝曰:"夔,命汝典乐,教胄子,直而温,宽而栗,刚而无虐,简而无傲。诗言志,歌永言。声依永,律和声。八音克谐,无相夺伦,神人以和。"

帝曰:"龙,朕堲谗说殄行,震惊朕师。命汝作纳言,夙夜出纳朕命,惟允。"

帝曰:"咨!汝二十有二人,钦哉,惟时亮天功。三载考绩,三考,黜陟幽明。"庶绩咸熙,分北三苗。①

在《尚书·尧典》中,舜首次出现,是被众人推荐给尧作为帝位继承人的人选。推荐的理由是"父顽,母嚚,象傲,克谐。以孝,烝烝乂不格奸",意思是父亲顽固,后母愚蠢不讲理,弟弟象又十分傲慢,但他却能以孝行使家庭和睦,使他们不至于做出奸恶的事情。尧于是决定考验他,将两个女儿嫁给他,观察他治理家室的法度。结果令尧十分满意。此后,舜与尧和谐相处,他品格高尚,"睿哲文明,温恭允塞"。尧让他试任各种职务:掌管教化,他能宣扬父义、母慈、兄友、弟恭、子孝这"五常之教",使人乐于遵行;承担各项职务,他能如期使工作走上正轨;管理四门,迎送宾客,四门都和和气气;去深山丛林,遇上狂风暴雨,他也不迷失方向。尧对他非常满意,决定将帝位交给他,他谦虚不受。直到第四年后,他才摄行政事,检查天文仪器,祭告天地四时、名山大川、各路神祇。然后,东南西北四处巡视,封禅泰山,修正历法,统一音律和度量衡,修订吉、凶、军、宾、嘉五礼,划一弓矢、殳、矛、戈、戟五种兵器的规格,规定帝五年内巡狩一次,各邦君来朝四次。又划分天下为十二州,制定各种法律制度,惩办"四凶":流放共工到幽州,欢兜到崇山,驱逐三苗到三危,拘囚鲧于羽

---

① 《尚书·舜典》,《十三经注疏》,第125—132页。

山。28年后，尧死去，舜正式即位为天子。他广泛征求四岳的意见，大开四门，招纳贤哲，了解下情，倾听四方呼声。他与十二牧商讨农业和重用贤德之人以及怀柔四夷等问题，使四夷相率归服；他经与四岳研究，任命禹做司空，平治水土；任命弃为后稷，管理农业；任命契为司徒，掌管礼仪教化；任命皋陶为士官，掌管法律刑罚；任命垂为共工，管理百工事务；任命伯益为虞官，管理山林湖沼；任命伯夷为秩宗，主持天地人三种礼仪；任命夔做典乐，教习歌乐；任命龙做纳言官，下传上达，收集各方面意见。最后，他要求手下22名大臣，兢兢业业，恪尽职守，佐天立功。舜对这些大臣全面考绩，贤明者晋升，昏庸者罢斥，因而政治清明，各项事业兴旺发达。经过分化瓦解，彻底粉碎三苗的反抗，天下太平。舜30岁被征用，居帝位30年，在巡狩南方时死去。

按照《尚书·大禹谟》的记载，舜赞扬禹和皋陶协助他治理天下的功绩，决定将帝位禅让给禹。在历数禹的优秀品格后，他讲了被宋代大儒朱熹在《中庸章句序》中称为"十六字心传"的四句话："人心惟危，道心惟微，惟精惟一，允执其中。"意思是人心是危险难安的，道心却微妙难明。惟有精心体察，专心守住，才能坚持一条不偏不倚的正确路线。接着，舜又讲了几句传世的名言："无稽之言勿听，弗询之谋勿庸。可爱非君，可畏非民。众非元后何戴？后非众罔与守邦。……四海困穷，天禄永终。"意思是没有事实根据的言语不要听，没有征询他人意见的主意不要用。可爱的不是君而是民，可畏的不是民而是君失其道。民众没有大君他们又爱戴谁呢，大君没有民众就无人跟他守邦了，如果四海百姓都穷困不堪，那你做大君的天禄也就永远终结了。当禹谦让不接受帝位，要求以占卜解决帝位继承人问题时，舜说："官占惟先蔽志，昆命于元龟。朕志先定，询谋佥同，鬼神其依，龟筮协从，卜不习吉。"意思是我们占卜公事，是先由于心有疑难掩蔽，然后才去问大龟的。现在我的意志早已先定了，经征询众人意见也一致赞同，相信鬼神必定依从，龟筮也必定是吉了。占卜是不会重复出现吉兆的，用不着再占卜了。最后，舜要求禹去征伐还没有臣服的三苗，战事进行了30天，苗民仍然负隅顽抗。这时，伯益以舜的德行劝禹说，只有道德的力量才能感动天地，再远的地方也能达到。满招损，谦守益，常常就是天道。帝舜早年受父母虐待，一个人在历山耕田，苦不堪言。但他日日号哭涕泣，仍然呼喊苍天，呼喊父母。总是诚心自责，把罪过全部承担，从不怨天怨父母。有事去见瞽叟的时候，总是端端正正，战战兢兢。在这种时候，连顽固的瞽叟也真能通情达理了。常言至诚感神，何况有苗？禹被说服，"班师振旅"，舜也接受伯益和禹的建议，"诞敷文德，舞干羽于两阶"。70天后，有苗就自动前来归附了。在《尚书·益稷》中，舜与禹对话，认为臣是自己的"股肱耳目"，应该帮助自己改正过失，同时对进谗言者予以惩罚，还要采诗纳谏，接受臣民的一切合理化建议。在与夔议论音乐的作用时，舜兴奋地作了一首歌词："股肱喜哉，元首起哉，百工熙哉。元首明哉，股肱良哉，庶事康哉。元首丛脞哉，股肱惰哉，万事堕哉。"意思是股肱欢喜，元首奋起，百工有成绩；元首英明，股肱贤良，诸事得安康；元首猥琐，股肱怠惰，万事都废堕。①

应该说，《尚书》以上篇章对舜事迹的记载，可以看作舜的最早的、最基本的也是最可靠的文献资料。这些资料所展现出来的舜是中国古代从原始社会向奴隶社会过渡时期的一位伟大人物。

在中国政治思想史上，舜是一个具有特殊建树的人物。这些建树可以概括为以下几个方面。

一是进一步建立和完善国家行政管理体制，在中央设立22名官员分职管理民政、司法、军事、财政、教化和农业、手工业、山林湖沼等各项事业。在地方设十二州，以十二州牧管理所辖地方的各项事务，使国家和社会纳入有序运行的轨道。这说明虞舜已经认识到，规范的制度建设对文明社会的重要性，司马迁对此有以下评价。

> 此二十二人咸成厥功：皋陶为大理，平，民各伏得其实；伯夷主礼，上下咸让；垂主工师，百工致功；益主虞，山泽辟；弃主稷，百谷时茂；契主司徒，百姓亲和；龙主宾客，远人至；十二牧行，而九州莫敢辟违。唯禹之功为大，披九山，通九泽，决九河，定九州，各以其职来贡，不失厥宜。方五千里，至于荒服。南抚交阯、北发，西戎、析枝、渠廋、氐、羌，北山戎、发、息慎，东长、鸟夷，四海之内，咸戴帝舜之功。②

---

① 《尚书·益稷》，《十三经注疏》，第144页。
② 司马迁：《史记》卷1《五帝本纪》，第43页。

二是在官吏队伍建设上坚持任人唯贤的原则,广泛征求意见,使人尽其才,才尽其用。

三是在君民关系、君臣关系、民族关系等诸多方面,阐发了很有价值的辩证理念。

四是最重要的,在政治思想上确立了"法制"和"德治"优势互补的体系。他既强调法制在惩戒恶人、坏人方面的重要作用,也尊崇文德在百姓中的感召作用,所以司马迁肯定"天下明德皆自虞帝始":

> 于是舜归而言于帝,请流共工于幽陵,以变北狄;放欢兜于崇山,以变南蛮;迁三苗于三危,以变西戎;殛鲧于羽山,以变东夷,四罪而天下咸服。
>
> 舜举八恺,使主后土,以揆百事,莫不时序。举八元,使布五教于四方,父义、母慈、兄友、弟恭、子孝,内平外成。①

显然,尽管虞舜并没有抽象出"德主刑辅"这样精准的概念,但他的行政实践和有关言论,已经将这一概念的内涵充分展示出来了。如此一来,虞舜就成为中国古代社会"法制"和"德治"优势互补治理体系重要的开山之祖。在这个事关国家和社会当前与未来长治久安的重大问题上,他的虑事之精、处置之当、创始之功、前瞻之思都是前无古人、后启来者的。所有这一切,都对中国后世政治思想的发展产生了巨大而深远的影响。在后来韩愈创设的"道统"谱系中,虞舜当之无愧地被排名第二,成为与唐尧并肩而立的圣人。

四 皋陶的德刑意识

皋陶是虞舜的大法官,是五帝时期对法制建设做出最大贡献的人物。《尚书·皋陶谟》记载了他和禹在帝舜面前讨论国家治理的对话,其中阐发的是德刑并用的原则。

> 曰若稽古,皋陶曰:"允迪厥德,谟明弼谐。"
> 禹曰:"俞!如何?"

---

① 司马迁:《史记》卷1《五帝本纪》,第28—42页。

> 皋陶曰："都！慎厥身，修思永。惇叙九族，庶明励翼，迩可远，在兹。"皋陶曰："都！在加人，在安民。"
> 禹曰："吁！咸若时，惟帝其难之。知人则哲，能官人。安民则惠，黎民怀之。能哲而惠，何忧乎欢兜，何迁乎有苗，何畏乎巧言令色孔壬。"
> 皋陶曰："都！亦行有九德，亦言其人有德，乃言曰，载采采。"
> 禹曰："何？"
> 皋陶曰："宽而栗，柔而立，愿而恭，乱而敬，扰而毅，直而温，简而廉，刚而塞，强而义，彰厥有常。吉哉！日宣三德，夙夜浚明有家。日严祗敬六德，亮采有邦，翕受敷施。九德咸事，俊乂在官，百僚师师，百工惟时，抚于五辰，庶绩其凝。无教逸欲，有邦兢兢业业，一日二日万几。无旷庶官，天工人其代之。天叙有典，敕我五典五惇哉！天秩有礼，自我五礼有庸哉！同寅协恭，和衷哉！天命有德，五服五章哉！天讨有罪，五刑五用哉！政事懋哉！懋哉！天聪明，自我民聪明。天明畏，自我民明威，达于上下，敬哉有土。"①

《尚书·大禹谟》记载的虞舜和皋陶关于制定"五刑"的对话，同样贯穿的是德刑并用的原则。

> 帝曰："皋陶，惟兹臣庶，罔或干予正。汝作士，明于五刑，以弼五教。期于予治，刑期于无刑，民协于中。时乃功，懋哉！"
> 皋陶曰："帝德罔愆，临下以简，御众以宽，罚弗及嗣，赏延于世。宥过无大，刑故无小，罪疑惟轻，功疑惟重。与其杀不辜，宁失不经。好生之德，洽于民心，兹用不犯于有司。"②

帝舜赞扬皋陶作为主管刑狱的士官，明白用五刑来辅助五教，施用五刑的目的是不用五刑，这样民众就能服从于中道。皋陶则颂扬帝舜德行完美，没有过失。施政原则是，对待臣下简约，控制民众宽容。惩罚

---

① 《尚书·皋陶谟》，《十三经注疏》，第138—139页。
② 《尚书·大禹谟》，《十三经注疏》，第135页。

不连带子孙，奖赏延续至后代。如果是过失犯罪，无论多大，都可以得到宽恕；如果是故意犯罪，无论多小，都要施用刑罚。罪行处罚轻重无法确定时，就从轻处理；功绩奖赏轻重无法确定时，就从重赏赐。与其误杀无罪的人，宁可放过不遵守常法的人。这种爱惜民众生命的德行能够和谐民心，因此民众就不会触犯刑法。

在皋陶看来，所谓"九德"就是：既宽宏大量又坚栗威严，既性情温和又坚定不移，既小心谨慎又严肃庄重，既处事干练又严谨有序，既虚心纳谏又刚毅果断，既行为耿直又态度温和，既着眼大局又注重小节，既刚正不阿又充实全面，既勇敢顽强又善良道义。所谓"五礼"，就是君臣、父子、兄弟、夫妇、朋友之间关系的常法。所谓"五刑"，就是墨、劓、剕、宫、大辟五种等级不同的刑罚。这里，皋陶是将"德""礼"和"刑"作为一个密不可分的整体加以论述的。不过，在虞舜时代，皋陶的主要贡献还是在法制建设方面，因为经他之手制定的刑法，对后世中国的法制建设起了重要的奠基作用。

第二章　夏商时期的政治思想

第一节　夏朝的政治思想

一　夏朝的政治变迁与社会发展

尽管不少学者认定中国历史自五帝时期就迈入文明社会的门槛，但一般历史教科书还是以"禹传子、家天下"的夏朝作为中国阶级社会的开始。夏朝（公元前2070—前1600年）共经历禹、启、太康、仲康、相、少康、杼、槐、芒、泄、不降、扃、廑、孔甲、皋、发、桀（履癸）14世、17王约共400多年的岁月，在黄河中下游建立起一个产生了重要影响的奴隶制王朝。

夏朝的第一代国君禹是因为在舜当政时治水有功而成为舜禅让帝位的人选，他晚年继承禅让的传统，又把帝位传给少昊族的伯益。然而，此次禅让却没有成功，他的儿子启赶走伯益，自己继承了帝位，这就是所谓"禹传子，家天下"的由来。不过，启夺取的帝位并不巩固，东夷族的后羿、寒浞等相继夺取帝位，直到禹的第五代孙少康夺回帝位，才使夏朝的统治基本巩固下来。

夏朝建立起奴隶主贵族的专政体制，在中央设立比较简单的行政机构，任命贵族担任主要官员"六卿""六事之人"等，从事对全国的行政管理，所谓"有虞氏官五十，夏后氏百官，殷二百，周三百"[①]。其中有"车正""庖正""牧正""御龙""稷官""水官""羲氏""和氏""士""大理""瞽""啬夫""遒人""官战"等分职管理各项事务。地方设九州，分封诸侯，对辖区进行管理。《尚

---

① 孙希旦：《礼记集解》，第856页。

书·禹贡》记载的九州是冀、兖、青、徐、荆、扬、豫、梁、雍，基本上囊括了黄河和长江中下游的广大地区。又实行五服制度，即皆为五百里的甸服、侯服、绥服、要服、荒服。所以夏朝的疆域"东渐于海，西被于流沙，朔、南暨，声教讫于四海"①。不少学者对这些记载持怀疑态度，认为所谓禹行九州、五服之制是后世的理想化寄托，实际上夏朝直接管理的地区不过是王畿中心的一小片土地，其他更广大的地区都是基本独立的大小部落方国，"禹会诸侯于涂山，执玉帛者万国"，可能是真实的写照。夏朝还初步建立起司法制度，实行皋陶制定的刑法，"夏有乱政，而作禹刑"②，"禹承尧舜之后，自以德衰，而作肉刑"③。它也初步建立起一支常备军，除王室有自己直属的军队外，地方诸侯方国也各有自己的军队，以随时讨伐那些不臣者，如禹就曾经率军对三苗征战。又初步建立起税收制度，以保证国家运行的各项开支。《禹贡》详细记载了九州各地的贡赋，虽然与真实情况可能还有一定距离，但税收制度肯定已建立并有效运行了。"少康中兴"之后，夏朝进入稳定发展的时期，由于一时能够协和贵族内部关系，对平民和奴隶也采取较宽松的施政方略，"与其杀不辜，宁失不经"④，夏朝的统治呈现繁荣发展的局面。

夏朝是中国奴隶社会的初级阶段，生产技术较原始社会有了长足进步，经济有了明显发展。农业是最重要的生产部门，大量使用木、石、骨、蚌等材料制作的工具进行劳作，初步摆脱原始社会的粗放经营，开始使用耒耜进行深耕细作，从而为民众提供了最基本的衣食之源。农作物品种以粟为主，黍、水稻、小麦、大豆、高粱等也大量种植。畜牧业和采集业仍然在经济中占有相当分量，是农业重要的补充。在河南郑州二里头遗址中，就发现大量的牛、猪、羊、鸡等的骨骼。手工业更是有了显著进步，青铜器的铸造业已经成为重要部门，制造了许多珍贵的礼器、兵器和贵族的生活用品。石器广泛进行磨制，石斧、石铲、石刀、石镰的锐度得到很大提高。玉器也是夏朝发达的手工业部门之一，以玉为原料制造的兵器、礼器、饰器和工具在夏朝遗址中都有大量发现，如

---

① 司马迁：《史记》卷2《夏本纪》，第77页。
② 杨伯峻编著：《春秋左传注》，第1275页。
③ 班固：《汉书》卷23《刑法志》，中华书局1962年版，第1112页。
④ 杨伯峻编著：《春秋左传注》，第1120页。

二里头出土的绿松石龙形器就是一件精美绝伦的工艺品。夏朝的陶器制造也显示了较高的水平，仅二里头出土的就达到30余种。纺织业也是重要部门，有麻纺和丝纺两种。《帝王世纪·夏》和《管子·轻重甲》都有关于夏朝精美丝织品的记载。另外，夏朝的漆器业、建筑业也有长足进步，二里头发现的巍峨壮观的宫殿遗址证明史书关于夏桀"筑宫室，饰瑶台"的记载绝非子虚。

夏朝的统治持续了400多年，到孔甲继位时已经进入它的衰败期。史载"帝孔甲立，好方鬼神，事淫乱。夏后氏德衰。诸侯畔之"①。到最后一个君王履癸即桀继位之时，更是达到衰败的顶点，"不务德而武伤百姓，百姓弗堪"②。与此同时，东方与它毗邻的商族逐步强大起来。商族的首领汤趁夏桀暴虐无道、统治岌岌可危之际，率兵讨伐，夏桀战败，被流放于鸣条（今河南长垣南），最后死在那里。

"殷因于夏礼，所损益可知也。"③ 夏朝是中国上古历史上一个重要的王朝，是夏、商、周三代的肇端，在各方面都为后来商、周两朝的发展做出了具有榜样意义的贡献。

二　夏禹的功绩和政治理想

禹是中国历史上传统记载的三代夏、商、周中的第一代王朝的开创者，即所谓"禹传子，家天下"。以此为标志，中国历史完成了由原始社会向奴隶社会的过渡，正式迈进文明时代，开始了阶级社会的历史。这表明，禹是一个划时代的里程碑式的人物。然而，由于这一时代的文字记载大都晚出，其中不少记载是传说的资料，因而互相抵牾之处甚多。这些记载所描绘的禹的形象，也是半人半神，半真半假，半是真实的倩影，半是编造的神话，扑朔迷离，混沌莫辨。不经过一番爬梳剔抉的工夫，就难以还原其历史真相。

中国文献中，记载禹事迹的典籍可谓多矣。仅马骕在《绎史·禹平水土》和《绎史·夏禹受禅》两卷中征引的就有《大戴礼记》《史记》《汉书》《吴越春秋》《帝王世纪》《尚书》《越绝书》《山海经》《盐铁论》《尸子》《吕氏春秋》《墨子》《淮南子》《新书》《说文》《尚书大

---

① 司马迁：《史记》卷2《夏本纪》，第86页。
② 司马迁：《史记》卷2《夏本纪》，第88页。
③ 《论语·为政》，《十三经注疏》，第2463页。

传》《韩诗外传》《鹖子》《荀子》《说苑》《庄子》《列女传》共22种。

禹作为夏朝的开创者,他身上最大的特点是勤政作风和开拓精神。在当时中国先民对自然的斗争中,禹的第一大功绩是领导他们战胜洪水。《尧典》记载尧命鲧治水,九年无成,遭受严惩。舜又命禹做司空,继续"平治水土"。《益稷》记载了禹领导百姓治水的具体活动。

> 禹曰:"洪水滔天,浩浩怀山襄陵,下民昏垫。予乘四载,随山刊木,暨益奏庶鲜食。予决九川,距四海,浚畎浍距川,暨稷播,奏庶艰食鲜食,懋迁有无,化居,烝民乃粒,万邦作乂。"①

看来,在尧、舜、禹的时代,有一段洪水长期泛滥的岁月。禹的父亲鲧曾奉尧之命治理洪水,他用堵即筑堤防水的办法,以求将洪水约束于河道中。可能由于下雨持续时间太长,洪水持续上涨,河道容纳不下,没取得预期效果,鲧因此被诛杀或被"降在匹庶"。禹在关键时刻接替父亲领导治水,他采取疏导的办法,即清除河道中妨碍流水顺畅通过的障碍,并顺着水的自然流向开凿新的水道,从而加快了洪水下泄的速度。经过十余年再接再厉、坚韧不拔的奋斗,"三过其门而不入",终于战胜了洪水,给百姓创造了一个生产和生活的良好环境。治水的成功,特别是禹在治水的过程中显示的艰苦卓绝的服务大众的勤政精神和超越群伦的智慧,使他获得了远远超过其他部落酋长的威望,从而使舜将帝位禅让给他具有了众望所归的民心基础。

禹的第二项功绩是确立九州或十二州的行政区划和初步建立税收制度。《尚书·书序》记载:"禹别九州,随山浚川,任土作贡。"尽管对此时是否确定九州的行政区划,以及九州地域的确切方位,学者们的认识还有相当大的差距,存在不小的争议,但有一点似乎可以达成共识,即中国历史发展到尧、舜、禹的时代,以部落联盟的形式实现对黄河、长江中下游广大地区的管理,可能已经力不从心了。为了在更广大的地域实现有效的行政管理,制度的变更自然提上日程。以地域区划而不是以血缘联系进行对民众的管理,至少萌芽于此时。虽然此后中国源于血

---

① 《尚书·益稷》,《十三经注疏》,第141页。

缘纽带的宗法制度长期稳固存在，但行政管理的威权却是一直高居于宗法关系之上，并且其触角日益深入穷乡僻壤。《说文》亦记载："昔禹收九牧之金，铸九鼎荆山之下。"《尚书·禹贡》和《史记·夏本纪》都详细记载了九州的税收等级和贡物名称。《孟子·滕文公上》记载："夏后氏五十而贡，殷人七十而助，周人百亩而彻，其实皆什一也。"以上这些记载不见得完全反映当时的历史真实，但至少能够表明禹建立起最初的税收制度。税收是国家权力的象征，而正是税收支撑着国家行政权力的运作。

禹的第三项功绩是平定有苗（三苗）的反叛。有苗是今天苗族的祖先，居于长江以南的湘、黔地区。据《尚书·大禹谟》记载，是舜的仁德使其宾服。

> 帝曰："咨！禹，惟时有苗弗率，汝徂征。"禹乃会群后，誓于师，曰："济济有众，咸听朕命。蠢兹有苗，昏迷不恭，侮慢自贤，反道败德，君子在野，小人在位，民弃不保，天降之咎。肆予以尔众士，奉辞伐罪。尔尚一乃心力，其克有勋。"三旬，苗民逆命。益赞于禹曰："惟德动天，无远弗届。满招损，谦受益，时乃天道。帝初于历山，往于田，日号泣于旻天，于父母，负罪引慝。祗载见瞽瞍，夔夔斋栗，瞽亦允若。至诚感神，矧兹有苗。"禹拜昌言曰："俞！"班师振旅。帝乃诞敷文德，舞干羽于两阶。七旬，有苗格。①

但《随巢子》和《墨子》有不同的说法，肯定有苗是被禹以武力征服的：

> 《随巢子》：三苗大乱，天命殛之。夏后受命于元宫，大神人面鸟身降而辅之。司禄益食而民不饥，司金益富而国家实，司命益年而民不夭。禹乃克三苗，而神民不违。

> 《墨子》：三苗大乱，天命殛之。日妖宵出雨血，三朝龙生，庙犬哭市，夏冰地坼，五谷变化，民乃大振。高阳乃命元宫，禹亲

---

① 《尚书·大禹谟》，《十三经注疏》，第137页。

> 把天之瑞令，以征有苗。四电诱祗，有神人面鸟身若瑾，以侍搚矢有苗之祥，苗师大乱，后乃遂几。禹既已克，有三苗焉，磨为山川，别物上下，卿制大极，而神民不违，天下乃静。①

平息有苗之乱，可能是武力与怀柔手段并用，武的一手是禹指挥进行的。由于有苗的宾服，舜的晚期直接控制的地域可能已经达到黄河和长江的中下游的广袤原野。战争的胜利最容易显示指挥者的才能和增加指挥者的权威，征服有苗的胜利，无疑使禹在迈向权力巅峰的路上登上一个新台阶。

禹的第四项功绩是在舜禅让帝位即部落联盟的首领给自己之后，进行了他一生最大的创新，"爵有德，封有功"，将部落联盟的办事机构逐步改造成一个高居于社会之上的政府。那位在舜为帝时已经"作士以理民"的皋陶，继续做总理国政的行政首脑："帝禹立而举皋陶，荐之且授政焉。"② 另一个名叫太岳的人也成为"禹心吕之臣"。

禹更进一步制定法律，严肃刑政，大张旗鼓地四处巡视，不断强化自己和政府的权威，《吴越春秋》有以下记载：

> 三载考功，五年政定。周行天下，归还大越。登茅山，以朝四方群臣，观示中国诸侯。防风后至，斩以示众，示天下悉属禹也。③

这时的禹对属下的群臣已经具有了生杀予夺之权，他再也不是氏族社会中与众庶平等的一员了。至此，不管当时的人们是否意识到，禹的举措都使中国社会的历史达到一个新的临界点。以社会分裂为阶级、财富集中于少数人和国家机器强制百姓服从为特征的文明时代降临到赤县神州的土地上。在先秦诸子中，最早对这一变化进行描述的是庄子，他通过一个寓言故事巧妙地揭示了禹之政与尧、舜之政的区别。

> 尧治天下，伯成子高立为诸侯。尧授舜，舜授禹，伯成子高辞

---

① 李锴：《尚史》卷3，四库全书本。
② 司马迁：《史记》卷2《夏本纪》，第77页。
③ 赵晔：《吴越春秋》卷4《越之前君无余传》，苗麓点校，江苏古籍出版社1986年版。

为诸侯而耕。禹往见之,则耕在野。禹趋就下风,立而问焉,曰:"昔尧治天下,吾子立为诸侯。尧授舜,舜授予,吾子辞为诸侯而耕,敢问其故何也?"子高曰:"昔尧治天下,不赏而民劝,不罚而民畏。今子赏罚而民且不仁,德自此衰,刑自此立,后世之乱自此始矣。夫子盍行邪,无落吾事。"俋俋乎耕而不顾。①

当然,禹似乎也不完全是通过杀伐的手段树立自己的权威,《帝王世纪》记载,他对诸侯和臣民也在施德示惠、礼贤下士:"禹纳礼贤人,一沐三握发,一食三起。"不少文献渲染了他这方面的事迹,如《淮南子·原道训》所记:

> 昔者夏鲧作三仞之城,诸侯背之,海外有狡心。禹知天下之叛也,乃坏城平池,散财物,焚甲兵,施之以德,海外宾伏,四夷纳职,合诸侯于涂山,执玉帛者万国。②

其他如《荀子·大略篇》,赞扬"禹见耕者耦,立而式,过十室之邑必下"。《说苑·君道》也有以下记载:

> 禹出,见罪人,下车问而泣之。左右曰:"夫罪人不顺道,故使然焉,君王何为痛之至于此也?"禹曰:"尧、舜之人,皆以尧、舜之心为心。今寡人为君也,百姓各自以其心为心,是以痛之也。"③

这些有关禹德惠仁礼之行的记载,不少地方显露出后世儒家学者编撰的痕迹,字里行间渗透着他们的愿望与希冀,但也应该承认,禹的举措中尽管还保留着原始社会道德和风俗的遗存,可是不管怎么说,禹的接掌帝位,在一定程度上应该成为中国历史野蛮和文明的界标。他的所有举措,彰显的都是挣脱野蛮的高瞻远瞩的努力。所以,后来孔子谈到

---

① 陈鼓应注译:《庄子今注今译》,中华书局1983年版,第334页。
② 何宁:《淮南子集释·原道训》,中华书局2015年版,第29—30页。
③ 刘向:《说苑》卷1《君道》,董治安主编《两汉全书》第9册,山东大学出版社2009年版。

禹之功德，作了理想化的总结，《大戴礼记》引述的宰我与孔子的对话：

> 宰我曰："请问禹。"孔子曰："高阳之孙，鲧之子也，曰文命。敏给克济，其德不回，其仁可亲，其言可信。声为律，身为度，亹亹穆穆，为纲为纪。巡九州，通九道，陂九泽，度九山，为神主，为民父母。左准绳，右规矩，履四时，据四海。平九州，戴九天，明耳目，治天下。举皋陶与益，以赞其身，举干戈以征不享、不庭、无道之民。四海之内，舟车所至，莫不宾服。"①

禹以渐进的方式，悄悄地在改组部落联盟办事机构的同时改变了它的性质，建立起一套凌驾于社会之上的国家机器。这个国家统治的阶级基础是最先抢占了权力和财富的奴隶主贵族，他们之所以需要和容忍这个有时可以对自己进行惩罚的机构的存在，是因为只有这样的机构才能维护他们的权力和财富并使之得到传承。

历史在考验禹的勇气和决断能力，他敢于更改禅让的传统，将帝位传给自己的儿子吗？因为现在的帝位已经今非昔比，它再也不是一个像部落酋长那样服务大众的只尽义务的岗位，而是一个掌握权力和享用财富的显赫之职。正因为如此，当禹年老的时候，与他地位相当或接近的氏族酋长们，都眼巴巴地渴望依照禅让的传统来继承他的位子。这时的禹，既意识到禅让传统的无比张力，更明白摈弃这一传统、以传子代替禅让给自己儿孙和家族带来的利益。权衡再三，禹决定做第一个吃螃蟹的人，毅然将帝位传给了自己的儿子。禹之亵渎禅让的传统而毅然将尊位传子，恐怕只能肯定是私心占了上风。他敢于这样做，一是因为这样做的诱惑力实在太大，二是因为他估计自己的余威和儿子的能力足以战胜那些对此事持疑义的反叛者。果然，启继位伊始，就招来有扈氏的反抗。这个有扈氏的反抗自然也不是出于维护禅让传统的"公心"，而是因为禹传子断绝了他享有的通过禅让继承权力和财富的机会。对于有扈氏的反抗，启毫不犹豫地以武力镇压，于是就有了我们今天看到的《尚书·甘誓》：

---

① 《大戴礼记》卷7《五帝德》，四库全书本。

> 大战于甘，乃召六卿。王曰："嗟！六事之人！予誓告汝，有扈氏威侮五行，怠弃三正，天用剿绝其命。今予惟恭行天之罚。左不攻于左，汝不恭命；右不攻于右，汝不恭命；御非其马之正，汝不恭命。用命赏于祖，弗用命戮于社，予则孥戮汝。"①

启以"恭行天之罚"的堂皇理由对有扈氏大打出手，平息了他们的反抗，标志了传子对禅让的胜利。但是，传子代替禅让作为制度上的根本性的变革，既很难在短时间内被社会上多数人所接受，也很难在观念上很快被社会上多数人所认可，所以在启之后就出现了后羿、寒浞相继"篡政"的混乱局面，直到大禹的五世孙少康中兴，才算稳住了形势。此后，以传子延续家天下的观念，才得到社会的普遍认可，异姓篡政也就成了背叛君臣之义的大逆不道。"正是人的恶劣的情欲——贪欲和权势欲成了历史发展的杠杆。"② 正是在贪欲和权势欲的驱动下，禹敢于冒天下之大不韪，毅然摈弃禅让的古老传统，以"禹传子，家天下"的形式，使中国历史来了一次"华丽转身"，将中华民族引进文明时代。他作为历史的不自觉的工具，完成了一个划时代的使命，从而成就了无与伦比的空前伟业。然而吊诡的是，禹的功业是以人剥削人代替共同劳动、共同享受，以不平等置换平等，以尔虞我诈驱除忠实诚信，以血腥的杀戮取代和谐协商为代价的。看来，为了使人类脱离野蛮状态，只能使用野蛮的手段了。虽然如此，这丝毫不意味着对禹进行否定的评价，因为他走的是历史辩证法支配的必由之路。恩格斯在《反杜林论》中的一段话或许可以帮助我们理解禹的功业。

> 只有奴隶制才使农业和工业之间的更大规模的分工成为可能，从而为古代文化的繁荣，即为希腊文化创造了条件。没有奴隶制，就没有希腊国家，就没有希腊的艺术和科学；没有奴隶制，就没有罗马帝国。没有希腊文化和罗马帝国奠定的基础，也就没有现代的欧洲。我们永远不应该忘记，我们的全部经济、政治和智慧的发展，是以奴隶制既为人所公认、同样又为人所必需这种状况为前提

---

① 《尚书·甘誓》，《十三经注疏》，第155页。
② 《马克思恩格斯选集》第4卷，人民出版社1972年版，第233页。

的。在这个意义上，我们有理由说，没有古代的奴隶制，就没有现代的社会主义。①

禹和他的儿子启通过改变帝位继承方式展示了他们父子的政治思想，这就是对国家和社会的有效管理必须诉诸行政权力；对民众最好的统治方式是德刑并用，一是握有绝对不可让渡的权力，二是以德行和勤政之举让民众相信他的能力和品格。在韩愈创建的"道统"谱系中，大禹是排名第三的伟人。

三 《尚书·夏书》展示的政治思想

夏朝留下的历史文献很少，今文《尚书》中的《舜典》《皋陶谟》《益稷》《甘誓》主要反映的是夏朝初年的史迹，再后的《汤誓》中有对夏桀暴虐行政的斥责，中间近400年的岁月、近十位君王，没有留下相关言行的记录。唯有古文《尚书》中的《五子之歌》和《胤征》算是一点直接的资料，但其真实性受到绝大多数学者的质疑。不过，我们即使认定这两篇文献出自后人伪托，这种伪托也不是纯粹杜撰，不是空穴来风，而是后人撷拾前人留下的传说或片段资料加以整合的结果，从中还是可以寻觅一些夏代政治思想的信息：

皇祖有训，民可近，不可下。民惟邦本，本固邦宁。予视天下，愚夫愚妇，一能胜予。一人三失，怨岂在明，不见是图。予临兆民，凛乎若朽索之驭六马。为人上者，奈何不敬。

训有之，内作色荒，外作禽荒。甘酒嗜音，峻宇雕墙，有一于此，未或不亡。

惟彼陶唐，有此冀方。今失厥道，乱其纪纲，乃底灭亡。

明明我祖，万邦之君，有典有则，贻厥子孙。关石和钧，王府则有，荒坠厥绪，覆宗绝祀。

呜呼曷归，予怀之悲，万姓仇予，予将畴依。郁陶乎予心，颜厚有忸怩，弗慎厥德，虽悔可追。②

---

① 《马克思恩格斯选集》第3卷，第220页。
② 史浩：《尚书讲义》卷6《五子之歌》，四库全书本。

这篇文献假借太康等失国五子的忏悔，阐发了他们的政治思想。其中有对于民本的认识："民可近，不可下。民惟邦本，本固邦宁。"也有对于君王须加强自身修养、不可荒淫腐败的认识，更有对于丢弃祖宗优良治国理政传统导致"荒坠厥绪，覆宗绝祀"的痛悔。所有这一切，都是政治思想史上具有积极意义的资料。

另外，还有一篇《胤征》，据说因为夏朝的一个诸侯或臣子"羲和湎淫，废时乱日"，夏朝的大臣"胤往征之，作《胤征》"。

> 惟仲康肇位四海，胤侯命掌六师，羲和废厥职，酒荒于厥邑。胤侯承王命徂征。告于众曰："嗟予有众，圣有谟训，明征定保。先王克谨天戒，臣人克有常宪，百官修辅，厥后惟明明。每岁孟春，遒人以木铎徇于路，官师相规，工执艺事以谏，其或不恭，邦有常刑。惟时羲和，颠覆厥德，沉乱于酒，畔官离次，俶扰天纪，遐弃厥司。乃季秋月朔，辰弗集于房，瞽奏鼓，啬夫驰，庶人走。羲和尸厥官，罔闻知，昏迷于天象，以干先王之诛。《政典》曰：'先时者杀无赦，不及时者杀无赦。'今予以尔有众，奉将天罚。尔众士同力，王室尚弼，予钦承天子威命。火炎昆冈，玉石俱焚。天吏逸德，烈于猛火。歼厥渠魁，胁从罔治。旧染污俗，咸与惟新。呜呼！威克厥爱，允济。爱克厥威，允罔功。其尔众士，懋戒哉！"①

这篇文献是讨伐羲和的誓词，其中，严厉斥责"羲和废厥职，酒荒于厥邑"，违背祖宗的"谟训"和"常宪"，拒绝接受各方面的劝谏，"颠覆厥德，沉乱于酒，畔官离次，俶扰天纪，遐弃厥司"，"昏迷于天象，以干先王之诛"，因而被明令"奉将天罚"。誓词要求所有官员都必须站在王室一边，共同对敌，"众士同力，王室尚弼"。讨伐的目标只是羲和，"歼厥渠魁，胁从罔治"，但也要求所有诸侯和百官接受教训，"旧染污俗，咸与惟新"。这篇誓词显示的政治思想是，所有夏朝属下的诸侯和官员必须遵循国家建立的制度和制定的法纪，接受来自各方面的劝谏，"克勤"奉职，兢兢业业，决不可走上废职荒酒一途，否

---

① 史浩：《尚书讲义》卷6《胤征》。

则必然受到严厉惩罚。这说明，夏朝执政者已经认识到官吏的品行、能力的重要性和对违法违纪不臣者执行法纪的必要性。

四　夏桀的暴政观念

夏桀是夏朝最后一位君王，他是被商汤率领的商族武装推翻的。有关他暴虐的事迹文献没有多少具体的记载，只在《尚书·汤誓》中留下片言只语：

> 有夏多罪，天命殛之。
> 夏王率遏众力，率割夏邑，有众率怠弗协，曰："时日曷丧，予及汝皆亡。"

《吕氏春秋》对夏桀的暴虐有如下记载：

> 桀为无道，暴戾顽贪，天下颤恐而患之，言者不同，纷纷分分，其情难得。干辛任威，凌轹诸侯，以及兆民，贤良郁怨。杀彼龙逢，以服群凶，众庶泯泯，皆有远志，莫敢直言，其生若惊。大臣同患，弗周而畔。桀愈自贤，矜过善非，国人大崩。伊尹奔夏三年，反报于亳，曰："桀迷惑于末嬉，好彼琬琰，不恤其众，众志不堪，上下相疾，民心积怨，皆曰：'上天弗恤，夏命其卒。'"[①]

《史记·夏本纪》记载的是桀"不务德而武伤百姓，百姓弗勘"，即拒绝对百姓实行仁德之治，一味迷信暴力，动辄进行杀伐。《史记·殷本纪》记载的是"夏桀为虐政淫荒"，致使百姓与之不共戴天，宁愿与之同归于尽。

西汉晚期的刘向在其撰写的《列女传》中，记载了夏桀宠信美妃末喜最后导致夏朝灭亡的故事：

> 末喜者，夏桀之妃也。美于色，薄于德，乱无道。女子行丈夫

[①] 许维遹：《吕氏春秋集释》，第305—307页。

心，佩剑带冠。桀既弃礼义，淫于妇人，求美女积之于后宫，收倡优侏儒狎徒能为奇伟戏者，聚之于旁。造烂漫之乐，日夜与末喜及宫女饮酒，无有休时。置末喜于膝上，听用其言，昏乱失道，骄奢自恣。为酒池可以运舟，一鼓而牛饮者三千人。其头而饮之于酒池，醉而溺死者，末喜笑之以为乐。龙逢进谏曰："君无道，必亡矣。"桀曰："日有亡乎，日亡而我亡。"不听，以为妖言而杀之。造琼台瑶室，以临云雨，殚财尽币，意尚不厌。①

《帝王世纪》也有以下记载：

（帝桀）日夜与妹喜（末喜）及宫女饮酒，常置妹喜于膝上。妹喜好闻裂缯之声，为发缯裂之以顺其意。以人驾车为肉山脯林，以酒为池，使可运舟，一鼓而牛饮者三千余人，醉而溺水。以虎入市，而视其惊。②

这些记载，当然有《吕氏春秋》的资料来源，很可能还有流传于民间的一些传说，刘向在整理汇入他编辑的文集中时经过自己的加工，与商纣王宠信妲己类似，其真实性不见得完全靠得住。

从以上这些零星记载的关于夏桀的罪行中，我们还是可以窥见有关夏桀政治思想的一些信息。一是夏桀确实是一个暴虐腐败的君王。他相信暴力万能，以为凭借暴力可以为所欲为。因而根本舍弃"德政"，最终激化阶级矛盾和社会矛盾。二是夏桀刚愎自用，听不进任何不同意见，只钟情溜须拍马的话语，致使奸佞者进，忠贞者退。最后是所有人都离叛他而去，使之成为孤家寡人。这说明，在奴隶制王朝初创时期，夏桀之类当权者除了认定暴力的决定作用外，"德治""任贤""虚心纳谏"之类后世君王治国理政的良好理念还在他们的视野之外。他们的政治思想是十分贫乏的。

---

① 刘向：《列女传》，丛书集成本（参见马骕《绎史》，齐鲁书社 2001 年版，第 153—154 页）。
② 皇甫谧：《帝王世纪》卷 3，四库全书本。

第二节　商代的政治思想

一　商朝的政治变迁与社会发展

商朝（约前1600—前1046年），历经17世31王，600余年的时间。商族是一个古老的氏族，起源于东方，最早在今之山东、河北、河南交界处活动。其始祖契是与舜、禹同时代的人物。由契经过12代13王传至汤，正逢夏朝的末年。蒸蒸日上的商族在汤的率领下，联合众多诸侯方国，发动了讨伐夏桀的战役，结果是夏亡商立，商代替夏成为中原的主人。商朝的疆域较夏朝有所扩大，中心区域达到今之河南、河北、山东、山西、安徽、江苏等地，影响周围方国的范围达到今之陕西、湖北、江西、浙江等地。商朝建立后，统治并不十分稳定，所以国都屡迁，到第10世第20位商王盘庚，将国都由奄（今山东曲阜）迁至殷（今河南安阳），这里成为商朝最后的国都，所以商朝也称殷朝。由于这里地理位置优越，物产丰富，交通便利，使商朝进一步安定，进入发展的快车道。到第11世第23位国王武丁时期，商朝达到了它历史的巅峰。但到商朝的第17世第31位国王受辛当政时，商朝内外矛盾加剧，国势日衰，最后在周武王发动的诸侯联军讨伐战争中被推翻，周朝代替商朝成为中原王朝的统治者，这一年为公元前1046年。

商朝建立了以子姓贵族为核心的奴隶主贵族专政，商王除直接统治王畿外，周边地区由诸侯统治，再远一层是众多大小不等的方国。对商王而言，他只是诸侯和方国的盟主，诸侯和方国通过贡赋承认他盟主的地位。商朝的统治阶级是奴隶主贵族，他们是由同姓的"王族""子族""多子族"和异姓贵族等组成。被统治阶级是平民和奴隶。在甲骨文中屡屡出现的"众人"，都是平民，他们是农业、手工业、畜牧业中的主要劳动者。奴隶基本上由战俘组成，甲骨文中的仆、臣、妾、奚等是他们的通称。他们主要从事贵族家内的日常服务，地位最卑贱，人殉、人祭的牺牲者也主要由这个群体承担。

商朝已经建立起从中央到地方的比较规范的行政管理机构。商王掌握最高权力，自号"余一人"，王权在王室内部世袭。王畿内由贵族组成的中央政府和百官直接管理，其中有总揽全局的"相"和"三公"，从事政务管理的"臣""正"，从事军事管理的"马""多马""亚"

"多亚""射""多射"等，从事宗教文化事务管理的"尹""多尹""作册""卜""多卜"等，还有从事宫廷事务管理的"宰""寝""宗"等。王畿之外则由臣服于商王室的侯、甸、男等诸侯和方国首领管理，并通过贡纳、协助征伐和助祭等活动显示对王室的臣属关系。核心贵族集团，尤其是其中的长老，在国家政治生活中还拥有较大的影响力，形成对商王权力的一定制约，这表明氏族社会的原始民主制度遗存还在发挥余威。商朝实行族兵制，由贵族和平民组成的军队，平时从事他们各自的活动，战时则出征作战，兵民不分，文武不分。商朝已经有较完备的法律制度，"商有乱政，而作《汤刑》"①。《吕氏春秋》记载商朝已有刑律三百条，所以《荀子》说"刑名从商"。商朝法律的特点是严酷。如死刑就有族诛、大辟、炮烙、脯醢、剖刑等名目，肉刑有刖、宫、劓、墨、断手足等刑种，另外还有徒刑。这些刑罚虽然不全为对付平民和奴隶而设，但主要是为了惩罚他们的违法行为，使之完全屈从统治者的意志。

商朝的经济较夏朝有了进一步的发展。农业生产中使用的工具尽管主要还是木、石、骨、蚌等材料制作的，但青铜工具也占有一定的比例，通过奴隶和平民的集体劳作，更多的荒芜之地被开垦成良田，甲骨文中出现很多不同写法的"田"字，说明土地已经成为最重要的生产资料。卜辞中有大量占卜祈雨和粮食是否丰收的纪录，反映了统治者对农业生产的重视。商朝的粮食产量较夏朝有明显提高，甲骨文中"廪"字屡屡出现，标志着储存粮食的仓房已经在各地建立，而酿酒业的空前发达，也说明粮食在供应吃饭外已经有了较多剩余。商族本来就是一个具有畜牧传统的部族，其屡屡迁都在一定程度上正是体现了游牧经济的特点。成为中原王朝以后，它的畜牧经济较前更为发达，甲骨文记载的祭祀用牲一次可达三百只羊、五百头豕、一千头牛。渔猎和采集在经济生活中也还占有一定的地位。商王爱好狩猎，甲骨文记载的狩猎活动频繁，一次猎取的禽兽包括老虎在内数以百计，一次捕捞的鱼类多达三万条。商朝的手工业较夏代更有着长足发展，青铜、陶瓷、骨器、车马器、玉器、漆器、纺织等部门都取得新的进展。尤其是青铜铸造，其种类之多，冶炼技术之先进，工艺水平之高，都达到了难以企及的高峰，

---

① 杨伯峻编著：《春秋左传注》，第1275页。

重达875公斤的后母戊鼎是其中的杰出代表。商族还是历史记载中最早从事商贸活动的部族,在它存在的600多年中,商贸活动的规模和范围进一步扩大,贝作为钱币开始使用,作为财富的象征被达官贵人储存。从考古资料判断,商朝已经同今之中国疆域中的绝大多数地区都有商贸往来,并且与今之印度洋沿岸的人群也有贸易联系。

商朝的文字、历法和其他科学技术也都取得了显著成就。一个稳定存在并逐步扩大的巫史集团是从事文化活动的专职群体。在祭祀、占卜、记事、天象观察、历法创造等活动中,他们发挥着不可替代的作用。中国文字的创造可能出现在一万年前,经过多方试验和约定俗成,到商朝的甲骨文,已经成为体系完备的成熟汉字。现在出土的甲骨文总数已经超过16万片,单字达6000左右,已经识出音、义者也超过千字。这些甲骨文不仅是中国文字发展史上的瑰宝,更是记载商朝历史的最珍贵的原始资料。文字诞生使历史记录有了最可靠的工具,于是商朝有了中国最早的历史文献,"惟殷先人,有册有典"①,这些典册的作者就是专设的太史、内史之类的文化官员。商朝人开始有意识地观察天象,甲骨文中有大量关于风、云、雨、雾、旸、阴、霁、虹、月蚀、日蚀的纪录,在此基础上产生了商朝的历法,虽然还不够精密,但已经有一年十二个月的设置,知道置闰,基本上能满足百姓生产和生活的需要。商朝的数学也达到了较高水准,计数已有个、十、百、千、万等单位,卜辞中出现的最大数字是三万。此外,商朝的建筑、医药等学科也有所发展,卜辞中也出现过各种疾病的名称。在艺术方面,商朝的工艺、建筑、绘画、雕塑和音乐也达到相当高的水平。总之,无论在经济还是在文化科学方面,商朝都是中国历史发展的重要阶段,为西周奴隶社会达到最繁荣阶段创造了坚实而丰厚的基础。

商朝的政治思想就是在这样的经济基础、社会结构和科学文化的背景下产生并获得发展的。

二 商汤的政治思想

商汤名天乙,是商族始祖契的第12代孙,商朝的第一代国君。当他作为商族的首领领导商族在夏朝的东部边陲发展壮大的时候,也正是

---

① 《尚书·多士》,《十三经注疏》,第220页。

夏朝最后一个国君夏桀最暴虐无道的时候。他看准时机，启动了灭夏的谋划。他先征伐夏的与国，从葛伯开刀，说："予有言，人视水见形，视民知治不。"① 继而征伐昆吾，得手后，接着率诸侯联军讨伐夏桀。在誓师大会上，他对参与军事行动的各路诸侯联军发出以下誓言：

> 格女众庶，来，女悉听朕言。匪台小子敢行举乱，有夏多罪，予维闻女众言，夏氏有罪。予畏上帝，不敢不正。今夏多罪，天命殛之。今女有众，女曰："我君不恤我众，舍我啬事而割政。"女其曰："有罪，其奈何？"夏王率止众力，率夺夏国。有众率怠不和，曰："是日何时丧，予与女皆亡。"夏德若兹，今朕必往。尔尚及予一人致天之罚，予其大理女。女毋不信，朕不食言。女不从誓言，予则帑僇女，无有攸赦。②

伐夏取得成功后，他返回故都亳，发表《汤诰》：

> 王归自克夏，至于亳，诞告万方。王曰："嗟，尔万方有众，明听予一人诰。惟皇上帝，降衷于下民，若有恒性，克绥厥猷。惟后夏王，灭德作威，以敷虐于尔万方百姓。尔万方百姓罹其凶害，弗忍荼毒，并告无辜于上下神祇。天道福善祸淫，降灾于夏，以彰厥罪。肆台小子，将天命明威，不敢赦。敢用玄牡，敢昭告于上天神后，请罪有夏。聿求元圣，与之戮力，以与尔有众请命。上天孚佑下民，罪人黜伏，天命弗僭，贲若草木，兆民允殖。俾予一人，辑宁尔邦家，兹朕未知获戾于上下，栗栗危惧，若将陨于深渊。凡我造邦，无从匪彝，无即慆淫，各守尔典，以承天休。尔有善，朕弗敢蔽，罪当朕躬，弗敢自赦，惟简在上帝之心。其尔万方有罪，在予一人。予一人有罪，无以尔万方。呜呼！尚克时忱，乃亦有终。③

从这两份文献中，似乎可以抽绎出商汤的政治思想。一是汤笃信天

---

① 司马迁：《史记》卷3《殷本纪》，第93页。
② 司马迁：《史记》卷3《殷本纪》，第95页。
③ 史浩：《尚书讲义·汤诰》，四库全书本。

命鬼神，认为夏朝的暴虐违背天命，所以对它的讨伐是代天行政，"今夏多罪，天命殛之"，"天道福善祸淫，降灾于夏，以彰厥罪"。二是夏桀的罪恶是"灭德作威，以敷虐于尔万方百姓"，因而一个君王必须有德，而这个"德"，最主要的体现就是"爱民"。三是君王之德不仅体现在爱民，还表现在将德施及万物：

> 汤出，见野张网四面，祝曰："自天下四方皆入吾网。"汤曰："嘻，尽之矣！"乃去其三面，祝曰："欲左，左。欲右，右。不用命，乃入吾网。"诸侯闻之，曰："汤德至矣，及禽兽。"[①]

这个故事显然是溢美之作，但从中可以看出在商汤的行政理念中，"德"的因素占了很大成分，这可能是商族在其领导下发展壮大的原因之一吧。在韩愈创建的"道统"谱系中，商汤是排名第四的伟人。

三　伊尹的政治思想

伊尹是协助商汤谋划推翻夏朝统治的关键人物，是一个敢作敢为的宰辅大臣、智谋超群的政治家和颇具创新意识的思想家。他作为第一谋主，在协助商汤伐桀灭夏后，建立起一个比夏朝疆域更广阔、文明程度更先进的商朝。汤死之后，他作为五朝元老继续辅佐了外丙、中壬、太甲和沃丁四位帝君。有关他的事功，最早记载的是《尚书》中的《伊训》《太甲》上、中、下和《咸有一德》，其次是散见于先秦诸子和其他史籍中的篇章，而最集中和翔实的记载当推《史记·殷本纪》：

> 伊尹名阿衡。阿衡欲见汤而无由，乃为有莘氏媵臣，负鼎俎，以滋味说汤，致于王道。或曰，伊尹处士，汤使人聘迎之，五反然后肯往从汤，言素王及九主之事。汤举任以国政。伊尹去汤适夏。既丑有夏，复归于亳。入自北门，遇女鸠、女房，作《女鸠女房》。
>
> 当是时，夏桀为虐政淫荒，而诸侯昆吾氏为乱。汤乃兴师率诸侯，伊尹从汤，汤自把钺以伐昆吾，遂伐桀。……汤乃践天子位，平定海内。……伊尹作《咸有一德》。

[①] 司马迁：《史记》卷3《殷本纪》，第95页。

汤崩，太子太丁未立而卒，于是乃立太丁之弟外丙，是为帝外丙。帝外丙即位三年，崩，立外丙之弟中壬，是为帝中壬。帝中壬即位四年，崩，伊尹乃立太丁之子太甲。太甲，成汤适长孙也，是为帝太甲。帝太甲元年，伊尹作《伊训》，作《肆命》，作《徂后》。

帝太甲既立三年，不明，暴虐，不遵汤法，乱德，于是伊尹放之于桐宫。三年，伊尹摄行政当国，以朝诸侯。帝太甲居桐宫三年，悔过自责，反善，于是伊尹乃迎帝太甲而授之政。帝太甲修德，诸侯咸归殷，百姓以宁。伊尹嘉之，乃作《太甲训》三篇，褒帝太甲，称太宗。

太宗崩，子沃丁立，帝沃丁之时，伊尹卒。既葬伊尹于亳，咎单遂训伊尹事，作《沃丁》。①

《殷本纪》记载了伊尹传奇的一生，特别是他的功业和思想。其中特别引人注意的是他将当国的太甲流放到桐这个地方闭门思过。这在秦、汉以后的历史上几乎是不可思议的行动，显示了原始社会民主遗存的力量，也展示了伊尹忠于商朝的耿耿之心。他之所以流放太甲、摄政当国和自愿归政，目的只有一个，就是使商朝在稳定发展的路上延续它的王统。

《史记·殷本纪》记载伊尹事迹依据的主要史源是《尚书》中的《伊训》《太甲》上、中、下和《咸有一德》五篇闪耀着智慧和理性之光的传世文献。这五篇文献实际上是伊尹的政治宣言，是他留给当世和后世商王的帝王政治教科书，也是他给自己留下的永世不磨的纪念碑，是他治国行政理念的集中体现。因为这五篇文献特别珍贵，且文字数量不多，可全部加以征引：

《伊训》：惟元祀，十有二月，乙丑，伊尹祠于先王。奉嗣王祗见厥祖，侯、甸群后咸在，百官总己以听冢宰。伊尹乃明言烈祖之成德，以训于王，曰："呜呼！古有夏先后，方懋厥德，罔有天灾。山川鬼神，亦莫不宁，暨鸟兽鱼鳖咸若。于其子孙弗率，皇天降灾，假手于我有命，造攻自鸣条，朕哉自亳。惟我商王，布昭圣

---

① 司马迁：《史记》卷3《殷本纪》，第94—99页。

武，代虐以宽，兆民允怀。今王嗣厥德，罔不在初。立爱惟亲，立敬惟长，始于家邦，终于四海。呜呼！先王肇修人纪，从谏弗咈，先民时若。居上克明，为下克忠，与人不求备，检身若不及，以至于有万邦，兹惟艰哉！敷求哲人，俾辅于尔后嗣，制官刑，儆于有位。曰：敢有恒舞于宫，酣歌于室，时谓巫风。敢有殉于货色，恒于游畋，时谓淫风。敢有侮圣言，逆忠直，远耆德，比顽童，时谓乱风。惟兹三风十愆，卿士有一于身，家必丧；邦君有一于身，国必亡。臣下不匡，其刑墨，具训于蒙士。呜呼！嗣王祗厥身，念哉！圣谟洋洋，嘉言孔彰。惟上帝不常，作善降之百祥，作不善降之百殃。尔惟德罔小，万邦惟庆；尔惟不德罔大，坠厥宗。"

《太甲上》：太甲既立，不明，伊尹放诸桐。三年复归于亳，思庸，伊尹作《太甲》三篇。惟嗣王不惠于阿衡，伊尹作书曰："先王顾諟天之明命，以承上下神祇。社稷宗庙，罔不祗肃。天监厥德，用集大命，抚绥万方。惟尹躬克，左右厥辟，宅师，肆嗣王丕承基绪。惟尹躬先见于西邑夏，自周有终，相亦惟终。其后嗣王，罔克有终，相亦罔终，嗣王戒哉！祗尔厥辟，辟不辟，忝厥祖。"王惟庸罔念闻，伊尹乃言曰："先王昧爽丕显，坐以待旦。旁求俊彦，启迪后人，无越厥命以自覆。慎乃俭德，惟怀永图。若虞机张，往省括于度则释。钦厥止，率乃祖攸行。惟朕以怿，万世有辞。"王未克变。伊尹曰："兹乃不义，习与性成。予弗狎于弗顺，营于桐宫，密迩先王其训，无俾世迷。王徂桐宫居忧，克终允德。"

《太甲中》：惟三祀，十有二月朔，伊尹以冕服，奉嗣王归于亳。作书曰："民非后，罔克胥匡以生。后非民，罔以辟四方。皇天眷佑有商，俾嗣王克终厥德，实万世无疆之休。"王拜手稽首曰："予小子不明于德，自底不类。欲败度，纵败礼，以速戾于厥躬。天作孽，犹可违；自作孽，不可逭。既往背师保之训，弗克于厥初，尚赖匡救之德，图惟厥终。"伊尹拜手稽首，曰："修厥身，允德协于下，惟明后。先王子惠困穷，民服厥命，罔有不悦。并其有邦厥邻，乃曰：徯我后，后来无罚。王懋乃德，视乃厥祖，无时豫怠。奉先思孝，接下思恭，视远惟明，听德惟聪。朕承王之休，无斁。"

《太甲下》：伊尹申诰于王曰："呜呼！惟天无亲，克敬惟亲。

民罔常怀，怀于有仁。鬼神无常享，享于克诚。天位艰哉！德惟治，否德乱。与治同道，罔不兴；与乱同事，罔不亡。终始慎厥与，惟明明后。先王惟时懋敬厥德，克配上帝。今王嗣有令绪，尚监兹哉！若升高，必自下；若陟遐，必自迩。无轻民事，惟难。无安厥位，惟危。慎终于始。有言逆于汝心，必求诸道。有言逊于汝志，必求诸非道。呜呼！弗虑胡获，弗为胡成，一人元良，万邦以贞。君罔以辩言乱旧政，臣罔以宠利居成功，邦其永孚于休。"

《咸有一德》：伊尹既复政厥辟，将告归，乃陈戒于德。曰："呜呼！天难谌，命靡常。常厥德，保厥位。厥德匪常，九有以亡。夏王弗克庸德，慢神虐民，皇天弗保，监于万方，启迪有命，眷求一德，俾作神主。惟尹躬暨汤，咸有一德，克享天心，受天明命，以有九有之师，爰革夏正。非天私我有商，惟天佑于一德。非商求于下民，惟民归于一德。德惟一，动罔不吉；德二三，动罔不凶。惟吉凶不僭在人，惟天降灾祥在德。今嗣王新服厥命，惟新厥德。终始惟一，时乃日新。任官惟贤材，左右惟其人。臣为上为德，为下为民。其难其慎，惟和惟一。德无常师，主善为师。善无常主，协于克一。俾万姓咸曰：大哉王言！又曰：一哉王心。克绥先王之禄，永底烝民之生。呜呼！七世之庙，可以观德。万夫之长，可以观政。后非民罔使，民非后罔事。无自广以狭人，匹夫匹妇，不获自尽，民主罔与成厥功。[①]

这五篇文献，全面展示了伊尹的政治思想内涵。

第一，君王必须敬畏天命，时时想到自己头上有一个神灵万端、明察秋毫、赏善罚恶的昊天上帝，这个上帝既能保佑你获得天下，更能使你转瞬之间丧失万里江山社稷，"惟上帝不常，作善降之百祥，作不善降之百殃"，"天难谌，命靡常。……皇天弗保，监于万方"。夏王就是因为不敬天命，"于其子孙弗率"，所以"皇天降灾，假手于我有命，造攻自鸣条"，自己的先王就是因为敬畏天命，因而得以实现对天下稳定的统治："先王顾諟天之明命，以承上下神祇。社稷宗庙，罔不祗肃。天监厥德，用集大命，抚绥万方。""皇天眷佑有商，俾嗣王克终

[①] 以上资料全部出自孔安国传、孔颖达疏《尚书注疏》卷19，四库全书本。

厥德，实万世无疆之休。"不要对伊尹的迷信上帝、鬼神发出过多的责难，因为在夏、商那个时代，整个社会都弥漫着对上帝、鬼神的信仰和敬畏："殷人尊神，率民以事神。先鬼而后礼，先罚而后赏。"[1] 伊尹强调有一个监临帝王头顶的昊天上帝，目的是让君王对上帝保持一种敬畏之心，时刻警惕自己的行动不要违背上帝的好生之德。

第二，使昊天上帝护佑君王稳坐君位的条件是君王必须有德。"非天私我有商，惟天佑于一德。非商求于下民，惟民归于一德。德惟一，动罔不吉；德二三，动罔不凶。惟吉凶不僭在人，惟天降灾祥在德。"伊尹讲的"德"包含着十分丰富的内容。首先是加强自身的道德修养。因为"天无亲""天位艰"，"天作孽，犹可违；自作孽，不可逭"，"德惟治，否德乱。与治同道，罔不兴；与乱同事，罔不亡"，所以必须加强自己的道德修养以回应天的眷顾或惩罚。这就要求君王切戒"三风十愆"："敢有恒舞于宫，酣歌于室，时谓巫风。敢有殉于货色，恒于游畋，时谓淫风。敢有侮圣言，逆忠直，远耆德，比顽童，时谓乱风。兹三风十愆，卿士有一于身，家必丧；邦君有一于身，国必亡。"修德就要节制自己的欲望，不可放纵自己的行为，因为"欲败度，纵败礼"。君王的修德，还应该体现在坚持正确的行政理念和执政措施，如立爱敬长，"立爱惟亲，立敬惟长，始于家邦，终于四海"；如虚心纳谏，任用贤良，严于律己，宽以待人，孝敬长上，谦恭下人，"从谏弗咈"，"居上克明，为下克忠。与人不求备，检身若不及。……敷求哲人……制官刑，儆于有位"，"旁求俊彦启迪后人"，"奉先思孝，接下思恭，视远惟明，听德惟聪"，"有言逆于汝心，必求诸道。有言逊于汝志，必求诸非道"，等等，总之是加强个人修养的方方面面，给全体臣民树立一个敬畏仰望的崇高的道德形象，"一人元良，万邦以贞"，不负其作为上帝在人间代表的使命担当。

第三，更重要的是，君王必须重民、爱民、为民。夏朝的灭亡，是因为它"弗克庸德，慢神虐民"。所以要想长治久安，就必须"代虐以宽"，"无轻民事"，"臣为上为德，为下为民"，"德无常师，主善为师"，"永底烝民之生"。此时的伊尹似乎已经从夏朝灭亡的教训中，体认到民众的力量不容小觑，所以再三强调重民、爱民、为民。

---

[1] 孙希旦：《礼记集解》，第1310页。

这样，伊尹就在中国历史上创设了政治学的基本原则：君王必须敬天法祖，加强自身的道德修养，推行贤人政治，从民本出发执行重民、爱民、为民的政策。这些基本原则后来被周公和儒家做了创造性的发挥，形成了一套以"德治""民本"为核心内容的理论体系，在中国历史上产生了深远的影响。

四 盘庚的开明政治理念

商朝传至第 10 代第 20 位国君盘庚时，已经五次迁都。盘庚为了更好地理顺中央与地方的关系，进一步形成对周边方国的威慑，决定将国都由奄（今山东曲阜）迁至殷（今河南安阳）。为了顺利地迁都和在迁都后使随迁的臣民百姓认可迁都决策的正确，盘庚在迁都过程中连续发布了三次讲话，形成了现存《尚书》中的《盘庚》上、中、下三篇文献。这三篇文章发布的时间排序应该是，《盘庚中》为第一篇，是盘庚动员居于旧都奄的臣民百姓认可迁都的必要性，服从迁都的决定，顺利完成迁都的计划。《盘庚上》为第二篇，是迁都殷后由于臣民百姓一时不适应新居而口出怨言，盘庚对他们进行劝谏的讲话。《盘庚下》是臣民百姓迁至新都后，盘庚又将宗庙迁来，再次对臣民百姓的一次训话。这三次训话虽然不能全面概括盘庚的政治思想，但从中却可以窥视其政治思想的一些重要的方面。

第一，盘庚尊信上帝和先王在天之灵：

> 先王有服，恪谨天命。……天其永我命于兹新邑，绍复先王之大业，厎绥四方。[1]
>
> 古我先后，既劳乃祖乃父，汝共作我畜民。汝有戕则在乃心，我先后绥乃祖乃父。乃祖乃父，乃断弃汝，不救乃死。[2]
>
> 尔谓朕曷震动万民以迁，肆上帝将复我高祖之德，乱越我家。朕及笃敬，恭承民命，用永地于新邑。肆予冲人，非废厥谋，吊由灵。各非敢违卜，用宏兹贲。[3]

---

[1] 《尚书·盘庚上》，《十三经注疏》，第 168 页。
[2] 《尚书·盘庚中》，《十三经注疏》，第 171 页。
[3] 《尚书·盘庚下》，《十三经注疏》，第 172 页。

显然，盘庚对臣民的训话屡屡讲到上帝和先王，一方面说明他的所作所为都是根据上帝和先王的意志；一方面也表明，他对上帝和先王的笃信是真诚的，不是为了欺骗臣民而使用"神道设教"的伎俩。

第二，爱民重民，时刻为臣民的利益着想，是盘庚施政的着力点之一：

> 我王来，既爱宅于兹，重我民，无尽刘。……汝无侮老成人，无弱孤有幼。①
>
> 古我前后，罔不惟民之承。保后胥戚，鲜以不浮于天时。殷降大虐，先王不怀，厥攸作，视民利用迁。②

此类话语，透出的是为臣民的真心，而这里的臣民都是贵族和平民，盘庚对他们的讲话，是自家人对自家人说的真心话。

第三，遵纪守法、清廉行政、勤奋工作是盘庚对各级执政官员的基本要求：

> 盘庚敩于民，由乃在位，以常旧服，正法度。……王若曰：格汝众，予告汝训汝，汝猷黜乃心，无傲从康。……自今至于后日，各恭尔事，齐乃位，度乃口。罚及尔身，弗可悔！③
>
> 今予告汝不易，永敬大恤，无胥绝远。汝分猷念以相从，各设中于乃心，乃有不吉不迪，颠越不恭，暂遇奸宄，我乃劓殄灭之，无遗育，无俾易种于兹新邑。④
>
> 无戏怠，懋建大命。……邦伯、师长、百执事之人，尚皆隐哉。予其懋简相尔，念敬我众。朕不肩好货，敢恭生生，鞠人谋人之保居，叙钦。今我既羞告尔于朕志，若否，罔有弗钦。无总于货宝，生生自庸，式敷民德，永肩一心。⑤

---

① 《尚书·盘庚上》，《十三经注疏》，第168页。
② 《尚书·盘庚中》，《十三经注疏》，第170页。
③ 《尚书·盘庚上》，《十三经注疏》，第169页。
④ 《尚书·盘庚中》，《十三经注疏》，第171页。
⑤ 《尚书·盘庚下》，《十三经注疏》，第172页。

盘庚上述表述显示，作为一个最高执政者，他的头脑是比较清醒的。虽然对上帝和先王之神灵的认识还囿于传统思想观念，但在对民和官的认识上已经具有人文主义因素，其中蕴含着民本的意念和对官德官风的较严格要求，这些思想理念后来成为周公构筑其政治思想借鉴的重要资源。

五　武丁的保民思想

武丁是商朝的第 11 世第 23 位国君。在商朝历史上，他是一位与汤和盘庚齐名的君王。他享国 59 年，也是商朝在位时间最长的君王。因功勋卓著，被商族奉为"高宗"，后世史家也誉其为商朝的"中兴"之主。武丁曾在民间待过，有一段困苦生活的经历，因而对下层百姓生活的艰辛有所了解。对此，周朝著名政治家周公曾以赞扬的调子提及：

> 周公曰："呜呼，我闻曰……其在高宗，时旧劳于外，爰暨小人。作其即位，乃或亮阴，三年不言，其惟不言，言乃雍。不敢荒宁，嘉靖殷邦，至于小大，无时或怨，肆高宗之享国，五十有九年。"①

《史记·殷本纪》记载，武丁的成功施政，得到了傅说和祖己两位贤臣的辅佐：

> 帝武丁即位，思复兴殷，而未得其佐。三年不言，政事决于冢宰，以观国风。武丁夜梦得圣人，名曰说。以梦所见视群臣百吏，皆非也。于是乃使百工营求之野，得说于傅险中。是时说为胥靡，筑于傅险。见于武丁，武丁曰是也。得而与之语，果圣人，举以为相，殷国大治。故遂以傅险姓之，号曰傅说。
>
> 帝武丁祭成汤，明日，有飞雉登鼎耳而呴，武丁惧。祖己曰："王勿忧，先修政事。"祖己乃训王曰："唯天监下典厥义，降年有永有不永，非天夭民，中绝其命。民有不若德，不听罪，天既附命正厥德，乃曰其奈何。呜呼！王嗣敬民，罔非天继，常祀毋礼于弃

---

① 《尚书·无逸》，《十三经注疏》，第 118—123 页。

道。"武丁修政行德，天下咸欢，殷道复兴。①

这些记载显然夹杂了一些神话传说，不过有一点似乎清楚，武丁这个君王身上有两大优点，一是渴慕贤臣并千方百计寻觅，二是虚心纳谏。这应该是他取得显著治绩的重要原因。

史书记载的武丁的主要治绩是开疆拓土，在甲骨文中有多次征伐土方、羌方和鬼方的记载。《诗经·商颂》中也有歌颂武丁征伐四方，尤其是征伐荆楚的篇章，如《玄鸟》：

> 武丁孙子（武王成汤的子孙），武王靡不胜（武丁继承祖业，无不胜任）。龙旂十乘（诸侯树立龙旗，又备大车十辆），大糦是承（将黍、稷、稻、粱运来献上）。邦畿千里（封畿本土千里），维民所止（是众民所居之地），肇域彼四海（又开阔封域，远至那四海边际）。四海来假（四海之内，诸侯都到此朝贡），来假祁祁（来临朝贡之人，祁祁众盛）。②

又如《殷武》：

> 挞彼殷武（那殷王武丁，十分勇武），奋伐荆楚（奋力兴师，讨伐荆楚）。深入其阻（深入险阻之地），裒荆之旅（将荆楚军队俘虏）。有截其所（合并统一荆楚土地），汤孙之绪（这是汤孙的伟大功绩）。③

武丁的政治思想，主要集中展现在《尚书·说命》上、中、下三篇文献中。这三篇文献是武丁与傅说的对话，所以其中也蕴含着傅说这位杰出政治家的思想。

一是虚心纳谏。傅说、祖己之类贤良名臣成为他不可须臾离的辅佐，时刻匡正自己，君臣同心，使自己的行政一直沿着伟大先王开拓的正确道路稳步前行，达到"以康兆民"的施政目标：

---

① 司马迁：《史记》卷3《殷本纪》，第102—103页。
② 袁梅：《诗经译注》，齐鲁书社1985年版，第1041页。
③ 袁梅：《诗经译注》，第1051—1052页。

(武丁得傅说)爰立作相,王置诸其左右。命之曰:"朝夕纳诲,以辅台德。若金,用汝作砺;若济巨川,用汝作舟楫;若岁大旱,用汝作霖雨。启乃心,沃朕心;若药,弗瞑眩,厥疾弗瘳;若跣弗视地,厥足用伤。惟暨乃僚,罔不同心,以匡乃辟。俾率先王,迪我高后,以康兆民。"①

二是根据"知易行难"的原则,君王和"大夫师长"都应该不"逸豫","不及私",兢兢业业,为善去恶,有备而作,不搞繁文缛礼,努力做好各项工作:

(傅说)乃进于王曰:"呜呼!明王奉若天道,建邦设都。树后王君公,承以大夫师长。不惟逸豫,惟以乱民。惟天聪明,惟圣时宪。惟臣钦若,惟民从乂。惟口起羞,惟甲胄起戎。惟衣裳在笥,惟干戈省厥躬。王惟戒兹,允兹克明,乃罔不休。惟治乱在庶官,官不及私,昵为其能。爵罔及恶,德惟其贤。虑善以动,动惟厥时。有其善,丧厥善。矜其能,丧厥功。惟事事乃有其备,有备无患。无启宠纳侮,无耻过作非。惟厥攸居,政事惟醇。黩于祭祀,时谓弗钦。礼烦则乱,事神则难。……非知之艰,行之惟艰。"②

三是认真学习先王成功的经验,以尧、舜为楷模,学"古训",师"古人"。君王应该成为四海钦仰的圣人,良臣应该成为君王的"股肱",让社会上的所有人都能获得满意的生活:

(武丁):"尔惟训于朕志,若作酒醴,尔惟麹糵;若作和羹,尔为盐梅。尔交修予,罔予弃,予惟克迈乃训。"说曰:"王,人求多闻,时惟建事。学于古训,乃有获。事不师古,以克永世,匪说攸闻。惟学逊志,务时敏,厥修乃来。允怀于兹,道积于厥躬。惟教学半,念终始典于学,厥德修罔觉。监于先王成宪,其永无

---

① 《尚书·说命上》,《十三经注疏》,第174页。
② 《尚书·说命中》,《十三经注疏》,第175页。

愆。惟说式克钦承，旁招俊乂，列于庶位。"王曰："呜呼！说，四海之内，咸仰朕德，时乃风。股肱惟人，良臣惟圣。昔先正保衡，作我先王，乃曰：'予弗克俾厥后惟尧、舜，其心愧耻，若挞于市。'一人不获，则曰时予之辜。佑我烈祖，格与皇天。尔尚明保予，罔俾阿衡，专美有商。惟后非贤不乂，惟贤非后不食。其尔克绍乃辟于先王，永绥民。"①

这里，武丁和傅说君臣所表述的政治思想，更多集中在继承先王遗规、虚心纳谏、选用良臣、加强修养等对君王的要求方面，涉及民生方面的议题尚不突出，行政运行中的诸多问题更很少触及。这说明，当时商朝的国家管理和行政事务都还比较简单，这或许是因为当时的血缘纽带还比较强固，对百姓的管理在很大程度上还在依照原始社会遗下的规范进行吧。

六　纣王的政治观念

商纣王受辛是商朝最后一代国君，史载他以暴虐无道而被周武王统率的诸侯联军灭亡。

> 帝纣资辨捷疾，闻见甚敏；材力过人，手格猛兽；知足以距谏，言足以饰非；矜人臣以能，高天下以声，以为皆出己之下。好酒淫乐，嬖于妇人。爱妲己，妲己之言是从。于是使师涓作新淫声，北里之舞，靡靡之乐。厚赋税以实鹿台之钱，而盈钜桥之粟。益收狗马奇物，充仞宫室。益广沙丘苑台，多取野兽蜚鸟置其中。慢于鬼神。大聚乐戏于沙丘，以酒为池，悬肉为林，使男女倮相逐其间，为长夜之饮。②

这里列举的纣王罪行有四项。一是拒谏饰非，自视比天下所有人高明；二是宠信夫人妲己，好酒淫乐，钟情靡靡之音；三是重税赋敛，将奇珍异宝、珍禽异兽充斥宫室和苑囿，搞酒池肉林，尽情享乐；四是慢于鬼神，违背殷人好鬼事神的传统。史书还揭露纣王"重刑辟，有炮

---

① 《尚书·说命下》，《十三经注疏》，第175—176页。
② 司马迁：《史记》卷3《殷本纪》，第105页。

烙之法",对位为"三公"的西伯昌、九侯、鄂侯施暴,"醢九侯","脯恶侯","囚西伯",重用奸佞之辈费仲和恶来,结果搞得众叛亲离。纣的臣子祖伊觉察到商朝面临"天弃我"的危险,正告他改弦更张,而纣王仍然自信"我生不有命在天乎"①,继续作恶如故。他囚禁箕子,逼使很多忠臣离国出走,甚至残忍地挖出以死强谏的忠臣比干之心。

纣王的所作所为引来天怒人怨,于是周武王率诸侯联军讨伐他,牧野一战,纣王发动七十万人迎敌,结果这些将士"前途倒戈",迎接诸侯联军。纣王一败涂地,商朝灭亡。这一年是公元前1046年。②

纣王的罪行,周武王在讨伐纣王的《太誓》和《牧誓》中曾集中宣示,后被司马迁摘引进《史记·周本纪》中:

> 今殷王纣乃用其妇人之言,自绝于天,毁坏其三正,离逷其王父母弟,乃断弃其先祖之乐,乃为淫声,用变乱正声,怡悦妇人。③
>
> 古人有言"牝鸡无晨,牝鸡之晨,惟家之索"。今殷王纣维妇人言是用,自弃其先祖肆祀不答,昏弃其家国,遗其王父母弟不用,乃维四方之多罪逋逃是崇是长,是信是使,俾暴虐于百姓,以奸宄于商国。④

这些罪状比《殷本纪》记载的多了放弃对祖先的祭祀、遗其王父母弟不用和招降纳叛、崇信犯罪之人以及暴虐百姓等名目。

从史书记载的纣王的众多罪行中,我们似可窥视其政治观念的某些方面。

第一,纣王"我生不有命在天乎"的叫嚣,显示了他笃信王权来自天命,既然如此,谁也对他无可奈何。因为他无论做什么,天命对他都应该是无条件佑护的。这至少说明,商朝的国君直到其王朝灭亡前夕,其对天命论的信仰还没有动摇。正如《礼记》所说:"殷人尊神,

---

① 司马迁:《史记》卷3《殷本纪》,第107页。
② 此年是夏商周断代工程研究给出的时间,学术界仍有不同看法。
③ 司马迁:《史记》卷4《周本纪》,第121页。
④ 司马迁:《史记》卷4《周本纪》,第122页。

率民以事神。先鬼而后礼，先罚而后赏。"①

第二，纣王在行政实践中认识到刑罚的力量和功用，这自然不无道理。但他不知道对异己者，尤其是臣民不能一味使用刑罚的手段，用刑太过一定走向反面。

第三，纣王是个个性极强、相貌堂堂、孔武有力、自视甚高、凡事专断的君王，这说明在他治下，加强了国君的权力，从而严重削弱了奴隶主贵族专政体制下宗亲贵族的权力。这显示了纣王扩充国君权力的努力。

第四，从其"毁坏三正""变乱正声"的作为看，纣王显然敢于废弃传统，具有相当的创新思维，这似乎是一个值得肯定的优点。

第五，从纣王对"四方之多罪逋逃是崇是长，是信是使"的情况看，他力图打破商朝贵族对政权的垄断，引进异姓贵族和其他方国投诚而来的有才能的人。这些措施，应该说有一定的进步意义。

据一些学者考证，纣王最大的失误是频繁进行对周围方国的征伐。这种征伐尽管扩大了商朝的疆域，扩展了中原王朝先进文化的影响，然而，由于这种具有进步意义的活动是通过暴力形式进行的，所以一方面引发周边方国的武力抗争，另一方面也大大消耗了商朝的国力，增加了对平民和奴隶的盘剥，激化了社会矛盾和阶级矛盾。周武王正是借此机会发动了诸侯联军对商朝的讨伐，而由于内部矛盾尖锐，导致牧野之战商朝军队"前途倒戈"，纣王惨败。这表明，纣王政治观念中最欠缺的是对被压迫者、劳动者的同情，没有为他们创造过得去的生产和生活条件。他的失败在很大程度上是咎由自取，而这恰恰是后来周公构筑他民本和德治思想的反面借鉴。

第三节 微子与箕子及其政治思想

一 微子其人及其政治思想

微子启（汉朝因避景帝刘启之讳改为开）是纣王的兄长，商王帝乙的长子，是一位颇具忧患意识和行政能力的贵族政治家。但因为是庶出的儿子，所以不能继承王位。他小心翼翼地在纣王麾下服务，希望商

---

① 孙希旦：《礼记集解》，第1310页。

朝的统治能够顺利地继续下去。在纣王的暴虐引发商朝统治危机的时候，他数次向纣王进谏，以冀挽回颓势：

> 纣既立，不明，淫乱于政，微子数谏，纣不听。及祖伊以周西伯之修德，灭黎国，惧祸至，以告纣。纣曰："我生不有命在天乎？是何能为！"于是微子度纣终不可谏，欲死之，及去，未能自决，乃问于太师、少师曰："殷不有治政，不治四方。我祖遂陈于上，纣沉湎于酒，妇人是用，乱败汤德于下。殷既小大好草窃奸宄，卿士师师非度，皆有罪辜，乃无维获，小民乃并兴，相为敌仇。今殷其典丧，若涉水无津涯。殷遂丧，越至于今。"曰："太师，少师，我其发出往？吾家保于丧？今女无故告予，颠跻，如之何其？"太师若曰："王子，天笃下菑亡殷国，乃毋畏畏，不用老长。今殷民乃陋淫神祇之祀，今诚得治国，国治身死不恨。为死，终不得治，不如去。"遂亡。①

显然，尽管微子苦口婆心，言之谆谆，但纣王却拒谏饰非，听之藐藐。微子知道纣王已经不可理喻，商朝的灭亡的结局也不可挽回。为了避祸，他只能离开国都出走，"乃与大师、少师谋，遂去"②。对此，他认为作为臣子是没有道德亏欠的："父子有骨肉，而臣主以义属。故父有过，子三谏不听，则随而号之；人臣三谏不听，则其义可以去矣。"③微子离开国都可能移居于商朝的某个偏远地方，等待尘埃落定。不久，周武王联合众多诸侯伐纣，商朝灭亡。面对易代这一巨大变故，微子采取明智之举，投诚周朝："微子乃持其祭器造于军门，肉袒而缚，左牵羊，右把茅，膝行而前以告。于是武王乃释微子，复其位如故。"④ 微子因自己对周朝的恭顺态度免于处罚，并保住了作为贵族的地位。

周武王灭商建立周朝以后，大概鉴于传统的制度，还是保留了商朝的社稷，作为周朝治下的一个诸侯国，以纣王的儿子武庚继承君位，以周贵族管叔、蔡叔担任他的监护人。武王死后，周成王继位，不安本分

---

① 司马迁：《史记》卷38《宋微子世家》，第1607页。
② 司马迁：《史记》卷3《殷本纪》，第108页。
③ 司马迁：《史记》卷38《宋微子世家》，第1610页。
④ 司马迁：《史记》卷38《宋微子世家》，第1610页。

的武庚利用管叔、蔡叔对周公的不满，互相勾结起来，发动了叛乱。于是有周公的二次东征，诛杀管叔和武庚，流放蔡叔，命微子作为殷后奉祀祖先的祭祀，建立宋国，并以成王的名义作《微子之命》，命令微子继承商汤的优良传统，作为周朝属下的诸侯国君治政理民。微子作为宋国的开国之君延续了祖宗的香火，使宋国在西周和春秋时期都是中原有较大影响的诸侯国。

在商朝末期，在纣王的暴政将商朝引向灭亡的关键时刻，微子是商朝贵族中开明派的代表人物之一。他数次劝谏纣王回归汤王时期的善政，挽救面临的危机，留下了《尚书·微子》一文。在这篇文章中，他对父师、少师讲述了自己对当前局势的看法，认定是纣王的暴政导致国内矛盾的加剧，陷入"小民方兴，相为敌仇"以致"沦丧"的窘境，显示了不凡的政治眼光。其中最值得肯定的一方面，是他对执政者个人品德的强调和对"小民"情绪及动向的关注，说明他已经比较重视治人者与被治者之间的关系了。

二　箕子《洪范》展示的政治思想

箕子是商朝纣王时期的贵族政治家之一，关于他的身份，《史记》仅记他是"纣亲戚"，马融和王肃认为他是纣王的叔父，服虔和杜预则认定他与微子一样是"纣之庶兄"。《史记·宋微子世家》这样记述他的活动：

> 箕子者，纣亲戚也。纣始为象箸，箕子叹曰："彼为象箸，必为玉桮；为桮，则必思远方珍怪之物而御之矣。舆马宫室之渐自此始，不可振也。"纣为淫泆，箕子谏，不听。人或曰："可以去矣。"箕子曰："为人臣谏不听而去，是彰君之恶而自悦于民，吾不忍为也。"乃被发详狂而为奴。遂隐而鼓琴以自悲，故传之曰《箕子操》。[①]

这表明，箕子是纣王时期清醒而明智的政治家，他从纣王的骄奢淫逸预感到商朝必定衰败，作为臣子他披肝沥胆进谏忠言，冀其改弦更

[①] 司马迁：《史记》卷38《宋微子世家》，第1609页。

张。在纣王拒谏的情况下,他既不像比干那样不惮冒死强谏而牺牲性命,也不像微子那样出走避祸,他采取的避祸之策是"详狂而为奴",既不与纣王同流合污,亦不背叛纣王出走。这表明他比较善于处理君臣关系,并且在变乱之世善于保护自己。

大概因为他是商朝的重要臣子,而且在武王伐纣之时以隐居的方式置身事外,所以武王对他极力展现礼贤下士的姿态,登门拜访,咨询治国理政的意见。他似乎也真心对待武王的咨询,和盘托出自己的治政方略,留下著名的历史文献《尚书·洪范》。武王可能感念他的贡献,就封他到朝鲜做王,成为朝鲜历史上的开国之君。一次他自朝鲜回中国朝见武王,"过故殷墟,感宫室毁坏,生禾黍,箕子伤之,欲哭则不可,欲泣为其近妇人,乃作《麦秀之诗》以歌咏之"①:

> 彼黍离离(看那黍苗密行行),彼稷之苗(看那稷苗行行密)。行迈靡靡(慢慢吞吞往前走),中心摇摇(心神恍惚悲凄凄)。知我者(了解我的),谓我心忧(说我心里难过);不知我者(不了解的),谓我何求(说我寻求什么)。悠悠苍天(老天哪,老天)!此何人哉(弄成这样,是谁的罪过啊)?
>
> 彼黍离离(看那黍苗密行行),彼稷之穗(看那稷苗秀新穗)。行迈靡靡(慢慢吞吞往前走),中心如醉(心中烦乱像酒醉)。知我者(了解我的),谓我心忧(说我心里难过);不知我者(不了解的),谓我何求(说我寻求什么)。悠悠苍天(老天哪,老天)!此何人哉(弄成这样,是谁的罪过啊)?
>
> 彼黍离离(看那黍苗密行行),彼稷之实(看那稷穗沈甸甸)。行迈靡靡(慢慢吞吞往前走),中心如噎(像有东西塞心间)。知我者(了解我的),谓我心忧(说我心里难过);不知我者(不了解的),谓我何求(说我寻求什么)。悠悠苍天(老天哪,老天)!此何人哉(弄成这样,是谁的罪过啊)?②

这段三叹而有余哀的诗句,反映了作者深沉的故国之思,说是箕子所作,可能近于事实。其实,集中展现箕子政治思想的,是他留下的

---

① 司马迁:《史记》卷38《宋微子世家》,第1620—1621页。
② 袁梅:《诗经译注》,第221—222页。

《尚书·洪范》。这篇文献记述的是他与周武王的对话。武王请教他治国理政的常道:"惟天阴骘下民,相协厥居,我不知其彝伦攸叙。"箕子给出的是九条准则:

> 初一曰五行,次二曰敬用五事,次三曰农用八政,次四曰协用五纪,次五曰建用皇极,次六曰乂用三德,次七曰明用稽疑,次八曰念用庶征,次九曰向用五福,威用六极。

这里列举的九条治国常道,内容十分丰富,涵盖了政治思想的方方面面。

第一条讲"五行",即水、火、木、金、土五种物质的性能,意思是治理国家社会,要顺应五行的性能,即顺应自然规律,不要做逆天违地之行。

第二条讲"五事":"一曰貌,二曰言,三曰视,四曰听,五曰思。貌曰恭,言曰从,视曰明,听曰聪,思曰睿。恭作肃,从作乂,明作哲,聪作谋,睿自圣。"这五事显然讲的是执政者行政时的态度或状态,即貌恭、言从、视明、听聪、思睿。他认为,一个执政者,能做到这五条,就会能谋善断,不受欺蒙,达到圣人的境界。

第三条讲"八政":"一曰食,二曰货,三曰祀,四曰司空,五曰司徒,六曰司寇,七曰宾,八曰师。"这里讲的八项政务,涉及国家行政的八个方面,即粮食、财货、祭祀、工程、土地、司法、朝觐、宾客和军事管理,基本涵盖了当时政务的全部内容。

第四条讲"五纪",即对历法的应用和管理。

第五条讲"皇极",即君王行政的准则,内容丰富而深刻:"皇极:皇建其有极。敛时五福,用敷锡厥庶民。惟时厥庶民于汝极,锡汝保极。凡厥庶民,无有淫朋,人无有比德,惟皇作极。凡厥庶民,有猷有为有守,汝则念之。不协于极,不罹于咎,皇则受之。而康而色,曰:予攸好德。汝则锡之福,时人斯其惟皇之极。无虐茕独,而畏高明。人之有能有为,使羞其行,而邦其昌。凡厥正人,既富方谷。汝弗能使有好于而家,时人斯其辜。于其无好德,汝虽锡之福,其作汝用咎。无偏无陂,尊王之义;无有作好,尊王之道;无有作恶,遵王之路。无偏无党,王道荡荡;无党无偏,王道平平;无反无侧,王道正直。会其有极,归其有极。曰皇极之敷言,是彝是训,于帝其训。凡厥庶民,极之敷言,是训是行,以近天子之光。曰天子作民父母,以为天下王。"①这些准则,有对君王施政的要求,有对百姓和臣子行为的规范,如要求臣民绝对遵守国家的制度和法纪,不准结党营私和为非作歹。对遵纪守法、有为有守的臣民加以重用。不虐待无依无靠的弱者。对享受丰厚国家俸禄的人必须严格要求,使他们做出相应的贡献。特别要求高官显贵做遵纪守法的模范,不偏私,不拉派,正直廉洁,一切按准则办事。君王应该像为民父母那样对待臣民,使他们感到君王的真诚恩惠。

第六条讲"三德",即君王和臣子权利与义务的差别。箕子认定君王应该具备正直、刚克、柔克三种品质,这样才能更好地管理和驾驭臣下。君王至高无上,可以尽情享受,"惟辟作福,惟辟作威,惟辟玉食"。臣子却不能享有君王的权利与物质待遇。这些内容表明,箕子特别强调严格维护等级制度。

第七条讲"稽疑",即"卜筮决疑"的方法和步骤以及对卜筮可信度的选择。

第八条讲"庶征",即雨、晴、暖、寒、风五种天候对人类生活的影响,强调君王的作为对天候的影响,这里已经涉及天人互动,初步具有了天人感应、天人合一的内容。

第九条讲"五福六罚",强调臣民只要遵纪守法,实践君王设定的道德准则,就会有五福降临,否则,就只能得到六罚缠身的结果。

总起来看,箕子是商朝晚期政治思想最为丰富和深刻的政治家,他对殷亡周兴的历史巨变进行冷峻而深沉的反思,悟出许多治国理政的道理。《尚书·洪范》一文,在一定程度上可以看作他对商朝政治思想精华的总结,也是他对周朝当国者的谆谆训诫。

---

① 《尚书·洪范》,《十三经注疏》,第189—190页。

第三章 西周时期的政治思想

第一节 西周的政治变迁与社会发展

周朝是周族继夏、商两朝之后建立的一个雄踞中原的奴隶制王朝。周族是与夏族、商族同样古老的部族，相传是黄帝的后裔，为姬姓，最早在今之陕、甘交界处立足。后来迁移至周原，逐步占据了水美土肥、物产丰饶的渭水流域，迅速发展起来。周文王时期，正值商纣王当国。文王利用纣王暴虐无道、众叛亲离的时机，一方面发展壮大自己的力量，兼并周边的方国；另一方面联合其他与纣王敌对的方国，形成了对商朝的咄咄进逼之势。他的儿子武王继位后，进一步扩大同盟，终于在公元前1046年联合各路诸侯发起讨伐纣王的牧野之战，一举推翻商朝，在中原地区建立了周王朝，将中国奴隶社会推进至最繁荣发展的时代。从公元前1046年至公元前771年，周朝建都镐京（今陕西西安），统治中心居于关中平原。在此275年间，周朝经历了12位君王。最后一位君王周幽王被戎人杀死后，其子周平王迁都洛邑（今河南洛阳）。中国的历史编纂学将平王前的周朝称为西周，将平王后的历史称为东周，亦称春秋时期。

一 西周的奴隶制

如果说夏朝是中国奴隶社会的初始阶段，商朝是中国奴隶社会的发展时期，那么，西周就是中国奴隶社会发展的巅峰。具有中国特色的奴隶社会的社会结构和阶级关系、完整规范的政治制度和成熟的意识形态，就是西周奴隶社会发展到巅峰的最重要的标志。

西周社会由统治阶级和被统治阶级两大部分组成。居于统治阶级最上层的是周贵族,它拥有天子的尊位,占据周王室天子属下的最重要的官位,掌握全国最强大精锐的武装力量,占有最大份额的社会财富。其次是追随周武王伐纣的异姓部族,他们或者在后来的分封中获取了较大的地盘、较多的臣民和财富,如姜尚和他所在的姜姓氏族;或者保住了自己原有的土地、臣民和财富,如楚、吴、越等族和他们建立的诸侯国。被统治阶级主要是被推翻的商朝的族人和原商朝的与国,还有后来在历次战争中被征服的部族,如今之山东境内数以十计的东夷族、今之苏鲁交界地区的淮夷族和居于中原地区边缘的戎、狄、蛮、夷等族。

为了维护奴隶主贵族对财产和权利的继承,可能在夏商时期已经萌芽并逐步实行的宗法分封制度,在周朝得到进一步的完善和规范:

> 故天子建国,诸侯立家,卿置侧室,大夫有贰宗,士有隶子弟,庶人工商格有分亲,皆有等衰,是以民服事其上,而下无觊觎。
>
> 是故天子有公,诸侯有卿,卿置侧室,大夫有贰宗,士有朋友,庶人工商皂隶牧圉皆有亲暱,以相辅佐也。①
>
> 大邦维屏,大宗维翰。怀德维宁,宗子维城。②

这些天子、国君、卿大夫、士组成了周朝的统治阶级,他们统称为"百姓",他们是同被统治阶级的"兆民""庶民""民"等对立的。

西周的奴隶是从事农业和手工业生产的主要劳动者,是当时社会财富的主要创造者。他们有的附属于公族,有的整族处于奴隶劳动者的地位,但保留着宗族的形式。在以周王室和诸侯国君为代表的公族中,除了贵族和国人之外,还有大量的奴隶,他们如同土地、器用和金银财宝一样属于贵族的财富。就是国人之家也有或多或少的奴隶。在先秦文献中,他们以臣、妾、皂、舆、隶、僚、仆、台、圉、牧等名称出现。这些奴隶被置于王室、公室、宗室、家室之中,所以"室"也就等同于财产。在春秋时期,随着奴隶制社会走向崩溃,奴隶主贵族互相争夺财富的"夺室""分室""兼室""取室"事件不绝于史。

西周公族贵族之家所拥有的奴隶的主要来源是战俘。据《逸周书·

---

① 杨伯峻编著:《春秋左传注》,第94、1016—1017页。
② 《诗经·大雅·板》,《十三经注疏》,第550页。

世俘解》记载，武王时期征服四方652国，俘获的人口达"三亿万有二百三十"，即300230人。《小盂鼎》记载康王伐鬼方的一次战役，俘获13081人。由于周初对周边不臣的方国和戎狄等少数民族发动过多次战争，不断的俘获保证了奴隶的来源，因而周王和各诸侯国君能够一次又一次地将奴隶赏赐给他们属下立功的贵族。《麦鼎》记载康王一次赐给井侯赭衣踝跣之臣200家，《大盂鼎》记载康王一次赐给盂奴隶1709人，《叔夷钟》记载齐灵公赐给叔夷"厘仆"350家，《左传·宣公十五年》记载"晋侯赏桓子狄臣千室"。另外还有平民甚至贵族因犯罪或负债沦为奴隶。从西周和春秋时期的文献看，当时的奴隶主贵族之家都拥有成百上千的奴隶。鲁国的孟孙氏为了筑室，一次就"选圉人之壮者三百人"参加这项劳动。[1] 他家养马的精壮奴隶就有这么多，加上从事其他劳动的奴隶，总数肯定数倍于此。奴隶主贵族之家的奴隶从事各种劳动，农业、手工业、畜牧业、山林川泽管理、家内服务，在所有领域都能看到奴隶劳动的身影。在周朝，不仅贵族是划分为等级的，连奴隶也划分为等级：

> 天有十日，人有十等，下所以事上，上所以供神也。故王臣公，公臣大夫，大夫臣士，士臣皂，皂臣舆，舆臣隶，隶臣僚，僚臣仆，仆臣台，马有圉，牛有牧，以待百事。[2]

这里列出的十等人，士以下的六类全是不同等级的奴隶。除了奴隶主贵族之家的奴隶外，周朝还存在可能数量更多的保留着宗族结构的奴隶。这些奴隶主要是在战争中被整体征服俘获的部族方国，他们的宗族结构尽管没有被打破，但是整个宗族却变成了奴隶。

众多文献载明，西周社会的阶级是由奴隶主贵族、平民和奴隶三大部分组成，各阶级中还划分为不同的等级。奴隶主贵族是西周的统治阶级，他们由宗法制度和分封制度形成周王、各诸侯国君以及卿、大夫、士等高低不同的等级，他们居于社会金字塔的最顶端，享用着平民和奴隶创造的大量社会财富。平民是介于贵族和奴隶之间的具有人身自由的劳动者，他们耕种"百亩之田"解决自己的衣食之需，同时作为武装

---

[1] 杨伯峻编著：《春秋左传注》，第1569页。
[2] 杨伯峻编著：《春秋左传注》，第1284页。

力量的基干为贵族提供"执干戈以卫社稷"的军事服务。宗族奴隶居于社会金字塔的最下层,他们没有人身自由,没有任何权利,只有以最艰苦的劳动为奴隶主贵族提供一切物质财富的义务。是他们支撑起西周王国的巍巍大厦,将中国的奴隶社会推向繁荣的顶峰。

二 西周的经济发展

在商朝比较发达的奴隶制经济基础上,西周的奴隶制经济进一步发展繁荣。与西周的宗族奴隶制相适应,其土地制度就是宗族土地所有制。这种土地所有制,习惯上称为"井田制"①。从形式上看,周王具有最高所有权,"普天之下,莫非王土。率土之滨,莫非王臣"②,而实际上,它是奴隶主贵族的多级占有。周王将土地和众多以族为单位的奴隶分封给诸侯,诸侯再赏赐给卿、大夫、士等各级贵族。

西周经济的主要部门是农业。农业生产的主要工具,耕具是耒、耜和钱,耨是具镈,收割工具是铚。耒是木制的起土工具,上端是一根木柄,下端是比较锐利的木叉。木叉之上贯一小横木,作为耕田时的足踏处。耜是木铲,同样是"伐地起土之器",常在田垄挖沟时使用。钱是金属锋刃的耕具。镈是金属锋刃的耨具。铚是金属锋刃的收获工具。钱、镈、铚这些带有金属锋刃的工具,所用原料是青铜。由于青铜比较贵重,大多用于制造礼器、兵器和贵族的生活用具,因此,钱、镈、铚这类带有金属锋刃的工具很少,农业工具主要是以木、石、骨、蚌为原料制造的。木铲、石铲、骨铲、石镰、蚌镰等在考古发掘中都有出土。

由于周是一个很早就从事农业生产的部族,所以其农业生产技术比商朝更发达。据《周礼·大司徒》和《周礼·小司徒》记载,周人已经懂得休耕轮作制,菑田二年轮耕一次,新田一年轮耕一次,畲田则每年都耕种。这是根据土地的肥力状况确定的比较科学的耕作制度。西周农业生产技术比商朝进步的地方,还表现在农田中已有"亩"和"畎"的结构,农作物植于"亩"上,而多余的雨水通过"畎"排出去。如果是盐碱地,则在排水的同时,将盐碱也连带排出去,这就使土壤的化学成分比较适宜作物的生长。西周已经使用金属锋刃的镈作为耨具,知道中耕锄草的重要性。在作物生长的过程中,及时进行耨耘,既锄去妨

---

① "井田制"的概念自孟子提出后,至今聚讼纷纭,这里采用"宗族土地所有制"的解释。
② 《诗经·小雅·北山》,《十三经注疏》,第465页。

碍作物生长的杂草，又能使土壤保持水分，非常有利于作物的生长。到春秋时期，耨耘已经成为普遍推行的技术。《左传》所载周任的一段话证实了这一点："为国家者，见恶，如农夫之务去草焉，芟夷蕴崇之，绝其本根，勿使能殖，则善者信矣。"①

西周时期已经懂得兴修水利对农业生产的重要性，当时的文献中有不少沟、洫、浍、川的记载，而北方种植水稻的推广，说明灌溉已经与农业生产紧密联系在一起了。

周人在灭商前就筛选出不少作物品种，灭商以后，又增加了中原和南方的新品种，所以西周时期的作物品种已经相当丰富，有"百谷"的称谓。《诗·周颂·噫嘻》有"播厥百谷"，《诗·豳风·七月》有"其始播百谷"，就是明证。当时的作物品种主要有黍、稷或禾、来或麦、牟（大麦）、麻（麻子）、荏菽（大豆）、稻、秫（粘稻）、粱、糜（赤粱粟）、芑（白粱粟）、秬（黑黍）、秠（黑黍的变种）等。这些作物在相当长的历史时期成为中国人民的衣食之源。

与商朝相比，西周的青铜铸造业不仅有了更大的发展，而且具备了自己鲜明的特点。西周的青铜器，一改商朝青铜器厚重古朴的风格，变得更加精巧亮丽，美轮美奂。不少器物内外描绘或雕刻着繁复的花纹或铭文，如大盂鼎，高108厘米，口径78.3厘米，重153.5千克，内壁有铭文291字。大克鼎高93.1厘米，口径75.6厘米，重201.5千克，内壁有290字。铸造如此大体量和结构复杂的青铜器，既需要一次能够熔解许多青铜铸液的大型熔炉，也需要复杂的铸造工艺。考古工作者在河南洛阳北窑村发现了西周的青铜铸造遗址，最大的熔炉共有四个鼓风口，说明该炉在使用时需四台鼓风机同时工作。有些复杂的器物由两件以上的部件组成，就采用"分铸法"，先铸好一两个附属的小部件，再将这些小部件嵌入主体部件的外范，在铸造主体部件时再合成一体。此外，西周的玉器、漆器、制陶、纺织、琉璃器炼制、制骨、制蚌等手工业部门比商朝也有长足发展。

三　西周的政治制度

西周建立的是奴隶主贵族专政的行政体制，它的最高统治者称王，

---

① 杨伯峻编著：《春秋左传注》，第50页。

又称"天子"。以嫡长子继承制使王的更替有序进行,同时也保证王权只能在姬姓贵族中传递。为了神化王权,周人将"天命"与"敬德"结合起来,一方面申明上天佑护自己,"天休于文王,兴我小邦周"[①],"丕显文王,受天有大命"[②];另一方面又宣扬自己德行醇厚,是所以获得"天命"的根据,进而告诫周室的后世子孙,必须以永远的"敬德"回应"天命"的佑护:"天亦哀于四方民,其眷命用懋,王其疾敬德。"[③]

周王在全国特别是他直接统治的王畿具有至高无上的权力,许多军政大事都由他一人决断。如穆王决定征犬戎的时候,大臣祭公谋父提出反对意见,理由是"先王耀德不观兵",可是穆王丝毫不为所动,仍然按照自己的意愿发动了对犬戎的战争。周厉王实行"专利"政策,激化了王室与平民和奴隶的矛盾,尽管大臣芮良夫提出痛切的劝诫,但他还是一意孤行,结果引起国人暴动,厉王自己也被赶出了国都。周王通过对诸侯和大臣的册命,确立严格的等级制度和君臣之间的隶属关系。与此同时,周王还通过监国制度对各诸侯国进行监视和控制:"天子使其大夫为三监,监于方伯之国。"[④] 这种监国制度既巩固加强了王权,又加强了中央对地方的控制和监督,是西周政治制度的重要内容之一。周王还是西周军队的最高统帅,有权调动王室和诸侯国的军队从事征伐。如周武王九年的"盟津之会",就调动了八百诸侯的军队。不久之后的伐纣之役,更是调动了所属诸侯国的所有精锐部队。在以后西周的历史上,国王率军亲征的事例屡见于记载,如穆王、共王和昭王都曾统军出征。

为了王朝政治的有序运转,西周王朝在首都设立一套较完备的行政机构。国王以下设三公作为辅佐,他们处于百官之首。不仅参与王国的重大政治军事决策,而且作为王国政府的首脑,主持行政事务。成王时,"召公为太保,周公为太傅,太公为太师"[⑤]。姜尚是文王礼聘的重要谋臣,武王时任太师,伐纣的牧野之战时,他任前敌总指挥,在前线

---

① 《尚书·大诰》,《十三经注疏》,第199页。
② 见《大盂鼎》铭文。
③ 《尚书·召诰》,《十三经注疏》,第212页。
④ 孙希旦:《礼记集解》,第321页。
⑤ 《大戴礼记·保傅》,四库全书本。

督师，指挥诸侯联军打进朝歌，推翻了商朝的统治，后被封为齐国第一代国君，是武王时期最有权势的大臣。周公旦在武王时虽然权势不及姜尚，但姜尚离开镐京赴齐国做国君后，他就成为周朝最有权势的大臣，基本上把三公的职责一身承担下来。成王时期的许多重大决策，他都是重要谋主。成王还将王畿以陕为界分成两部分，"自陕以西，召公主之；自陕以东，周公主之"。康王时期，召公和毕公作为三公成为最有权势的大臣。

西周王畿的行政机构主要由处理日常政务的"外廷"和为周王室日常生活服务的"内廷"两部分官吏组成。宣王时的《毛公鼎》铭文中有如下记载：

> 及兹卿事寮、太史寮，于父即尹。命汝摄司公族三有司、小子、师氏、虎臣与朕亵事。

这里的"卿事寮""太史寮"是中央政权的两大官署，三有司、小子、师氏、虎臣等分别是两大官署和"内廷"事务官的属官。其中，"卿事寮"主要负责行政事务，即所谓"三事"和"四方"。周初青铜器《令彝》的铭文提供了重要佐证。

> 惟八月，辰才（在）甲申，王令周公子明保，尹三事四方，授卿事寮。丁亥，令矢告于周公宫。公令出同卿事寮。惟十月月吉癸未，明公朝至于成周。出令：舍三事令，（眔）卿事寮、（眔）诸尹、（眔）里君、（眔）百工；（眔）诸侯：侯、田、男，舍四方令。

《尚书·立政》所记"三事"为常伯、常任、准人，它们既是机构的名称，也是该机构最高长官的官名，这三个机构分别管理政务、司法和民事等三方面的事务。这里的"常任"是政务官，负责处理王室的军国大事。其主要属官有司土（亦称冢司土），即司徒，"掌建邦之土地之图与其人民之数，以佐王安扰邦国"①，主要职责是管理王畿的土

---

① 孙诒让：《周礼正义》，中华书局2013年版，第689页。

地和在土地上从事农业生产的劳动者。司工，即司空，《尚书·牧誓》中记载了这一官职。其主要职责是计量王畿的土地和主持道路、沟洫的修建与管理。司马是直接参加战争的武官，其职责是"帅其属而掌邦正，以佐王平邦国"①。师氏与虎臣都是统兵将领。虎臣组成周王的近卫军，在他们的首领虎贲氏率领下参与征战，在《尚书》和《周礼》等文献中能够看到他们的身影。"准人"是司法官，掌刑罚。主要属官有司寇，其职责是"帅其属而掌邦禁，以佐王刑邦国"②。成王时康叔就担任过这个官职。司士近于后世的监察官，其职责是"辟百寮"，即掌管对百官的禁戒刑罚。他协助司寇工作，又称"士师"，《周礼·秋官·司寇》记载其职责，说它"掌国之五禁之法，以左右刑罚。一曰宫禁，二曰官禁，三曰国禁，四曰野禁，五曰军禁"，又说它"掌官中之政令，察狱讼之辞，以诏司寇断狱弊讼，致邦令"。"常伯"是民事官，《尚书·立政》中记载的"大都、小伯""夷、微、卢承、三亳阪尹"等应该是它的属官。铜器《柞钟》铭文中的"五邑甸人"，其他铜器铭文中的"五邑祝""五邑走马"等也是王畿基层的行政官员。显然，"卿事寮"属下的官员基本都是负责行政、民事、司法等方面的日常政务工作，同时也处理侯、甸、男等"外服"事务。

与"卿事寮"并列的"太史寮"也是周朝的一大官署，它掌管王朝的册命、制禄、图籍、祭祀、占卜、礼制、时令、天文、历法等事宜，并记录历史。太史寮的主官是太史。"太史寮可以说是周王的秘书处和文化部，太史可以说是周王的秘书长，同时又是历史学家、天文学家、宗教家。既是文职官员的领袖，又是神职官员的领袖，其地位仅次于主管卿事寮的太师或太保"③。在太史之下，有一批各司其职的属官，如担任记录周王言行和代王宣达册命的"史"，担任监察和惩处百官的"省史"，主持和管理各种祭祀事务的"大祝"和他统领的"祝"，负责卜龟问筮的太卜、卜师、卜人、龟人、莁人、占人等。

作为"外廷"的"卿事寮""太史寮"两大官署组成的中央机构，承担了周朝的全部政务，它们在三公的领导下，秉王命各司其职地推动着国家行政的运转。

---

① 孙诒让：《周礼正义》，第2280页。
② 孙诒让：《周礼正义》，第2741页。
③ 杨宽：《战国史》，上海人民出版社2003年版，第325页。

与"外廷"机构对应的是"内廷"机构，主要负责周王宫廷的日常生活事务。主要官员是各有专责的众多的"宰"，他们的首领是"冢宰"。如《周礼·天官·冢宰》所记："乃立天官冢宰，使帅其属而掌邦治，以佐王均邦国。治官之属，大冢宰一人，小宰中大夫二人，宰夫下大夫四人，上士八人，中士十有六人。""内宰，下大夫二人。"冢宰多由周王最亲近的贵族担任，他的权力很大，不仅主持内廷的一切事务，而且还可过问外廷的事务。西周初年，周公曾担任此职。当他在成王时期"摄政"时，就顺理成章地统驭了外廷的机构和官员。"冢宰"属官中众多的"宰"因承担的事务不同而有不同的称谓，如掌治国王内政、宫令以及出入门户的内宰（又称宫宰），掌国王及四方宾客饮食之礼以及食品供应的善夫，掌宫廷守卫警戒任务的守宫，掌国王出行车马和驭车等事务的御正、趣马，掌国王册命拟定宣达的内史、作册内史、作命内史、内史尹、作册、作册尹等，掌国王服饰的缀衣，分管国王府藏的庶府等。由于内廷事务官基本上都是由周王亲近的姬姓贵族担任，他们深得周王的信任和倚重，这就使内廷事务官往往代行外廷事务官的职任。周公在武王时期任冢宰之后，到成王时期又就"摄政"之位，成为总揽内廷和外廷的最高执政大臣。成王之后，内廷事务官兼管外廷事务或统驭外廷官员更是屡见不鲜。

由于西周实行分封制，在周王直接统治的王畿之外，还存在大量的封国，这些封国，主要是周王室的同姓贵族和追随武王伐纣立下大功的异姓贵族，还有一批原来就存在的由氏族部落发展而来的古老诸侯国，他们占据的土地远远超过周王直接统治的王畿。这些诸侯国就是周朝的"外服"，《尚书·酒诰》记载的"外服"是侯、甸、男、卫、邦伯，《尚书·康诰》记载的是侯、甸、男、采、卫，《令彝》记载的是侯、田（甸）、男、舍四方令，这些诸侯国就是西周的地方政权。诸侯国的国君是该国的最高统治者，掌握所有军政大权，同时仿照周朝中央机构设置具体而微的统治机构，以实行对自己辖区内平民和奴隶的统治。"外廷官司徒、司马、司空等政务官执掌诸侯国的军政大权，而史官等宗教官负责祭祀、占卜和礼制、图籍等。诸侯的日常生活事务，则有其宫内官负责。"①

---

① 白钢主编，王宇信、杨升南：《中国政治制度通史》第 2 卷，人民出版社 1996 年版，第 349 页。

周王朝的中央对各诸侯国的控制，首先通过彼此承担权利和义务的盟约加以约束，如成王时期，周王室就与周公的鲁国和姜尚的齐国有着"世世子孙无相害也"①的盟约。周王有时为了加强与某些强势诸侯国的关系，授予他们独特的权力，如给予鲁国享有天子礼乐的特权，给予齐国在东方专征的特权等。其次，周王通过分封制和宗法制，将宗统与君统结合起来，以天下大宗和君主的身份确立他对各诸侯国的支配地位。同时，又通过命卿制度，即由周王直接任命诸侯国的卿大夫的制度，确立诸侯、卿大夫与周王的臣属关系。再次，也是最重要的，是周王通过卿事寮处理各诸侯国政务，并以"舍四方令"将自己的意志强加于各诸侯国。如周公二次东征之时，作一系列的《诰》《命》，杀武庚、管叔，流放蔡叔，以微子启继殷后，就是直接决定诸侯国命运的重大举措。在这种情况下，作为地方政权的诸侯国就必须执行周王朝中央的指令，承担相应的义务。如诸侯国君根据王朝中央的需要，不去封国管理自己的事务，而要留在中央做官，协助周王处理整个王国的事务。比较突出的例子是周公旦和召公奭，周初，周公旦虽然被封于鲁，但他一天也没有履行鲁国国君的职责，而是应武王之命，留在镐京做太师，承担管理整个国家的重任。治理鲁国的事务就交给了儿子伯禽。召公奭被封于燕，同样也没有履任，而是留在镐京做太保，以周公副手的资格辅佐周王。康叔被封于卫，同样没有履任，而是留在镐京做司寇，辅佐周王管理整个王国的司法事务。诸侯国君留在中央任官，既是一种义务，也是一种荣耀，因为能够在中央任职的诸侯国君只是少数人。比较而言，诸侯国君定期朝觐周王则是人人必须履行的义务："诸侯之于天子也，比年一小聘，三年一大聘，五年一朝。"②周公摄政六年的时候，"乃会方国诸侯于宗周"③，"六年，朝诸侯于明堂，制礼作乐，颁度量而天下服"④。这种定期朝觐是各诸侯国君承认自己与周王君臣关系的标志之一。经过周公的制礼作乐，就使诸侯国君定期朝觐周王的制度更加规范化。如果说定期朝觐周王在很大程度上偏重礼仪上诸侯国君对周王统治权和至高无上地位的认可，那么，向中央王朝定期缴付贡纳和随

---

① 杨伯峻编著：《春秋左传注》，第440页。
② 孙希旦：《礼记集解》，第326页。
③ 黄怀信等：《逸周书汇校集注·明堂解》，第710页。
④ 孙希旦：《礼记集解》，第842页。

时应命出兵"勤王",则是更具有实质意义的义务。

西周王朝中央的权威和前期的强大是依靠强大的军事力量支撑的。周王是王朝中央和地方诸侯所有军队的最高统帅,有权指挥和调动全国各地的武装力量。西周王朝的军队由王朝中央的直属武装力量和地方诸侯的武装力量组成。王朝中央的军队包括西六师、成周八师和王室禁卫军,每师12500人。西六师是驻守镐京的正规军,成周八师是驻守洛邑的正规军,从关中到洛邑,"东西长而南北短,短长相覆为千里"①,是周朝的统治中心,当时中国的腹地,也是最富庶的地区。这里由西向东,一字排开十四师175000人的武装部队,可见周朝统治者对自己统治中心的重视。西周地方诸侯国按照爵级大小,都有一至三军(师),即从12500人至37500人不等的军队。西周的军队,无论中央军还是地方军,都由车兵和徒兵组成。车兵由战车和甲士组成,每车配备甲士十人,另配有一定数量的徒兵。西周军队依伍、两、卒、旅、师、军进行编制:"凡制军,万二千五百人为军,王六军,大国三军,次国二军,小国一军。军将皆命卿。二千五百人为师,师帅皆中大夫。五百人为旅,旅帅皆下大夫。百人为卒,卒长皆上士。二十五人为两,两司马皆中士。五人为伍,伍皆有长。"② 西周军队的成员主要是中小奴隶主贵族和平民中的士,军、师、旅的长官则主要由高级贵族担任。西周军队已经有定期训练的制度,主要结合狩猎在农闲时间进行。

西周已经有较完备的刑罚制度:"夏有乱政而作禹刑,商有乱政而作汤刑,周有乱政而作九刑。"③ 九刑是在成王时制定的,"太史筴刑书九篇以升,授大正"④。关于九刑的解释,后世聚讼纷纭。杨伯峻认为是墨、劓、刖、宫、大辟五刑加上流、赎、鞭、扑四刑,⑤ 可能近是。到穆王时期,西周的刑罚制度进一步发展完善,出现了相传为吕侯(即甫侯)所作的《吕刑》,其中包括"墨罚之属千,劓罚之属千,膑罚之属五百,宫罚之属三百,大辟之罚其属二百:五刑之属三千"。这部《吕刑》,应该视为中国奴隶社会第一部较完备的成文法。其惩罚对

---

① 班固:《汉书》卷28下《地理志》下,第1650页。
② 秦惠田:《五礼通考》卷215,四库全书本。
③ 杨伯峻编著:《春秋左传注》,第1275页。
④ 黄怀信等:《逸周书汇校集注·尝麦解》,第741页。
⑤ 杨伯峻编著:《春秋左传注》,第635页。

象主要是违反周礼和违反周王历次颁布的诰命、训令之人，如对"寇攘奸宄，杀越人于货"和"罔弗憝"等危害奴隶社会秩序稳定的人格杀勿论，对侵犯奴隶制中私有财产的人处以重刑，对危害王权、违反周礼、违背宗法等级制度的人，即使是三公诸侯，高官显贵，也严惩不贷，有时甚至动用武力讨伐，显示的是奴隶主贵族专政的本质。西周初步形成了相对独立的司法机构即司寇，它既是司法官司，也是最高司法官员的称谓。司寇负责"讯讼罚"，主要职责是对犯法者据罪处刑，同时审理民事纠纷。西周的刑罚主要有监禁改造，即在监狱服刑；"正于五刑"，即墨、劓、刖、宫、大辟等残害肢体及至杀头的各种肉刑；"金作赎刑"，即处以数量不等的罚金。

西周还建立了一套较为完整的教育和人事管理制度。设立了专门为奴隶主贵族子弟服务的各级各类学校，《孟子·滕文公上》记载："夏曰校，殷曰序，周曰庠。学则三代共之，皆所以明人伦也。"《汉书·董仲舒传》亦记载："古之王者……南面而治天下，莫不以教化为大务。立大学以教于国，设庠序以化于邑。"西周学校已有较为固定的课程，如品德教育课："以三德教国子：一曰至德以为道本。二曰敏德以为行本。三曰孝德以知逆恶。教三行：一曰孝行，以亲父母。二曰友行，以尊贤良。三曰顺行，以事师长。"① 此外，还要"教之六仪"："一曰祭祀之容，二曰宾客之容，三曰朝廷之容，四曰丧纪之容，五曰军旅之容，六曰车马之容。"② 这些内容表明，一个贵族子弟在学校中必须接受思想、品德方面的教育，使自己的举止仪容符合当时贵族官僚的道德规范；必须接受射、驭等方面的军事训练，使自己成为合格的被坚执锐的勇猛武士；必须接受书、数方面的文化知识教育，使自己成为奴隶制国家需要的管理人才。

西周的选官制度由世袭和选拔两部分组成。国王、诸侯、卿、大夫等通过严格的嫡长子继承制世袭，周王室和各诸侯国的"卿事寮""太史寮"及其下属的官员则通过不同的选拔方式产生。如通过学校教育培养出来的人才，经过选士、俊士、造士、进士几个阶段的淘汰选拔，最后将胜出者安排到各级官位上。通过族师、党正、州长、乡大夫等各级地方官吏的层层推荐，再经过一定的考核程序，将民间的智能之士选

---

① 孙诒让：《周礼正义》，第997页。
② 孙诒让：《周礼正义》，第1010页。

拔出来，入仕为官。另外，地方各诸侯国定期向中央王朝"贡士"，经过天子测试，也可以担任中央"卿事寮""太史寮"的官员。这样的人才选拔方式，在正常运作的条件下，基本上能够将贵族和部分平民中的才智之士选拔出来，从而保证了奴隶制国家行政、军事、司法、财政等各项工作的需要，为这个东方奴隶制大国的正常运转提供了人才支撑。

第二节 文王、武王的政治理念

一 文王的事功和政治思想

周族在渭水上游开始自己的创业史，中经公刘、古公亶父、季历等较有作为领袖的苦心经营，到文王姬昌当政时期，已经是商朝末年。作为商朝在西方最强大的与国的国君，姬昌不断在关中地区发展经济，开疆拓土，为取代商朝奠定了坚实基础。武王姬发继位后不久，即联合众多诸侯盟国发动讨伐商纣王的牧野之战，顺利取代商朝，建立周朝，成为中原的主人，引领和支配着中原地区和周边方国的走向，从而将中国奴隶社会的历史推向巅峰。

西周留给后世的一部重要思想宝典是《周易》，它是当时的占卜用书，其后的不少文献认定文王是它的作者。①《史记·周本纪》记载文王"囚羑里，盖益《易》之八卦为六十四卦"。该书《日者列传》记司马季主的话说："自伏羲氏作八卦，周文王演为三百八十四爻而天下治。"《汉书·艺文志》则有以下记载：

> 至于殷、周之际，纣在上位，逆天暴物，文王以诸侯顺命而行道，天人之占可得而效，于是重《易》六爻，作上下篇。②

《周易·系辞传》虽然没有明确文王是《周易》的作者，但肯定与殷、周之际的事变有关：

> 《易》之兴也，其于中古乎？在《易》者，其有忧患乎？……

---

① 《周易》的作者问题历来聚讼纷纭，这里将其认定为文王所作。
② 班固：《汉书》卷30《艺文志》，第1704页。

《易》之兴也，其当殷之末世、周之盛德邪？当文王与纣之事邪？①

尽管《周易》是一部占卜用书，其中充满神道迷信，但在那个科学与迷信紧密纠结的时代，神道迷信的迷雾中也不时闪现科学思想的智慧之光。例如，八卦选取八种自然界的事物，天（乾）、地（坤）、雷（震）、火（离）、风（巽）、泽（兑）、水（坎）、山（艮）作为自然界其他万千事物的根源，而又以天地比父母，雷、火、风、泽、水、山比子女，推延至于万事万物，这实际上肯定了自然界各种事物的物质性本质及其紧密联系，展现的是朴素的唯物论观念。同时，《周易》中用"交感"的观念解释事物的发展变化，是对矛盾对立统一观念的天才猜测。荀子已经悟出这个道理，他说："《易》之《咸》，见夫妇。夫妇之道，不可不正也。君臣父子之本也。咸，感也，以高下下，以男下女，柔上而刚下。聘士之义，亲迎之道，重始也。"②

《周易》的最可贵之处，首先是它始终贯穿着发展变化的观念。它认为任何事物都处在不断的变化中，其变化也总是由微而显，由缓而速，由平稳而剧烈，最后超过极限，就会适得其反。它以乾卦为例，以龙的不同状态说明事物的进退、得失、顺逆：

初九（第一爻）：潜龙勿用；九二（第二爻）：见龙在田，利见大人；九三（第三爻）：君子终日乾乾，夕惕若厉，无咎；九四（第四爻）：或跃在渊，无咎；九五（第五爻）：飞龙在天，利见大人；上九（第六爻）：亢龙有悔。③

特别应该提到的是泰卦九三爻辞"无平不陂，无往不复"，阐发了物极必反的原则，包含了深刻的朴素辩证法的理念。除了对事物发展变化的认识之外，《周易》还有着较丰富的政治思想。其中最突出的是变革的意识。因为《周易》特别强调事物的发展变化，强调事物在发展变化中向对立面的转化，所以《下经·革》就传达出强烈的变革理念：

---

① 《周易正义》，《十三经注疏》，第89—90页。
② 王先谦：《荀子集解》，沈啸寰、王星贤点校，中华书局2013年版，第584—585页。
③ 《周易正义》，《十三经注疏》，第13—14页。

革,巳日乃孚。元亨利贞,悔亡(象征变革。在极须转变的巳日,推行变革才能取信于民,前景至为亨通,利于守持正固,悔恨才能自行消亡)。

九四,悔亡,有孚改命,吉(悔恨消亡,心怀诚信以革除旧命,必获吉祥)。

九五,大人虎变,未占有孚(大人像老虎那样威猛地推行变革,毫无疑问必能昭显精诚信实的美德)。

上六,君子豹变,小人革面;征凶,居贞吉(君子像豹子般助成变革,小人则时而改变旧日倾向;率师征战必有凶险,静居而思守持正固可获吉祥)。①

后来,《象传》在解释"革"的时候,也就有了对"汤武革命,顺乎天而应乎人"的赞颂:

革:革,水火相息,二女同居,其志不相得,曰革。巳日乃孚,革而信之。文明以说,大亨以正,革而当,其悔乃亡。天地革而四时成,汤武革命,顺乎天而应乎人,革之时大矣哉!②

从此,"顺乎天而应乎人"的"汤武革命",就成为后来儒家的重要观点之一,客观上为推翻暴虐腐败的王朝提供了理论根据。

其次,《周易》也透出比较明确的"民本"意识。如果说"《上经·临》:上六,敦临,吉,无咎"(敦厚宽仁的上级临察民情,必获吉祥,没有灾祸)显示的民本意识还相对有些朦胧的话,那么,《象传》传达的就比较清晰了:

益:益,损上益下,民说无疆。自上下下,其道大光。利有攸往,中正有庆。利涉大川,木道乃行。益动而巽,日进无疆。天施地生,其益无方。凡益之道,与时偕行。

兑:兑说也。刚中而柔外,说以利贞。是以顺乎天而应乎人。

---

① 《周易正义》,《十三经注疏》,第60—61页。
② 《周易正义》,《十三经注疏》,第60页。

说以先民，民忘其劳。说以犯难，民忘其死。说之大，民劝矣哉！
节：天地节而四时成，节以制度，不伤财，不害民。
颐：天地养万物，圣人养贤以及万民。①

再次，《周易》中更多传达的是对君子人格的赞颂和对小人的贬斥。《周易》认定，君子体现"天人合一"的崇高境界，如《彖传》的三则资料就是这种意识的明确表达：

同人：唯君子为能通天下之志。
观：大观在上，顺而巽，中正以观天下。观，盥而不荐，有孚颙若，下观而化也。观天之神道，而四时不忒；圣人以神道设教，而天下服矣。
剥：君子尚消息盈虚，天行也。②

君子身上具备许多美德，如君子要有定力：

《上经·恒》：初六，浚恒，贞凶，无攸利（深求恒久之道，守持正固以防凶险，否则无所利益）。③

君子要讲诚信：

《上经·比》：初六……有孚盈缶。终来有它，吉（君主的诚信如美酒满缸，终于使远者来归而应亲抚于他方，吉祥）。
《下经·家人》：上九，有孚，威如，终吉（心存诚信，威严持家，终获吉祥）。
《下经·益》：九五，有孚惠心，勿问元吉，有孚惠我德（心存诚信施惠天下，毫无疑问是至为吉祥，天下必将以诚信之心报答我的恩德）。④

---

① 《周易正义》，《十三经注疏》，第40、53、69、70页。
② 《周易正义》，《十三经注疏》，第29、36、38页。
③ 《周易正义》，《十三经注疏》，第47页。
④ 《周易正义》，《十三经注疏》，第26、50、54页。

君子警惕慎行、谦恭虚怀：

《上经·乾》：九三，君子终日乾乾，夕惕若厉（君子终日不息夜间还时时警惕慎行）。

《上经·离》：初九履错然，敬之，无咎（办理事务谨慎郑重，态度恭敬，必无灾祸）。

《象传》谦：人道恶盈而好谦。谦，尊而光，卑而不可逾，君子之终也。

《上经·豫》：初，六，鸣豫，凶（沉溺于乐而自鸣得意，有凶险）。①

与君子人格相对应，必须摒弃小人：

《上经·师》：上六，大君有命，开国成家，小人勿用（天子颁布诏命。论功封爵，为诸侯国和大夫家，小人不可重用）。

《上经·随》：六二，系小子，失丈夫（倾心附从小人，就会失去刚直的丈夫）。②

最后，《周易》初步传达出后世儒家修、齐、治、平的理念：

《下经·家人》：九五，王假有家，勿恤，吉（君王以其美德感格众人及其君家，无须忧虑，吉祥）。

《下经·解》：六五，君子维有解，吉。有孚于小人（君子能够纾解险难，必存吉祥。能够以诚信之德感化小人）。

《象传》家人：家人，女正位乎内，男正位乎外；男女正，天地之大义也。家人有严君焉，父母之谓也。父父、子子、兄兄、弟弟、夫夫、妇妇，而家道正；正家而天下定矣。③

应该说，周文王及其与之密切联系的《周易》，后来成为儒学构筑

---

① 《周易正义》，《十三经注疏》，第13、30、31、43页。
② 《周易正义》，《十三经注疏》，第25、34页。
③ 《周易正义》，《十三经注疏》，第50、52页。

其庞大思想体系的重要依据。《周易》被誉为五经、十三经之首,而文王更成为道统排序中的重要人物。

如果说,《周易》显示的文王思想还比较隐晦的话,那么,《逸周书》展示的文王政治思想则更为明确。如关于制度建设,就有这样的理念:"天生民而制其度。度小大以正,权轻重以极,明本立以中。"①

文王对于"民"的认识已经达到相当的高度,他要求顺应民好生恶死的本性,为之创造较好的生产生活条件,使之乐于守法事上;千万不要拂逆民的本性,不要将民赶至"堕"与"乱"的境地:

> 凡民生而有好有恶。小得其所好则喜,大得其所好则乐;小遭其所恶则忧,大遭其所恶则哀。凡民之所好恶,生物是好,死物是恶。民至有好而不让。不从其所好,必犯法,无以事上。民至有恶而不让。不去其所恶,必犯法,无以事上。②
>
> 天生民而成大命,命司德,正之以祸福,立明王以顺之。……夫天道三,人道三,天有命、有祸、有福,人有丑、有绋绋、有斧钺。……极命则民堕,民堕则旷命;旷命以诫其上,则殆于乱。③

当然,对于民也不应一味顺从,而是将顺应、教化、赏罚、威慑结合起来:"抚之以惠,和之以均,敛之以哀,娱之以乐,慎之以礼,教之以艺,震之以政,动之以事,劝之以赏,畏之以罚,临之以忠,行之以权。"④ 特别要对民进行"九德"即忠、信、敬、刚、柔、和、固、贞、顺的教育,"动之以则,发之以文,成之以名,行之以化"⑤,从而使民的言行与一切活动都纳入执政者预设可控的轨道。

文王对于执政者,特别是君王的道德修养和执政理念十分关注。他强调执政者必须"慎德",在各方面加强自己的道德修养,端正执政理念,"厚德广惠,忠信爱人。君子之行,不为骄侈,不为靡泰,不淫于美,括柱茅茨,为民爱费"⑥,还必须做到"于安思危,于始思终,于

---

① 黄怀信等:《逸周书汇校集注·度训解》,第2页。
② 黄怀信等:《逸周书汇校集注·度训解》,第8—9页。
③ 黄怀信等:《逸周书汇校集注·命训解》,第20—29页。
④ 黄怀信等:《逸周书汇校集注·命训解》,第35页。
⑤ 黄怀信等:《逸周书汇校集注·常训解》,第52页。
⑥ 黄怀信等:《逸周书汇校集注·文传解》,第238页。

迩思备，于远思近，于老思行"①。要求做到"内备五祥、六卫、七厉、十败、四葛，外用四蠱、五落、六容、七恶"：

五祥：一、君选择，二、官得度，三、务不舍，四、不行赂，五、察民困。

六卫：一、明仁怀恕，二、明智设谋，三、明戎摄勇，四、明才摄士，五、明德摄官，六、明命摄政。

七厉：一、翼勤厉务，二、劝正厉民，三、静兆厉武，四、翼艺厉物，五、翼言厉复，六、翼敬厉众，七、翼智厉道。

十败：一、佞人败朴，二、谄言毁积，三、阴资自举，四、女货速祸，五、比党不拣，六、佞说嚚狱，七、神龟败卜，八、宾祭推谷，九、忿言自辱，十、异姓乱族。

四葛：一、葛其农，时不移；二、费其土，虑不化；三、正其赏罚，狱无奸奇；四、葛其戎谋，族乃不罚。

四蠱：一、美好怪奇以治之，二、淫言流说以服之，三、群巧仍兴以力之，四、神巫灵宠以惑之。

五落：一、示吾贞，以移其名；二、微降霜雪，以取松柏；三、信蠕萌，莫能安宅；四、厚其祷巫，其谋乃获；五、流德飘狂，以明其恶。

六容：一、游言；二、行商工；三、军旅之庸；四、外风之所扬；五、因失而亡，作事应时，时乃丧；六、厚使以往，来其所藏。

七恶：一、以物角兵；二、令美其前，而厚其伤；三、间于大国，安得吉凶；四、交其所亲，静之以物，则以流其身；五、率诸侯以朝贤人，而己犹不往；六、令之有求，遂以生尤；七、见亲所亲，勿与深谋，令友人疑。②

文王在这里所提出的行政原则，几乎涵盖了制度和思想的方方面面，是他认为最理想的制度和思想。这些制度和思想的设计可能理想化的成分居多，实际的行政恐怕很难完全遵循执行。不过，还没有代商而成为全国执政者的文王，有如此全面宏阔的行政理念实在难能可贵。他

---

① 黄怀信等：《逸周书汇校集注·程典解》，第181页。
② 黄怀信等：《逸周书汇校集注·酆保解》，第199—208页。

的这些理念被以周公为代表的姬姓子孙继承和发展，从而创造出西周时代的繁盛之局。

二 武王的事功和政治思想

周武王姬发是西周王朝的第一代君王，文王死后，他作为太子，组织领导了诸侯联军讨伐纣王的牧野之战，使周朝代替商朝成为中原的统治王朝。《尚书》中与他有关的文献是《泰誓》《牧誓》和《武成》，这些文献可能经过后人的润色，但从中仍然可以窥见他治国思想的许多方面。

第一，武王继承了夏、商以来的天道观，依然认定天即帝是主宰自然界和人类社会的最高神灵，它保佑下民，惩罚邪恶，夏桀、商纣之类暴君就是它惩罚的对象；而文王、武王是它佑护的对象和膺承天命、处罚邪恶的执行人。与此同时，天即上帝又回应民的要求，满足民的愿望。它与民的关系是"天视自我民视，天听自我民听"，"天矜于民，民之所欲，天必从之"，天民之间进行良性互动：

> 天佑下民，作之君。……商罪贯盈，天命诛之。予弗顺天，厥罪维钧。予小子夙夜祗惧，受命文考，类于上帝，宜于冢土，以尔有众，底天之罚。天矜于民，民之所欲，天必从之。……惟天惠民，惟辟奉天。有夏桀，弗克若天，流毒下国。天乃佑命成汤，降黜夏命。惟受罪浮于桀。剥丧元良，贼虐谏辅。谓己有天命，谓敬不足行，谓祭无益，谓暴无伤。厥鉴惟不远，在彼夏王。……天视自我民视，天听自我民听。……今商王受，狎侮五常，荒怠弗敬。自绝于天，结怨于民。……上帝弗顺，祝降时丧。尔其孜孜，奉予一人，恭行天罚。①
>
> 今予发，惟恭行天之罚。②
>
> 我文考文王，克成厥勋，诞膺天命，以抚方夏。……天休震动，用附我大邑周。……俟天休命。③

---

① 《尚书·泰誓》，《十三经注疏》，第182页。
② 《尚书·牧誓》，《十三经注疏》，第182页。
③ 《尚书·武成》，《十三经注疏》，第183页。

第二，民在武王意识中具有相当分量，民是天帝佑护的对象，天之立君是为民，民自然也是君王应该保护的对象。纣王的重要罪责就是"自绝于天，结怨于民"。这里，"民本"的意念已经呼之欲出。

第三，一个君王统治的合法性体现在是否能够赢得民的拥护，而赢得民拥护的条件就是具有"德"和"义"，能够赢得多数民拥护的君王自然能够战胜得不到拥护的君王：

> 同力度德，同德度义。受有臣亿万，惟亿万心。予有臣三千，惟一心。……受有亿兆夷人，离心离德。予有乱臣十人，同心同德。虽有周亲，不如仁人。①

> 故必以德为本，以义为术，以信为动，以成为心，以决为计，以节为胜。②

在《逸周书·宝典解》中，武王还提出君王应该具备的"四位"，即定、正、静、敬，以及"九德"，即孝、悌、慈惠、忠恕、中正、宽弘、温直、兼武，突出展示了武王对执政者德行的要求。

第四，暴虐、腐败、奢侈，弗应天命、不敬祖宗、听妇人之言、冤杀无辜、招降纳叛，是作为君王的显著罪恶，也是其失去统治合法性的最重要原因，亦是被讨伐的最重要根据。夏桀、商纣之被讨伐诛灭，就是罪有应得，不仅得到上天的肯定，甚至也得到敌方民众和士卒的拥戴：

> 有夏桀，弗克若天，流毒下闻。天乃佑命成汤，降黜夏命。惟受罪浮于桀剥丧元良，贼虐谏辅。已有天命，谓敬不足行，谓祭无益，谓暴无伤。

> 商王受，狎侮五常，荒怠弗敬。自绝于天，结怨于民。斮朝涉之胫，剖贤人之心，作威杀戮，毒痡四海。崇信奸回，放黜师保，屏弃典刑，囚奴正士。郊社不修，宗庙不享，作奇技淫巧以悦妇人。③

---

① 《尚书·泰誓》，《十三经注疏》，第182页。
② 黄怀信等：《逸周书汇校集注·柔武解》，第354页。
③ 《尚书·泰誓》，《十三经注疏》，第182页。

> 牝鸡无晨，牝鸡之晨，惟家之索。今商王受，惟妇言是用，昏弃厥肆祀弗荅，昏弃厥遗王父母弟不迪。乃惟四方之多罪逋逃，是崇是长是信是使，是以为大夫卿士。俾暴虐于百姓，以奸宄于商邑。①

> 今商王受无道，暴殄天物，害虐烝民，为天下逋逃主、萃渊薮。……甲子昧爽，受率其旅若林，会于牧野。罔有敌于我师，前徒倒戈，攻于后以北，血流漂杵，一戎衣，天下大定。②

第五，武王在《牧誓》中对严肃军纪的申明，表明他对权力与法纪的重视。一个君王，一个统帅，没有具备令行禁止的绝对权威是很难实现自己的愿望的：

> 今予发，惟行天之罚。今日之事，不愆于六步七步，乃止齐焉。夫子勖哉！不愆于四伐五伐六伐七伐，乃止齐焉，勖哉夫子！尚桓桓，如虎如貔，如熊如罴，于商郊。弗迓克奔，以役西土，勖哉夫子！尔所弗勖，其于尔躬有戮。③

你看，这里作为联军统帅的武王，已经是威风八面，对参战的所有盟军都具有生杀予夺的权力。这说明他已经意识到，君王权威、国家权力、军队纪律必须集中统一，而应该和能够操控它的只有国王。

第六，在《逸周书·文政解》中，记录了武王对管叔、蔡叔的训示，提出为政应该遵循的81条基本原则，即"禁九慝，昭九行，济九丑，尊九德，止九过，务九胜，倾九戒，固九守，顺九典"。其中，应该坚守的有45条，应该禁绝的有36条，系统梳理了执政者应该具备的政治道德、执政理念、政策措施和施政的方略技巧等方方面面，可看作武王政治思想的全面概括。这里，后世儒家思想的核心理论"内圣外王"的基本意蕴已经露出端倪了。

第七，一个新的王朝代替旧的王朝，应该给天下臣民以改弦更张的

---

① 《尚书·牧誓》，《十三经注疏》，第182页。
② 《尚书·武成》，《十三经注疏》，第183页。
③ 《尚书·牧誓》，《十三经注疏》，第182页。

新气象，使他们对未来产生美好的憧憬：

> 王来自商，至于丰。乃偃武修文，归马于华山之阳，放牛于桃林之野，示天下弗服。……乃反商政，政由旧。释箕子囚，封比干墓，式商容闾，散鹿台之财，发巨桥之粟，大赉于四海，而万姓悦服。列爵惟五，分土惟三，建官惟贤，位事惟能。重民五教，惟食丧祭，惇信明义，崇德报功，垂拱而天下治。①

"偃武修文，归马于华山之阳，放牛于桃林之野"，这只能是一种浪漫主义的再现和平景象的想象，但历史上诸如此类层出不穷的政治想象，却成了中国人历久不衰追求的理想。

第三节 周公的敬德保民思想

一 周公其人

周公姓姬名旦，是周文王的第三个儿子（一说行四），周武王姬发的弟弟。他曾参与灭商的谋划，是牧野之战的主要策划和指挥者之一，为周灭商立下汗马功劳。周朝建立后，他虽被封为鲁公，成为以"少昊之虚"的曲阜为中心的鲁国国君，但他没有前去就国，而是留在周朝国都镐京辅佐武王治理天下。第二年，武王去世，"成王少，在襁褓之中。周公恐天下闻武王崩而畔，周公乃践阼代成王摄行政当国"②。管叔等周公群弟散布周公不利于成王的流言蜚语，周公于是向周朝最具权威的太公望和召公奭表明心迹，摄政是为了国家的稳定和安全：

> 我之所以弗辟而摄行政者，恐天下畔周，无以告我先王太王、王季、文王。三王之忧劳天下久矣，于今而后成。武王蚤终，成王少，将以成周，我所以为之若此。③

---

① 《尚书·武成》，《十三经注疏》，第183页。
② 司马迁：《史记》卷33《鲁周公世家》，第1518页。周公是否践阼，学术界历来争论不休，此处从《史记》记载。
③ 司马迁：《史记》卷33《鲁周公世家》，第1518页。

周公此时不顾王室内部怀疑的声音和各种流言蜚语,毅然决然地挑起了治理这个新兴王朝的千斤重担。因为此时他面对的是十分严峻的政治形势,主少国疑,周贵族内部矛盾重重,"三监"管叔、蔡叔、霍叔怀着阴暗的心理和贪婪的野心觊觎他手中的权力;被推翻的以纣王之子武庚为代表的商朝残余势力及其在东方的与国还有相当大的潜在势力,他们不甘失败,伺机蠢动;周朝由偏在西方一隅的小国骤然代殷而成为整个中国的主宰,百废待兴,百事待理,真正立下牢固的基础还必须解决许多棘手的问题。果然,武王死后不久,武庚便勾结"三监"发动了武装叛乱,一时烽烟滚滚,整个东方非复周朝所有。面对这种形势,周公沉毅果决,精心谋划,迅速举兵进行二次东征,血战三年,克殷践奄,消除了对周朝最大的武力威胁。之后,他主持营建东都洛邑(今河南洛阳),继续大力推行分封制度,通过原始的"部落殖民"活动,将周贵族和附周的异姓贵族分封到全国各地建立诸侯国,在比商朝更广大的范围内巩固了周朝的统治。进而,他损益商朝的礼乐制度,"制礼作乐",完善了周朝的各种制度和典则。特别是在思想上,他损益商朝的天命观念,提出了一整套"敬德保民""慎刑勤政""任贤使能""礼乐教化"等新的统治思想,日后作为构成儒家思想最重要的思想资料,对中国以后的政治和思想的发展都产生了深刻的影响。七年之中,周公驾驶着周王朝这艘中国奴隶制国家的航船,溯激流,越险滩,冲破道道障碍,战胜重重困难,将其导入顺利发展的坦途。为了使成王能够成长为继承文王、武王事业的贤明君王,周公克尽保傅的职守,严格要求,全面训诫,留下《多士》《毋逸》等文献,从中可以窥见他对成王的殷切期待和严切督责。七年之后,周公又毅然"复子明辟",南面称臣,把权柄交给已经成年的成王姬诵,表现了奴隶主贵族"大公"的气度和胸怀。成王感念周公的功劳,特允准在他以曲阜为中心的封地享用天子的礼乐。

> 武王崩,成王幼弱,周公践天子之位,以治天下。六年,朝诸侯于明堂,制礼作乐,颁度量,而天下大服。七年,致政于成王。成王以周公为有勋劳于天下,以封周公于曲阜,地方七百里,革车千乘,命鲁公世世祀周公以天子之礼乐。[1]

---

[1] 孙希旦:《礼记集解》,第842页。

在周公的治理下，周朝初年出现的"成康之治"，以中国古代社会第一个著名的"盛世"载入史册，周公本人也被戴上大"圣人"的桂冠，同时作为儒家"道统"的重要传人，享受后世绵延不绝的颂扬。

二 周公对殷人天命思想的革新

周公对殷人的天命思想在继承的基础之上进行了大胆革新，从而为周朝的思想创造了一个天道观的基础。周公与殷人一样，也是一个天命论者。他的天命意识也是从殷人那里继承来的："殷人尊神，率民以事神。先鬼而后礼，先罚而后赏。"① 在殷人那里，"帝"与祖先亡灵的界限还比较模糊，有时是至上神，有时是宗祖神，所以殷人将敬帝与尊祖合二而一。殷王认定自己是上帝的儿子，其使命是代上帝行使在人间的统治权。所以，只要得到上帝的认可，就什么事情都可以做。大量出土的殷墟卜辞充分向人们展示了商朝统治者的思想面貌。他们凡事问卜，把卜兆作为自己活动的重要依据。由于他们相信上帝把人间的统治权一劳永逸地授予自己，所以任何时候都是自己的守护神，都会保护自己渡过任何难关，使殷人的统治亿万年地持续下去。你看，纣王不是在死到临头还嚎叫"我生不有命在天"么！周公从殷人那里继承了对至上神的崇拜。这个至上神，殷人一直称帝或上帝，周公则更多地称天。在周公眼里，天仍然是有意志、有感情、君临人间、明察秋毫、赏善罚恶的人格神。自然界的风晴阴雨、电闪雷鸣，地上大到王朝的更替，小到每个人的生死祸福，都被天绝对地主宰着。周公从来都没有对天的神力产生怀疑。无论对殷顽民、方国首领，还是对周贵族，他都大讲天的威力，称颂祖宗的神灵，献上虔诚的颂歌。在《尚书》收录的大量与之有关的文献中，周公一而再、再而三、不厌其烦地对殷遗民、周贵族和方国首领说明，夏、殷两朝的灭亡是由于"天命不易"，而周王朝的兴起更是"受天明命"，一切都是上天或有情或无情的安排：

予不敢闭于天降威用。宁王遗我大宝龟，绍天明。

予惟小子，不敢替上帝命。天休于宁王，兴我小邦周，宁王惟

---

① 孙希旦：《礼记集解》，第 1310 页。

卜用，克绥受兹命。今天其相民，矧亦惟卜用。呜呼！天明畏，弼我丕丕基。

王曰：呜呼！肆哉尔庶邦君，越尔御事，爽邦由哲，亦惟十人，迪知上帝命。越天棐忱，尔时罔敢易法，矧今天降戾于周邦。惟大艰人，诞邻胥伐于厥室，尔亦不知天命不易。予永念曰：天惟丧殷，若穑夫，予曷敢不终朕亩。天亦惟休于前宁人，予曷其极卜，敢弗于从，率宁人有指疆土，矧今卜并吉。肆朕诞以尔东征，天命不僭，卜陈惟若兹。①

皇天既付中国民，越厥疆土于先王肆。王惟德用，和怿先后迷民，用怿先王受命。②

呜呼！天亦哀于四方民，其眷命用懋。王其疾敬德，相古先民有夏，天迪从子保，面稽天若，今时既坠厥命，今相有殷，天迪格保，面稽天若，今时既坠厥命，今冲子嗣，则无遗寿耇。曰：其稽我古人之德，矧曰其有能稽谋自天。……我受天命，丕若有夏历年，式勿替有殷历年，欲王以小民受天永命。③

王若曰："尔殷遗多士，弗吊，旻天大降丧于殷。我有周佑命，将天明威，致王罚，敕殷命终于帝。肆尔多士，非我小国敢弋殷命，惟天不畀允罔固乱，弼我，我其敢求位。惟帝不畀，惟我下民秉为，惟天明畏。我闻曰：上帝引逸。有夏不适逸，则惟帝降格，向于时夏，弗克庸帝，大淫泆，有辞。惟时天罔念闻，厥惟废元命，降致罚，乃命尔先祖成汤革夏，俊民甸四方。自成汤至于帝乙，罔不明德恤祀，亦惟天丕建，保乂有殷。殷王亦罔敢失帝，罔不配天其泽。在今后嗣王，诞罔显于天，矧曰其有听念于先王勤家，诞淫厥泆，罔顾于天显民祇，惟时上帝不保，降若兹大丧。惟天不畀不明厥德，凡四方小大邦丧，罔非有辞于罚。"④

周公若曰："君奭，弗吊，天降丧于殷，殷既坠厥命，我有周既受。我不敢知曰，厥基永孚于休。若天棐忱，我亦不敢知曰，其终出于不祥。呜呼！君已，曰：时我我亦不敢宁于上帝命，弗永远

---

① 《尚书·大诰》，《十三经注疏》，第200—201页。
② 《尚书·梓材》，《十三经注疏》，第208页。
③ 《尚书·召诰》，《十三经注疏》，第213—203页。
④ 《尚书·多士》，《十三经注疏》，第219—220页。

念天威，越我民，罔尤违，惟人在。我后嗣子孙，大弗克恭上下，遏佚前人光在家，不知天命不易，天难谌，乃其坠命，弗克经历嗣前人，恭明德。在今予小子旦，非克有正，迪惟前人光，施于我冲子。"又曰："天不可信，我道惟宁王德延，天不庸释于文王受命。"①

周公曰："王若曰，猷，告尔四国多方。惟尔殷侯尹民，我惟大降尔命，尔罔不知。洪惟图天之命，弗永寅念于祀。惟帝降格于夏，有夏诞厥逸，不肯戚言于民，乃大淫昏，不克终日劝于帝之迪，乃尔攸闻，厥图帝之命，不克开于民之丽。乃大降罚，崇乱有夏。因甲于内乱，不克灵承于旅，罔丕惟进之恭，洪舒于民。亦惟有夏之民，叨懫日钦，劓割夏邑。天惟时求民主，乃大降显休命于成汤，刑殄有夏。惟天不畀纯，乃惟以尔多方之义民，不克永于多享。惟夏之恭多士，大不克明保享于民，乃胥惟虐于民，至于百为，大不克开。乃惟成汤，克以尔多方，简代夏作民主，慎厥丽乃劝，厥民刑用劝。以至于帝乙，罔不明德慎罚，亦克用劝，要囚，殄戮多罪，亦克用劝，开释无辜，亦克用劝。今至于尔辟，弗克以尔多方，享天之命。呜呼！王若曰，诰告尔多方，非天庸释有夏，非天庸释有殷，乃惟尔辟，以尔多方，大淫图天之命，屑有辞。乃惟有夏，图厥政，不集于享，天降时丧，有邦间之。乃惟尔商后王，逸厥逸，图厥政，不蠲烝，天惟降时丧。惟圣罔念作狂，惟狂克念作圣。天惟五年，须暇之子孙，诞作民主，罔可念听。天惟求尔多方，大动以威，开厥顾天。惟尔多方，罔堪顾之。惟我周王，灵承于旅，克堪用德，惟典神天。天惟式教我用休，简畀殷命，尹尔多方。今我曷敢多诰，我惟大降尔四国民命，尔曷不忱裕之于尔多方，尔曷不夹介乂我周王，享天之命。今尔尚宅尔宅，畋尔田，尔曷不惠王熙天之命，尔乃迪屡不静，尔心未爱，尔乃不大宅天命，尔乃屑播天命，尔乃自作不典，图忱于正。我惟时其教告之，我惟时其战要囚之，至于再，至于三，乃有不用我降尔命，我乃其大罚殛之。非我有周秉德不康宁，乃惟尔自速辜。"②

---

① 《尚书·君奭》，《十三经注疏》，第225页。
② 《尚书·多方》，《十三经注疏》，第227—228页。

尽管引文似已嫌多，但这只是《尚书》中有关周公天命思想的部分资料。就是这些资料，足可证明对于天作为至上神的权威，他是丝毫没有怀疑的，他始终是一个真诚的天命论者。不仅如此，与天命论相联系，周公对于祖宗神灵同样是笃信不疑的，最典型的资料是《金縢》：

> 既克商二年，王有疾，弗豫。二公曰："我其为王穆卜。"周公曰："未可以戚我先王。"公乃自以为功，为三坛同墠，为坛于南方，北面周公立焉。植璧秉珪，乃告大王、王季、文王。史乃册祝曰："惟尔元孙某，遘厉虐疾，若尔三王，是有丕子之责于天，以旦代某之身。予仁若考，能多才多艺，能事鬼神。乃元孙不若旦多材多艺，不能事鬼神。乃命于帝庭，敷佑四方，用能定尔子孙于下地，四方之民，罔不祗畏。呜呼！无坠天之降宝命，我先王亦永有依归。今我即命于元龟，尔之许我，我其以璧与珪，归俟尔命；尔不许我，我乃屏璧与珪。"①

另外，《诗经》的资料也证明周公对昊天上帝和祖宗神灵的笃诚，其中的《大雅·文王之什·文王》据传是周公所作颂扬文王和深戒成王的诗篇，诗中的不少段落就是对上帝和文王的虔诚礼敬：

> 文王在上（文王之灵在那昊天之上），於，昭于天（啊，他在天上十分显耀）！周虽旧邦（周国虽是古老之邦），其命维新（它却受命建立周朝）。有周不显（周朝功业无比显荣），帝命不时（上帝之命非常美好）。文王陟降（文王助天升降），在帝左右（常在上帝身旁）。
> 穆穆文王（文王庄穆而又美善），於，缉熙敬止（啊，心地光明，敬慎自谦）！假哉天命（伟大严峻啊，上天之命）。有商孙子（商代子孙都要遵奉）。商之孙子（商代灭亡，遗留子孙），其丽不亿（数以亿计，绵绵无尽）。上帝既命（上帝既已降命于人），侯于周服（只有听命，对周称臣）。②

---

① 《尚书·金縢》，《十三经注疏》，第 195 页。
② 袁梅：《诗经译注》，第 709—711 页。

在相传也是周公所作的《周颂·时迈》中，他也认定上帝对周人的特别眷顾和优惠：

> 时迈其邦（巡行万邦，诸侯朝会），昊天其子之（上帝惠赠我王天子之位），实右序有周（上帝对我周佑助优惠）。①

显然，周公对祖宗神灵的笃信是真诚的。他并不像有的学者所论断的那样，在殷人面前是天命论者，在周人面前就怀疑天命的存在。因为在周公所处的时代，上天的威灵还严重地禁锢着所有人的头脑，无神论产生的条件还不具备。在与周公同时代的人中，还找不出一个无神论者。正如黑格尔所说："没有人能够真正地超出他的时代，正如没有人能够超出他的皮肤。"② 即使周公这样杰出的思想家，也无法摆脱历史条件的限制。不过，周公的天命论与殷人相比又有明显的不同。第一，他把殷人晚年几乎将上帝与宗祖神合二而一的一元神论改造成上帝即天与宗祖神分开的二元神论。第二，他用"以德配天"说首创"天人感应论"。尽管这些区别还没有突破夏殷以来的宗教神学体系，但与殷人的天命论相比却是一个不小的进步。这是因为，周公的上天和祖宗二元神论在事实上疏远了上帝与人间的关系。特别是，周公把上帝打扮成一个对任何人都一视同仁的"公正"之神，"皇天无亲，惟德是辅"。一个当权的统治者使上天钟意的唯一办法，不在于祭祀的准时和祭礼的隆重，而在于能够"敬天保民""明赏慎罚"，将地上的统治搞得符合天意、有条不紊，贵族内部融洽和睦，被奴役的小民也安于奴隶的地位不进行反抗。周公的上天、祖宗二元神论虽然还不是无神论，但他引导人们把事神的虔诚与事人的兢兢业业结合起来，将人们的注意力集中到人事方面来，就无疑缩小了天命鬼神的传统领地，客观上是向无神论的靠拢。

尤其重要的是，周公还用"以德配天"说在中国历史上首创了体系完整的"天人感应论"。殷人虽然凡事问卜，以卜决疑，但仅此并不能构成"天人感应论"，因为卜兆的吉凶与殷王的德行和作为还没有直

---

① 袁梅：《诗经译注》，第951页。
② ［德］黑格尔：《哲学史讲演录》第一卷《导言》，贺麟、王太庆译，商务印书馆1981年版，第57页。

接关系。在殷人看来，上帝和祖宗对他们的钟爱是无条件的，所以天人之间也就不存在"感"和"应"的关系。但在周公发明"以德配天"说之后，天人之间才能互相感应，"天人感应论"才算正式成立。周公第一次将天的好恶与地上人的行为，特别是君王的行政好坏联系起来，倡导"修人事以应天命"。一方面，他笃信上天是监临下民、公正无私的人格神：

  维天之命（恒念天命至高无比），於穆不已（啊，它完美而无穷无已）！①

  敬之，敬之（戒慎自傲啊，戒慎自傲啊）！天维显思（天道甚是显赫昭彰啊）！

  命不易哉（承受天命真不容易啊）！无曰高高在上（莫说上帝不察，高高在上）。陟降厥土（升降、赏罚，施于群臣），日监在兹（日日在此监临，毫厘不爽）。②

  另一方面，他又认为天不是喜怒无常地随意降下幸福或灾祸。人间帝王敬天保民，天便降下福风惠雨，保佑他国泰民安，五谷丰登；人间帝王背德虐民，奢侈腐败，天便降下水旱灾异，甚至收回他的统治权力，更易新主。天的意志通过"祥瑞"或"谴告"下示人间。人间帝王亦可以通过祭祀向上天申述己意，通过实际的行政活动表示自己的赤诚。如此天人交感，就构成了人间的社会运动。上面引证的《尚书·多方》中，周公就是用"天人感应论"解释了夏、商、周三朝的更替。按照周公的"天人感应论"，天命对于人事的左右并不是绝对不可移易的，人们的活动在天命面前也不是全然无能为力的。这实际上等于承认了人们可以有条件地掌握自己的命运。如此一来，周公就在殷人僵死的天命论体系上打开了第一个缺口，给人的主观能动性争得了一个活动的地盘。这在中国思想史上是一次巨大的突破，具有里程碑式的进步意义。

---

① 袁梅：《诗经译注》，第 940 页。
② 袁梅：《诗经译注》，第 985—986 页。

三 "敬德保民"

周公的政治思想是建立在他天命观的基础之上，其核心意蕴可概括为"敬德保民"。其中，有着极其丰富的内涵。

首先，他要求当政的君王必须有"德"，这是其政权合法存在的根据，而一旦失德和无德，这个政权也就失去存在的合法性，被有德的君王取代就是顺理成章了：

> 王敬作所，不可不敬德。我不可不监于有夏，亦不可不监于有殷。我不敢知曰，有夏服天命，惟有历年。我不敢知曰，不其延，惟不敬厥德，乃早坠厥命。我不敢知曰，有殷受天命，惟有历年。我不敢知曰，不其延，惟不敬厥德，乃早坠厥命。今王嗣受厥命，我亦惟兹二国命嗣若功。王乃初服。呜呼！若生子，罔不在厥初生，自贻哲命。今天其命哲，命吉凶，命历年，知今我初服，宅新邑，肆惟王其疾敬德。王其德之用，祈天永命。其惟王勿以小民淫用非彝，亦敢殄戮，用乂民，若有功。其惟王位在德元，小民乃惟刑，用于天下，越王显，上下勤恤。①

其次，这个"德"涉及君王个人修养、个人作风、个人品格的方方面面，其中最重要的是"克自抑畏"，知百姓之苦和稼穑之难，抑制自己的享受欲望，戒奢戒酒，虚心听取小民的诉告，冷静理性地对待怨言，将其作为一种鉴戒："人无于水监，当于民监。"② 真心实意与小民同甘共苦：

> 周公曰："呜呼！君子所其无逸，先知稼穑之艰难，乃逸，则知小人之依。相小人，厥父母勤劳稼穑，厥子乃不知稼穑之艰难，乃逸乃谚既诞，否则侮厥父母曰，昔之人，无闻知。"
>
> 周公曰："呜呼！我闻曰：昔在殷王中宗，严恭寅畏天命，自度。治民祗惧，不敢荒宁。肆中宗之享国，七十有五年。其在高宗，时旧劳于外，爰暨小人，作其即位，乃或亮阴，三年不言。其

---

① 《尚书·召诰》，《十三经注疏》，第213页。
② 《尚书·酒诰》，《十三经注疏》，第207页。

惟不言，言乃雍，不敢荒宁，嘉靖殷邦，至于小大，无时或怨，肆高宗之享国，五十有九年。其在祖甲，不义惟王，旧为小人，作其即位，爰知小人之依，能保惠于庶民，不敢侮鳏寡，肆祖甲之享国，三十有三年。自时厥后立王，生则逸。生则逸，不知稼穑之艰难，不闻小人之劳，惟耽乐之从。自时厥后，亦罔或克寿。或十年，或七八年，或五六年，或四三年。"

周公曰："呜呼！厥亦惟我周太王、王季，克自抑畏。文王卑服，即康功田功。徽柔懿恭，怀保小民，惠鲜鳏寡，自朝至于日中昃，不遑暇食，用咸和万民。文王不敢盘于游田，以庶邦惟正之供。文王受命惟中身，厥享国五十年。"

周公曰："呜呼！继自今嗣王，则其无淫于观于逸，于游于田，以万民惟正之供。无皇曰：今日耽乐。乃非民攸训，非天攸若，时人丕则有愆，无若殷王受之迷乱，酗于酒德哉！"

周公曰："呜呼！我闻曰：古之人，犹胥训告，胥保惠，胥教诲，民无或胥诪张为幻。此厥不听，人乃训之，乃变乱先王之正刑，至于小大。民否则厥心违怨，否则厥口诅祝。"

周公曰："呜呼！自殷王中宗，及高宗，及祖甲，及我周文王，兹四人迪哲。厥或告之曰：小人怨汝詈汝，则皇自敬德。厥愆，曰：朕之愆，允若时。不啻，不敢含怒。此厥不听，人乃或诪张为幻。曰：小人怨汝詈汝，则信之，则若时，不永念厥辟，不宽绰厥心，乱罚无罪，杀无辜，怨有同，是丛于厥身。"

周公曰："呜呼！嗣王其监于兹。"[1]

同时，君王还必须牢记祖训，恪守规章，"惟忠惟孝"，与父母、兄弟、贵族、臣下以及四邻都协和相处，处理好各种关系：

王若曰："小子胡，惟尔率德改行，克慎厥猷。肆予命尔侯于东土，往即乃封，敬哉！尔尚盖前人之愆，惟忠惟孝。尔乃迈迹自身，克勤无怠，以垂宪乃后。率乃祖文王之彝训，无若尔考之违王命。皇天无亲，惟德是辅。民心无常，惟惠之怀。为善不同，同归

---

[1] 《尚书·无逸》，《十三经注疏》，第222—223页。

于治。为恶不同，同归于乱。尔其戒哉！慎厥初，惟厥终，终以不困。不惟厥终，终以困穷。懋乃攸绩，睦乃四邻，以蕃王室，以和兄弟。康济小民，率自中，无作聪明，乱旧章。详乃视听，罔以侧言改厥度，则予一人汝嘉。"①

再次，最重要的是将"德"贯彻到行政措施中，突出"民本"的理念。一方面爱民、重民，了解他们的疾苦，"慎刑勤政"，为之创造较好的生产和生活条件，使民自愿归附："王若欲求天下民，先设其利而民自至。譬之若冬日之阳，夏日之阴，不召而民自来。此谓归德。"② "均分以利之则民安，足用以资之则民乐，明德以师之则民让。"③ 同时还应该特别关照弱势群体，"送行逆来，振乏救穷。老弱疾病，孤子寡独，惟政所先"④。另一方面，也要加强管理，宽严结合，既使小民感受君王的爱民之心，也使他们知道刑法的威严，"义刑义杀"，对故意犯罪者、辜恶不悛者予以严惩，决不手软：

惟乃丕显考文王，克明德慎罚，不敢侮鳏寡，庸庸祗祗，威威显民，用肇造我区夏。

天畏棐忱，民情大可见，小人难保。往尽乃心，无康好逸豫，乃其乂民。

敬明乃罚。人有小罪，非眚，乃惟终。自作不典，式尔。有厥罪小，乃不可不杀，乃有大罪，非终。乃惟眚灾，适尔。既道极厥辜，时乃不可杀。

如陈时臬事，罚蔽殷彝，用其义刑义杀。……凡民自得罪，寇攘奸宄，杀越人于货，暋不畏死，罔弗憝。

元恶大憝，矧惟不孝不友，子弗祗服厥父事，大伤厥考心。于父不能字厥子，乃疾厥子。于弟弗念天显，乃弗克恭厥兄，兄亦不念鞠子哀，大不友于弟。惟吊兹，不于我政人得罪，天惟与我民彝

---

① 《尚书·蔡仲之命》，《十三经注疏》，第 227 页。
② 黄怀信等：《逸周书汇校集注·大聚解》，第 408 页。
③ 黄怀信等：《逸周书汇校集注·本典解》，第 755 页。
④ 黄怀信等：《逸周书汇校集注·大聚解》，第 395—396 页。

大泯乱。曰：乃其速由文王作罚，刑兹无赦。①

最后，君王之德表现在行政中必须坚持任人唯贤的原则，将"吉士""常人"安排在关键的岗位上，绝对摈弃"憸人"即无德无才只会溜须拍马、搬弄是非的宵小之徒：

> 公曰："君奭，我闻在昔，成汤既受命，时则有若伊尹，格于皇天。在太甲，时则有若保衡。在太戊，时则有若伊陟、臣扈，格于上帝，巫咸乂王家。在祖乙，时则有若巫贤。在武丁，时则有若甘盘。率惟兹有陈，保乂有殷。故殷礼陟配天，多历年所。天惟纯佑命，商实百姓、王人。罔不秉德，明恤小臣，屏侯甸，矧咸奔走。惟兹惟德称，用乂厥辟。故一人有事于四方，若卜筮，罔不是孚。"

> 公曰："君奭，天寿平格，保乂有殷，有殷嗣，天灭威。今汝永念，则有固命，厥乱明我新造邦。"

> 公曰："君奭，在昔上帝割申劝宁王之德，其集大命于厥躬。惟文王尚克修和我有夏。亦惟有若虢叔，有若闳夭，有若散宜生，有若泰颠，有若南宫括。又曰：无能往来，兹迪彝教，文王蔑德降于国人。亦惟纯佑秉德，迪知天威。乃惟时昭文王，迪见冒闻于上帝，惟时受有殷命哉。武王惟兹四人，尚迪有禄。后暨武王，诞将天威，咸刘厥敌，惟兹四人，昭武王惟冒，丕单称德。今在予小子旦，若游大川，予往暨汝奭，其济小子，同未在位，诞无我责，收罔勖不及，耇造德不降，我则鸣鸟不闻。矧曰其有能格。"②

> 周公若曰："呜呼！孺子王矣，继自今，我其立政，立事，准人，牧夫，我其克灼知厥若，丕乃俾乱，相我受民，和我庶狱庶慎，时则勿有间之。自一话一言，我则末惟成德之彦，以乂我受民。呜呼！予旦已受人之徽言，咸告孺子王矣。继自今，文子文孙，其勿误于庶狱庶慎，惟正是乂之。自古商人，亦越我周文王，立政、立事、牧夫、准人，则克宅之，克由绎之，兹乃俾乂。国则罔有立政。用憸人，不训于德，是罔显在厥世。继自今立政，其勿

---

① 《尚书·康诰》，《十三经注疏》，第203—204页。
② 《尚书·君奭》，《十三经注疏》，第225—226页。

以憸人，其惟吉士，用励相我国家。今文子文孙，孺子王矣。其勿误于庶狱，惟有司之牧夫，其克诘尔戎兵，以陟禹之迹。方行天下，至于海表，罔有不服，以觐文王之耿光，以扬武王之大烈。呜呼！继自今，后王立政，其惟克用常人。"①

周公还特别强调，为了能够得到贤人，君王必须放低身段，真诚地礼贤下士，让天下贤明之辈聚拢在你的麾下。所以当儿子伯禽代他到鲁国就任国君的时候，他对儿子谆谆告诫的就是谦恭地对待贤人：

我文王之子，武王之弟，成王之叔父，我于天下亦不贱矣。然我一沐三捉发，一饭三吐哺，起以待士，犹恐失天下之贤人。子之鲁，慎无以国骄人。②

周公还特别注重鉴别人才之方，《逸周书·官人解》就详细记载了他对成王阐发的如何从人的视听言动判断人才的准则，这些集中阐述识才、选才、用才的宝鉴，几乎可以直视为当时的《人才学》教科书。他认定，必须从六个方面"齐以揆之"，才能辨识人才的优劣高下。这六个方面是对富贵利禄的态度；言谈；举止；喜、怒、欲、惧、忧的表现；内外是否一致；言行是否相符。请看第一项：

一曰：富贵者，观其有礼施；贫贱者，观其有德守；嬖宠者，观其不骄奢；隐约者，观其不慑惧；其少者，观其恭敬好学而能悌；其壮者，观其廉洁务行而胜私；其老者，观其思慎而益强，其所不足而不逾。父子之间，观其孝慈；兄弟之间，观其和友；君臣之间，观其忠惠；乡党之间，观其诚信。省其居处，观其义方；省其丧哀，观其贞良；省其出入，观其交友；省其交友，观其任廉；设之以谋，以观其智；示之以难，以观其勇；烦之以事，以观其治；临之以利，以观其不贪；滥之以乐，以观其不荒。喜之，以观其轻；怒之，以观其重；醉之酒，以观其恭；从之色，以观其常；远之，以观其不二；昵之，以观其不狎；复征其言，以观其精；曲

---

① 《尚书·立政》，《十三经注疏》，第231—232页。
② 司马迁：《史记》卷33《鲁周公世家》，第1518页。

省其行，以观其备。此之谓观诚。①

再看第六项。

> 六曰：言行不类，终始相悖，外内不合，虽有假节见行，曰非成质者也。言忠行夷，争靡及私，施弗求多，情忠而宽，貌庄而安，曰有仁也。事变而能治，效穷而能达，措身立方而能遂，曰有知者也。少言以行，恭俭以让，有知而弗言发，有施而心弗德，曰谦良者也。微忽之言，久而可复，幽闲之行，独而弗克，其行亡如存，曰顺信者也。贵富恭俭而能施，严威有礼而不骄，曰有德者也。隐约而不慑，安乐而不奢，勤劳而不变，喜怒而有度，曰有守者也。直方而不毁，廉洁而不戾，强立而无私，曰有经者也。虚以待命，不召不至，言不过行，行不过道，曰沉静者也。忠爱以事亲，欢以敬之，尽力而不回，敬以安之，曰忠孝者也。合志而同方，共其忧而任其难，行忠信而不疑，迹隐远而不舍，曰交友者也。②

这些资料表明，周公对人才的辨析、鉴别和选取，已经在理论与实践的结合上达到了当时的最高水平。

另外，还应该强调，周公已经意识到，为了国家和社会的有效治理与有序运行，建立结构合理、分工明晰的完善的行政机构是完全必要的。为此，周公作《立政》，主要申明任官使能的基本原则。还有以成王名义所作的《周官》，设定了周朝中央官制的结构和主要官吏的职能：

> 唐虞稽古，建官惟百，内有百揆四岳，外有州牧侯伯，庶政惟和，万国咸宁。夏商官倍，亦克用乂，明王立政，不惟其官，惟其人。今予小子，祗勤于德，夙夜不逮。仰惟前代时若，训迪厥官。立太师、太傅、太保，兹惟三公，论道经邦，燮理阴阳，官不必备，惟其人。少师、少傅、少保，曰三孤，贰公弘化，寅亮天地，

---

① 黄怀信等：《逸周书汇校集注·官人解》，第 759—764 页。
② 黄怀信等：《逸周书汇校集注·官人解》，第 787—791 页。

弼予一人。冢宰掌邦治，统百官，均四海。司徒掌邦教，敷五典，扰兆民。宗伯掌邦礼，治神人，和上下。司马掌邦政，统六师，平邦国。司寇掌邦禁，诘奸慝，刑暴乱。司空掌邦土，居四民，时地利。六卿分职，各率其属，以倡九牧，阜成兆民。六年，五服一朝。又六年，王乃时巡，考制度于四岳。诸侯各朝于方岳，大明黜陟。①

进而规定了官吏的行政准则和对官德的要求。

凡我有官君子，钦乃攸司，慎乃出令，令出惟行，弗惟反。以公灭私，民其允怀。学古入官，议事以制，政乃不迷。其尔典常作之师，无以利口乱厥官。蓄疑败谋，怠忽荒政，不学墙面，莅事惟烦。戒尔卿士，功崇惟志，业广惟勤，惟克果断，乃罔后艰。位不期骄，禄不期侈，恭俭惟德，无载尔伪。作德心逸日休，作伪心劳日拙。居宠思危，罔不惟畏，弗畏入畏。推贤让能，庶官乃和，不和政庞，举能其官。惟尔之能，称匪其人，惟尔不任。②

这些资料表明，经过周公在成王时代的置官立制，周朝的官制较夏、商两朝更加完备和细密，从而使对国家和社会的管理更为规范和有效，这种制度文明已经达到了当时世界的最高水平。

四 "制礼作乐"

在中国历史上，周朝在损益夏、商礼乐文明的基础上，将中国奴隶制时代的礼乐文明推进到一个最完备最典型的巅峰，孔子对周礼赞不绝口：

子曰："殷因于夏礼，所损益可知也；周因于殷礼，所损益可知也；其或继周者，虽百世，可知也。"③

---

① 《尚书·周官》，《十三经注疏》，第235页。
② 《尚书·周官》，《十三经注疏》，第236页。
③ 《论语·为政》，《十三经注疏》，第2463页。

> 子曰："周监于二代，郁郁乎文哉，吾从周。"①

周公是周朝礼乐文明的奠基人，他"制礼作乐"，为周朝的礼乐文明建设做出了无可替代的贡献，《左传·文公十八年》记载了大史克的评价：

> 先君周公制周礼曰："则以观德，德以处事，事以度功，功以食民。"作誓命曰："毁则为贼，掩贼为藏，窃贿为盗，盗器为奸。主藏之名，赖奸之用，为大凶德，有常无赦，在《九刑》不忘。"②

周公制定的周礼是当时社会的上层建筑，它一方面体现了从尊尊亲亲引出的忠、孝、仁、义等道德规范，一方面制定了从国家到社会的各种制度、礼仪和不同等级、各色人等的行为准则：

> 先王之立礼也，有本有文。忠信，礼之本也；义理，礼之文也。无本不立，无文不行。礼也者，合于天时，设于地财，顺于鬼神，合于人心，理万物者也。是故天时有生也，地理有宜也，人官有能也，物曲有利也。故天不生，地不养，君子不以礼，归属弗飨也。③

这些制度、规范和准则在周公的时代可能还比较简单，后来逐步丰富和发展，就变得越来越烦琐和复杂，于是就有了所谓"礼仪三百，威仪三千"④ "礼经三百，曲礼三千"⑤。其实这些礼仪制度可以归类为吉、凶、军、宾、嘉五礼，而其中应该包括律令即法律文书，《逸周书·尝麦解》有"王命大正正刑书"⑥ 的记载，《左传·昭公六年》记载的晋国叔向致郑国执政子产书更明确说周朝有"九刑"："夏有乱政而作《禹刑》，商有乱政而作《汤刑》，周有乱政而作《九刑》。三辟

---

① 《论语·八佾》，《十三经注疏》，第 2467 页。
② 孙希旦：《礼记集解》，第 625 页。
③ 孔颖达：《礼记注疏》卷 53，四库全书本。
④ 陈来、王志民主编：《中庸解读》，齐鲁书社 2019 年版，第 208 页。
⑤ 孙希旦：《礼记集解》，第 651 页。
⑥ 黄怀信等：《逸周书汇校集注》，第 722 页。

之兴，皆叔世也。"① 现存《周礼》（又名《周官》）记载的是周朝官制，翔实又复杂。其著作权也归在周公名下，但多数学者不予认可。此书最大可能是出于战国荀派儒家之手，所以当放在战国时期予以论述较为恰当。

周公所作之"乐"，具体情况已经难以稽考。不过有一点是清楚的，由于周朝的所有典礼都配有相应的音乐，有的还有舞蹈，所以礼和乐就密切相连，《礼记·乐记》有以下记载：

> 凡音之起，由人心生也。人心之动，物使之然也。感于物而动，故形于声。声相应，故生变，变成方，谓之音。比音而乐之，及干戚、羽旄，谓之乐。故礼以道其志，乐以和其声，政以一其行，刑以防其奸。礼、乐、刑、政，其极一也，所以同民心而出治道也。②

显然，乐是紧密配合礼而运行，其重要作用是陶冶性情，在潜移默化中使人们体验并遵循礼的规范，实现社会的和谐。

周公的"制礼作乐"，目的是从制度和伦理两个方面规范国家和社会的运行，使各色人等都能在制度的规范内行动，并在礼乐的陶冶下将这种行动变成发自内心的自觉意识。周公的"制礼作乐"表明周朝已经进入中国奴隶社会最成熟最繁荣的时期。

五　周公思想的历史地位

在中国古代社会，周公获得极其崇高的历史地位。在他身后的中国古代典籍中，他出现的频次可能是最高的。在四库全书中，他在17047卷中共出现61171次。而孔子（含孔子、孔夫子、孔圣人、仲尼、至圣先师、文宣王、孔圣、至圣）在14898卷中出现了28096次，远低于周公出现的频次。在四库全书的经、史、子、集各门类中，在涉及社会科学和自然科学的各种书籍，甚至佛、道、医、农、生、化、数、理的著作中，周公都现身其中。在涉及周公的每一个知识点上，各时代、各派别的政治家、思想家都有各种不同观点的阐释与互纠。但总的倾向是颂

---

① 杨伯峻编著：《春秋左传注》，第1275页。
② 孙希旦：《礼记集解》，第976—977页。

赞他的功业，歌咏他的德行，肯定他的行政之道，将其视为流芳百世、创造放之四海而皆准真理的雄杰。大多数情况下，他已经变成一个文化符号，作为全知全能的圣人独领百代风骚。

在先秦时代的所有思想家中，周公最为儒、墨两家所尊崇。孔子、孟子首先将他推尊为与尧、舜、禹、汤、文、武并列的圣人。《韩诗外传》引孔子的话，赞扬周公是应时而变、能够承担起子、武、臣三种不同角色的伟人：

> 昔者周公事文王，行无专制，事无由己，身若不胜衣，言若不出口，有奉持于前，洞洞焉将失之，可谓子矣。武王崩，成王幼，周公承文、武之业，履天子之位，听天子之政，征夷狄之乱，诛管、蔡之罪，抱成王而朝诸侯，诛赏制断，无所顾问，威动天地，振恐海内，可谓能武矣。成王壮，周公致政，北面而事之，请然后行，无伐矜之色，可谓臣矣。故一人之身而能三变者，所以应时也。①

墨子也赞誉"周公旦为天下之圣人"②。到唐代韩愈那里，周公则成为中国之道，即真理传授系统的重要环节。这个道，自尧发端，"尧以是传之舜，舜以是传之禹，禹以是传之汤，汤以是传之文、武、周公，周公以是传之孔子，孔子以是传之孟轲，轲之死，不得其传焉"③。延至宋代以后，尽管这个真理传授系统在不同思想家那里有不同的排序，但周公却是稳居其中的重要人物，是他们所处时代的标志性英杰，如宋代刘敞所言："尧之时不为无人，尧而已矣；舜之时不为无人，舜而已矣；文、武、周公之时不为无人，文、武、周公而已。"④ 在后世政治家和思想家的理念中，周公传承的这个"道"包含了全部治国经世的制度和思想理论，诚如清朝做过大学士的魏裔介所言：

> 自古帝王经国致治之法，至成周而大备。然武王末受命，未及

---

① 董治安主编：《两汉全书》第 2 册，第 749 页。
② 吴毓江：《墨子校注》，中华书局 2006 年版，第 689 页。
③ 郭预衡主编：《唐宋八大家散文总集》卷1，河北人民出版社 1995 年版，第 46 页。
④ 刘敞：《公是集》卷46《杂著·论性》，四库全书本。

有所布置。制礼作乐，大率皆周公之为也。观《多士》《多方》《无逸》《周官》《立政》、诸诰，恻怛深厚，规模弘远。而《鸱》《东山》《大雅·文王》《瓜瓞》《生民》诸诗，比物连类，曲体人情，阐明至德。千载而下，令人读之者，犹感动兴起不能已已，而况亲炙之者与？《周礼》一书，刘歆末年知周公致太平之迹具在斯。紫阳谓其广大精密，不可谓无与于心性。若乃六十四卦之大象，三百八十四爻之系辞，拟形容而象物，宜观会通而行。典礼得羲文洗心退藏之传，此孔子所以叹其为才之美，而一生汲汲皇皇，欲行其道，遵其礼，见于梦寐不忘也。摄政之事，世儒或疑之，谓周公位冢宰之位而已，非如荀卿所谓摄天子位之事也。然礼有践阼之文，则负扆而朝，自是循谅暗听于冢宰之礼，而三叔遂借之以为口实。公孙硕肤破斧缺斨，亦何损于圣人之德哉？司马迁解我之弗辟及居东先后，与尚书诸儒所注，微有不同。要之，郑康成之说折衷，为得其中也。康成曰："成王得《金縢》之书，亲迎周公，周公归摄政，三监及淮徐叛，周公乃东伐之。"余反复详考，知《易》《书》《礼》《诗》，周公之作为多。其学一文王法天之学，而仁智忠敬诚笃，臣道于此而极，治法心学亦于此而极。孟子曰："悦周公、仲尼之道，周公、仲尼一道也。"知言哉！①

后人除了赞扬周公在伐纣灭商、辅佐成王致"成康之治"、数平反叛、制礼作乐等方面的功业外，更特别赞颂他任人唯贤的气度和政略，尤其是他的持盈保泰的谦谦之德：

> 故天道亏盈而益谦，地道变盈而流谦，鬼神害盈而福谦，人道恶盈而好谦。谦者，抑事而损者也。持盈之道，抑而损之，此谦德之于行也，顺之者吉，逆之者凶。五帝既没，三王既衰，能行谦德者，其惟周公乎？文王之子，武王之弟，成王之叔父，假天子之尊位七年，所执贽而师见者十人，所还质而友见者十三人，穷巷白屋之士所先见者四十九人，时进善者百人，官朝者千人，谏臣五人，辅臣五人，拂臣六人，载干戈以至于封侯而同姓之士百人。孔子

---

① 魏裔介：《兼济堂文集》卷14《论·周公论》，四库全书本。

曰:"犹以周公为天下党,则以同族为众,而异族为寡也。"故德行宽容而守之以恭者荣,土地广大而守之以俭者安,位尊禄重而守之以卑者贵,人众兵强而守之以畏者胜,聪明睿智而守之以愚者哲,博闻强记而守之以浅者不溢。此六者,皆谦德也。①

曹操对周公的重贤、礼贤、信贤、用贤也由衷赞誉:"山不厌高,水不厌深。周公吐哺,天下归心。"② 而写诗上瘾的乾隆皇帝,也不忘在诗中对周公送上崇高的赞美词:"真迹当年付老僧,赚来萧翼许多能。若方吐哺周公旦,房相抡贤未足称。"③ 南宋的陈亮则认为,周公最大的贡献就是他发明并坚持了"人道",而一个王朝能否长治久安的根基就在这里:

> 自伏羲神农黄帝以来,顺风气之宜而因时制法,凡所以为人道立极,而非有私天下之心也,盖至于周公集百圣之大成,文理密察,累累乎如贯珠,井井乎如画棋局,曲而当,尽而不污,无复一毫之间,而人道备矣。人道备,则足以周天下之理而通天下之变,变通之理具在周公之道。盖至此而与天地同流,而忧其穷哉?夫周家之制既定,而上下维持至于八百余年,诸侯既已擅立,周之王徒拥其虚器蘁然立于诸侯之上,诸侯皆相顾而莫之或废,彼独何畏而未忍哉?岂非周公之制有以维持其不忍之心,虽颠倒错乱而犹未亡也。当是之时,周虽自绝于天,有能变通周公之制而行之天下,不必周而周公之术盖未始穷也。秦徒见其得天下之难,以为周公之制盖非其所便,并与夫仅存者而尽弃之,而不知周家之制既尽,而秦亦亡矣,人道废则其君岂能独存哉?④

所有这些赞颂,在很大程度上都有过誉之嫌。实际上,周公对中国历史最大的贡献就是他第一次提出"皇天无亲,唯德是辅"的理念并对之作了较充分的阐发,从而奠定了中国古代治国行政的核心理论体

---

① 董治安主编:《两汉全书》第2册,第771—772页。
② 《汉魏六朝百三家集》卷23,四库全书本。
③ 《御制诗集》二集卷25《兰亭杂咏》,四库全书本。
④ 陈亮:《龙川集》卷10《周礼》,四库全书本。

系。以后的政治家和思想家基本上都是沿着周公创始的理论不断丰富和完善，给中国传统政治文化留下了博大精深的理论，指导和规范着中国古代政治体制的建构和运行。正因为如此，周公实际上的地位已经超越他之前的尧、舜、禹、汤、文、武，成为中国古代社会尊仰的头号神主牌。

第四节　成王、康王、穆王、厉王、幽王及其臣子的政治思想

一　成王、康王的政治思想

成王姬诵是西周王朝的第二代国君，因为其父去世时他年少，他的叔父周公旦曾"践阼称王"七年，之后"复子明辟"，成王于是亲政。由于周公执政时期进行二次东征，"克殷践奄"，又"制礼作乐"，完善了周朝的制度建构和思想理论建设，为他的治国理政奠定了坚实基础，因而成王执政时期进入西周最稳定发展的岁月，成为西周盛世"成康之治"的发端。他"兴正礼乐，度制于是改，而民和睦，颂声兴"[1]。《史记·周本纪》将《尚书》中的《多方》《周官》《贿息慎之命》都归到他的名下，其实除了亡佚的《贿息慎之命》之外，其他两篇都应该是周公所作。由于成王基本上是在周公的呵护下成长和执政，处于坐享其成的位置，所以他本人的才能似乎难以显现，在政治思想方面，他大概就是一个一切唯周公之论是从、努力学习和认真实践的模范生。

康王姬钊是西周的第三代国君，由两位重臣召公、毕公做顾命大臣辅佐他。由于成王时期奠定了较坚实的基础，再加上康王继承文、武、周公的执政理念，"务在节俭，毋多欲，以笃信临之"，因而创造了"成康之治"的繁盛局面，"故成康之际，天下安宁，刑错四十年不用"[2]。

康王的政治思想体现在《尚书》中的《康王之诰》和《毕命》两篇文献中。在《康王之诰》中，他重申继承文、武、周公的遗志和执政理念，要求被封于各地的诸侯忠心不二地翼赞王室，维护周朝的稳定与安宁：

---

[1] 司马迁：《史记》卷4《周本纪》，第133页。
[2] 司马迁：《史记》卷4《周本纪》，第134页。

昔君文、武，丕平富，不务咎，厎至齐，信用昭明于天下。则亦有熊罴之士，不二心之臣，保乂王家，用端命于上帝。皇天用训厥道，付畀四方。乃命建侯树屏，在我后之人。今予一二伯父，尚胥暨顾，绥尔先公之臣服于先王。虽尔身在外，乃心罔不在王室。用奉恤厥若，无遗鞠子羞。①

在《毕命》中，康王对受命至洛阳监护殷遗民的毕公谆谆告诫，要求他一方面继承文、武、周公既定的执政方略，在"世变风移"的情况下，确保"四方无虞"。另一方面，也要顺应"道有升降，政由俗革"的不断变化形势，德刑并用，赏善罚恶，维持对殷遗民的稳定统治，"旌别淑慝，表厥宅里，彰善瘅恶，树之风声。弗率训典，殊厥井疆，俾克畏慕。申画郊圻，慎固封守，以康四海"，以期达到"道洽政治，泽润生民"的目的：

王若曰："呜呼！父师，惟文王、武王，敷大德于天下，用克受殷命。惟周公左右先王，绥定厥家。毖殷顽民，迁于洛邑。密迩王室，式化厥训。既历三纪，世变风移，四方无虞，予一人以宁。道有升降，政由俗革，不臧厥臧，民罔攸劝。惟公懋德，克勤小物，弼亮四世，正色率下，罔不祗师言。嘉绩多于先王，予小子垂拱仰成。"

王曰："呜呼，父师！今予祗命公以周公之事，往哉！旌别淑慝，表厥宅里，彰善瘅恶，树之风声。弗率训典，殊厥井疆，俾克畏慕。申画郊圻，慎固封守，以康四海。政贵有恒，辞尚体要，不惟好异。商俗靡靡，利口惟贤，余风未殄，公其念哉！我闻曰，世禄之家，鲜克由礼，以荡陵德，实悖天道。敝化奢丽，万世同流。兹殷庶士，席宠惟旧，怙侈灭义，服美于人。骄淫矜侉，将由恶终。虽收放心，闲之惟艰。资富能训，惟以永年。惟德惟义，时乃大训。不由古训，于何其训？"

王曰："呜呼，父师！邦之安危，惟兹殷士，不刚不柔，厥德允修。惟周公克慎厥始，惟君陈克和厥中，惟公克成厥终。三后协

---

① 《尚书·康王之诰》，《十三经注疏》，第244页。

心，同底于道。道洽政治，泽润生民。四夷左衽，罔不咸赖。予小子永膺多福。公其惟时成周，建无穷之基，亦有无穷之闻。子孙训其成式，惟乂。呜呼！罔曰弗克，惟既厥心。罔曰民寡，惟慎厥事。钦若先王成烈，以休于前政。"①

就现存文献看，尽管成王和康王创造了西周历史上最繁荣的盛世，但二人主要靠祖荫而成为太平盛世的君王。他们本人在政治实践上或许还有可称道的成绩，但在政治思想方面却没有多少创新之点，不过是重申文、武、周公等先王先贤的理念罢了。

二 穆王、祭公谋父与《吕刑》的制定

穆王姬满是西周的第五代国君，他的父亲昭王姬瑕南巡狩时，被楚国人设计沉船于汉江而亡。直到春秋时期，齐桓公在会盟时还就"昭王南征而不返"追究楚国的责任。穆王是在位时间最长的西周君王，达55年之久。此一时期，周朝与周边诸侯国、戎人方国的关系开始出现不睦之象。他于是致力于加强对四方的征伐，留下了一部半纪实半神话的《穆天子传》。据《国语·周语》和《史记·周本纪》等文献记载，当穆王准备出兵讨伐犬戎时，祭公谋父力谏不可行，讲了一大通"以德服远"的道理：

> 穆王将征犬戎，祭公谋父谏曰："不可。先王耀德不观兵。夫兵戢而时动，动则威，观则玩，玩则无震。……先王之于民也，茂正其德而厚其性，阜其财求而利其器用，明利害之乡，以文修之，使之务利而辟害，怀德而畏威，故能保世以滋大。昔我先王世后稷以服事虞、夏。及夏之衰也，弃稷不务，我先王不窋用失其官，而自窜于戎狄之间。不敢怠业，时序其德，遵修其绪，修其训典，朝夕恪勤，守以敦笃，奉以忠信。奕世载德，不忝前人。至于文王、武王，昭前之光明而加之以慈和，事神保民，无不欣喜。商王帝辛大恶于民，庶民不忍，欣载武王，以致戎于商牧。是故先王非务武也，勤恤民隐而除其害也。夫先王之制，邦内甸服，邦外侯服，侯

---

① 《尚书·毕命》，《十三经注疏》，第244—245页。

卫宾服，夷蛮要服，戎翟荒服。甸服者祭，侯服者祀，宾服者享，要服者贡，荒服者王。日祭，月祀，时享，岁贡，终王，先王之顺祀也，有不祭则修意，有不祀则修言，有不享则修文，有不贡则修名，有不王则修德，序成而有不至则修刑。于是有刑不祭，伐不祀，征不享，让不贡，告不王。于是有刑罚之辟，有攻伐之兵，有征讨之备，有威让之命，有文告之辞。布令陈辞而有不至，则增修于德，无勤民于远。是以近无不听，远无不服。①

这位祭公谋父是周公旦的后人，他的这段话表明，他基本上遵循了先祖"敬德保民"的遗教，要求君王通过修德保民和柔远安边的政策维护国家和社会的安宁，战争只是不得已退而求其次的手段，应该慎用或尽量不用。但是，穆王没有听从他的谆谆劝告，执意远征，结果是破坏了与周边戎族的关系，"自是荒服者不至"。西周自穆王时期开始走下坡路。不过还是应该承认，穆王是较具开拓精神的君王，他对戎族的用兵，促进了中原地区与西域交通的开拓，增进了中原地区与西域诸族经济文化的交流。在陕西周原遗址发现的栩栩如生的贝雕胡人头像，是西周时期中原与西域经济文化交流的重要佐证。

穆王时期对中国政治思想发展的最大贡献是《吕刑》的制定与实施。这个刑律是由吕侯（《史记·周本纪》作"甫侯"）建议制定的，所以定名为《吕刑》，其中有这样一段文字：

> 有邦有土，告尔祥刑。在今尔安百姓，何择非人，何敬非刑，何度非及。两造具备，师听五辞。五辞简孚，正于五刑。五刑不简，正于五罚。五罚不服，正于五过。五过之疵，惟官，惟反，惟内，惟货，惟来，其罪惟均，其审克之。五刑之疑有赦，五罚之疑有赦，其审克之。简孚有众，惟貌有稽。无简不听，具严天威。墨辟疑赦，其罚百锾，阅实其罪。劓辟疑赦，其罚惟倍，阅实其罪。剕辟疑赦，其罚倍差，阅实其罪，宫辟疑赦，其罚六百锾，阅实其罪。大辟疑赦，其罚千锾，阅实其罪。墨罚之属千，劓罚之属千，剕罚之属五百，宫罚之属三百，大辟之罚其属二百，五刑之属三

---

① 司马迁：《史记》卷4《周本纪》，第135—136页。

千，上下比罪，无僭乱辞，勿用不行，惟察惟法，其审克之。上刑适轻下服，下刑适重上服，轻重诸罚有权。刑罚世轻世重，惟齐非齐，有伦有要。罚惩非死，人极于病。非佞折狱，惟良折狱，罔非在中，察辞于差，非从惟从。哀敬折狱，明启刑书胥占，咸庶中正。其刑其罚，其审克之。狱成而孚，输而孚，其刑上备，有并两刑。……朕敬于刑，有德惟刑。今天相民，作配在下，明清于单辞。民之乱，罔不中听狱之两辞。无或私家，于狱之两辞。狱货非宝，惟府辜功，报以庶尤，永畏惟罚。非天不中，惟人在命。天罚不极庶民，罔有令政在于天下。①

这些资料表明，第一，穆王与吕侯君臣已经意识到，德与刑相互为用，"有德惟刑"，二者缺一不可。第二，为了适应社会的复杂性和犯罪的多样性，应该制定不同门类、轻重不等的刑种。第三，量刑必须既适度，亦灵活，才能取得抑制犯罪的效果。至于当时是否已经制定了"五刑之属三千"这样确切的数目，似不必过于拘泥。第四，周朝之初，以周公为代表的当政者对夏商以来的礼制加以完善，以礼作为维系国家和社会稳定运行的工具，体现了当时奴隶主贵族和平民之间温情脉脉的一面。但随着历史的发展，到穆王统治时期，阶级矛盾和社会矛盾都呈现激化的趋势，在这种情况下，刑罚对维系国家和社会稳定运行的重要性日益显现，《吕刑》的出台正当其时，显然具有积极意义。

三　厉王时期召公和芮良夫的政治思想

厉王姬胡是西周的第 10 代国君，也是在位时间较长的国君。他晚年特别"好利"，任用荣国大夫荣夷公为他聚敛财富。此事引起厉王大臣芮良夫的极度警觉，于是给他以严正的警告和规劝：

王室其将卑乎！夫荣公好专利而不知大难。夫利，百物之所生也，天地之所载也，而或专之，其害多矣。天地百物，皆将取焉，胡可专也？所怒甚多，而不备大难，以是教王，王能久乎？夫王人

---

① 《尚书·吕刑》，《十三经注疏》，第 249—251 页。

者，将导利而布之上下者也，使神人百物无不得其极，犹日怵惕，惧怨之来也。故《颂》曰："思文后稷，克配彼天。立我烝民，莫匪尔极。"《大雅》曰："陈锡载周。"是不布利而惧难乎？故能载周，以至于今。今王学专利，其可乎？匹夫专利，犹谓之盗，王而行之，其归鲜矣。荣公若用，周必败。①

芮良夫的这段话展示了他对财富的认识，他认定天生地载的财富属于全民的生活物资，国君不能将其视为自己的私有财产，更不能专己享用，而应该"导利而布之上下"，"使神人百物无不得其极"，即财尽其用，用其所值，使君臣百姓各得其所。这里展示的芮良夫的财富观虽然具有积极意义，但显然是过于理想化了，因为在阶级社会里，财富的分配是绝对不平等的，能够做到相对平等就是最好的分配制度了。

厉王对芮良夫的谆谆告诫置若罔闻，仍然重用荣夷公大事聚敛，并且日益"暴虐侈傲"，召公（即召康公的后人穆公虎）告诫他，如此作为会导致"民不堪命"，但他不仅不听，反而使用卫国的巫人对国人进行监督，对口出"谤言"者厉行诛杀，结果是"国人莫敢言，道路以目"。厉王自以为得计，告诉召公"吾能弭谤矣，乃不敢言"。召公忧心忡忡，对厉王讲了一段语重心长的话：

> 是障之也。防民之口，甚于防川。川壅而溃，伤人必多，民亦如之。是故为川者决之使导，为民者宣之使言。故天子听政，使公卿至于列士献诗，瞽献曲，史献书，师箴，瞍赋，矇诵，百工谏，庶人传语，近臣尽规，亲戚补察，瞽、史教诲，耆、艾修之，而后王斟酌焉，是以事行而不悖。民之有口，犹土之有山川也，财用于是乎出；犹其有原隰衍沃也，衣食于是乎生。口之宣言也，善败于是乎兴，行善而备败，所以阜财用、衣食者也。夫民虑之于心而宣之于口，成而行之，胡可壅也？若壅其口，其与能几何？②

召公这段话非常有名，被后世大量历史著作屡屡引用。"防民之口，甚于防川"更成为许多政治家和思想家的行政格言。因为它反复

---

① 《国语》卷1《周语上》，第12—13页。
② 《国语》卷1《周语上》，第9—10页。

论证的是作为最高统治者的国君，对于如何治国理政，不仅应该虚心听取臣民百姓各种不同意见，而且应该有使各种不同意见顺利上达的制度安排。召公的思想，利用了原始社会民主遗存的观念，要求国君创造一个言论自由的环境和机制，使得各种意见能够顺畅表达，这显然是减少国君决策和行政错误的合理化建议。然而，厉王对召公的谏言不屑一顾，好利如故，压制言论自由如故，这自然大大激化了他与国人的矛盾。要知道，国人在西周时期还是享有从原始社会延续下来的一些过问国政的民主权利，当他们被压抑的怒火不断积累、猛然喷发的时候，他们就毫不客气地以暴动的形式展示自己的意志，将厉王赶出首都，迫其流亡于彘（今山西霍县），并在14年之后死于该地。这14年间，周朝的行政运行由召公和周公共同负责，史称"周召共和"时期，其开端之年为公元前841年。也就是这一年，中国历史开始有了确切的纪年。

周厉王是西周历史上著名的昏暴之君。他当国30年，流亡14年。他的政治思想表现在他的行动中。他抛弃了当时还遗存的原始社会国人参与政治生活的民主制度的某些形式，执意强化国君专断的权力，甚至以死刑打压敢于议论国家政治的国人，说明他的权力观念和专断意识日益增强。同时，他要求在经济上获得更多的实际利益，突破了周礼规定的有关国君的权益，这势必增加国人和奴隶的负担，大大激化阶级和社会矛盾，他被赶下王座、客死异地显然是罪有应得。

四　宣王、幽王及其臣僚的政治思想

厉王死后，他的儿子、长于召公之家的太子姬静继承王位，他就是周宣王。历史记载，他继位之后"不籍千亩"，即不举行国君亲自耕籍田的仪式。由于此举是周天子登基时的重要活动，表示对农业生产的重视，所以虢文公对他极力谏诤，一再强调农业生产对国计民生的重要意义：

> 夫民之大事在农，上帝之粢盛于是乎出，民之蕃庶于是乎生，事之供给于是乎在，和协辑睦于是乎兴，财用蕃殖于是乎始，敦庞纯固于是乎成，是故稷为大官。……恪恭于农，修其疆畔，日服其镈，不解于时，财用不乏，民用和同。是时也，王事唯农是务，无有求利于其官，以干农功，三时务农而一时讲武，故征则有威，守则有财。若

是，乃能媚于神而和于民矣，则享祀时至而布施优裕也。①

"不籍千亩"如何解释，学术界至今聚讼纷纭。不少学者认为，宣王之所以不再重视此一仪式，可能是井田制在这时已经崩溃，他认定此举对维系统治没有多大实际作用。尽管如此，虢文公在劝谏中表述的观点仍然具有积极意义。因为他正确地认定农业在国家经济中的基础地位，要求最高统治者通过"籍耕"的仪式增强农业在人们心中的价值。

接着，宣王希望通过对拒绝臣服的江、汉地方的诸侯国用兵来提升威望，结果遭遇惨败。于是，"乃料民于太原"，即希望通过清查户口加强对人口确切数量的掌控以增加财政收入。此举遭到他的臣僚仲山父的反对，仲山父强调的反对理由如下：

> 民不可料也！夫古者不料民而知其少多，司民协孤终，司商协民性，司徒协旅，司寇协奸，牧协职，工协革，场协入，廪协出，是则少多、死生、出入、往来者皆可知也。于是乎又审之以事，王治农于籍，蒐于农隙，耨获亦于籍，狝于既烝，狩于毕时，是皆习民数者也，又何料焉？不谓其少而大料之，是示少而恶事也。临政示少，诸侯避之。治民恶事，无以赋令。且无故而料民，天之所恶也，害于政而妨于后嗣。②

关于"料民"的解释，学术界也颇多歧异。从宣王不顾仲山父的反对仍然坚持料民的情况看，这显然是一项至关重要的新政措施，关乎周王室的兴衰存亡。据各种情势推断，这次以检查户口为中心的"料民"，是为了摸清太原周围诸侯国的人口实际数字以及与之相联系的诸侯国对周王室应该负担的贡赋。这一政策显然攸关王室和诸侯国的利益分配。从仲山父的谏议可以看出，周朝此前已经制定了一套完整有效的司民制度，他认为应该继续实施这一制度而不必推行新的政策，因为新政策的实施必然带来纷扰，可能危及周朝的稳定。在这个问题上，仲山父似乎趋于保守了。他应该知道，从周朝建立至宣王当政，时间已经过

---

① 《国语》卷1《周语上》，第15—21页。
② 《国语》卷1《周语上》，第24—25页。

去二百多年，社会结构、阶级关系、财产关系等都发生了很大变化，原有的制度已经难以规范变化了的各种关系，宣王推行新政策，具有与时俱进的积极意义。

宣王在位46年病逝，他的儿子宫涅继位，他就是西周最后一任国君周幽王。在他登基的第二年，周王室的腹地泾、渭、洛流域发生强烈地震。大夫伯阳父认定是阴阳不调的征兆，预言周王室即将灭亡。这位幽王的确是一位昏妄之君，他违反周礼规定的嫡长子继承王位的制度，废王后，立爱妃，废太子，立庶子，迅速激化了王室贵族内部的矛盾。同时，他又任用虢石父主持行政事务，进一步引起臣僚和国人的惊恐不安。因为虢石父"为人佞巧，善谀好利"①，只能将已经衰颓的周王室引向每况愈下的困境。果然，在幽王继位11年之后的公元前771年，发生惊天之变，被废申后的父亲申侯联合犬戎进攻镐京（今陕西西安），由于各诸侯国都拒绝"勤王"的诏令，猝不及防的周幽王被犬戎杀死骊山下。申侯与诸侯们共立幽王太子宜臼继承王位，他就是周平王。因为经过兵燹之后的镐京已经残破不堪，加之周围的戎狄严重威胁到王室的生存，平王决定将国都东迁洛邑。这一年是公元前770年，历史上的东周，也就是春秋时代开始了。

第五节　齐太公姜尚开创"齐学"

一　姜尚其人

西周代商成为中原王朝以后，进一步完善了宗法制度和分封制度，使周朝的统治较商朝进一步明显提升，疆域更加拓展，王畿更加扩大，各种制度更加严密和完善。其中，"封建亲戚，以屏藩周"的分封制度，不仅使周的同姓贵族和异姓贵族的政治利益和经济利益得以满足，而且通过这一具有"原始部落殖民"性质的制度安排，逐步将周文化推广到它的所有统治地域。

西周建立之初，即开始对同姓贵族和异姓贵族进行分封，今之山东地区最大的两个封国齐国和鲁国差不多同时开始了它们的编年史。齐国的创立者是吕尚，关于他的族属，《史记·齐太公世家》有如下记载：

---

① 司马迁：《史记》卷4《周本纪》，第149页。

太公望吕尚者，东海上人。其先祖尝为四岳，佐禹平水土甚有功。虞夏之际封于吕，或封于申，姓姜氏。夏商之时，申、吕或封枝庶子孙，或为庶人，尚其后苗裔也，本姓姜氏，从其封姓，故曰吕尚。①

吕尚名望，字尚父，先秦文献中有吕望、吕牙、姜尚、太公望、师尚父等称谓，后世俗称姜子牙。他是黄帝时期"四岳部落"姜姓的后裔，受封齐国前可能食邑吕或出自吕国，故以吕为姓氏。

姜尚出生时，他的家庭可能已经沦为一般平民百姓。不过他个人并不安于社会底层的生活，所以四处闯荡，寻求发展的机会。他曾在东夷地区和商都生活过，后来对商朝晚期的统治失望，就西奔周族居住的渭水流域碰运气。而此时，姬姓的周族正处于蒸蒸日上的发展时期，杰出的政治家文王不断寻觅、延揽人才。不久，姜尚凭其过人的机智得到周文王的赏识，成为周文王和后来周武王特别倚重的辅佐。其实姬族的周人与姜尚所在的姜族很早就是关系密切的通婚集团，周人的始祖后稷相传即为姜族女子姜嫄所生。姜尚入周后，参与了文王开疆拓土特别是灭商的一系列重要谋划。例如，文王曾被纣王囚禁于羑里，是他与周大夫散宜生、闳夭设计以美女奇物贿赂纣王助其脱险。为了实施灭商的大计，周先是一步步征服了许多商的与国如崇、密须、犬夷等，"天下三分，其二归周，太公之谋计居多"②。武王即位后，姜尚任太师之职，直接策划和指挥了灭商的预演，大会八百诸侯于盟津。二年之后，又协助武王，成功地指挥了伐纣的牧野之战，完成了灭商和建立周朝的最关键的一仗，成为武王时期文治武功的头号功臣。紧接着，周朝全面推行"封建亲戚，以藩屏周"的分封诸侯的制度，姜尚被封于营丘（今山东临淄附近），建立齐国。据《左传·僖公四年》记载，周朝给了姜尚的齐国广阔的疆域和巨大的权力，"东至于海，西至于河，南至于穆陵，北至于无棣"，"五侯九伯，女实征之，以夹辅周室"③。武王逝世不久，"三监"管叔、蔡叔、霍叔勾结纣王之子武庚发动叛乱，整个东方掀起

---

① 司马迁：《史记》卷32《齐太公世家》，第1477页。
② 司马迁：《史记》卷32《齐太公世家》，第1479页。
③ 杨伯峻编著：《春秋左传注》，第289—290页。

了反周的浪潮。周公指挥二次东征，"克殷践奄"，使周朝的统治稳定下来。在此一事变中，姜尚的齐国凭据东方有利地势，出兵助战，对周公的平叛发挥了重要作用。

姜尚是齐国的缔造者和齐文化的奠基人。他至齐以后，实行比较宽松和缓的统治政策，加速了周文化与东夷文化的融合，为齐国很快发展成举足轻重的东方大国创造了条件："太公至国，修政，因其俗，简其礼，通商工之业，便鱼盐之利，而人民多归齐，齐为大国。"① 这一政策，允许东夷之人在归顺齐国统治的前提下，保留原有方国部落的组织和风俗习惯以及文化传统，从而使周文化和东夷文化在和平相处的环境中，在不受政治强力干涉的条件下，通过长期的接触，彼此浸润，互相吸收，达到融合的目的。同时，根据这一政策，齐国统治者从东夷地区的实际出发，弘扬当地重工商的传统，开发鱼盐之利，大力发展手工业和农业，使齐国经济较快发展起来，为齐国后来在春秋战国时期的进一步发展奠定了基础。周公比较姜尚在齐国和其子伯禽在鲁国实行的不同治国方略，预言齐国将比鲁国更繁荣昌盛，叹息鲁国必将"北面事齐"：

> 鲁公伯禽之初受封之鲁，三年而后报政周公。周公曰："何迟也？"伯禽曰："变其俗，革其礼，丧三年然后除之，故迟。"太公亦封于齐，五月而报政周公。周公曰："何疾也？"曰："吾简其君臣礼，从其俗为也。"及后闻伯禽报政迟，乃叹曰："呜呼，鲁后世其北面事齐矣！夫政不简不易，民不有近；平易近民，民必归之。"②

后来的历史证明，周公言中了！这表明，作为政治家的姜尚比伯禽高出了不止一个档次。不过，姜尚身上似乎始终罩着神秘的纱幕，他老当益壮，有人考证说他活了一百四十多岁，这种说法虽然值得怀疑，但他作为一个长寿老人在当时肯定是创纪录的。

---

① 司马迁：《史记》卷32《齐太公世家》，第1480页。
② 司马迁：《史记》卷33《鲁周公世家》，第1524页。

二 "尚功尊贤"

姜尚受封建立和经营齐国，一开始即实行开明宽松的政治经济政策，这就给齐国思想文化的发展提供了宽松的环境和适宜的土壤，从而在齐国的土地上，哲学、经济学、法学、兵学、逻辑学、阴阳五行等思想学术都获得了长足发展，形成了独具特色的齐学。

姜尚作为齐学的奠基人，其思想不仅内涵丰富，涉及许多方面，而且处处展示出独创性，具有鲜明的学术个性。

在政治思想方面，姜尚最重要的主张，一是主张"天下非一人之天下"，君王应该与天下人"同利"，实行以仁、德、义为内容的有道政治：

> 天下非一人之天下，乃天下之天下也。同天下之利者，则得天下；擅天下之利者，则失天下。天有时，地有财，能与人共之者，仁也。仁之所在，天下归之。免人之死，解人之难，救人之患，济人之急者，德也。德之所在，天下归之。与人同忧、同乐、同好、同恶者，义也。义之所在，天下赴之。凡人恶死而乐生，好德而归利，能生利者，道也。道之所在，天下归之。[1]

而这个政治的最重要的着力点就是"爱民"，做到"利而勿害，成而勿败，生而勿杀，与而勿夺，乐而勿苦，喜而勿怒"：

> 民不失务，则利之；农不失时，则成之；省刑罚，则生之；薄赋敛，则与之；俭宫室台榭，则乐之；吏清不苛扰，则喜之。民失其务，则害之；农失其时，则败之；无罪而罚，则杀之；重赋敛，则夺之；多营宫室台榭以疲民力，则苦之；吏浊苛扰，则怒之。故善为国者，驭民如父母之爱子，如兄之爱弟。见其饥寒，则为之忧；见其劳苦，则为之悲；赏罚如加于身，赋敛如取己物。此爱民之道也。[2]

这反映了姜尚宏伟的气魄、爱民理念和以天下为己任的担当意识。

---

[1] 李兴斌等注译：《武经七书新译》，齐鲁书社2018年版，第206页。
[2] 李兴斌等注译：《武经七书新译》，第212—213页。

二是"尊贤上功",首先君王必须是贤明之人:

> 文王问太公曰:"天下熙熙,一盈一虚,一治一乱,所以然者,何也?其君贤不肖不等乎?其天时变化自然乎?"太公曰:"君不肖,则国危而民乱;君贤圣,则国安而民治。福祸在君,不在天时。"①

君王还应该"为上唯临",即洞察下情;"虚心平志,待物以正",即公道无私,公平正直;"勿妄而许,勿逆而拒",既不轻率赞许,也不粗暴拒绝。更重要的是虚心纳天下之谏,集天下人的智慧:

> 目贵明,耳贵聪,心贵智。以天下之目视,则无不见也;以天下之耳听,则无不闻也;以天下之心虑,则无不知也。辐凑并进,则明不蔽矣。②

其次是君王必须不拘一格地提拔和任用各领域的贤能之人,奖励他们创造辉煌的功业。姜尚强调:"王人者,上贤,下不肖。"③ "举贤而不用,是有举贤之名,而无用贤之实也。"④ 而所以必须"尊贤""举贤"和"用贤",是因为只有如此,才能求得惠及天下人的大功利。他的"尊贤"思想在与文王的如下对话中有着集中的表述:

> 文王在岐周,召太公曰:"争权于天下者,何先?"太公曰:"先人。人与地称,则万物备矣。今君之位尊矣,待天下之贤士,勿臣而友之,则君以得天下矣。"文王曰:"吾地小而民寡,将何以得之?"太公曰:"可。天下有地,贤者得之;天下有粟,贤者食之;天下有民,贤者牧之。天下者,非一人之天下也,莫常有之,惟贤者取之。"⑤

---

① 李兴斌等注译:《武经七书新译》,第 209 页。
② 李兴斌等注译:《武经七书新译》,第 214 页。
③ 李兴斌等注译:《武经七书新译》,第 223 页。
④ 李兴斌等注译:《武经七书新译》,第 228 页。
⑤ (清)严可均校辑:《全上古三代秦汉三国六朝文》卷 6,中华书局 1958 年版,第 91 页。

这里的"贤者",有时又称"有道者"。贾谊在《新书·修政语下》也记载了他的一段话:

> 师尚父曰:"吾闻之于政也,曰:天下旷旷,一人有之;万民丛丛,一人理之。天下者,非一家之有也,有道者之有也。故夫天下者,惟有道者理之,惟有道者纪之,惟有道者使之,惟有道者宜处而久之。故夫天下者,难得而易失也,难常而易亡也。"①

姜尚有时也将"贤者""有道者"表述为"利天下者",即要求贤者的所作所为必须对天下有利,或与天下同利。这就将"尊贤"和"尚功"统一起来。与此相联系,他认为国君也必须将追求天下的富裕作为自己施政的基本目标:"故人君必从事于富,不富无以为仁。"② 这里透出的是他可贵的民本意识。而他追求的尚功,落实在"富"字上,这个富既包括国富,也包括民富。姜尚在经营齐国实施的政策中,是从实际出发,促进农、工、商全面发展,从而使齐国很快跃升为诸侯国中最富强的国家。

姜尚所处的西周早期,正是周礼所规范的宗法制度广泛实行的时代,"亲亲尊尊"的理念被认为天经地义,官吏的选拔基本不出贵族的圈子。姜尚提倡并实行"尊贤尚功"的理论和政策,虽然一时还不能完全打破"亲亲尊尊"的壁垒,但已经为平民中的贤者跻入官吏阶层劈开了一条缝隙,拓展了人才选拔的范围,这显然是对社会的发展有利的。

三 "六韬"展示的兵学思维

姜尚还是齐国兵学的创始人。《史记·齐太公世家》记载:"周西伯昌之脱羑里归,与吕尚阴谋修德,以倾商政,其事多兵权与奇谋,故后世之言兵及周之阴权,皆宗太公为本谋。"③ 他的一生,基本上是在战争中度过的。从消灭商朝与国的战争,到推翻商朝的牧野之役,再到征伐不甘心臣服的东夷诸部落的军事行动,姜尚几乎无役不与。《诗

---

① 董治安主编:《两汉全书》第 1 册,第 329 页。
② 李兴斌等注译:《武经七书新译》,第 220 页。
③ 司马迁:《史记》卷 32《齐太公世家》,第 1478—1479 页。

经·大雅·大明》就描述了他指挥牧野之战时"鹰扬"的雄姿:"牧野洋洋,檀车煌煌,驷騵彭彭。维师尚父,时维鹰扬,凉彼武王,肆伐大商,会朝清明。"①

姜尚既积累了丰富的战争经验,又善于进行理论总结,因而留下了中国历史上第一部兵书《太公兵法》,又名《六韬》。虽然至今仍然有人怀疑姜尚的著作权,但有一点可以肯定,不管《六韬》一书经过多少人的加工润色,其基本思想应该出自姜尚。该书之所以以"六韬"名世,主要因为其内容由"文韬""武韬""龙韬""虎韬""豹韬""犬韬"六部分组成。其中,"文韬"包括"文师""举贤"等12篇,论述"文事先于武备",重点阐述夺取战争胜利的根本之道是争取民心。"武韬"由"发启"等5篇组成,重点阐述夺取战争胜利的战略和策略。"龙韬"由"论将""奇兵"等13篇组成,重点阐述夺取战争胜利的军队统御和指挥之道。"虎韬"由"军用""三阵"等12篇组成,重点阐述夺取战争胜利的军事器材和各种战术要领。"豹韬"由"林战""突战"等8篇组成,重点阐述在各种地形条件下夺取战争胜利的各种战法。"犬韬"由"练士""教战"等10篇组成,重点阐述军队集中、约期合战、挑选训练士卒以及战车、骑兵、步兵等兵种的性能、战斗力、阵法和战法等。这些内容或许有不少后人附加的东西,不过,其中贯串始终的理性精神应该是吕尚所具有,而且是最珍贵的思想资源。《通典》卷162引述了《六韬》的以下文字:

> 武王伐纣,师至汜水牛头山,风甚雷疾,鼓旗毁折,王之骖乘惶震而死。太公曰:"用兵者,顺天之道未必吉,逆之不必凶,若失人事则三军败亡。且天道鬼神,视之不见,听之不闻,智将不法而愚将拘之。若乃好贤而能用,举事而得时,则不看时日而事利,不假卜筮而事吉,不祷祀而福从。"遂命驱之前进。周公曰:"今时逆太岁,龟灼言凶,卜筮不吉,星变为灾,请还师。"太公怒曰:"今纣刳比干,囚箕子,以飞廉为政,伐之有何不可?枯草朽骨,安可知乎?"乃焚龟折蓍,援桴而鼓,率众先渡河,武王从之,遂灭纣。②

---

① 《诗经·大雅·大明》,《十三经注疏》,第508页。
② 杜佑:《通典》卷162,岳麓书社1995年版,第2211页。

这里展示的姜尚的思想，较之周公更激进。他敢于否定卜筮给出的征兆，毅然决定发起对纣王的讨伐之战，结果获得了牧野之战的胜利，说明他在鬼神问题上已经向无神论靠拢，在西周初年，这应该是最前卫的思想了。又据《群书治要》引《六韬·龙韬》有以下记载：

> 武王问太公曰："凡用兵之极，天道、地利、人事，三者孰先？"太公曰："天道难见，地利、人事易得。天道在上，地道在下，人事以饥饱、劳逸、文武也。故顺天道不必有吉，违之不必有害。失地之利，则士卒迷惑；人事不和，则不可以战矣。故战不必任天道，饥饱、劳逸、文武最急，地利为宝。"武王曰："天道鬼神，顺之者存，逆之者亡，何以独不贵天道？"太公曰："此圣人之所生也，欲以止后世，故作为谲书，而寄胜于天道。"①

姜尚在天道、地利、人事三方面的取舍上，坚持将看得见的地利、人事放在天道之上，尽管他还没有正面否定天道对人事的干预，但在那个时代有如此清醒的理性思考，实在难能可贵，说明他已经站到了当时思想界的最前列。再向前迈出一步，就应该是无神论了。

后世研究思想史的学者，大都认为先秦法家有两个系统，即三晋法家和齐法家。姜尚就是齐法家的创始人。他自建立齐国起，就建立起一套礼法兼重、纲纪和刑罚并用的治国方略。他说："凡用赏者贵信，用罚者贵必。赏信罚必于耳目之所闻见，则所不闻见者莫不阴化矣。"② 又说："杀贵大，赏贵小。杀及当路贵重之臣，是刑上极也；赏及牛竖、马洗、厩养之徒，是赏下通也。"③ 这些思想后来对管仲和晏婴礼法思想的形成产生了重要影响。

综上所述，可以看出，姜尚作为齐学的创始人，在政治、经济、军事和礼法刑罚等思想领域都作出了开创性的贡献，后世逐渐丰富和发展的博大精深的齐学的主要内容，如开放、兼容和追求功利等基本理念，在他那里都已经萌生了。

---

① 魏征：《群书治要》卷31，四库全书本。
② 李兴斌等注译：《武经七书新译》，第230页。
③ 李兴斌等注译：《武经七书新译》，第259页。

第二编

春秋战国时期的政治思想

第四章　春秋战国时期的政治变迁和社会发展

第一节　春秋时期的政治变迁和社会发展

中国历史从传说的五帝时代过渡到第一个阶级社会奴隶制时代，从夏、商开始，到西周时期经历了我国奴隶社会的黄金岁月。公元前771年，西周最后一个国君周幽王被戎人杀死在骊山（今陕西临潼附近）下。第二年，他的儿子周平王将都城从镐京（今陕西西安附近）迁至洛邑（今河南洛阳），史称东周。因为鲁国史书《春秋》对此后三百年左右的历史做了比较详细的记载，所以又称公元前770—前476年这一时期的历史为春秋时期。①

春秋时期，社会生产力发展到一个新的阶段，铁器的使用和牛耕的推广使社会获得了变革生产关系的崭新力量。春秋初年，齐国的农业生产已经开始使用耒、耜、芟、鉏、夷、斤等铁制工具，② 到了春秋中叶，齐灵公时代叔夷管理的"造铁徒"已有四千人之多。③ 公元前513年，晋国曾向汝水（今属河南）百姓征收军赋"一炉铁"，铸造了著录范宣子"刑书"的刑鼎。与铁制工具使用和推广差不多同时，牛也开始广泛应用于耕田。《国语·晋语》所谓"宗庙之牺，为畎亩之勤"，就是最早使用牛耕的记载。到了春秋晚期，牛与耕的联系已经大量反映到人名上，如春秋晋国大力士名牛子耕，孔子弟子冉耕字伯牛，司马耕

---

① 学术界对这一时期的始终年限有不同认定，这里采用郭沫若主编《中国史稿》第1册（人民出版社1976年版）的观点。
② 《国语》卷6《齐语》，第228、240页。
③ 《叔夷钟铭》。

字子牛。这意味着在中原大地上牛耕已经相当普遍了。铁器和牛耕的使用，使社会获得了一种远比木、石、骨、蚌强大得多的生产力，"铁使更大面积的农田耕作，开垦广阔的森林地区，成为可能；它给手工业工人提供了一种其坚固和锐利非石头或当时所知道的其他金属所能抵挡的工具"①。

铁器和牛耕的使用和推广，给农业向深度和广度的发展提供了可能，大规模的开垦和精耕细作同时并进，人类征服自然的能力空前提高了，许多草莽丛生的不毛之地变成了良田沃野。西周时期"地泻卤，人民寡"的齐国，到春秋时期已经变成"膏壤千里，宜桑麻"②的兴旺发达的东方强国。西周初年，"蓬蒿藜藿"一望无际的郑国，春秋时期已经是一个农、工、商都比较发达的中原强国。而西周初年"筚路蓝缕，以处草莽"的楚国，到春秋时期已经成为南方政治、经济和文化的中心了。其他原来更落后一些的诸侯国，如燕、吴、越等都迅速地赶了上来。到春秋末期，吴、越两国已经北上中原参加争霸战争，与晋、齐等中原大国分庭抗礼了。铁器还为大规模水利工程的修建提供了有力的工具。吴国开凿了沟通长江和淮河的邗沟，成为后世南北大运河的奠基工程。其他各国也相继兴修一些农田水利设施，农业技术水平也有很大提高，所有这一切，都为此时农业生产的发展准备了条件。

铁的应用，不仅为农业提供了大量有效的工具，更重要的是为手工业提供了为青铜所不可比拟的丰富的原材料。随着冶铁的锻造技术不断提高和钢的冶炼成功，钢铁已经被用到兵器和生活用具的各个方面了。

生产力的发展是生产关系变革的前提。大量铁制农具的使用，为一家一户从事个体农业生产创造了基本条件，而这正是封建社会农业生产的基本组织形式。奴隶制生产关系的特点是奴隶主占有生产资料和直接占有生产者的奴隶本身。奴隶作为"会说话的工具"，没有任何人身自由，他们与土地、牛马和生产工具一样，可以被主人任意支配。如果说这种血腥的剥削制度一开始就受到奴隶的反抗，那么，到铁制农具普遍推广，生产者需要相对自由的时候，这种剥削制度就更是生产者所不能容忍的了。从西周末年到春秋时期，奴隶的怠工、逃亡、"为盗"和起

---

① 恩格斯：《家庭、私有制和国家的起源》，《马克思恩格斯选集》第4卷，第159页。
② 司马迁：《史记》卷129《货殖列传》，第3265页。

义的记载不绝于史。昔日"千耦其耘"、收获物"如茨如梁""如坻如京"①的繁荣景象一去不复返，农田出现一片衰败的景象："无田甫田，维莠骄骄；无田甫田，维莠桀桀。"②生产力发展的自然要求，迫使部分奴隶主从自身利益出发，对原有的生产关系进行一些点点滴滴的改革。正是从这些看似不经意的变革中，透出了封建生产关系最早出现的信息。

封建生产关系的特点，是地主阶级占有生产资料和不完全占有生产者。它通过地租剥削农民，经济手段和政治强制是紧密结合的。请看《诗·豳风·七月》所反映的农夫的生产和生活状况：

> 七月流火，九月授衣……无衣无褐，何以卒岁？……同我妇子，馌彼南亩，田畯至喜。八月载绩，载玄载黄。我朱孔阳，为公子裳。……一之日于貉，取彼狐狸，为公子裘。九月筑场圃，十月纳禾稼。……亟其乘屋，其始播百谷。③

诗中描述的农夫有自己的家室妻小，有住宅，有自己少量的财产，基本上是一家一户进行生产。但是，他们的生产活动有"田畯"监视，他们生产的百谷几乎完全入了主人的粮仓。他们的妻女纺绩织布，是为了给主人做衣裳。同时，他们还要为主人服许多无偿的劳役，如修建房屋，打猎凿冰。他们显然是刚从奴隶转化而来的农奴，受着主人劳役地租的沉重剥削。由于这种生产方式难以提高农奴的生产积极性，于是一些贵族开始采用新的剥削方式——"分货"制，即实物地租。农民对租用的土地有使用权，贵族用征、税、敛等形式对他们进行剥削。当时的"征"和"税"并不是后来意义的财产税，而是租、税合一的一种剥削方式。这时的生产者已经不是奴隶，而是被束缚于土地上的农奴。再加上原来"国人"转化而来的较独立的个体农民，和打破"工商食官"格局后产生的独立工商业者，组成了封建社会主要的生产者和经营者群体。到春秋战国之交，中国奴隶社会从经济上基本上完成了向封建社会的转化。在这一转化过程中，土地制度完成了由奴隶制的"井

---

① 《诗经·小雅·甫田》，《十三经注疏》，第475页。
② 《诗经·国风·南山》，《十三经注疏》，第353页。
③ 《诗经·豳风·七月》，《十三经注疏》，第389—391页。

田制"向封建土地国有制加地主土地私有制的转变。这种转变反映在文献上,就是"私田"的逐步扩大并超过"公田",下级奴隶主贵族在这一转变中逐渐富起来,到处出现"季氏富于周公"①的现象。这种情况的进一步发展,就迫使各国国君从增加财政收入的目的出发而改变原来的税收制度,即废除"井田制"时期的贡赋制,实行根据土地多少征收赋税的办法。如公元前645年晋国"作爰(辕)田"②,前594年鲁国"初税亩"③,前548年楚国"量入修赋"④,在此前后,齐国实行"相地而衰征"⑤。这些税收制度并非某些传统论者所认定的那样,是什么承认土地私有制,恰恰相反,这是各诸侯国在地主土地私有制刚刚产生之时采取的一种抑制措施。它实际上是在法律上确认所有私田公田都是属于国君的财产。这就等于把各级奴隶主的私田一律收归国有。正是在这样的背景下,下层奴隶主贵族才发出了"人有土田,汝反有之;人有人民,汝覆夺之"⑥的抗议之声。不过,这时的土地所有权虽然属于国君,但已经不是原来意义的"井田制",而是封建的土地国有制了。

春秋时期近三个世纪的悠长岁月,伴随着奴隶制向封建制社会转化的是激烈的阶级斗争。奴隶与奴隶主,贵族与平民,新兴地主与依附农民,奴隶主与封建地主,农民与奴隶主贵族,诸侯与周天子,诸侯国之间,卿大夫之间,诸侯与卿大夫之间,构成了一幅犬牙交错、复杂激烈、光怪陆离的斗争画面。其中对社会过渡起决定影响的,是奴隶、平民对奴隶主贵族的斗争和新兴地主阶级对奴隶主阶级的斗争。奴隶以各种方式反抗奴隶主的残酷剥削的斗争,平民以各种形式反抗奴隶主贵族横暴和贪残的斗争,几乎贯穿了整个春秋时期。"臣妾多逃,器用多丧"⑦,"民闻公命,如逃寇仇"⑧,是各诸侯国普遍存在的现象。由于军事徭役的增多,被征发的奴隶开始更大规模的集体反抗。公元前644

---

① 《论语·先进》,《十三经注疏》,第2499页。
② 杨伯峻编著:《春秋左传注》,第361页。
③ 杨伯峻编著:《春秋左传注》,第758页。
④ 杨伯峻编著:《春秋左传注》,第1107页。
⑤ 《国语》卷6《齐语》,第236页。
⑥ 《诗·大雅·瞻卬》,《十三经注疏》,第577页。
⑦ 杨伯峻编著:《春秋左传注》,第981页。
⑧ 杨伯峻编著:《春秋左传注》,第1236页。

年，齐国的"役人"骚动，致使筑郲城的工程半途而废。公元前550年，陈国虐待役人的贵族庆氏兄弟被役人杀死。公元前478年卫国工匠暴动，卫庄公被戎人杀死。春秋后期，暴动的奴隶成群结队地以"兵刃、毒药、水火"与奴隶主展开不屈不挠的斗争。史书中屡屡出现的"盗贼司目""盗贼公行""盗贼充斥"等记载，就是这种小股奴隶起义队伍的写照。后来，不少小股起义的奴隶汇成较大的队伍，啸聚于山林湖沼的险要地带，与奴隶主贵族展开激烈的武装斗争。如郑国的萑苻之泽有一股声势浩大的起义军，曾与郑国执政大夫大叔统率的官军进行过血腥的战斗。春秋末年，著名的"跖"领导的起义军成为规模最大的一支队伍，他们坚决反对"不耕而食，不织而衣"的奴隶主，憧憬着"耕而食，织而衣，无有相害之心"的美好社会。他率领"从卒九千人，横行天下，侵暴诸侯……所过之邑，大国守城，小国入保"[①]，给当权的奴隶主贵族以沉重打击，成为奴隶、平民心中"声名著日月"的大英雄。

与此同时，平民反对奴隶主贵族的斗争也激烈进行。他们或采取不合作态度，或采取激烈斗争手段。公元前660年，卫国平民拒绝与入侵的戎人作战，结果使卫懿公一败涂地而死于非命。公元前609年，莒国平民杀死了暴虐的莒纪公。公元前554年，郑国平民杀死独断专行的执政大夫子孔，公元前519年，莒国平民又赶走了暴虐无道的国君庚舆。然而，由于奴隶和平民的斗争都是自发和分散的，他们始终形成不了自觉的多数，也不明确他们所要达到的目的。所以，尽管他们的斗争严重打击了奴隶主贵族，但他们斗争的果实却被在他们身旁崛起的新兴地主阶级攫取了。

封建生产关系的出现和成长，必然伴随着这一生产关系的代表新兴地主阶级的出现和成长。中国封建社会最早出现的地主阶级，大部分都是由奴隶主贵族转化而来。在奴隶和平民斗争的推动下，一部分较低级的奴隶主贵族，首先觉察到传统剥削手段无法调动生产者的积极性，难以获取较高的收入，于是率先采取带有封建因素的剥削方法，他们逐渐转化为新兴地主阶级。鲁国的季孙氏、孟孙氏、叔孙氏，齐国的田氏（也即陈氏），晋国的韩、赵、魏三家大夫，就是当时新兴地主阶级的

---

① 陈鼓应注译：《庄子今注今译》，第825页。

著名代表。在齐国，田氏首先采用新的剥削方法，在借贷中用"大斗出，小斗进"的办法，吸引了不少奴隶和平民跑到他们那里做"隐民"，民"归之如流水"①。由于新兴的封建生产关系较之奴隶制的生产关系有着明显的优越性，得到广大民众拥护的新兴地主阶级，迅速增强了自己的政治、经济，乃至军事力量。他们与维护奴隶制生产关系的周天子和各诸侯国君，必然产生越来越尖锐的冲突。这样，春秋时期新兴地主阶级与奴隶主贵族的斗争，就以"上下相克"的形式表现出来：天子倒霉了，诸侯起来；诸侯倒霉了，卿大夫起来；卿大夫倒霉了，士阶层起来，甚至"陪臣执国命"。这一时期，一些保守的思想家，总是对"礼崩乐坏"，即奴隶制度的瓦解痛心疾首。其实，这正是经济基础的变更对上层建筑提出了新调适的要求。封建生产关系的成长，新兴地主阶级力量的增强，使他们越来越期望改变奴隶主的上层建筑为封建的上层建筑。由此，新兴地主阶级与奴隶主贵族的斗争，逐步发展到对最高统治权的争夺。在中国历史上，由于新兴地主阶级绝大部分都由各级奴隶主转化而来，他们在各国又或多或少地握有部分权力，所以，新兴地主阶级的夺权斗争，就以统治阶级内部争权夺利的形式展现出来。他们夺权斗争所采取的手段，往往是合法与非法相结合，或用合法掩盖非法；和平的手段与武装斗争的手段相结合，而以和平手段为主。新兴地主阶级一般都利用其强大的经济力量，运用自己的聪明才智，一步步从国君那里取得政治和军事权力。到万不得已诉诸武力的时候，他们也会毫不犹豫地用枪刀剑戟在血雨腥风中展示自己事业的历史正当性。鲁国三桓（季孙氏、孟孙氏、叔孙氏）三分公室、四分公室以后，基本上控制了国家的全部权力，鲁国国君已经形同傀儡了。晋国韩、赵、魏三家大夫经过不断的斗争，逐渐成为国内举足轻重的力量，最后三家联合，经过与智伯家族一场生死搏战，分掌了晋国的主要权力。公元前403年，当晋君无可奈何地沦落为一个小小的封邑主人的时候，名义上还是天下共主的周天子也只得承认了韩、赵、魏三家大夫的诸侯地位。从此以后，昔日五霸之一的晋文公称霸的基地，发号施令的就不再是他的嫡系子孙了。这种政权的转移，实际上标志了新兴地主阶级统治在晋国的确立。齐国田氏与国君姜氏的斗争经历了更长的时间和曲折。公元

---

① 杨伯峻编著：《春秋左传注》，第1236页。

前532年，田桓子联合鲍氏，用武力打败了栾、高两家贵族，进一步壮大了自己的势力。公元前489年，继田桓子之后的田乞，又通过一次围攻王宫的武装斗争，驱逐了几个执政的姜氏大贵族，控制了齐国的政治军事大权。继田乞之后的田成子，再次通过一场武装斗争，驱逐了大臣监止，杀死齐简公。再后，又陆续消灭了姜氏等十多家大贵族，在事实上取代了姜氏在齐国的统治。到战国时期，田氏就正式代替姜氏成了齐国的国君，完成了新兴地主阶级向奴隶主阶级的夺权斗争。从春秋伊始，尤其到战国时期，每个诸侯国都进行着新兴地主阶级同奴隶主阶级的激烈斗争。当战国的历史揭幕的时候，七雄秦、齐、燕、楚、韩、赵、魏的当政者们基本上都转化成了新兴地主阶级的代表，中国奴隶社会也转变成封建社会了。

奴隶社会向封建社会转化时期的中国历史，同时伴随着各诸侯国之间频繁的争霸战争。平王东迁以后，作为天下共主的周天子的权力就每况愈下，走着迅速衰败的日暮途穷之路。与此同时，一批诸侯国则在改革中迅速崛起。他们之间为争夺号令其他诸侯国的权力，展开了激烈的争霸战争。齐桓公、晋文公、楚庄王、秦穆公、吴王夫差、越王勾践等，你来我往，各领风骚，称雄一时，"挟天子以令诸侯"，相继取得"执牛耳"的霸主地位，又一个一个地走向没落。在争霸战争烽烟波及的地区，民族在迁徙中走向融合，人口在苦难中四处流动，荒野在开辟，技术在进步，古老的生产方式，陈旧的社会观念都受到巨大的冲击。"弑君三十六，亡国五十二，诸侯奔走不得保其社稷者不可胜数"[1]。在春秋争霸战争中脱颖而出的齐、楚、燕、秦、赵、魏、韩七个文明中心，尽显不同的迷人风采。封建生产方式的曙光，在这些地方尽情展现，预示着它开始锦绣般的前程。春秋时期的社会大变动，被文献定义为"礼崩乐坏"，即西周创建的奴隶制的上层建筑礼乐制度逐渐失去规范社会秩序和人们言行的效力，而法制则破土而出，开始规范人们的言行，其标志是郑析创设的竹刑和晋国的铸刑鼎。与此同时，"学在王官"即奴隶主贵族垄断文化教育的制度也被打破，文化下移，知识分子的"士"阶层成为社会上活跃的群体。

这种激烈进行的社会变革，给老子及其首创的道家学派和孔子及其

---

[1] 司马迁：《史记》卷130《太史公自序》，第3297页。

首创的儒家学派的诞生准备了时代条件。而特别重要的是，中国文明史发展至此近三千年的思想文化的积累，更为他们提供了创造新思想和创立学派的丰厚资源。

中国古代文明自传说中的五帝时期完成原始社会向阶级社会的过渡，经夏、商、西周时期1500年左右的发展，思想文化成果已经有了相当厚重的积累。商朝的甲骨文是成熟的文字体系，它与其发展演变而来的周朝金文，共同构成后来中国汉字的源头。"惟殷先人有册有典"①，加上西周更多的文献，构成比较丰富的文献典籍，如"典、谟、训、诰、誓、命之文"②的《尚书》，汇集了传说中的《虞书》《尧典》以及《夏书》《商书》《周书》等朝代的政治文献。主要收录周代诗歌的《诗经》，汇集了305篇诗歌，反映了包括衣食住行、婚丧嫁娶、农业生产、民族冲突、国家机构、典章文物、审美情趣和阶级与社会关系等社会生活的方方面面。而作为占筮之书的《周易》，则更囊括了农、工、商、牧畜、渔猎、婚媾、家居、饮食、疾病、战争、享祀、赏罚、狱讼等内容，对了解此前的历史和思想文化以及社会生活各方面的内容，都提供了重要条件。

第二节　战国时期的政治变迁和社会发展

接续春秋时代的是战国时代，从东周的周元王元年（前475年）起，至秦朝统一六国的公元前221年止，共两个半世纪。由于此时期充满各大诸侯国之间频繁的争战，而西汉刘向编纂的《战国策》一书又是记载这一时期历史的最重要的著作，所以后世历史学家将这一时期命名为战国时代。这是一个社会生产力迅速发展的时代，是封建生产关系普遍建立和成长的时代，是汹涌澎湃的变法浪潮冲击每个社会角落的时代，是大国争战推动中国历史从分裂走向统一的时代。

如果说春秋时期先进的诸侯国已经开始使用铁器，那么，到战国时期，铁制工具的使用就更加普遍。近代以来，从东海之滨到川陕地区，从辽河流域到江淮流域的广阔沃野，到处都有战国时期的铁器出土。如河南辉县魏墓出土有犁铧、镢、锄、锸、镰、斧，湖南长沙的楚墓、河

---

① 《尚书·多士》，《十三经注疏》，第320页。
② 刘知几：《史通·六家》，四库全书本。

北兴隆的燕国遗址，都发现了铁制农具和制造这些农具的铁范。在河北石家庄市庄村赵国遗址中，铁制工具占了全部出土工具的65%。辽宁抚顺莲花堡燕国遗址出土的铁制工具，占了全部出土农具的90%以上。这表明，经过春秋战国五百多年的发展，铁制工具在社会生产中已经占了主导地位。

与铁制工具的广泛使用和推广差不多同时，用牛耕田在战国也得到更广泛的推广。铁器还为大规模兴修水利工程提供了强有力的工具。魏国邺令西门豹"引漳水灌邺"，把大片盐碱地改造成良田。秦国蜀郡太守李冰父子，主持修筑了都江堰，引来岷江之水，使蜀地万顷土地得到灌溉，成都平原从此以"天府之国"的美名代代相传。战国末期，秦国在关中地区修筑了著名的郑国渠，使四万顷土地得到灌溉，为秦国后来统一中国奠定了物质基础。铁的应用，还为手工业提供了重要的工具和大量原料，使钢铁制造的兵器、生产工具和生活用具应用到社会生活的方方面面。

生产力的发展是生产关系变革的前提。铁制农具的使用为一家一户的个体农业生产方式创造了最基本的条件。从春秋时期开始，奴隶主奴役奴隶集体耕作的制度逐渐瓦解，个体农民的劳作、租佃制下的佃农的劳作，成为主要的劳动形式。与此同时，西周时期占主导地位的井田制，即奴隶制的土地国有制逐渐被地主阶级的土地私有制所代替。奴隶社会的上层建筑也逐渐被封建社会的上层建筑所代替。与此同时，各国的新兴地主阶级成长起来，作为新的生产关系的代表，他们有的由原来当权的国君和贵族转化而来，有的则由低级贵族转化而来，他们在各诸侯国开展了向以原国君为代表的奴隶主阶级的夺权斗争。"三家分晋"和"田氏代齐"，标志了这个夺权斗争的完成，也标志了中国的历史完成了由奴隶社会向封建社会的转化。

伴随着生产力发展、新生产关系成长和新的阶级关系调整的，是汹涌澎湃的遍及战国七雄的变法浪潮。

领导七国变法运动的是一批被称作法家的新兴地主阶级的政治家和思想家，他们是最能深刻理解新兴地主阶级的历史使命和建立新的社会制度必要性的人物。他们不畏艰险，勇于进取，锐意改革，为扫除奴隶制残余，为封建生产关系的成长和完善，进行了不计成败、前仆后继、艰苦卓绝的斗争。在与守旧贵族进行的浴血搏斗中，他们之中的不少人以自己悲壮的牺牲做了封建制度的开路先锋。

地处中原的魏国首先举起了变法的旗帜。魏文侯在其执政的五十多年中，先后任用法家著名人物李悝、吴起、西门豹等，进行了一系列的改革。李悝制定了新兴地主阶级的第一部成文法典《法经》，根据"食有劳而禄有功"的原则，推行"重本抑末""尽地力之教"的政策，促进了封建生产关系的成长，提高了农民的生产积极性。再加上西门豹主持兴修水利，改善了生产条件，使魏国的农业生产获得显著发展，社会财富迅速增加。更由于吴起创设了具有极强战斗力的常备兵"魏武卒"，从而使魏国登上战国首强的宝座，在战国初期的兼并战争中获得一系列的辉煌胜利。与此同时，赵烈侯（前409—前397年）也实行了"选练举贤，任官使能""节财俭用，察度功德"之类的改革。紧接着，赵武灵王"胡服骑射"，大胆改革军制，力量一度强大起来，在廉颇、赵奢等名将的指挥下，在兼并战争中打了几次出色的胜仗。稍后，韩昭侯（前362—前333年）任用申不害为相，进行了诸如"修术行道"①、"内修政教"②之类政治改革，加强了中央集权。

在赵国变法期间，吴起在楚悼王（前401—前381年）的信任和支持下，也在楚国进行变法。他推行"捐不急之官"，"以抚养战斗之士"③的政策，大力削弱旧贵族的势力，通过选贤任能为新兴地主阶级参政创造条件。这些改革使楚国很快焕发出勃勃生机，威力强大的楚军"北并陈、蔡"④，"却三晋；西伐秦"⑤，一时再现楚庄王"饮马黄河，问鼎中原"的雄风。但是，吴起的变法一开始就受到势力强大的旧贵族的反对。公元前381年，楚悼王一死，旧贵族立即发动叛乱，将伏身王尸的吴起乱箭射死。吴起的鲜血中止了楚国改革的步伐，使它只能在列国剧烈的竞争中踽踽而行。齐国也在威王（前356—前320年）时期任用田忌进行过一些改革，但由于采取了与旧贵族妥协的方针，改革不够全面和彻底，因而未能使齐国的潜能最大限度地发挥出来。所以，尽管终战国之世齐国都不失为东方大国，但最后却没能改变被秦国灭亡的命运。

---

① 司马迁：《史记》卷45《韩世家》，第1869页。
② 司马迁：《史记》卷63《老子韩非列传》，第2146页。
③ 司马迁：《史记》卷65《孙子吴起列传》，第2168页。
④ 刘向：《战国策·秦策三》，上海古籍出版社1985年版，第216页。
⑤ 司马迁：《史记》卷65《孙子吴起列传》，第2168页。

燕国虽然也是拥地千里的北方大国，但由于奴隶制残余一直严重存在，因而长期国势不振，在列国竞争中经常处于被动挨打的局面。燕王哙（前320—前314年）曾搞过一次"禅让"王位给相国子之的闹剧，却由于没有进行全面改革而很快失败。继位的燕昭王礼贤下士，筑黄金台延揽人才，尽管使燕国一度显出朝气，但由于缺乏有力度的政治经济改革措施，历史给它的选择也只能是被秦国兼并的命运了。

在七国变法中，改革最彻底、成效最显著的是商鞅在秦国的改革。他在秦孝公的支持下，先后在前359年和前350年推行了两次大规模、强力度的变法，坚持了二十多年不间断的改革。在秦国废除了"世卿世禄"，建立军功爵，实行什伍编制，强化君主专制集权。废井田开阡陌封疆，"重农抑商"，奖励农业生产。彰明法令，禁止游学，焚毁儒家经典《诗》《书》。这就全面触及了经济基础和上层建筑，成效显著。"行之十年，秦民大悦"，"乡邑大治"，使秦国由过去僻处西方一隅、经济文化落后、被中原先进国家看不起的小国，一跃而成为"兵革强大，诸侯畏惧"[1]的大国，奠定了统一中国的基础。尽管后来商鞅遭到旧贵族的残酷杀害，但他代表的历史潮流，却是不可阻挡的。

战国时代的变法运动持续了二百多年，尽管道路崎岖，千回百折，洒满了改革者的鲜血，但这种顺应历史潮流的封建化运动却为社会的进步建树了不朽的功勋。正是通过地主阶级改革派这种自上而下的改革，从政治经济和思想文化领域一次又一次地扫荡了奴隶制的残余，以法典的形式巩固和扩大了封建的政治、经济和文化的成果，为封建生产关系的进一步发展开辟了广阔的道路。到战国末期，无论在哪个领域，封建因素都占了主导地位。战国七雄的那些君主和谋臣们，尽管主观上还可能意识不到，然而历史的车轮已经驰过无数尸骨和废墟，把他们带进封建社会的绚丽国度了。

历史进入战国，兼并战争的规模和残酷都达到了前所未有的水平。钢铁兵器逐渐代替铜兵器，速决战让位于持久战，复杂的步骑协同代替了简单的战车冲锋，高山密林的埋伏奇袭取代了堂堂正正的两军对垒。魏国首强，西挫强秦，东败齐鲁，"魏武卒"名扬天下。齐国继起，联赵抗魏，桂陵马陵，连胜魏兵，孙膑展示了杰出的军事才能。尔后，燕

---

[1] 刘向：《战国策·秦策一》，第75页。

国乐毅伐齐,连下七十二城,田单反攻,反败为胜,兵临燕都。再后,秦国崛起,频频东征。六国合纵抗秦,收效甚微。秦国施连横之计,拆散齐楚联盟。宜阳之役,臣服韩国。长平之战,赵国大丧元气。千里伐楚,血战丹阳,楚国从此一蹶不振。最后,秦王嬴政登基,"续六世之余烈,振长策而御宇内,吞二周而亡诸侯,履至尊而制六合"①,十年之中,连续对东方用兵,刀锋指处,势如破竹,所向披靡,完成了中国的统一。

连绵不断的战争,虽然给劳动人民带来深重的灾难,但却以优胜劣汰的铁的规律,推动了各国封建化的改革,完成了由奴隶制向封建制的转化。由于秦国的改革进行得最彻底,封建生产关系的发展得最充分,封建制度的优越性得到最大限度的发挥,巨量的社会财富从八百里秦川和千里巴蜀日夜涌流,就使其后来居上,成为战国后期最强大的诸侯国,最后顺利摘取了统一的果实。

第三节 "百家争鸣"思潮

兼并战争促进了人才的成长。战争不仅是政治、经济和军事力量的比拼,更是文臣武将智谋、韬略和胆识的竞赛。因此,战国时期的各国国君,无不礼贤下士,不拘一格地拼命延揽人才,以至具有一技之长的那些鸡鸣狗盗之徒、引车卖浆者流也能大摇大摆地走进各国君王宏丽的庙堂。智能之士,待遇优厚,来去随意,言论自由。他们或出将入相,执掌政治、军事、外交大权,建立赫赫功业;或高车驷马,不治而议,从事讲学和著述,由此形成思想文化领域空前的"百家争鸣"的局面。著名的政治家、军事家、思想家、文学家,人才辈出,犹如群星闪烁。他们留下的大量思想遗产,构成了中华民族思想文化的元典,深深影响了中国和世界历史的发展,至今作为中华民族珍贵的文化瑰宝,继续给中华儿女博得世界性的荣誉。

"百家争鸣"思潮,发轫于春秋晚期,勃兴于战国初期,辉煌于战国中晚期,终结于秦朝统一六国后的"焚书坑儒",持续约五个世纪,正与德国学者雅斯贝尔斯所界定的世界历史上的"轴心时代"相契合。

---

① 司马迁:《史记》卷6《秦始皇本纪》,第280页。

春秋晚期和战国时代的中国之所以出现思想文化上的"百家争鸣"思潮，原因是多方面的，梁启超在《论中国学术思想变迁之大势》一文中曾将其归结为七个方面：蕴蓄之宏富、社会之变迁、思想言论之自由、交通之频繁、人材之见重、文字之趋简、讲学之风盛。[①] 这七个方面，也可以综合为四点。一是因为政治形势的刺激，战国时期的封建化变革引起各阶级、阶层利益的大调整，如何规范新的社会和阶级关系以使社会稳定发展和有序运行，是所有政治家和思想家都需要认真思考和回答的问题。而愈演愈烈的兼并战争，更要求政治家和思想家回答中国向何处去的问题。二是"礼崩乐坏"，文化下移，私学勃兴，数千年积累的思想文化资料得以继承和传播，造就了一大批知识分子，他们作为思想文化的载体，或在官议论朝政，或在野聚徒讲学，观点相同或相近者组织学派，宣扬自己的政治主张和思想理论。三是列国纷争的政治形势，突显了人才的重要。这一方面促使各诸侯国不拘一格地延揽人才，另一方面也造就了思想言论自由的环境，使知识分子能够百无禁忌地自由思考和放言高论。四是列国统治者，尤其是那些眼光宏远的国君和重臣，有意识地为知识分子搭建讲学和辩论的平台，如齐国的稷下学宫，秦国丞相吕不韦帐下的修书群体，都给知识分子进行思想文化的创造提供了适宜的良好环境。对于"百家争鸣"，梁启超曾作了这样声情并茂的描绘。

　　全盛时代，以战国为主，而发端实在春秋之末，孔北老南，对垒互峙，九流十家，继轨并作。如春雷一声，万绿齐苗于广野；如火山乍裂，热石竞飞于天外。壮哉壮哉！非特中华学界之大观，抑亦世界学史之伟迹也。[②]

其实，早在战国时代，一些思想家就对"百家争鸣"思潮进行初步总结分析，提出很有见地的意见。如《庄子·天下篇》就对"道术将为天下裂"的情况进行评判，他虽然还没有对当时的思想学术界划分派系，但对不同群体及其思想学术的特点都进行了抽象概括，认为墨翟、禽滑釐思想学术的特点是"不侈于后世，不靡于万物，不晖于数

---

① 梁启超：《饮冰室合集》第 1 册《文集之七》，中华书局 1989 年版，第 12—15 页。
② 梁启超：《饮冰室合集》第 1 册《文集之七》，第 11 页。

度,以绳墨自矫,而备世之急"。宋钘、尹文思想学术的特点是"不累于俗,不饰于物,不苟于人,不忮于众,愿天下之安宁以活民命,人我之养毕足而止,以此白心"。彭蒙、田骈、慎到思想学术的特点是"公而不党,易而无私,决然无主,物而不两,不顾于虑,不谋于知,于物无择,与之俱往"。关尹、老聃思想学术的特点是"以本为精,以物为粗,以有积为不足,澹然独与神明居"。惠施思想学术的特点是"其道舛驳,其言也不中……氾爱万物,天地一体"。桓团、公孙龙思想学术的特点是"饰人之心,易人之意,能胜人之口,不能服人之心"。邹鲁之士缙绅先生(大体相当于儒家)思想学术的特点是明于"《诗》《书》《礼》《乐》","《诗》以道志,《书》以道事,《礼》以道行,《乐》以道和,《易》以道阴阳,《春秋》以道名分"。而他对于自己的思想学术特点则作了如下概括:

> 芴漠无形,变化无常,死与生与,天地并与,神明往与!芒乎何之,忽乎何适,万物毕罗,莫足以归,古之道术有在于是者,庄周闻其风而悦之。以谬悠之说,荒唐之言,无端崖之辞,时恣纵而不傥,不以觭见之也。以天下为沉浊,不可与庄语,以卮言为曼衍,以重言为真,以寓言为广。独与天地精神往来而不敖倪于万物,不谴是非,以与世俗处。其书虽瑰玮而连抃无伤也,其辞虽参差而諔诡可观。彼其充实不可以已,上与造物者游,而下与外死生、无终始者为友。其于本也,弘大而辟,深闳而肆;其于宗也,可谓稠适而上遂矣。虽然,其应于化而解于物也,其理不竭,其来不蜕,芒乎昧乎,未之尽者。①

作为当世学术界中人,庄子对与其同时的学者思想学术内容的抽绎和特点的概括,是比较客观和精到的。特别可贵的是,庄子自己的学派偏见并不明显,对与自己不同甚至对立的学者也能给予理解的评判。

荀子不仅是儒家思想的集其大成者,也是战国诸子百家的集其大成者。他的《非十二子》对诸子百家的代表人物它嚣、魏牟、陈仲、史鳅、墨翟、宋钘、慎到、田骈、惠施、邓析、子思、孟轲进行了评判:

---

① 陈鼓应注译:《庄子今注今译》,第939—940页。

假今之世，饰邪说，文奸言，以枭乱天下，矞宇嵬琐，使天下混然不知是非治乱之所存者有人矣。纵情性，安恣睢，禽兽之行，不足以合文通治；然而其持之有故，其言之成理，足以欺惑愚众，是它嚣、魏牟也。忍情性，綦溪利跂，苟以分异人为高，不足以合大众，明大分；然而其持之有故，其言之成理，足以欺惑愚众，是陈仲、史䲡也。不知壹天下建国家之权称，上功用、大俭约而僈差等，曾不足以容辨异、县君臣；然而其持之有故，其言之成理，足以欺惑愚众，是墨翟、宋钘也。尚法而无法，下修而好作，上则取听于上，下则取从于俗，终日言成文典，反察之，则倜然无所归宿，不可以经国定分；然而其持之有故，其言之成理，足以欺惑愚众，是慎到、田骈也。不法先王，不是礼义，而好治怪说，玩琦辞，甚察而不惠，辨而无用，多事而寡功，不可以为治纲纪；然而其持之有故，其言之成理，足以欺惑愚众，是惠施、邓析也。略法先王而不知其统，犹然而材剧志大，闻见杂博，案往旧造说，谓之五行，甚僻违而无类，幽隐而无说，闭约而无解。案饰其辞而祇敬之曰，此真先君子之言也。子思唱之，孟轲和之，世俗之沟犹瞀儒，嚾嚾然不知其所非也，遂受而传之，以为仲尼、子游为兹厚于后世，是则子思、孟轲之罪也。①

以上荀子对十二子的思想学术归结为"六说"严加评判，与庄子的评判相比，则客观的理解减少，几乎全盘否定，学派的立场鲜明多了。他的意图非常明确，就是息"六说"，张扬和实行他所认定的舜、禹、孔子为代表的正统儒家学说：

若夫总方略，齐言行，壹统类，而群天下之英杰而告之以太古，教之以至顺，奥窔之间，簟席之上，敛然圣王之文章具焉，佛然平世之俗起焉，六说者不能入也，十二子者不能亲也，无置锥之地而王公不能与之争名，在一大夫之位则一君不能独畜，一国不能独容，成名况乎诸侯，莫不愿以为臣，是圣人之不得势者也，仲

---

① 王先谦：《荀子集解》，第105—112页。

尼、子弓是也。一天下，财万物，长养人民，兼利天下，通达之属，莫不服从，六说者立息，十二子者迁化，则圣人之得势者，舜、禹是也。今夫仁人也，将何务哉？上则法舜、禹之制，下则法仲尼、子弓之义，以务息十二子之说，如是则天下之害除，仁人之事毕，圣王之迹著矣。①

到了荀子的学生韩非那里，在对"世之显学儒、墨"的评判中，充分运用形式逻辑的矛盾律，极尽抨击挞伐之能事：

世之显学，儒、墨也。儒之所至，孔丘也。墨之所至，墨翟也。自孔子之死也，有子张之儒，有子思之儒，有颜氏之儒，有孟氏之儒，有漆雕氏之儒，有仲良氏之儒，有孙氏之儒，有乐正氏之儒。自墨子之死也，有相里氏之墨，有相夫氏之墨，有邓陵氏之墨。故孔、墨之后，儒分为八，墨离为三，取舍相反不同，而皆自谓真孔、墨；孔、墨不可复生，将谁使定后世之学乎？孔子、墨子俱道尧、舜，而取舍不同，皆自谓真尧、舜；尧、舜不复生，将谁使定儒、墨之诚乎？殷、周七百余岁，虞、夏二千余岁，而不能定儒、墨之真，今乃欲审尧、舜之道于三千岁之前，意者其不可必乎！无参验而必之者，愚也；弗能必而据之者，诬也。故明据先王，必定尧、舜者，非愚则诬也。愚诬之学，杂反之行，明主弗受也。②

进而极度张扬法家学说，将其推尊为治国理政的唯一正确的理论。不过，韩非记述了"儒分为八，墨离为三"，使后世知道儒、墨后学的分化，有助于厘清学术史的发展脉络，应该说是韩非的一大贡献。

总之，春秋末至战国时期的"百家争鸣"，是中国思想史上最辉煌的篇章之一。它留下的一大批汇入经、史、子、集的经典著作，为后世中国思想文化的发展提供了极其丰厚的资源。后世无数政治家和思想家，无不从这里汲取思想的营养，创造出新的思想文化珍品，延续着中国优秀传统思想文化的血脉。

---

① 王先谦：《荀子集解》，第112—114页。
② 王先慎：《韩非子集解》，中华书局2013年版，第499—500页。

第五章　春秋列国政治家的政治思想

第一节　东周王室及其政治家的思想

周王室自平王东迁洛邑之后，共经历了平王、桓王、庄王、釐王、惠王、襄王、顷王、匡王、定王、简王、灵王、景王、敬王、元王、贞定王、考王、威烈王、安王、烈王、显王、慎靓王、赧王22个王、515年的岁月，跨春秋和战国部分时段。由于时处中国历史最剧烈变化的年代，加之诸侯国日益坐大，周天子作为"天下共主"的权威每况愈下，不仅"日蹙国百里"，直辖土地和人口不断减少，而且在各诸侯国的威望更是一天不如一天。一些走上霸主地位的诸侯国君，对周王几乎是颐指气使，喝来呼去，周王只能看霸主们的眼色行事，在屈辱和不甘的矛盾惶遽中苟延残喘。在这种情况下，这22个君王中没有产生出一个出类拔萃之辈，文王和武王这些当年叱咤风云的人中之龙，其子孙绳绳的后代，简直就是一群跳蚤了。其中个别不甘平庸的君王尽管也企图振作一番，但由于形格势禁，他们的振作不过是孤注一掷的军事冒险，最后得到的只能是自取其辱的苦果和周王室的彻底灭亡。

不过，在周王室以及与之有关的臣子中，也有些思想敏锐的明智之士，他们的思想有时也能有犀利火花的闪烁。惠王时期（前676—前652年）的内史过和虢国的史嚚就是这样的两个人物，《左传》有以下记载：

（庄公）三十二年，秋七月，有神降于莘。惠王问诸内史过曰："是何故也？"对曰："国之将兴，明神降之，监其德也；将亡，神又降之，观其恶也。故有得神以兴，亦有以亡，虞、夏、商、周皆有之。"王曰："若之何？"对曰："以其物享焉。其至之日，亦其物也。"王从之。内史过往，闻虢请命，反曰："虢必亡矣，虐而听于神。"神居莘六月，虢公使祝应、宗区、史嚚享焉。神赐之土田。史嚚曰："虢其亡乎！吾闻之，国将兴，听于民；将亡，听于神。神，聪明正直而壹者也，依人而行。虢多凉德，其何土之能得？"①

有的学者认为，春秋时期的思想倾向，一是把神还给自然，其代表是老子；一是把神还给人，其代表是孔子。在孔子之前，周公、内史过和史嚚三个人应该说是在使神回归人的途程中具有关键意义的人物。如前文所述，周公尽管没有正面否定神的存在，但他肯定人的主观能动性，极力张扬"皇天无亲，惟德是辅"的理念，实际上缩小了神的领地。内史过也没有正面否定神的存在，而是将神设定为能够既"监德"又"观恶"的公正判官。史嚚与内史过一样，也没有正面否定神的存在，只是强调神的"聪明正直"和"依人而行"的本性，特别指出"国将兴，听于民；将亡，听于神"，进一步强调了人的作为与兴亡的关系，实际上排除了神与对兴亡的影响，在通向唯物论的路上迈出了重要的一步。

第二节 齐国管仲、晏婴的政治思想

一 管仲与晏婴

由姜尚开启的齐学为齐国找到了一条顺从民欲、追求富强的发展之路。经过西周时期二百七十多年的发展，到公元前770年春秋时代开始的时候，齐国已经成为雄踞黄河下游的东方第一诸侯大国。在前770年至前476年近三百年的春秋时期，齐国的思想文化更获得了长足发展，产生了对后世有着深远影响的双子星座——管仲和晏婴。

管仲，字夷吾，春秋时期颍上（今属安徽）人。他成年后到齐国谋发展，与齐大夫鲍叔牙友善。公元前686年齐襄公去世，他的两个儿子公子小白与公子纠争夺君位。鲍叔牙事小白，管仲事公子纠。最后小

---

① 杨伯峻编著：《春秋左传注》，第251—253页。

白获胜,是为齐桓公。在这场政争中几乎致小白于死命的管仲事后不仅没有受到惩罚,反而被任为齐相,这说明齐桓公的胸襟,特别是他的知人之明和用人之诚。管仲也没有辜负桓公的期望,他尽全力辅佐齐桓公,打出"尊王攘夷"的旗号,"九合诸侯,一匡天下",使齐国成就了春秋首霸的伟业,《史记·管晏列传》记载了管仲的思想和业绩:

> 管仲既任政相齐,以区区之齐在海滨,通货积财,富国强兵,与俗同好恶。故其称曰:"仓廪实而知礼节,衣食足而知荣辱,上服度则六亲固。四维不张,国乃灭亡。下令如流水之原,令顺民心。"故论卑而易行。俗之所欲,因而予之;俗之所否,因而去之。其为政也,善因祸而为福,转败而为功。贵轻重,慎权衡。桓公实怒少姬,南袭蔡,管仲因而伐楚,责包茅不入贡于周室。桓公实北征山戎,而管仲因而令燕修召公之政。于柯之会,桓公欲背曹沫之约,管仲因而信之,诸侯由是归齐。故曰:"知与之为取,政之宝也。"
>
> 管仲富拟于公室,有三归、反坫,齐人不以为侈。管仲卒,齐国遵其政,常强于诸侯。①

显然,管仲作为春秋时期的齐国名相,他以自己杰出的政治才干,与桓公密切配合,君臣同心合力,将齐国的历史推向一个新的发展阶段,创造了辉煌的功业。

晏婴是齐国夷维(今山东高密)人,出身于齐国贵族之家,"事齐灵公、庄公、景公,以节俭力行重于齐。既相齐,食不重肉,妾不衣帛。其在朝,君语及之,即危言;语不及之,即危行。国有道,即顺命;无道,即衡命。以此三世显于诸侯"②。流传至今的《晏子春秋》一书,记载了许多他为政、外交和日常生活的故事,对他坚持原则、直言敢谏、礼贤重义、清廉自守、机智幽默的品性和作风作了充分的展现。与管仲大节无亏但又违礼奢侈的生活作风不同,晏婴即使在生活细节方面也一丝不苟,认真谨严,几乎做到无懈可击,凸显了一个古代完美宰相的形象。

---

① 司马迁:《史记》卷62《管晏列传》,第2132—2134 页。
② 司马迁:《史记》卷62《管晏列传》,第2134 页。

二 管仲的"四维"和"顺民""富民"理念

论述管仲思想,《管子》一书是重要文献,但历代学者对该书是否反映管仲思想多持异议。近年来,由于山东临沂银雀山汉墓竹简等出土文献的发现,不少学者论定《管子》一书虽然不是管仲一人著述,但与《国语》《左传》《韩非子》和《史记》等书对勘,却可以确定其中大部分内容都能够反映管仲的思想。

管仲在哲学上是一个朴素唯物论者,他提出了水是"万物之本原"的观点,认为水为"地之血气,如筋脉之通流者",不仅是万物中最重要的物质,而且是构成万物包括人的基本元素:

> (水)无不满无不居也。集于天地而藏于万物,产于金石,集于诸生,故曰水神。集于草木,根得其度,华得其数,实得其量。鸟兽得之,形体肥大,羽毛丰茂,文理明著。万物莫不尽其几、反其常者,水之内度适也。[①]

管仲还企图用各地水势、水质的不同解释不同地区人民气质性情的差异,认为齐人的"贪粗而好勇",楚人的"轻果而贼",越人的"愚疾而垢",秦人的"闲戾、罔而好事",晋人的"谄谀葆诈、巧佞而好利",燕人的"愚戆而好贞,轻疾而易死",宋人的"闲易而好正",都是当地不同的水势、水质所致。这种简单化的议论自然是不科学的,但却是从物质出发的解释,应该是中国最早的地理环境决定论。管仲的"水本原论"与比他晚近一个世纪的古希腊哲学家泰勒斯的"水本原论"有异曲同工之妙,说明人类的认识都是遵循着同样的规律发展。

管仲的政治思想,体现在他的"顺民心"和"四维"的学说,《管子·牧民》有以下记载:

> 政之所兴,在顺民心;政之所废,在逆民心。民恶忧劳,我佚乐之;民恶贫贱,我富贵之;民恶危坠,我存安之;民恶灭绝,我生育之。能佚乐之,则民为之忧劳;能富贵之,则民为之贫贱;能

[①] 戴望:《管子校正·水地》,《诸子集成》5,上海书店出版社1986年影印版,第236页。

存安之，则民为之危坠；能生育之，则民为之灭绝。……故从其四欲，则远者自亲；行其四恶，则近者叛之。故知予之为取者，政之宝也。①

管仲"顺民心"的政治理念通过"六兴"即六项具体措施加以落实。这六项措施，一是"厚其生"："辟田畴，修树艺，劝士民，勉稼穑，修墙屋。"二是"输之以财"："发伏利，输滞积，修道途，便关市，慎将宿。"三是"遗之以利"："导水潦，利陂沟，决潘渚，溃泥滞，通郁闭，慎津梁。"四是"宽其政"："薄征敛，轻征赋，弛刑罚，赦罪戾，宥小过。"五是"匡其急"："养长老，慈幼孤，恤鳏寡，问疾病，吊祸丧。"六是"赈其穷"："衣冻寒，食饥渴，匡贫窭，赈罢（疲）露，资乏绝。"管仲认定："凡此六者，德之兴也。六者既布，则民之所欲，无不得矣。夫民必得其欲，然后听上；听上，然后政可善为也。"② 在管仲看来，只要君主能够顺民心、从民欲，"俗之所欲，因而予之；俗之所否，因而去之"，就可以做到君民同体，国家和民众高度团结，"以国守国，以民守民"，无需统治者命令，民众就会自动服从统治者的意志，卫国卫民，成为坚不可摧的长城。管仲"顺民心"的思想承认了人民追求富裕生活的愿望和统治者必须满足这种愿望的责任，要求统治者在大力发展经济的同时实行轻徭薄赋的税收政策，并以较完善的社会保障措施使民众免除冻馁之苦。这里体现的是管仲对传统民本意识的弘扬。

管仲在强调顺民意、从民俗的同时，也强调维护等级制度和道德规范的意义，并将其提到关乎国家存亡的高度，"守国之度，在饰四维"，"四维不张，国乃灭亡"。管仲的"四维"，指的是礼、义、廉、耻，如其所言：

国有四维，一维绝则倾，二维绝则危，三维绝则覆，四维绝则灭。……何谓四维？一曰礼，二曰义，三曰廉，四曰耻。礼不逾节，义不自进，廉不蔽恶，耻不从枉。故不逾节则上位安，不自进

---

① 戴望：《管子校正·牧民》，《诸子集成》5，第2页。
② 戴望：《管子校正·牧民》，《诸子集成》5，第48页。

则民无巧诈，不蔽恶则行自全，不从枉则邪事不生。①

管仲特别重视礼，将其列为"四维"之首，表明他对维护等级制度的笃信和执着。他一再强调维护等级制度的重要性："朝廷不肃，贵贱不明，长幼不分，度量不审，衣服无等，上下凌节，而求百姓之遵主政令，不可得也。"② 他还明确提出了以下要求：

> 度爵而制服，量禄而用财，饮食有量，衣服有制，宫室有度，六畜人徒有数，舟车陈器有禁，修生则有轩冕、服位、谷禄、田宅之分，死则有棺椁、纹衾、圹垄之度。虽有贤身贵体，毋其爵，不敢服其服。虽有富家多资，毋其禄，不敢用其财。天子服文有章，而夫人不敢以燕以飨庙，将军大夫不敢以朝官吏，以命士，止于带缘，散民不敢服杂采，百工商贾不得服长鬈貂，刑余戮民不敢服冕，不敢畜连乘车。③

在管仲看来，礼制规定了社会上所有人的行为规范，而恰恰是这些行为规范使社会处于有序运行的状态，所以礼是绝对不能违背的。管仲同时认为，廉耻观念的树立，对社会上的所有人，特别是百姓具有重要意义。因为礼只是对人的行为的外在约束，而廉耻意识却能够使人自觉约束自己的行动，这对建立稳定的社会秩序更具有深远意义。他说："商贾在朝则货财上流，妇言人事则赏罚不信，男女无别则民无廉耻。货财上流，赏罚不信，民无廉耻，而求百姓之安难，兵士之死节，不可得也。"④ 管仲进而认为，增强百姓的"四维"意识，使之在行动上实践"四维"的理念，必须广泛宣传，要求他们从小处做起，注意防微杜渐，通过不断的积累和培养，一方面让"四维"的观念深入人心，另一方面也使实践"四维"的理念成为自觉的行动：

> 凡牧民者，使士无邪行，女无淫事。士无邪行，教也；女无淫

---

① 戴望：《管子校正·牧民》，《诸子集成》5，第1页。
② 戴望：《管子校正·权修》，《诸子集成》5，第7页。
③ 戴望：《管子校正·立政》，《诸子集成》5，第12页。
④ 戴望：《管子校正·权修》，《诸子集成》5，第7页。

事，训也。教训成俗，而刑罚省，数也。凡牧民者，欲民之正也。欲民之正，则微邪不可不正也。微邪者，大邪之所生也。微邪不禁，而求大邪之无伤国，不可得也。凡牧民者，欲民之有礼也。欲民之有礼，则小礼不可不谨也。小礼不谨于国，而求百姓之行大礼，不可得也。凡牧民者，欲民之有义也。欲民之有义，则小义不可不行。小义不行于国，而求百姓之行大义，不可得也。凡牧民者，欲民之有廉也。欲民之有廉，则小廉不可不修也。小廉不修于国，而求百姓之行大廉，不可得也。凡牧民者，欲民之有耻也。欲民之有耻，则小耻不可不饰也。小耻不饰于国，而求百姓之行大耻，不可得也。凡牧民者，欲民之修小礼，行小义，饰小廉，谨小耻，禁微邪，此厉民之道也。民之修小礼，行小义，饰小廉，谨小耻，禁微邪，治之本也。①

管仲的"四维"学说是在春秋时期"礼崩乐坏"的历史条件下提出来的，反映了他力图使混乱的社会通过加强礼制恢复稳定秩序的愿望。这种思想倾向在他同时和以后的思想家子产、晏婴、孔子和战国时期荀子身上都有鲜明的表现。

管仲顺民意、从民俗等民本思想的重要内容是"富民"，恰如其所言：

> 凡治国之道，必先富民。民富则易治也。民穷则难治也。奚以知其然也？民富则安乡重家，安乡重家则敬上畏罪，敬上畏罪则易治也。民贫则危乡轻家，危乡轻家则敢凌上犯禁，凌上犯禁则难治也。②

管仲认识到民富是社会稳定的基础，也是提高道德水准的重要条件。他的话"国多财则远者来，地辟举则民留处，仓廪实则知礼节，衣食足则知荣辱"，成为后人广泛引用的政治格言。为了实现"富民"，管仲主张大力发展生产，积极调节分配和消费，提出了一套在当时具有实践价值的财政经济政策。他同所有同时的经济学家一样，认定农业生

---

① 戴望：《管子校正·权修》，《诸子集成》5，第8页。
② 戴望：《管子校正·治国》，《诸子集成》5，第261页。

产是"本业",将其放在首先发展的地位。他要求统治者注重天时,发挥地利,在大力发展农业生产的同时,注意对自然环境的保护和利用。他说:"不务天时则财不生,不务地利则仓廪不盈,野芜旷则民乃菅(奸)。"在强调粮食生产的同时,也重视经济作物和畜牧生产,认为"务五谷则食足,养桑麻、育六畜则民富"①。为了促进农副业生产的发展,他建议齐桓公在齐国推行了一项具有深远意义的税制改革——"相地而衰征",即按土地的好坏征收赋税。这不仅使税负趋于合理,而且在实际上承认了个体生产者对土地的占有,大大提高了他们的生产积极性,是齐国在春秋战国时期长期保持东方大国地位的重要经济条件。

管仲不仅重视农副业生产,而且继承和弘扬姜尚发展工商鱼盐之利的传统,把"通货积财"作为带动齐国经济发展的战略方针,保护商人的积极性,以货畅其流促进手工业和农副业的发展。从"富民"原则出发,管仲一方面主张节制消费,反对奢侈浪费,尤其反对统治者浪费国家财物。另一方面,他又在《侈靡》篇中提出以充分的消费促进生产发展的观点,这是中国思想史上第一次对生产和消费的关系作辩证的理解。

由姜尚开创的齐学比较重视法律和军事思想的构建。管仲的法律和军事思想大大丰富和深化了齐学这一方面的内容。他特别重视法令的公开性和明确性,也强调法令的统一性和相对稳定性。在《牧民》篇中,他认为当国者应当"明必死之路,开必得之门","明必死之路者,严刑罚也;开必得之门者,信庆赏也"。即要求统治者明确赏罚标准,使居民知道自己如何远离邪恶和为国立功。同时,还必须使法令普遍传布于所有辖区,并使赏罚施行于法令公布、标准明确之后。他说:"凡将举事,令必先出,曰事将为,其赏罚之数,必先明之。立事者谨守令以行赏罚,计事致令,复赏罚之所加。有不合于令之所谓者,虽有功利,则谓之专利,罪死不赦。首事既布,然后可以举事。"② 他认为只有保证法令的公开性和周知性,才能避免赏罚的随意性。

管仲也非常重视法令的稳定性和严肃性,反对朝令夕改,特别强调了以下要求:

---

① 戴望:《管子校正·牧民》,《诸子集成》5,第1页。
② 戴望:《管子校正·立政》,《诸子集成》5,第11页。

令已布而赏不从，则是使民不劝勉、不行制、不死节，民不劝勉、不行制、不死节则战不胜而守不固，战不胜而守不固则国不安矣。令已布而罚不及，则是教民不听，民不听则强者立，强者立则主位危矣。①

管仲还认为，国家既要使刑罚具有足够的威慑力，又要使之合乎情理而具备可行性。这样才能使百姓养成见利思刑、"见怀思威"的习惯，从而保证统治秩序的安定与和谐。

管仲在齐国推行改革的重要内容之一是改革行政编制和军事编制，主要内容是"参其国而伍其鄙"，即"三分国都以为三军，伍分其鄙以为伍属"。将国中的士、农、工、商分别聚居并世袭其职，在此基础上将他们编为二十一乡。其中士乡十五，每五乡编为一军，共三军，分别由国君和两大卿族国氏、高氏统帅，由此将行政和军事合为一体，"是故卒伍整于里，军旅整于乡"。军中士卒将帅"世同居，少同游"，彼此熟悉，"是故守则同固，战则同强"。管仲认为："有此士也三万人，以方行于天下，以诛无道，以屏周室，天下大国之君莫之能御。"② 管仲在齐国推行的这套制度进一步贯彻了军政合一的原则，强化了国家对军队的集中管理和控制，大大提高了军队的战斗力，为齐国的霸业建立了强大的军事盾牌。

管仲除了在军事制度上进行了行之有效的改革之外，还在长期的军事实践中形成了一套比较系统的军事思想。比如，他提出国家综合实力决定战争胜负的思想，认为只有财、工、器、士、政教、服习、遍知天下、明于机数等都能"盖天下"，才能"正天下"而无敌。他说："以众击寡，以治击乱，以富击贫，以能击不能，以教卒练士击驱众白徒，故十战十胜，百战百胜。"③ 反之，"举兵之日而境内贫，战不必胜，胜则多死，得地而国败，此四者，用兵之祸也"④。这些思想对后世乃至整个中国军事思想的发展都产生了深远的影响。

---

① 戴望：《管子校正·法法》，《诸子集成》5，第90页。
② 《国语》卷6《齐语》，第232页。
③ 戴望：《管子校正·七法》，《诸子集成》5，第31页。
④ 戴望：《管子校正·兵法》，《诸子集成》5，第94页。

三　晏婴的"和而不同"理念与礼治、君臣关系论

流传至今的《晏子春秋》一书，应该是后人根据晏婴的言行编纂的，大体上可以作为研究他思想的资料。晏婴生活的时代，周室更加衰微，"礼崩乐坏"呈不可逆转之势。齐国新兴贵族田氏势力不断壮大，取姜氏而代之的趋势日益明显。晏婴虽然心向姜氏，但已经无力回天。在回答齐景公如何防止田氏篡政时，他只能求助于礼的复兴了：

> 在礼，家施不及国，民不迁，农不移，工贾不变，士不滥，官不谄，大夫不收公利。礼之可以为国也久矣，与天地并。君令、臣共、父慈、子孝、兄爱、弟敬、夫和、妻柔、姑慈、妇听，礼也。君令而不违，臣共而不贰，父慈而教，子孝而箴，兄爱而友，弟敬而顺，夫和而义，妻柔而正，姑慈而从，妇听而婉，礼之善物也。[1]

在晏婴看来，礼一方面是等级制度的规定，士、农、工、商各安其位，守住本分，互不逾越，以维持社会的稳定。另一方面，礼还要求社会上的所有人，君臣、父子、兄弟、夫妻、姑妇都要遵守基本的道德原则，这样人与人和谐相处，社会自然也就安宁了。显然，晏婴的礼学思想更多地继承了西周的传统而特别强调道德层面，显示了他对礼的更深的理解。不过，晏婴虽然与孔子同样继承周室的礼乐文化，但他却对孔子过于注重礼的形式即繁文缛礼的一面提出了批评。当齐景公欲以尼谿之田封孔子时，他加以阻止，并对儒学的礼论提出了批评："夫儒者滑稽而不可轨法；倨傲自顺，不可以为下；崇丧遂哀，破产厚葬，不可以为俗；游说乞贷，不可以为国。自大贤之息，周室既衰，礼乐缺有间。今孔子盛容饰，繁登降之礼、趋详之节，累世不能殚其学，当年不能究其礼。君欲用之以移齐俗，非所有先细民也。"[2] 这种批评显示了晏婴对姜尚"因其俗，简其礼"的齐学传统的继承，他关注的主要不是礼的形式，而是礼的等级和道德伦理的内容。

---

[1]　杨伯峻编著：《春秋左传注》，第1480页。
[2]　司马迁：《史记》卷47《孔子世家》，第1911页。

《晏子春秋》记载了很多晏婴的引人入胜的故事,不仅展现了他坚持原则、刚正不阿、生活俭朴、为人谦逊的君子品行,而且更展示了他过人的智慧和机敏。他在中国思想史上第一次提出了"和而不同"的理念。在与齐景公的一次对话中,他阐明了"和""同"问题,代表了春秋末期中国辩证思维的最高水平:

> 景公至自畋,晏子侍于遄台,梁丘据造焉。公曰:"维据与我和夫。"晏子对曰:"据亦同也,焉得为和。"公曰:"和与同异乎?"对曰:"异。和如羹焉,水火醯醢盐梅以烹鱼肉,燀之以薪,宰夫和之,齐之以味,济其不及,以洩其过。君子食之,以平其心。君臣亦然。君所谓可而有否焉,臣献其否以成其可;君所谓否而有可焉,臣献其可。以去其否。是以政平而不干,民无争心。故《诗》曰:'亦有和羹,既戒且平。奏鬷无言,时靡有争。'先王之济五味和五声也,以平其心,成其政也。声亦如味,一气、二体、三类、四物、五声、六律、七音、八风、九歌,以相成也。清浊,大小,短长,疾徐,哀乐,刚柔,迟速,高下,出入,周疏,以相济也。君子听之,以平其心,心平德和。……今据不然,君所谓可,据亦曰可;君所谓否,据亦曰否。若以水济水,谁能食之?若琴瑟之专一,谁能听之?同之不可也如是。"①

晏婴坚决反对巫术迷信,尤其反对国君以巫术迷信掩盖政治弊端和推卸责任。昭公二十年(前522年),齐景公生疥疮久治不愈,齐景公的宠臣竟提出杀祝史以谢罪,晏婴坚决不同意,并对国君生病的原因提出了自己的见解:

> 若有德之君,外内不废,上下无怨,动无违事,其祝史荐信,无愧心矣,是以鬼神用飨,因受其福。……其适遇淫君,外内颇邪,上下怨疾,动作辟违,从欲厌私,高台深池,撞钟舞女,斩刈民力,输掠其聚,以成其违,不恤后人,暴虐淫从,肆行非度,无所还忌,不思谤讟,不惮鬼神,神怒民痛,无悛于心。其祝史荐

---

① 张纯一:《晏子春秋校注》,梁运华点校,中华书局2014年版,第328—330页。

信，是言罪也；其盖失数美，是娇诬也。进退无辞，则虚以求媚，是以鬼神不飨其国以祸之。……民人苦病，夫妇皆诅。祝有益也，诅亦有损。聊、摄以东，姑、尤以西，其为人也多矣。虽其善祝，岂能胜亿兆人之诅？君若欲诛于祝、史，修德而后可。①

这里，晏婴虽然没有直接否认鬼神的存在，但他要求国君在政治上远鬼神而重人事，显示的是可贵的理性思考。昭公二十六年（前516年），"齐有彗星，齐侯使禳之。晏子曰：'无益也，只取诬焉。天道不謟，不贰其命，若之何禳之？且天之有慧也，以除秽也，君无秽德，又何禳焉？若德之秽，禳之何损？'"② 当时，人们认为彗星出现是一种凶兆，晏婴并没有正面否定这一传统的迷信，但认为彗星对有德之人不起作用，因而在实际上否定了这种迷信，同样展现了"吉凶由人"的理性思考。

晏婴的智慧还表现在他巧妙地利用人们的迷信心理劝说国君注重人事，改良政治。如他利用齐景公出猎遇蛇、虎以为不祥的心理，一面说明在山泽遇蛇、虎是再正常不过的现象，一面指出真正的不祥是"有贤而不知""知而不用""用而不专"③，讽喻景公信任重用贤才。春秋时期是贬斥迷信、弘扬理性思潮的时代，晏婴正是这一思潮的杰出代表人物。

晏婴是中国历史上第一个将"廉"与政联系起来的思想家。当年，齐国贵族田氏、鲍氏与栾氏、高氏为争权夺利发生了激烈的武装冲突，栾、高两家失败。双方激战正酣时，晏婴的侍从问他何不参加一方，他说两家是一丘之貉，还是保持中立的好。田、鲍两家获胜后，国君将晏婴召入宫中。田氏掌门人田桓子打算瓜分栾、高两家的财产，征询晏婴的意见，晏婴不同意，讲了这样一段话：

不可。君不能饰法，而群臣专制，乱之本也。今又欲分其家，利其货，是非制也，子必致之公。且婴闻之，廉者，政之本也；让者，德之主也。栾高不让，以至此祸，可毋慎乎？廉之谓公正，让

---

① 杨伯峻编著：《春秋左传注》，第1416—1418页。
② 杨伯峻编著：《春秋左传注》，第1479页。
③ 张纯一：《晏子春秋校注》，第86页。

之谓保德。凡有血气者,皆有争心。怨利生孽,维义为可以长存。且分争者不胜其祸,辞让者不失其福。子必勿取!①

这段话的意思是,不可以这样做。国君因为不能整顿朝纲,导致大臣专权,这是国家产生动乱的根本原因。现在你们又想瓜分他们的财产,这是违反法制的行为,你一定要把他们家的财产交给国君。而且我听说,廉洁是政治的根本,谦让是道德的核心。栾氏、高氏因为不谦让,所以遭到这样的灾祸,你难道可以不慎重行事吗?廉洁指的是做事要公正无私,谦让指的是保持好的品质。凡是有血气的人,都有争夺利益之心。钱财积累多了就会生出灾祸,只有按照道义行事,才可以使自身和家族长保平安。况且,分财争权的人经受不起由此招来的祸患,谦虚辞让的人不会因此而失去应有的好处。你一定不要拿他们的财产!结果是晏婴说服了田桓子,使他把栾、高两家的财产全部上交国君,他自己还请求辞官到剧邑养老。

晏婴的廉政思想包括以下三方面的内容。

第一,是强烈的民本意识。他说:"君民者,岂以凌民?社稷是主。臣君者,岂为其口实,社稷是养。"② 意思是,当人民君主的人,难道只是为了高高在上,欺凌人民吗?他应该是为了治理好国家;给君主做臣下的,难道只是为了得到俸禄,养家糊口吗?他应该是为了国家的发展做贡献。这就是说国家的利益高于君主和臣子的利益。进一步,他又说,"义,谋之法也;民事之本也","谋必度于义,事必因于民","谋度于义者必得,事因于民者必成"③,"卑而不失尊,曲而不失正者,以民为本也"④,"上以爱民为法,下以相亲为义,是以天下不相违"⑤。再进一步,他甚至说,"意莫高于爱民,行莫厚于乐民","意莫下于刻民,行莫贱于害身(民)"⑥。晏婴这里之所以不厌其烦地讲民本、爱民、乐民,不要得罪于民,就是因为他在一定程度上认识到民所具有的巨大力量,一旦暴政激怒了人民,人民就能够起来推翻它:"敢问:

---

① 张纯一:《晏子春秋校注》,第 298—299 页。
② 张纯一:《晏子春秋校注》,第 226 页。
③ 张纯一:《晏子春秋校注》,第 152—153 页。
④ 张纯一:《晏子春秋校注》,第 213 页。
⑤ 张纯一:《晏子春秋校注》,第 164 页。
⑥ 张纯一:《晏子春秋校注》,第 213—214 页。

桀、纣，君诛乎？民诛乎？"① 所谓"汤放桀，武王伐纣"，被坚执锐上战场的是人民！他认为，为了达到爱民、乐民的目的，关键是国家首先必须减轻他们的赋役负担。他不止一次地指出齐国百姓的赋税和徭役负担太重，"今齐国丈夫耕，女子织，夜以接日，不足以奉上，而君侧皆雕文刻镂之观"②，"财货偏有所聚，菽粟币帛腐于囷府，惠不遍加于百姓"③，建议齐景公实行"权有无，均贫富"，即根据百姓贫富的程度确定赋役的轻重，减轻贫穷者的负担。他同时还建议停止了不少劳民伤财的徭役，要求政府以节俭行政和抑制奢侈减轻百姓的赋役负担："不以饮食之辟害民之财，不以宫室之侈劳人之力。节取于民而普施之，府无藏，仓无粟。"④ 晏婴要求撤销关卡，取消关税，让百姓自由买卖，达到货畅其流，同时开放山泽湖沼，让百姓任意采择，增加收入。晏婴还主张，政府不仅要在百姓遭遇天灾时及时救助，开仓放粮，赈济贫弱，而且应该随时了解百姓疾苦，特别对鳏寡孤独和老弱病残等贫弱无告之人，实施救助，《晏子春秋》讲了这样一个故事：

　　景公当国时，有一年大雨一连下了十七天，形成水灾。但景公若无其事，依然与宠臣贵戚日夜饮酒作乐。晏婴忧心如焚，一连数次请求景公开仓放粮，赈济灾民。景公非但不理，还派一个名叫柏的官员乘公家的驿车在国中四处寻访能歌善舞的男女送给宫廷。晏婴对此十分气愤，就把自家的存粮先分给民众救急，同时把运粮工具放在路边供百姓使用。之后，他步行入朝见景公，说："大雨已经连下十七天了，每个乡都有数十家房屋倒塌或漏雨，每个家里都有不少缺粮的饥民，贫苦民众特别是老弱病残之人，天气寒冷连粗布短衣都没得穿，饥肠辘辘连糟糠都吃不上。他们走投无路，求告无门，您身为一国之君却无动于衷，不肯关怀和救济，反而夜以继日地大办酒席，并从全国各地招来能歌善舞的男女，不停地寻欢作乐。您的马厩里养着众多马匹，每天吃掉府库里的大量粮食；您养的众多良犬天天用家畜的肉喂得膘肥体壮；您后宫的众多姬妾每天饱食精美的粱肉。您这样做，不是对姬妾犬马过于优厚，而对贫苦百姓过于苛刻了吗？所以，乡里贫穷无告的百姓都不喜欢您这

---

① 张纯一：《晏子春秋校注》，第35页。
② 张纯一：《晏子春秋校注》，第70页。
③ 张纯一：《晏子春秋校注》，第337页。
④ 张纯一：《晏子春秋校注》，第139页。

样的国君，饥饿无食的百姓更不拥护您这样的君主啊！我拿着记事的简册，与官员们一起为朝廷办事，却让百姓过着贫穷饥饿的生活而投诉无门，又让君王沉迷酒色而不恤百姓，以致失去民心，我的罪过实在太大了。"晏婴说完，向景公两次跪拜叩头，请求辞去官职。然后，就头也不回地走出朝堂。景公听了晏婴一席话，深感愧疚，生怕他真的辞官而去，急忙出来追赶，但没追上；又命驱车追到晏婴家中，仍然没有见到晏婴，只看到他家的粮仓已经搬空，运粮器具都放置在道路上。景公追至通衢大道，才见到晏婴。于是下车恳求说："我确实做得不对。先生您抛弃我，不肯帮助我，我实在没有资格挽留您。可是您难道就不顾念国家和百姓吗？我真诚地希望您留下来帮助我治理朝政，我愿将国家的粮食和财物拿出来分给贫苦百姓，应当散发多少，全听您的安排。"景公就在道路上将这件事委托晏婴全权办理。晏婴于是返回朝中，派遣一位名叫禀的官员去视察居民的情况，凡是家中有布匹没有粮食的，发给他们够吃一个月的粮食；凡是既无布匹又缺口粮的人家，发给他们够吃一年的粮食。凡是没有积存柴草的人家，发给他们柴草，让他们能够度过霖雨之灾。还派遣一位名叫柏的官员调查民房损坏情况，凡房屋坍塌破损不能防雨御寒的人家，发给适量的金钱，作为修缮费用。要求对缺乏粮食财物的贫苦百姓及受灾死伤情况进行普遍调查。他要求这些工作在三天之内完成，超过期限而未能完成任务的，比照不执行君主命令的法律治罪。在晏婴的感召下，景公也改变作风，迁出豪华的宫殿，住进较简陋的宫室中；降低膳食标准，少吃肉，不饮酒；宫中马匹不再用官仓中的粮食喂养，供国君玩乐的狗也不再给肉吃；削减侍御近臣的俸禄，减少常陪国君饮酒大臣的赏赐。救济灾民的工作只用三天就告完成，据官吏报告，共救济贫民一万七千家，动用府库粮食九十七万钟，柴草一万三千车；救济房屋损坏的居民二千七百家，花费金钱三千。赈灾工作完成后，景公回到宫内，减省膳食，将琴瑟钟鼓等乐器收起，不再演奏。在晏婴的请求下，清退了侍御宠幸和让景公迷恋娱乐的人，于是有三千多能歌善舞的男女离开后宫，七个善于阿谀奉承的宠幸之臣被放逐关塞之外。[1]

晏婴要求给百姓创造一个良好的生产和生活环境，政府依法行政，

---

[1] 张纯一：《晏子春秋校注》，第11—15页。

公平执法，不偏袒权贵，不欺压平民，不滥杀无辜。晏婴以法阻止景公滥杀无辜的例子很多，其中有这样一个发人深省的故事：

有一次，景公在野外游玩，看到一只鸟，正要张弓发射，不巧一个农夫走过来，把鸟吓飞了。景公勃然大怒，命令官吏处死那个农夫。晏婴上前劝解说："这个农夫并不知道国君您在这里射鸟，偶然碰上，才把鸟吓飞了。我听古人说过，赏赐没有功劳的人，叫做乱政；惩罚不知道实情的人，叫做暴政。这两种做法都是先王明令禁止的。只因为惊动一只飞鸟，就要处死一个人，这显然违反了先王的禁令，是绝对不可做的。现在君王您既不明白先王的制度，又没有仁义心肠，所以才放纵自己的私欲，轻易杀人。况且鸟兽这种东西，本来就是供养人民的食物，农夫吓跑它，不是很正常的吗？"景公说："您说得很好。从今以后，解除限制捕杀鸟兽的禁令，不再因此苛刻地对待百姓。"①

这个故事，反映了晏婴要求国君和官府严格公正执法，遵循"罪刑相当""举事不私，听狱不阿"②的法制原则，维护无辜百姓的权利。

第二，是选贤任能，排拒逸佞阿谀之辈。选贤任能是五帝三代以来中国政治文化的优良传统之一，晏婴的廉政思想继承并进一步弘扬了这个传统。他认为，朝廷和国家事务纷繁复杂，需要政治、军事、经济、外交、文化等各个方面智能卓越的人才，所以必须广泛遴选贤才，只要某一方面才能突出，就可遴选任用，用其所长，避其所短，使之人尽其才，才尽其用。这个思想集中展现在晏婴与景公下面一段对话中：

> 景公问晏子曰："古之莅国治民者，其任人何如？"晏子对曰："地不同生。而任之以一种，责其俱生，不可得。人不同能，而任之以一事，不可责遍成。责焉无已，智者有不能给；求焉无厌，天地有不能赡也。故明王之任人，谄谀不迩乎左右，阿党不治乎本朝。任人之长，不强其短；任人之工，不强其拙，此任人之大略也。"③

在这段对话中，景公问晏子："古代管理国家、治理百姓、任用大

---

① 张纯一：《晏子春秋校注》，第63—64页。
② 张纯一：《晏子春秋校注》，第138页。
③ 张纯一：《晏子春秋校注》，第173—174页。

臣的办法是什么？"晏子回答说："各个地方土地的性质不同，却种植同一种作物，而要求都长出来是不可能的；人的才能各不相同，却委任以同样的事情并要求都能完成也是不可能的。要求一个人能担任所有的工作，即使是很聪明的人也有不能胜任的时候；贪得无厌地求取财物，即使天和地也有供应不足的时候。所以英明的君王用人的原则是，不让阿谀谄媚之人贴近身边，不让结党营私之徒在朝中掌权。任用臣下的长处，而不勉强用他的短处；让臣下去做他擅长的事情，而不强求他去做不擅长的事情。这就是他们任用人才的基本原则和方法。"

晏婴进而认为，对人才要进行严格考察，办法是听其言而观其行。这一思想集中展现在晏婴与景公下面一段对话中：

> 景公问晏子曰："取人得贤之道何如？"晏子对曰："举之以语，考之以事，能谕则尚而亲之，近而勿辱，以取人，则得贤之道也。是以明君居上，寡其官而多其行，拙于文而工于事。言不中不言，行不法不为也。"①

在这段对话中，景公问晏子："朝廷选拔人才，如何求得贤德之人？"晏子回答说："首先根据他的言论主张是否有理以决定是否用他，再根据他的行事去考察他是否言行一致。如果真的通晓治国之道，就尊重他，亲近他。既要亲近他，又要以礼相待，这就是求得贤德之人的方法。所以英明的君主高居上位，官职设得少，事情办得多；不讲究形式华丽热闹，却善于做好实际事情；说话不切合事理就不说，做事不符合法则就不做。"

晏婴还要求对已经任用的人才进行动态考察，看他与什么人交往，"观之以其游，说之以其行"，看他平时对富贵贫贱的态度："通则视其所举，穷则视其所不为；富则视其所分，贫则视其所不取。"② 晏婴同时主张广开言路："太山之高，非一石也；累卑然后高；夫治天下者，非用一士之言也。固有受而不用，恶有拒而不受哉？"③ 只有虚心听取各种不同意见，择善而从，才能使决策符合实际并取得最大成效。

---

① 张纯一：《晏子春秋校注》，第177—178页。
② 张纯一：《晏子春秋校注》，第155—156页。
③ 张纯一：《晏子春秋校注》，第101页。

与选贤用贤相一致，晏婴要求君王远离和排拒谗佞阿谀之辈。他将谗佞阿谀之辈比喻为"社鼠"和"猛狗"，认为此辈如果得以信用，就是国之大患："左右为社鼠，用事者为猛狗，主安得无壅，国安得无患乎？"①"佞人谗夫之在君侧者，好恶良臣，而行与小人，此治国之常患也。"②

第三，晏婴的廉政思想中，最突出的是提倡为官节俭廉洁，反对奢侈贪腐。晏婴身居高位，接触的是国君和达官贵人们司空见惯的奢侈与贪腐，他对景公的奢侈豪华十分厌恶，总是不厌其烦、苦口婆心地谏阻：

> 景公问晏子曰："贤君之治国若何？"晏子对曰："其政任贤，其行爱民，其取下节，其自养俭。在上不犯下，在治不傲穷。从邪害民者有罪，进善举过者有赏。其政刻上而饶下，赦过而救穷。不因喜以加赏，不因怒以加罚。不以欲以劳民，不修怒而危国。上无骄行，下无诌德。上无私义，下无窃权。上无朽蠹之藏，下无冻馁之民。不事骄行而尚同，其民安乐而尚亲，贤君之治国若此。"③

在这段对话中，景公问晏子贤明的君主如何治理国家，晏子回答说："他们的为政之道是任用贤人，他们的行为准则是爱护百姓。他们向百姓征收赋税是有节制的，他们自己的生活供养是很节俭的。在上位者不敢欺侮百姓，掌权之人不敢轻视贫穷民众。干奸邪之事伤害百姓的要治罪，向君主进善言并能指出过失的要给予奖赏。他们的政令对为官在上之人要求严格，对平民百姓则宽容抚慰。对因无知而犯错误的从宽处理，对穷苦百姓给以救济。他们不因为自己高兴就滥施奖赏，也不因为自己恼怒而乱加处罚。不放纵自己的私欲而劳民伤财，不因为发怒而做出危害国家的事情。君主没有骄横的品行，臣下没有谄谀的恶德。君主没有自私自利的道义，臣下没有专权的行为。君主没有长期储存不用而致腐朽的财物，社会上没有挨饿受冻的民众。君主不做骄横放纵的事情，崇尚君民同心同德。人民安居乐业，崇尚相亲相爱。贤明的君主治

---

① 张纯一：《晏子春秋校注》，第145页。
② 张纯一：《晏子春秋校注》，第347—348页。
③ 张纯一：《晏子春秋校注》，第162—163页。

理国家就是这个样子。"这显然是对君主的廉政要求。为此，他对景公一系列的违背廉政的奢侈腐化行为，如修路寝台、铸造大钟、制作饰以金玉的鞋子、以人礼葬狗，尤其是在百姓遭灾时饮酒狂欢等行为，提出尖锐批评。要求国君带头节俭，给百官做表率，扭转日益奢侈腐败的社会风气。晏婴同时倡导所有官吏都要廉政，反对国君把大量土地和人民赏赐给卿大夫作封邑，认为这样做会壮大卿大夫的势力，最后尾大不掉，危及国君的地位。他建议赏赐给卿大夫的土地和人民不应固定化，而是有赏有收，"臣有德，益禄；无德，退禄"。而卿大夫是社会上百姓关注的名人，更应该修养自己的君子人格，具备节俭的品德，做百姓的表率。他说："节受于上者，宠长于君；俭居于处者，名广于外。"尤其是朝中的执政大臣，地位举足轻重，更应该将君主和国家的利益放在第一位，将个人和家族的利益放在第二位，"先君后身，安国而度家，宗君而处身"①，给下级官员和民众树立节俭的榜样，产生强大的感召力，否则，就会出现相反的效果。

晏婴提倡官员带头节俭，他自己更是身体力行，这与管仲在私生活上的奢侈豪华形成了鲜明的对比。他一直居于闹市的"湫隘嚣尘"的旧宅里，上朝穿戴的是洗过多次的旧衣帽，"乘弊车，驾驽马"，平时吃的食物粗劣，祭祀祖先也是"豚肩不掩豆"。尽管如此，他还是每次都辞掉齐君赏赐的土地。一次，晏婴去上朝，乘坐着简陋的旧车子，驾车的是脚力不济的劣马。景公看到后说："嗨！先生您的俸禄很少吗？为什么乘坐的车子如此简陋不堪呢？"晏子回答说："靠着您赏赐的俸禄，我能让父族、母族、妻族成员生活有保障，国内与我交往的士人，都靠我的俸禄维持生活，我也能穿得暖吃得饱，有旧车劣马供我乘坐，我已经很满足了。"晏子离开后，景公派梁丘据给他送去一辆自己乘坐的大车和四匹好马，但连送多次晏婴就是拒绝接受，惹得景公很不高兴，认为晏婴太不给自己面子了。于是命令下臣将晏婴召来宫中。晏婴来到后，景公气哼哼地对他说："先生您如果再不接受，我也不乘坐车子了！"晏婴平静地讲了下面一段话：

> 君使臣临百官之吏，臣节其衣服饮食之养，以先齐国之民，然

---

① 张纯一：《晏子春秋校注》，第177—178页。

犹恐其侈靡而不顾其行也。今辂车乘马，君乘之上，而臣亦乘之下，民之无义，侈其衣服饮食而不顾其行者，臣无以禁之。①

这段话的意思是，君王您让我管理百官，我节制自己衣服饮食的开销，努力为齐国百姓做表率，即使如此，我还是担心百姓会奢侈浪费而不注重修养品行。现在辂车乘马本来是君主才能配备享用的，您却让臣下也乘坐它，这样影响会很不好。如果我接受了，以后百姓做出了不合道义的行为，在衣服饮食方面大搞奢侈浪费而失去了好的品行，对于这样的人，我就没有资格加以管教和禁止了。于是坚决辞让而不接受。这里晏婴的行为尽管有坚持礼制规范的执着，但更重要的是体现他在廉政方面的自律精神。

第三节　鲁国展禽、里革、季文子和公仪休的政治思想

一　展禽和里革的政治思想

展禽，号柳下惠，是春秋鲁国文公时期（前626—前610年）的公族大夫，一个被孔子屡屡尊仰表彰的大贤之人。因为执掌鲁国国政的臧文仲不能重用他，孔子为此提出尖锐的批评。孟子也赞誉他："柳下惠不羞污君，不卑小官，进不隐贤，必以其道。遗佚而不怨，阨穷而不悯。……故闻柳下惠之风者，鄙夫宽，薄夫敦。"②

展禽被后世誉为"和圣"，不过文献记载的他的事迹是很少的，主要就是两件事，一是破解齐国一次对鲁国的攻伐：

展禽使乙喜以膏沐犒师，曰："寡君不佞，不能事疆场之司，使君盛怒，以暴露于弊邑之野，敢犒舆师。"齐侯见使者曰："鲁国恐乎？"对曰："小人恐矣，君子则否。"公曰："室如悬磬，野无青草，何恃而不恐？"对曰："恃二先君之所职业。昔者成王命我先君周公及齐先君太公曰：'女股肱周室，以夹辅先王。赐女土地，质之以牺牲，世世子孙无相害也。'君今来讨弊邑之罪，其亦使听从而释之，必不泯其社稷；岂其贪壤地，而弃先王之命？其何

---

① 张纯一：《晏子春秋校注》，第313页。
② 《十三经注疏》，第2740页。

以镇抚诸侯？恃此以不恐。"齐侯乃许为平而还。①

此次对齐君的外交折冲，出面的是乙喜，出主意的是展禽，对齐君说的那些话展现的是他的思想和智慧，以周王室当年对齐、鲁两国"世世子孙无相害"的嘱托，消解了齐国攻伐鲁国的所有理由。这里显示了展禽对祖宗遗规的尊仰和遵循。

二是反对祭祀海鸟，体现他对规范化祭祀的认定。一次，一只名叫"爱居"的海鸟停留在鲁东门之外三日，大概因为这是当时鲁国很少见的鸟类，引起轰动。执政的臧文仲就命令国人祭祀这只鸟。展禽认为不合传统的祭祀典仪，于是发表了如下长篇议论：

> 越哉，臧孙之为政也！夫祀，国之大节也，而节，政之所成也，故慎制祀以为国典。仅无故而加典，非政之宜也。夫圣王之制祀也，法施于民则祀之，以死勤事则祀之，以劳定国则祀之，能御大灾则祀之，能捍大患则祀之。非是族也，不在祀典。昔烈山氏之有天下也，其子曰柱，能殖百谷百蔬；夏之兴也，周弃继之，故祀以为稷。共工氏之伯九有也，其子曰后土，能平九土，故祀以为社。黄帝能成命百物，以明民共财，颛顼能修之，帝喾能序三辰以固民，尧能单均刑法以仪民，舜勤民事而野死，鲧鄣洪水而殛死，禹能以德修鲧之功，契为司徒而民辑，冥勤其官而水死，汤以宽治民而除其邪，稷勤百谷而山死，文王以文昭，武王去民之秽。故有虞氏禘黄帝而祖颛顼，郊尧而宗舜；夏后氏禘黄帝而祖颛顼，郊鲧而宗禹；商人禘舜而祖契，郊冥而宗汤；周人禘喾而郊稷，祖文王而宗武王。幕，能帅颛顼者也，有虞氏报焉；杼，能帅禹者也，夏后氏报焉；上甲微，能帅契者也，商人报焉；高圉、大王，能帅稷者也，周人报焉。凡禘、郊、宗、祖、报，此五者国之典祀也。加之以社稷山川之神，皆有功烈于民者也；及前哲令德之人，所以为明质也；及天之三辰，民所以瞻仰也；及地之五行，所以生殖也；及九州名山川泽，所以出财用也，非是不在祀典。今海鸟至，己不知而祀之，以为国典，难以为仁且智矣。夫仁者讲功，而智者处

---
① 《国语》卷4《鲁语上》，第160页。

物。无功而祀之,非仁也;不智而不能问,非智也。今兹海其有灾乎,夫广川之鸟兽,恒知避其灾也。①

这里,展禽详细论述了自周朝以来被祭祀的对象柱、稷、后土、黄帝、颛顼、尧、舜、禹、契、冥、文王、武王等人,他们所以被列入国家祀典,是因为他们都是有大功于国家和民众的人,即是曾经"法施于民""以死勤事""以劳定国""能御大灾""能扞大患"的人。而臧文仲要求祭祀的海鸟,根本谈不上为国为民的功绩,如此出于迷信的祭祀,实在"难以为仁且知"。所以他严厉批评说:"夫仁者讲功,而智者处物。无功而祀之,非仁也;不知而不能问,非智也。"展禽的议论显示了他的人文主义精神,突出了"仁者讲功,而智者处物"的家国情怀和现实主义的反对迷信的理性思考。

里革是鲁宣公和成公(前608—前573年)时期的大夫,他的政治思想主要体现在两个方面。一是顺应客观规律,不违天时,爱护自然资源。二是君王应该端正执政理念,加强自身修养,才能得到臣子与百姓的拥戴。一次,宣公命人在夏天捕鱼,里革毫不客气地毁坏用于捕鱼的网罟,并直言不讳讲了一大段尊重生态规律的话:

宣公夏滥于泗渊,里革断其罟而弃之,曰:"古者大寒降,土蛰发,水虞于是乎讲罛罶,取名鱼,登川禽,而尝之寝庙,行诸国,助宣气也。鸟兽孕,水虫成,兽虞于是乎禁罝罗,猎鱼鳖以为夏犒,助生阜也。鸟兽成,水虫孕,水虞于是乎禁罝𦊨,设阱鄂,以实庙庖,畜功用也。且夫山不槎蘖,泽不伐夭,鱼禁鲲鲕,兽长麑䴠,鸟翼鷇卵,虫舍蚳蝝,蕃庶物也,古之训也。今鱼方别孕,不教鱼长,又行网罟,贪无艺也。"②

大概此时的鲁宣公还能听得进逆耳的谏言,不仅未生气,而且还说了自责和肯定里革的话:"吾过而里革匡我,不亦善乎!是良罟也,为我得法。使有司藏之,使吾无忘谂。"③

---

① 《国语》卷4《鲁语上》,第165—170页。
② 《国语》卷4《鲁语上》,第178页。
③ 《国语》卷4《鲁语上》,第180页。

鲁成公时期，晋国人杀死了晋厉公，对此，成公与里革有一段对话：

> 晋人杀厉公，边人以告，成公在朝。公曰："臣杀其君，谁之过也？"大夫莫对，里革曰："君之过也。夫君人者，其威大矣。失威而至于杀，其过多矣。且夫君也者，将牧民而正其邪者也，若君纵私回而弃民事，民旁有慝无由省之，益邪多矣。若以邪临民，陷而不振，用善不肯专，则不能使，至于殄灭而莫之恤也，将安用之？桀奔南巢，纣踣于京，厉流于彘，幽灭于戏，皆是术也。夫君也者，民之川泽也。行而从之，美恶皆君之由，民何能为焉。"①

里革在这里着重论述了君民关系，认定君王应该成为民众的表率，如果"纵私欲""以邪临民"，最后遭遇夏桀、商纣、周厉王、周幽王的下场，那就是咎由自取。他的结论君是"民之川泽"，"美恶皆君之由"，显示了可贵的君王自律意识和民本理念。

二 季文子和公仪休的政治思想

春秋中期以后的鲁国，政权实际上逐步由孟孙氏、叔孙氏和季孙氏三家大夫掌控。因为这三家大夫同为鲁桓公的后代，所以习惯上称他们三家大夫为"三桓"。鲁文公在位时，季孙氏的掌门人季孙行父即季文子（？—前568年）开始执掌国政，一连辅佐了文公、宣公和襄公三位国君，时间近60年，是鲁国历史上执政时间最长的人物之一，也是最廉政的人物之一。季文子主持鲁国政务，内政外交一把抓。鲁宣公十五年（前594年），在他主持下，鲁国宣布实行"初税亩"，改变"井田"制下的贡赋制度，实行以土地多少为标准的新的税收制度，实际上承认了平民和已经获得人身自由的奴隶的土地私有权。这是顺应历史潮流的改革，对奴隶制向封建制的转化起了促进作用。

季文子的活动，更多地表现在与诸侯国的外交方面。他学识渊博，熟悉礼仪，机敏灵活，长于列国会盟时的折冲应对，所以经常代表鲁国出使其他诸侯国，也经常陪同国君参与会盟。如文公十三年（前614

---

① 《国语》卷4《鲁语上》，第182页。

年）冬天，他陪同文公去晋国会见晋君，重申从前的盟誓。途中卫侯在沓会见文公，求他在晋君面前申说卫国与晋国的交好之意。回程时，郑伯在棐这个地方会见文公，也希望他能代郑国申说与晋国的交好之意，文公也痛快地答应了。在郑伯为文公举行的宴会上，郑国大夫子家歌唱了《小雅·鸿雁》之诗：

> 鸿雁于飞（鸿雁展翅飞天上），肃肃其羽（鼓动羽翼肃肃响）。之子于征（这些穷人服苦役），劬劳于野（受尽劳瘁在远地）。爰及矜人（灾难加给受苦人），哀此鳏寡（鳏寡难免哀更深）。
> 鸿雁于飞（鸿雁展翅飞长空），集中于泽（纷纷又落水泽中）。之子于垣（这些穷人服苦役），百堵皆作（百堵高墙一时起）。虽则劬劳（虽然辛劳盖大屋），其究安宅（究竟何处让我住）？
> 鸿雁于飞（鸿雁飞飞腹中空），哀鸣嗷嗷（嗷嗷一片哀鸣声）。维此哲人（只有这些明理人），谓我劬劳（说我劳苦萃一身）。维彼愚人（只有那些愚蠢汉），谓我宣骄（说我骄奢心不满）。①

《诗经》中的《鸿雁》这首诗，抒发了服役人的劳苦无奈，与宴会本身似乎没有关系。子家选择这首诗吟唱，可能蕴含着郑国在列国夹缝中生存的艰难。而宴会中的吟诗，往往是为了展示学识并让人体会诗中透出的意蕴。季文子于是出而应对说，我们国君也熟悉这种吟诗的互动，那就由我吟唱《小雅·四月》这首诗吧：

> 四月维夏（四月初夏日迟迟），六月徂暑（六月炎暑将消逝）。先祖匪人（先祖莫非心不仁），胡宁忍予（忍心使我受苦辛）？
> 秋日凄凄（秋日凄凄悲西风），百卉具腓（百草萎黄叶凋零）。乱离瘼矣（祸乱使我忧病深），爰其适归（何处能容我栖身）？
> 冬日烈烈（严冬冽冽风渐厉），飘风发发（疾风呼呼增寒意）。民莫不谷（人们无不尽安善），我独何害（为何我独受苦难）？
> 山有嘉卉（山陵百草尽芳菲），侯栗侯梅（又有栗树又有梅）。废为残贼（肆无忌惮为残贼），莫知其尤（不知悔过不知罪）！

---

① 袁梅：《诗经译注》，第480—481页。

相彼泉水（泉水哗哗泛流波），载清载浊（又清澈啊又混浊）。我日构祸（日日遭祸害死我），曷云能谷（怎有幸福好生活）？

滔滔江汉（滔滔奔流江和汉），南国之纪（南国纲纪众水连）。尽瘁以仕（尽心竭力勤王事），宁莫我有（为何待我不友善）？

匪鹑匪鸢（不是雕，不是鸢），翰飞戾天（振翼高飞摩青天）。匪鳣匪鲔（不是鳣，不是鲔），潜逃于渊（避祸潜逃隐深渊）。

山有蕨薇（蕨菜蕨菜满山青），隰有杞桋（枸杞、赤楝洼地生）。君子作歌（君子苦心作歌谣），维以告哀（为了诉说我哀痛)!①

《诗经》的《四月》这首诗，抒发的似乎是一个士人因得不到重用而怀才不遇的惆怅心绪，可与《鸿雁》相对应。这时，子家又吟唱《国风·载驰》的第四章：

我行其野（我在郊野踽踽独行），芃芃其麦（看那麦苗蓬蓬青青）。控于大邦（我本想向大国奔走求告），谁因谁极（可是向谁求援，向谁投靠）？大夫君子（你们这些大夫"君子"），无我有尤（不要对我责备无礼）。百尔所思（我千思百虑费尽心机），不如我所之（也难以如愿回到卫地）。②

这首诗是许穆夫人痛悼卫国遭狄人攻破而自己又无力挽救危局的惆怅心情，似乎隐含着子家对郑国面临局势的忧虑之思。季文子于是吟唱《小雅·采薇》第四章予以应对，似乎是借从征战士去回的不同感受回应子家：

昔我往矣（当初我们从军征），杨柳依依（杨柳飘拂舞东风）。今我来思（如今我们返回程），雨雪霏霏（雨雪飘落纷零零）。行到迟迟（慢慢腾腾远行军），载渴载饥（又渴又饥萦苦辛）。我心伤悲（我心凄凄悲满怀），莫知我哀（无人体察我情哀)!③

---

① 袁梅：《诗经译注》，第599—600页。
② 袁梅：《诗经译注》，第194页。
③ 袁梅：《诗经译注》，第428页。

文公十五年（前612年）秋天，齐国侵犯鲁国的西部边境，季文子被派去结盟的晋国告之，以牵制齐国。冬天，齐国再次侵犯鲁国的西部边境，认为其他国家不可能因此伐齐。接着又进犯曹国，曹国国君前来鲁国告之，季文子接待他，认为齐国的行为违背礼制，必然遭遇灾祸。第二年，齐、鲁两国在阳谷举行谈判，季文子代表鲁国参加，他要求参会的齐懿侯同意会盟，结束两国的冲突，但被齐侯拒绝。文公十八年（前609年），莒国的太子仆杀死父亲纪公，带宝器逃来鲁国，鲁国君答应收留他，季文子坚决主张将他驱逐出境，鲁君问他为什么？他回答说仆违礼。此后，季文子还多次在齐、晋等诸侯国之间折冲，以礼、义为武器，维护鲁国的利益。例如，在成公八年（前583年），他接待晋使韩穿，委婉拒绝了要求将汶阳之田归之齐国的劝诱。成公十六年（前575年），季文子赴晋盟誓，年底，与晋国权臣郤犨盟于扈。这时，鲁国的另一权臣叔孙宣伯想借晋人之手谋害季文子，就派人到晋国对郤犨说："鲁国有季孙和孟孙两个人，就等于晋国有栾氏和范氏，两国的政令全是由他们两家发出的。现在鲁国有人说：'晋国的政令不是由晋侯独自发出，而是由好几个人发出，（由于无所适从）所以没有办法听从晋国，而宁肯侍奉齐国和楚国，不过亡国而已，不能听从晋国。'要想使鲁国服从，请把季孙行父扣留在晋国，进而设法杀掉他。我同时在鲁国杀掉孟孙蔑，专心侍奉晋国。鲁国对晋国没有贰心，其他小国自然对晋国交好。如果不这样，各国代表回国后必定也反叛了。"郤犨果然被说动。九月，晋国人把季孙行父扣留在苕这个地方。先期回国的成公在鲁国边境的郓住下来，等待季孙行父回国。又派子叔声伯去晋国，请求晋国放回季孙行父。郤犨却对他说："你们要把孟孙蔑去掉，又阻止季孙行父回国，我对鲁国的亲善就会高于晋国的公室。"子叔声伯回答说："叔孙宣伯的情形，想必您早就听说了，要是去掉孟孙蔑和季孙行父，这就是放弃鲁国又加罪鲁君呀。要想不放弃鲁国，而又能上承周公的福祚，使鲁君能够侍奉晋君，就必须使这两个人做鲁国的社稷之臣。否则，早晨使他们死亡，鲁国晚上也就灭亡了。因为鲁国离仇敌齐国和楚国很近，要是鲁国灭亡了，齐、楚必然变成晋国的仇敌，那时再来治理他，还赶得上吗？"郤犨拉拢他说："我给你申请一个邑的地方供你享用。"子叔声伯不为所动，回答说："婴齐是鲁国寻常的官吏，不敢利用晋国以求得到丰厚的贿赂，我是奉鲁君的指令前来请求，晋国若是答应我们的请求,那就是您给我的最大的赏赐,除此之外我还敢有什么请求?"这时,范文子对栾武子说:"季孙行父在鲁国做宰相,已经经历宣公和成公两个国君,他的妾全部穿粗布的衣服,马不吃好的食物,不可以说他对国君不忠心。我们若听信坏人的话,而抛弃忠良的人,那么,我们如何对得起诸侯?子叔婴齐奉着国君的命令,没有私意,计谋国家没有贰心,虽计谋自己但更不忘国君,要是否决他的请求就是抛弃好人了。您何不为之计谋计谋呢?"于是决定与鲁国盟好,并放回季文子。叔孙宣伯见谋划失败,就逃到齐国。季文子回国后,从齐国招回叔孙豹,立他为叔孙氏的后人。

季文子的廉政思想,主要展现在两个方面。一是主张严肃礼制和法纪,这突出体现在关于收留莒太子仆与否的问题上他和鲁君的谈话:

> 先大夫臧文仲教行父事君之礼,行父奉以周旋,弗敢失队,曰:"见有礼于其君者,事之如孝子之养父母也。见无礼于其君者,诛之如鹰鹯之逐鸟雀也。"先君周公制周礼曰:"则以观德,德以处事,事以度功,功以食民。"作誓命曰:"毁则为贼,掩贼为藏,窃贿为盗,盗器为奸,主藏之名,赖奸之用。为大凶德,有常无赦。"在九刑,不忘。行父还观莒仆,莫可则也。孝敬忠信为吉德,盗贼藏奸为凶德。夫莒仆则其孝敬,则弑君父矣;则其忠信,则窃宝玉矣。其人则盗贼也,其器则奸兆也。保而利之则主藏也。以训则昏,民无则焉,不度于善而皆在凶德,是以去之。昔高阳氏有才子八人……明允笃诚,天下之民谓之八恺。高辛氏有才子八人……宣慈惠和,天下之民谓之八元。此十六族也,世济其美,不陨其名,以至于尧,尧不能举。舜臣尧,举八恺,使主后土,以揆百事,莫不时序,地平天成。举八元,使布五教,于四方,父义,母慈,兄友,弟共,子孝,内平外成。昔帝鸿氏有不才子,掩义隐贼,好行凶德,丑类恶物,顽嚚不友,是与比周,天下之民谓之浑敦。少昊氏有不才子,毁信废忠,崇饰恶言,靖谮庸回,服谗蒐慝,以诬盛德,天下之民谓之穷奇。颛顼氏有不才子,不可教训,不知话言,告之则顽,舍之则嚚,傲狠明德,以乱天常,天下之民谓之梼杌。此三族也,世济其凶,增其恶名,有至于尧不能去。缙云氏有不才子,贪于饮食,冒于货贿,侵欲崇侈,不可盈

厌，聚敛积实，不知纪极，不分孤寡，不恤穷匮，天下之民比之三凶，谓之饕餮。舜臣尧，宾于四门，流四凶浑敦、穷奇、梼杌、饕餮，投诸四裔，以御螭魅。是以尧崩而天下如一，同心戴舜以为天子，以其举十六相，去四凶也，故《虞书》数舜之功，曰："慎徽五典，五典克从。"无违教也。曰："纳于百揆，百揆时序。"无废事也。舜有大功二十而为天子。今行父虽未获一吉人，去一凶矣。于舜之功，二十之一也，庶几免于戾乎！①

在这次谈话中，季文子通过对尧、舜时期行政的追忆，表彰了"齐圣广渊，明允笃诚"的八恺和"忠肃共懿，宣慈惠和"的八元，而对舜罚以"投诸四裔，以御螭魅"的四凶浑敦、穷奇、梼杌、饕餮大加谴责，他们的罪名是"傲狠明德，以乱天常"，是"贪于饮食，冒于货贿，侵欲崇侈，不可盈厌，聚敛积实，不知纪极，不分孤寡，不恤穷匮"。在季文子看来，前者是廉政的典型，后者是贪贿的典型。对两者应该赏罚分明。

二是作为执政者，应该以身作则，自奉简约，杜绝奢侈和豪华，成为官民的表率，从而形成良好的社会风气。《国语·鲁语》记载了这样一则故事：

> 季文子相宣、成，无衣帛之妾，无食粟之马。仲孙它谏曰："子为鲁上卿，相二君矣，妾不衣帛，马不食粟，人岂以子为爱，且不华国乎！"文子曰："吾亦愿之。然吾观国人，其父兄之食粗而衣恶者犹多矣，吾是以不敢。人之父兄之食粗衣恶，而我美妾与马，无乃非相人者乎！且吾闻以德荣为国华，不闻以妾与马。"②

这则故事说，季文子辅佐宣、成两代国君的时候，既没有穿丝织品的姬妾，也没有喂养粮食的马匹。仲孙它觉得他太寒碜，劝他说："先生官居鲁国的上卿，辅佐了两代国君，姬妾不穿丝织品的衣服，马也不吃粮食，人们误认为先生是吝啬，而且这样也使国家没有脸面呀！"季文子说："我也愿意姬妾穿得华美，愿意马吃上粮食。可是我看到的国人，他们的父兄大多数都还吃着粗劣的食物，穿着破旧的衣服，所以我

---

① 杨伯峻编著：《春秋左传注》，第633—642页。
② 《国语》卷4《鲁语上》，第183页。

不敢奢侈。你想，国人的父兄都还粗食恶衣，而我倒使自己的姬妾穿着华美，马吃粮食，这还像辅佐国君的宰相么！我更听说，人们以道德高尚为国家的荣耀，没有听说以妾美马肥为荣啊。"这显示，在季文子的廉政思想中，时刻关注普通百姓的生活，务必不使自己的生活与百姓拉开太大的距离，也是重要内容之一。

春秋时期的鲁国，还有一个著名的廉政典型公仪休，生卒年不详。他学识渊博，开始任鲁国博士，后升任宰相。

公仪休的廉政思想核心内容有三点。

一是"奉法循理，无所变更，百官自正"，即要求身居高位的人如宰相首先要遵法守纪，成为所有官吏的表率。

二是为官清廉，拒绝任何贪贿，他自己有一个拒鱼的故事：

> 客有遗相鱼者，相不受。客曰："闻君嗜鱼，遗君鱼，何故不受也？"相曰："以嗜鱼，故不受也。今为相，能自给鱼；今受鱼而免，谁复给我鱼者，吾故不受也。"[1]

这里公仪休阐明了一个明白而又浅显的道理，一个贪贿的官吏一旦案发，将被免官治罪，失去一切为官的待遇，实在是得不偿失。

三是为官不要与民争利，"使食禄者不得与下民争利，受大者不得取小"。公仪休认为由于社会分工所决定，每个人都有自己的谋生之源。做官的谋生之源是俸禄，有了俸禄，就不要再去抢夺其他人的谋生之源。在这方面，公仪休也是以身作则："食茹而美，拔其园葵而弃之。见其家织布好，而疾出其家妇，燔其机，云'欲令农士工女安所雠其货乎？'"[2]公仪休这个禁止官吏与民争利的观念，后来被西汉时期的董仲舒发展为"禁民二业"的政策理念。

第四节　晋国执政大夫的政治思想

一　郭偃其人与"郭偃之法"

晋国是周朝初年成王分封唐叔姬虞建立的诸侯国，属地以今之山西

---

[1] 司马迁：《史记》卷119《循吏列传》，第3102页。
[2] 司马迁：《史记》卷119《循吏列传》，第3102页。

为中心，并占有今之河北、陕西、内蒙古、河南的一部分，到春秋时期，已经发展成为举足轻重的诸侯大国。至晋献公（前676—前651年）当国，进入强盛时期。但其晚年，因宠信骊姬，废嫡立幼，引起严重内乱。其子重耳为躲避被害风险，离国出走，在楚、齐、秦等国流落十九年。后于公元前636年归国继位，不久在城濮（今山东鄄城西南）采取后发制人、"退避三舍"的策略，大败北上争霸的楚军。继而在践土（今河南原阳西南）主持诸侯国会盟，成为继齐桓公之后的第二个称雄列国的春秋五霸之一。追随他颠沛流离、出谋划策的五位重臣，首推郭偃，所以在城濮之战后论功行赏时文公将其推为首功。在有的臣子提出异议时，他认定郭偃立下的是"万世之功"。

> 行赏，狐（郭）偃为首。或曰："城濮之事，先轸之谋。"文公曰："城濮之事，偃说我毋失信。先轸曰'军事胜为右'，吾用之以胜。然此一时之说，偃言万世之功，奈何以一时之利而加万世功乎，是以先之。"①

郭偃名子犯，是重耳的舅父，因其父名狐突，他又名狐偃（？—前622年），因其做过占卜的官员，亦称卜偃，是辅佐晋文公的著名政治家。晋文公之所以继齐桓公之后跃升五霸之一，他运筹谋划之功最大。在献公宠信骊姬、内乱即将爆发时，他预言骊姬最后必将失败，原因是违背了礼、义、德、天：

> 郭偃曰："夫三季王之亡也宜。民之主也，纵惑不疚，肆侈不违，流志而行，无所不疚，是以及亡而不获追鉴。今晋国之方，偏侯也。其土又小，大国在侧，虽欲纵惑，未获专也。大家、邻国将师保之，多而骤立，不其集亡。虽骤立，不过五矣。且夫口，三五之门也。是以谗口之乱，不过三五。且夫挟，小鲠也。可以小戕，而不能丧国。当之者戕焉，于晋何害？虽谓之挟，而猾以齿牙，口弗堪也，其与几何？晋国惧则甚矣，亡犹未也。商之衰也，其铭有之曰：'嚣嚣之德，不足就也，不可以矜，而祇取忧也。嚣嚣之

---

① 司马迁：《史记》卷39《晋世家》，第1668页。

食,不足狃也,不能为膏,而祇罹咎也。'虽骊之乱,其罹咎而已,其何能服?吾闻以乱得聚者,非谋不卒时,非人不免难,非礼不终年,非义不尽齿,非德不及世,非天不离数。今不据其安,不可谓能谋;行之以齿牙,不可谓得人;废国而向己,不可谓礼;不度而迁求,不可谓义;以宠贾怨,不可谓德;少族而多敌,不可谓天。德义不行,礼义不则,弃人失谋,天亦不赞。吾观君夫人也,若为乱,其犹隶农也。虽获沃田而勤易之,将不克飨,为人而已。"①

后来历史的发展终于如其所料,说明郭偃洞明世事,具有高瞻远瞩的眼光。此后,重耳的每一次行动,辗转狄、齐、楚、秦避难,通过与诸侯国的婚媾广结奥援,冷静观察晋国政治的混乱与变迁,特别是采取何种措施加以应对,都出自郭偃的谋划。这些谋划,展示了郭偃的政治思想。

第一,强调笃行礼义,突出德行,顺应天时。

第二,特别重视各种制度建设,使国家和社会有序运行;同时协调好君民、君臣以及各权势集团之间的关系,使各自的利益得以维护;尤其注重发展农业生产,繁荣工商业,减轻赋敛,省用节财,救助弱势群体,让所有人都能活下去,以维系社会的稳定:

> 公属百官,赋职任功。弃责薄敛,施舍分寡。救乏振滞,匡困资无。轻关易道,通商宽农。懋穑劝分,省用足财。利器明德,以厚民性。举善援能,官方定物,正名育类。昭旧族,爱亲戚,明贤良,尊贵宠,赏功劳,事耆老,礼宾旅,友故旧。胥、籍、狐、箕、栾、郤、柏、先、羊舌、董、韩,实掌近官。诸姬之良,掌其中官。异姓之能,掌其远官。公食贡,大夫食邑,士食田,庶人食力,工商食官,皂隶食职,官宰食加。政平民阜,财用不匮。②

第三,在政治和外交领域强调策略的灵活性,通权达变:

---

① 《国语》卷7《晋语一》,第257—258页。
② 《国语》卷10《晋语四》,第371页。

178　先秦政治思想史

> 文公在狄十二年，狐偃曰："日，吾来此也，非以狄为荣，可以成事也。吾曰：'奔而易达，困而有资，休以择利，可以戾也。'今戾久矣，戾久将底。底著滞淫，谁能兴之？盍速行乎！吾不适齐、楚，避其远也。蓄力一纪，可以远矣。齐侯长矣，而欲亲晋。管仲没矣，多谗在侧。谋而无正，衷而思始。夫必追择前言，求善以终，厌迹逐远，远人入服，不为邮矣。会其季年可也，兹可以亲。"皆以为然。①

第四，特别强调国君在政治上要敢于乾纲独断，看准的事情，不要犹豫峻巡，而是力排众议、义无反顾地坚决实行："郭偃之法曰：'论至德者不和于俗，成大功者不谋于众。'"② 反映了他对这个问题的认识。

第五，郭偃还将这种政治外交的灵活性运用到军事斗争中，最典型的表现是城濮之战时毫不犹豫地"退避三舍"：

> 子玉释宋围，从晋师。楚既陈，晋师退舍，军吏请曰："以君避臣，辱也。且楚师老矣，必败，何故退？"子犯曰："二三子忘在楚乎？偃也闻之，战斗，直为壮，曲为老。未报楚惠而抗宋，我曲楚直，其众莫不生气，不可谓老。若我以君避臣，而不去，彼亦曲矣。"退三舍避楚。楚众欲止，子玉不肯，至于城濮，果战，楚众大败。君子曰："善以德劝。"③

这样做的结果是，一方面兑现重耳在楚国流亡时对楚王的承诺，展现此时已经是国君的晋文公的诚信；另一方面达到了诱敌深入的目的，创造了对晋军有利的战场态势，从而一举取得了城濮之战的完胜。

二 范文子的政治思想

范文子范燮是晋厉公和悼公（前580—前558年）时期的晋国大

---

① 《国语》卷10《晋语四》，第337页。
② 山东大学《商子译注》编写组：《商子译注》，齐鲁书社1982年版，第2页。
③ 《国语》卷10《晋语四》，第379页。

夫。他的政治思想突出表现在对执政者德行的严格要求。春秋中期以后,晋国栾氏、范氏、中行氏、智氏,特别是韩、赵、魏等诸家大夫日益走强,权臣赵盾之孙赵武行冠礼后,遍访诸家大夫,请教如何行政,范文子作了如下回答:

> 文子曰:"而今可以戒矣,夫贤者宠至而益戒,不足者为宠骄。故兴王赏谏臣,逸王罚之。吾闻古之王者,政德既成,又听于民,于是乎使工诵谏于朝,在列者献诗使勿兜,风听胪言于市,辨袄祥于谣,考百事于朝,问谤誉于路,有邪而正之,尽戒之术也。先王疾是骄也。"①

这里文子强调执政者必须"宠至而益戒""听于民",以极其真诚的态度广泛听取来自各方面的意见,"有邪而正之",以便使自己的行政沿着正确的轨道顺利实施。

晋厉公欲讨伐郑国以扩大自己的土地和其他利益,范文子坚决不同意,认为这是"寡德而求王者之功""无土而欲富"的错误行动。在当时列国纷争的形势下,不少晋国大夫都热衷于对外扩张,而范文子却一直认为只有"能内睦而后图外",否则,内争不已,图外必然失败。公元前575年,发生了晋、郑、楚之间的鄢陵之役。这次战役是晋国挑起来的,它进攻郑国,楚国援郑,双方在鄢陵(今河南鄢陵北)发生激战,最后是晋国获胜。指挥此次战役的晋军统帅有两人,即指挥上军的栾武子和指挥下军的范文子。而作为统帅之一的范文子,在整个战役过程中始终持消极态度,开始他就主张不战,并强调了以下理由:

> 吾闻之,君人者刑其民,成,而后振武于外,是以内和而外威。今吾司寇之刀锯日弊,而斧钺不行。内犹有不刑,而况外乎?夫战,刑也,刑之过也。过由大,而怨由细,故以惠诛怨,以忍去过。细无怨而大不过,而后可以武,刑外之不服者。今吾刑外乎大人,而忍于小民,将谁行武?武不行而胜,幸也。幸以为政,必有内忧。且惟圣人能无外患,又无内忧,讵非圣人,必偏而后可。偏

---

① 《国语》卷12《晋语六》,第410页。

而在外，犹可救也，疾自中起，是难。盍姑释荆与郑以为外患乎。①

范文子认为能够进行战争的条件是"以内和而外威"，而此时的晋国内忧犹在，不具备外战的条件，所以以不战为宜。然而，由于国君和其他晋国权臣的坚持，战争还是打起来了。作为下军统帅的范文子只得勉强参与指挥，履行他的职责。即使到这个时候，他仍然主张息战。为此，又讲了一大通理由：

> 吾闻之，惟厚德者能受多福，无德而服者众，必自伤也。称晋之德，诸侯皆叛，国可以少安。惟有诸侯，故扰扰焉，凡诸侯，难之本也。且惟圣人能无外患又无内忧，讵非圣人，不有外患，必有内忧，盍姑释荆与郑以为外患乎！诸臣之内相与，必将辑睦。今我战又胜荆与郑，吾君将伐知而多力，怠教而重敛，大其私昵而益妇人田，不夺诸大夫田，则焉取以益此？诸臣之委室而徒退者，将与几人？战若不胜，则晋国之福也；战若胜，乱地之秩者也，其产将害大，盍姑无战乎！②

他这里列出的不战的理由，一是德不厚者不能战，而此时的晋国说不上"德厚"。二是晋国取胜之后，必然惹恼其他诸侯国，成为众矢之的。三是战胜之后，必然助长国君的欲望，"伐知而多力，怠教而重敛"，导致国内政治走向腐败。所以，"战若不胜，则晋国之福也；战若胜，乱地之秩者也，其产将害大"。然而，鄢陵之战毕竟是晋国一方取得胜利，在晋国上下为胜利欢腾的时候，只有范文子高兴不起来，因为在他看来，胜利对晋国来说，可能不是福而是祸：

> 君幼弱，诸臣不佞，吾何福以及此！吾闻之："天道无亲，惟德是授。"吾庸知天之不授晋且以劝荆乎，君与二三臣其戒之！夫德，福之基也，无德而福隆，犹无基而厚墉也，其坏也无日矣。③

---

① 《国语》卷12《晋语六》，第417页。
② 《国语》卷12《晋语六》，第418—419页。
③ 《国语》卷12《晋语六》，第418—419页。

正是基于上述认识，当范文子带着胜利的征尘回到晋国国都的时候，他对着范氏一族的宗、祝讲的竟是这样一番话："君骄泰而有烈，夫以德胜者犹惧失之，而况骄泰乎？君多私，今以胜归，私必昭。昭私，难必作，吾恐及焉。凡吾宗、祝，为我祈死，先难为免。"①

范文子的所有言论表明，他的主导思想近于道家一流，从哲学上看显示浓烈的辩证意识，时刻警惕事物向对立面的转化。从政治上看具有浓重的忧患情愫，警觉胜利带来的一系列负面作用和不利影响。这应该是春秋时期诸侯国和个人命运时刻处于变动不居状态的反映，被锐敏的范文子捕捉到了。

三　叔向的刑政论

叔向，羊舌氏，名肸，是平公（前557—前533年）时期的晋国大夫，曾任太傅，为人正直而别具幽默品性。如下两则故事展示了他善于进谏和对攀援富贵者的不悛和讥讽：

> 平公射鴳，不死，使竖襄搏之，失。公怒，拘将杀之。叔向闻之，夕，君告之。叔向曰："君必杀之。昔吾先君唐叔射兕于徒林，殪，以为大甲，以封于晋。今君嗣吾先君唐叔，射鴳不死，搏之不得，是扬吾君之耻者也。君其必速杀之，勿令远闻。"君忸怩，乃趣赦之。②

平公射鸟不死，令一个宦竖去捕捉这只受伤的鸟儿，因为没有捕得，平公就下令处死这个宦竖。在小题大做中展示了他残酷无情的一面。叔向不为这个宦竖讲情，而是故意要求平公处其死刑，实际上是讽刺他小题大做、不近人情，结果使平公悟出他的弦外之音，救了这个宦竖一命。

另一则故事更令人解颐：

> 董叔将娶于范氏，叔向曰："范氏富，盍已乎？"曰："欲为系援焉。"他日，董祁愬于范献子曰："不吾敬也。"献子执而纺于庭

---

① 《国语》卷12《晋语六》，第423页。
② 《国语》卷14《晋语八》，第461—462页。

之槐，叔向过之，曰："子盍为我请乎？"叔向曰："求系，既系矣；求援，既援矣。欲而得之，又何请焉？"①

这个董叔是一个一心攀高结贵的无耻之徒，后来陷于窘境完全是咎由自取。叔向在奚落他一顿之后拒绝施一援手，反映的是他高洁的品格。

叔向的政治思想，一是坚持臣子事君遵循"比而不别"的原则，"比德以赞事"，反对"引党以封己，利己而忘君"②。同时坚持任人唯贤，人尽其才，才尽其用。如为接待秦景公使者，他就坚持用行人子员，而拒绝毛遂自荐的子朱，因为子员既能维护晋国的利益，又能妥善处理与秦国的关系，不会引发两国的纷争。

二是在处理列国关系时坚持"德"和"信"的理念。公元前546年，诸侯会盟于宋国，楚国令尹子木策划袭击晋军。范文子问叔向怎么应对，他坚决主张衅不自我开，但要有所准备，最后挫败了楚国的阴谋；在会盟歃血何国先后的安排上，他主张不与楚国争名次，全力促成会盟的圆满成功。

> 诸侯之大夫盟于宋，楚令尹子木欲袭晋军，曰："若尽晋师而杀赵武，则晋可弱也。"文子闻之，谓叔向曰："若之何？"叔向曰："子何患焉，忠不可暴，信不可犯，忠自中，而信自身，其为德也深矣，其置本也固矣，故不可抈也。今我以忠谋诸侯，而以信覆之，荆之逆诸侯也亦云，是以在此。若袭我，是自背其信而塞其忠也。信反必毙，忠塞无用，安能害我？且夫合诸侯以为不信，诸侯何望焉？为此行也，荆败我，诸侯必叛之，子何爱于死，死而可以固晋国之盟主，何惧焉？"是行也，以藩为军，攀辇即利而舍，候遮扞卫不行，楚人不敢谋，畏晋之信也，自是没平公无楚患。③
>
> 宋之盟，楚人固请先歃。叔向谓赵文子曰："夫霸王之势，在德不在先歃，子若能以忠信赞君，而裨诸侯之阙，歃虽后，诸侯将戴之，何争于先？若违于德而以贿成事，今虽先歃，诸侯将弃之，

---

① 《国语》卷15《晋语九》，第487页。
② 《国语》卷14《晋语八》，第462页。
③ 《国语》卷14《晋语八》，第464—465页。

何欲于先？昔成王盟诸侯于岐阳，楚为荆蛮，置茅蕝，设望表，与鲜卑守燎，故不与盟。今将与狎主诸侯之盟，惟有德也，子务德无争先，务德，所以服楚也。"乃先楚人。①

三是要求各大家族的掌门人修德谦退，摈弃"骄泰奢侈，贪欲无艺"，以便长保富贵利禄：

  叔向见韩宣子，宣子忧贫，叔向贺之。宣子曰："吾有卿之名，而无其实，无以从二三子，吾是以忧，子贺我何故？"对曰："昔栾武子无一卒之田，其官不备其宗器，宣其德行，顺其宪则，使越于诸侯，诸侯亲之，戎、狄怀之，以正晋国，行刑不疚，以免于难。及桓子骄泰奢侈，贪欲无艺，略则行志，假贷居贿，宜及于难，而赖武之德，以没其身。及怀子改桓之行，而修武之德，可以免于难，而离桓之罪，以亡于楚。夫郤昭子，其富半公室，其家半三军，恃其富宠，以泰于国，其身尸于朝，其宗灭于绛。不然，夫八郤，五大夫三卿，其宠大矣，一朝而灭，莫之哀也，惟无德也。今吾子有栾武子之贫，吾以为能其德矣，是以贺。若不忧德之不建，而患货之不足，将吊不暇，何贺之有？"宣子拜稽首焉，曰："起也将亡，赖子存之，非起也敢专承之，其自桓叔以下嘉吾子之赐。"②

四是叔向主张以严刑峻法惩治那些违法犯罪、贪得无厌的奸佞之辈，以使国家和社会能够顺畅有序地运行：

  士景伯如楚，叔鱼为赞理。邢侯与雍子争田，雍子纳其女于叔鱼以求直。及断狱之日，叔鱼抑邢侯，邢侯杀叔鱼与雍子于朝。韩宣子患之，叔向曰："三奸同罪，请杀其生者而戮其死者。"宣子曰："若何？"对曰："鲋也鬻狱，雍子贾之以其子，邢侯非其官也而干之。夫以回鬻国之中，与绝亲以贾直，与非司寇而擅杀，其罪

---

① 《国语》卷14《晋语八》，第466—467页。
② 《国语》卷14《晋语八》，第480页。

一也。"邢侯闻之,逃。遂施邢侯氏,而尸叔鱼与雍子于市。①

春秋时期的晋国是法家思想的摇篮之一,叔向的政治思想显示了德刑并用的倾向,对后来中国传统政治思想的形成和发展起了先导的作用。不过,他对春秋时期的社会走向和礼法之争持保守态度,这突出表现在他对子产于公元前536年在郑国铸刑书于鼎之事的强烈反对之举:

> （鲁昭公）六年三月,郑人铸刑书,叔向使诒子产书曰:"始吾有虞于子,今则已矣。昔先王议事以制,不为刑辟,惧民之有争心也。犹不可禁御,是故闲之以义,纠之以政,行之以礼,守之以信,奉之以仁,制为禄位,以劝其从;严断刑罚,以威其淫。惧其未也,故诲之以忠,耸之以行,教之以务,使之以和,临之以敬,莅之以强,断之以刚,犹求圣哲之上、明察之官、忠信之长、慈惠之师,民于是乎可任使也,而不生祸乱。民知有辟,则不忌于上。并有争心,以征于书,而徼幸以成之,弗可为矣。夏有乱政,而作禹刑;商有乱政,而作汤刑;周有乱政,而作九刑;三辟之兴,皆叔世也。今吾子相郑国,作封洫,立谤政,制参辟,铸刑书,将以靖民,不亦难乎?《诗》曰:'仪刑文王,万邦作孚。'如是,何辟之有?民知争端矣,将弃礼而征于书,锥刀之末,将尽争之。乱狱滋丰,贿赂并行。终子之世,郑其败乎?肸闻之:'国将亡,必多制',其此之谓乎?"复书曰:"若吾子之言,侨不才,不能及子孙,吾以救世也。既不承命,敢忘大惠!"②

这里叔向强烈反对制定成文法并公诸全民,他认为,一旦普通百姓都掌握了成文法,就会以之维护自己的利益,这必然造成对西周以来礼制的巨大冲击。他特别认定,刑法都是"叔世"即衰败之世的产物,只有礼制才是维护正常秩序的法宝:

> 叔向曰:"国家之败,有事而无业,事则不经;有业而无礼,经则不序;有礼而无威,序则不共;有威而不昭,共则不明。不明

---

① 《国语》卷15《晋语九》,第483页。
② 杨伯峻编著:《春秋左传注》,第1274—1277页。

弃共，百事不终，所由倾覆也。是故明王之制，使诸侯岁聘以志业，间朝以讲礼，再朝而会以示威，再会而盟以显昭明。志业于好，讲礼于等，示威于众，昭明于神，自古以来，未之或失也。存亡之道，恒由是兴。"①

这表明，在春秋时期社会大变动的背景下，叔向坚持的是西周礼制规范下的奴隶制度，反对的是新生的封建制度。而有别于礼制的成文法，恰恰是适应社会发展进步所需要的。叔向这个人，尽管个人品格值得肯定，但他的政治意识已经大大落伍了。不过，在当时的政治家中，叔向毕竟是头脑最清醒，感触最敏锐的人物之一，在与齐相晏婴的一次坦诚对话中，他不得不无可奈何地承认，晋国已到"季世"，晋君坚持的奴隶社会的制度不可逆转就要落幕了：

叔向曰："然。虽吾公室，今亦季世也。戎马不驾，卿无军行，公乘无人，卒列无长。庶民疲敝，而宫室滋侈。道殣相望，而女富溢尤。民闻公命，如逃寇雠。栾、郤、胥、原、狐、续、庆、伯降在皂隶，政在家门，民无所依。君日不悛，以乐慆忧。公室之卑，其何日之有？《谗鼎之铭》曰：'昧旦丕显，后世犹怠。'况日不悛，其能久乎？"②

四 赵简子、史黯和阳毕的政治思想

赵简子赵鞅（？—前476年）是晋国赵氏家族的关键人物之一。他的祖父赵武是在晋国权臣屠岸贾诛灭赵氏宗族事变中唯一传奇般存活下来的那个"赵氏孤儿"，在复兴赵氏基业之后，其家族的势力日益膨胀，他的父亲景叔继承爵位后，晋国六家大夫韩、赵、魏、范氏、智伯、中行坐大而晋君衰微之势已经不可逆转。所以当齐国相晏婴访问晋国时，晋国大夫叔向就告诉他"晋国之政将归六卿"③。赵简子生活于晋顷公、定公、出公在位的年代，活跃于列国政坛近半个世纪，经历了春秋后期最动荡多变的岁月。作为赵氏宗族的掌门人和晋国执政大夫，

---

① 杨伯峻编著：《春秋左传注》，第1355—1356页。
② 杨伯峻编著：《春秋左传注》，第1236—1237页。
③ 司马迁：《史记》卷43《赵世家》，第1786页。

他的政治思想显示了顺应潮流、与时俱进的特点。他执掌晋国大权后，极力推进法制建设，昭公二十九年（公元前513年），他与荀寅一起"帅师城汝滨，遂赋晋国一鼓铁，以铸刑鼎，著范宣子所为刑书"①，在以封建的法制取代奴隶制的礼制的进程中迈出重要一步。他削弱世卿世禄制度，推行军功爵位制，在哀公二年（公元前493年）他率师讨伐郑国的誓师仪式上，就开出"克敌"的赏格："克敌者，上大夫受县，下大夫受郡，士田十万，庶人、工、商遂，人臣隶圉免。"② 极大地调动了人们杀敌致果的积极性。与此相联系，他心中时刻记挂着百姓的利益，并以克勤克俭警惕自己的行为。为了不误农时，他下令停止筑台的工程：

> 赵简子春筑台于邯郸，天雨而不息，谓左右曰："可无趋种乎？"尹铎对曰："公事急，措种而悬之台，夫虽欲趋种，不能得也。"简子惕然，乃释台罢役，曰："我以台为急，不如民之急也，民以不为台，故知吾之爱也。"③

为了在节俭方面做出表率，赵简子宁愿在车马衣服等生活享受方面保持低调：

> 赵简子乘弊车胺马，衣羖羊裘。其宰进谏曰："车新则安，马肥则往来疾，狐白之裘温且轻。"简子曰："吾非不知也。吾闻之，君子服善则益恭，细人服善则益倨，我以自备，恐有细人之心也。《传》曰：'周公位尊愈卑，胜敌愈惧，家富愈俭，故周氏八百余年。'此之谓也。"④

在赵简子的政治思想中，最突出的是对识贤、任贤、容贤、重贤的认识和实践。例如，他特别欣赏和重用敢于提出不同意见、直言不讳指出其过错和缺失的臣子与下属：

---

① 杨伯峻编著：《春秋左传注》，第1504页。
② 杨伯峻编著：《春秋左传注》，第1614页。
③ 刘向：《说苑》卷5，董治安主编《两汉全书》第9册，第5442—5443页。
④ 刘向：《说苑》卷20，董治安主编《两汉全书》第9册，第5635页。

赵简子有臣曰周舍，立于门下，三日三夜。简子使问之曰："子欲见寡人何事？"周舍对曰："愿为谔谔之臣，墨笔操牍，从君之过，而日有记也，月有成也，岁有效也。"简子居则与之居，出则与之出。居无几何而周舍死，简子如丧子。后与诸大夫饮于洪波之台，酒酣，简子涕泣，诸大夫皆出走，曰："臣有罪而不自知。"简子曰："大夫皆无罪。昔者吾有周舍有言曰：'千羊之皮不若一狐之腋，众人诺诺不若一士之谔谔。'昔者，商纣默默而亡，武王谔谔而昌。今自周舍之死，吾未尝闻吾过也。吾亡无日矣，是以寡人泣也。"①

他特别渴慕贤才，期望大量贤明之人汇聚自己麾下：

赵简子问于壮驰兹曰："东方之士孰为愈？"壮驰兹拜曰："敢贺。"简子曰："未应吾问，何贺？"对曰："臣闻之，国家之将兴也，君子自以为不足；其亡也，若有余。今主任晋国之政而问及小人，又求贤人，吾是以贺。"②

赵简子叹曰："雀入于海为蛤，雉入于淮为蜃，鼋、鼍、鱼、鳖，莫不能化，唯人不能，哀夫！"窦犨侍，曰："臣闻之，君子哀无人，不哀无贿；哀无德，不哀无宠；哀名之不令，不哀年之不登。夫范、中行氏不恤庶难，欲擅晋国。今其子孙将耕于齐，宗庙之牺为畎亩之勤。人之化也，何日之有！"③

已经公布的《清华简》中有《赵简子》篇，其中绝大部分是记述他对贤才和贤人善政的认识。这些内容恰恰可以与传世文献对比：

赵简子问于成鱄曰："齐君失政，陈氏得专，敢问齐君失之奚由？陈氏得之奚由？"成鱄答曰："齐君失政，臣不得闻其所由，陈氏得之，臣亦不得闻其所由。抑昔之得之与失之，皆有由也。"

---

① 韩婴：《韩诗外传》卷7，董治安主编《两汉全书》第2册，第751页。
② 邬国义等：《国语译注》，上海古籍出版社2017年版，第472页。
③ 邬国义等：《国语译注》，第472—473页。

赵简子曰："其所由可闻也?"成鱄答曰:"昔我先君献公是居,掌有二宅之室,以好士庶子,车甲外,六府盈,宫中六灶并六祀,然其得辅相周室,亦智者诸侯之谋。(简7、8)就吾先君襄公,亲冒甲胄,以治河济之间之乱。冬不裘,夏不帐蕙,不食濡肉,宫中六灶并六祀,然则得辅相周室,并霸诸侯。就我先君平公,宫中三十里,驰马四百驷,奢其衣裳,饱其饮食,宫中三台,是乃侈已,然则失霸诸侯,不知周室……俭之侈……口侈之俭乎?"[1]

正因为赵简子对贤才和善政有着比较深入和深刻的认识,所以在他的行政实践中就屡屡展现出从善如流、知过即改的品格和良好政风:

赵简子使尹铎为晋阳,曰:"必堕其垒培,吾将往焉。若见垒培,是见寅与吉射也。"尹铎往而增之。简子如晋阳,见垒,怒曰:"必杀铎也而后入。"大夫辞之,不可。曰:"是昭余雠也。"邮无正进,曰:"昔先主文子少衅于难,从姬氏于公宫,有孝德以出在公族,有恭德以升在位,有武德以羞为正卿,有温德以成其名誉。失赵氏之典刑,而去其师保,基于其身,以克复其所。及景子长于公宫,未及教训而嗣立矣,亦能纂修其身以受先业,无谤于国,顺德以学子,择言以教子,择师保以相子。今吾子嗣位,有文之典刑,有景之教训,重之以师保,加之以父兄,子皆疏之,以及此难。夫尹铎曰:'思乐而喜,思难而惧,人之道也。委土可以为师保,吾何为不增?'是以修之,庶曰可以鉴而鸠赵宗乎!若罚之,是罚善也,罚善必赏恶,臣何望矣!"简子说,曰:"微子,吾几不为人矣!"以免难之赏赏尹铎。初,伯乐与尹铎有怨,以其赏如伯乐氏,曰:"子免吾死,敢不归禄。"辞曰:"吾为主图,非为子也。怨若怨焉。"[2]

赵简子田于蝼,史黯闻之,以犬待于门。简子见之,曰:"何为?"曰:"有所得犬,欲试之兹圃。"简子曰:"何为不告?"对曰:"君行臣不从,不顺。主将适蝼而麓不闻,臣敢烦当日。"简子乃还。[3]

---

[1] 李学勤主编:《清华大学藏战国竹简(柒)》,中西书局2017年版,第106页。
[2] 邬国义等:《国语译注》,第462页。
[3] 邬国义等:《国语译注》,第468页。

史黯是赵简子的家臣。因为此时晋国权势之家范氏和中行氏两家被剿灭，赵简子就想把两家能干的家臣范吉射、中行寅招过来以为己用。史黯却认定二人不能用，他对"良臣"给出了自己的定义：

> 赵简子曰："吾愿得范、中行之良臣。"史黯侍，曰："将焉用之？"简子曰："良臣，人之所愿也，又何问焉！"对曰："臣以为不良故也。夫事君者，谏过而赏善，荐可而替不，献能而进贤，择才而荐之，朝夕诵善败而纳之。道之以文，行之以顺，勤之以力，致之以死。听则进，否则退。今范、中行氏之臣不能匡相其君，使至于难，君出在外，又不能定，而弃之，则何良之为？若弗弃，则主焉得之！夫二子之良，将勤营其君，复使立于外，死而后止，何日以来？若来，乃非良臣也。"简子曰："善。吾言实过矣。"①

这表明，在史黯心目中，良臣不仅要有才能，还必须具备对自己服务对象忠贞到底的品格，那些见风转舵、对主人怀有二心并随时准备另觅高枝的臣子绝不是良臣。史黯的认识，反映了当时"士为知己者死"的道德风尚已经被相当多的士人所遵循。

正是因为赵简子和他的臣子不仅对当时晋国的形势有着清醒明晰的认知，而且又特别重视对贤才的选拔和任用，赵氏宗族才能在春秋后期锐意进取，推行一系列封建化的改革措施，最后参与"三家分晋"，发展成为战国七雄之一的强国，在其后两个半世纪的岁月里演出了诸多威武雄壮的活剧，为创造"慷慨悲歌"的燕赵文化做出了不可磨灭的贡献。

阳毕是晋平公时期的大夫。此时的晋国已经进入多事之秋。平公六年（前552年），箕遗及黄渊、嘉父发动叛乱，尽管很快被讨平，但内部依然危机重重，所以平公忧心忡忡地问阳毕怎么办："自穆侯以至于今，乱兵不辍，民志无厌，祸败无已。离民且速寇，恐及吾身，若之何？"阳毕的回答是："本根犹树，枝叶益长，本根益茂，是以难已也。今若大其柯，去其枝叶，绝其本根，可以少。"② 意思是从根本上根绝乱源，办法是一方面加强国君的"威权"，另一方面提拔贤人和除去"乱国者"，对民威、德并用，使之"不偷生""莫思乱"。他还建议除

---

① 邬国义等：《国语译注》，第470页。
② 《国语》卷14《晋语八》，第447页。

去功高震主、尾大不掉、杀君厚家的栾氏一族：

> 公曰："子实图之。"阳毕曰："图在明训，明训在威权，威权在君。君抡贤人之后有常位于国者而立之，亦抡逞志亏君以乱国者之后而去之，是遂威而远权。民畏其威，而怀其德，莫能弗从。若从，则民心皆可畜。畜其心而知其欲恶，民孰偷生？若不偷生，则莫思乱矣。且夫栾氏之诬晋国久矣，栾书实覆宗，杀厉公以厚其家，若灭栾氏，则民威矣。今吾若起瑕、原、韩、魏之后而赏立之，则民怀矣。威与怀各当其所，则国安矣。君治而国安，欲作乱者谁与？"①

这里阳毕特别强调的是国君集权，为此，不惜对妨碍集权的世家大族实行血腥的杀罚措施。当平公以栾氏祖上功大而栾盈又无过失不忍采取极端措施时，阳毕大讲"正国不昵于权"和"行权不隐于私"的道理，在此原则下，对栾盈妥善处置，驱除他的党羽，削减他的权柄，如若反叛，立即消灭；如若逃离，则以贿赂其定居之国，改善他的处境，使之感恩戴德：

> 君曰："栾书立吾先君，栾盈不获罪，如何？"阳毕曰："夫正国者，不可以匿于权，行权不可以隐于私。匿于权，则民不导；行权隐于私，则政不行。政不行，何以导民？民之不导，亦无君矣，则其为匿与隐也，复害矣，且勤身。君其图之！若爱栾盈，则明逐群贼，而以国伦数而遣之，厚箴戒图以待之。彼若求逞志而报于君，罪孰大焉，灭之犹少。彼若不敢而远逃，乃厚其外交而勉之，以报其德，不亦可乎？"②

阳毕的政治思想集中在强君威、削臣权的基点上，说明此时各诸侯国内，国君与权势大臣的矛盾已经相当尖锐。这突出反映了新兴地主阶级对奴隶主阶级的夺权斗争正在如火如荼地进行。日益弱化的国君已经无力限制代表新兴地主阶级的权势之家势力的发展，韩、赵、魏三家分

---

① 《国语》卷14《晋语八》，第448页。
② 《国语》卷14《晋语八》，第449—450页。

晋的前景正等着平公的后裔去承受。

第五节　郑国子产的政治思想
一　"不毁乡校"

子产（？—前522年），姓公孙，名侨，字子产，一字子美。是春秋时期郑国著名政治家和思想家。郑简公二十三年（前543年）任执政，实行改革，整顿田界沟洫，激发生产者的积极性，又"作丘赋"，即按"丘"征收田赋的制度，"铸刑鼎"，把刑法条文铸在鼎上，顺应了封建化的社会潮流，给郑国带来新气象。特别难能可贵的是，他反对举行祭祀火神以免火灾的仪式，与神道迷信拉开了距离：

> 裨灶曰："不用吾言，郑又将火。"郑人请用之，子产不可。子大叔曰："宝以保民也，若有火，国几亡。可以救亡，子何爱焉？"子产曰："天道远，人道迩，非所及也，何以知之？灶焉知天道？是亦多言矣，岂不或信？"遂不与。亦不复火。①

在当时人们还普遍相信神道迷信的环境中，子产敢于对之发出怀疑的声音，是需要极大勇气的。子产另一令时人和后世称道的举措是不毁乡校：

> 郑人游于乡校，以论执政。然明谓子产曰："毁乡校如何？"子产曰："何为？夫人朝夕退而游焉，以议执政之善否。其所善者，吾则行之；其所恶者，吾则改之，是吾师也，若之何毁之？我闻忠善以损怨，不闻作威以防怨，岂不遽止？然犹防川，大决所犯，伤人必多，吾不克救也。不如小决使导，不如吾闻而药之也。"然明曰："蔑也今而后知吾子之信可事也。小人实不才，若果行此，其郑国实赖之，岂唯二三臣？"仲尼闻是语也，曰："以是观之，人谓子产不仁，吾不信也。"②

---

① 杨伯峻编著：《春秋左传注》，第1395页。
② 杨伯峻编著：《春秋左传注》，第1191—1192页。

如果说，反对祭祀火神是对传统迷信思想和风俗的疏离，那么，不毁乡校就是对传统的原始社会氏族民主制度遗存的继承。随着奴隶社会的确立，奴隶主贵族的专政容易强化，国人享有的民主权利也容易被挤压。在这种情况下，子产敢于坚持这种制度，让国人议论自己的行政，一方面说明他对自己行政的信心，另一方面更能看出他政治思想的开明。因为他认识到，通过乡校给国人创造一个自由议政的机会，就是提供了一个观察自己行政效果的窗口，只有好处，没有坏处。害怕百姓议论，只想听谄媚拍马屁的颂歌，不给百姓一个出气口，就必然积累怨恨，一旦怒火喷发，就不可收拾。

二 "救世"与"宽猛相济"

子产担任郑国执政的时候，时间已经进入春秋中期，"礼崩乐坏"的局面愈演愈烈。为了顺应社会急剧变化的形势，子产坚持改革，从三个方面入手。一是根据"井田制"严重破坏的现实，整顿田界，明确产权，这就是所谓"取田畴而伍之"。二是改革税收制度，以"丘赋"代替贡赋制，增加政府的财政收入。三是铸刑鼎，推行封建化的司法制度改革。这些改革措施必然触动旧的制度、旧的观念和奴隶主贵族的利益，所以当他铸刑鼎的消息传到晋国执政大夫叔向那里的时候，叔向给子产下书，对他进行毫不客气的谴责，但子产丝毫不为所动，明确表白他的改革是为了"救世"，复书曰："若吾子之言，侨不才，不能及子孙，吾以救世也。既不承命，敢忘大惠！"[1] 改革派人物的心态跃然纸上。子产认定，改革一定有阻力，因而改革者必须意志坚定，百折不回，无论反对的声音来自何方，出于何人，也必须敢于坚持初衷，对于来自国人的反对意见也不要迁就：

> 郑子产作丘赋，国人谤之，曰："其父死于路，已为虿尾，以令于国，国将若之何？"子宽以告。子产曰："何害？苟利社稷，死生以之。且吾闻为善者不改其度，故能有济也。民不可逞，度不可改。《诗》曰：'礼义不愆，何恤于人言？'吾不迁矣。"[2]

---

[1] 杨伯峻编著：《春秋左传注》，第 1277 页。
[2] 杨伯峻编著：《春秋左传注》，第 1254—1255 页。

子产的行政和改革，有一个明确的出发点，就是民本，即通过改革使以国人为主体的百姓得到实惠，能够过上稳定而富足的生活。尽管改革开始国人也不理解，但当改革的成效显现的时候，国人对他的态度就有了180度的转变：

> 从政一年，舆人诵之，曰："取我衣冠而褚之，取我田畴而伍之。敦杀子产，吾其与之。"及三年，又诵之，曰："我有子弟，子产诲之；我有田畴，子产殖之。子产而死，谁其嗣之？"[1]

行政和改革都需要大批能干的人才，子产对人才的选取和任用特别重视。他要求人才首先具有爱民为民的从政意识，这表现在他对然明的欣赏和重用：

> 十二月，晋程郑卒，子产始知然明，问为政焉。对曰："视民如子。见不仁者，诛之，如鹰鹯之逐鸟雀也。"子产喜，以语子大叔，且曰："他日吾见蔑之面而已，今吾见其心矣。"[2]

子产要求执政者任用人才必须出于公心，使人尽其才，才尽其用，且不可以与自己关系的亲疏决定人才的重用程度。子产在任执政前，郑国的执政是子皮。子皮在决定任用尹何管理自己的采邑时征求子产的意见，子产坚决不同意，认定尹何不具备管理一个大夫之家的才能：

> 子皮欲使尹何为邑。子产曰："少，未知可否。"子皮曰："愿，吾爱之，不吾叛也。使夫往而学焉，夫亦愈知治矣。"子产曰："不可。人之爱人，求利之也。今吾子爱人则以政，犹未能操刀而使割也，其伤实多。子之爱人，伤之而已，其谁敢求爱于子？子于郑国，栋也。栋折榱崩，侨将厌焉，敢不尽言？子有美锦，不使人学制焉。大官、大邑，身之所庇也，而使学者制焉，其为美锦不亦多乎？侨闻学而后入政，未闻以政学者也。若果行此，必有所害。譬如田猎，射御贯，则能获禽，若未尝登车射御，则败绩厌覆

---

[1] 杨伯峻编著：《春秋左传注》，第1182页。
[2] 杨伯峻编著：《春秋左传注》，第1108页。

是惧，何暇思获？"子皮曰："善哉！虎不敏。吾闻君子务知大者、远者，小人务知小者、近者，我小人也。衣服附在吾身，我知而慎之；大官、大邑所以庇身也，我远而慢之。微子之言，吾不知也。他日我曰，子为郑国，我为吾家，以庇焉，其可也。今而后知不足。自今请，虽吾家，听子而行。"子产曰："人心之不同如其面焉，吾岂敢谓子面如吾面乎？抑心所谓危，亦以告也。"子皮以为忠，故委政焉，子产是以能为郑国。①

子产任执政以后，不仅任人唯贤，更难能可贵的是还能洞悉麾下人才的优长与短板，并且根据每个人的特点做到量才使用，使每个人都能扬长避短，将自己的潜能发挥到极致：

> 子产之从政也，择能而使之。冯简子能断大事，子大叔美秀而文，公孙挥能知四国之为，而辨于其大夫之族姓、班位、贵贱、能否，而又善为辞令。裨谌能谋，谋于野则获，谋于邑则否。郑国将有诸侯之事，子产乃问四国之为于子羽，且使多为辞令；与裨谌乘以适野，使谋可否，而告冯简子使断之。事成，乃授子大叔使行之，以应对宾客，是以鲜有败事。②

在子产的政治思想中，勤政的观念相当突出。他认为，为政要像农人侍候庄稼一样尽心，不能有丝毫的懈怠：

> 子大叔问政于子产。子产曰："政如农功，日夜思之，思其始而成其终，朝夕而行之。行无越思，如农之有畔，其过鲜矣。"③

尤为重要的是，在子产的政治思想中，宽猛相济的意识很强：

> （昭公二十年十二月）郑子产有疾，谓子大叔曰："我死，子必为政。唯有德者能以宽服民，其次莫如猛。夫火烈，民望而畏

---

① 杨伯峻编著：《春秋左传注》，第1192—1193页。
② 杨伯峻编著：《春秋左传注》，第1191页。
③ 杨伯峻编著：《春秋左传注》，第1108页。

之，故鲜死焉；水懦弱，民狎而翫之，则多死焉，故宽难。"疾数月而卒。大叔为政，不忍猛而宽。郑国多盗，取人于萑苻之泽。大叔悔之，曰："吾早从夫子，不及此。"兴徒兵以攻萑苻之盗，尽杀之，盗少止。①

这里子产已经意识到，对于国家和社会的治理，宽厚的德治原则和严刑峻法的惩罚手段缺一不可，必须将二者适当地结合起来。因为社会上的人群都是为利而来为利而往，道德教化尽管可以促人向善，但却不能让所有人都成为不谋私利的谦谦君子，一定会有人为了私利而犯法，侵害国家、社会和他人的利益。而对违法犯罪者，就不能手软，必须严加惩处，否则不足以维护社会秩序的安宁。对子产的这一观点，孔子非常赞赏，认为他找到了"平之以和"的理想行政方式：

仲尼曰："善哉！政宽则民慢，慢则纠之以猛。猛则民残，残则施之以宽。宽以济猛，猛以济宽，政是以和。《诗》曰'民亦劳止，汔可小康；惠此中国，以绥四方'，施之以宽也。'毋从诡随，以谨无良；式遏寇虐，惨不畏明'，纠之以猛也。'柔远能迩，以定我王'，平之以和也。又曰'不竞不絿，不刚不柔，布政优优，百禄是遒'，和之至也。"及子产卒，仲尼闻之，出涕曰："古之遗爱也。"②

子产的改革和治理创造了郑国历史的黄金时代，他也得到了郑国百姓由衷的尊仰和爱戴：

子贡曰："夫奚不若子产之治郑？一年而负罚之过省，二年而刑杀之罪亡，三年而库无拘人。故民归之如水就下，爱之如孝子敬父母。子产病，将死，国人皆吁嗟曰：'谁可使代子产死者乎？'及其不免死也，士大夫哭之于朝，商贾哭之于市，农夫哭之于野，哭子产者，皆如丧父母。"③

---

① 杨伯峻编著：《春秋左传注》，第1421页。
② 杨伯峻编著：《春秋左传注》，第1422—1423页。
③ 《韩诗外传》卷3，董治安主编《两汉全书》第2册，第702页。

第六节　秦穆公的政治思想

秦国是在春秋时期逐渐崛起的诸侯国。它的创立者是起源于东方的少昊之裔嬴秦一族，后来辗转西迁，西周初年聚族于甘陇地区谋发展。西周灭亡后，秦襄公因护送平王东迁洛邑有功，被授予经营西陲的全权。经过十数代人的努力，逐渐在关中立定脚跟。到秦穆（缪）公嬴任好在位时期（前659—前621年）有了较快的发展，他也成为与齐桓公、晋文公、楚庄王相伯仲的春秋五霸之一。

秦穆公即位之初，即东向征讨郑国，结果与晋国在殽（今河南境）发生激战，损失惨重。他知道此时的国力和军力还不足以与东方大国抗衡，于是转而重点经营关中及其周边地区，不断对戎人征战，开疆拓土，从而奠定了称霸和进而统一六国的初始之基。

秦穆公的政治思想最突出的一点就是延揽贤才。他继位的第五年（前655年），即迎来两位贤明的辅佐，他们是百里傒和蹇叔。《史记·秦本纪》记述得到他们二人的经过颇有点戏剧性：

> 五年，晋献公灭虞、虢，虏虞君与其大夫百里傒，以璧马赂于虞故也。既虏百里傒，以为秦缪公夫人媵于秦。百里傒亡秦走宛，楚鄙人执之。缪公闻百里傒贤，欲重赎之，恐楚人不与，乃使人谓楚曰："吾媵臣百里傒在焉，请以五羖羊皮赎之。"楚人遂许与之。当是时，百里傒年已七十余。缪公释其囚，与语国事。谢曰："臣亡国之臣，何足问？"缪公曰："虞君不用子，故亡，非子罪也。"固问，语三日，缪公大说，授之国政，号曰五羖大夫。百里傒让曰："臣不及臣友蹇叔，蹇叔贤而世莫知。臣常游困于齐而乞食荆人，蹇叔收臣。臣因而欲事齐君无知，蹇叔止臣，臣得脱齐难，遂之周。周王子颓好牛，臣以养牛干之。及颓欲用臣，蹇叔止臣，臣去，得不诛。事虞君，蹇叔止臣。臣知虞君不用臣，臣诚私利禄爵，且留。再用其言，得脱；一不用，及虞君难，是以知其贤。"于是缪公使人厚币迎蹇叔，以为上大夫。[①]

[①] 司马迁：《史记》卷5《秦本纪》，第186页。

其他著作，如《吕氏春秋》《韩诗外传》《说苑》等关于此事的记载略异于《史记》。不过有一点可以肯定，就是穆公得到了两位明智之臣的辅佐，他们在以后的秦国历史上都发挥过积极作用。而这件事也开启了秦国不拘一格、广泛延揽人才的英明策略，这正是秦国在未来的争霸和统一战争中后来居上的重要原因之一。不久，他又从戎人那里挖来了足智多谋的由余。《史记》比较详细地记述了穆公收取由余的经过：

> 戎王使由余于秦。由余，其先晋人也，亡入戎，能晋言。闻缪公贤，故使由余观秦。秦缪公示以宫室、积聚。由余曰："使鬼为之，则劳神矣。使人为之，亦苦民矣。"缪公怪之，问曰："中国以诗书礼乐法度为政，然尚时乱，今戎狄无此，何以为治，不亦难乎？"由余笑曰："此乃中国所以乱也。夫自上圣黄帝作为礼乐法度，身以先之，仅以小治。及其后世，日以骄淫。阻法度之威，以责督于下，下疲极则以仁义怨望于上，上下交争怨而相篡弑，至于灭宗，皆以此类也。夫戎夷不然。上含淳德以遇其下，下怀忠信以事其上，一国之政犹一身之治，不知所以治，此真圣人之治也。"于是缪公退而问内史廖曰："孤闻邻国有圣人，敌国之忧也。今由余贤，寡人之害，将奈之何？"内史廖曰："戎王处辟匿，未闻中国之声。君试遗其女乐，以夺其志；为由余请，以疏其间；留而莫遣，以失其期。戎王怪之，必疑由余。君臣有间，乃可虏也。且戎王好乐，必怠于政。"缪公曰："善。"因与由余曲席而坐，传器而食，问其地形与其兵势尽察，而后令内史廖以女乐二八遗戎王。戎王受而说之，终年不还。于是秦乃归由余。由余数谏不听，缪公又数使人间要由余，由余遂去降秦。①

尽管穆公君臣在腐蚀戎王和收揽由余的过程中使用了一些不太光明的手段，但目的还是达到了。戎王因沉湎美色而丧失励精图治的本色，同时失掉一个足智多谋的辅佐，戎人于是进入衰败的快车道。

秦穆公不仅善于延揽贤才，而且还善于使用人才，主动承担决策

---

① 司马迁：《史记》卷5《秦本纪》，第192—193页。

失误的责任，宽容人才的某些不足和失误。如殽之战惨败后，他主动承担责任，对战败被俘释放回国的孟明视等将领不予处罚，重用如初。穆公三十六年（前624年），以孟明视为统帅的秦军渡过黄河，攻取晋国的大王和鄀两城，洗刷了殽之役的惨败之耻。穆公随即渡过黄河，掩埋殽之役战死的秦国士卒的尸骨，为之发丧致哀。并且隆重发布誓词，向全国臣民表达自己的悔悟和自责，《尚书·秦誓》记录了誓词的全文：

> 公曰：嗟，我士，听无哗。予誓告汝群言之首。古人有言曰：民讫自若，是多盘。责人斯无难，惟受责俾如流，是惟艰哉！我心之忧，日月逾迈，若弗云来。惟古之谋人，则曰未就予忌。惟今之谋人，姑将以为亲。虽则云然，尚由询兹黄发，则罔所愆。番番良士，旅力既愆，我尚有之，仡仡勇夫，射御不违，我尚不欲。惟截截善谝言，俾君子易辞。我皇多有之，昧昧我思之。如有一介臣，断断猗，无他技，其心休休焉，其如有容。人之有技，若己有之。人之彦圣，其心好之。不啻如自其口出，是能容之。以保我子孙黎民，亦职有利哉！人之有技，冒疾以恶之。人之彦圣，而违之，俾不达，是不能容。以不能保我子孙黎民，亦曰殆哉！邦之杌陧，曰由一人；邦之荣怀，亦尚一人之庆。

这篇誓词翻译成现代汉语，可以这样表述：

> 公说："啊！我的官员们，你们都听着，不要喧哗！我要向你们宣告誓言。我的话很多，现在就开始。古人有句名言说：'人们都喜欢随心所欲，并以此为最大的快乐。然而，如果就此责备别人，并不是什么难事；如果因此而受人责备，却能从谏如流，就非常困难了啊！'我内心忧虑重重，而且日甚一日。可是日转月移，岁月不居，尽管我想改正错误，恐怕时间也不允许了。对于往日的谋臣，我认为他们不能顺着我，就憎恨他们；而对于今日的谋臣，由于他们曲意顺从我，我也一时糊涂，把他们视为亲信。虽然过去曾经如此，但是现在我要改弦易辙，打算就那些军国大计征询年高资深的老臣的意见，因为只有这样才能不

再犯错误。那些白发苍苍的善良老臣，体力已经衰弱，我还能亲近他们。那些壮健英武的勇士，尽管箭不虚发，驾车娴熟，我却不怎么喜欢他们，认为他们有勇而无谋。那些浅薄无知、善于花言巧语，使君子轻忽怠惰的人，我竟然非常亲近他们！我心中暗自思量，如果有这么一名官员，他虽然对政务精诚专一，却没有别的本领，不过他心胸宽广，能够容人容物；别人有某种本领，他觉得就好像自己的一样；别人才能出众、品德高尚，他不但打心眼里高兴，而且还在口头上加以称道。这样宽厚有容的人，任用他保障我的子孙永享王业，为黎民百姓造福，是很有利的啊！而别人有本领，他就嫉妒，并且厌恶；别人才能出众，品德高尚，他就竭力阻挠，不让君王知道。这样的人，心胸狭窄，不能容人，任用他保障我的子孙永享王业、治理黎民百姓，是很危险的啊！国家的动乱不安，是你们的君王一人的过失所致；国家的繁荣安宁，也是你们的君王一人的善行所致。"

这篇誓词显示，秦穆公对崤之战秦军的严重失败承担了责任，特别检查了自己在虚心听取谏言和任用文臣武将方面的偏颇，同时表示了痛悔失误和改弦更张的决心，表现了一个创业帝王的责任担当。穆公此后一直到死的表现，说明他真正实践了自己的誓言。

穆公三十七年（前 623 年），在对晋国的战争中取得一次胜利之后，他乘战胜之威，迅速转兵向周围的戎人之国进击，很快取得一连串的胜利："秦用由余谋伐戎王，益国十二，开地千里，遂霸西戎。天子使召公过贺穆公以金鼓。"[①] 近代学者马非百对秦穆公有一个比较切中肯綮的评价："秦以西垂小国，乘周之乱，逐戎有岐丰之地。是时兵力未盛，西周物故，未敢觊觎也。值平、桓懦弱，延及宪公、武公、德公，以次蚕食尽收虢、郑遗地之在西畿者。垂及百年，至于穆公，遂灭梁、芮，筑垒为王城，以塞西来之路。而晋亦灭虢，东西京隔绝。由是据丰、镐故都，蔚为强国，与中夏抗衡矣。总观穆公之力征经营，盖有东进、西进、南进三大政策之分。其始也，致全力东进政策之推行，及东进受挫于晋，则改而从事西进。西进既成，又转而南进，而穆公已衰

---

① 司马迁：《史记》卷 5《秦本纪》，第 194 页。

老矣。然秦人异日统一之基，实自穆公建之，此不可不知者也。"①

第七节　楚、越执政大夫的政治思想

一　楚国执政大夫的政治思想

申叔时是楚庄王（前613—前591年）当国时期的执政大臣之一。庄王问政于他的时候，他系统地申述了自己的执政理念：

> 教之春秋，而为之耸善而抑恶焉，以戒劝其心；教之世，而为之昭明德而废幽昏焉，以休惧其动；教之诗，而为之导广显德，以耀明其志；教之礼，使知上下之则；教之乐，以疏其秽而镇其浮；教之令，使访物官；教之语，使明其德，而知先王之务用明德于民也；教之故志，使知废兴者而戒惧焉；教之训典，使知族类，行比义焉。若是而不从，动而不悛，则文咏物以行之，求贤良以翼之。悛而不摄，则身勤之，多训典刑以纳之，务慎惇笃以固之。摄而不彻，则明施舍以导之忠，明久长以导之信，明度量以导之义，明等级以导之礼，明恭俭以导之孝，明敬戒以导之事，明慈爱以导之仁，明昭利以导之文，明除害以导之武，明精意以导之罚，明正德以导之赏，明齐肃以耀之临。若是而不济，不可为也。且夫诵诗以辅相之，威仪以先后之，体貌以左右之，明行以宣翼之，制节义以动行之，恭敬以临监之，勤勉以劝之，孝顺以纳之，忠信以发之，德音以扬之，教备而不从者，非人也，其可兴乎！夫子践位则退，自退则敬，否则赧。②

这里申叔时阐发的政治思想，是对百姓实现以教化为主的施政方略，通过向百姓传授《诗》《书》《礼》《乐》和各种训典仪则，使之自觉地"知族类，行比义"，达到恭敬、勤勉、孝顺、忠信，以便节制行动，发扬德音。这些意念，基本上不脱早期儒家学说的主要内容，说明周公等宣扬的德治理论已经深入到楚国主要大臣的思维深处。不过，申叔时同时也认定，对于不听教化者，也必须施以赏罚的手段，这就是

---

① 马非百：《秦集史》上，中华书局1982年版，第20页。
② 《国语》卷17《楚语上》，第528—531页。

"明除害以道之武，明精意以道之罚，明正德以道之赏，明齐肃以耀之临"。这表明，他认识到，教化失灵后，还必须依靠惩罚手段严厉惩罚违法犯罪者，才能维系国家和社会的正常秩序。

伍举是楚灵王（前540—前516年）当国时期的执政大臣之一。楚灵王建起一个极其豪华的台榭作为自己的娱乐场所，忘乎所以地赞美该台榭之壮美绮丽，伍举在应邀陪同他登台赏景时，通过对"何为美"的阐发，展示了自己对国君行政的看法：

> 灵王为章华之台，与伍举升焉，曰："台美夫！"对曰："臣闻国君服宠以为美，安民以为乐，听德以为聪，致远以为明。不闻其以土木之崇高、彤镂为美，而以金石匏竹之昌大、嚣庶为乐；不闻其以观大、视侈、淫色以为明，而以察清浊为聪。先君庄王为匏居之台，高不过望国氛，大不过容宴豆，木不妨守备，用不烦官府，民不废时务，官不易朝常。问谁宴焉，则宋公、郑伯；问谁相礼，则华元、驷；问谁赞事，则陈侯、蔡侯、许男、顿子，其大夫侍之，先君以是除乱克敌，而无恶于诸侯。今君为此台也，国民疲焉，财用尽焉，年谷败焉，百官烦焉。举国留之，数年乃成。愿得诸侯与始升焉，诸侯皆距无有至者。而后使太宰启疆请于鲁侯，惧之以蜀之役，而仅得以来。使富都那竖赞焉，而使长鬣之士相焉，臣不知其美也。夫美也者，上下、内外、小大、远近皆无害焉，故曰美。若于目观则美，缩于财用则匮，是聚民利以自封而瘠民也，胡美之为？夫君国者，将民之与处；民实瘠矣，君安得肥？且夫私欲弘侈，则德义鲜少；德义不行，则迩者骚离而远者距违。天子之贵也，唯其以公侯为官正，而以伯子男为师旅。其有美名也，唯其施令德于远近，而小大安之也。若敛民利以成其私欲，使民耗焉忘其安乐，而有远心，其为恶也甚矣，安用目观。故先王之为台榭也，榭不过讲军实，台不过望氛祥。故榭度于大卒之居，台度于临观之高。其所不夺穑地，其为不匮财用，其事不烦官业，其日不废时务。瘠硗之地，于是乎为之；城守之木，于是乎用之；官寮之暇，于是乎临之；四时之隙，于是乎成之。故周诗曰：'经始灵台，经之营之。庶民攻之，不日成之。经始勿亟，庶民子来。王在灵囿，麀鹿攸伏。'夫为台榭，将以教民利也，不知其以匮之也。

若君谓此台美而为之正，楚其殆矣。"①

这里展示的伍举的政治思想，集中于对国君行政的四条要求。

第一，国君与民相处，应该为民谋福利，而不能通过"聚民利以自封而瘠民"。这就将民本视为执政的第一要务。

第二，国君所有修建的各种设施，都必须具有实用价值，"榭不过讲军实，台不过望氛祥"。单纯为了自己的享乐而修建豪华设施必定劳民伤财。灵王所建之章华台，就是劳民伤财的典型，"匮财用""烦官业""废时务"，结果造成"民瘠"。民富是"君肥"的基础，造成"民瘠"的政策决达不到君肥的目的。

第三，国君需要的"美"不是满足自己感官的台榭的崇隆豪华，而是"服宠以为美，安民以为乐，听德以为聪，致远以为明"，即国泰民安。

第四，国君最大的美名是以践德行义成为臣民的表率。

显然，伍举这些理念，透出的是周公"德治"和"民本"等观念的影响。

斗且是楚昭王（前515—前489年）当国时期的一位谋臣，他的政治思想是通过对当政的令尹子常"蓄货聚马"行为的批判展现出来的。他认为，国家和它的执政者取自百姓的货、马以满足基本需要为原则，"公货足以宾献，家货足以共用"，超过了这个限度就是"妨民"和"害民"：

> 斗且廷见令尹子常，子常与之语，问蓄货聚马。归以语其弟，曰："楚其亡乎！不然，令尹其不免乎。吾见令尹，令尹问蓄聚积实，如饿豺狼焉，殆必亡者也。夫古者聚货不妨民衣食之利，聚马不害民之财用，国马足以行军，公马足以称赋，不是过也。公货足以宾献，家货足以共用，不是过也。夫货、马邮则阙于民，民多阙则有离叛之心，将何以封矣。"

他进而表彰昔日令尹子文的"恤民"之策，赞扬他"无一日之

---

① 《国语》卷17《楚语上》，第541—545页。

积"。认定一个"良臣"必须"庇民""逃富",而不能"取富",反之就是死路一条:

> 昔斗子文三舍令尹,无一日之积,恤民之故也。成王闻子文之朝不及夕也,于是乎每朝设脯一束,糗一筐,以羞子文。至于今令尹秩之。成王每出子文之禄,必逃,王止而后复。人谓子文曰:"人生求富,而子逃之,何也?"对曰:"夫从政者,以庇民也。民多旷者,而我取富焉,是勤民以自封也,死无日矣。我逃死,非逃富也。"故庄王之世,灭若敖氏,唯子文之后在,至于今处郧,为楚良臣,是不先恤民而后己之富乎?

接下来,斗且痛心地指出,在子常虐民的执政之策运作下,楚国的社会矛盾正走向尖锐化,"积货滋多,蓄怨滋厚":

> 今子常,先大夫之后也,而相楚君,无令名于四方。民之羸馁,日已甚矣。四境盈垒,道殣相望,盗贼司目,民无所放。是之不恤,而蓄聚不厌,其速怨于民多矣。积货滋多,蓄怨滋厚,不亡何待。

最后,斗且认为民心向背是政治好坏的标志,国家执政当局必须"若防大川"一样地防止"民心之愠",否则,"溃而所犯必大"。他进而以楚成王、灵王因"不顾于民"的惨败为例,预言子常没有好下场:

> 夫民心之愠也,若防大川焉,溃而所犯必大矣。子常其能贤于成、灵乎?成不礼于穆,愿食熊蹯,不获而死。灵王不顾于民,一国弃之,如遗迹焉。子常为政,而无礼不顾甚于成、灵,其独何力以待之!期年,乃有柏举之战,子常奔郑,昭王奔随。①

斗且对子常的批判,通篇贯穿的就是强烈的民本意识。

叶公沈诸梁,字子高,是楚惠王(前488—前432年)当国时期的

---

① 《国语》卷18《楚语下》,第572—575页。

一位重臣，曾长期镇守楚国北部边陲。当时，执政的令尹子西和司马子期准备召楚平王的孙子白公胜给以重用，让其守卫边境重镇。这个白公胜的父亲曾是楚平王的太子，因受谗逃到郑国，后与晋国合谋袭取郑国，事泄被郑国人杀死。白公胜因愤于楚国不给父亲报仇，对楚王及其他执政大臣满怀仇恨，伺机报复。在召回白公胜给以重用与否的问题上，子高与子西发生了巨大分歧。他们之间为此展开的争论，展示了不同的人才观。子西认定白公胜"直而刚"，放手使用不会出问题。子高则不认同，对白公胜其人的品格缺陷进行了深刻的分析：

> 其为人也，展而不信，爱而不仁，诈而不智，毅而不勇，直而不衷，周而不淑。复言而不谋身，展也；爱而不谋长，不仁也；以谋盖人，诈也；强忍犯义，毅也；直而不顾，不衷也；周言弃德，不淑也，是六德者，皆有其华而不实者，将焉用之？

正因为白公胜有如此多的性格缺陷，加上复仇心切，更因为他"动而得人，怨而有术"，一旦得到重用，必然危害国家，造成意想不到的损失：

> 彼其父为戮于楚，其心又狷而不洁。若其狷也，不忘旧怨，而不以洁悛德，思报怨而已。则其爱也足以得人，其展也足以复之，其诈也足以谋之，其直也足以帅之，其周也足以盖之，其不洁也足以行之，而加之以不仁，奉之以不义，蔑不克矣。夫造胜之怨者，皆不在矣。若来而无宠，速其怒也。若其宠之，毅贪无厌，既能得入，而曜之以大利，不仁以长之，思旧怨以修其心，苟国有衅，必不居矣。非子职之，其谁乎？彼将思旧怨而欲大宠，动而得人，怨而有术，若果用之，害可待也。余爱子与司马，故不敢不言。

子高的劝诫并没有改变子西对白公胜的看法，他给出的理由是，我以仁德对待他，他一定以德报德，也就不会出问题。子高认为子西的意见是不对的，只有仁人才会以德报德，不仁的白公胜只能是以怨报德。一旦时机成熟，他必然会反叛国家：

子西曰："德其忘怨乎！余善之，夫乃其宁。"子高曰："不然。吾闻之，唯仁者可好也，可恶也，可高也，可下也。好之不逼，恶之不怨，高之不骄，下之不惧。不仁者则不然。人好之则逼，恶之则怨，高之则骄，下之则惧。骄有欲焉，惧有恶焉，欲恶怨逼，所以生诈谋也。子将若何？若召而下之，将戚而惧，为之上者，将怒而怨。诈谋之心，无所靖矣。有一不义，犹败国家，今壹五六，而必欲用之，不亦难乎？吾闻国家将败，必用奸人，而嗜其疾味，其子之谓乎？夫谁无疾眚！能者早除之。旧怨灭宗，国之疾眚也。为之关籥蕃篱而远备闲之，犹恐其至也，是之为日惕。若召而近之，死无日矣。人有言曰：'狼子野心，怨贼之人也。'其又何善乎？若子不我信，盍求若敖氏与子干、子皙之族而近之？安用胜也，其能几何？昔齐驺马繻以胡公入于贝水，邴歜、阎职戕懿公于囿竹，晋长鱼矫杀三郤于榭，鲁圉人荦杀子般于次，夫是谁之故也，非唯旧怨乎？是皆子所闻也。人求多闻善败，以鉴戒也。今子闻而弃之，犹蒙耳也。吾语子何益，吾知逃也已。"[①]

子高对白公胜的认识和分析，事后证明是具有前瞻性的先见之明，白公胜果然于鲁哀公十六年（前479年）发动政变，杀死子西、子期，囚禁楚惠王，在楚国制造了一场惊天之变。

二 勾践的民本理念和君王自律意识

公元前522年（周景王二十三年，鲁昭公二十年），楚国贵族公子伍员（字子胥）在父兄被平王双双诛杀的惨剧中，机智地逃往吴国，开始了攻楚复仇的积极谋划。楚国为了对付吴国，极力支持越国与吴国为敌。于是，在长江中下游广阔的平原湖网和山林中，吴、楚、越三国展开了空前剧烈的赌国家命运的争霸战争。一批命士之杰阖闾、夫差、孙武、伍员、申包胥、勾践、范蠡、文种等，在这场长达五十余年的激烈复杂、曲折血腥、惊心动魄、高潮迭起的政治、军事和外交斗争中，作了出神入化、精彩纷呈的表演，充分展示了自己的政治智慧、军事谋

[①] 《国语》卷18《楚语下》，第584—588页。

略和外交才干。其中的大部分人在建树了辉煌的功业后悲惨地死于非命,只有范蠡功成身退、辞官经商,财源滚滚,优游岁月,得以寿终正寝。当公元前473年(周元王三年)吴王夫差在越王勾践的胁迫下自杀身亡、勾践以自己登上霸主的宝座顾盼自雄的时候,春秋时期威武雄壮的大国争霸的活剧也接近落幕了。

春秋时期,位于今之江苏南部的吴国和位于今之浙江北部的越国是最后走上争霸舞台的两个诸侯国。吴王夫差和越王勾践是争霸的两个主角。勾践(?—前465年)于前497—前465年在位。他被吴王夫差打败后,越国也沦为吴国附庸。为了报仇雪耻,他卑身侍奉吴王,卧薪尝胆,十年生聚,十年教训,在艰难的崛起中展现了自己的政治思想,其核心之一是以民为本和君王严格自律:

> 勾践说于国人曰:"寡人不知其力之不足也,而又与大国执仇,以暴露百姓之骨于中原,此则寡人之罪也。寡人请更。"于是葬死者,问伤者,养生者,吊有忧,贺有喜,送往者,迎来者,去民之所恶,补民之不足。然后卑事夫差,宦士三百人于吴,其身亲为夫差前马。勾践之地,南至于勾无,北至于御儿,东至于鄞,西至于姑蔑,广运百里。乃致其父兄昆弟而誓之曰:"寡人闻,古之贤君,四方之民归之,若水之归下也。今寡人不能,将帅二三子夫妇以蕃。"令壮者无取老妇,令老者无取壮妻。女子十七不嫁,其父母有罪;丈夫二十不取,其父母有罪。将免者以告,公令医守之。生丈夫,二壶酒,一犬;生女子,二壶酒,一豚。生三人,公与之母;生二人,公与之饩。当室者死,三年释其政;支子死,三月释其政。必哭泣葬埋之,如其子。令孤子、寡妇、疾疹、贫病者,纳宦其子。其达士,洁其居,美其服,饱其食,而摩厉之于义。四方之士来者,必庙礼之。勾践载稻与脂于舟以行,国之孺子之游者,无不餔也,无不歠也,必问其名。非其身之所种则不食,非其夫人之所织则不衣,十年不收于国,民俱有三年之食。①

由于采取了一系列的爱民、亲民、惠及所有百姓的发展生产、增殖

---

① 《国语》卷20《越语上》,第634—635页。

人口、增强国力的政策，使越国达到国富民强的空前繁荣，具备了报仇雪耻的实力。

勾践政治思想的核心之二是在战争问题上，将准备工作做得充分再充分，不到有十分取胜把握决不开战；一旦开战，即全力以赴，务期必胜：

> 国之父兄请曰："昔者夫差耻吾君于诸侯之国，今越国亦节矣，请报之。"勾践辞曰："昔者之战也，非二三子之罪也，寡人之罪也。如寡人者，安与知耻？请姑无庸战。"父兄又请曰："越四封之内，亲吾君也，犹父母也。子而思报父母之仇，臣而思报君之雠，其有敢不尽力者乎？请复战。"勾践既许之，乃致其众而誓之曰："寡人闻古之贤君，不患其众之不足也，而患其志行之少耻也。今夫差衣水犀之甲者亿有三千，不患其志行之少耻也，而患其众之不足也。今寡人将助天灭之。吾不欲匹夫之勇也，欲其旅进旅退。进则思赏，退则思刑，如此则有常赏。进不用命，退则无耻，如此则有常刑。"果行，国人皆劝，父勉其子，兄勉其弟，妇勉其夫，曰："孰是君也，而可无死乎？"是故败吴于囿，又败之于没，又郊败之。①

勾践作为春秋时期僻处东南一隅的一个小国国君，创造了自力更生、发奋图强在艰难险阻中走向成功的典型，对后世具有深远的启示意义。

三　范蠡"顺天待时"的政治思想

在吴、越争霸的生死搏斗中，实际上是四个韬略超群的人物斗智斗力，他们是吴王阖闾、夫差的谋主伍员、孙武，越王勾践的谋主范蠡、文种。当孙武、伍员、文种等人一一惨死在他们为之立下不朽功业的君王之前的时候，范蠡却悄然离去，自由自在地从事着他钟爱的种植与商贸事业，他是在这场血雨腥风的斗争中唯一一个不曾失败的英雄。他的事功、思想、情操以及对后世的影响，理应引起人们的兴趣与关注。

范蠡的事迹散见于《国语》中的《越语》《吴语》，《史记》中的

---

① 《国语》卷20《越语上》，第637页。

《吴太伯世家》《越王勾践世家》《货殖列传》以及《吴越春秋》《越绝书》等史籍中。范蠡是楚国宛城（今河南南阳）三户（今河南淅川）人。史籍所记载的他的形象，是一个高瞻远瞩的政治家、勇敢坚毅的军事家、多谋善断的谋略家、纵横捭阖的外交家、才气超群的思想家、独具慧眼的天文学家和亿则屡中的大企业家。从其对君主的忠贞、对国家的责任感，他颇似儒家；从其鼓吹顺天地自然而求人事之成功，他接近道家；从其机智权变，巧于应付，他类似纵横家；从其对敌人的残酷无情、不假辞色，他又酷似法家。春秋末期，文化下移，思想界正酝酿着一次辉煌的超越，当孔子在北方的鲁国创立儒家学说，为子学勃兴而"金鸡一鸣天下晓"之时，范蠡则以其流光溢彩的思想在遥远的东南水乡发出有力的回应。

范蠡的政治智慧、军事才干和权谋韬略，突出表现在他在吴越争霸中，特别是襄赞越王勾践雪会稽之耻、剪除吴国的全过程中。

范蠡的政治思想，首先是对天、地、人关系的辩证理解。公元前494年（周敬王二十六年，鲁哀公元年），越王勾践在其即位的第三年，就按捺不住扩张的野心，准备征伐吴国。范蠡深知越国同吴国开战的时机与条件均不成熟，不具备取胜的希望，劝他切勿冒险犯难，范蠡的规劝是用极富哲理的语言表述的：

> 越王勾践即位三年而欲伐吴，范蠡进谏曰："夫国家之事，有持盈，有定倾，有节事。"王曰："为三者，奈何？"范蠡对曰："持盈者与天，定倾者与人，节事者与地。王不问，蠡不敢言。天道盈而不溢，盛而不骄，劳而不矜其功。夫圣人随时以行，是谓守时。天时不作，弗为人客；人事不起，弗为之始。今君王未盈而溢，未盛而骄，不劳而矜其功，天时不作而先为人客，人事不起而创为之始，此逆于天而不和于人。王若行之，将妨于国家，靡王躬身。"①

> "夫勇者，逆德也；兵者，凶器也；争者，事之末也。阴谋逆德，好用凶器，始于人者，人之所卒也；淫佚之事，上帝之禁也，先行此者，不利。"②

---

① 《国语》卷21《越语下》，第641页。
② 《国语》卷21《越语下》，第643页。

范蠡认定天时、地利和人为之间有着最恰切的互动关系，人的主观能动性，尤其是他的政治智慧，就表现在对天时、地利条件的准确把握和及时运作。然而，对范蠡的忠告听不进去的勾践还是在天时、地利和人事条件都不具备的情况下发动了对吴国的战争。结果正如范蠡所料，越国一败涂地。为了挽救危局，范蠡给勾践献出了一个"卑辞尊礼，玩好女乐，尊之以名，如此不已，又身与之市"的策略，并亲随勾践赴吴国为吴王服役。继而以伪装的忠诚骗得吴王的信任，被允准归国，开始艰难的"置之死地而后生"的崛起。在范蠡为越国崛起制定的方略中，突出了"抚民保教"的内容，展示了丰富的民本思想：

> 三年，而吴人遣之。归及至于国，王问于范蠡曰："节事奈何？"对曰："节事者与地。唯地能包万物以为一，其事不失。生万物，容畜禽兽，然后受其名而兼其利。美恶皆成，以养其生。时不至，不可强生；事不究，不可强成。自若以处，以度天下，待其来者而正之，因时之所宜而定之。同男女之功，除民之害，以避天殃。田野开辟，府仓实，民众殷。无旷其众，以为乱梯。时将有反，事将有间，必有以知天地之恒制，乃可以有天下之成利。事无间，时无反，则抚民保教以须之。"①

他进而认定，只要做到"四封之内，百姓之事，时节三乐，不乱民功，不逆天时，五谷睦孰，民乃蓄滋"，就能达到"君臣上下交得其志"的目的。

在越国重新崛起、最后灭吴的过程中，范蠡的军事谋略和外交策略得到淋漓尽致的展现。这种军事谋略和外交策略构成他政治思想重要的组成部分，他将其作了如下概括：

> 四封之外，敌国之制，立断之事，因阴阳之恒，顺天地之常，柔而不屈，强而不刚，德虐之行，因以为常；死生因天地之刑，天因人，圣人因天；人自生之，天地形之，圣人因而成之。是故战胜

---

① 《国语》卷21《越语下》，第644—645页。

而不报，取地而不反，兵胜于外，福生于内，用力甚少而名声章明。①

贯穿其中的还是天时、地利、人事三者相得益彰的配合。后来，在对灭吴时机的选择上，进一步体现了范蠡的慧眼卓识和匠心独运：

> 四年，王召范蠡而问焉，曰："先人就世，不谷即位。吾年既少，未有恒常，出则禽荒，入则酒荒。吾百姓之不图，唯舟与车。上天降祸于越，委制于吴。吴人之郡不谷，亦又甚焉。吾欲与子谋之，其可乎？"对曰："未可也。蠡闻之，上帝不考，时反是守，强索者不祥。得时不成，反受其殃。失德灭名，流走死亡。有夺，有予，有不予，王无蚤图。夫吴，君王之吴也，王若蚤图之，其事又将未可知也。"王曰："诺。"又一年，王召范蠡而问焉，曰："吾与子谋吴，子曰'未可也'。今吴王淫于乐而忘其百姓，乱民功，逆天时，信谗喜优，憎辅远弼，圣人不出，忠臣解骨；皆曲相御，莫适相非，上下相偷。其可乎？"对曰："人事至矣，天应未也，王姑待之。"王曰："诺。"又一年，王召范蠡而问焉，曰："吾与子谋吴，子曰'未可也'。今申胥骤谏其王，王怒而杀之，其可乎？"对曰："逆节萌生。天地未形，而先为之征，其事是以不成，杂受其刑。王姑待之。"王曰："诺。"又一年，王召范蠡而问焉，曰："吾与子谋吴，子曰'未可也'。今其稻蟹不遗种，其可乎？"对曰："天应至矣，人事未尽也，王姑待之。"王怒曰："道固然乎，妄其欺不谷邪？吾与子言人事，子应我以天时；今天应至矣，子应我以人事，何也？"范蠡对曰："王姑勿怪。夫人事必将与天地相参，然后乃可以成功。今其祸新民恐，其君臣上下，皆知其资财之不足以支长久也，彼将同其力，致其死，犹尚殆。王其且驰骋弋猎，无至禽荒；宫中之乐，无至酒荒；肆与大夫觞饮，无忘国常。彼其上将薄其德，民将尽其力，又使之望而不得食，乃可以致天地之殛。王姑待之。"至于玄月，王召范蠡而问焉，曰："谚有之曰：'觥饭不及壶飧。'今岁晚矣，子将奈何？"范蠡对曰：

---

① 《国语》卷21《越语下》，第646页。

"微君王之言，臣固将谒之。臣闻从时者，犹救火、追亡人也，蹶而趋之，唯恐弗及。"王曰："诺。"遂兴师伐吴，至于五湖。①

你看，范蠡对伐吴时间的判断和掌控是多么准确和恰切，不管勾践如何急不可耐，范蠡都坚持"人事必将与天地相参，然后乃可以成功"的时机选择。而最后当这些条件具备的时候，他又以"救火、追亡人"的时不我待的把控，不失时机地发动了对吴国的讨伐。此时，吴国尚有一定的军事实力，如果越军立即与之搏战，尽管有取胜的把握，但损失必大。范蠡于是决策采取持久围困、以待其变的策略，与吴军展开耐力与韧劲的比赛：

范蠡曰："臣闻古之善用兵者，赢缩以为常，四时以为纪，无过天极，究数而止。天道皇皇，日月以为常，明者以为法，微者则是行。阳至而阴，阴至而阳；日困而还，月盈而匡。古之善用兵者，因天地之常，与之俱行。后则用阴，先则用阳；近则用柔，远则用刚。后无阴蔽，先无阳察，用人无艺，往从其所。刚强以御，阳节不尽，不死其野。彼来从我，固守勿与。若将与之，必因天地之灾，又观其民之饥饱劳逸以参之。尽其阳节、盈吾阴节而夺之。宜为人客，刚强而力疾；阳节不尽，轻而不可取。宜为人主，安徐而重固；阴节不尽，柔而不可迫。凡陈之道，设右以为牝，益左以为牡，蚤晏无失，必顺天道，周旋无究。今其来也，刚强而力疾，王姑待之。"王曰："诺。"弗与战。②

经过三年的对峙，吴师自溃。吴王率其残兵败将退保姑苏，同时派出谈判代表，要求越王保留其社稷，他甘愿像当年越王服侍自己那样服侍越王。而当越王露出恻隐之心准备允准吴王之请时，范蠡坚决予以拒绝，硬是迫使吴王自杀，彻底灭掉吴国，展示了他残酷无情的一面：

吴王帅其贤良，与其重禄，以上姑苏。使王孙雄行成于越，曰："昔者上天降祸于吴，得罪于会稽。今君王其图不穀，不穀请

---

① 《国语》卷21《越语下》，第648—652页。
② 《国语》卷21《越语下》，第653页。

复会稽之和。"王弗忍,欲许之。范蠡进谏曰:"臣闻之,圣人之功,时为之庸。得时不成,天有还形。天节不远,五年复反,小凶则近,大凶则远。先人有言曰:'伐柯者其则不远。'今君王不断,其忘会稽之事乎?"王曰:"诺。"不许。使者往而复来,辞愈卑,礼愈尊,王又欲许之。范蠡谏曰:"孰使我蚤朝而晏罢者,非吴乎?与我争三江、五湖之利者,非吴邪?夫十年谋之,一朝而弃之,其可乎?王姑勿许,其事将易冀已。"王曰:"吾欲勿许,而难对其使者,子其对之。"范蠡乃左提鼓,右援枹,以应使者,曰:"昔者上天降祸于越,委制于吴,而吴不受。今将反此义以报此祸,吾王敢无听天之命,而听君王之命乎?"王孙雒曰:"子范子,先人有言曰:'无助天为虐,助天为虐者不祥。'今吴稻蟹不遗种,子将助天为虐,不忌其不祥乎?"范蠡曰:"王孙子,昔吾先君固周室之不成子也,故滨于东海之陂,鼋鼍鱼鳖之与处,而蛙黾之与同渚。余虽腆然而人面哉,吾犹禽兽也,又安知是者乎?"王孙雒曰:"子范子将助天为虐,助天为虐不祥。雒请反辞于王。"范蠡曰:"君王已委制于执事之人矣,子往矣,无使执事之人得罪于子。"使者辞反。范蠡不报于王,击鼓兴师以随使者,至于姑苏之宫,不伤越民,遂灭吴。①

吴国灭亡后,勾践礼葬自杀身死的吴王夫差,诛杀吃里爬外的奸佞之辈吴国太宰伯嚭。之后,在范蠡的谋划下,勾践"北渡兵于淮以临齐、晋,号令中国,以尊周室"②,登上他梦寐以求的霸主的宝座。范蠡也因功被任命为上将军,位极人臣,其政治生涯达到巅峰。至此,范蠡辅佐越王在对吴国的斗争中取得完胜,他的思想、智谋、才华和品格都得到尽情的展现。依人之常情,此后的范蠡就应该心安理得地享受他应得的荣华富贵了吧?然而,就在这个节骨眼上,范蠡却采取了一个似乎有悖常理的惊世骇俗的行动,功成身退,对于到手的官位、权力、财富和荣誉弃之如敝屣,"范蠡以为大名之下,难以久居,且勾践为人,可与同患,难于处安",于是上书勾践,决定辞官去职:"臣闻主忧臣劳,主辱臣死。昔日君王辱于会稽,所以不死,为此事也。今既已雪

---

① 《国语》卷 21《越语下》,第 655—658 页。
② 司马迁:《史记》卷 41《越王勾践世家》,第 1751—1752 页。

耻，臣请以会稽之诛。"① 话虽说得委婉含蓄，但去意明确。勾践览奏，出乎意料，震惊之余，威胁说："孤将与子分国而有之，不然，将加诛于子。"勾践的态度早在范蠡的意料之中。但他去意已决，对勾践的威胁以掷地有声的六个字作回答："君行令，臣行意。""乃装其轻宝珠玉，自与其私徒属乘舟浮海以行。"② 当勾践知悉其出走的消息时，范蠡已经乘风破浪，航行在万顷波涛之上。勾践知道范蠡已经与自己决绝，但自己觉得还应该对他的功劳有所表示，于是下令以会稽三百里作为范蠡的奉邑。此举当然只有象征意义，是做给其他臣子看的。范蠡到齐国后，没有忘记与他共患难过的朋友文种，他千里致书，劝文种赶快离开越国，以免遭杀身之祸。书中说："蜚鸟尽，良弓藏；狡兔死，走狗烹。越王为人长颈多喙，可与共患难，不可与共乐，子何不去？"③ 文种接书后，半信半疑。他一方面认为自己功劳显赫，在臣民中享有崇高的威望，勾践不见得忍心杀他；另一方面也不愿抛弃刚刚享受到的荣华富贵，因而没有当机立断，尽快离开越国。只是对勾践采取消极态度，"称病不朝"。这时有人向勾践进谗，诬陷文种"作乱"。此时的勾践已经感受不到敌国的威胁，也就不需要治世之能臣为之服务了。于是残忍地赐剑给文种说："子教寡人伐吴七术，寡人用其三而败吴，其四在子，子为我以先王试之。"④ 文种面对绝情的勾践，悲愤莫名地伏剑自杀了。文种是与范蠡相伯仲的名臣，范蠡甚至认为其治国抚民的才具超过自己，据《吴越春秋》的记载，文种为越国贡献的是"灭吴九术"而非七术，其内容如下：

> 一曰尊天事鬼，以求其福。二曰重财币以遗其君，多货贿以喜其臣。三曰贵籴粟犒以空其国，利所欲以疲其民。四曰遗美女以惑其心，而乱其谋。五曰遗之巧工良材，使之起宫室，以尽其财。六曰遗之谀臣，使之易伐。七曰强其谏臣，使之自杀。八曰君王国富，而备利器。九曰利甲利兵，以乘其弊。⑤

---

① 司马迁：《史记》卷41《越王勾践世家》，第1752页。
② 司马迁：《史记》卷41《越王勾践世家》，第1752页。
③ 司马迁：《史记》卷41《越王勾践世家》，第1746页。
④ 司马迁：《史记》卷41《越王勾践世家》，第1746—1747页。
⑤ 赵晔：《吴越春秋》，第118—119页。《越绝书》卷12记载内容大致相同。

勾践在伐吴的过程中，的确是充分利用了文种的"九术"配以范蠡的军事和外交谋略，才取得了最后的胜利。这个九术，显示了文种过人的才智和老谋深算。然而，文种却同当时一般追逐富贵利禄的文武之士一样，陷入了"当局者迷"的误区。他只知道自己凭才干与功劳可以从君王那里获得富贵利禄，并把它作为自己最重要的人生追求，却忽视了重要的一点，君王既有权给予臣子富贵利禄，同时也有权随时收回富贵利禄，还可以牺牲那些功高震主的臣子的生命以维护自己君位的安全，正因为如此，历史上才一再上演兔死狗烹的悲剧。

伍员、文种等人，就才能和谋略而言，都是当时的出类拔萃之辈，他们的事功也的确展示了人生辉煌的一面。然而，他们在建立了不世之功以后，却都悲惨地走向了自己生命的尽头。他们并非不了解官场的黑暗和仕途的险恶，也并非不知道"伴君如伴虎"的古训，他们之所以最后未能摆脱悲惨的结局，一是痴迷富贵利禄不能自拔，二是自信自己的聪明才智足以摆脱任何困厄。他们真是聪明反被聪明误了。反观范蠡，尽管就才能而言与上述二人不分轩轾，各有千秋，但是，他对君臣关系明若观火的洞察和对官位利禄的淡漠态度，上述二人却难以望其项背。在范蠡身上，透出了他对人生价值理想的特殊理解。尽管他不能摆脱当时的社会环境踽踽独行，但是，他却一直坚持自己的独立人格，坚持自己掌握自己命运的权力。在越国面临亡国危险、勾践处境最困难的时候，他坚定地留下来，与之一起受辱，一起奋斗，一起谋划艰难的崛起。终于一战而雪会稽之耻，为越国和勾践赢得了无上荣光，也展示了范蠡对日月可表的耿耿忠心、世罕其匹的才智以及超越当时所有臣子的勇毅和果敢。作为一个臣子，他已经完美地履行了自己的职责，不欠勾践的一分一毫，他无愧于越国和勾践。但是，范蠡又反对愚忠，反对臣子将自己像金银财宝一样一劳永逸地出卖给君主。他坚持自己是自己命运的主宰，他的生命与智慧不属于任何人，而只能属于他自己。由此出发，范蠡对勾践发出的威胁嗤之以鼻，我行我素，毫无顾忌地离开了越国的王庭。在勾践看来，生活在越国界内的任何人都是他的奴才，他对之都有生杀予夺之权。但是，在范蠡的观念中，每个人都有自己独立的人格，独立的意志，都有权决定自己的进退出处，别人不应该也无权干涉。既然留在越国已经没有发挥自己才能的余地，并且连生命也时时处在危殆中，自己就完全没有必要坐以待毙，无辜牺牲。这时，毅然离开就是一种最聪明的选择。在范蠡看来,臣子对君主的忠诚不应该是绝对的、无条件的,这个君主起码自己要有所作为又能知人善任,臣子在其麾下服务,立功可以不受奖,但起码不应该遭到无理诛杀。一个臣子有对君主选择的权利,这就是所谓"择木而栖"。因此,他不必要也不应该对一个喜怒无常的君主忠心到底。当一个君主变得暴戾恣睢、昏庸无能、刚愎自用、拒谏饰非,听不进逆耳之言,甚至滥杀无辜,达到不可救药的程度时,一个臣子为什么还必须忠于他,并且以自己毫无价值的牺牲去换取忠臣孝子的美名呢!范蠡出走越国的行动之所以值得珍视,是因为此一行动体现的是人的自我意识的觉醒。在奴隶社会向封建社会过渡的时代,在人的生命、人的尊严还被统治阶级普遍漠视的情况下,范蠡身上所体现的人的自我意识的觉醒不啻报春的燕子,特别难能可贵,应该大书而特书。

第六章　春秋时期思想家的政治思想

第一节　老子的政治思想

一　老子——道家学派的创始人

在中国古代浩如烟海的文献中，有一部只有五千言的《道德经》，又名《老子》，被誉为先秦道家学派的开山之作。在它产生后的两千多年间，学术界对它的关注历久不衰。自汉朝开始，直到今天，学者对它的注释不下百家，对书中所展示的思想意蕴的研究、争论也一直没有停息，原因在哪里呢？

一是因为《道德经》的作者老子是一个非常神秘的人物，历代对他的真实性、时代性和他与《道德经》的关系的争论不断，聚讼纷纭，至今也难以达成共识。可以说，罩在老子头上的那一层神秘兮兮的纱幕一直没有彻底揭开，使他长期无法脱离"朦胧"状态，人们对他的认识也始终如雾里看花。

二是因为《道德经》五千言是一篇充满哲理、言简意赅的"朦胧"的诗体散文，后人几乎对其中的每一章、每一句话，甚至每一个字的解释都歧义纷呈。从学术上看，这种情况是完全正常的。不过，话又说回来，尽管学术界对老子这个人和他那部书的认识分歧很大，但共识还是有一些，这就是公认他是伟大的思想家，他博大精深的思想内涵，尤其是其中的辩证意识，代表了当时中华民族思维发展的最高水平。

虽然学术界对老子的姓氏、里籍、生平事迹有多种多样的看法，但是，我认为还是应该承认，司马迁在《史记·老子韩非列传》中对他的记载基本上是可信的。

司马迁的记载告诉我们，老子这个人是真实存在的。他生当春秋晚期，比孔子略早一点。他是楚国苦县（今河南鹿邑东）厉乡曲仁里人，姓李，名耳，字聃，做过周王室的守藏室之史，即国家图书馆馆长和博物馆馆长。正是由于担任这一职务，使他有条件阅读周王室珍藏的历代典籍，能够见识大量的珍宝器物，成为当时学识最渊博的人。据《庄子》一书的记载，孔子30多岁到洛阳时，曾经登门拜访老子，向他请教有关礼的问题。《史记·老子韩非列传》也抄录了这一段记载。据载孔子辞别老子时，老子对他讲了一段意味深长的话："我听说，富贵之人拿钱财送人；仁德之人拿有益的话送人。我不是富贵之人，就冒充仁德之人，送给你几句话作为临别赠言吧。聪明深察的人接近死亡，因为他喜欢议论是非；雄辩博学的人危害自身，因为他喜欢揭发别人的短处。所以，做人的儿子心中不要有自己，做人的臣子也不要有自己。"又说："君子遇到明主就驾车侍奉他，不遇明主就像飘蓬一样随风流转，刮到哪儿就在哪儿。我听说，一个优秀的商人将财富深藏不露，似乎一无所有。一个德行高尚的君子，容貌好像很愚笨，去掉你的骄气和奢望，去掉你姿态的容色和淫逸的志向，因为这些对你自身都是无益的。我所能告诉你的，也就是这些了。"离开老子后，孔子一直绞尽脑汁体味他那段话的深意。后来，孔子对弟子们讲了他对老子的看法："鸟儿，我知道它能在天上飞；鱼儿，我知道它能在水里游；野兽，我知道它能在地上跑。在地上跑的，能够用网把它逮住；在水中游的，能够用线把它钓出来；在天上飞的，能够用弓箭把它射下来。只有龙，我不知道它怎样驭风驾云遨游青天，我见到的这位老子，大概就和龙一样吧！"这里，孔子眼中的老子，尽管还未脱去神秘的面纱，但基本反映他的真貌。

老子任周王室的守藏室之史多年，眼见周室一天天无可挽回地衰落下去，自己又无力回天，于是毅然辞官，离开洛阳西行。据说经过函谷关（一说散关）时，关令尹喜对他说："夫子您要隐居了，请勉为其难，将您的著作写出来，留给后人吧。"老子于是在关城写出了《道德经》上下篇五千言后，就出关西去。他究竟到了什么地方，最后的结局怎样，就没有什么记载了。鲁迅后来写了一篇小说《出关》，用勾勒漫画的手法，塑造了一个鼓吹"无为"，实际上什么都不能做的老子形象。

由于确切记载的老子事迹实在太少，而仅有的记载在时间标记上又十分模糊，特别是流传至西汉时期的《道德经》文本还显露了不少战国时代的色彩，这就使为老子作传的司马迁对他生活的时间定位也产生了不少困惑，司马迁于是不得不记下当时有关老子的各种说法。如说老子就是隐居蒙山之阳的老莱子，与孔子同时。又说老子就是孔子死后一百二十九年见秦献公的周太史儋，活了一百六十多岁或二百多岁。

因为司马迁记载的老子略早于孔子，而在《道德经》中不少地方又展现出战国的时代色彩，后世学者对于老子的时代定位就产生了较大的歧义。主张老子为春秋中叶、战国中叶和战国后期者都不乏其人。20世纪20年代，在北京大学的讲堂上，老师胡适和学生顾颉刚就为此发生了激烈的争论。胡适主张春秋中叶说，顾颉刚主张战国中叶说，师生互不服气，谁也不退让，最后逼得胡适敲着桌子声音提高八度，但又不失幽默地说："老子就是老子，反正不是我的老子！"郭沫若基本上认同胡适的观点，认为老子略早于孔子或与孔子同时，是孔子的老师一辈人。《道德经》是老子的著作，是道家学派的主要经典。它之所以饱含战国时代的色彩，是道家后学弟子不断润色的结果。该书定稿应在战国中期，可能完成于楚人环渊之手。[①] 郭沫若关于老子和《道德经》一书的解释道理比较充分，在学术上有相当强的说服力。20世纪90年代在湖北发现的郭店楚墓竹简《老子》，被不少学者认定为是迄今为止发现的最早的文本，它虽与马王堆汉墓出土的帛书《德道经》和后世流传的《老子》有较大差异，但核心内容则一脉相承，证实了胡适和郭沫若的论断基本上是符合事实的。

二 老子政治思想的哲学基础

老子是中国历史上道家学派的创始人，在《道德经》中，13次提到"道"。他第一次将"道"这个字提到哲学的高度，并赋予它极其丰富的内涵。他认为"道"是万物的本源，而这个"道"就是"无"：

《道德经·一章》：无，名天地之始；有，名万物之母（无，是天地的开始；有，是万物的母体）。[②]

《道德经·四十章》：天下万物生于有，有生于无（天下万物

---

① 《老聃、关尹、环渊》，《郭沫若全集》历史编1，人民出版社1982年版，第545页。
② 陈鼓应注译：《老子今注今译》，第73页。

生于可见的"有",有,生于不可见的"无")。①

《道德经·四十二章》:道生一,一生二,二生三,三生万物(道生出太极,太极生出阴阳二气,阴阳二气交相作用形成一种和谐状态,在这种状态中产生了宇宙万物)。②

《道德经·五十一章》:道生之,德畜之,物形之,势成之。是以万物莫不尊道而贵德(道生育万物,德畜养万物,物质赋予万物形状,环境情势定型万物。所以万物没有不尊崇道而珍视德的)。③

显然,在老子看来,"道"是世界的造物主,具有无穷的潜在力和创造力,它创造了物质世界,创造了人和人类社会,甚至天、地、鬼、神也是它的创造。它法力无边,不受时间和空间的限制,具有超越一切的特性。这个"道""视之不见","听之不闻","搏之不得",因而是"无",可是它又无所不在,世界的丰富性、多样性和连续性,就是"道"的显现。这个"道"实在也不像物质性的实体,更多的倒像永恒存在的万能的精神本体,由此看来,老子的世界观更多地接近客观唯心论。

老子的认识论,不提倡在实践中广泛地接触自然界和人类社会,以便通过感性认识提升到理性认识,而是强调通过心灵的直接感悟去体认和把握"道"的本体:

《道德经·四十七章》:不出户,知天下;不窥牖,见天道。其出弥远,其知弥少。是以圣人不行而知,不见而明,无为而成(不出大门,就能知道天下之事;不望窗外,就能认识天道之理。走得越远,知道得越少。所以,圣人不必经历就知道情,不必观察就能明晓,不必作为就可以成功)。④

《道德经·十六章》:致虚极,守静笃。万物并作,吾以观复(达到空寂无欲的极点,保持彻底的清静无为,万物竞相生长发

---

① 陈鼓应注译:《老子今注今译》,第226页。
② 陈鼓应注译:《老子今注今译》,第233页。
③ 陈鼓应注译:《老子今注今译》,第260页。
④ 陈鼓应注译:《老子今注今译》,第248页。

育，我静心观察它们的循环往复）。①

不唯如此，老子甚至要求"绝圣弃智"，即弃置圣明和学识，因为在他看来，学习认识的东西越多，对"道"来说失掉的也越多。这种认识论，唯心主义的成分显然多一些。

老子思想中最值得珍视的是他的朴素辩证法。作为一个学识渊博、避开政治漩涡、冷眼观察自然界的发展和人类社会翻云覆雨的无穷斗争的学者，他逐渐体悟并总结出自然界和人类社会的不少发展演化的规律。

老子认识到，自然界和人类社会的一切事物都处在永恒的发展运动及变化之中。"道"就是"独立而不改，周行而不殆"，即一直运行，周而复始，永远不停止。"天地尚不能久，而况于人乎？"② 天地也不能长久存在，人的生命更是短暂。他还举例说，摇天撼地的飓风不会持续一个早晨，倾盆大雨也不会整天下个不停。一切都在发展、变化，新生和死亡相伴而生，青春和迟暮相续而行。

老子认识到，世界上的任何事物都存在与自己矛盾着的对立面，每一个事物都与自己的对立面相联系而存在，即都以对立面的存在作为自己存在的根据，二者是互相依存的。他举出美丑、难易、长短、高下、前后、有无、刚柔、强弱、祸福、荣辱、智愚、巧拙、大小、生死、攻守、胜负、远近、轻重等，认为一方离开了另一方，自己就不存在：

> 有无相生，难易相成，长短相形，高下相盈，声音相和，前后相随（有和无互相对立而产生，难和易互相对立而形成，长和短互相对立而显现，高和下互相对立而存在，音和声互相对立而谐鸣，先和后互相对立而相随）。③
> 贵以贱为本，高以下为基（贵以贱为根本，高以下为基础）。④
> 祸兮，福之所倚；福兮，祸之所伏（灾祸啊，幸福紧靠在它的

---

① 陈鼓应注译：《老子今注今译》，第134页。
② 陈鼓应注译：《老子今注今译》，第164页。
③ 陈鼓应注译：《老子今注今译》，第80页。
④ 陈鼓应注译：《老子今注今译》，第221页。

身边；幸福啊，灾祸就潜伏在它里面）。①

老子还猜测到事物无不向它的对立面转化的规律。他认为"反者道之动"，即向相反方向转化是道的运动。穷变富，败转胜，生变为死，坏事转化为好事，"正复为奇，善复为妖"②，是正常转化为反常，善良转化为妖孽，等等，是时刻都在发生和进行的变化。

老子也意识到事物在发展变化中遵循着量变到质变的规律，《道德经·六十四章》有一段十分精彩的描绘：

> 合抱之木，生于毫末；九层之台，起于累土；千里之行，始于足下（合抱的大树，从极为细小的嫩芽长出；九层的巍巍高台，由一筐一筐的泥土积累起来；千里之遥的运行，开始于迈出第一步）。③

在这段生动形象的话语中，蕴含着永恒的真理。

尽管老子对事物运动的辩证法及其规律有着许多接近真理的猜测，但他的辩证思想与马克思主义的唯物辩证法却有着本质的区别。例如，老子虽然看到所有事物都处在不停地发展变化中，但在动与静的关系上，却认为动的最后归宿是静，运动变化也只是停留在循环往复的形式中。又如，他虽然猜测到事物向对立面的转化运动，但却又认为这种转化是无条件的、绝对的。在人类社会、个人命运方面，转化不以个人的意志、个人的主观努力为转移，认定贫穷必然转化为富裕，富裕必然转化为贫穷，失败必然转化为胜利，胜利必然转化为失败。而在这种转化中，个人的主观努力是无能为力，不起任何作用的。这种观点显然是错误的。事实上，自然界万物的转化都需要一定的条件，如水转化为冰或转化为气体，都需要有温度等条件的变化。人类社会的变化，个人命运的变化，更需要许多条件，其中，人的主观能动性更是起着至关重要的作用。

应该承认，老子发现事物向对立面转化的规律是中国古代思维发展

---

① 陈鼓应注译：《老子今注今译》，第284页。
② 陈鼓应注译：《老子今注今译》，第284页。
③ 陈鼓应注译：《老子今注今译》，第301页。

史上具有重要意义的一次飞跃。然而，老子对于转化所持的态度却是比较消极的。他看到植物由生到死的转化经历了由柔弱的幼苗到欣欣向荣的壮大，再由壮大到枯萎直至死亡的过程，认为壮大接近死亡，因而不应该成为追求的目标。他说，草木活着时柔弱，死了以后就干枯。所以，坚强的东西属于死亡的一类，柔软的东西却与生存联系在一起。与其经过强壮走向死亡，还不如保持柔软的地位维持生命。他认为"物壮则老，是谓不道，不道早已"①，即万物超过壮年就会衰老，这是因为不再适合"道"。不能适合"道"，就会很快死掉。由此得出结论，有意造成事物的强大，就违反"道"的原则。因此，为了避免走向死亡的结局，最好一直处于软弱的地位。他说"柔弱胜刚强"②，以水为例："天下莫柔弱于水，而攻坚强者莫之能胜。"③ 认为水尽管是世界上最柔弱的东西，而攻克坚强的东西却谁也比不了它。水之所以如此坚强，是因为它便利万物却不和它们相争，因而是最高的善，天下也就没有什么东西能与水竞争。将"柔弱胜刚强"的原则运用到指导社会生活，就要"知其雄，守其雌"；"知其白，守其黑"；"知其荣，守其辱"④。即知道什么是雄强，却守住柔雌；知道什么是光彩，却守住暗昧。老子看到战争中弱小战胜强大的不少事实，认为创造一些看起来有利于敌人的条件恰恰有利于最后战胜它："将欲歙之，必固张之；将欲弱之，必固强之；将欲废之，必固兴之；将欲夺之，必固与之。"⑤ 这段话的意思是说，将要收合的，必先张开；要想削弱它，必须暂且增强它；要想废毁它，必须暂且兴起它；要想夺取它，必须暂且给予它。这些思想作为一种战胜敌人的原则，在战争实践中敌对双方都千方百计地加以运用。

由于老子排除人的主观能动性在社会矛盾转化中的作用，因而在祸福、得失问题上就显得十分被动和消极。他认为，既然"有为"必然招致失败，就不如"无为"；既然"多藏"（积累财富）必然招致"厚亡"（重大损失），那就不如"少藏"或"不藏"；既然强大必然导向

---

① 陈鼓应注译：《老子今注今译》，第192页。
② 陈鼓应注译：《老子今注今译》，第207页。
③ 陈鼓应注译：《老子今注今译》，第339页。
④ 陈鼓应注译：《老子今注今译》，第183页。
⑤ 陈鼓应注译：《老子今注今译》，第207页。

死亡，那就不要过于强大。在老子看来，由于刚强带来挫折，那就选择柔弱；由于抢先导致落后，那就宁肯一直居于后边；由于争荣誉会招致耻辱，那就干脆不要荣誉。老子生当春秋后期，他看到飞速的社会变迁使人的命运变得不可捉摸，一些不可一世的诸侯国君死于非命，不少显赫一时的诸侯国覆社灭宗，还有更多的贵族降为平民百姓，栖栖惶惶地四处奔走。与之相反，一些处在社会下层的人们，如贵族中的士阶层、平民和奴隶，在社会大变革中地位倒是有所提升，起码是保住了原有的卑贱地位。这些社会现实使老子悟出了一个道理，"坚强者死之徒，柔弱者生之徒"①。为了保住自己原有的地位不丧失，最好能"去甚、去奢、去泰"②，即抛弃偏激，抛弃奢侈，抛弃过分的苛求，安于现状，过着自给自足、自满自乐的生活。为此，必须知足。他说："咎莫大于欲得，祸莫大于不知足。故知足之足，常足矣。"③ 意思是，罪过没有大过贪欲的，祸患没有大过不知足的，过错没有大过想掠夺的。因此，知道满足的满足，就是永远地满足了。这种思想状态，使老子在社会大变革面前持消极等待、逆来顺受的态度，显然是不可取的，当然也是不应该提倡的。

三 "无为而治"的政治意识

老子生活的春秋时代，是中国奴隶社会向封建社会的过渡时期。奴隶主与奴隶，贵族与平民，奴隶主与封建主，封建主与农民，诸侯国与周王室，诸侯国与诸侯国，各种阶级和社会矛盾犬牙交错，互相纠结，构成了复杂多变的乱世图景。在这一过渡时期，各级统治者的贪得无厌、荒淫奢侈，劳动人民在战争、剥削、灾荒等人祸天灾袭扰下的悲惨处境，都一一进入老子的视野，这使他愤怒、悲叹、忧愁、伤情。他猛烈批判统治者的奢靡生活给人民造成的苦难，说："大道甚夷，而人好径。朝甚除，田甚芜，仓甚虚；服文彩，带利剑，厌饮食，财货有余，是谓盗夸。非道也哉。"④ 意思是，大道虽然很平坦，但人主却喜欢走邪门歪道。宫室很华丽，农田全部荒芜，仓库十分空虚；人主却穿着锦

---

① 陈鼓应注译：《老子今注今译》，第 332 页。
② 陈鼓应注译：《老子今注今译》，第 188 页。
③ 陈鼓应注译：《老子今注今译》，第 245 页。
④ 陈鼓应注译：《老子今注今译》，第 268 页。

绣的衣裳，佩戴着锋利的宝剑，精美的食物已经吃厌，众多的财富还在多占，这简直就是强盗头子。他们的行为实在与道不合呀！进而又以对比的手法，揭露统治者是造成人民灾难的罪魁祸首：

《道德经·七十五章》：民之饥，以其上食税之多，是以饥。民之难治，以其上之有为，是以难治。民之轻死，以其上求生之厚，是以轻死（人民之所以遭受饥饿，是因为统治者收取的赋税太多，所以才饥饿。人民之所以难以统治，是因为统治者政令繁苛，胡作非为，所以才难统治。人民之所以冒死轻生，是因为统治者养生过分奢厚，所以才冒死轻生）。①

显然，老子是中国历史上较早看到剥削制度的不合理，并对这一制度发出抗议的思想家。与此同时，他还对人类文明发展过程中产生的负面影响进行了较早且较深入的思考。老子认识到，人类文明的发展，必然带来价值观念的更新，许多古老的美好的伦理观念被抛弃，人们的私有观念越来越强烈，对财富的追求越来越迫切，越来越肆无忌惮，越来越不择手段。忠、孝、节、义、仁、礼、智、信之类道德信条的广泛宣传，不是人们道德水准提高的表现，恰恰是道德水准日趋堕落的表现。他愤怒地说："大道废，有仁义；智慧出，有大伪；六亲不和，有孝慈；国家混乱，有忠臣。"② 老子认为提倡仁义是因为大道废弃，严重的虚伪是因为智慧的出现，宣扬孝德是因为六亲不和，表彰忠臣是因为国家处于混乱之中。老子的观点不能说没有一点道理，但他的出发点是向后看而不是向前看。他只是看到历史前进运动中的负面影响，而没有看到历史前进运动的积极成果在一般情况下总是大于负面影响。换句话说，文明进步虽然要付出必要的代价，但文明进步的成果总是大大超出付出的代价，并且，文明进步中派生出来的许多消极的、丑恶的东西，也只能在新的文明进步中加以克服。

老子生活的时代，战争每天都在进行。尽管是冷兵器的打斗，但它给社会带来的混乱，给人民生命财产造成的损失仍然是非常大的。一座城池被长期围困，城内军民粮食吃光，柴草烧光，以致出现"析骨而

---

① 陈鼓应注译：《老子今注今译》，第330页。
② 陈鼓应注译：《老子今注今译》，第145页。

炊，易子而食"的惨绝人寰的景象。当时的不少政治家与思想家都发出了反对战争的呼声，老子是当时坚决反对战争的思想家之一。在《道德经·三十一章》中，他讲述了自己对战争的态度：

> 夫兵者，不祥之器也。物或恶之，故有道者不处。……兵者不祥之器，非君子之器，不得已而用之，恬淡为上。胜而不美，而美之者，是乐杀人。夫乐杀人者，则不可以得志于天下矣（兵器是不祥的器物。谁都厌恶它，所以有道的人不轻易使用它。……兵器是不祥的器物，不是君子所使用的东西。不得已的情况下使用它，也以恬淡对待为上，取得胜利不要得意洋洋，当作美事四处宣扬。如果以为取胜是美事，那就是喜欢杀人。乐于杀人的人是不可以得志于天下的）。①

老子反对战争的观点，不仅反映了当时深受战争之害的广大劳动人民的愿望，也反映了统治阶层中一部分希望社会安定和平的人们的要求。在列国争霸战争如火如荼地进行的时候，宋国有一个叫向戌的贵族就发起了一次影响较大的"弭兵"（停止战争）运动，得到列国部分国君的响应，一时出现了短暂的和平局面。不过，应该看到，尽管老子等很多人发出了反对战争、要求和平的呼声，但战争依然在进行，而且规模越来越大，战况越来越惨烈。原因在于，在私有制的社会里，战争的存在具有必然性。非但如此，战争不仅有它破坏性的一面，而且也能发挥不可替代的促进历史发展的作用。春秋战国时代的战争就发挥了巨大的推动历史前进的作用。它扫除了一批又一批的旧的奴隶主贵族，促进了新兴的地主阶级的成长；它使林立的小国一个个从地图上消失，在区域性统一的基础上最后导向了全国性的统一。令人遗憾的是，老子只看到战争消极的一面，战争的进步作用始终未能进入他的视野。

在春秋后期复杂多变的阶级关系中，老子究竟站在哪个阶级的立场上，他的思想反映了哪个阶级的利益和要求呢？对此，学术界有着不同的认识。

有的学者认为他代表了没落的奴隶主贵族的利益，根据是他对社会

---

① 陈鼓应注译：《老子今注今译》，第195页。

变革持消极保守的态度，希望社会倒退而不是前进。有的学者认为他代表小生产者或破产的农村公社成员的利益，根据是他反对剥削，有绝对平均主义的思想倾向。还有学者认为他代表刚从原始社会进入阶级社会的氏族公社成员的利益，根据是他对理想化的"小国寡民"的向往。

老子究竟代表什么阶级的利益，主要应该看他心目中的理想社会的蓝图是什么。

老子的确提出了反对剥削的思想。他说："天之道，其犹张弓与？高者抑之，下者举之；有余者损之，不足者补之。天之道，损有余而补不足。人之道则不然，损不足以奉有余。"① 意思是，所谓天道，就好像一张拉开的弓，高了就压低，低了就举起，多余的就减少，不足的就补充。天道的规律就是减损有余，补充不足。可如今，人间的做法却与天道相反，是让不足的奉献给有余的。老子认为人间这种"损不足以奉有余"的做法，即富人剥削穷人的做法是极其不合理的。他认为人间应该学习"天之道"，把多余的拿来供给天下不足的人。这种思想显然带有一种平均主义的色彩。老子认为他所处的社会充满贫富不均，一方面是统治者和富人骄奢淫逸，残酷剥削人民；另一方面是广大劳动人民啼饥号寒，痛不欲生。这种社会实在是不合理、要不得的。老子有自己的理想社会，他将这个社会作了这样的描绘：

> 小国寡民，使有什伯之器而不用，使民重死而不远徙。虽有舟舆，无所乘之；虽有兵甲，无所陈之。使民复结绳而用之。甘其食，美其服，安其居，乐其俗。邻国相望，鸡犬之声相闻，民至老死，不相往来。②

你看，老子心目中的理想国，国土小，人民少，没有战争，人民都安居乐业。纵有十夫长、百夫长那样的统兵人才，也无用武之地。人民都看重自己的生命，不愿迁徙到遥远的地方。所以，尽管有船只和车辆，也没有人去乘坐；虽然有坚甲利兵，也没有机会陈列出来，更不用说使用了。由于生活单纯，事务简单，人民于是又恢复了结绳记事的方法。由于人民生活简朴，容易满足，大家都对简单朴素的生活十分满

---

① 陈鼓应注译：《老子今注今译》，第336页。
② 陈鼓应注译：《老子今注今译》，第345页。

意，都觉着饮食香甜，欣赏衣服的漂亮，满足于房屋的安适，喜爱风俗的美好。由于四周小国林立，邻国间靠得很近，彼此可以看得见，鸡鸣狗吠的声音可以听得见。但因为彼此都安于自己的生活，邻国间的人民直到老死也不相往来。显然，老子对他的理想国充满了激情和向往，因为这里有永久的和平而没有战争，有简单质朴的生活而没有奢华和竞争，国家小而封闭，人民少而安宁，这样的理想国只能是原始社会刚刚向奴隶社会过渡时出现的部落奴隶制国家。在这里，阶级分化还不明显，贫富差距也没有拉开，原始社会纯朴和谐的社会风气也还浓浓地存在着。老子的时代距离远古时期并不遥远，许多关于那个时代的美好传说还在社会上广为流传。面对当时社会上血雨腥风的战争和贫富分化造成的人与人之间的极端不公平，人们越发怀念那个已经消失的时代，并在回忆中对那个时代进行理想化的加工。正是在这样的背景下，老子推出了他的理想国蓝图，在与现实的对比映照中，向人们展示它诱人的色彩。然而，这个理想的社会蓝图只存在于老子的头脑中，实际上不过是心造的幻影。老子只想到小国林立，还保留着许多原始社会良风美俗的那个奴隶社会初始阶段的美好的一面，他不知道，在那个生产力十分低下的社会里，物质财富非常贫乏，人们的生存实际上是极其艰苦的，饥饿和死亡是挥之不去的伴侣，对广大与劳动者来说，哪里有什么甘食和美服。

在老子的理想国中，统治者还是存在的，但这个统治者对被统治的人民实行的是"无为而治"，就像天道对万物那样："生之畜之，生而不有，为而不恃，长而不宰。"① 即生长保育万物，使万物生但不占有它，为万物养但不炫耀恩德，作万物之长但不宰制它。对人民的生产与生活不要过多地干预，让他们依照自己的意愿生活，也像万物依自然规律生长发育一样。他说："我无为，而民自化；我好静，而民自正；我无事，而民自富；我无欲，而民自朴。"② 意思是，我无为人民则自然归化，我好静则人民自然端正，我无事则人民自然致富，我无欲则人民自然纯朴。一切都是自然而然，人民几乎感觉不到统治者的存在。这样坚持"无为而治"的统治者，尽管处在领导管理民众的地位，但人民并不感到他是负担和障碍，并且真心竭诚拥护他："圣人处上而民不

---

① 陈鼓应注译：《老子今注今译》，第108页。
② 陈鼓应注译：《老子今注今译》，第280页。

重，处前而民不害。是以天下乐推而不厌。"① 也就是说，圣人在上，人民并不感到负担沉重，圣人在前面，人民并不认为是妨碍，因此，天下人民都乐意拥戴他而不厌恶。老子在中国历史上第一次提出了"无为而治"的思想，要求统治者像顺应自然一样对人民采取放任的统治政策，在遵守国家法制的前提下，让人民比较自由地安排自己的生产和生活，国家和政府尽量不干预或少干预。这种统治思想和统治政策在老子以后的中国封建社会里产生了较大影响。在一个又一个新建王朝处于恢复发展经济时期，这种思想和政策多次被提出来并加以实行，一般能取得较好的效果。

老子夸大了人类文明进步所带来的负面影响，他认为文明的发展开启了民智，物质财富的丰富刺激了人们的贪欲，而这一切恰恰是社会道德不断滑坡的主要原因：

> 五色令人目盲，五音令人耳聋，五味令人口爽。驰骋畋猎，令人心发狂；难得之货，令人行妨。②

这段话的意思是，五色使人眼花缭乱，五音使人耳朵发聋，五味使人伤胃口，驰马打猎使人心神浮荡，追求难得的财货使人行为出轨，犯罪受刑。既然文明带来如此不堪的后果，为了使社会回归纯朴，为了使人民不被财货物欲引诱，就必须从头做起："绝圣弃辩，民利百倍；绝仁弃义，民复慈孝；绝巧弃利，盗贼无有。……见素抱朴，少私寡欲。"③ 在老子看来，只要灭绝聪明，抛弃智慧，人民的利益就会增加百倍。只要灭绝仁，抛弃义，人民就会慈孝。只要灭绝奇巧，抛弃财利，盗贼就能绝迹。因此，为了国家的安宁和社会的稳定，就应该实行愚民政策。他说，古时候善于行道的人，不是开启民智，而是推行愚民政策。人民之所以难治，就是因为他们智巧太多。所以，用智巧治国，就是对国家的损害。不用智巧治国，才是国家的福祉。只有推行愚民政策，将人民都训育成头脑愚昧、四肢发达的芸芸众生，才能将国家和社会治理得稳定安宁。《道德经·三十六章》有这样一段文字：

---

① 陈鼓应注译：《老子今注今译》，第308页。
② 陈鼓应注译：《老子今注今译》，第118页。
③ 陈鼓应注译：《老子今注今译》，第147页。

> 不尚贤，使民不争；不贵难得之货，使民不为盗；不见可欲，使民不乱。是以圣人之治，虚其心，实其腹，弱其志，强其骨。常使民无知无欲，使夫智者不敢为也。为无为，则无不治。①

意思是，不崇尚贤才，就会使人民不热衷竞争；不珍爱难得的财货，就会使人民不去偷盗；不看见可激发贪欲的东西，就会使人民不去作乱。所以圣人治理天下的原则是：使人民的头脑简单，使人民的肚子吃饱，削弱人民的志气，强壮人民的筋骨，常使人民无智慧，无欲望，就是聪明的人也不敢多事。总之，按无为的原则办事，就没有什么治理不好的。你看，至此，老子不是已经走到反对文明，反对文化，反对社会进步的落后保守的路上去了吗？

从以上分析可以看出，老子代表的阶级属性是比较复杂的。就他反对当权统治者的横征暴敛、骄奢淫逸，同情劳动人民的悲惨处境而言，他代表了劳动人民的愿望和要求。就他反对社会进步，鼓吹愚民政策而言，他又反映了没落奴隶主贵族被推下历史舞台的无奈和悲哀。

老子是我国历史上道家学派的创始人，在他死后的战国时代，这个学派的思想经杨朱、庄子等人的弘扬和发展，形成了与儒、墨、法等家并肩而立的强大的思想流派，更以其任自然、重生命的理念和"无为无不为"的生存智慧，对以后中国历史，尤其是思想文化的发展产生了极其巨大的影响。在西汉武帝实行"罢黜百家，独尊儒术"的政策以后，道家是唯一长期存在，并且与儒学相颉颃的学派。有的学者认为，中国古代社会的主流思想就是"儒道互补"的思想。魏晋南北朝时期，来自印度的佛教得到广泛发展，思想界出现多元并存的局面，《道德经》成为玄学的主要经典。这一时期，中国土生土长的宗教道教在佛教的刺激下迅速发展，《道德经》又成为道教的主要经典。老子本人也被推尊为道教的通天教主，在数以千万计的道观中，老子的塑像威严地端坐其中，接受无数道众的礼拜，享受着绵绵不绝的香火。唐朝时期，李氏皇帝为了找一个名人神人做祖宗，满身神秘灵光的老子又成为最合适的人选，被追尊为"太上玄元皇帝"。至此，老子的形象就远离

---

① 陈鼓应注译：《老子今注今译》，第86页。

春秋时代那个愤世嫉俗、悲戚无奈的哲人相当遥远了。当然，老子身后发生的事情，多数与他本人是没有关系的。

《道德经》一书，作为中国古代的智慧宝典，具有永久的魅力。其中蕴含的精湛的思想，精粹的话语，永远能够给后人以感悟和启迪。

第二节　孔子的政治思想

一　孔子——儒家学派的创始人

孔子（前551—前479年）名丘，字仲尼，春秋晚期鲁国人。他的始祖孔父甲是宋国贵族，因躲避内乱举家逃到鲁国。其父叔梁纥曾任鲁国的陬邑宰，也称陬邑大夫，秩级相当于今日乡镇长之类的基层官吏。叔梁纥孔武有力，曾在晋国将军率诸侯联军进攻偪阳（今江苏邳县西北）的战斗中和与齐军在防邑（今山东平邑境）的战斗中立下军功。他因一妻一妾没有给自己生下健康的儿子而于晚年向曲阜颜家求婚，得娶颜征在为妻，其时他已经年过60岁。由于结婚手续不够完备，这一婚姻被史书称为"野合"。但他们结婚的第二年，孔子就诞生了。他们老夫少妻看似不协调的婚配却给中华民族诞育了一个思想文化巨人。

孔子三岁丧父，十七岁丧母，他的贵族家世早已经败落。所以少年时代他就过着清苦的生活，经常参加力所能及的劳动，种地放牧，这就是他自己所说的"事鄙事"。但孔子很小就显示了聪慧明敏的资质，谦虚好学，"入太庙，每事问"，二十岁左右就成为饱读诗书的青年才俊。因为学识渊博，熟悉各种礼仪制度，不时被贵族之家和富裕的国人请去做丧祝，为他们办理丧事。由于担任此项职务的人都穿一种特制的服装，称襦服，襦、儒同音，后来孔子创立的学派就称为儒家。此后孔子曾担任过鲁国最有权势的贵族之家季氏的管理家政的"委吏"和管理畜牧的"乘田"，算是受到行政事务的历练。三十岁左右的时候，适应当时文化下移的趋势，孔子创办私学，开始了终生不倦的教育事业。孔子办学逐渐取得瞩目成绩，他的学问也越来越为上流社会所关注。在鲁国，从国君到最有势力的"三桓"季、孟、孙三家大夫，都承认孔子是有学识的人。由于他们的赞助，孔子在鲁昭公二十四年（前518年）得以到周王室的都城洛邑（今河南洛阳）访学，见识了周王室保存的大量典籍文物，并且见到道家的创始人老子，使孔子的眼界和学问得到进一步的开阔与提升。因为孔子对鲁国三桓把持下的行政很失望，就决定到齐国寻求发展。但从昭公二十五年至昭公二十七年（前517—前515年）两年多的时间内，由于齐相晏婴的阻挠，孔子没能得到齐景公的重用，他只得重返鲁国，继续进行教学活动。到五十岁左右的时候，孔子的思想和学术都趋于成熟，创立了仁礼互补的儒家学说，执意以恢复周礼为职志，力图挽救"礼崩乐坏"的局面。

孔子热衷于教育，更热衷于做官从政。因为他认定，只有从政才能将自己的学说付诸实践，实现自己"强公室，抑私门"，"克己复礼"，再现"郁郁乎文哉"的西周盛世之局。从鲁定公九年（前501年）至鲁定公十三年（前497年），孔子在鲁国先后担任中都宰、小司空、司寇，并一度代理执政，达到了他从政生涯的巅峰。其间，他领导了"堕三都"的军事行动，冀以削弱三桓的势力，增强国君的权威，但最后以失败告终。他也曾以相礼的身份参加齐、鲁两国的夹谷会盟，使鲁国获得一次难得的外交胜利。但因为与三桓的政治倾向相背离，得不到他们的继续支持，孔子只得弃官离鲁，带着一群弟子，开始十四年的周游列国之行。他们的足迹遍布卫国、宋国、郑国、陈国、蔡国、楚国，经历了子见南子、宋国遇险、陈蔡绝粮等风波，最后于鲁哀公十一年（前484年）返回鲁国。之后直至鲁哀公十六年（前479年）病逝，孔子继续教书育人，精心整理六经，在故国度过了他最后五年的岁月。

孔子一生的最大功绩，一是创办私学，创立儒家学派，建构起对中国和世界影响深远的儒家学说。二是整理六经，保存和传授中国传统思想文化的元典，为中华民族建立起最初的精神家园。他作为中国标志性的思想文化巨人，被中国历代王朝推尊为"大成至圣先师"，享受绵绵不绝的尊崇和祭祀，是当之无愧的。

孔子作为儒学的创始人，建立了比较完备的思想理论体系。其中包括天人合一的天道观和"敬鬼神而远之"的信仰观念，仁礼互补的社会思想，以民为本、爱人、及人的行政理论，以及君子人格的个人修养论。

二 天人合一论

孔子上承周公思想，下启孟子、荀子等儒家后学，建立起独具特色的天道观,即天人合一的理论和鬼神观念。

天地鬼神的观念,从人类进入原始社会以来,一直伴随着人类发展的历史。虽然它的领域不断被无神论所占有而逐步缩小,但是,直到今天,还看不到它彻底退出历史舞台的前景。由于未知的领域无限之大,天地鬼神的观念也许会永远存在于人类的意识之中。在夏、商时期的中国,天地鬼神观念主宰了绝大多数人的头脑。人们真诚地相信有一个最高主宰的至上神"天""帝"居住在浩渺无垠的太空,经天管地,呼风唤雨,明察秋毫,赏善罚恶,指挥着自然界和人类社会的运行。因此,当时的统治者认定"国之大事,在祀与戎"①,即国家最大的事情有两个,一个是祭祀上帝鬼神祖先,一个是进行征战攻伐。所以,能够沟通人与天地、鬼神和祖先关系的官吏巫、祝、卜、史等就具有很高的地位。统治者无论遇到什么事情,都要占卜一番,判断吉凶祸福。当周武王指挥的诸侯联军在牧野(今河南淇县南)大败商朝军队,国都朝歌(今河南安阳)危在旦夕、商纣王死到临头时,他还大呼小叫地胡吹自己从天受命为王,上帝会保佑他渡过难关。不过,西周建立以后,周公从商朝灭亡的事实中开始怀疑天命的可信程度,提出了"敬天保民"和"皇天无亲,唯德是辅"的理念,认定统治者能否保住自己的政权,关键在于统治者有没有德,能不能得到老百姓的拥护。所以在《诗经》中的《周诗》中才出现"天命靡常"的浩叹,认定只有德行高尚的人才能得到上帝的佑护和辅佐。不过,他们并未正面否定天帝鬼神的存在。

春秋时期,随着周王室的衰微,上帝的权威也进一步没落。当时不少进步的思想家尽管还没有从正面否认天帝鬼神的存在,但却肯定人在很大程度上能够主宰自己的命运。同时,由于生产力的发展和科学的进步,人们对某些自然规律和人的主观能动性已经有所认识。正是在这样的时代氛围里,孔子提出了自己具有进步意义的天道观,即天人合一论。一方面,孔子并不否认天作为人格神的存在,认定天是具有赏善罚恶权威和职能的上帝:

子曰:"不然,获罪于天,无所祷也。"②

---

① 杨伯峻编著:《春秋左传注》,第861页。
② 《论语·八佾》,《十三经注疏》,第2476页。

子见南子，子路不说。夫子矢之曰："予所否者，天厌之！天厌之！"①

　　子曰："天生德于予，桓魋其如予何？"②

　　颜渊死。子曰："噫！天丧予！天丧予！"③

显然，在孔子看来，昊天上帝还是具有左右人类命运的权威和功能，孔子还不能或者说不敢正面否定天作为至上神的存在，仍然赋予它君临天下、赏善罚恶的功能。

另一方面，孔子又赋予天以类似自然界的属性，使之具有某些自然法则或事物规律的含义：

　　子曰："予欲无言。"子贡曰："子如不言，则小子何述焉？"子曰："天何言哉？四时行焉，百物生焉，天何言哉？"④

　　天有四时，春夏秋冬，风雨霜露，无非教也。地载神气，神气风霆，风霆流形，庶物露生，无非教也。⑤

这里，孔子在回答子贡的提问时说，天虽然什么也没说，但四季照样运行，万物照样生长，意思是天并不干预自然界的发展变化，四季和万物都是按照自己固有的规律自然而然地运行的。在回答子夏的问话时，又说天地的活动是对人间无私的教化。这显然是受了老子"天道无为"思想的影响与启发。孔子进而认为，每一种事物都有自己的发展变化规律，而这种规律是可以认识的。孟子说："'天生烝民，有物有则，民之秉彝，好是懿德。'孔子曰：'为此诗者，其知道乎！故有物必有则；民之秉彝也，故好是懿德。'"⑥ 这四句诗出自《大雅·烝民》，意思是，天生育众民，每一种事物都有它自己的规律。百姓把握了那些不变的规律，于是喜爱优良的品德。而孔子认定这诗的作者是懂得"道"的。

---

① 《论语·雍也》，《十三经注疏》，第 2479 页。
② 《论语·述而》，《十三经注疏》，第 2483 页。
③ 《论语·先进》，《十三经注疏》，第 2498 页。
④ 《论语·阳货》，《十三经注疏》，第 2526 页。
⑤ 孙希旦：《礼记集解》，第 1278 页。
⑥ 《孟子·告子上》，《十三经注疏》，第 2749 页。

与"天"相联系，孔子多次论及"命"的问题。子夏曾说："商闻之矣：'死生有命，富贵在天。'"① 他显然是从孔子那里听来的。孔子还说过："道之将行也与，命也；道之将废也与，命也。"② 这里，孔子赋予"命"一种客观必然性的含义，认为人在它面前是无能为力的。

总括孔子对天和命的看法，似可肯定，他基本上继承了周公的思想而有所发展。他还没有否定天的人格神属性，把天命认定为不可抗拒的必然性，保留了天对人类社会的权威掌控。但同时，他又极力弘扬人的主观能动性的发挥，"知其不可而为之"③，"尽人力而听天命"，"仁远乎哉？我欲仁，斯仁至矣"④。力图在天命与人为之间找到一个平衡点，从而达到天人合一。看起来，孔子的天人合一论，还没有挣脱天对人事的干预，人在很大程度上还是被合到天那里去，即在遵从天命的前提下发挥人的主观能动性。

与天人合一论相联系，还应该考察孔子的鬼神观。在这方面，孔子讲了不少话：

> 子曰："非其鬼而祭之，谄也。"⑤
> 祭如在，祭神如神在。子曰："吾不与祭，如不祭。"⑥
> 樊迟问知，子曰："务民之义，敬鬼神而远之，可谓知矣。"⑦
> 子不语：怪、力、乱、神。⑧
> 季路问事鬼神。子曰："未能事人，焉能事鬼？"曰："敢问死？"曰："未知生，焉知死？"⑨

以上话语展示的孔子关于鬼神的观点，大体上与他的天命观相接近。由于时代条件的制约，特别是由于孔子本人对孝悌的重视，他也不

---

① 《论语·颜渊》，《十三经注疏》，第 2503 页。
② 《论语·宪问》，《十三经注疏》，第 2513 页。
③ 《论语·宪问》，《十三经注疏》，第 2513 页。
④ 《论语·述而》，《十三经注疏》，第 2483 页。
⑤ 《论语·为政》，《十三经注疏》，第 2463 页。
⑥ 《论语·八佾》，《十三经注疏》，第 2467 页。
⑦ 《论语·雍也》，《十三经注疏》，第 2479 页。
⑧ 《论语·述而》，《十三经注疏》，第 2483 页。
⑨ 《论语·先进》，《十三经注疏》，第 2499 页。

能正面否定鬼神尤其是祖宗之灵的存在。之所以如此，一方面是因为当时他的前辈和同辈都还没有推出彻底的无神论观念，他没有任何无神论的思想资源可以借鉴；另一方面，孔子又从现实中体会到，所谓鬼神对人事的干预并不明显，也找不到确切的例证，事业的成功在很大程度上靠的是人的主观努力。所以，他对鬼神就采取一种似有若无的模糊态度。在孔子看来，那是一个未知的领域，以现有的知识和经验，肯定其有或无都不是能够说得清楚的。因此，倒不如采取回避的态度，将人们的注意力引导到政事、教育和人自身道德和能力的培养上。基于这种认识，只要别人不提出疑问，孔子自己从来不主动谈论鬼神和怪异的问题。即使弟子们提出鬼神问题，他也不作肯定或否定的回答。他的基本态度是，应该敬畏天帝和祖宗的神灵，在祭祀的时候，你就要怀着一颗虔诚的心，就当天帝和祖宗的神灵在接受你的祭祀和礼敬。一次，子路请教怎样侍奉鬼神，孔子回答说，人还未侍奉好，怎么能谈得上侍奉鬼神呢？子路又问：死是怎么回事呢？孔子回答说，活着的事情有许多你还不清楚，何以谈论死呢？《说苑·辨物》还记载了这样一则故事。

> 子贡问孔子："死人有知无知也？"孔子曰："吾欲言死者有知也，恐孝子顺孙妨生以送死也；欲言无知，恐不孝子孙弃不葬也。赐欲知死人有知将无知也，死徐自知之，犹未晚也。"[①]

这则故事记述，子贡问孔子人死以后究竟有知觉还是无知觉？这就涉及人死后究竟有没有灵魂的问题。孔子回答说："我如果说人死后有知觉，就会使孝子顺孙为死去的父母过度操办，从而影响他们日后的生计。如果说死后无知觉，又怕一些不肖子孙扔下死去的父母不葬。赐呀，你要想知道人死后有知还是无知，到你自己死的时候就知道了，那时也不算晚啊。"孔子幽默风趣的回答，其实反映了他在这个问题上的两难选择。出于对当时礼仪的考虑，更为了使子女保持对父母崇敬思念的感情，孔子自然不能否认鬼神的存在。但是，对于这个他自己没有把握的问题，他又不好正面肯定鬼神的存在，所以只好以有点幽默的言辞让人们自己去体会他的深意。不过，由于孔子对周礼的执着和对传统的

---

① 刘向：《说苑》卷18，董治安主编《两汉全书》第9册，第5610页。

偏爱，他更多地要求人们对上天和祖宗的亡灵保持敬畏虔诚之心，通过祭祀求得自己心理的安慰与平衡。所以他说，祭祀祖先，就如同祖先真的在前面；祭祀神灵，就如同神灵真的在前面。还说，如果我不参与祭祀，便如同不祭祀一样。

孔子对待天命鬼神的观点，显示了他理性主义的光辉，在当时的意识形态领域可以说是比较进步的思想。尽管他还没有正面得出无神论的结论，但这却不能构成谴责孔子的理由。因为在春秋时期，即使最进步的思想家也没有达到无神论的水平，所以没有必要苛求孔子。应该指出的是，在中国无神论思想发展史上，孔子的思想成为一个重要的节点，他展示的怀疑精神和理性探索，构筑了通向无神论的桥梁。后来，中国几个著名的无神论思想家荀子、王充和范缜，无不受到孔子思想的启迪，从他那里汲取了营养。

孔子的天人合一论和鬼神观，是儒家思想的精华之一。它不仅影响了儒家学派的非宗教化倾向，而且使以儒家思想为核心的中国传统文化始终保持着清醒的理性主义和人文主义，从而使宗教势力在我国政治和社会生活中始终占据不了主导地位。孔子的天人合一论和天命鬼神观也深深影响了中国人的人生观念，"敬鬼神而远之"，把主要精力放在对人世的关注，充分发挥人的主观能动性，以不懈的奋斗去创造人生的灿烂辉煌。

三　仁礼互补的社会思想

孔子是儒家学派的创始人，他创建的儒家思想经过后学的不断创新和完善，成为中国古代社会传统思想文化的核心，被历代统治者钦定为官方主流意识形态，在他之后两千多年的漫长岁月里，它作为主流意识形态的地位一直安如磐石，没有任何力量能够撼动。鲁昭公二十七年（公元前515年），在经过两年有余的齐国之行以后，孔子与弟子们又一起回到鲁国。在齐国两年多的经历，使他清醒了许多，有着宏远理想、超人才智和高尚品格的人，并不一定能够得到当权者的赏识，他从政的理想也不一定能够实现。回到鲁国以后，孔子看到国内形势仍不平静，被赶出鲁国的鲁昭公有国难回，继续客居晋国。季、孟、叔三家大夫把持国政，贵族内部勾心斗角。孔子实在不愿意卷入那些无是非可言的政治漩涡中，于是决心继续从事教育，同时认真读书研究，总结历史经验，探索挽救时局的理论和道路。从公元前515年到前502年的14年间，孔子拒绝仕进，过着清贫自守的生活。一面教导弟子，一面上下求索，从"四十而不惑"到"五十而知天命"，孔子走向成熟，创建了自己的思想理论体系。

在学术界，孔子思想的核心问题一直是争论不休的焦点之一。多数学者认定孔子思想的核心是"仁"，也有学者认定是"礼"[①]。我们认为，孔子思想理论上的最大成就，就是用"仁"对传统的"礼"进行改造，创立了核心为"仁礼互补"的思想理论体系。

"仁"字在孔子以前的文献中已经出现，是一个从亲亲、尊尊引申出来的爱有等差的道德观念。孔子"仁"的理论，继承、丰富和发展了此前"仁"的内涵和外延。在孔子那里，"仁"是使用频率最高的概念之一。在《论语》中"仁"出现了一百多次，在何晏、皇侃编著的《论语集解义疏》中，"仁"出现了175次。"仁"涵盖了孔子的政治、经济、社会和伦理思想的全部内容。

"仁"在孔子的学说中，首先具有伦理的意义，是仅次于"圣"的最高伦理境界，其核心意义是"爱人"。

  樊迟问仁，子曰："爱人。"[②]
  仲弓问仁，子曰："出门如见大宾，使民如承大祭。己所不欲，勿施于人。在邦无怨，在家无怨。"[③]
  子贡曰："如有博施于民而能济众，何如？可谓仁乎？"子曰："何事于仁！必也圣乎！尧、舜其犹病诸！夫仁者，己欲立而立人，己欲达而达人。能近取譬，可谓仁之方也已。"[④]

这些记载，概括出孔子对"仁"的经典表述：仁者爱人；己所不欲，勿施于人；己欲立而立人，己欲达而达人。春秋时期的近三个世纪，是中国奴隶社会向封建社会的过渡时期。伴随着奴隶的解放和各种

[①] 冯友兰是认定孔子思想核心为"仁"的代表，侯外庐是认定孔子思想核心为"礼"的代表。
[②] 《论语·颜渊》，《十三经注疏》，第2504页。
[③] 《论语·颜渊》，《十三经注疏》，第2502页。
[④] 《论语·雍也》，《十三经注疏》，第2479页。

社会关系的调整，人的价值和尊严越来越受到一些先进思想家的重视。因此，有的学者甚至认为春秋是中国思想界发现"人"的时代。孔子顺应这一历史潮流，首先赋予"仁"以普遍人类之爱的形式。所以樊迟问他什么是"仁"的时候，他只回答两个字"爱人"，而这个"人"是泛指社会上不分等级贵贱贫富的所有人，包括处于社会最下层的奴隶。从"仁者爱人"出发，孔子坚决反对三代以来一直实行的人殉人祭的野蛮习俗，为此，他甚至反对以木俑陶俑殉葬，愤怒地说："始作俑者，其无后乎！为其象人而用之也。"① 诅咒第一个造作木俑陶俑殉葬的人应该断子绝孙，虽然木俑陶俑不是真人，可就是因为它们像人，也不应该用其殉葬。当然，对所有人都爱，事实上是做不到的，而孔子讲的爱人实际上也是"爱有等差"的，但他首先认定所有人都应该得到"爱"，这一提法本身所包含的人道主义精神却是不容忽视的。

　　对于如何实践"仁"的理想，孔子回答子贡的问题时说："仁人是这样的人，要想自己站得住，同时也要使别人站得住；自己想达到的，同时也要使别人达到。"在回答仲弓的问话时他又说："自己所不愿意的，不要强加给别人。"这样，"仁"又成为孔子处理人际关系的准则，即所有人都从爱人的原则出发对待他人。从积极方面讲，要帮助别人立起来和发达起来；从消极方面讲，是不要把自己厌恶的东西强加给别人。

　　表面上看，孔子"仁"的思想超出了"亲亲尊尊"的旧观念，但实际上，他的"爱人"仍然是从亲亲尊尊引申出来的，所以他特别强调孝悌是"仁"的根本："弟子入则孝，出则弟，谨而信，泛爱众，而亲仁，行有余力，则以学文。"② 意思是，后生少年，在家要孝顺父母，出门要顺从兄长，为人谨慎而讲信用，博爱大众，亲近有仁德的人。对孔子思想心领神会的有若更明确地说："其为人也孝弟，而好犯上者，鲜矣；不好犯上，而好作乱者，未之有也。君子务本，本立而道生。孝弟也者，其为仁之本与！"③ 意思是，孝顺父母、尊敬兄长的人，很少有冒犯上级的，不好冒犯上级而好造反的人是没有的。君子要致力于根本，根本确立了道便会产生。孝悌就是仁的根本。尽管孝悌反映的是父

---

① 《孟子·梁惠王上》，《十三经注疏》，第 2667 页。
② 《论语·学而》，《十三经注疏》，第 2458 页。
③ 《论语·学而》，《十三经注疏》，第 2457 页。

子兄弟之间的伦理亲情，但在孔子看来，它却是培养"仁"的土壤。很难想象，一个连父母兄长都不爱的人能去爱别人。所以，当他的学生宰予提出改革三年守孝为一年守孝时，孔子非常反感，认为子女出生三年才能离开父母的怀抱，为父母守孝三年是天下通行的丧礼，难道宰予没有在父母的怀抱里得到三年的爱抚吗？孔子将孝悌看作"仁"的根本，反映了他对周礼所体现的传统道德观念的钟爱和继承。"仁者爱人"正是孝悌亲情的延伸与逻辑推衍。在他看来，二者是互为前提，一点矛盾也没有。那么，孝顺父母的子女应该承担哪些义务呢？孔子认为，这首先体现在对父母的养和敬："生，事之以礼；死，葬之以礼，祭之以礼。""今之孝者，是谓能养。至于犬马，皆能有养。不敬，何以别乎？"①其次是顺从父母的意愿，"三年无改于父之道"，就是父母错了，也要和颜悦色地提出意见，他们不听，也不必勉强："事父母几谏。见志不从，又敬不违，劳而不怨。"②孔子明白孝悌伦理是维护家庭和睦的准则，而恰恰是家庭和睦构成社会和谐的基础。并且，孝悌伦理的推衍就是忠君爱国，因而后世以"求忠臣于孝子之门"把二者紧密联系在一起。

"仁"作为一种伦理观念包含了当时伦理的所有内容。孔子在与弟子们的谈论中，多次从不同的角度和不同的侧面，对"仁"进行论述。在他看来，除孝悌外，"仁"也包括刻苦读书，追求学问："博学而笃志，切问而近思，仁在其中矣。"③又包括刚毅、勇敢和为真理而不惜牺牲自己生命的无畏胆识："刚、毅、木、讷，近仁。"④"有德者必有言，有言者不必有德。仁者必有勇，勇者不必有仁。"⑤"志士仁人，无求生以害人，有杀身以成仁。"⑥而"杀身成仁，舍生取义"就成为孔子和后世志士仁人心目中最高的道德实践。在回答子张的请教时，他提出"仁"者必须具备"恭、宽、信、敏、惠"五种品德：

子张问仁于孔子，孔子曰："能行五者于天下，为仁矣。""请

---

① 《论语·为政》，《十三经注疏》，第2462页。
② 《论语·里仁》，《十三经注疏》，第2471页。
③ 《论语·子张》，《十三经注疏》，第2532页。
④ 《论语·子路》，《十三经注疏》，第2508页。
⑤ 《论语·宪问》，《十三经注疏》，第2510页。
⑥ 《论语·卫灵公》，《十三经注疏》，第2517页。

问之。"曰:"恭、宽、信、敏、惠。恭则不侮,宽则得众,信则人任焉,敏则有功,惠则足以使人。"①

这里,孔子认定,一个人能够具备庄重、宽厚、信诚、奋勉、慈惠五种品德并将其推行到实践中,就达到了"仁"的境界。他还进一步解释说,庄重就不致遭受侮辱,宽厚就能得到众人的拥护,信诚就会获得别人的信任,奋勉就能取得成功,慈惠就可以很好地使用别人。这里已经将"仁"延伸到对执政者政治品德的要求了。

由于孔子在多数情况下将"仁"视为最高的道德标准,所以认为达到"仁"的境界很不容易,在他的弟子中也只有颜回能够做到"三月不违仁",其他学生也就是偶尔想到"仁"而已。不过,孔子有时对一些大政治家又不求全责备,尽管他们在品德上有明显缺失,他也推崇他们达到了"仁"的标准。他对管仲的评价就是一个鲜明的例证。孔子一方面对管仲的"不知礼"进行毫不留情的尖锐批评:

子曰:"管仲之器小哉!"或曰:"管仲俭乎?"曰:"管氏有三归,官事不摄,焉得俭?""然则管仲知礼乎?"曰:"邦君树塞门,管氏亦树塞门;邦君为两君之好,有反坫,管氏亦有反坫。管氏而知礼,孰不知礼?"②

这里,孔子认为,管仲作为齐国相这样的高官,他的一些作为是严重违背礼制的:国君树起塞门③,管仲也树起塞门。国君为两国交好,设有反坫④,管仲也设有反坫。如果说管仲知礼,还有谁不知礼呢!

另一方面,孔子又称许管仲是个达到"仁"的标准的大人物:

子路曰:"桓公杀公子纠,召忽死之,管仲不死。"曰:"未仁乎?"子曰:"桓公九合诸侯,不以兵车,管仲之力也!如其仁!

---

① 《论语·阳货》,《十三经注疏》,第 2524 页。
② 《论语·八佾》,《十三经注疏》,第 2468 页。
③ 塞门,是古代国君在其大门内修筑的短墙,目的是挡住人们的视线,类似后世住宅大门内的影壁。
④ 反坫,是一种土台子,为古代国君招待他国国君时用于放置献酒后的空杯子,他人不得设置。

如其仁！"子贡曰："管仲非仁者与？桓公杀公子纠，不能死，又相之。"子曰："管仲相桓公，霸诸侯，一匡天下，民到于今受其赐。微管仲，吾其被发左衽矣。岂若匹夫匹妇之为谅也，自经于沟渎而莫之知也。"①

子路和子贡问的是同一个问题，管仲原是支持公子纠与小白（即齐桓公）争夺国君之位的，结果是公子纠失败，与管仲取同一立场的召忽毅然为公子纠殉节，而管仲不仅没有为公子纠殉节，反而做了齐桓公的相，显然是节操有亏。可是孔子居然称许管仲"如其仁"。他的理由是管仲辅佐齐桓公，称霸诸侯，匡正天下，老百姓至今还享受着他的好处。如果没有管仲，我们可能就要受夷狄的统治了。难道他也要像普通百姓一样固守小节，在山沟中自杀也没有人知道吗？齐桓公高举"尊王攘夷"的大旗，多次会盟诸侯，而不凭借武力，全凭精心的运筹帷幄，这就是管仲的"仁"！

从孔子对管仲的评价可以看出他在"仁"问题上的灵活变通。他坚定地认为，仁者不能"违礼"，而管仲却明目张胆地"违礼"，这显然与"仁"拉开了距离。但孔子又斩钉截铁地肯定管仲达到"仁"的境界，用的是"大节无亏，小节有疵"者依大节进行评判的标准。这里可以看出，孔子在具体评价一些历史人物时善于通权达变，而对政治家的评判主要从政治道德和实际功业着眼，而不必汲汲于小节的瑕疵。

更为可贵的是，孔子在对"仁"的论述中，充分肯定人的主观能动性的发挥：

子曰："仁远乎哉？我欲仁，斯仁至矣。"②
子曰："人能弘道，非道弘人。"③
曾子曰："士不可以不弘毅，任重而道远。仁以为己任，不亦重乎？死而后已，不亦远乎？"④

---

① 《论语·宪问》，《十三经注疏》，第2511—2512页。
② 《论语·述而》，《十三经注疏》，第2483页。
③ 《论语·卫灵公》，《十三经注疏》，第2518页。
④ 《论语·泰伯》，《十三经注疏》，第2487页。

子曰:"三军可夺帅也,匹夫不可夺志也。""岁寒,然后知松柏之后凋也。"①

孔子认定人能够发挥出最大的主观能动性,只要自己认定正确的目标,全力以赴,持之以恒,就能够达到"仁"的境界。因为人能够使道发扬光大,而不是道能扩大人的才能。所以应该坚定信心,以仁为己任,不惧任重道远,而是心胸宽广,意志坚强,不倦地奋斗。考验松柏凋谢的是严寒,尽管三军之帅可以被俘获,但志士仁人的意志却是不能被强迫改变的。孔子一贯相信,任何平常的人,通过自己的不断努力和不懈追求,都会成为道德高尚和通达事理的人。反之,如果放弃个人努力,违背理性,舍弃道德追求,那就与禽兽相去不远了。所以,社会上每一个人的意志和人格都应该得到尊重,每一个立志于成"仁"的人,都应该为实践"仁"的价值理想而进行不惜生命的奋斗,这也就是"杀身成仁,舍生取义"。

孔子还将"仁"延伸至政治社会领域,演化出他的政治思想。这一方面的问题,我们将在下面集中论述。

与仁相对的"礼",同样是孔子思想中的核心概念。在《论语》中"礼"字也出现百次以上。在何晏、皇侃编著的《论语集解义疏》中,"礼"字出现了166次。孔子理解的"礼"就是周礼,即历经夏、商、周三代、通过不断损益而由周公集其大成确定的周朝礼制:

子张问:"十世可知也?"子曰:"殷因于夏礼,所损益可知也;周因于殷礼,所损益可知也;其或继周者,虽百世,可知也。"②

子曰:"周监于二代,郁郁乎文哉,吾从周。"③

这个被孔子赞扬有加的"礼",就是周朝底定的除奴隶以外的社会上所有人都必须遵循的行为规范,所谓"礼不下庶人,刑不上大夫"④,

---

① 《论语·子罕》,《十三经注疏》,第2491页。
② 《论语·为政》,《十三经注疏》,第2463页。
③ 《论语·八佾》,《十三经注疏》,第2467页。
④ 孙希旦:《礼记集解》卷4,第81—82页。

就是指的"礼"作为行为规范的适用范围。

仁礼互补，仁是指人们行为的内在根据，礼是指人们行为的外在规范，孔子有三段话把二者之间的关系讲得比较清楚：

> 子曰："人而不仁，如礼何？人而不仁，如乐何？"①
>
> 子曰："能以礼让为国乎？何有？不能以礼让为国，如礼何？"②
>
> 颜渊问仁，子曰："克己复礼为仁，一日克己复礼，天下归仁焉。为仁由己，而由人乎哉！"颜渊曰："请问其目。"子曰："非礼勿视，非礼勿听，非礼勿言，非礼勿动。"颜渊曰："回虽不敏，请事斯语矣。"③

在孔子看来，没有仁的内容，礼和乐也就失去了灵魂，但仁又表现为人的所有行动必须符合礼的规范，超越或破坏了礼的规范，仁也就不存在了。所以，实现仁就必须"复礼"。而要做到复礼，就必须克制自己的非仁违礼的欲望和行动，使自己的视、听、言、动都符合礼的规定。这就要求所有人的活动都在礼的范围内，按礼的规范进行，即思和行都不能越位。孔子在回答齐景公问政时提出"君君，臣臣，父父，子子"，就是要求国君、臣子、父亲、儿子都按照礼的规定严格履行自己的权利和义务，任何人，既不能放弃，更不能僭越这些权利和义务，这也是孔子大力呼吁"正名"的意义所在：

> 子路曰："卫君待子而为政，子将奚先？"子曰："必也正名乎！"子路曰："有是哉！子之迂也！奚其正？"子曰："野哉，由也！君子于其所不知，盖阙如也。名不正则言不顺，言不顺则事不成，事不成则礼乐不兴，礼乐不兴则刑罚不中，刑罚不中则民无所措手足。故君子名之必可言也，言之必可行也。君子于其言，无所苟而已矣。"④

---

① 《论语·八佾》，《十三经注疏》，第 2466 页。
② 《论语·里仁》，《十三经注疏》，第 2471 页。
③ 《论语·颜渊》，《十三经注疏》，第 2502 页。
④ 《论语·子路》，《十三经注疏》，第 2506 页。

孔子对春秋时期"礼崩乐坏"的局面痛心疾首,对季氏"八佾舞于庭""三家者以《雍》彻""陈恒弑其君"等一系列的违礼之行都发出了正义的声讨,就是他坚持为仁必须复礼的原则。

孔子明白,虽然仁与礼有着密切的联系,但二者毕竟是两个范畴,仁的内容如果不以礼加以规范,也会走偏:

> 子曰:"恭而无礼则劳,慎而无礼则葸,勇而无礼则乱,直而无礼则绞。君子笃于亲,则民兴于仁,故旧不遗,则民不偷。"①

孔子这里阐述的意思是,只是谦恭而不知礼,就会徒劳无功;只是谨慎而不知礼,就会畏缩拘谨;只是勇猛而不知礼,就会犯上作乱;只是直率而不知礼,就会话语尖刻。所以,仁和礼的互补还体现在相互间的制约。

因为礼表现为一种外在的仪式,所以是看得见,摸得着的,已经存在多年、程式固定的礼仪必须受到尊重,完整实行,器物、音乐、过程都必须规范,不能偷工减料。当"子贡欲去告朔之饩羊"的时候,孔子很不高兴,说:"赐也!尔爱其羊,我爱其礼。"② 大概当时人们对告朔礼已经不太重视,往往草草了事地敷衍,子贡也认为贡品中不必放置整只羊了。但孔子坚决反对。在他看来,仪式偷工减料,其展示的礼的尊严也就打了折扣,是要不得的。不过,孔子也不主张在礼仪上铺张浪费。有一次,林放问孔子"礼之本",孔子回答:"礼,与其奢也,宁俭;丧,与其易也,宁戚。"③ 意思是,就礼仪来说,与其奢侈,不如俭约;就丧礼来说,与其仪式周全,过度铺张,不如心中真正表现悲伤。这里显示,孔子既要求礼具备完整的形式,更要求具备其体现的内涵。他感叹地说:"礼云礼云,玉帛云乎哉?乐云乐云,钟鼓云乎哉?"④ 人们重视礼乐,并不是只关注礼仪进行中的器物,而是更关注形式所体现的内容。那么,礼的功用何在?那就是体现、强化和增进"仁"的内容:

---

① 《论语·泰伯》,《十三经注疏》,第 2486 页。
② 《论语·八佾》,《十三经注疏》,第 2467 页。
③ 《论语·八佾》,《十三经注疏》,第 2466 页。
④ 《论语·阳货》,《十三经注疏》,第 2525 页。

有子曰："礼之用，和为贵。先王之道，斯为美，小大由之。有所不行，知和而和，不以礼节之，亦不可行也。"①

定公问："君使臣，臣事君，如之何？"孔子对曰："君使臣以礼，臣事君以忠。"子曰："居上不宽，为礼不敬，临丧不哀，吾何以观之哉！"②

在孔子看来，礼贯彻始终的就是和谐，即各个阶层都按照礼的规范活动，彼此之间和谐相处。如君臣以礼和忠联系在一起，彼此的关系就协调了。一个人，对属下不宽厚，对礼仪不敬畏，临丧事不表现悲哀之情，他的人品就很不足恭维了。

总之，孔子认定，只要抓住"仁"和"礼"两个轮子，让其互为前提，互补为用，就能够使当时混乱的社会回归有序运行，使矛盾激化的各阶层回归协和相处，他理想的君圣臣贤、老安少怀、百姓安居乐业的局面也就到来了。但是，当时孔子的衷心期望却是一厢情愿！因为当时的"礼崩乐坏"正是历史向前发展的表征，周朝的礼乐制度是奴隶制社会的上层建筑，而这个制度在当时的中国已经走到尽头。孔子对礼的赞颂只能是一曲无可奈何的挽歌。他的"仁"充满人道主义和人文主义的理想，这些理想当时并不具备实现的条件。因此，孔子留下的只能是理想主义的光辉而已。尽管如此，孔子对"仁""礼"概念的扩张和弘扬，在中国思想史上仍然具有重要的积极意义，因为他阐发的理想主义和规则意识具有永恒的价值。

四　行政理想

孔子"仁"的理论延伸至政治和社会领域，展示的是他的行政理想。这个理想，可用"德治"两个字来概括：

子曰："为政以德，譬如北辰，居其所而众星共之。"
子曰："道之以政，齐之以刑，民免而无耻；道之以德，齐之

---

① 《论语·学而》，《十三经注疏》，第 2458 页。
② 《论语·八佾》，《十三经注疏》，第 2468 页。

以礼,有耻且格。"①

在孔子看来,用道德治理国家,国君就会像北斗星那样安居于自己的方位而被群星环绕仰望,即受到百姓的竭诚拥戴。用政令治理国家,用刑法约束百姓,百姓虽然会避免犯罪,但却没有耻辱心;用道德引导他们,用礼制约束他们,百姓不但会有耻辱心,而且能够自觉纠正自己的过失。这就是说,对统治者来说,德治是最好的最理想的行政方略。

孔子将天下或诸侯国是否实行德治,换成另一个说法,就是是否有"道":

> 孔子曰:"天下有道,则礼乐征伐自天子出;天下无道,则礼乐征伐自诸侯出。自诸侯出,盖十世希不失矣;自大夫出,五世希不失矣;陪臣执国命,三世希不失矣。天下有道,则政不在大夫。天下有道,则庶人不议。"②

孔子既然将周礼所代表的制度视为最好的制度,自然认定西周时期是天下最有道的时期,也就是德治的典范时期,其最重要的特征就是"礼乐征伐自天子出"而不能由诸侯出,更不能由大夫出和"陪臣执国命"的情况出现。孔子的"克己复礼"的最终目标,也就是在全国范围内恢复西周时期的统治模式,再现"成康之世"的盛景。

但有时候,孔子又认为他理想中的社会应该采取夏、商、周三代各自最好的制度,将其结合在一起:

> 颜渊问为邦,子曰:"行夏之时,乘殷之辂,服周之冕,乐则《韶》《舞》,放郑声,远佞人,郑声淫,佞人殆。"③

颜回问孔子如何治理国家,他的回答是实行夏朝的历法,乘坐殷朝的车子,穿戴周朝的衣帽,演奏《韶》乐和《舞》乐,排斥郑国的音乐,疏远奸佞小人。因为郑乐淫秽,小人奸险叵测。显然,孔子将三代

---

① 《论语·为政》,《十三经注疏》,第2461页。
② 《论语·季氏》,《十三经注疏》,第2521页。
③ 《论语·卫灵公》,《十三经注疏》,第2517页。

视为中国历史的黄金时代，未来国家和社会的治理最好采取三代各自的最佳形式而综合运用。

行政理想确定了，如何将这个理想变成现实呢？孔子也有他的总体设计。这就是从"正名"入手，按周礼的规定，让所有社会上的各类人都回归本位，君、臣、父、子、诸侯、卿大夫、士以及庶民百姓中的各层次、各行业，都严格履行自己应有的权利和义务。周天子是全国的最高统治者，他既是最高的道德典范，又是执掌礼乐征伐的最高权威，全国行政的大政方针自然都由他掌控和实施。国君是各诸侯国的最高统治者，他也既是道德楷模，又是诸侯国执掌礼乐征伐的最高权威。只要他们真正成为全民尊仰的道德制高点，全国就会从风而服：

> 季康子问政于孔子曰："如杀无道，以就有道，何如？"孔子对曰："子为政，焉用杀？子欲善而民善矣。君子之德风，小人之德草，草上之风，必偃。"①

对高居道德制高点上国君的最重要要求就是"身正"，而"身正"的要求就是"正身"，即按照周礼的规定修养品德，严格履行自己应有的权利和义务：

> 子曰："其身正，不令而行；其身不正，虽令不从。"
> 子曰："苟正其身矣，于从政乎何有？不能正其身，如正人何？"②
> 季康子问政于孔子，孔子对曰："政者，正也。子帅以正，孰敢不正？"③

孔子对君王中他认定的"正身"典型加以由衷的颂扬：

> 子曰："泰伯，其可谓至德也已矣。三以天下让。民无得而称焉。"

---

① 《论语·颜渊》，《十三经注疏》，第 2504 页。
② 《论语·子路》，《十三经注疏》，第 2507 页。
③ 《论语·颜渊》，《十三经注疏》，第 2504 页。

> 子曰:"巍巍乎,舜、禹之有天下也,而不与焉。"
>
> 子曰:"大哉,尧之为君也。巍巍乎!唯天为大,唯尧则之。荡荡乎!民无能名焉。巍巍乎!其有成功也。焕乎,其有文章。"舜有臣五人而天下治。武王曰:"予有乱臣十人。"孔子曰:"才难,不其然乎?唐、虞之际,于斯为盛,有妇人焉,九人而已。三分天下有其二,以服事殷。周之德,其可谓至德也已矣。"
>
> 子曰:"禹,吾无间然矣!菲饮食而致孝乎鬼神;恶衣服而致美乎黻冕,卑宫室而尽力乎沟洫。禹,吾无间然矣!"①

这里,孔子赞扬吴国的始祖泰伯,他多次将王位让给自己的兄弟季历,自己远赴东南的草莽之地经营吴国,老百姓简直不知道怎么赞扬他好了。他颂扬大禹是伟大崇高的君主,他得天下不是通过武力夺取,而是通过禅让顺利继承。在孔子看来,大禹几乎没有可挑剔之处。因为禹自己受用很简单的饮食,却尽力敬奉鬼神;平时穿很破旧的衣服,祭祀的时候却穿戴华美;自己居住低矮的宫室,却尽力搞好农田水利。孔子颂扬尧是崇高伟大的君王,因为只有天最高大,而尧却能够效法天,给予百姓无限宽广的恩德,老百姓也不知道怎么赞扬他好了。尧创造了巨大的功绩,留下了辉煌灿烂的典章制度。孔子颂扬虞舜,说他用五个贤臣就治理好天下。他颂扬周武王,说他手下有十个治国的贤才,是唐尧、虞舜之后人才最盛的时代。他特别颂扬周文王,认为他据有天下的三分之二,犹能服从、尊奉殷王,他的道德实在是最高尚的。

"身正"的国君,必须有一批贤臣协助他打理国政,所以对国君用人的要求就是举贤:

> 仲弓为季氏宰,问政。子曰:"先有司,赦小过,举贤才。"曰:"焉知贤才而举之?"子曰:"举尔所知,尔所不知,人其舍诸?"②

孔子认定尧、舜、周文王、周武王都是举贤才的典型,这是他们能够创立盛世的最重要的条件之一。孔子曾在季康子面前直斥卫灵公是个

---

① 《论语·泰伯》,《十三经注疏》,第 2486—2488 页。
② 《论语·子路》,《十三经注疏》,第 2506 页。

无道的国君，季康子问他，既然如此，卫灵公为什么还没有垮台呢？孔子回答说，是因为他手下有一批贤才支撑着："仲叔圉治宾客，祝鮀治宗庙，王孙贾治军旅。夫如是，奚其丧？"① 孔子认为，虽然卫灵公很无道，可是，他还有仲叔圉接待宾客，有祝鮀管理宗庙，有王孙贾统率军队，国家和社会还能有序运行，这就是他还能维持不坠的原因。孔子在这里突出了贤才的作用。在孔子心目中，辅佐虞舜的五大臣是贤才，周武王手下的十大臣是贤才，周公是第一流的贤才，周朝的"八士"伯达、伯适、仲突、仲忽、叔夜、叔夏、季随、季騧是贤才。② 齐国的管仲、晏婴是贤才。卫国的史鱼、郑国的子产是贤才，还有他众多的弟子也是贤才。这些贤才正是治理好国家和社会的第一线的人物，处于治国理政的关键岗位。而只有贤臣在岗，百姓才会服从政府的管理："哀公问曰：'何为则民服？'子曰：'举直错诸枉，则民服；举枉错诸直，则民不服。'"③ 孔子的意思是，选用正直，弃置邪佞，百姓就会服从；选用邪佞，弃置正直，百姓就会不服从。所以贤臣对于管理民众也具有关键意义。不过，孔子也看到，对于国君来说，举贤的前提是识贤，而为了识贤，必须对臣子和被举之人进行认真考察，重视众人的反应，也不能全凭众人的反应，国君自己要细心考察："众恶之，必察焉；众恶之，必察焉。"④ 而考察的方法就是："视其所以，观其所由，察其所安。人焉廋哉？人焉廋哉？"⑤ 意思是，看他的言行动机，观察他所走的道路，考察他安心于什么。这样，谁的真面目也难以隐藏得住了。

在孔子看来，贤臣应该具备哪些素质呢？第一，首先必须是忠臣，"君使臣以礼，臣事君以忠"⑥，臣子绝对忠于君王的事业，这不仅表现在处处时时为君王的利益服务，也表现在敢于对国君谏诤："子路问事君，子曰：'勿欺也，而犯之。'"⑦ 你不能欺骗国君，但必须规劝他。第二，贤臣只能为贤君服务，像蘧伯玉那样，邦有道则仕，邦无道则

---

① 《论语·宪问》，《十三经注疏》，第2512页。
② 《论语·微子》，《十三经注疏》，第2530页。
③ 《论语·为政》，《十三经注疏》，第2462—2463页。
④ 《论语·卫灵公》，《十三经注疏》，第2518页。
⑤ 《论语·为政》，《十三经注疏》，第2462页。
⑥ 《论语·八佾》，《十三经注疏》，第2468页。
⑦ 《论语·宪问》，《十三经注疏》，第2512页。

隐,"道不同,不相为谋"①;即使在无道的国君手下服务,也必须按周礼规定的原则办事,绝对不能与无道的国君同流合污。第三,贤臣必须加强自己的道德修养和增进自己的行政才能,成为一个品格优秀、能力卓越的人物。第四,为国君服务不讲价钱,不索要俸禄,"事君,敬其事而后其食"②。第五,也是最重要的,贤臣必须爱民,关心百姓的疾苦,帮助百姓达到安居乐业的康庄之境。孔子赞扬子产行政贯彻了四点"君子之道":"其行己也恭,其事上也敬,其养民也惠,其使民也义。"③ 即子产自己行为谨慎小心,对待国君恭恭敬敬,对百姓施以恩惠,使用百姓合乎义理。相反,对于不顾百姓死活的聚敛之臣,孔子则深恶痛绝,认为那绝对不是为臣之道。所以当他很看重的弟子冉有帮助季氏改革税收制度,在孔子看来是苛剥百姓时,就大呼其他弟子"鸣鼓而攻之"。

由于治理国家主要靠君臣,所以孔子把君臣问题置于他行政理论的重要位置,而要求君臣千万警醒"为君难,为臣不易"的道理:

> 定公问:"一言而可以兴邦,有诸?"孔子对曰:"言不可以若是,其几也,人之言曰:'为君难,为臣不易。'如知为君之难也,不几乎一言而兴邦乎?"曰:"一言而丧邦,有诸?"孔子对曰:"言不可以若是,其几也,人之言曰:'予无乐乎为君,唯其言而莫予违也。'如其善而莫之违也,不亦善乎? 如不善而莫之违也,不几乎一言而丧邦乎?"④

这里记述的是鲁定公与孔子的对话,定公过问"一言兴邦,一言丧邦"的道理。孔子回答他,虽然找不到这样的话,但与这句话相近的意思还是有的,这就是让君臣们知道并牢记"为君难,为臣不易"这句话蕴含的真理。知道为君难,就要小心谨慎、兢兢业业地管理国政,特别需要警惕自己不正确的话无人敢违抗而陷入暴戾恣睢。孔子对君臣的最高期望是,他们都能成为君子,不断加强自己的修养,做到"修

---

① 《论语·卫灵公》,《十三经注疏》,第 2518 页。
② 《论语·卫灵公》,《十三经注疏》,第 2518 页。
③ 《论语·公冶长》,《十三经注疏》,第 2474 页。
④ 《论语·子路》,《十三经注疏》,第 2507 页。

己以安人","修己以安百姓"①。

圣君贤臣如何治理百姓呢？孔子讲了许多原则，其中最重要的就是"富而教之"：

> 子适卫，冉有仆。子曰："庶矣哉！"冉有曰："既庶矣，又何加焉？"曰："富之。"曰："既富矣，又何加焉？"曰："教之。"②

孔子知道，百姓的最根本的愿望就是安居乐业，而其经济基础就是富裕。然而，仅有富裕还不能达到社会的安定与和谐，所以必须提高百姓的道德素养，形成整个社会群体的良风美俗。这就必须有教化，即对百姓进行文化知识和伦理道德的教育，使他们自觉地积极向善。孔子一生致力于教育事业，就是他意识到教育的社会功用。为了使百姓富起来，就要求统治者自己不要奢侈浪费，轻徭薄赋，使用民力尽量节制慎重，像承办祭祀一样严肃认真："道千乘之国，敬事而信，节用爱人，使民以时。"③ "使民如承大祭。"④ 百姓富起来，国家也就财政充裕，富而强起来。再进一步，也就能使国家、社会、官民、百姓之间都达到和谐状态，"胜残去杀"，没有打官司的，成为"近者说，远者来"⑤ 的"无讼"的世界。在教化方面，孔子讲了不少意见，如他与季康子有这样的对话：

> 季康子问："使民以敬，忠以劝，如之何？"子曰："临之以庄，则敬；孝慈，则忠；举善而教不能，则劝。"⑥

作为执政者的季康子，问孔子如何才能做到要求民众对自己尊敬，要求民众互相勉励并和睦相处，孔子回答他必须端正自己作为执政者的态度：对待民众神态庄重，他们就会恭敬；对父母孝敬，他们就会忠顺；选用好人，他们就会互相勉励。

---

① 《论语·宪问》，《十三经注疏》，第 2514 页。
② 《论语·子路》，《十三经注疏》，第 2507 页。
③ 《论语·学而》，《十三经注疏》，第 2457 页。
④ 《论语·颜渊》，《十三经注疏》，第 2502 页。
⑤ 《论语·子路》，《十三经注疏》，第 2507 页。
⑥ 《论语·为政》，《十三经注疏》，第 2463 页。

孔子进而意识到，民众对国君和政府的信任是顺利执政的基础，必须千方百计筑牢百姓的信任之堤：

> 子贡问政，子曰："足食，足兵，民信之矣。"子贡曰："必不得已而去，于斯三者何先？"子曰："去兵。"子贡曰："必不得已而去，于斯二者何先？"曰："去食。自古皆有死，民无信不立。"①

这里孔子对"信"的强调似乎有点过头和理想化，不过从中可以窥见他的苦心，因为真正取得民众对国君和政府的信任实在太不容易了。作为对立的两极，找到相互信任的平衡点从来都是行政中难乎其难的大事。孔子一方面希望国家和社会的治理能够速见成效，他曾信心百倍地说："苟有用我者，期月而已可也，三年有成。"② 另一方面，他也明白，行政不能过于追求短期行为和眼前的小利，还是应该着眼长远目标，脚踏实地地稳步前行。当子夏担任莒父宰向他讨教如何行政的时候，他谆谆告诫："无欲速，无见小利。欲速则不达，见小利则大事不成。"③

由于孔子坚持德治，注重教化，笃信"礼之用，和为贵"，自然厌恶人与人相残的战争：

> 卫灵公问阵于孔子，孔子对曰："俎豆之事，则尝闻之矣；军旅之事，未之学也。"④

然而，孔子同时也意识到，你无论怎么厌恶战争，战争还是不断地在列国间进行，而在当时的情况下，以言语无法止战，而只能"以战止战"。这就必须学习战略战术，教导民众学会打仗的本领。所以孔子也强调："以不教民战，是谓弃之。""善人教民七年，亦可以即戎矣。"⑤ 在孔子的教学科目中，御和射都与战争联系在一起，在一定程

---

① 《论语·颜渊》，《十三经注疏》，第 2505 页。
② 《论语·子路》，《十三经注疏》，第 2507 页。
③ 《论语·子路》，《十三经注疏》，第 2507 页。
④ 《论语·卫灵公》，《十三经注疏》，第 2516 页。
⑤ 《论语·子路》，《十三经注疏》，第 2508 页。

度上也可以说是一种军事训练。历史发展到春秋时代,战争已经成为家常便饭,是任何政治家和思想家都躲不过去的话题,诸子中几乎找不到一个不谈论战争的人物,孔子显然也不能例外。

孔子关于国家和社会的治理问题,在不同的场合,对不同的人,从不同的侧面,讲了一系列的观点,这些观点最后指向他的理想社会:"老者安之,朋友信之,少者怀之。"具体说就是由"小康"而进入"大同"的社会:

> 昔者仲尼与于蜡宾,事毕,出游于观之上,喟然而叹。仲尼之叹,盖叹鲁也。言偃在侧,曰:"君子何叹?"孔子曰:"大道之行也,与三代之英,丘未之逮也,而有志焉。大道之行也,天下为公,选贤与能,讲信修睦。故人不独亲其亲,不独子其子,使老有所终,壮有所用,幼有所长,矜、寡、孤、独、废、疾者皆有所养。男有分,女有归。货恶其弃于地也,不必藏于己;力恶其不出于身也,不必为己。是故谋闭而不兴,盗窃乱贼而不作,故外户而不闭,是谓大同。今大道既隐,天下为家,各亲其亲,各子其子,货力为己,大人世及以为礼,城郭沟池以为固,礼义以为纪。以正君臣,以笃父子,以睦兄弟,以和夫妇,以设制度,以立田里,以贤勇知,以功为己。故谋用是作,而兵由此起。禹、汤、文、武、成王、周公,由此其选也。此六君子者,未有不谨于礼者也。以著其义,以考其信,著有过,刑仁讲让,示民有常。如有不由此者,在势者去,众以为殃。是谓小康。"[①]

孔子这里所讲的"大道之行也,天下为公"的社会,实际上是他对传说中的原始社会的理想化加工。孔子的时代,离开原始社会至少已经两千多年,关于那个时代的记忆,是经过无数次加工而形成的传说,而这个传说变成了越来越理性化的图景。但是,就是这个离开真相越来越远的图景,恰恰一再激动着不知多少思想家的心灵。他们对比当前纷争不已、污秽不堪的社会现实,不由得将目光投向这些传说,将其变成民族的口述历史,期望从这里找到激发人们变革现实的热情和动力。不过,孔子也十分

---

① 孙希旦:《礼记集解》,第581—583页。

清楚，他面对的社会，不仅离"天下为公"的时代已经难以道里计，就是与以"禹、汤、文、武、成王、周公"等圣人为代表的"小康社会"也远远拉开了距离，真正达到这一目标也殊非易事。不得已而求其次，孔子期望通过"克己复礼"的变革，将"仁"的理念注入政治、经济、思想文化以及社会生活的方方面面，首先实现小康，再经过小康而过渡到大同。由此，孔子给中国历史留下大同社会的理想和通过小康进入大同的路径指向。这种理想社会，尽管是一种不具备实践品格的空想，但却作为一面高扬的理想的旗帜，激励着一代又一代先进的中国人为之前赴后继地奋斗不已。这应该是孔子对中国思想史的贡献之一。

五 君子人格修养论

孔子生活的春秋晚期，虽然在他看来是一个秩序失范的"无道"时代，然而，恰恰就是这个时代，随着奴隶的解放而冲破了等级固化的藩篱，一个"闪闪发光的感觉体"——"人"被发现了！你无论属于哪个等级，你首先是一个人，一个有血有肉，有感情有道德，有相应的价值观，承担相应的权利和义务的人。作为个体生命，所有人都应该是平等的，所有人都应该被尊重，所有人都有追求幸福的权利，这一具有普遍价值的理念逐渐被社会所接受。孔子正是在这一潮流中被激荡，从而自觉地喊出了"仁者爱人""己欲立而立人，己欲达而达人""己所不欲，勿施于人"的时代最强音。

在这个发现人、高扬人之本性的时代，孔子创造出"君子人格"这一崇高的形象，这一形象代表的是一种道德境界，一种价值理性，一种思想观念，一种担当和使命意识。它没有阶级的分野，没有等级的差别，没有贵贱的区分，没有贫富的轩轾。无论你是国君世族、高官显贵，还是平民百姓，贩夫走卒，只要达到那个道德境界，你就是君子；达不到那个境界，你就不属于君子，甚至是一个"小人"。孔子切望通过君子人格的形象，竖起一面迎风飘荡的大旗，引领国家走向繁荣富强，引领社会日臻和谐温馨，引领人群提升生命自觉和生活质量，奋发自励，去创造崇高，创造灿烂，创造辉煌。

在孔子那里，君子人格有着极其丰富的内涵。首先，君子是与小人对立而存在的，在高大伟岸的君子之旁，永远有一个卑鄙龌龊的小人与之陪伴映照：

子曰:"君子周而不比,小人比而不周(君子正常交往而不朋比勾结,小人朋比勾结而不正常交往)。"①

子曰:"君子怀德,小人怀土;君子怀刑,小人怀惠(君子关注道德,小人思念乡土;君子关注法度,小人专注恩惠)。"②

子曰:"君子喻于义,小人喻于利(君子通晓义,小人只懂利)。"③

子曰:"君子坦荡荡,小人长戚戚(君子心胸宽广,小人经常忧愁)。"④

子曰:"君子成人之美,不成人之恶。小人反是(君子成全别人的好事,不促成别人的坏事。而小人则与之相反)。"⑤

子曰:"君子和而不同,小人同而不和(君子追求和谐而不盲目附和,小人盲目附和而不追求和谐)。"

子曰:"君子泰而不骄,小人骄而不泰(君子安祥舒泰而不傲慢凌人,小人傲慢凌人而不安祥舒泰)。"⑥

子曰:"君子而不仁者有矣夫,未有小人而仁者也(君子之中没有仁德的人是有的,小人之中却没有一个仁德的人)。"

子曰:"君子上达,小人下达(君子通达于仁义,小人通达于财利)。"⑦

子曰:"君子求诸己,小人求诸人(君子严格要求自己,小人苛求别人)。"

子曰:"君子不可小知而可大受也,小人不可大受而可小知也(不可让君子做小事情而要让他们承担重任。不可让小人承担重任而要让他们做小事情)。"⑧

子曰:"君子固穷,小人穷斯滥矣(君子能够安守贫穷,小人

---

① 《论语·为政》,《十三经注疏》,中华书局1980年版,第2462页。
② 《论语·里仁》,《十三经注疏》,第2471页。
③ 《论语·里仁》,《十三经注疏》,第2471页。
④ 《论语·述而》,《十三经注疏》,第2484页。
⑤ 《论语·颜渊》,《十三经注疏》,第2504页。
⑥ 《论语·子路》,《十三经注疏》,第2508页。
⑦ 《论语·宪问》,《十三经注疏》,第2512页。
⑧ 《论语·卫灵公》,《十三经注疏》,第2518页。

一旦贫穷就无所不为了）。"

孔子曰："君子有三畏：畏天命，畏大人，畏圣人之言。小人不知天命而不畏也，狎大人，侮圣人之言（君子有三怕：怕天命，怕大人，怕圣人之言。小人不知天命而不怕，不尊重大人，轻侮圣人之言）。"①。

子曰："君子易事而难说也。说之不以道，不说也。及其使人也，器之。小人难事而易说也。说之虽不以道，说也。及其使人也，求备焉（在君子手下办事容易，但要讨得他的欢心却很难。不按正道去讨好他，他是不会喜欢的。但他使用人的时候，却能量才录用。在小人手下办事很难，但要讨得他的欢心却很容易，即使不按正道去讨好他，他也会喜欢的。他使用人的时候，却往往求全责备）。"②

在以上罗列的君子与小人的对比中，涉及了双方做人的准则，为人处世的态度，主要从道德修养和行为趋向的层面突出君子和小人的分野。

孔子认为，君子最根本的特质是以追求和实践仁义为最终和最高的目标。为了这个目标，即使"杀身成仁，舍生取义"也在所不惜。在孔子看来，君子的人生指向就是"志于道"："朝闻道，夕死可矣。"③"君子之于天下也，无适也，无莫也，义之与比。"④ 就是说，君子对于天下之人，没有亲和疏的问题，只与义为伍。孔子又认定："君子义以为质，礼以行之，孙以出之，信以成之。君子哉！"⑤ 即是说，君子以义为根本，并以礼仪实行它，以谦逊的语言表述它，以忠诚的态度完成它。再全面一点讲，就是"志于道，据于德，依于仁，游于艺"⑥，即以道为志向，以德为根据，以仁为依靠，以六艺为学习的内容。无论在任何情况下，也不放弃对仁义的追求："饭疏食，饮水，曲肱而枕之，

---

① 《论语·季氏》，《十三经注疏》，第 2522 页。
② 《论语·子路》，《十三经注疏》，第 2508 页。
③ 《论语·里仁》，《十三经注疏》，第 2471 页。
④ 《论语·里仁》，《十三经注疏》，第 2471 页。
⑤ 《论语·卫灵公》，《十三经注疏》，第 2518 页。
⑥ 《论语·述而》，《十三经注疏》，第 2481 页。

乐亦在其中矣。不义而富且贵，于我如浮云。"① 在追求真理的道路上，君子一定能够做到"知者不惑，仁者不忧，勇者不惧"②。当子路问他君子是否崇尚勇敢的时候，孔子的回答是："君子义以为上。君子有勇而无义为乱，小人有勇而无义为盗。"③ 意思是，君子以义为高尚。君子有勇无义会作乱，小人有勇无义就会做强盗。君子追求和坚守仁义的决心是丝毫也不会动摇的，这就是"三军可夺帅，匹夫不可夺志"的真谛。

孔子认为，君子对待仕进和富贵利禄有自己的原则和底线，"邦有道则仕，邦无道则隐"：

> 子曰："笃信好学，守死善道，危邦不入，乱邦不居。天下有道则见，无道则隐。邦有道，贫且贱焉，耻也；邦无道，富且贵焉，耻也。"④
> 子谓颜渊曰："用之则行，舍之则藏。"⑤
> 宪问耻，子曰："邦有道，谷；邦无道，谷，耻也。"
> 子曰："邦有道，危言危行；邦无道，危行言孙。"⑥

孔子认定，在国家有道的时候，可以做官从政，而在国家无道的时候，再去做官，就是一种耻辱了。国家有道的时候，言和行都应该正直，而在国家无道的时候，尽管不去做官，但行为还是应该正直，只是说话小心点就是了。与对待做官从政相联系，如何对待富贵贫贱也是君子之为君子的重要内容。孔子认为，"君子忧道不忧贫"⑦，获得富贵和脱离贫贱都必须走正道，以邪门歪道获得富贵和摆脱贫贱都是君子不齿的：

> 子曰："士志于道，而耻恶衣恶食者，未足与议也。"

---

① 《论语·述而》，《十三经注疏》，第 2482 页。
② 《论语·子罕》，《十三经注疏》，第 2491 页。
③ 《论语·阳货》，《十三经注疏》，第 2526 页。
④ 《论语·泰伯》，《十三经注疏》，第 2487 页。
⑤ 《论语·述而》，《十三经注疏》，第 2482 页。
⑥ 《论语·宪问》，《十三经注疏》，第 2510 页。
⑦ 《论语·卫灵公》，《十三经注疏》，第 2518 页。

子曰:"富与贵,是人之所欲也,不以其道得之,不处也。贫与贱,是人之所恶也,不以其道得之,不去也。君子去仁,恶乎成名?君子无终食之间违仁,造次必于是,颠沛必于是。"①

子曰:"富而可求也,虽执鞭之士,吾亦为之。如不可求,从吾所好。"②

总之,在孔子看来,君子什么时候都把行仁践义放在第一位,做官从政也是为了这个目标。如果为获得富贵利禄而舍弃这个目标,君子是绝对不干的。所以,在许多时候,君子就必须安于远离官场的日子,安于过清贫自守的生活。

为了守住行仁践义这一根本目标,孔子认为君子应该将学习放在重要位置。"入太庙,每事问",随时随地学习治国做人的道理,学习礼乐文化知识,学习别人的优良道德情操:

子曰:"学而时习之,不亦说乎?"③

子曰:"见贤思齐焉,见不贤而内自省也。"④

子曰:"敏而好学,不耻下问。"⑤

子曰:"君子博学于文,约之以礼,亦可以弗畔矣夫!"⑥

子曰:"三人行,必有我师焉。择其善者而从之,其不善者而改之。"⑦

子夏曰:"日知其所亡,月无忘其所能,可谓好学也已矣。"⑧

子曰:"吾尝终日不食,终夜不寝,以思,无益,不如学也。"⑨

子曰:"由也,女闻六言六蔽矣乎?"对曰:"未也。""居!吾

---

① 《论语·里仁》,《十三经注疏》,第2471页。
② 《论语·述而》,《十三经注疏》,第2482页。
③ 《论语·学而》,《十三经注疏》,第2457页。
④ 《论语·里仁》,《十三经注疏》,第2471页。
⑤ 《论语·公冶长》,《十三经注疏》,第2474页。
⑥ 《论语·雍也》,《十三经注疏》,第2479页。
⑦ 《论语·述而》,《十三经注疏》,第2484页。
⑧ 《论语·子张》,《十三经注疏》,第2531页。
⑨ 《论语·卫灵公》,《十三经注疏》,第2518页。

语女。好仁不好学，其蔽也愚；好知不好学，其蔽也荡；好信不好学，其蔽也贼；好直不好学，其蔽也绞；好勇不好学，其蔽也狂；好刚不好学，其弊也狂。"①

孔子一生从事教育工作，始终以"学而不厌，诲人不倦"自励，不断地对认识规律和教与学的很多问题进行探索，总结了不少具有普遍价值的教学规律。他知道，无论是做官还是为民，不断学习都是增长知识和才干的重要途径，所以特别强调君子必须具备谦虚好学的品质。他虽然也讲过这样一段在中国教育史和哲学史上颇有争议的话："生而知之者，上也；学而知之者，次也；困而学之，又其次也；困而不学，民斯为下矣。"② 但他只是将"生知"的桂冠送给他心目中的圣人尧、舜、禹、汤、文、武、周公，而自己则是一个非生知而极其好学的人："我非生而知之者，好古，敏以求之者也。"③ "十室之邑，必有忠信如丘者焉，不如丘之好学也。"④ 长期的教学实践使他认识到，绝大部分人都是"学而知之者"，都是通过不倦地学习获取知识和增长才干的。

君子还必须在不断地学习生活中认识自己的缺点、弱点和种种不足之处，自省、自励，勇于正视和改正自己的缺点与错误：

> 子曰："人之过也，各于其党。观过，斯知仁矣。"
> 子曰："见贤思齐焉，见不贤而内自省也。"⑤
> 子贡曰："君子之过也，如日月之蚀焉；过也，人皆见之；更也，人皆仰之。"⑥
> 子曰："过而不改，是谓过矣。"⑦
> "过，则勿惮改。"⑧

---

① 《论语·阳货》，《十三经注疏》，第2525页。
② 《论语·季氏》，《十三经注疏》，第2522页。
③ 《论语·述而》，《十三经注疏》，第2471页。
④ 《论语·公冶长》，《十三经注疏》，第2471页、2475页。
⑤ 《论语·里仁》，《十三经注疏》，第2471页。
⑥ 《论语·子张》，《十三经注疏》，第2532页。
⑦ 《论语·卫灵公》，《十三经注疏》，第2518页。
⑧ 《论语·学而》，《十三经注疏》，第2458页。

显然，在孔子看来，知过必改是君子之为君子的特征之一。因为只要是人，就不可能一贯正确，永远正确，时时处处事事正确。因为任何人对事物的认识都有个过程，由于各种原因和条件的限制，人的认识很难避免片面和偏颇，所以不时正视和纠正错误就是认识过程中的常态。孔子强调"君子之过如日月之蚀"，强调"知过必改"，正是基于他对认识规律的洞察和掌握。

孔子进而认为，君子是全面发展的人，应该成为各种最优秀品质的集合体。

君子必须忠君尽孝。孔子尽管坚持"国有道，则仕；国无道，则隐"的仕进从政观，但是，他认为，君子一旦进入仕途，就要对国君和为之服务的上司忠贞不二。因此，他在各种场合都强调"忠"的重要性，强调君子必须是"忠臣"：

定公问："君使臣，臣事君，如之何？"孔子对曰："君使臣以礼，臣事君以忠。"①

子曰："君子不重，则不威；学则不固。主忠信，无友不如己者。"②

子张问政，子曰："居之无倦，行之以忠。"③

子路问事君，子曰："勿欺也，而犯之。"④

子曰："事君，敬其事而后其食。"⑤

孔子认为，君子做官从政以后，就应该忠于国君和为之服务的上司，忠于所执守的职务，忠实履行职务范围内的职责，千万不能欺骗他服务的对象。但是，对国君和为之服务的上司又不能"愚忠"，不能事事顺着他，一旦发现他的过失，就要"犯之"即谏诤，以便减少行政的失误和损失。君子同时应该是孝悌的模范："宗族称孝，乡党称弟。"⑥

---

① 《论语·八佾》，《十三经注疏》，第 2468 页。
② 《论语·学而》，《十三经注疏》，第 2458 页。
③ 《论语·颜渊》，《十三经注疏》，第 2504 页。
④ 《论语·宪问》，《十三经注疏》，第 2512 页。
⑤ 《论语·卫灵公》，《十三经注疏》，第 2518 页。
⑥ 《论语·子路》，《十三经注疏》，第 2508 页。

君子必须"笃信"。信在孔子那里，往往与"义"和"诚"联系在一起，形成"信义""诚信"，要求在君臣、君民、臣民和百姓之间形成一种彼此互信的关系。孔子特别重视这种关系，甚至认为它比食和兵更重要，必要时可以"去食去兵"而留下信，因为"民无信不立"。只有在国家和社会的各种关系中确立并践行诚信的原则，才能保证国家和社会的和谐与有序运行。孔子在他的讲话中不时论及信的重要性和必要性：

子曰："人而无信，不知其可也。大车无輗，小车无軏，其何以行哉？"①

子曰："笃信好学，守死善道，危邦不入，乱邦不居。"②

子张问行，子曰："言忠信，行笃敬，虽蛮貊之邦，行矣。言不忠信，行不笃敬，虽州里，行乎哉？立则见其参于前也，在舆则见其倚于衡也，夫然后行。"③

子夏曰："君子信而后劳其民，未信，则以为厉己也。信而后谏；未信，即以为谤己也。"④

这里孔子和子夏从多个层面论述诚信的重要性，将其视为各种社会关系中协和运行的根本规则，只有这种规则体系建立起来，才能使国家和社会的各种机制正常运作。而国家和社会的诚信体系一旦失范，必然不可避免地出现混乱，距离国破家亡也就不远了。

君子必须具备勇敢的品质，孔子多次强调：

"知者不惑，仁者不忧，勇者不惧。"⑤

"君子不忧不惧。"⑥

子曰："君子道者三，我无能焉：仁者不忧，知者不惑，勇者不惧。"子贡曰："夫子自道也。"⑦

---

① 《论语·为政》，《十三经注疏》，第2463页。
② 《论语·泰伯》，《十三经注疏》，第2487页。
③ 《论语·卫灵公》，《十三经注疏》，第2517页。
④ 《论语·子张》，《十三经注疏》，第2532页。
⑤ 《论语·子罕》，《十三经注疏》，第2491页。
⑥ 《论语·颜渊》，《十三经注疏》，第2503页。
⑦ 《论语·宪问》，《十三经注疏》，第2512页。

君子之所以能够勇敢面对一切艰难险阻，因为他相信自己从事的事业是正义的，自己的言行是符合仁之义和礼之规的，自己扪心自问，没有任何愧疚之处，所以也就无所畏惧："内省不疚，夫何忧何惧？"①

君子还应该具备"温、良、恭、俭、让"的品格：

> 子禽问于子贡曰："夫子至于是邦也，必闻其政，求之与？抑与之与？"子贡曰："夫子温、良、恭、俭、让以得之。夫子之求之也，其诸异乎人之求之与？"②

《论语·学而》记载的这段子禽与子贡的对话，引出子贡对孔子品格的概括，这就是温和、善良、恭敬、俭朴、谦让。其实这也是孔子倡导的君子品格。在一些谈话中，孔子还提到君子应该具备的另外某些品格。如"食无求饱，居无求安，敏于事而慎于言"③，"先行其言而后从之"④，"言之不出，耻躬之不逮""讷于言而敏于行"⑤，"不患人之不己知，患其不能也"⑥的言行一致、多做少说的修养。如"贫而乐，富而好礼"以及"不患人之不己知，患不知人"⑦和"不患无位，患所以立。不患莫己知，求为可知也"⑧的谦恭低调的行事风格。君子还必须清醒地控制自己的欲望，知道自己在各个年龄段需要戒备什么："君子有三戒：少之时，血气未定，戒之在色；及其壮也，血气方刚，戒之在斗；及其老也，血气既衰，戒之在得。"⑨

尤为重要的是，孔子认为君子是一个不倦的思想者，永远不要停止自己的思考，应该时刻准备着将自己思维的触角伸向任何地方：

> 孔子曰："君子有九思：视思明，听思聪，色思温，貌思恭，

---

① 《论语·颜渊》，《十三经注疏》，第2505页。
② 《论语·学而》，《十三经注疏》，第2458页。
③ 《论语·学而》，《十三经注疏》，第2458页。
④ 《论语·为政》，《十三经注疏》，第2462页。
⑤ 《论语·里仁》，《十三经注疏》，第2472页。
⑥ 《论语·宪问》，《十三经注疏》，第2512页。
⑦ 《论语·学而》，《十三经注疏》，第2471页。
⑧ 《论语·里仁》，《十三经注疏》，第2471页。
⑨ 《论语·季氏》，《十三经注疏》，第2522页。

言思忠，事思敬，疑思问，忿思难，见得思义。"①

孔子这段话的意思是，君子有九种考虑：看时要考虑是否看明白了，听时要考虑是否听清楚了，脸色要考虑是否温和，容态要考虑是否恭敬，言论要考虑是否忠实，做事要考虑是否认真，有疑虑时要考虑是否该问，愤恨时要考虑是否有后患，看到可得的利益时要考虑是否该得。总之，在孔子看来，思考要贯彻于待人处事的全过程、全方位，注意每一个关键的节点，思考自己如何应对及其利弊得失，使自己的思考、言行在任何时候和任何地方都保持在最佳状态，不失君子的思想、价值和风度。

孔子的君子人格是面对所有人的：任何人通过自己的修为都可以成为君子。不过，在孔子心目中，他实际上将君子人格更多地定位于士阶层，所以他有时说"君子如何"，有时也说"士如何"。士不必人人都成为君子，但孔子真诚地期望更多的士成为君子，他始终对士寄予厚望。这是因为，春秋时期的中国历史进入"礼崩乐坏"的巨变时代，"学在王官"的格局被打破，文化下移，私学诞生。过去服务于官府的文化人"散而至之方"，而通过私学教育使一批平民出身的青年才俊获得文化知识。这两部分人构成了士阶层的主体。这些人因为具有相当的文化知识，善于思考，作为思想和文化的载体，游走于朝野，出入于庙堂，盘桓于学校，是思想最活跃的一个群体，也是对当时的政治和思想能够发挥最大影响的一个群体。尽管他们还达不到战国时期纵横家"一怒而诸侯惧，安居而天下熄"的水准，但已经引起当权者的瞩目和重视。因为他们在政治和思想文化上的能量和影响越来越大，孔子自然对他们倾注了极大的热望和激情。加之他自己也是此一队伍中的一员，所以他就将改变当时社会失序运行的希望寄托在这个群体身上。孔子提出君子人格，潜藏于胸中的愿望是提升这一群体的水平、势能和影响力，使之成为当时政治思想和时尚的引领者，肩负起新的使命与担当，将混乱的时代引向"克己复礼"的坦途，引向他认定的社会复兴之路。然而，正如列宁所说："历史喜欢作弄人，喜欢同人们开玩笑，本来要到这个房间，结果却走进了另一个房间。"②春秋晚期，特别是战国时

---

① 《论语·季氏》，《十三经注疏》，第 2522 页。
② 《列宁全集》第 20 卷，人民出版社 1989 年版，第 459 页。

期的历史并没有按照孔子的设计发展，它的走向几乎与孔子的愿望背道而驰。他所瞩望的君子们几乎在其后的战国时代都走向为新兴地主阶级服务的道路，在封建化的变革中演出了英勇悲壮的活剧，留下了浓墨重彩的历史画卷。

孔子创造的君子人格，经过后世儒家，尤其是孟子、荀子的丰富发展弘扬，逐渐定格为一个崇高的道德和智慧的形象，成为引领社会正义、使命和担当的一面旗帜，在中国的政治和社会生活中产生了持久而积极的影响。

六　孔门弟子的政治思想

孔子一生从事教育事业，无论是在鲁国专门执教的岁月，还是在做官政务繁忙的时候，抑或是在周游列国颠沛流离的日子里，他都没有中断过教学活动。来自天南海北，不同出身、不同经历、不同年龄层次的弟子们，一批批地出入他的门下。有的走进来，接受陶冶；有的走出去，到社会上从事各种活动，把孔子的理想、学说和学问传遍四面八方。相传在他门下学习过的弟子有3000人，身通六艺、成绩卓著者有70多人。他晚年即归鲁前后招收的弟子中，史有明载的有子夏、子游、子张、曾参、澹台灭明、公西华、樊迟、孺悲等。晚年的教学内容较前更加丰富。除《诗》《书》《礼》《乐》外，又增设了《易》和《春秋》等，大概他对六艺是一边整理，一边传授的。

孔子从教40多年，培养出一大批政治、外交和军事方面的优秀人才，以及许多学识渊博、才华出众的学者，他们在继承和发展儒家学说方面发挥了承前启后的重要作用。

孔子曾经按品行和业务专长对他的弟子进行分类，举出每一类的佼佼者。其中品行以颜渊、闵子骞、冉伯牛、仲弓为代表。言语以宰我、子贡为代表。擅长政事者以冉有、子路为代表。在学问方面以子游、子夏为代表。孔子的学生大部分都接受他的思想、理论、德行和爱好的熏陶，与孔子的政治倾向基本上保持一致。前中期的孔子，热衷仕途，强烈祈望通过做官从政实践自己的理想。这一时期的学生也大都热衷仕进，涌现出一批行政、外交方面的干才。如子路任职卫国，冉有任职季氏宰，子贡任职鲁国外交官，宓子贱任职单父宰，冉雍任职季氏宰等。孔子晚年归鲁以后，对仕途已经比较淡漠，而将主要精力用于整理古代文献，这一时期的学生绝大部分成了学者。如子游虽然曾任单父宰，子夏曾任莒父宰，但他们更重视对孔子学说的研究和阐发。子夏精通乐，后来在西河聚徒讲学，被魏文侯聘为老师，做他的顾问，为传播六艺做出了重要贡献。子游也熟悉文献，对传播孔子"礼"的理论贡献较多。有若对孔子的仁、礼思想有新的阐发。曾参对孔子的"忠恕"和孝观念加以发展，而年龄最小的子张更是后来居上，成为孔子之后儒家八派之一的领袖。相貌丑陋的澹台灭明开始为孔子看不起，后来发现他是一个行为端正、讲究原则、深沉内敛的优秀人才。他南游楚国，讲学江汉，有弟子300多人，为儒学在战国时期向南方的发展传播立下不世之功。

孔门弟子尽管众多，但真正做官从政并取得显著成绩者是少数，能够表述自己成体系政治思想者更是少数。这里仅举出部分弟子，将他们政治思想的某些方面加以记述。

孔子最中意的弟子颜回（前521—前481年），字子渊，亦称颜渊，鲁国人。从他"一箪食，一瓢饮"的情况看，显然出自平民之家。他与父亲颜路一起跟从孔子读书，终生没有进入官场。他之所以被孔子赞扬为"不迁怒，不贰过"的最好学的弟子，一是因为他天资聪慧，读书刻苦，不仅能很快理解孔子讲授的内容，而且有所发挥，被子贡赞誉为"闻一知十"的绝顶聪明的学子。二是因为他安于清贫，在读书中寻求生活的乐趣，在学业上不断前进："吾见其进也，未见其止也。"① 三是他德行出众，特别尊敬老师，服膺孔子的思想和学说。即使在少正卯与孔子争夺弟子，搞得孔门"三盈三虚"的年代，他也毫不动摇地追随孔子。如此一来，颜回就成为孔门弟子中的榜样，所以孔子说"自吾有回，门人益亲"②。颜回遵循孔子的教导，刻苦自励，持之以恒地修养自己的品德。他说自己做人的原则是"愿无伐善，无施劳"③，就是不夸耀自己的优点，不表白自己的功劳，不争名不争利，真正做到了"敏于事而慎于言"④。四是不慕官场的荣利，对做官从政淡然处之。对于颜回的这一品性，孔子十分赞赏，曾对他说："用之则行，舍之则

---

① 《论语·子罕》，《十三经注疏》，第2491页。
② 司马迁：《史记》卷67《仲尼弟子列传》，第2188页。
③ 《论语·公冶长》，《十三经注疏》，第2475页。
④ 《论语·学而》，《十三经注疏》，第2458页。

藏，惟我与尔有是夫！"① 意思是，用我，干起来。不用我，藏起来，能够这样做的只有我们两个人。正因为如此，孔子才将他认定为弟子中唯一一个能够"三月不违仁"的翘楚之辈。② 颜回也有自己的政治理想，基本内容是孔子倡导的仁德政治，要求君臣、君民协和，老安少怀，社会稳定，百姓安居乐业。《韩诗外传》记载了这样一个故事。孔子与子路、子贡、颜回一同游景山，途中，孔子要他们各言其志。子路说他愿成为一个将军，率领三军在战场上建功立业。子贡说他想凭借自己的三寸不烂之舌，在列国间进行外交折冲，化干戈为玉帛。颜回则低调回应说，他愿意治理一个小国，使之达到德化仁义的境界：

> 愿得小国而相之。主以道制，臣以德化，君臣同心，外内相应，列国诸侯莫不从义向风，壮者趋而进，老者扶而至。教行乎百姓，德施乎四蛮，莫不释兵，辐辏乎四门，天下咸获永宁。蝗飞蠕动，各乐其性，进贤使能，各任其事。于是君绥于上，臣和于下，垂拱无为，动作中道，从容得礼。言仁义者赏，言战斗者死。则由（子路）何进而救，赐（子贡）何难之解。③

颜回这里所表述的是完全不同于子路、子贡的志向，即建立一个君、臣、民协和，壮有所用，老安少怀，德合仁义，无为而治的儒、道互补的理想社会。他的这一政治理想，既是孔子仁治思想的发展，又吸收了某些道家学派的理论，显示了自己独有的特色。不过，由于颜回一直没有从政的机会，他的政治理想也就只能停留在思想的层面。

冉有（前522年—？），又名冉求，字子有，鲁国人，出身微贱。在孔门弟子中，他是列入具有政治才能第一位的人物："求也，千室之邑，百乘之家，可使之为宰也。"④ 他较长期地担任季氏的家臣，也是季氏与孔子之间联系的重要渠道。冉有性格直率，办事爽快利落。当季氏准备祭祀泰山时，孔子认为违礼，问冉有能不能阻止，他回答"不能"，拒绝了老师的意向。冉有多才多艺，孔子认为这是从政的一

---

① 《论语·述而》，《十三经注疏》，第2482页。
② 《论语·雍也》，《十三经注疏》，第2478页。
③ 《韩诗外传》卷7，董治安主编《两汉全书》第2册，第757—758页。
④ 《论语·公冶长》，《十三经注疏》，第2473页。

个有利条件:"求也艺,于从政乎何有!"① 他一方面具有极强的理财能力,在其从政生涯中,涉及理财、税收的内容较多,曾参与季氏主持的鲁国税收制度的改革,显然是一个比较重视经济和民生问题的干才。另一方面,他也不乏军事才能,如在鲁哀公十一年(前484年),齐国出兵伐鲁,三桓都主张妥协,只有冉有力排众议,坚决主张抵抗,并亲率左军奋勇杀敌。在鲁国右军溃败逃跑的情况下,他硬是指挥鲁军取得了一次战胜齐军的大捷。不过,冉有在孔门弟子中,是与孔子思想拉开一定距离的学生。他比较漠视礼、乐、仁、义、孝的学习和研究,基本没有请教孔子这方面的学问。他很坦诚地说:"方六七十,如五六十,求也为之,比及三年,可使足民。如其礼乐,以俟君子。"② 承认自己在礼乐方面是短板。

冉有与孔子在思想和行动上的最明显差异是对待季氏等新兴势力的态度。孔子主张削弱和限制他们力量的发展,反对他们的违礼之举和革新措施,而冉有则基本上站在季氏一方,在"伐颛臾"和"用田赋"等问题上,他与孔子是尖锐对立的,以至孔子直斥他"非吾徒",鼓励弟子们"鸣鼓而攻之"③。尽管孔子与冉有在思想与政治上都有一定的距离,但冉有总体上没有脱离儒家学说的轨道,孔子对冉有许多方面的作为也都是肯定的,师徒之间互相肯定和赞扬的地方也不少。如在哀公十一年,孔子还在滞留卫国的时候,冉有对季康子赞扬孔子的才干:"用之有名,播之百姓,质诸鬼神而无憾。求之至于此道,虽累千社,夫子不利也。"④ 硬是说服季康子礼聘孔子返回鲁国安度晚年。而孔子也在许多场合赞扬冉有的治国理政的才能,将其置于自己最有才干的学生之列。

子贡(前520年—?),姓端木,名赐,字子贡,卫国人。出身商人家庭,拜师孔门后,也一直没有中断商贸活动。在孔门弟子中,他与宰我一同列入具有语言天赋的杰出人才。他能言善辩,反应机敏。孔子赞扬他"辩人也,丘弗如也"⑤。"子贡利口巧辩,孔子常黜其辩。"⑥

---

① 《论语·雍也》,《十三经注疏》,第2478页。
② 《论语·先进》,《十三经注疏》,第2500页。
③ 《论语·先进》,《十三经注疏》,第2499页。
④ 司马迁:《史记》卷47《孔子世家》,第1934页。
⑤ 王充:《论衡·书解》,四库全书本。
⑥ 司马迁:《史记》卷67《仲尼弟子列传》,第2195页。

子贡性格活泼爽利,办事明快通达。孔子就肯定"赐也达"①,这大概也是他从事外交活动和商贸事业的有利条件之一。子贡的性格缺陷也很明显,这就是好议论别人的是非善恶、长短优劣,"喜扬人之美,不能匿人之恶"②。他经常问孔子对其他弟子的看法,不时对同门进行评论,也对古人发表自己的看法,如他评论商纣王,就显示了不凡的历史眼光:

> 纣之不善,不如是之甚也。是以君子恶居下流,天下之恶皆归焉。③

再如他评价管仲:

> 管仲非仁者与?桓公杀公子纠,不能死,又相之。④

子贡完全是从道德的层面上否定管仲,惹得孔子很不以为然。而孔子则从历史评价出发,肯定管仲达到了"仁"的境界。子贡好议论人的脾性有时趋向对别人的讥讽,极易得罪人,所以受到孔子的批评。由于极具语言天赋,子贡自己也愿意发挥这方面的专长,特别钟情于外交谈判事务。一次孔子与颜回、子路、子贡同游戎山,途中孔子询问他们的志向,子贡的回答是:"得素衣缟冠,使于两国之间,不持尺寸之兵,升斗之粮,使两国相亲如兄弟。"被孔子赞誉其为"辩士"⑤。他曾经多次担任孔子和鲁国的特使,出使许多诸侯国,出色地完成了不少重要的外交任务。如鲁哀公七年(公元前488年),他受季康子派遣,出使吴国,会见吴国太宰,完成一项外交使命,化解了一场迫在眉睫的战争。鲁哀公十五年(公元前480年),他奉命出使齐国,进行外交折冲,说服齐国归还了侵占的鲁国"成"地。子贡还多次奔走于列国之间,进行外交斡旋,成功地化干戈为玉帛。所以司马迁高度评价他的外

---

① 《论语·雍也》,《十三经注疏》,第2478页。
② 司马迁:《史记》卷67《仲尼弟子列传》,第2201页。
③ 《论语·子张》,《十三经注疏》,第2532页。
④ 《论语·宪问》,《十三经注疏》,第2512页。
⑤ 《韩诗外传》卷9,董治安主编《两汉全书》第2册,第779页。

交活动:"故子贡一出,存鲁,乱齐,破吴,强晋而霸越。子贡一使,使势相破,十年之中,五国各有变。"① 子贡同时还是一个经营商贸事业的成功人士。在《史记·货殖列传》记述的商贸成功人士中,他位列第二。孔子夸赞他"亿则屡中"②,认定他是一个经商奇才。他善于了解和洞悉市场行情,"子贡善居积,意贵贱之期,数得其时,故货殖多,富比陶朱"③。又善于"好废举,与时转货赀"④,即买贱卖贵,及时出手,加快资金流转,所以"家累千金",成为孔门弟子中"最为饶益"的头号富豪,也是给予孔子最大财力支持的学生。而他的豪富加上他的外交官身份,更使他如虎添翼,备受诸侯国君的青睐,"子贡结驷连骑,束帛之币以聘享诸侯,所至,国君无不与之分庭抗礼"。子贡利用其丰沛的财力,利用其外交官来往众多诸侯国的条件,极力宣扬孔子的学说,使之得到更广泛的播扬:"夫使孔子名布扬于天下者,子贡先后之也。此所谓得势而益彰者乎!"⑤

子游(前506年—?),姓言,名偃,字子游,吴国(今江苏常熟)人(一说鲁国人)。他在孔子周游列国返鲁后进入孔门读书,学习刻苦,很快做了武城(今山东费县西南)宰。子游在孔门弟子中以"文学"著称,与他同框的只有子夏,说明他在这方面是相当突出的。他比较熟悉古代文献,连孔子演习古礼遇到困难时也找他协助解决,"礼不习,子游侍。辞不辩,宰我侍"⑥。子游具有较强的行政工作能力,他任武城宰不久,即依照孔子德治仁政的理念,将该地治理得社会安定,百姓乐业,并请求孔子一行前去参观游历:

> 子至武城,闻弦歌之声。夫子莞尔而笑,曰:"割鸡焉用牛刀?"子游对曰:"昔也偃也闻诸夫子曰:'君子学道则爱人,小人学道则易使也。'"子曰:"二三子!偃之言是也,前言戏之耳。"⑦

---

① 司马迁:《史记》卷67《仲尼弟子列传》,第2201页。
② 《论语·先进》,《十三经注疏》,第2499页。
③ 王充:《论衡·知实》。
④ 司马迁:《史记》卷67《仲尼弟子列传》,第2201页。
⑤ 司马迁:《史记》卷129《货殖列传》,第3258页。
⑥ 《尸子》,四库全书本。
⑦ 《论语·阳货》,《十三经注疏》,第2524页。

孔子耳闻目睹的是子游以教化的内容和手段对蕞尔小城的治理，尽管孔子感到有点小题大做，但还是肯定了他行政的原则。孔子去世后，儒家分化为八派，子游是其中一派的领袖。据郭沫若考证，这一派就是"子思之儒""孟氏之儒"和"乐正氏之儒"的合体，而子游则是这一派的创始者。这一派坚持大同小康的社会理想，"《礼记·礼运》一篇，毫无疑问，便是子游氏之儒的主要经典"①。这一派后来学术界习惯上称其为"思孟学派"，是孔子之后影响最大的儒家学派。

子夏（前507年—？），姓卜，名商，字子夏，卫国人，是孔子晚年的弟子之一，在孔门弟子中以"文学"著称。他出身微贱，"子夏贫，衣若县鹑"②，经常穿着破衣烂衫。但刻苦好学，才华横溢，性格独异，只与贤者相处，而对他认定的不贤者则不屑一顾。他同时又勇于担当，疾恶如仇。《韩诗外传》记载了子夏的这样一个故事：

> 卫灵公昼寝而起，志气益衰。使人驰召勇士公孙悁，道遇行人卜商。卜商曰："何驱之疾也？"对曰："公昼寝而起，使我召勇士公孙悁。"子夏曰："微悁而勇若悁者可乎？"御者曰："可。"子夏曰："载我而反。"至，君曰："使子召勇士，何为召儒？"使者曰："行人曰：'微悁而勇若悁者可乎？'臣曰：'可。'即载与来。"君曰："诺。延先生上，趣召公孙悁。"至，入门，仗剑疾呼曰："商下！我，存若头。"子夏顾咄之曰："咄！内剑，吾将与若言勇。"于是君令内剑而上。子夏曰："来。吾尝与子从君而西见赵简子，简子披髪杖矛而见我君，我从十三行之后趋而进，曰：'诸侯相见，不宜不朝服。君不朝服，行人卜商将以颈血溅君之服矣。'使反朝服而见吾君。子耶，我耶？"悁曰："子也。"子夏曰："子之勇不若我一矣。又与子从君而东至阿，遭齐君，重鞇而坐，吾君单鞇而坐，我从十三行之后趋而进曰：'礼，诸侯相见，不宜相临以庶。'揄其一鞇而去之者，子耶？我耶？"悁曰："子也。"子夏曰："子之勇不若我二矣。又与子从君于圃中，于是两寇肩逐我君，拔矛下格而还，子耶？我耶？"悁曰："子也。"子夏曰："子之勇不若我三矣。所贵为士者，上摄万乘，下不敢敖乎匹夫，外立节矜而

---

① 《郭沫若全集》历史编2，第133页。
② 王先谦：《荀子集解·大略》，第606页。

敌不侵扰，内禁残害而君不危殆，是士之所长，君子之所致贵也。若夫以长掩短，以众暴寡，凌轹无罪之民，而成威于闾巷之间者，是士之甚毒而君子之所致恶也，众之所诛锄也。《诗》曰：'人而无仪，不死何为？'夫何以论勇于人主之前哉？"于是灵公避席抑手曰："寡人虽不敏，请从先生之勇。"《诗》曰："不侮矜寡，不畏强御。"卜先生也。①

这个故事，记述子夏曾随侍卫灵公至晋国见执政赵简子，子夏敢于义正词严地纠正不以礼对待灵公的这位强人。又随卫灵公见齐君，子夏斥责齐君慢待卫灵公，使之改正错误。随国君外出遭遇两寇袭击时，子夏拔矛战寇，保护国君安全脱险。最后阐发士君子之勇的真正含义，是"上摄万乘，下不敢敖乎匹夫。外立节矜而敌不侵扰，内禁残害而君不危殆"，而不是"以长掩短，以众暴寡，凌轹无罪之民，而成威于闾巷之间者"的恶人之勇。《尸子》也记载子夏说的话："君子渐于饥寒，而志不僻；侉于五兵，而辞不慑。临大事，不忘昔席之言。"充分显示了子夏贫贱不移、威武不屈、富贵不淫的高贵品格。

子夏的聪明好学深得孔子的喜爱，于是认真向他传授《诗》《易》《春秋》等典籍，师徒之间经常讨论有关问题。由于子夏所处的时代已经接近战国，各诸侯国的变法运动开始萌生，新兴的地主阶级更是逐渐显示他们的优势。受时代条件感应，子夏对改革的大势是顺应和赞同的，对法家思想也在一定程度上持肯定态度。他曾在讲述《春秋》时说："善持势者，蚤绝其奸萌。"② 这显然是与法家同调了。子夏在孔子在世时曾担任过短期的莒父（今山东高密境）宰。孔子去世后，他去了魏国，"孔子既没，子夏居西河教授，为魏文侯师"③。他对孔子的教育思想有极深的理解，曾说"仕而优则学，学而优则仕"④，道出了仕与学都必须坚持的选优原则。他在魏国办学成绩卓著，教育出来田子方、段干木、吴起、李克等一大批改革派的干才，正是他们，襄助魏文侯进行了战国历史上最初的封建化的改革。他将儒学传播到魏国为中心

---

① 《韩诗外传》卷6，董治安主编《两汉全书》第2册，第742—743页。
② 王先慎：《韩非子集解》，中华书局2013年版，第334页。
③ 司马迁：《史记》卷67《仲尼弟子列传》，第2203页。
④ 《论语·子张》，《十三经注疏》，第2532页。

的中原地区，大大拓展了儒家学派的影响。据说撰《春秋公羊传》的公羊高和撰《春秋谷梁传》的谷梁赤，都是他的学生，他因而成为汉代《春秋》公羊学派的始祖，由董仲舒接续，在后世广泛传播。

曾子（前505—前432年），姓曾，名参，字舆，鲁国南成武（一说今山东平邑南，一说今山东嘉祥）人。他的先世是夏朝国君少康的后代曲烈，被封于鄫（今山东兰陵境）。春秋时期鄫被莒国灭亡，其世子逃到鲁国寻求庇护，居于南成武。到曾子时，他们家的贵族身份可能已经不被承认，所以很多文献记载他家并不富裕，曾子是靠常年劳作维持生活的，"缊袍无表，颜色肿哙，手足胼胝。三日不举火，十年不制衣，正冠而缨绝，捉衿而肘见，纳屦而踵决"①，显然是相当寒碜了。他与父亲曾点先后跟随孔子读书，他投奔孔子名下时，可能已经是孔子周游列国晚期或返鲁之后。曾子是孔门弟子中读书用功成效显著的学生之一。为了养活父母，他在年轻时曾在莒国担任过"得粟三秉"的小官。②父母去世后，曾"南游于楚，得尊官焉"③。在此前后，他开始聚徒讲学，弟子众多。再后来，他拒绝齐、楚、晋等诸侯国聘任相、令尹、上卿等高官的约请，④专注于儒家学说的研究和教学，为传播儒家思想做出了巨大贡献，成为孔子之后儒家学派的重要代表人物之一。

曾子是孔子最重要的弟子之一，由于他生活的年代基本是在战国时期，同当时儒家学派的子思和孟子有着极其亲密的学缘关系，所以将其放在战国时期的政治思想史中予以阐述。

宓子贱（前521年—?），名不齐，字子贱。鲁国人，出身情况不详。他也是孔子晚年招收的弟子。孔子认为君子人格是做人达到的最高典范，所以不轻易许人以君子。而在孔门弟子中，孔子独独认定宓子贱和南宫适为君子，"子谓子贱，'君子哉若人！鲁无君子者，斯焉取斯?'"⑤这说明宓子贱的个人修养已经达到相当高的水平。宓子贱具有较高的行政才能，他做单父（今山东单县）宰时，充分实施孔子仁民、

---

① 陈鼓应注译：《庄子今注今译》，第809页。
② 《韩诗外传》卷1，董治安主编《两汉全书》第2册，第669页。
③ 《韩诗外传》卷7，董治安主编《两汉全书》第2册，第751页。
④ 《韩诗外传》卷1，董治安主编《两汉全书》第2册，第669页。
⑤ 《论语·公冶长》，《十三经注疏》，第2473页。

举贤、孝亲、尊师的理念，将该地治理得井井有条，《韩诗外传》记载了他的事迹：

> 子贱治单父，其民附。孔子曰："告丘之所以治之者。"对曰："不齐时发仓禀，振困穷，补不足。"孔子曰："是小人附耳，未也。"对曰："赏有能，招贤才，退不肖。"孔子曰："是士附耳，未也。"对曰："所父事者三人，兄事者五人，所友者十二人，所师者一人。"孔子曰："所父事三人，足以教孝矣。所兄事者五人，足以教弟矣。所友者十二人，足以祛壅蔽矣。所师者一人，足以虑无失策，举无败功矣。"①

不宁唯此，宓子贱在行政实践中，还有意识地贯彻"无为而治"的原则，即在大政方针已经宣布实施的情况下，要手下官员各司其职，对百姓具体的生产生活充分放手，不去干预，让他们按照自己的意愿去活动。这样做，既减轻了行政官员的负担，又给予百姓更多的自由空间，是最聪明的执政理念。《吕氏春秋》有这样一段记载：

> 宓子贱治单父，弹鸣琴，身不下堂而单父治。巫马期以星出，以星入，日夜不居，以身亲之，而单父亦治。巫马期问其故于宓子，宓子曰："我之谓任人，子之谓任力。任力者劳，任人者逸。宓子则君子矣，逸四肢，全耳目，平心气，而百官以治义矣，任其数而已矣。巫马期则不然，弊生事情，劳手足，烦教诏，虽治犹未至也。"②

正是因为宓子贱采取"无为而治"的理念和措施治理单父取得良好的效果，所以得到该地百姓的拥护，《史记·滑稽列传》评论说："子产治郑，民不能欺；子贱治单父，民不忍欺；西门豹治邺，民不敢欺。"这是因为宓子贱的行政方略结合了儒家为民、德治、教化和道家"无为而治"的理念，既调动了百姓的道德自觉意识，又给了百姓相对宽松的生活空间，拉近了政府与百姓的距离，使他们内心贴近政府，当然也就不忍心欺骗他了。

---

① 《韩诗外传》卷8，董治安主编《两汉全书》第2册，第764—765页。
② 许维遹：《吕氏春秋集释》，第513页。

高柴（前521年—？），字子羔，卫国人。出身不详。他身材矮小，"状貌甚恶"①，但颇有行政才能，曾任鲁国的费宰、武城宰、成邑宰和卫国的士师，是孔门弟子中从政时间最长、任职最多的学生之一。《论语·先进》记载"柴也愚"，似乎他比较愚笨，实际上是说他正直而不知变通，大概是那种认死理而坚持原则的人，否则，他能长期任官吗？他较年轻时就被子路安排做了季氏的费郈宰，为此，孔子很不满意，与子路发生了一番争论：

> 子路使子羔为费郈宰，孔子曰："贼夫人之子！"子路曰："有人民焉，有社稷焉，何必读书然后为学！"孔子曰："是故恶夫佞者。"②

这里显示，孔子认为必须学习一段时间，在熟悉政务的有关内容和法规后方可从政，而子路则认为，可以在从政的实践中学习和提高自己的本领。看来他们师徒各有偏颇。不过，这倒说明高柴是较年轻时期就开始从政了。而事实证明，他是一个比较能干的行政人才。在任职期间，他尊礼孝亲，教导属下的百姓一切行动遵循礼制。他执法公平，严格按照法律法规行事，《说苑》记载了高柴这样一个故事：

> 子羔为卫政，刖人之足。卫之君臣乱，子羔走郭门，郭门闭，刖者守门，曰："于彼有缺。"子羔曰："君子不逾。"曰："于彼有窦。"子羔曰："君子不隧。"曰："于此有室。"子羔入，追者罢。子羔将去，谓刖者曰："吾不能亏损主之法令，而亲刖子之足。吾在难中，此乃子之报怨时也。何故逃我？"刖者曰："断足固我罪也，无可奈何。君之治臣也，倾侧法令，先后臣以法，欲臣之免于法也，臣知之。狱决罪定，临当论刑，君愁然不乐，见于颜色，臣又知之。君岂私臣哉？天生仁人之心，其固然也。此臣之所以脱君也。"孔闻之，曰："善为吏者树德，不善为吏者树怨。公行之也，其子羔之谓欤？"③

---

① 《孔子家语·弟子解》，四库全书本。
② 司马迁：《史记》卷67《仲尼弟子列传》，第2212页。
③ 刘向：《说苑》卷14，董治安主编《两汉全书》第2册，第5560—5561页。

这则故事或许有后人演绎之处，但所展现的高柴甚至能感动被刑之人的公平执法精神则应该是真实的。

有子（前518年—？），姓有，名若，字子有，鲁国人。出身情况文献缺载。他身材高大，相貌堂堂，接近孔子的形象，加之学习和领会孔子思想比较深刻到位，所以在孔子去世以后曾被孔门弟子推尊为"师"，代孔子成为儒家学派的领袖。

有子继承孔子"学而不厌"的精神，刻苦学习孔子的理论和学说，深得孔子思想的精髓，如将孔子的孝悌思想概括为"仁之本"：

> 有子曰："其为人也孝弟，而好犯上者，鲜矣；不好犯上，而好作乱者，未之有也。君子务本，本立而道生。孝弟也者，其为仁之本与！"①

这显然与孔子说的"君子笃于亲，则民兴于仁"② 相契合。他的"和为贵"的思想，也道出了孔子对于礼本质的理解：

> 有子曰："礼之用，和为贵。先王之道，斯为美，小大由之。有所不行，知和而和，不以礼节之，亦不可行也。"③

因为礼规定了社会上各色人等的地位和角色，只要每个人都思不出位，完全遵循礼的规范行事，社会自然能够有序运行。

有子特别重视孔子关于"言必信，行必果"的理念，也把信、义置于重要地位：

> 有子曰："信近于义，言可复也。恭近于礼，远耻辱也。因不失其亲，亦可宗也。"④

有子在政治思想上也钟情于孔子的"富民"意识，认定国富的基

---

① 《论语·学而》，《十三经注疏》，第2457页。
② 《论语·泰伯》，《十三经注疏》，第2486页。
③ 《论语·学而》，《十三经注疏》，第2458页。
④ 《论语·学而》，《十三经注疏》，第2458页。

础在于"民富":

> 哀公问于有若曰:"年饥,用不足,如之何?"有若对曰:"盍彻乎?"曰:"二吾犹不足,如之何其彻也?"对曰:"百姓足,君孰与不足,百姓不足,君孰于足?"①

哀公说实行十分之二的税率我已经感到不足用,你还要我实行十分之一的税率,那怎么够用呢?而有若的意思是,百姓富裕了,税基就大了,看起来税率降低,但税收还是可以增加的。这一意识中蕴含着深刻的"民本"理念,所以十分可贵。

有子也在一定程度上倾情于"无为而治"的道家思想,他对宓子贱治理单父达到的效果就非常赞赏,将其比喻为虞、舜当年"歌《南风》之诗而天下治"的风范。

正因为有子对孔子思想有着极其深刻的理解,所以对孔子更加佩服和崇拜,对孔子的颂扬也格外抢眼:"麒麟之于走兽,凤凰之于飞鸟,太行之于土垤,河海之于行潦,类也。圣人之于民,亦类也。出于其类,拔乎其萃,自生民以来,未有盛于孔子也。"② 在孔子之后,有子被推尊为儒家集团的掌门人,他应该是当之无愧的。

第三节 《司马法》《孙子兵法》的政治思想

一 司马穰苴与《司马法》的政治思想

司马穰苴与《司马法》的问题,历史上存在许多争论。但是,无论如何,司马迁关于他事迹的记载,应该基本上是可信的。司马穰苴是齐国的田氏苗裔,生活在齐景公当国和晏婴为相时期,具有杰出的军事才干,曾因战功被任命为齐国最高军职司马。他的传奇故事是斩杀景公的宠臣庄贾,逼退晋、燕之军,顺利收复失地:

> 司马穰苴者,田完之苗裔。齐景公时,晋伐阿、甄,而燕侵河上,齐师败绩。景公患之。晏婴乃荐田穰苴曰:"穰苴虽田氏庶

---

① 《论语·颜渊》,《十三经注疏》,第 2503 页。
② 《孟子·公孙丑上》,《十三经注疏》,第 2686 页。

孽，然其人文能附众，武能威敌，愿君试之。"景公召穰苴，与语兵事，大说之，以为将军。将兵捍燕晋之师。穰苴曰："臣素卑贱，君擢之闾伍之中，加之大夫之上，士卒未附，百姓不信，人微权轻，愿得君之宠臣、国之所尊以监军，乃可。"于是景公许之，使庄贾往。穰苴既辞，与庄贾约曰："旦日日中会于军门。"穰苴先驰至军，立表下漏待贾。贾素骄贵，以为将己之军而己为监，不甚急；亲戚左右送之，留饮。日中而贾不至。穰苴则仆表决漏，入，行军勒兵，申明约束。约束既定，夕时，庄贾乃至。穰苴曰："何后期为？"贾谢曰："不佞大夫亲戚送之，故留。"穰苴曰："将受命之日则忘其家，临军约束则忘其亲，援枹鼓之急则忘其身。今敌国深侵，邦内骚动，士卒暴露于境，君寝不安席，食不甘味，百姓之命皆悬于君，何谓相送乎！"召军正问曰："军法期而后至者云何？"对曰："当斩。"庄贾惧，使人驰报景公，请救。既往，未及反，于是遂斩庄贾以徇三军。三军之士皆振栗。久之，景公遣使者持节赦贾，驰入军中。穰苴曰："将在军，君令有所不受。"问军正曰："驰三军法何？"正曰："当斩。"使者大惧。穰苴曰："君之使不可杀之。"乃斩其仆，车之左驸，马之左骖，以徇三军。遣使者还报，然后行。士卒次舍井灶饮食问疾医药，身自拊循之。悉取将军之资粮享士卒，身与士卒平分粮食，最比其羸弱者。三日而后勒兵，病者皆求行，争奋出为之赴战。晋师闻之，为罢去。燕师闻之，度水而解。于是追击之，遂取所亡封内故境而引兵归。未至国，释兵旅，解约束，誓盟而后入邑。景公与诸大夫郊迎，劳师成礼，然后反归寝。既见穰苴，尊为大司马。田氏日以益尊于齐。①

司马穰苴任司马不久，即受谗发病而死："已而大夫鲍氏、高、国之属害之，谮于景公。景公退穰苴，苴发疾而死。"他的身后，留下一部《司马兵法》："齐威王使大夫追论古者《司马兵法》而附穰苴于其中，因号曰《司马穰苴兵法》。"②《汉书·艺文志》记载此书为 155 篇，但流传至今的只剩一个残篇。《司马兵法》显然是古代兵法的汇编，司马穰苴的兵学思想也编入或渗透其中，所以从今存的残篇中可以

---

① 司马迁：《史记》卷 64《司马穰苴列传》，第 2157—2158 页。
② 司马迁：《史记》卷 64《司马穰苴列传》，第 2160 页。

窥视司马穰苴政治思想的某些方面。

司马穰苴所处的春秋晚期，是由奴隶社会向封建社会的过渡时期。一方面是"礼崩乐坏"，奴隶制的制度和思想处于衰落之中，另一方面是这个制度和思想还影响着政治和社会的方方面面。《司马兵法》正是反映了这个时代的特点，表现在对战争的政治解读，强调仁、礼、德、义：

> 古者以仁为本，以义治之之谓正，正不获意则权。权出于战，不出于中人。是故杀人安人，杀之可也；攻其国，爱其民，攻之可也；以战止战，虽战可也。故仁见亲，义见说，智见恃，勇见身，信见信。内得爱焉，所以守也；外得威焉，所以战也。
>
> 先王之治，顺天之道，设地之宜，官民之德，而正名治物，立国辨职，以爵分禄，诸侯说怀，海外来服，狱弭而兵寝，圣德之治也。

而仁、礼、德、义，又集中体现为"爱民"：

> 战道，不违时，不厉民病，所以爱吾民也；不加丧，不因凶，所以爱夫其民也；冬夏不兴师，所以兼爱其民也。故国虽大，好战必亡；天下虽安，忘战必危。天下既平，天子大恺，春蒐秋狝，诸侯春振旅，秋治兵，所以不忘战也。

在整个战争进程中，处于进攻的一方，其行动也必须体现礼、仁、信、义、勇、智等"六德"：

> 古者，逐奔不过百步，纵绥不过三舍，是以明其礼也；不穷不能而哀怜伤病，是以明其仁也；成列而鼓，是以明其信也；争义不争利，是以明其义也；又能舍服，是以明其勇也；知终知始，是以明其智也。六德以时合教，以为民纪之道也，自古之政也。①

---

① 李兴斌等注译：《武经七书新译·司马法》，第95页。

《司马兵法》理解的战争是"兴甲兵以讨不义",目标对准那些违反礼乐法度的诸侯,讨伐他们的标准有九条:

> 会之以发禁者九。凭弱犯寡则眚之,贼贤害民则伐之,暴内陵外则坛之,野荒民散则削之,负固不服则侵之,贼杀其亲则正之,放弑其君则残之,犯令陵政则杜之,外内乱、禽兽行,则灭之。①

而行使讨伐权力的只能是天子,并且在讨伐不义者的军事行动中,也必须体现"爱民",对诸侯国的人和物,即一草一木都不能施暴,必须悉心爱护:

> 贤王制礼乐法度,乃作五刑,兴甲兵以讨不义,巡狩省方,会诸侯,考不同。其有失命、乱常、悖德、逆天之时,而危有功之君,遍告于诸侯,彰明有罪。乃告于皇天上帝日月星辰,祷于后土四海神祇山川冢社,乃造于先王。然后冢宰征师于诸侯曰:"某国为不道,征之。以某年月日师至于某国,会天于正刑。"冢宰与百官布令于军曰:"入罪人之地,无暴神祇,无行田猎,无毁土功,无燔墙屋,无伐林木,无取六畜、禾黍、器械。见其老幼,奉归勿伤;虽遇壮者,不校勿敌;敌若伤之,医药归之。"既诛有罪,王及诸侯修正其国,举贤立明,正复厥职。②

《司马兵法》还涉及对民和百官的教化,使"百官给",百姓形成良风美俗,以达到"教化之至":

> 古之教民,必立贵贱之伦经,使不相陵。德义不相逾,材技不相掩,勇力不相犯,故力同而意和也。古者,国容不入军,军容不入国,故德义不相逾。上贵不伐之士,不伐之士,上之器也。苟不伐则无求,无求则不争。国中之听,必得其情;军旅之听,必得其宜,故材技不相掩。从命为士上赏,犯命为士上戮,故勇力不相犯。既致教其民,然后谨选而使之。事极修,则百官给矣;教极

---

① 李兴斌等注译:《武经七书新译·司马法》,第96页。
② 李兴斌等注译:《武经七书新译·司马法》,第95—96页。

省,则民兴良矣;习惯成,则民体俗矣,教化之至也。①

二 孙武其人与《孙子兵法》的政治思想

春秋晚期,当孔子在鲁国创立儒家学派,登上思想文化制高点的时候,在齐国则产生了晏婴、司马穰苴和孙武等思想文化巨人。特别是作为"兵圣"的孙武和他的永垂千古的《孙子兵法》的出现,标志了当时中国的兵学思想已经占领了世界兵学文化的制高点。

有关孙武的家世、经历和业绩,流传至今的文献记载非常简单。特别是记载春秋时期历史的《左传》,竟然对指挥吴国军队直捣楚国国都的谋臣孙武无一字记述。对此,田昌五的解释是因为孙武不是统帅而是谋士。②《史记·孙子吴起列传》仅说明他是齐人,后去吴国,以进献《孙子》十三篇得到吴王阖闾的信任。孙武御将之酷和军纪之严,是通过一个传奇故事展现的:

> 阖庐曰:"子之十三篇,吾尽观之矣,可以小试勒兵乎?"对曰:"可。"阖庐曰:"可试以妇人乎?"曰:"可。"于是许之,出宫中美女,得百八十人。孙子分为二队,以王之宠姬二人各为队长,皆令持戟。令之曰:"汝知而心与左右手背乎?"妇人曰:"知之。"孙子曰:"前,则视心;左,视左手;右,视右手;后,即视背。"妇人曰:"诺。"约束既布,乃设鈇钺,即三令五申之。于是鼓之右,妇人大笑。孙子曰:"约束不明,申令不熟,将之罪也。"复三令五申而鼓之左,妇人复大笑。孙子曰:"约束不明,申令不熟,将之罪也;既已明而不如法者,吏士之罪也。"乃欲斩左右队长。吴王从台上观,见且斩爱姬,大骇。趣使使下令曰:"寡人已知将军能用兵矣。寡人非此二姬,食不甘味,愿勿斩也。"孙子曰:"臣既已受命为将,将在军,君命有所不受。"遂斩队长二人以徇。用其次为队长,于是复鼓之。妇人左右前后跪起皆中规矩绳墨,无敢出声。于是孙子使使报王曰:"兵既整齐,王可试下观之,唯王所欲用之,虽赴水火犹可也。"吴王曰:"将军罢休就

---

① 李兴斌等注译:《武经七书新译·司马法》,第 100 页。
② 田昌五:《孙武子》,载《齐鲁古代兵家评传》,山东大学出版社 1996 年版,第 50—51 页。

舍，寡人不愿下观。"孙子曰："王徒好其言，不能用其实。"于是阖庐知孙子能用兵，卒以为将。①

这个故事或许有些演义的成分，但基本框架应该是真实的。此事使阖闾见识了孙武的军事才干，于是任用他为将军，"西破强楚，入郢。北威齐晋，显名诸侯，孙子有力焉"。《孙子兵法》十三篇在孙武见吴王时已经写就，它显然主要是孙武总结前人战争经验和前人兵学遗产而推出的一部兵学圣典。这部兵书应该诞生于齐国而不是其他地方，其中最主要的原因，一是因为齐国有着悠久而深厚的兵学传统，从姜尚的《六韬》到司马穰苴的《司马法》，形成了齐国远比其他诸侯国更丰厚的兵学土壤。二是齐鲁文化从西周开始经过五个多世纪的发展，形成了极其深厚的思想文化的积淀和齐鲁知识分子好思辨、善著述的风气。《孙子兵法》就是在这样的文化氛围中孕育而成的。

《孙子兵法》具有丰富的内涵，它不仅全面论述了与军事有关的战略战术的各个方面，而且涉及了军事与政治、经济、社会等关系的一系列问题，最后升华到哲学的层面，形成了对事物发展普遍规律的认识。它特别强调军事与政治的关系，《孙子兵法·计篇》列出了决定战争胜负的五个基本条件，而将政治因素放在第一位：

> 一曰道，二曰天，三曰地，四曰将，五曰法。道者，令民与上同意，可与之死，可与之生，而不畏危也。天者，阴阳、寒暑、时制也。地者，高下、远近、险易、广狭、死生也。将者，智、信、仁、勇、严也。法者，曲制、官道、主用也。凡此五者，将莫不闻，知之者胜，不知者不胜。故校之以计而索其情，曰：主孰有道？将孰有能？天地孰得？法令孰行？兵众孰强？士卒孰练？赏罚孰明？吾以此知胜负矣。②

这里，孙子明确指出，战争是敌我双方综合实力的较量。在决定战争胜负的诸多因素中，将领、士卒、地理、气候等条件固然重要，但关键还是政治即"主孰有道"。只有战争得到民众的拥护，只有民众以与

---

① 司马迁：《史记》卷65《孙子吴起列传》，第2161页。
② 《孙子十家注·计篇》，《诸子集成》6，上海书店出版社1986年影印版，第2—11页。

国家共存亡的决心和意志参加对敌作战，国君才能稳操胜利之券。

孙子进而认为，战争本身不是目的而是手段，是通过战胜敌人维护国家的利益。所以"不战而屈人之兵"是从事战争的国君和将帅追求的最理想的目标：

> 凡用兵之法，全国为上，破国次之；全军为上，破军次之；全旅为上，破旅次之；全卒为上，破卒次之；全伍为上，破伍次之。是故百战百胜，非善之善者也；不战而屈人之兵，善之善也。①

而为了达到"不战而屈人之兵"的目标，必须充分运用军事以外的政治、外交等手段，万不得已才使用武力，用将士的血肉之躯去夺取胜利："故上兵伐谋，其次伐交，其次伐兵，其下攻城。攻城之法为不得已。修橹轒辒，具器械，三月而后成；距闉，又三月而后已。将不胜其忿而蚁附之，杀士三分之一而城不拔者，此攻之灾也。"② 所以善于用兵的将帅可以不通过战争达到既定的目标：

> 故善用兵者，屈人之兵而非战也，拔人之城而非攻也，毁人之国而非久也，必以全争于天下，故兵不顿而利可全，此谋攻之法也。③

孙子既深知战争能给国家带来好处，更深知战争能给国家造成灾难，所以他提出"兵贵胜，不贵久"的速胜原则和"因粮于敌"的后勤保障原则，都是从政治出发在全局上对战争的把握。

《孙子兵法》更多的是对战争规律的探索，需要特别注意以下制胜法则：

> "先为不可胜，以待敌之可胜。"④

---

① 《孙子十家注·谋攻篇》，《诸子集成》6，第34—45页。
② 《孙子十家注·谋攻篇》，《诸子集成》6，第35—39页。
③ 《孙子十家注·谋攻篇》，《诸子集成》6，第40—42页。
④ 《孙子十家注·形篇》，《诸子集成》6，第54页。

"知彼知己者，百战不殆。"①
"兵者，诡道也。"②
"致人而不致于人。"③
"避实击虚。"④

《孙子兵法》不仅是一部军事宝典，而且也是一部有着丰富辩证法思想的哲学著作。孙子在认识战争规律的过程中，发现并探索了战争中的敌我、胜负、攻守、进退、速迟、利害、虚实、奇正、治乱、勇怯、强弱、远近、劳逸、饥饱等一系列的矛盾及其互相转化的现象，要求战争指导者深刻认识这些互相矛盾着的事物，并通过主观努力去促使矛盾朝着有利于自己的方向转化。他特别强调在运用各项军事原则时"变"的重要性，因为战场上的形势瞬息万变，"兵无常势，水无常形，能因敌变化而取胜者，谓之神"⑤。所以必须"因敌变化""因敌致胜"，随时根据敌情的变化灵活变通自己的作战方针，这样才能立于不败之地。其中，孙子对"奇正"的关系做了最为精到的论述。在他看来，战争既有不变的一面，这就"正"；更有化莫测变的一面，这就是"奇"。高明的军事统帅能够取得胜利的关键就是正确、及时地处理好"正"与"奇"的关系：

> 凡战者，以正合，以奇胜。故善出奇者，无穷如天地，不竭如江河。终而复始，日月是也。死而复生，四时是也。声不过五，五声之变，不可胜听也。色不过五，五色之变，不可胜观也。味不过五，五味之变，不可胜尝也。战势不过奇正，奇正之变，不可胜穷也。奇正相生，如循环之无端，孰能穷之哉?⑥

在孙子看来，战争中"正"与"奇"的关系，如日月之循环，如四时之更替，如五声、五色、五味之变幻无穷。高明的军事统帅，应该

---

① 《孙子十家注·谋攻篇》，《诸子集成》6，第52页。
② 《孙子十家注·计篇》，《诸子集成》6，第13页。
③ 《孙子十家注·虚实篇》，《诸子集成》6，第583页。
④ 《孙子十家注·虚实篇》，《诸子集成》6，第101页。
⑤ 《孙子十家注·虚实篇》，《诸子集成》6，第102页。
⑥ 《孙子十家注·势篇》，《诸子集成》6，第68—70页。

娴熟地驾驭"奇正相生"和"因敌变化"的指挥艺术,去不断夺取战争的胜利。

孙子是在中国乃至全世界第一个从政治的高度全面探索战略战术规律的军事家,也是那个时代最伟大的思想家之一。作为与"文圣"孔子相伯仲的"武圣",作为世界公认的兵学巨人,他为中华民族赢得了万世称颂的荣誉。

第七章　战国时期各主要诸侯国执政者的政治思想

第一节　魏文侯、武侯和李悝的政治思想

一　魏文侯、武侯的政治思想

公元前475年，历史进入战国时代。自此至公元前221年秦始皇完成统一六国的二百五十多年间，历史是在齐、楚、燕、韩、赵、魏、秦七国的争战和各诸侯国风激浪涌的变法运动中度过的。

首开战国变法之局的是魏文侯。魏国是周文王之子毕公姬高的后裔建立的诸侯国。姬高因被封于毕，后裔即以毕为姓。传至毕万，在晋献公（前676—前651年在位）麾下服务，因战功被封于魏。其子武子辅佐晋公子重耳流落国外十九年，重耳后来得以登基为晋国国君，他就是春秋五霸之一的晋文公。武子因功袭封，列为大夫。其孙魏绛服务于晋悼公，曾任晋国执政。魏绛之孙魏献子，先是服务于晋昭公，后在晋顷公时执掌国政。春秋战国之交，晋国国君日益孱弱衰败，韩、赵、魏三家大夫逐步走强。他们联合作战，先后灭掉晋国权势之家范氏、中行氏和智伯氏，基本上分割了晋国的地盘和权力。魏献子四传至魏都，他就是魏文侯（前445—前396年在位）。公元前403年，周王封魏、赵、韩三家大夫为诸侯，它们从此成为战国七雄中的一员，在中原腹地创造出各自独放异彩的辉煌。

魏文侯是战国时期在位时间最长的诸侯国君之一。他励精图治，拜孔子弟子子夏为师，对大贤段干木极尽礼敬，"贤人是礼，国人称仁，上下和合"①，受到列国的赞誉。在魏文侯治下，特别是因为他任用李

---

① 司马迁：《史记》卷44《魏世家》，第1839页。

悝主持变法，国力扶摇直上，使魏国一时处于战国七雄中首强的位置。他善于处置与列国的关系，如亲近韩、赵两国，使之成为魏的与国：

> 韩、赵相难。韩索兵于魏曰："愿得借师以伐赵。"魏文侯曰："寡人与赵兄弟，不敢从。"赵又索兵以攻韩，文侯曰："寡人与韩兄弟，不敢从。"二国不得兵，怒而反。已乃知文侯以讲于己也，皆朝魏。①

魏文侯任命乐羊为将进攻中山国（今河北石家庄市为中心的地区），其时乐羊的儿子正在该国任职，中山国君愤而将乐羊的儿子杀死并制成肉酱，还残忍地送给他，企图以此使其神经崩溃。但乐羊不为所动，当着使者的面吃掉肉酱，然后指挥将士灭掉中山国。魏文侯任命西门豹为邺（今河北磁县南）令，在其赴任前的对话中，显示了文侯的识人之明：

> 魏文侯使西门豹往治于邺，告之曰："必全功、成名、布义。"豹曰："敢问全功、成名、布义，为之奈何？"文侯曰："子往矣。是无邑不有贤豪、辩博者也，无邑不有扬好人之恶、蔽人之善者也。往必问贤豪者，因而亲之；其辩博者，因而师之；问其好扬人之恶；蔽人之善者，因而察之。不可以特闻从事。夫耳闻之，不如目见之；目见之，不如足践之；足践之，不如手辨之。人始入官，如人晦室，久而愈明，明乃治，治乃行。"②

这里文侯向西门豹传授识别人才的方法，最重要的是两点，一是亲贤避奸，二是通过耳闻、目见、足践特别是手辨等方法识别和发现人才，选取真正的干才为国效力。

魏文侯政治思想的全貌，因为资料太少已经无法考究。仅存的资料表明，他具有强烈的改革意识，同时慧眼识珠，善于发现和重用人才。正因为特具识人之明，所以他的麾下集合了一批治国领军的杰出人才，如魏成子、翟璜、李悝等相继为相，吴起等为将，从而促进了封建化的

---

① 刘向：《战国策》，上海古籍出版社1985年版，第777页。
② 刘向：《说苑·政理》，董治安主编《两汉全书》第9册，第5466页。

政治、经济和军事改革,加快了魏国由奴隶制向封建制的转化,使魏国登上战国首强的位子,在对秦、齐等强国的征战中迭获胜利,在战国初年的半个多世纪里演出了许多威武雄壮的活剧,展示了该国最辉煌的岁月。

魏文侯死后,其子武侯继位。他在位 26 年(前 395—前 370 年),尽管眼界与能力均逊于其父,但基本上还算是一位明智的国君。这突出表现在他对贤臣地位的认可和奖励。一次,他与麾下官员乘舟游览黄河龙门段,目睹山河之险,不由赞誉其为国之屏障,臣子王钟附和他的见解,而吴起则力于批驳:

> 河山之险,信不足保也;是伯王之业,不从此也。昔者,三苗之居,左彭蠡之波,右有洞庭之水,文山在其南,而衡山在其北。恃此险也,为政不善,而禹放逐之。夫夏桀之国,左天门之阴,而右天豁之阳,庐睾在其北,伊、洛出其南。有此险也,然为政不善,而汤伐之。殷纣之国,左孟门而右漳、釜,前带河,后被山。有此险也,然为政不善,而武王伐之。且君亲从臣而胜降城,城非不高也,人民非不乐也,然而可得并者,政恶故也。从是观之,地形险阻,奚足以霸王矣!①

对于吴起山河之险不足恃而只有政治良好才能保住国家基业的观点,武侯表示了衷心赞同之意,视其为"圣人之言",同时决定将西河的行政军事交由吴起全盘负责。不仅如此,他还坚持重奖立功之人。后来公叔痤为魏国将军,在指挥魏军对韩、赵两国的一次战役中获胜。武侯决定赏他田百万亩。公叔痤拒不接受,因为在他看来,这次取胜的原因是多方面的,其中有吴起的"余教"和巴宁、爨襄的助力。武侯认可公叔痤的意见,于是找到吴起的后人,赏田 20 万亩,赏巴宁、爨襄各 10 万亩,对于公叔痤展现的高风格进一步重奖:

> 王曰:"公叔岂非长者哉!既为寡人胜强敌矣,又不遗贤者之后,不揜能士之迹,公叔何可无益乎?"故又与田四十万,加之百

---

① 刘向:《战国策》,第 782 页。

万之上,使百四十万。①

显然,武侯基本上将乃父重贤任贤的思想继承下来并付诸实践了。

二 李悝主持的变法与《法经》

魏文侯当国时期,协助他变法的重臣很多,其中最具代表性的是李悝。李悝又名李克②,他主持的变法持续时间长,效果也较为显著。变法的基本内容,一是废除世卿世禄,实行"食有劳而禄有功"的政策:

> 魏文侯问李克曰:"为国如何?"对曰:"臣闻为国之道,食有劳而禄有功,使有能而赏必行,罚必当。"文侯曰:"吾尝罚皆当而民不与,何也?"对曰:"国有其淫民乎?臣闻之曰,夺淫民之禄,以来四方之士,其父有功而禄,其子无功而食之,出则乘车马,衣美裘,以为荣华;入则修竽琴钟石之声,而安其子女之乐,以乱乡曲之教。如此者,夺其禄以来四方之士,此之谓夺淫民也。"③

这里说的"淫民"就是那些世卿世禄者。他们无功受禄,躺在先人的功劳簿上不劳而享受豪华的生活。新的政策是剥夺他们的权利,而将爵禄授予为国立功的人,以此招徕天下贤才至魏国发展。

二是"作尽地力之教"。"李悝为魏文侯作尽地力之教,以为地方百里,提封九万顷,除山泽邑居参分去一,为田六百万亩,治田勤谨则亩益三升,不勤则损亦如之。地方百里之增减,辄为粟百八十万石矣。"④ 这就充分挖掘土地的增产潜力,实行按亩计税,鼓励农夫"治田勤谨",多收归己,增加粮食产量,使魏国国力大大增强。

三是实行平籴法:

> 又曰籴甚贵伤民,甚贱伤农;民伤则离散,农伤则国贫。故甚

---

① 刘向:《战国策》,第 785 页。
② 李悝和李克究竟是两人还是一人,学术界有争议,笔者倾向二者一人说。
③ 刘向:《说苑·政理》,董治安主编《两汉全书》第 9 册,第 5469 页。
④ 班固:《汉书》卷 24 上《食货志上》,第 1124 页。

贵甚贱，其伤一也。善为国者，使民毋伤而农益勤。……是故善平籴者，必谨观岁有上中下熟。上熟其收自四，余四百石；中熟自三，余三百石；下熟自倍，余百石。小饥则收百石，中饥七十石，大饥三十石。故大熟则上籴三而舍一，中熟则籴二，下熟则籴一，使民适足，贾平则止。小饥则发小熟之所敛，中饥则发中熟之所敛，大饥则发大熟之所敛，而粜之。故虽遇饥馑水旱，籴不贵而民不散，取有余以补不足也。行之魏国，国以富强。①

小农经济受自然条件的影响较大，丰年和歉年往往交替出现，加之投机商人操纵其间，使粮价犹如坐过山车，凸显"谷贱伤农"和"谷贵伤民"的弊端。为了稳定小农和非农居民的生活，创设由国家实行平抑粮价的办法，即平籴法。丰年国家以平价购进粮食，保护小农的利益；歉年国家以平价销售粮食，保证非农居民的供应。这样，既维护了整个社会的稳定，又使民富国强，这是造就魏国首强地位的经济基础。

四是制定《法经》。李悝制定的《法经》已经亡佚，仅在《晋书·刑法志》中留下这样的记述：

（曹魏）是时承用秦汉旧律，其文起自魏文侯师李悝。悝撰次诸国法，著《法经》。以为王者之政，莫急于盗贼，故其律始于《盗贼》。盗贼须劾捕，故著《网捕》二篇。其轻狡、越城、博戏、借假不廉、淫侈、逾制，以为《杂律》一篇，又以《具律》具其加减。是故所著六篇而已，然皆罪名之制也。②

李悝的《法经》分为六律，即《盗法》《贼法》《囚法》《捕法》《杂法》《具法》。其特点是维护私有财产不受侵犯，因而将《盗法》《贼法》作为《法经》之首。《囚法》《捕法》是具体劾捕盗贼的办法。《杂法》是惩治轻狡、越城、博戏、借假不廉、淫侈、逾制六种违法犯罪行为的法律条文，《具法》则是根据具体情况对罪犯进行增减刑罚的规定。尽管《法经》的详细条文已经不可考究，但其基本精神和基本

---

① 班固：《汉书》卷24上《食货志上》，第1124—1225页。
② 房玄龄等：《晋书》卷30《刑法志》，中华书局2009年版，第922页。

内容，都成为后世立法的重要参考。

从李悝的变法内容和《法经》的基本指向，可以看出他政治思想的主要倾向，一是强调法律对维护国家和社会稳定与有序运行的重要意义。二是将功业与爵禄挂钩，突出功利指向。三是关注普通百姓的安危，使他们能够维持温饱的生活，显示他有强烈的重民意识。

第二节　楚悼王支持下的吴起变法

一　吴起在楚国的变法

楚悼王熊疑（前401—前381年在位）登上王位的时候，楚国已经不复楚庄王当年"饮马黄河""问鼎之轻重"时称霸中原的盛况。由于变法滞后，楚国较之中原诸侯国大大落伍。楚悼王即位后，对自己国家的政况国势深以为忧，于是大力招揽贤士，期望楚国再次振作起来，重现昔日的声光。正在此时，吴起在魏国遭遇困境，于是相机来到楚国，协助楚悼王进行了一场轰轰烈烈的变法运动。

吴起是战国时期的卫国左氏（今山东定陶西）人，生年不可考，卒年为公元前381年。据钱穆考证，他大概享年60岁。25岁左右，他因杀人离开故乡到鲁国寻求发展，在曾申门下学习儒家学说。不久"杀妻求将"，做了鲁国的将军，巧妙地指挥鲁军抵抗齐军的进攻，打了一个以少胜多、以弱胜强的漂亮仗，既使鲁国转危为安，也使自己跻身于名将之林，声闻列国。但胜利并没有给吴起带来升官的机会，反而使他被宵小之徒嫉妒。他只得离开鲁国转赴正在魏文侯主持下锐意变法的魏国。从公元前410年至公元前383年，吴起在魏国做官从政27年，在此度过了他一生最美好的年华。他参与魏国的军事改革，创立"魏武卒"，建立了一支能征惯战的劲旅，为魏国开疆拓土，使魏国在战国初期成为最强大的诸侯国。其中他任西河守23年，建立起阻挡秦军东向进兵的坚固屏障。在这里，他以自己彪炳千秋的巍巍功业为魏国的鼎盛时期增添了耀眼的辉煌，又以流传千古的兵书为我国兵学史增添了不朽篇章。魏文侯死后，吴起被魏国的旧贵族排挤，他只得再一次更换服务的国家，来到楚国。在楚国，他得到楚悼王的信任，担任了最高的行政长官令尹，开始了大刀阔斧的变法，很快取得了富国强兵的显著成效，使楚军摆脱了将怯兵疲的状况，战斗力大大增强。于是"南平百越;北并陈蔡,却三晋;西伐秦"①,在与列国的战争中取得了一系列的胜利。但好景不长,公元前381年楚悼王死去,在变法中利益受损害的旧贵族立即发动政变,进攻王宫。吴起大义凛然、机智勇敢地在楚悼王的灵床前演出了他一生中最后的也是最悲壮的一幕:

> 荆王死,贵人皆来。尸在堂上,贵人相与射吴起。吴起号乎曰:"吾示子吾用兵也?"拔矢而走,伏尸插矢而疾言曰:"群臣乱王,吴起死矣!"且荆国之法,丽兵于王尸者,尽加重罪,逮三族。吴起之智可谓捷矣。②

吴起知道,楚国有对加兵王尸重罚的法律,所以故意伏在楚悼王的尸体上,让那些叛乱的旧贵族在射杀自己时不可避免地加兵王尸,从而为他们的灭亡创造了条件。果然,"击起之徒因射刺吴起,并中悼王"。"悼王既葬,太子立,乃使令尹尽诛射吴起而并中王尸者,坐射起而夷宗死者七十余家"③。吴起作为一个变法的英雄悲壮地牺牲在楚国的土地上,楚国也因此失掉了由自己统一中国的契机。由于改革的失败,它只能在奴隶制的旧轨上蹒跚。当强大的秦军一次又一次地把失败强加到它的头上,并最后使之覆社灭宗,把广袤的江汉大地变成秦朝的郡县时,不管楚国的后世子孙意识到与否,吴起的鲜血已经浇灭了楚国复兴的火焰,不祥的烟云已经不可避免地笼罩了楚国的天空。

二 《吴子兵法》展示的政治思想

吴起早年即熟读《孙子兵法》及其他兵学著作,指挥过几十次征战。既有很高的军事素养,又有丰富的实战经验。大概在任西河守的时候,与其幕僚一起完成了《吴子》这部兵学著作。尽管现存的《吴子》六篇只是原作的一部分,但从中仍可以看出吴起军事思想的博大和深邃。吴起认真探索政治与军事的关系,提出了"内修文德,外治武备"的著名论点。他认为政治与军事密不可分,只有政治搞好了,才能用兵打仗,夺取战争的胜利。在《图国》篇中,他指出,所谓"文德"就

---

① 司马迁:《史记》卷65《孙子吴起列传》,第2168页。
② 许维遹:《吕氏春秋·贵卒》,中华书局2016年版,第522页。
③ 司马迁:《史记》卷65《孙子吴起列传》,第2168页。

是要求国君必须修"四德":"绥之以道,理之以义,动之以礼,抚之以仁。"同时以这四德"教百姓而亲万民",达到全国上下一致,全军官兵一致,临阵行动一致,战斗中协调一致。而其中的关键是国君亲贤任能,勇于纳谏,爱护百姓,"爱其命,惜其死",使之"安其田宅,亲其有司",又"教之以礼,励之以义",就能使士卒"以进死为荣,退生为辱",义无反顾,勇往直前,发挥出坚不可摧的战斗力。这里贯穿其中的最重要之点就是亲民和爱民:

> 吴子曰:"昔之图国家者,必先教百姓而亲万民。有四不和:不和于国,不可以出军;不和于军,不可以出陈;不和于陈,不可以进战;不和于战,不可以决胜。是以有道之主,将用其民,先和而造大事。不敢信其私谋,必告于祖庙,启于元龟,参之天时,吉乃后举。民知君之爱其命,惜其死,若此之至,而与之临难,则士以进死为荣,退生为辱矣。"[1]

吴起作为一个身经百战的军事家,深知战争给人民带来的灾难,所以反对穷兵黩武。他认为进行征伐必须慎之又慎,最好一战而胜。他说:"战胜易,守胜难。故曰:天下战国,五胜者祸,四胜者弊,三胜者霸,二胜者王,一胜者帝。是以数胜得天下者稀,以亡者众。"他将当时的战争分为义兵、强兵、刚兵、暴兵、逆兵五类:"禁暴救乱曰义,恃众以伐曰强,因怒兴师曰刚,弃礼贪利曰暴,国乱人疲、举事动众曰逆。"[2] 隐约意识到战争的正义与否与胜负的关系。总之,吴起不是单纯就战争论战争,而是把战争与政治紧密联系起来考虑,看到政治对战争的决定性影响。

如何治军是吴起军事思想的又一重要内容。吴起认为,军队素质是战争胜负的最直接最重要的因素,兵贵精而不贵多,所以"以治为胜"。只有建立一支法令严明、赏罚有信、纪律严格、训练有素、将士同心、内部团结的军队,才能"投之所往,天下莫当"。吴起特别重视取信于军、爱护士兵。他要求将领必须取得士兵的信任,与士兵同甘苦、共患难,使之"乐战",才能发挥巨大的战斗力。吴起本人是取信

---

[1] 《吴子·图国》,《诸子集成》6,上海书店出版社1986年影印版,第1页。
[2] 《吴子·图国》,《诸子集成》6,第2页。

于军、爱护士卒的典范。他不惜用口为士兵吮吸脓血，收到了士卒勇往直前、死不旋踵的效果。吴起同时也注重对士卒的教育训练。在《励士》中，专门阐述如何鼓励士气，主要办法是大张旗鼓地对有功人员进行奖赏，功劳越大奖赏的规格越高、礼节越隆重。国君要亲自设宴招待，定时慰问，赏赐阵亡将士的遗属，使将士有一种崇高的荣誉感，不仅乐于听命，乐于作战，而且乐于拼死，发挥出"一人投命，足惧万夫"威慑力。

吴起对将领的素质提出了特殊要求。他认为，一个高明的将领必须是"总文武，兼刚柔"，智勇双全，具备"五情"和"四机"的军事素养。"五情"即要求具有"治众如治寡"的治军才能，"出门如见敌"的敌情观念，"临敌不怀生"的献身精神，"虽克如始战"的谨慎态度，"法令省而不烦"的治军作风。"四机"即气机、地机、事机、力机，要求将领掌握部队的士气，充分利用地形，运用谋略，随时增强战斗力。他还指出，虽然勇敢也是将领必备的素质，但是勇敢必须与谋略相结合。除了在临敌作战中展示英勇献身精神外，还必须果决、坚毅、沉着。因为战场是生死存亡之地，"必死则生，幸生则死"。无论出现什么情况，将领都必须指挥若定，当机立断，"如坐漏船之中，伏烧屋之下，使智者不及谋，勇者不及怒，受敌可也"。而将领最致命的弱点是犹豫逡巡，贻误战机："用兵之害，犹豫最大；三军之灾，生于狐疑。"[1] 吴起强调，一个优秀的将领，除了以上的素养外，还要具备"威、德、仁、勇"等品质，能够"率下安众，怖敌决疑"。同时，还要具有凛然正气，号令一出，"下不敢犯"；挥军向前，"寇不敢敌"。这样的将领是国之瑰宝，"得之国强，去之国亡"。吴起又认为，一个高明的将领，还必须具备"相敌将"的智慧与方法。他应通过各种手段，侦察、了解、查明敌方将领的军事才能及其优点与缺点、长处与短处甚至个性特征，以便找出克敌制胜的方法，收到"因形用权，则不劳而功举"的效果。

吴起在《料敌》中分析了判断敌情的重要性和具体方法。他认为处在六国包围中的魏国，必须坚持"安国之道，先戒为宝"的总方针，时刻加强戒备，以保障国家的安全。他立足魏国，以不凡的战略眼光，

---

[1]《吴子·治兵》，《诸子集成》6，第6页。

在对其他六国的政治、经济、军事、地理、民情、风俗以及军队的素质、阵法等的优劣加以综合判断的基础上，提出了对付六国的不同方针和作战方法。在作战指挥上，他提出"见可而进，知难而退"的基本原则，将打或不打的决心建立在对敌情准确的观察、分析和判断之上，具体归纳出八种"击之勿疑"、六种"避之勿击"和十三种"可击之道"，都是实战经验的总结，较之《孙子兵法》中的《相敌》篇更加简明具体。

吴起特别强调，战场上的形势瞬息万变，将领必须时刻保持清醒的头脑，千万不要被敌人制造的虚假现象所蒙蔽。只有运用一切手段，及时把握敌军实情与行动企图，才能定下正确的作战决心。在此前提下，还必须正确使用兵力，灵活地运用各种作战手段，避实击虚，避长击短，出奇制胜，所谓"审敌虚实，而趋其危"，就能取得预期的胜利。在《应变》篇中，吴起集中论述了临敌应变的战术思想和战法运用，要求在临敌作战时根据不同的敌情、天时、地利等条件，运用灵活多变的战法克敌制胜。吴起还以答武侯问的方式，回答了在不同条件下保存自己、战胜敌人的各种方法，展示了他超人的军事谋略与应敌智慧。如当武侯问"暴寇卒来，掠吾田野，取吾牛羊，则如之何"时，吴起的对策是："暴寇之来，必虑其强，善守勿应。彼将暮去，其装必重，其心必恐，还退务速，必有不属，追而追之，其命可覆。"① 一般情况下，这是一种稳妥而有效的应敌策略。

更难能可贵的是，吴起还十分重视军队的纪律。他要求在攻破敌人的城邑后，不要烧杀抢掠、残害百姓，不要杀害俘虏，以减少当地百姓的反抗，给人树立"仁义之师"的形象：

> 凡攻敌围城之道，城邑既破，各入其宫，御其禄秩，收其器物。军之所至，无刊其木，发其屋，取其粟，杀其六畜，燔其积聚，示民无残心。其有请降，许而安之。②

《吴子》一书是《孙子》之后又一部享誉中外的军事著作。《韩非子·五蠹》说："境内皆言兵，藏孙、吴之书者家有之。"可见在战国

---

① 《吴子·应变》，《诸子集成》6，第9—10页。
② 《吴子·应变》，《诸子集成》6，第10页。

时期《吴子》已经广泛流传，为当时人们所称道，孙、吴并称，成为军事学上的双璧。以后的许多史书都记载这部书。而一些著名的军事家如西汉大将军卫青、东汉大将军鲍永、三国时代的曹操、诸葛亮、唐朝皇帝李世民、军事家李靖等都认真学习过《吴子》。宋代将其编入《武经七书》后，更成为军事学校的官定教科书，培育了一代又一代的军事家和智勇双全的将帅。近代以来，它又流传国外，翻译成英、日、法、德、俄等多国文字，受到世界军界的重视，是中华民族对世界军事学术的伟大贡献。

第三节　商鞅在秦国的变法及其政治思想

一　秦孝公支持下的商鞅变法

秦孝公嬴渠梁（前361—前338年在位）是秦国历史上颇有作为并产生重大影响的君王。后来秦始皇的所谓"奋六世之余烈"，他就是开其端的那个国君。此前，由于秦穆公以后秦国向东方的发展受挫，秦国君臣专注于对周边戎、狄等族群的征战，尽管取得开地千里、益国二十、独霸西戎的成绩，但因对中原事务的疏于关注，很少参与诸侯国的会盟，加之文化教育发展滞后，因而被东方六国看不起，以"夷翟遇之"。而在此前后，东方六国都在进行程度不等的变法，加速封建化的进程，社会发展相继进入快车道。与之对比，秦国显然落后了。秦孝公决心改变这种局面，于是发出招揽贤才、变法图强的信号。《史记·秦本纪》较准确地记述了这一史实：

> 孝公元年，河山以东强国六，与齐威、楚宣、魏惠、燕悼、韩哀、赵成侯并。淮泗之间小国十余。楚、魏与秦接界。魏筑长城，自郑滨洛以北，有上郡。楚自汉中，南有巴、黔中。周室微，诸侯力政，争相并。秦僻在雍州，不与中国诸侯之会盟，夷翟遇之。孝公于是布惠，振孤寡，招战士，明功赏。下令国中曰："昔我缪公自岐雍之间，修德行武，东平晋乱，以河为界，西霸戎翟，广地千里，天子致伯，诸侯毕贺，为后世开业，甚光美。会往者厉、躁、简公、出子之不宁，国家内忧，未遑外事，三晋攻夺我先君河西地，诸侯卑秦，丑莫大焉。献公即位，镇抚边境，徙治栎阳，且欲

东伐，复缪公之故地，修穆公之政令。寡人思念先君之意，常痛于心。宾客群臣有能出奇计强秦者，吾且尊官，与之分土。"于是乃出兵围陕城，西斩戎之獂王。①

孝公接着出兵东向，对魏国和附近的戎人发出了强硬的信号。孝公的招贤令在列国传扬，卫鞅于是自魏国前来寻找展示自己才能的机会。卫鞅（约前390—前338年），卫国人，因出身卫国公族，又称公孙鞅。入秦后，因功得到封地商邑，所以最后以商鞅名世。他是战国时期著名政治家、思想家、军事家。商鞅原是魏将公叔痤的家臣。公叔痤知道他的才干和抱负，临死前对魏惠王谈了他对卫鞅的处置意见。《战国策·魏策》和《史记·商君列传》对此事作了大致相同的记载：

> 鞅少好刑名之学，事魏将公叔痤为中庶子。公叔痤知其贤，未及进。会痤病，魏惠王亲往问病，曰："公叔病有如不可讳，将奈社稷何？"公叔曰："痤之中庶子公孙鞅，年虽少，有奇才，愿王举国而听之。"王嘿然。王且去，痤屏人言曰："王即不听用鞅，必杀之，无令出境。"王许诺而去。公叔痤召鞅谢曰："今者王问可以为相者，我言若，王色不许我。我方先君后臣，因谓王即弗用鞅，当杀之。王许我。汝可疾去矣，且见禽。"鞅曰："彼王不能用君之言任臣，又安能用君之言杀臣乎？"卒不去。惠王既去，而谓左右曰："公叔病甚，悲乎，欲令寡人以国听公孙鞅也，岂不悖哉！"②

结果正如卫鞅所料，魏惠王既未重用他，亦未诛杀他，而是任他顺利地离魏赴秦。卫鞅至秦后，通过孝公的宠臣景监得以面见孝公，说以"强国之术"，孝公听得入迷，"不自知膝之前席也。语数日不厌"③。孝公于是决定重用卫鞅进行变法。他考虑秦国的保守势力很强，于是召集群臣，就变法问题在朝堂进行辩论。商鞅以其历史进化论的观点，阐述了社会在不断变革中发展的规律，驳斥了权臣甘龙和杜挚的僵化保守

---

① 司马迁：《史记》卷5《秦本纪》，第202页。
② 司马迁：《史记》卷68《商君列传》，第2227页。
③ 司马迁：《史记》卷68《商君列传》，第2228页。

的陈旧观念,获得孝公的首肯和全力支持,于是开启了在秦国的大刀阔斧的变法。从孝公三年至孝公十二(前359—前350年)的十年间,商鞅陆续颁布了一系列的变法命令。

一是实行什伍连坐制:"令民为什伍,而相牧司连坐。不告奸者腰斩,告奸者与斩首者同赏,匿奸者与降敌同罚。"[1] 通过此一法令,把所有居民都编制在国家的行政组织结构中,老老实实地接受国家各级官府的赋役盘剥,从而实现秦国国君对全国臣民的直接有效的控制。

二是奖励耕战:"民有二男以上不分异者,倍其赋。有军功者,各以率受上爵;为私斗者,各以轻重被刑大小。僇力本业,耕织致粟帛多者复其身。事末利及怠而贫者,举以为收孥。"[2] 面对当时列国纷争的形势,各国都极力寻求一条富民强国之路。商鞅奖励耕战的法规,恰恰能够将富民与强国结合起来。因为农业是当时最主要的经济部门,粟、帛是社会财富的主要标志,让大多数百姓致力于耕织,就能保证社会财富的稳定增长。而禁止私斗、奖励军功,就能鼓励将士在战场上顽强拼搏,杀敌致果,以军功去换取官爵、富贵和利禄。这必然使秦国拥有一支能征惯战的武装力量,以便能在兼并战争中夺取最后的胜利。

三是废除贵族特权,建立以功劳大小确定爵位等级的新的封建等级制度:"宗室非有军功,不得属籍。明尊卑爵秩等级,各以差次;名田宅、臣妾衣服,以家次。有功者显荣,无功者虽富无所芬华。"[3] 这一制度,既能激励当时的贵族子弟为力保爵位利禄立新功,更能激励非贵族出身的文武之士以军功猎取官位利禄,以提升自己在社会上的层次,跻入统治者行列。

四是自雍迁都咸阳。雍(今陕西凤翔)地处渭水上游,距关中中心地区较远,特别是距秦国与魏、楚、韩等国的交界处较远,不便于处理与东方各诸侯国的外交和征战事务。迁都咸阳不仅能够迅速处理外交与军事事务,而且因咸阳处于关中中心位置,更易于实施对整个秦国的管理。经过孝公及以后数代秦国军民的经营,咸阳终于以战国时代最雄伟壮丽的帝都矗立于关中平原的渭水之阳。

---

[1] 司马迁:《史记》卷68《商君列传》,第2230页。
[2] 司马迁:《史记》卷68《商君列传》,第2230页。
[3] 司马迁:《史记》卷68《商君列传》,第2230页。

五是在全国范围设立县级行政机构："集小乡邑聚为县，置令、丞，凡三十一县。"① 秦国早在武公十年（前688年）即开始在新开辟的地区设县。后来又陆续设立过一些县。这样，直到商鞅变法前，秦国的地方行政机构都是封邑与县制并存。这样的设置既不利于全国政令的统一，又给国家的行政管理带来不便。商鞅在全国推行县制，一方面打击了代表奴隶主贵族的封君，削弱了他们的力量；另一方面初步建立起中央集权的地方行政体制，对于进一步维护全国统一、提高行政效能起着重要的作用。

六是"为田开阡陌封疆，而赋税平"②。这一条，历代史学家的解释颇多歧义。大体上似可这样解释，废除井田制度，代之以封建的土地所有制及其税收制度，使百姓的税负比较统一与合理。这一制度发展到后来就是"使黔首自实田"并承担相应的赋役。

七是"平斗桶（斛）权衡丈尺"③。即统一度量衡，这对促进各地的物资交流与商贸活动显然是有利的。

商鞅在秦国的变法，是战国时期席卷各诸侯国的变法浪潮中持续时间最长、规模最大、内容最丰富、效果最显著的一次变法。这是一次从经济基础到上层建筑领域的全面封建化运动。通过这场变法运动，原来较东方诸侯国落后的秦国迅速发展，后来居上，很快成为战国七雄中最强大的国家。因为这场变法比较彻底地废除了奴隶制的井田制，确立了地主土地所有制，最大限度地发挥一家一户小农的生产积极性，再加上税收制度的改变，度量衡的统一，对耕田织帛本业的奖励，从而极大地提高了劳动者的生产积极性，促进了秦国经济的发展。秦孝公求富的目的较快地达到了。由于废除贵族的封邑制，实行以县为基本单位的中央集权的行政管理体制，大大提高了秦国的行政效能。由于实行军功爵位制，极大地激发了秦军将士的作战积极性，加之严格的训练和纪律约束，就使秦国军队的战斗力空前提高。秦孝公通过变法求强的目的也达到了："行之十年，秦民大说，道不拾遗，山无盗贼，家给人足。民勇于公战，怯于私斗，乡邑大治。"④

作为军事家的商鞅，在变法期间及其后，参与谋划和亲自指挥了数

---

① 司马迁：《史记》卷68《商君列传》，第2232页。《史记·秦本纪》记为四十一县。
② 司马迁：《史记》卷68《商君列传》，第2232页。
③ 司马迁：《史记》卷68《商君列传》，第2232页。
④ 司马迁：《史记》卷68《商君列传》，第2231页。

次对魏国的军事行动，秦军大都奇迹般地取得了胜利。孝公八年（前354年），秦军与魏军战于元里（今陕西澄城南），斩首七千，夺取少梁（今陕西韩城南）。孝公十年（前352年），商鞅升任大良造。这一年，他统兵围攻魏国的安邑（今山西夏县西北），魏军举城而降。第二年，又围攻固阳，再次取得魏军举城而降的战果。因为此时魏国还处于战国首强的位置，而两次作战都是渡过黄河深入魏国腹地，能够取得如此成功，说明秦军的战斗力已经今非昔比了。商鞅指挥的最大一次对魏军的战役发生在孝公二十二年（前340年），这一次，商鞅指挥秦军与赵、齐两国联军共同进攻魏国，大破魏军，俘获了魏军统帅公子卬。据《史记·商君列传》记载，商鞅是以计擒获公子卬的：

> 其明年，齐败魏兵于马陵，虏其太子申，杀将军庞涓。其明年，卫鞅说孝公曰："秦之与魏，譬若人之有腹心疾，非魏并秦，秦即并魏。何者？魏居领阨之西，都安邑，与秦界河而独擅山东之利。利则西侵秦，病则东收地。今以君之贤圣，国赖以盛。而魏往年大破于齐，诸侯畔之，可因此时伐魏。魏不支秦，必东徙。东徙，秦据河山之固，东向以制诸侯，此帝王之业也。"孝公以为然，使卫鞅将而伐魏。魏使公子卬将而击之。军既相距，卫鞅遗魏将公子卬书曰："吾始与公子欢，今俱为两国将，不忍相攻，可与公子面相见，盟，乐饮而罢兵，以安秦魏。"魏公子卬以为然。会盟已，饮，而卫鞅伏甲士而袭虏魏公子卬，因攻其军，尽破之以归秦。魏惠王兵数破于齐秦，国内空，日以削，恐，乃使使割河西之地献于秦以和。而魏遂去安邑，徙都大梁。梁惠王曰："寡人恨不用公叔痤之言也。"卫鞅既破魏还，秦封之于、商十五邑，号为商君。[1]

这一次战役，充分展示了商鞅高超的战略眼光和对"兵不厌诈"之术的娴熟运用。这一战役的最大成果，一是迫使魏国将黄河以西的大片土地割让给秦国，使秦国再一次将自己的疆域推进至黄河西岸。二是逼使魏国将国都由安邑（今山西夏县西北）迁至大梁（今河南开封）以避开秦军的锋芒。至此，魏国结束了它一度居于列国首强的历史。第

---

[1] 司马迁：《史记》卷68《商君列传》，第2232—2233页。

二年，秦军又与魏军战于岸门（今河南长葛境），俘获其将军魏错。经过这几次战役，秦国对东方六国的军事优势已经显现出来了。

经过秦孝公在商鞅辅佐下20多年的锐意改革，励精图治，秦国一改往日萎靡不振的局面，不仅重现穆公时代的雄风，而且以更强劲的势头使东方六国胆战心惊。"孝公十九年（前343年），天子致伯。二十年，诸侯毕贺。"[1] 周天子承认秦国的霸主地位，诸侯国也都送上祝福。这说明，秦国的地位已经今非昔比了。

孝公二十四年（前338年），44岁的秦孝公英年早逝，这使商鞅的境遇立即逆转。由于商鞅主持的变法是一场深刻的封建化的革命，它几乎触动了当时秦国社会各个阶级和集团的利益，其中受损较大的是那些奴隶主贵族集团。他们在变法开始时就坚决反对，变法中又处心积虑地阻挠破坏，如太子的师傅公子虔和公孙贾就因唆使太子犯法而受到惩罚。孝公一死，这些人就唆使新继位的惠文王对商鞅施以残酷的报复，诬以谋反的罪名发吏追捕。商鞅作为一个客卿，在秦国势单力孤，在突然降临的打击面前，猝不及防。为了保命，他先是潜逃魏国，被断然拒纳后，再返回秦国，组织其商邑的徒属进行拼死抵抗，但最后还是在渑池（今河南渑池西）被擒遭诛杀。秦惠王为了发泄对商鞅的仇恨，不仅将其尸体车裂，而且残忍地族灭了他的全部家人。战国时代从事变法的一批改革家，绝大多数是悲剧人物，不少人如吴起等最后都付出了生命的代价。商鞅的一个朋友赵良曾劝他与反对改革的人物妥协，照顾各方的利益，不要得罪太多的权贵，为自己留个后路，但具有彻底改革精神的商鞅拒绝接受，而是按既定目标勇往直前，他的悲剧命运也就不可避免了。《史记·商君列传》记载了赵良与商鞅的对话，对于了解商鞅的悲剧性格是难得的资料：

> 商君相秦十年，宗室贵戚多怨望者。赵良见商君。商君曰："鞅之得见也，从孟兰皋，今鞅请得交，可乎？"赵良曰："仆弗敢愿也。孔丘有言曰：'推贤而戴者进，聚不肖而王者退。'仆不肖，故不敢受命。仆闻之曰：'非其位而居之曰贪位，非其名而有之曰贪名。'仆听君之义，则恐仆贪位贪名也，故不敢闻命。"商君曰：

---

[1] 司马迁：《史记》卷5《秦本纪》，第203页。

"子不说吾治秦与?"赵良曰:"反听之谓聪,内视之谓明,自胜之谓强。虞舜有言曰:'自卑也尚矣。'君不若道虞舜之道,无为问仆矣。"商君曰:"始秦戎翟之教,父子无别,同室而居。今我更制其教,而为其男女之别,大筑冀阙,营如鲁卫矣。子观我治秦也,孰与五羖大夫贤?"赵良曰:"千羊之皮,不如一狐之掖;千人之诺诺,不如一士之谔谔。武王谔谔以昌,殷纣墨墨以亡。君若不非武王乎,则仆请终日正言而无诛,可乎?"商君曰:"语有之矣,貌言华也,至言实也,苦言药也,甘言疾也。夫子果肯终日正言,鞅之药也。鞅将事子,子又何辞焉!"赵良曰:"夫五羖大夫,荆之鄙人也。闻秦穆公之贤而愿望见,行而无资,自粥于秦客,被褐食牛。期年,穆公知之,举之牛口之下,而加之百姓之上,秦国莫敢望焉。相秦六七年,而东伐郑,三置晋国之君,一救荆国之祸。发教封内,而巴人致贡;施德诸侯,而八戎来服。由余闻之,款关请见。五羖大夫之相秦也,劳不坐乘,暑不张盖,行于国中,不从车乘,不操干戈,功名藏于府库,德行施于后世。五羖大夫死,秦国男女流涕,童子不歌谣,舂者不相杵。此五羖大夫之德也。今君之见秦王也,因嬖人景监以为主,非所以为名也。相秦不以百姓为事,而大筑冀阙,非所以为功也。刑黥太子之师傅,残伤民以峻刑,是积怨畜祸也。教之化民也深于命,民之效上也捷于令。今君又左建外易,非所以为教也。君又南面而称寡人,日绳秦之贵公子。《诗》曰:'相鼠有体,人而无礼;人而无礼,何不遄死。'以《诗》观之,非所以为寿也。公子虔杜门不出已八年矣,君又杀祝欢而黥公孙贾。《诗》曰:'得人者兴,失人者崩。'此数事者,非所以得人也。君之出也,后车十数,从车载甲,多力而骈胁者为骖乘,持矛而操阘戟者旁车而趋。此一物不具,君固不出。《书》曰:'恃德者昌,恃力者亡。'君之危若朝露,尚将欲延年益寿乎?则何不归十五都,灌园于鄙,劝秦王显岩穴之士,养老存孤,敬父兄,序有功,尊有德,可以少安。君尚将贪商于之富,宠秦国之教,畜百姓之怨,秦王一旦捐宾客而不立朝,秦国之所以收君者,岂其微哉?亡可翘足而待。"商君弗从。①

---

① 司马迁:《史记》卷68《商君列传》,第2233—2235页。

从赵良对商鞅的劝告，可以看出，赵良对比穆公时期五羖大夫百里奚和孝公时期商鞅不同的执政风格和个人作为，认定商鞅锋芒毕露、到处树敌和过分张扬的执政风格已经将自己置于"危若朝露"的境地。而商鞅依恃的孝公一旦谢世，他一定难免悲剧的结局。赵良的观点并不全对，但却直击商鞅的软肋，几乎以一人之力与强大的保守势力对抗，而他的靠山终有一天会倒塌。赵良是一个旁观者清的冷峻之士，他不幸而言中，商鞅就是以自己的鲜血殉了他的改革事业。他的事业与他的死亡一样慷慨悲壮。

秦国旧贵族虽然将商鞅车裂一泄心头之恨，但是，他们却无法倒转历史的车轮。"商鞅虽死，秦法未败。"由于商鞅的变法全面而彻底，持续的时间又长，已深深根植于秦国社会之中。惠文王及其后继者只能享用变法的成果并继续实行变法确立的制度和各项政策措施。秦孝公和商鞅，是战国变法史上一对君臣互补而成功的典型。商鞅是一个卓越的思想家，具有钢铁般意志的政治实践家，同时又是一个智勇兼备的军事家。然而，作为一个客卿，他的才干只有得到君主的信任和授权才能施展和发挥。而秦孝公恰恰是一个致力于国家振兴、求贤若渴的英明君主。他对商鞅信之以诚，任之以专，授权之后，放手使用，全力支持，绝不掣肘。正因为君臣配合默契，相得益彰，才使秦国的变法成为列国变法之中最成功的典型。而这次变法的成功，就促使秦国在封建化的道路上以超越列国的速度全速前进，为秦国最后完成统一中国的大业奠定了坚实的基础。

二　变法的理论基础

商鞅变法的理论基础是历史进化论，这个理论由三部分组成。

一是随着时代的变迁，治世的制度、政策和方法都需要随之变化，没有一成不变的制度，"变"是社会发展和制度变迁的常态：

> 昔者昊英之世，以伐木杀兽，人民少而木兽多。黄帝之世，不麛不卵，官无供备之民，死不得用椁。事不同，皆王者，时异也。神农之世，男耕而食，妇织而衣，刑政不用而治，甲兵不起而王。神农既没，以强胜弱，以众暴寡。故黄帝作为君臣上下之义，父子兄弟之礼，夫妇妃匹之合，内行刀锯，外用甲兵，故时变也。由此

观之，神农非高于黄帝也，然其名尊者，以适于时也。故以战去战，虽战可也；以杀去杀，虽杀可也；以刑去刑。虽重刑可也。①

故圣人之为国也，不法古，不修今，因世而为之治，度俗而为之法。故法不察民之情而立之，则不成；治宜于时而行之，则不干。故圣王之治也，慎为、察务、归心于一而已矣。②

二是历史上的圣帝明王都是坚持"异势而治""异道而王"的，他们的施策可能完全相反，但都取得了成功，原因就是他们及时和准确地回应了时代的诉求：

圣人不法古，不修今。法古则后于时，修今则塞于势。周不法商，夏不法虞，三代异势，而皆可以王。故兴王有道，而持之异理。武王逆取而贵顺，争天下而上让，其取之以力，持之以义。今世强国事兼并，弱国务力守，上不及虞夏之时，而下不修汤、武之道。汤、武之道塞。故万乘莫不战，千乘莫不守。此道之塞久矣，而世主莫之能开也，故三代不四。③

三是变法的目的是"爱民"和"便事"。由此出发，国君必须力排众议，警惕和清除所有"法故""循礼"的歪理邪说，抛弃"故习"，破除"拘礼"，"当时而立法，因事而制礼"，义无反顾地将变法事业进行到底。商鞅的这一思想在与以甘龙、杜挚为代表的守旧官僚的辩论中得到充分的阐发：

孝公平画，公孙鞅、甘龙、杜挚三大夫御于君，虑世事之变，讨正法之本，使民之道。君曰："代立不忘社稷，君之道也；错法务民主长，臣之行也。今吾欲变化以治，更礼以教百姓，恐天下之议我也。"公孙鞅曰："臣闻之，'疑行无成，疑事无功。'君亟定变法之虑，殆无顾天下之议之也。且夫有高人之行者，必见非于世；有独知之虑者，因见毁于民。语曰：'愚者暗于成事，智者见于未萌。

---

① 《商子译注》，第119—120页。
② 《商子译注》，第68页。
③ 《商子译注》，第59—60页。

民不可与虑始,可与乐成功。'郭偃之法曰:'论至德者不和于俗,成大功者不谋于众。'法者,所以爱民也;礼者,所以便事也。是以圣人苟可以强国,不法其故;苟可以利民,不循于礼。"孝公曰:"善。"甘龙曰:"不然!臣闻之:'圣人不易民而教,智者不变法而治。'因民而教者,不劳而功成;据法而治者,吏习而民安。今若变法,不循秦国之故,更礼以教民,臣恐天下之议君,愿熟察之!"公孙鞅曰:"子之所言,世俗之言也!夫常人安于故习,学者溺于所闻。此两者,所以居官而守法,非所与论于法之外。三代不同道而王,五霸不同法而霸。故知者作法,而愚者制焉;贤者更礼,而不肖者拘焉。拘礼之人不足与言事,制法之人不足与论变,君无疑矣!"杜挚曰:"臣闻之:'利不百,不变法;功不十,不易器。'臣闻法古无过,循礼无邪,君其图之!"公孙鞅曰:"前世不同教,何古之法!帝王不相复,何礼之循!伏羲、神农教而不诛,黄帝、尧、舜诛而不怒,及至文、武,各当时而立法,因事而制礼。礼、法以时而定,制、令各顺其宜,兵甲器备各便其用。臣故曰:治世不一道,便国不必古。汤、武之王也,不循古而兴;商、夏之灭也,不易礼而亡。然则反古者未可必非,循礼者未足多是也。君无疑矣。"孝公曰:"善!吾闻穷巷多吝,曲学多辩。愚者笑之,智者哀焉;狂夫之乐,贤者丧焉。拘世以议,寡人不之疑矣。"①

这里商鞅坚持的历史进化论的观点是当时最具进步意义的理论,这个理论是商鞅变法的学理基础。他在秦孝公面前与甘龙、杜挚的这场辩论,以高屋建瓴之势批驳了拘于西周以来的"礼治"传统,张扬了"世异事变"的行政理念,起到了理论先行的积极作用。通过这场辩论,商鞅进一步获得孝公的支持,为变法扫清了障碍。

三 富国强兵的耕战理念

秦孝公全力支持商鞅变法的目的很明确,就是摆脱秦国相对于东方六国的落后局面,达到富国强兵的目标,而商鞅政治思想的重要内容之一就是富国强兵理论,这个理论的核心内容就是奖励耕战。

---

① 《商子译注》,第1—4页。

凡人主之所以劝民者，官爵也；国之所以兴者，农战也。今民求官爵，皆不以农战，而以巧言虚道，此谓劳民。劳民者，其国必无力。无力者，其国必削。善为国家者，其教民也，皆作壹空而得官爵，是故不以农战，则无官爵。国去言则民朴，民朴则不淫。民见上利之从壹空出也，则作壹，作壹则民不偷淫，民不偷淫则多力，多力则国强。今境内之民皆曰："农战可避，而官爵可得也。"是故豪杰皆可变业，务学《诗》《书》，随从外权，上可以得显，下可以求官爵；要靡事商贾，为技艺，皆以避农战。具备，国之危也。民以此为教者，其国必削。善为国者，仓廪虽满，不偷于农，国大民众，不淫于言，则民朴壹。民朴壹，则官爵不可巧而取也。不可巧取，则奸不生，奸不生则主不惑。今境内之民及处官爵者，见朝廷之可以巧言辩说取官爵也，故官爵不可得而常也。是故进则曲主，退则虑所以实其私，然则下卖权矣。夫曲主虑私，非国利也，而为之者，以其爵禄也。下卖权，非忠臣也，而为之者，以末货也。然则下官之冀迁者皆曰："多货则上官可得而欲也。"曰："我不以货事上而求迁者，则如以狸饵鼠尔，必不冀矣；若以情事上而求迁者，则如引诸绝绳而求乘枉木也，愈不冀矣。之二者不可以得迁，则我焉得无下动众取货以事上，而以求迁乎？"百姓曰："我疾农，先实公仓，收余以事亲，为上忘生而战，以尊主安国也。仓虚、主卑、家贫，然则不如索官。"亲戚交游合，则更虑矣。豪杰务学《诗》《书》，随从外权，要靡事商贾，为技艺，皆以避农战。民以此为教，则粟焉得无少，而兵焉得无弱也。①

商鞅认识到，当时的中国社会处于自然经济条件下，社会财富主要体现为粮食，而粮食的生产者是农民。要想国家富强必须要有充足的粮食，这就必须鼓励社会上大多数人群去从事农业生产。为了刺激农民的生产积极性，又必须采取两方面的措施，一是以官爵作诱饵，生产粮食多的农民可以得到官爵，粮食也可以换取官爵。二是堵塞其他获取官爵的渠道，使游谈之士、商贾、技艺之人即手工业者不能凭其巧言辩说、

---

① 《商子译注》，第17—19页。

财富和技艺猎取官爵。商鞅在这里推出了在中国历史上影响深远的"重农抑商"的理论，并通过变法开启了"重农抑商"的实践。

为了驱民归农，使荒田得到开垦，商鞅在《垦田令》中又推出了多项政策措施：

（一）无宿治，则邪官不及为私利于民，而百官之情不相稽。百官之情不相稽，则农有余日。邪官不及为私利于民，则农不败。农不败而有余日，则草必垦矣（要求官吏处理公事不过夜，提高效率，奸邪官吏不能从农民那里谋取私利，以保证农民有充裕的生产时间，全力投入农业生产，荒地自然得到开垦）。

（二）訾粟而税，则上一而民平。上一则信，信则官不敢为邪。民平则慎，慎则难变。上信而官不敢为邪，民慎而难变，则下不非上，中不苦官。下不非上，中不苦官，则壮民疾农不变。壮民疾农不变，则少民学之不休。少民学之不休，则草必垦矣（国家统一法令，规定按粮食产量定税，取信于民，使农民公平负担，多产多得。这样农民对国君和各级官吏都无怨恨情绪，一心一意务农。壮年安心，青年向他们看齐，荒地自然得到开垦）。

（三）无以外权任爵与官，则民不贵学问，又不贱农。民不贵学则愚，愚则无外交。无外交，则勉农而不偷。民不贱农，则国安不殆。国安不殆，勉农而不偷，则草必垦矣（农民不与外国势力发生关系，不受外国官爵的引诱，不重视以学问智巧猎取好处，就能安心农业生产而不偷懒耍滑，荒地一定得到开垦）。

（四）禄厚而税多，食口众者，败农者也。则以其食口之数，赋而重使之，则辟淫游食之民无所于食。无所于食则必农，农则草必垦矣（政府对贵族之家不事生产的人收税，驱使他们务农。这样必然增加农业方面的劳动人手，也利于开垦荒地）。

（五）使商无得籴，农无得粜。农无得粜，则窳惰之农勉疾；商无得籴，则多岁不加乐。多岁不加乐，则饥岁无裕利。无裕利则商怯，商怯则欲农。窳惰之农勉疾，商欲农，则草必垦矣（不准商人买粮食，也不准农民卖粮食，从而使商人不能通过囤积粮食获利，逼使他们转而务农。农民种田的积极性也能提高，荒地一定得到开垦）。

（六）声服无通于百县，则民行作不顾，休居不听。休居不听，则气不淫；行作不顾，则意必一。意一而气不淫，则草必垦矣（杜绝音乐唱歌特别是各种装饰品的流通，使农民无论在劳动时还是在闲暇时都听不到、看不见这些东西，以使他们思想专一，集中精力务农，荒地也就得到开垦了）。

（七）无得取庸，则大夫家长不建缮，爱子不惰食，惰民不窳，而庸民无所于食，是必农。大夫家长不建缮，则农事不伤；爱子不惰食，惰民不窳，则故田不荒。农事不伤，农民益农，则草必垦矣（不准雇工，一方面使大夫等富有家庭无法大兴土木，他们的孩子也不能偷懒吃闲饭。没有做雇工的机会，雇工们只能回归农业生产。没有雇工服务，大夫之家的孩子们也只能自己种田维持生活。如此一来，旧有土地不会荒芜，未开垦的土地也能得到开垦）。

（八）废逆旅，则奸伪、躁心、私交、疑农之民不行；逆旅之民无所于食，即必农，农则草必垦矣。壹山泽，则恶农、慢惰、倍欲之民无所于食，无所于食，则必农，农则草必垦矣（不准开设客店收留旅行者住宿，这样就会收到两方面的效果。一是想离开土地远行寻找出路的人无法成行，预防了一些行为不轨者扰乱社会秩序，逼使他们种田吃饭。二是让以旅店谋生者失去生活来源回归农业生产，这自然增加了种田的人数，使荒地得到开垦。进而由国家掌控山林湖泊的资源，禁止私人利用山林湖泊生活，这样就使那些依靠山林湖泊谋生而避开农业生产的人回来种田，这无疑增加了荒地的开垦）。

（九）贵酒肉之价，重其租，令十倍其朴。然则商酤少，民不能喜酣奭，大臣不为荒饱。商酤少，则上不费粟；民不能喜酣奭，则农不慢；大臣不荒饱，则国事不稽，主无过举。上不费粟，民不慢农，则草必垦矣（提高酒肉的价格，加重酒肉的税额，既使以经营酒肉生意的人无利可图，又使人们减少酒肉的消费，如此一来就会带来多重好处：官吏清廉，提高工作效率；经营酒肉生意者回归务农；爱享受酒肉的人缩减消费，专心务农。这显然有助于农业的发展和荒地的开发）。

（十）重刑而连其罪，则褊急之民不斗，狠刚之民不讼，怠惰之民不游，费资之民不作，巧谀恶心之民无变也。五民者不生于境内，则草必垦矣（加重刑罚并实行连坐法，使勇于私斗者、不驯顺者、懒惰者、肆意挥霍者和巧言阿谀者五种人不能兴风作浪，并驱其归农。这一方面保证社会的安宁，一方面也增加种田人手，显然对开垦荒地有利）。

（十一）使民无得擅徙，则诛愚乱农之民无所于食而必农；愚心躁欲之民一意，则农民必静。农静，诛愚乱农之民必农，则草必垦矣（令民不得随便迁徙，将所有人都固定在土地上，使愚昧无知者、思想糊涂者安分守己，安心务农，这自然增加荒地开垦）。

（十二）均出余子之使令，以世使之，又高其解舍，令有甬，官食概，不可以辟役。而大官未可必得也，则余子不游事人。余子不游事人，则必农，农则草必垦矣（取消贵族之家的余子的权利，使其不能承袭爵位者免税免役的特权，驱使他们务农，以增加开垦荒地的劳动力）。

（十三）国之大臣诸大夫，博闻、辩慧、游居之事，皆无得为，无得居游于百县，则农民无所闻变见方。农民无所闻变见方，则知农无从离其故事，而愚农不知，不好学问。愚农不知，不好学问，则务疾农。知农不离其故事，则草必垦矣（不准国家的大臣和大夫四处游荡，追求广见多闻和巧言善辩，防止他们对农民产生不安心种田的影响，使农民在愚昧无知的情况下安心种田）。

（十四）令军市无有女子，而命其商，令人自给甲兵，使视军兴。又使军市无得私输粮者，则奸谋无所于伏。盗输粮者不私稽，轻惰之民不游军市。盗粮者无所售，送粮者不私稽，轻惰之民不游军市，则农民不淫，国粟不劳，则草必垦矣（净化军人市场：不准有女子；军市商人遵纪守法，自备铠甲；不准军市私运粮食。这既能杜绝军官侵吞军粮，又能杜绝游手好闲之辈扰乱军市，就能驱使与军市无关之人归农，从而增加垦荒的力量）。

（十五）百县之治一形，则迁者不饰，代者不敢更其制，过而废者不能匿其举。过举不匿，则官无邪人。迁者不饰，代者不更，则官属少而民不劳。官无邪则民不敖，民不敖则业不败。官属少则征不烦，民不劳则农多日。农多日，征不烦，业不败，则草必垦矣（统一法制，使县级官吏不敢为非作歹，专注吏治，减少员吏。这必然降低行政成本，减轻农民负担，有助于提高农民的安全感、稳定性和生产积极性，使之心无旁骛，专心农耕，增加土地的开垦）。

（十六）重关市之赋，则农恶商，商有疑惰之心。农恶商，商疑惰，则草必垦矣。以商之口数使商，令之斯、舆、徒、重者必当名，则农逸而商劳。农逸则良田不荒，商劳则去来赍送之礼无通于百县，则农民不饥，行不饰。农民不饥，行不饰，则公作必疾，而私作不荒，则农事必胜。农事必胜，则草必垦矣。今送粮无得取僦，无得反庸，车牛舆重设，必当名，然则往速来疾，则业不败农。业不败农，则草必垦矣（严格推行抑商的法律制度，加重商业税负，缩小经商的营利空间。同时严格规范给官府运粮人的活动，不准他们借机揽载货物，堵塞他们经商的渠道。这些措施必然抑制农民弃农转商的欲望，对稳定农业有利）。

（十七）无得为罪人请于吏而饷食之，则奸民无主。奸民无主，则为奸不勉。为奸不勉，则奸民无朴。奸民无朴，则农民不败。农民不败，则草必垦矣（使犯罪之人受到严酷的惩罚，不准给犯人送饭，使他们感受监狱的难熬。从而使罪犯出狱后不敢再犯罪；使未犯罪者惮于犯罪。这就使奸邪之人大大减少，保证农民安心务农，保证土地得到充分的开发和利用）。[1]

以上这些政策措施的基本指向，一是强调农业生产，主要是粮食生产的重要意义，二是从各个方面和层次下手，逼使所有人从事农业生产，尽量多地垦荒、垦荒、再垦荒。在商鞅眼里，一方面农民和其他职业者，都是国家可资利用的工具，可以任意驱使；另一方面，粮食等同于财富，政府施政的主要内容就是增产粮食，再增产粮食。为此，不惜使用任何无理和残酷的手段，使国家专注于农耕，使农民专力于农耕，不能有丝毫的分心和旁骛：

> 夫圣人之治国也，能抟力、能杀力。制度察则民力抟，抟而不化则不行，行而无富则生乱。故治国者，其抟力也，以富国强兵也；其杀力也，以事敌劝民也。夫开而不塞则智长，长而不攻则有奸；塞而不开则民浑，浑而不用则力多，力多而不攻则有虱。故抟

---

[1] 《商子译注》，第7—12页。

力以一务也，杀力以攻敌也。治国贵民一，民一则朴，朴则农，农则易勤，勤则富。富者废之以爵不淫，淫者废之以刑而务农。故能抟力而不能用者，必乱；能杀力而不能抟者，必亡。故明君知齐二者，其国强；不知齐二者，其国削。①

在当时的历史条件下，商鞅强调粮食生产的重要性不无积极意义，但他强调得过头了，他认识不到，或者说轻视和忽视其他行业在经济上的重要性，则是显而易见的偏颇。农业固然重要，但离开手工业和商业，社会经济的运行几乎是不可能的。一个正常的社会，农业、手工业和商业贸易保持适当的比例和平衡，才能顺畅地发展。

在商鞅的政治思想中，"耕"是社会赖以存在的基础，"战"则是国家立定脚跟并能够在兼并战争中无往而不胜的手段。而要想战胜敌人，关键是要有源源不绝的勇于拼杀、不怕牺牲的将士。所以他一再强调："凡人主之所以劝民者，官爵也；国之所以兴者，农战也。"② 为了鼓励将士奋勇杀敌立功，就有必要设立军功爵位制度，厉行奖惩法纪：

四境之内，丈夫女子皆有名于上，生者著，死者削。其有爵者乞无爵者以为庶子，级乞一人。其无役事也，其庶子役其大夫，月六日；其役事也，随而养之。军爵，自一级已下至小夫，命曰校、徒、操、士。公爵，自二级以上至不更，命曰卒。其战也，五人束簿为伍，一人死，而到其四人。能人得一首，则复。五人一屯长，百人一将。其战，百将、屯长不得，斩首；得三十三首以上，盈论，百将、屯长赐爵一级。五百主，短兵五十人。二五百主，将之短兵百。千石之令，短兵百人；八百之令，短兵八十人；七百之令，短兵七十人；六百之令，短兵六十人。国尉，短兵千人。将，短兵四千人。战及死事，而到短兵，能人得一首，则复。能攻城围邑，斩首八千以上，则盈论；野战，斩首二千，则盈论。吏自操及校以上大将，尽赏行间之吏也。故爵公士也，就为上造也；故爵上造，就为簪袅；故爵簪袅，就为不更；故爵不更，就为大夫。爵吏而为县尉，则赐虏六，加五千六百。爵大夫而为国尉，就为官大

---

① 《商子译注》，第67页。
② 《商子译注》，第17页。

夫；故爵官大夫，就为公大夫；故爵公大夫，就为公乘；故爵公乘，就为五大夫，则税邑三百家。故爵五大夫，就为庶长；故爵庶长，就为左更；故爵三更也，就为大良造，皆有赐邑三百家，有赐税三百家。爵五大夫，有税邑六百家者，受客。大将、御、参，皆赐爵三级。故客卿相，论盈，就正卿。……能得甲首一者，赏爵一级，益田一顷，益宅九亩，级除庶子一人，乃得入兵官之吏。①

如此严酷、翔实、细密的奖惩标准，必然促使走上战场的将士，只能奋勇向前杀敌致果受奖，或战死疆场让家属领受赏赐，畏缩不前只有死路一条。这样的奖惩制度，在其他条件的配合下，定会使被逼到死角的将士们激发出无可估量的战斗力。这大概是秦军将士在平定六国的战斗中所向披靡、屡屡获胜的原因之一吧。

商鞅一再强调与耕战连在一起的奖惩制度，认定它是推行耕战的促进器和螺旋桨：

> 明王之所贵，唯爵其实，爵其实而荣显之，不荣则不急。列位不显，则民不事爵。爵易得也，则民不贵上爵。列爵禄赏不由其门，则民不以死争位矣。人情而有好恶，故民可治也。人君不可不审好恶，好恶者，赏罚之本也。夫人情好爵禄而恶刑罚，人君设二者以御民之志，而立所欲焉。夫民力尽而爵随之，功立而赏随之，人君能使其民信于此明如日月，则兵无敌矣。②

商鞅的耕战思想通过变法转换成制度和政策并在秦国得到认真的实施和推行，立竿见影般地促进秦国很快达到国富兵强的目的。而从秦孝公开始的"六世余烈"步步登高，顺风顺水，到秦王嬴政手里终于结出胜利果实，平定六国，统一华夏，建立起空前强大、统一的中央集权的东方帝国。傲视寰宇，耸动视听，阅尽人间春色。

四 法制理论

商鞅留下的著作中，多角度、多层次地集中论述了法制在国家和社

---

① 《商子译注》，第130—133页。
② 《商子译注》，第72—73页。

会治理中的决定作用，《商子·一言》对此进行了较充分的阐发：

> 凡将立国，制度不可不察也，治法不可不慎也，国务不可不谨也，事本不可不抟也。制度时，则国俗可化而民从制；治法明，则官无邪；国务壹，则民应用；事本抟，则民喜农而乐战。夫圣人之立法化俗，而使民朝夕从事于农也，不可不知。夫民之从事死制也，以上之设荣名、置赏罚之明也，不用辩说私门而功立矣，故民之喜农而乐战也。见上之尊农战之士，而下辩说、技艺之民，而贱游学之人也，故民一务，其家必富，而身显于国。上开公利而塞私门，以致民力，私劳不显于国，私门不请于君，若此而功臣劝，则上令行而荒草辟，淫民止而奸无萌。治国能抟民力而壹民务者强，能事本而禁末者富。①

这里，商鞅举出立国的四个基本点，即建立制度、制定法令、统一政务、专一农战。而他重点所着眼的，其实主要还是制度和法令，因为政务和农战都是在制度和法令的规范下的具体实施。商鞅认为，在他理想的法治社会，君道必须尊而不能卑；法令必须明而不能暗，刑罚必须重而不能轻；赏赐必须轻而不能重；刑罚必须先而赏赐只能后，一切都必须通过法令加以精准规范：

> 夫民之不治者，君道卑也；法之不明者，君长乱也。故明君不道卑，不长乱，秉权而立，垂法而治，以得奸于上而官无不，赏罚断而器用有度。若此，则国制明而民力竭，上爵尊而伦徒举。今世主皆欲治民，而助之于乱；非乐以为乱也，安其故而不窥于时也。是上法古而得其塞，下修令而不时移，而不明世俗之变，不察治民之情，故多赏以致刑，轻刑以去赏。夫上设刑而民不服，赏匮而奸益多。故上之于民也，先刑而后赏。故圣人之为国也，不法古，不修今，因世而为之治，度俗而为之法。故法不察民之情而立之，则不成；治宜于时而行之，则不干。故圣王之治也，慎为、察务、归心于一而已矣。②

---

① 《商子译注》，第66—67页。
② 《商子译注》，第68页。

在商鞅看来，法令是"民之命"和"治之本"，是维护社会有序运行的利器。因为法令最大的功用是对社会上的各色人等都规定了恰如其分的"名分"，设定了他们的权利和义务，任何人都必须绝对自觉地遵行，不得逾越：

> 法令者民之命也，为治之本也，所以备民也。为治而去法令，犹欲无饥而去食也，犹欲无饥而去食也，欲无寒而去衣也，欲至东西行也，其不几亦明矣。一兔走，百人逐之，非以兔为可分以为百，由名之未定也。夫卖者满市，而盗不敢取，由名分已定也。故名分未定，尧、舜、禹、汤且皆如骛焉而逐之；名分已定，贪盗不取。今法令不明，其名不定，天下之人得议之，其议人异而无定。人主为法于上，下民议之于下，是法令不定，以下为上也，此所谓名分之不定也。夫名分不定，尧、舜犹将皆折而奸之，而况众人乎？此令奸恶大起，人主夺威势，亡国灭社稷之道也。今先圣人为书而传之后世，必师受之，乃知所谓之名；不师受之，而人以其心意议之，至死不能知其名与其意。故圣人必为法令置官也、置吏也，为天下师，所以定名分也。名分定，则大轴贞信，民皆愿愨，而各自治也。故夫名分定，势治之道也；名分不定，势乱之道也。故势治者不可乱，势乱者不可治。夫势乱而治之愈乱矣，势治而治之则治矣，故圣王治治不治乱也。①

进一步，商鞅认定，国家和社会所以必须实行法制，是因为不待法令规范而能自觉约束自己行动的智者和贤者在总人口中只占"千万之一"，圣人治国行政的对象是绝大多数人，而不是极少数智者和贤者。所以法令必须"明白易知"，使百姓知道法令对自己行为的规范、约束、奖惩，不仅不敢违法，还必须接受"吏为之师"，切实让执法之吏指导自己的行动：

> 夫微妙意志之言，上智之所难也。夫不待法令绳墨而无不正者，千万之一也，故圣人以千万治天下。故夫智者而后能知之，不

---

① 《商子译注》，第168—169页。

可以为法，民不尽智；贤者而后知之，不可以为法，民不尽贤。故圣人为法，必使之明白易知。名正，愚智遍能知之。为置法官，置主法之吏，以为天下师，令万民无陷于险危。故圣人立天下而无刑死者，非不刑杀也，行法令明白易知，为置法官吏为之师，以道之知，万民皆知所避就，避祸就福，而皆以自治也。故明主因治而治之，故天下大治也。①

再进一步，商鞅特别指明，法制最重要的功能是制定一个全国都必须遵守的衡量一切事物和是非的标准，犹如秤之用于称量轻重，尺之用于测量长短一样：

> 世之为治者，多释法而任私议，此国之所以乱也。先王悬权衡，立尺寸，而至今法之，其分明也。夫释权衡而断轻重，废尺寸而意长短，虽察，商贾不用，为其不必也。故法者国之权衡也，夫倍法度而任私议，皆不知类者也。不以法论智能、贤不肖者，唯尧，而世不尽为尧，是故先王知自议誉私之不可任也，故立法明分，中程者赏之，毁公者诛之，赏诛之法不失其义，故民不争。授官予爵，不以其劳，则忠臣不进；行赏赋禄，不称其功，则战士不用。②

有了统一的标准，还必须贯彻法令面前人人平等的原则，任何人触犯法令都必须受到惩罚：

> 所谓一刑者，刑无等级，自卿相、将军以至大夫、庶人，有不从王令、犯国禁、乱上制者，罪死不赦。有功于前，有败于后，不为损刑；有善于前，有过于后，不为亏法。忠臣孝子有过，必以其数断。守法守职之吏，有不行王法者，罪死不赦，刑及三族。同官之人，知而讦之上者，自免于罪。无贵贱，尸袭其官长之官爵、田禄。③

---

① 《商子译注》，第169页。
② 《商子译注》，第95—96页。
③ 《商子译注》，第112页。

在商鞅看来，法的最重要的特性，一是"刑无等级"，不偏袒任何人。二是"轻罪重罚"，使人人惮于违法犯罪：

> 国之乱也，非其法乱也，非法不用也。国皆有法，而无使法必行之法；国皆有禁奸邪、刑盗贼之法，而无使奸邪、盗贼必得之法。为奸邪、盗贼者死刑，而奸邪、盗贼不止者，不必得也；必得，而尚有奸邪、盗贼者，刑轻也。刑轻者，不得诛也；必得者，刑者众也。故善治者，刑不善，而不赏善，故不刑而民善。不刑而民善，刑重也。刑重者，民不敢犯，故无刑也。而民莫敢为非，是一国皆善也。故不赏善，而民善。赏善之不可也，犹赏不盗。故善治者，使跖可信，而况伯夷乎？不能治者，使伯夷可疑，而况跖乎？势不能为奸，虽跖可信也；势得为奸，虽伯夷可疑也。①

"轻罪重罚"显示了商鞅对法令认识上的偏颇。因为法令的特性之一应该是"平"即量刑轻重适度，"轻罪重罚"或"重罪轻罚"都达不到遏制犯罪的最佳效果。商鞅后的秦国和秦朝，一直实行"轻罪重罚"的政策，所谓"步过六尺者受罚，弃灰于道者被刑"，结果不仅未能遏制犯罪，反而使犯罪者越来越多，造成"赭衣塞路，囹圄成市"的恐怖局面，成为秦朝二世而亡的重要原因之一。

商鞅进而认识到，法令一旦制定出来，其威力和效用在于严格地实施和执行。而要想使法令得以严格顺畅地实施，就必须摈弃妨碍法令顺利推行的十个方面的要素：

> 善为国者，官法明，故不任智虑；上作壹，故民不营私，则国力抟。国力抟者强，国好言谈者削。故曰：农战之民千人，而有《诗》《书》辩慧者一人焉，千人者皆怠于农战矣；农战之民百人，而有技艺一人焉，百人者皆怠于农战矣。国待农战而安，主待农战而尊。夫民之不农战也，上好言而官失常也。常官则国治，一务则国富。国富而治，王之道也。故曰：王道作，外身作壹而已矣。
> 今上论材能知慧而任之，则知慧之人希主好恶，使官制物，以

---

① 《商子译注》，第121—122页。

适主心。是以官无常，国乱而不一，辩说之人而无法也。如此，则民务焉得无多，而地焉得无荒。诗、书、礼、乐、善、修、仁、廉、辩、慧，国有十者，上无使守战，国以十者治，敌至必削，不至必贫。国去此十者，敌不敢至，虽至必却。兴兵而伐必取，按兵不伐必富。国好力者以难攻，以难攻者必兴；好辩者以易攻，以易攻者必危。故圣人明君者，非能尽其万物也，知万物之要也。故其治国也，察要而已矣。①

　　国有礼有乐，有诗有书，有善有修，有孝有悌，有廉有辩，国有十者，上无使战，必削至亡；国无十者，上有使战，必兴至王。国以善民治奸民者，必乱至削；国以奸民治善民者，必治至强。国用诗、书、礼、乐、孝、悌、善、修治者，敌至必削国，不至必贫国。不用八者治，敌不敢至，虽至必却；兴兵而伐必取，取必能有之；按兵而不攻必富。国好力曰以难攻，国好言曰以易攻。国以难攻者，起一得十；国以易攻者，出十亡百。②

　　商鞅这里表述的思想，充满明显的抑工商和反智慧反道德的倾向。他不明白，国家和社会不仅需要法令，也需要道德，否则社会秩序难以健康运行；国家和社会更需要知识和智慧，否则人类文明就无法进步与发展。反智慧反道德是法家思想中最有害的东西，也是它的软肋。在长期的中国古代社会，法家思想之所以在同儒家思想的博弈中败下阵来，未能占据主流意识形态的尊位，这应该是其中最重要的原因。

　　商鞅阐述的法制思想，在很大程度上奠定了此后战国时期各国立法的基本理论，一方面指导了秦国和后来各国的立法行法实践，另一方面深深影响了其后的法家理论的构建。在战国集其大成的韩非的法制思想中，可以发现其对商鞅法制思想的继承、丰富和发展。

五　对君、臣、民的权利和义务的设定

　　商鞅通过对君、臣、民三者权利和义务的设定，突出展现了他的专制主义中央集权的制度理念。他首先推出自己对社会制度产生和发展变化的认识，其中之一是君和臣的生发论：

---

① 《商子译注》，第 19—20 页。
② 《商子译注》，第 30 页。

凡仁者以爱利为务，而贤者以相出为道。民众而无制，久而相出为道，则有乱。故圣人承之，作为土地、货财、男女之分。分定而无制，不可，故立禁；禁立而莫之司，不可，故立官；官设而莫之一，不可，故立君。既立其君，则上贤废而贵贵立矣。上世亲亲而爱私，中世上贤而说仁，下世贵贵而尊官。上贤者，以相出为道也；而立君者，使贤无用也。亲亲者，以私为道也；而中正者，使私无行也。此三者，非事相反也，民道弊而所重异也，世事变而行道异也。故曰：王者有绳。先王道一端，而臣道亦一端；所道则异，而所绳则一也。故曰：民愚则智可以王，世智则力可以王。民愚则力有余而智不足，世智则巧有余而力不足。民之生，不智则学，力尽而服。故神农教耕而王天下，师其知也，汤、武致强而征诸侯，服其力也。夫民愚，不怀智而问，世智无余力而服。故以爱王天下者并刑，力征诸侯者退德。①

这里，商鞅以进化论的观点论述了制度、法律、官吏和国君产生的历史，认为其间经历了上世的"亲亲而爱私"，中世的"上贤而说仁"和下世的"贵贵而尊官"，认定它们的产生和依次更替都是社会发展的需要。在国家的各种制度、法令和规则产生的过程中，"圣人"起了重要作用，他们是历史的创造者：

古者未有君臣上下之时，民乱而不治，是以圣人别贵贱，制爵位，立名号，以别君臣上下之义。地广、民众、万物多，故分五官而守之。民众而奸邪生，故立法制、为度量以禁之。是故有君臣之义，五官之分，法制之禁，不可不慎也。②

国君所处的时代条件不同，所用的统治方略也不同。当今之世，列国纷争，尚贤说仁的治世方略已经难以适应时代的要求，国君只能凭靠强力战胜别人，巩固尊位，也只能凭靠法制对臣民进行有效管理。因此，国君必须牢牢操持权柄、立足信用、运用法度，对百官和万民进行统治：

---

① 《商子译注》，第58—59页。
② 《商子译注》，第156页。

国之所以治者三：一曰法，二曰信，三曰权。法者君臣之所共操也，信者君臣之所共立也，权者君之所独制也。人主失守则危，君臣释法任私必乱。故立法明分而不以私害法则治，权制独断于君则威，民信其赏则事功成，信其刑则奸无端。唯明主爱权重信，而不以私害法。故不多惠言而克其赏，则下不用；数加严令而不致其刑，则民傲罪。凡赏者文也，刑者武也，文武者法之约也。故明主慎法。明主不蔽之谓明，不欺之谓察。故赏厚而利，刑重而必，不失疏远，不违亲近，故臣不蔽主，下不欺上。

显然，商鞅坚信法度和信用虽然应该由君臣共同掌握，但权力则必须由国君独自控制。商鞅有时也将权柄称为"势"和"数"：

凡知道者，势、数也。故先王不恃其强而恃其势，不恃其信而恃其数。今夫飞蓬遇飘风而行千里，乘风之势也；探渊者知千仞之深，悬绳之数也。故托其势者，虽远必至；守其数者，虽深必得。今夫幽夜，山陵之大而离娄不见；清朝日朡，则上别飞鸟，下察秋毫。故目之见也，托日之势也。得势之主，不参官而洁，陈数而物当。今恃多官众吏，官立丞、监。夫置丞立监者，且以禁人之为利也，而丞监亦欲为利，则何以相禁？故恃丞、监而治者，仅存之治也。通数者不然也，别其势，难其道。故曰：其势难匿者，虽跖不为非焉，故先王贵势。①

商鞅坚信权力只有由国君专断，国君才有威严，才能驱使臣民服从自己的意志，去做国君想要做的事情。而贤明的国君同时必须明察臣民之所想和之所为，才能不受蒙蔽，充分运用刑和赏两手的吸引力和威慑力，既使臣民不敢欺蒙国君，也使他们心甘情愿地为国君服务。不过，国君以法度治理国家和统御臣民，他的出发点应该是出于"公心"，为了天下人的利益来治理天下。如此，上行下效，才能使正直能干的臣子以公心和诚意来为国君和百姓服务。否则，如果国君出于一己之私施法

---

① 《商子译注》，第150页。

用人，那就必然使奸佞之辈乘机投国君之所好，弄权营私，鱼肉百姓，国家就会走向灭亡之路：

> 凡人臣之事君也，多以主所好事君。君好法，则臣以法事君；君好言，则臣以言事君。君好法，则端直之士在前；君好言，则毁誉之臣在侧。公私之分明，则小人不疾贤，而不肖者不妒功。故尧舜之位天下也，非私天下之利也，为天下位天下也。论贤举能而传焉，非疏父子亲越人也，明于治乱之道也。故三王以义亲天下，五霸以法正诸侯，皆非私天下之利也，为天下治天下。是故擅其名而有其功，天下乐其政，而莫之能伤也。今乱世之君臣，区区然皆擅一国之利，而当一官之重，以便其私，此国之所以危也。故公私之交，存亡之本也。夫废法度而好私议，则奸臣鬻权以约禄，秩官之吏隐下而渔民。谚曰："蠹众而木折，隙大而墙坏。"故大臣争于私而不顾其民，则下离上。下离上者，国之隙也。秩官之吏隐下以渔百姓，此民之蠹也。故有隙蠹而不亡者，天下鲜矣。是故明王任法去私，而国无隙蠹矣。①

国君能够乾纲独断，掌控全权，运用赏、刑、教三种手段，对臣民进行有效管理和使用，就可以达到理想的"无赏""无刑"和"无教"的境界：

> 圣人之为国也，一赏、一刑、一教。一赏则兵无敌，一刑则令行，一教则下听上。夫明赏不费，明刑不戮，明教不变，而民知于民务，国无异俗。明赏之犹至于无赏也，明刑之犹至于无刑也，明教之犹至于无教也。

接着，商鞅对赏、刑、教进行阐释。所谓赏，就是充分利用臣民对利禄、官爵的渴求，使无论"愚知、贵贱、勇怯、贤不肖"的各色人等都能"竭其股肱之力，出死而为上用"，天下豪杰贤良也能从之如流水，归到国君麾下供其驱使。臣民一致拥戴国君，国君就有了丰厚的经

---

① 《商子译注》，第94—97页。

济基础、所向无敌的军事力量，就能战胜强敌，统一华夏。之后，不用国君出一文钱、一粒粟，而以全国的巨量财富赏赐臣民，就能使他们渴求富贵利禄的愿望得到满足。如此之赏岂不等于无赏：

> 所谓一赏者，利禄、官爵抟出于兵，无有异施也。夫固知愚、贵贱、勇怯、贤不肖，皆尽其胸臆之知，竭其股肱之力，出死而为上用也。天下豪杰贤良从之如流水，夫故兵无敌而令行于天下，万乘之国不敢苏其兵中原，千乘之国不敢捍城。万乘之国若有苏其兵中原者，战将复其军；千乘之国若有捍城者，攻将凌其城。战必覆人之军，攻必凌人之城，尽城而有之，尽宾而致之，虽厚庆赏，何费匮之有矣。昔汤封于赞茅，文王封于岐周，方百里。汤与桀战于鸣条之野，武王与纣战于牧野之中，大破九军，卒裂土封诸侯。士卒坐陈者，里有书社，车休息不乘，纵马华山之阳，纵牛于农泽，纵之老而不收，此汤、武之赏也。故曰：赞茅、岐周之粟以赏天下之人，不人得一升，以其钱赏天下之人，不人得一钱。故曰：百里之居而封侯功臣，大其旧。自士卒坐陈者，里有书社，赏之所加，宽于牛马者何也？善因天下之货，以赏天下之臣。故曰：明赏不费。汤、武既破桀、纣，海内无害，天下大定，筑五库，藏五兵，偃武事，行文教，倒载干戈，搢笏作为乐以申其德。当此时也，赏禄不行，而民整齐，故曰明赏之犹至于无赏也。①

商鞅对于刑的理解，一是"刑无等级"，任何人触犯法令都得严惩。二是轻罪重罚，使"民不敢试"，没有人犯罪，自然也就达到"无刑"的目的了。商鞅对于"教"也有自己的理解：

> 所谓一教者，博闻、辩慧、信廉、礼乐、修行、群党、任誉、清浊，不可以富贵，不可以评刑，不可独立私议以陈其上。坚者破，锐者挫，虽曰圣智、巧佞、厚朴，则不能以非功罔上利。然富贵之门，要在战而已矣。彼能战者，践富贵之门；强梗焉，有常刑而不赦。是父兄、昆弟、知识、婚姻、合同者，皆曰："务之所

---

① 《商子译注》，第110—111页。

加，存战而已矣。"夫故当壮者务于战，老弱者务于守，死者不悔，生者务劝。此臣之所谓一教也。民之欲富贵也，共阖棺而后止，而富贵之门，必出于兵，是故民闻战而相贺也，起居饮食所歌谣者战也，此臣之所谓明教之犹至于无教也。①

这里商鞅所说的"教"等于后世所说的教育、教化，也就是用何种价值观去教育、教化和引导臣民的走向。在商鞅看来，对那些所谓博闻、辩慧、信廉、讲礼乐、重德行的人，不仅不能让他们得到富贵利禄，而且不许他们议论刑罚和国家政务，更不准他们创立私家学派向国君兜售其思想学说。即使他们学识渊博、巧言善辩、厚道朴实，也不能无功受禄。富贵利禄的大门只向那些努力作战的人开放，在社会上形成舆论氛围，使父子相劝，兄弟互励，达到富国强兵的目的。商鞅的教育理论，既显示他对舆论作用的正确认识和极度重视，也凸显了他的反智慧反道德的倾向。

商鞅还特别强调赏、刑、教三者的重要性，认定无论是英明的国君，还是平庸的国君，只要深刻认识、紧紧抓住这个"三教"不放并认真贯彻实行，就能无往而不胜，达到他理想的目标：

此臣所谓三教也。圣人非能知万物之要也，故其治国，举要以致万物，故寡教而多功。圣人治国也，易知而难行也，是故圣人不必加，凡主不必废，杀人不为暴，赏人不为仁者，国法明也。圣人以功授官予爵，故贤者不忧；圣人不宥过，不赦刑，故奸无起。圣人治国也，审一而已矣。②

在商鞅看来，国君仅有权势和法令还不足以顺畅地统御臣民，他要想成为明君，还必须具有过人的聪明才智，能够"无所不见""知必然之理，必为之时势""见本然之政"，才能合天下之力，使"群臣不敢为奸，百姓不敢为非""勇强不敢为暴"，所有人都遵行国君的法令，执行国君的旨意，"众不得不为"国君设定的目标赴汤蹈火。这样，国君就能够躺在床上，听着音乐，轻松愉快地治理天下：

---

① 《商子译注》，第113—114页。
② 《商子译注》，第114页。

所谓明者，无所不见，则群臣不敢为奸，百姓不敢为非。是以人主处匡床之上，听丝竹之声，而天下治。所谓明者，使众不得不为。所谓强者，天下胜。天下胜，是故合力。是以勇强不敢为暴，圣知不敢为轴，而虑周兼天下之众，莫敢不为其所好，而辟其所恶。所谓强者，使勇力不得不为己用。其志足，天下益之；不足，天下说之。恃天下者，天下去之；自恃者，得天下。得天下者，先自得者也。能胜强敌者，先自胜者也。

圣人知必然之理，必为之时势，故为必治之政，战必勇之民，行必听之令。是以兵出而无敌，令行而天下服从。黄鹄之飞，一举千里，有必飞之备也；骐骥𬳿耳，日行千里，有必走之势也；虎豹熊罴，鸷而无敌，有必胜之理也。圣人见本然之政，知必然之理，故其制民也，如以高下制水，如以燥湿制火。故曰：仁者能仁于人，而不能使人仁；义者能爱于人，而不能使人爱。是以知仁义之不足以治天下也。圣人有必信之性，又有使天下不得不信之法。所谓义者，为人臣忠，为人子孝，少长有礼，男女有别；非其义也，饿不苟食，死不苟生，此乃有法之常也。圣王者，不贵义而贵法，法必明，令必行，则已矣。①

如何统御臣民，是商鞅法制思想中的重要组成部分。对于臣子，他还没有如后来韩非那样绝对摈弃贤才，而是认定重法和用贤可以相得益彰：

国或重治，或重乱。明主在上，所举必贤，则法可在贤。法可在贤，则法在下，不肖不敢为非，是谓重治。不明主在上，所举必不肖，国无明法，不肖者敢为非，是谓重乱。②

同时，"明主之使其臣也，用必加于功，赏必尽其劳"，即根据功劳大小决定官位高低，根据出力多少决定赏赐的厚薄。商鞅的任贤之论反映了他对当时列国国君普遍用贤理念的认可。不过，任贤之论在他的

---

① 《商子译注》，第123—124页。
② 《商子译注》，第122页。

思想中不仅不是凸显的意识,而且也与他绝对"任法"的理念相矛盾。后来的法家代表人物,如韩非等,则将"任贤"的思想彻底抛弃了。

商鞅认为治理民是国君行政事务中的重中之重,因为能不能"制天下",关键就在于能不能"先制其民",而其中的关键又在于"一民",使之"从令如流,死而不旋踵":

> 昔之能制天下者,必先制其民者也;能胜强敌者,必先胜其民者也。故胜民之本在制民,若冶于金、陶于土也。本不坚,则民如飞鸟禽兽,其孰能制之?民本,法也。故善治者塞民以法,而民、地作矣。名尊地广以至王者,何故?战胜者也。名卑地削以至于亡者,何故?战罢者也。不胜而王、不败而亡者,自古及今未尝有也。民勇者战胜,民不勇者战败,能一民于战者,民勇;不能一民于战者,民不勇。圣王见勇之致于兵也,故举国而责之于兵。入其国,观其治,民用者强。奚以知民之见用者也?民之见战也,如饿狼之见肉,则民用矣。凡战者,民之所恶也,能使民乐战者王。强国之民,父遗其子,兄遗其弟,妻遗其夫,皆曰:"不得,无返。"又曰:"失法离令,若死我死。"乡治之,行间无所逃,迁徙无所入。行间之治连以五,辩之以章,束之以令,拙无所处,罢无所生。是以三军之众,从令如流,死而不旋踵。①

如何使民做到听从国君的号令,"拙无所处,罢无所生"?除了"辩之以章,束之以令"之外,更在于实行"弱民"的政策:

> 民弱国强,民强国弱,故有道之国务在弱民。朴则强,淫则弱。弱则轨,淫则越志。弱则有用,越志则强。故曰:以强去弱者弱,以弱去强者强。民善之则和,利之则用,用则有任,和则匮,有任乃富于政。上舍法,任民之所善,故奸多。民贫则力富,民富则淫,淫则有虱。故民富而不用,则使民以食出爵,爵必以其力,则农不偷。农不偷,六虱无萌。故国富而民治,重强。②

---

① 《商子译注》,第119—120页。
② 《商子译注》,第138—139页。

这个"弱民"政策的要点，一是使国家具有强大无比的力量，削弱民众的力量，使民众根本不具备与国家和法令抗衡的力量。二是"亲民"，给他们看得见、摸得着的实际利益，这就是爵禄。乐于当兵，拼死搏战，可以得到爵禄；努力耕种，生产大量粮食，亦可用来买到爵禄。这就是以爵禄为诱饵驱使民致力于耕战。

商鞅的政治思想中最有价值的精华是他的法制理论，其中的"刑无等级"凸显了法应该具备的公平公正的本质，对后世产生了积极的影响。他政治思想中最大的弊端是反智慧反道德的愚民倾向。在对待臣民的问题上，他将臣民视为国君任意驱使的富国强兵的工具，更显示了他极端尊君和极度蔑视百姓的立场，是应该批判的。

第四节 其他国家的变法思想

一 齐威王、宣王君臣的政治思想

战国时期，齐国的国名虽然仍在延续，但国君已经由姜氏变成了田氏。齐威王田因齐在位 37 年（前 356—前 320 年），是田齐最有作为的国君。他任命邹忌（即驺忌）为相，田忌为将，孙膑为军师，厉行改革，使齐国的国力和军力达到巅峰，在与战国首强魏国的搏战中屡屡获胜。他的最大特点是知人善任，奖廉罚贪，延揽各种人才，建立稷下学宫，搭建起学者与思想家自由讲学和争鸣的舞台，创造了田齐历史上最辉煌的岁月。

齐威王改革的起始，是同稷下学宫掌门人淳于髡的一次颇具情趣的对话：

> 齐威王之时喜隐，好为淫乐长夜之饮，沉湎不治，委政卿大夫。百官荒乱，诸侯并侵，国且危亡，在于旦暮，左右莫敢谏。淳于髡说之以隐曰："国中有大鸟，止王之庭，三年不飞又不鸣，王知此鸟何也？"王曰："此鸟不飞则已，一飞冲天；不鸣则已，一鸣惊人。"于是乃朝诸县令长七十二人，赏一人，诛一人，奋兵而出。诸侯振惊，皆还齐侵地，威行三十六年。[①]

[①] 司马迁：《史记》卷126《滑稽列传》，第3179页。

齐威王的改革首先从整顿吏治入手：

> 威王初即位以来，不治，委政卿大夫，九年之间，诸侯并侵，国人不治。于是威王召即墨大夫而语之曰："自子之居即墨也，毁言日至。然吾使人视即墨，田野辟，民人给，官无留事，东方以宁。是子不事吾左右以求誉也。"封之万家。召阿大夫语曰："自子之守阿，誉言日闻。然使使视阿，田野不辟，民贫苦。昔日赵攻甄，子弗能救。卫取薛陵，子弗知。是子以币厚吾左右以求誉也。"是日，烹阿大夫，及左右尝誉者皆并烹之。遂起兵西击赵、卫，败魏于浊泽而围惠王。惠王请献观以和解，赵人归我长城，于是齐国震惧，人人不敢饰非，务尽其诚，齐国大治。诸侯闻之，莫敢致兵于齐二十余年。①

齐威王明白，国家治理需要有良好吏治，而良好吏治的关键是必须有一支各类人才齐备、配合默契、贤明能干的官吏队伍。他的这一认识，在与魏王的一次对话中鲜明地展现出来：

> 二十四年，与魏王会田于郊。魏王问曰："王亦有宝乎？"威王曰："无有。"梁王曰："若寡人国小也，尚有径寸之珠照车前后各十二乘者十枚，奈何以万乘之国而无宝乎？"威王曰："寡人之所以为宝与王异。吾臣有檀子者，使守南城，则楚人不敢寇东取，泗上十二诸侯皆来朝。吾臣有盼子者，使守高唐，则赵人不敢东渔于河。吾吏有黔夫者，使守徐州，则燕人祭北门，赵人祭西门，徙而从者七千余家。吾臣有种首者，使备盗贼，则道不拾遗。将以照千里，岂特十二乘哉？"梁惠王惭，不怿而去。②

正因为齐威王重视延揽人才、善用人才，对人才重之以信，任之以专，所以才能在内政、外交和军事上取得一系列的成功。例如，在威王执政时期，曾发生秦军假道韩、魏进攻齐国的战争，威王任命章子为齐军统帅。章子故意让齐军换穿秦军服装，与秦军混在一起，致使齐国侦

---

① 司马迁：《史记》卷46《田敬仲完世家》，第1888—1889页。
② 司马迁：《史记》卷46《田敬仲完世家》，第1891页。

察战场情势的谍报人员误以为章子投降了秦军,但当他们向威王密报此一消息时,威王却坚信章子不会投降,结果证明威王的判断是正确的,章子战胜秦军的消息很快传来,这充分体现了威王在人才政策上的成功。

齐威王最重要的谋臣是邹忌,他在与威王的对话中,以五音协和为比喻,阐述了"治国家而弭人民"的基本法则:

> 夫大弦浊以春温者,君也;小弦廉折以清者,相也;攫之深,舍之愉者,政令也;钧谐以鸣,大小相益,回邪而不相害者,四时也。夫复而不乱者,所以治昌也;连而径者,所以存亡也;故曰琴音调而天下治。夫治国家而弭人民者,无若乎五音者。①

这里邹忌所表述的政治理念是国君如"春温",要求他如春天般地对待臣民百姓,掌控国家的大政方针;国相"廉折以清",要求他廉政清明地对待政府各级官员;政令"攫之深而舍之愉",要求国家的政令细密明辨,宽严适度;四时更替,寒暑往还,要求治理国家必须顺应社会的变化和百姓的需求,做到"复而不乱",同时保持法令和政策的连续性。这一切,都是关系国家存亡的根本原则。

邹忌进而阐明,从国君到臣下,都必须虚心纳谏。这一理念是通过一个著名的故事表达的:

> 邹忌修八尺有余,身体昳丽。朝服衣冠窥镜,谓其妻曰:"我孰与城北徐公美?"其妻曰:"君美甚,徐公何能及公也!"城北徐公,齐国之美丽者也。忌不自信,而复问其妾曰:"吾孰与徐公美?"妾曰:"徐公何能及君也!"旦日,客从外来,与坐谈,问之客曰:"吾与徐公孰美?"客曰:"徐公不若君之美也!"明日,徐公来,孰视之,自以为不如;窥镜而自视,又弗如远甚。暮,寝而思之曰:"吾妻之美我者,私我也;妾之美我者,畏我也;客之美我者,欲有求于我也。"于是入朝见威王曰:"臣诚不如徐公美,臣之妻私臣,臣之妾畏臣,臣之客欲有求于臣,皆以美于徐公。今

---

① 司马迁:《史记》卷46《田敬仲完世家》,第1889页。

齐地方千里,百二十城,宫妇左右,莫不私王;朝廷之臣莫不畏王;四境之内,莫不有求于王。由此观之,王之蔽甚矣!"王曰:"善。"乃下令:"群臣吏民,能面刺寡人之过者,受上赏;上书谏寡人者,受中赏;能谤议于市朝,闻寡人之耳者,受下赏。"令初下,群臣进谏,门庭若市。数月之后,时时而间进。期年之后,虽欲言,无可进者。燕、赵、韩、魏闻之,皆朝于齐。此所谓战胜于朝廷。①

这里邹忌阐明,由于国君身居高位,权大势足,极易为趋炎附势的奸佞之辈包围,被洋洋盈耳的颂声陶醉,被假消息蒙住眼睛,堵塞耳朵,失去对社会真实情况的感知和了解。国君要想获知真实情况,就必须放低身段,鼓励臣民百姓大胆进谏,对国事提出批评和建议。其中蕴含着可贵的民本和民主意识,对国君和高官来说,应该是极高的要求。

齐威王去世后,其子宣王田辟强继位(前319—前301年在位)。他继承威王的改革措施和用人政策,任命田忌、田婴等为将,孙膑为军师,在对魏国的战争中连连取胜,通过桂陵和马陵两次战役,杀魏将庞涓,虏魏太子申,将魏国从战国首强的位子上打下去,一时雄视列国,与正在锐意变法的秦国并列为东西两强,一度以东西二帝对等互峙。宣王更喜欢与文学游说之士交游,使威王时期创设的稷下学宫盛况空前,吸引了列国顶尖级的思想家和学者前来讲学和从事思想论争,大大推进了思想学术上的百家争鸣。

宣王当国时期,齐国的颜斶和王斗,在同宣王的对话中展示了彼此的政治思想。颜斶作为齐国的一介布衣之士,在面见宣王时发生了谁趋前的问题,颜斶借机阐述了他的士比国君更尊贵、国君只能以道德服人、吸引精英人才的观点:

斶闻古大禹之时,诸侯万国。何则?德厚之道,得贵士之力也。故舜起农亩,出于野鄙,而为天子。及汤之时,诸侯三千。当今之世,南面称寡者,乃二十四。由此观之,非得失之策与?稍稍诛灭,灭亡无族之时,欲为监门、闾里,安可得而有乎哉?是故

---

① 刘向:《战国策》,上海古籍出版社1985年版,第324—326页。

《易传》不云乎:"居上位,未得其实,以喜其为名者,必以骄奢为行。据慢骄奢,则凶从之。是故无其实而喜其名者削,无德而望其福者约,无功而受其禄者辱,祸必握。"故曰:"矜功不立,虚愿不至。"此皆幸乐其名,华而无其实德者也。是以尧有九佐,舜有七友,禹有五丞,汤有三辅,自古及今而能虚成名于天下者,无有。是以君王无羞亟问,不愧下学;是故成其道德而扬功名于后世者,尧、舜、禹、汤、周文王是也。故曰:"无形者,形之君也。无端者,事之本也。"夫上见其原,下通其流,至圣人明学,何不吉之有哉!老子曰:"虽贵,必以贱为本。虽高,必以下为基。是以侯王称孤寡不穀,是其贱之本与?"非夫孤寡者,人之困贱下位也,而侯王以自谓,岂非下人而尊贵士与?夫尧传舜,舜传禹,周成王任周公旦,而世世称曰明主,是以明乎士之贵也。①

颜斶在这里以历史上的圣帝名王为例,阐述了一个具有普遍意义的人才观,即明主尊士是其成功大业的条件之一,反此没有不失败的。因为士有选择国君的自由,而国君不能礼贤下士就得不到士的拥戴。国君自然也可以选择奸佞邪恶之人为辅佐,但那是走向灭亡的断头路。颜斶的观点得到宣王的首肯,说明他们君臣在人才问题上达成共识。颜斶是一个具有道家风范的人物,当宣王被他的一番雄辩滔滔的议论折服,决定给他高官厚禄,"食必太牢,出必乘车,妻子衣服丽都"时,他却婉拒,显示了对在野自由之身的执着。②

与颜斶同时代的王斗,也是一个隐逸之人,他造访宣王,硬是逼着位高权重的国君到门口迎接他。他与宣王的谈话,讲的依然是礼贤纳谏的问题:

> 王斗曰:"昔先君桓公所好者,九合诸侯,一匡天下,立为大伯。今王有四焉。"宣王说,曰:"寡人愚陋,守齐国,唯恐失之,焉能有四焉?"王斗曰:"否。先君好马,王亦好马。先君好狗,王亦好狗。先君好酒,王亦好酒。先君好色,王亦好色。先君好士,是王不好士。"宣王曰:"当今之世无士,寡人何好?"王斗

---

① 刘向:《战国策》,第 409—410 页。
② 刘向:《战国策》,第 412 页。

曰:"世无麒麟騄耳,王驷已备矣。世无东郭俊、卢氏之狗,王之走狗已具矣。世无毛嫱、西施,王宫已充矣。王亦不好士也,何患无士?"王曰:"寡人忧国爱民,固愿得士以治之。"王斗曰:"王之忧国爱民,不若王爱尺縠也。"王曰:"何谓也?"王斗曰:"王使人为冠,不使左右便辟,而使工者何也?为能之也。今王治齐,非左右便辟无使也,臣故曰不如爱尺縠也。"宣王曰:"寡人有罪国家。"于是举士五人任官,齐国大治。①

这里,王斗直言不讳,直戳宣王软肋。宣王对王斗的倨傲之态非但不气恼,反而虚心纳谏,立即任命和重用贤良之士。这说明在宣王的政治意识中,对进谏和纳贤还是笃信不疑的。这应该是他在位期间齐国人才济济、经济发展、军力强大、文化繁荣的主要原因吧。

二 赵武灵王君臣的政治思想

赵国是"三家分晋"后于公元前403年正式建立起来的诸侯国。其先祖为少昊之裔的嬴族。嬴族起源于东方,秦朝设立的嬴县(今山东莱芜境)是其祖基之地。协助大禹治水的伯益是其直系祖先。嬴族后裔后来辗转进入中原地区,与夏、商、周三朝都发生了密切关系。其中之一远徙关陇,成为嬴秦的始祖,后来建立秦国,进而统一六国,建立起第一个在中国历史上完成真正统一的秦王朝。另一支在晋国发展,逐步成长为举足轻重的权势之家,在赵简子、赵襄子时期获得长足进步,最后成为赵国的肇造者。

在赵国厉行改革使之走向辉煌的君王是赵武灵王(前325—前299年在位),共在位27个年头。他的变法是以军事改革为突破口开始的,这就是"胡服骑射"。这一改革开始遇到很大阻力,他与国相肥义达成共识,君臣协力,全力推进变法。他们的政治思想是通过与保守派的辩论阐发的:

武灵王平昼闲居,肥义侍坐,曰:"王虑世事之变,权甲兵之用,念简、襄之迹,计胡、狄之利乎?"王曰:"嗣不忘先德,君

---

① 刘向:《战国策》,第415—416页。

之道也；错质务明主之长，臣之论也。是以贤君静而有道民便事之教，动有明古先世之功。为人臣者，穷有弟长辞让之节，通有补民益主之业。此两者，君臣之分也。今吾欲继襄王之业，启胡、翟之乡，而卒世不见也。敌弱者，用力少而功多，可以无尽百姓之劳，而享往古之勋。夫有高世之功者，必负遗俗之累；有独知之虑者，必被庶人之恐。今吾将胡服骑射以教百姓，而世必议寡人矣。"[1]

赵武灵王这里表述的观点是，君王与臣子各有不同的职掌，两者各司其职，良性互动，才能共创大业。而一旦君王改革旧俗，革新政治，必然遇到保守势力和安于传统习俗百姓的反对。他估计，自己一旦宣布实行"胡服骑射"的改革，必然受到非议和阻挠。他希望肥义支持他的改革。肥义理解君王，同时讲出一番改革者必须力排众议、毅然前行的道理：

臣闻之，疑事无功，疑行无名。今王即定负遗俗之虑，殆毋顾天下之议矣。夫论至德者，不和于俗；成大功者，不谋于众。昔舜舞有苗，而禹袒入裸国，非以养欲而乐志也，欲以论德而要功也。愚者暗于成事，智者见于未萌，王其遂行之。[2]

肥义的支持和鼓励，使武灵王明白自己找到了共襄改革的同道，于是决心将"胡服骑射"付诸实行："寡人非疑胡服也，吾恐天下笑之。狂夫之乐，知者哀焉；愚者之笑，贤者戚焉。世有顺我者，则胡服之功未可知也。虽殴世以笑我，胡地中山吾必有之。"这里的赵武灵王在改革问题上显示了"虽千万人吾往矣"的气概。不过，此时的赵国，他的叔父公子成是一个颇具影响力的贵族，争取到他的支持，变法就会顺畅得多。但这位公子成却是比较保守的重臣，他们之间于是又发生了一场激烈的辩论。赵武灵王先让王孙緤向公子成送上胡服，并转达自己实行胡服骑射的理由和决心：

寡人胡服，且将以朝，亦欲叔之服之也。家听于亲，国听于

---

[1] 刘向：《战国策》，第653页。
[2] 刘向：《战国策》，第654页。

君，古今之公行也；子不反亲，臣不逆主，先王之通谊也。今寡人作教易服，而叔不服，吾恐天下议之也。夫制国有常，而利民为本；从政有经，而令行为上。故明德在于论贱，新政在于信贵。今胡服之意，非以养欲而乐志也。事有所出，功有所止。事成功立，然后德且见也。今寡人恐叔逆从政之经，以辅公叔之议。且寡人闻之，事利国者行无邪，因贵戚者名不累。故寡人愿募公叔之义，以成胡服之功。使緤谒之叔，请服焉。

赵武灵王在这里论述了他对行政的基本观点，就是"制国有常，而利民为本；从政有经，而令行为上"，而"明德"和"信贵"又是行政顺利实施的条件。他恳切期望公子成襄赞变法，穿起胡服，与做国君的侄儿同一步调，为群臣百姓作表率。然而，这个公子成却是满脑子守旧意识，同他的侄儿唱起了反调：

臣固闻王之胡服也，不佞寝疾，不能趋走，是以不先进。王今命之，臣固敢竭其愚忠。臣闻之，中国者，聪明睿智之所居也，万物财用之所聚也，贤圣之所教也，仁义之所施也，诗书礼乐之所用也，异敏技艺之所试也，远方之所观赴也，蛮夷之所义行也。今王释此，而袭远方之服，变古之教，易古之道，逆人之心，畔学者，离中国，臣愿大王图之。

在公子成看来，胡服就是"变古之教，易古之道"，就是"逆人之心，畔学者，离中国"的大逆不道之行，是完全要不得的。听了使者的回报，武灵王亲赴公子成府第，将自己变法的理论和盘托出：

夫服者，所以便用也；礼者，所以便事也。是以圣人观其乡而顺宜，因其事而制礼，所以利其民而厚其国也。被发文身，错臂左衽，瓯越之民也。黑齿雕题，鳀冠秫缝，大吴之国也。礼服不同，其便一也。是以乡异而用变，事异而处易。是故圣人苟可以利其民，不一其用，果可以便其事，不同其礼。儒者一师而礼异，中国同俗而教离，又况山谷之便乎？故去就之变，知者不能一；远近之服，贤圣不能同。穷乡多异，曲学多辨。不知而不疑，异域己而不非者，公于求善也。今卿之所言者，俗也。吾之所言者，所以制俗也。今吾国东有河、薄洛之水，与齐、中山同之，而无舟楫之用。自常山以至代、上党，东有燕、东胡之境，西有楼烦、秦、韩之边，而无骑射之备。故寡人且聚舟楫之用，求水居之民，以守河、薄洛之水；变服骑射，以备其三胡、楼烦、秦、韩之边。且昔者简主不塞晋阳，以及上党，而襄王兼戎取代，以攘诸胡，此愚知之所明也。先时中山负齐之强兵，侵掠吾地、系累吾民，引水围鄗，非社稷之神灵，即鄗几不守。先王忿之，其怨未能报也。今骑射之服，近可以备上党之形，远可以报中山之怨，而叔也顺中国之俗以逆简、襄之意，恶变服之名，而忘国事之耻，非寡人所望于子！①

这里，赵武灵王以历史和现实的事实为例，论证了"乡异而用变，事异而礼易"的人类社会各种制度和礼仪变迁的规律，说明从事变革的执政者，不能一味从俗而必须"制俗"才能达到国富兵强的目标，在与列国和戎狄的博弈中自立存活、发展壮大。最后，不管思想上是真通还是假通，公子成最终接受侄儿的规劝，穿起胡服，站到变法一边。然而，赵武灵王变法遇到的阻力实在太大，而阻力又往往出自赵氏宗室贵族。除了公子成外，宗亲贵族中的赵文、赵造也出来反对变法。他们的反对意见几乎出自同一版本：

> 赵文进谏曰："农夫劳而君子养焉，政之经也。愚者陈意而知者论焉，教之道也。臣无隐忠，君无蔽言，国之禄也。当世辅俗，古之道也。衣服有常，礼之制也。修法无衍，民之职也。三者，先圣之所教。今君释此，而袭远方之服，变古之教，易古之道，故臣愿王图之。"

对于赵文显然出于保守从俗的反对变法的理由，赵武灵王进行了有力的反驳：

> 子言世俗之间。常民溺于习俗，学者沉于所闻。此两者，所以

---

① 刘向：《战国策》，第 654—658 页。

成官而顺政也，非所以观远而论始也。且夫三代不同服而王，五伯不同教而政。知者作教，而愚者制焉。贤者议俗，不肖者拘焉。夫制于服之民，不足与论心；拘于三俗之众，不足与致意。故势与俗化，而礼与变俱，圣人之道也。承教而动，循法无私，民之职也。知学之人，能与闻迁；达于礼之变，能与时化。故为己者不待人，制今者不法古，子其释之。[①]

赵武灵王在这里认定，"溺于习俗"和"沉于所闻"，等因奉此地依照常规办事，是"成官而顺政"的官吏行政的常态，而具有"观远而论始"水平和能力的圣人、贤人，却不能拘泥于习俗和成规，而必须坚持"势与俗化""礼与变俱"的理论，只有"不待人""不法古""达礼变""与时化"，才能将变法事业进行到底。

赵武灵王与赵造的辩论较之与赵文的辩论又深入一步：

赵造曰："臣闻之，圣人不易民而教，知者不变俗而动。因民而教者，不劳而成功；据俗而动者，虑径而易见也。今王易初不循俗，胡服不顾世，非所以教民而成礼也。且服奇者志淫，俗辟者乱民。是以莅国者不袭奇辟之服，中国不近蛮夷之行，非所以教民而成礼者也。且循法无过，修礼无邪，臣愿王之图之。"

赵造反对变法的理由除了"不易民""不变俗"和"循法无过，修礼无邪"的老调之外，又增加了反对"奇辟之服"和"蛮夷之行"的夷夏之辨的新套路。赵武灵王对这些似是而非的理由进行了有理有据的批驳：

王曰："古今不同俗，何古之法？帝王不相袭，何礼之循？宓戏、神农教而不诛，黄帝、尧、舜诛而不怒。及至三王，观时而制法，因事而制礼，法令制度，各顺其宜；衣服器械，各便其用。故礼世不必一其道，便国不必法古。圣人之兴也，不相袭而王。夏、殷之衰也，不易礼而灭。然则反古未可非，而循礼未足

[①] 刘向：《战国策》，第660—661页。

多也。且服奇而志淫,是邹、鲁无奇行也;俗辟而民易,是吴、越无俊民也。是以圣人利身之谓服,便事之谓教,进退之谓节,衣服之制,所以齐常民,非所以论贤者也。故圣与俗流,贤与变俱。谚曰:'以书为御者,不尽于马之情。以古制今者,不达于事之变。'故循法之功,不足以高世;法古之学,不足以制今。子其勿反也。"①

这里,赵武灵王以历史进化论为武器,进一步深入批判了以赵造为代表的反对变法的保守派的理论,为以"胡服骑射"为核心的变法作了理论上的充分阐发。这些观点几乎与商鞅的理论如出一辙。这一方面显示了商鞅变法理论的巨大而深刻的影响;另一方面更说明,当时各国的改革者,是"心有灵犀一点通"的。

赵武灵王通过选取周绍为傅即国君辅佐展现他对辅佐这一重臣的要求。周绍是一介布衣,以孝闻名。赵武灵王行县的时候知道了这个人,认为"父之孝子",必然是"君之忠臣",于是送胡服给他,要求他担任傅的重任。周绍认为"立傅之道六",即傅应该具备的六个方面的品格与能力:"知虑不躁达于变,身行宽惠达于礼,威严不足以易于位,重利不足以变其心,恭于教而不快,和于下而不危。"② 他自觉不具备这六方面的要求,所以拒绝了国君的要求。但赵武灵王认定,周绍既然能够讲出这六个方面,正说明他已经具备,所以还是执意任命他担任了这一职务。这表明,他对王国重臣的任命顾及了品格和能力两个方面,认识是比较到位的。

依据现有文献资料,还难以梳理出赵国君臣完整系统的政治思想。以赵武灵王和肥义、公孙痤等为代表,他们的政治思想集中体现在对变法必要性和规律性以及对贤人治政的认识。赵国有作为的几个国君,由此认识出发,择优选取了诸如肥义、蔺相如、公孙痤、廉颇、赵奢、李牧等著名将相,几度展现出良好的发展势头和恢宏的气度,在战场上几度与最强大的秦国叫板。在战国波谲云诡、血雨腥风的历史上写下了属于自己的辉煌篇章。

---

① 刘向:《战国策》,第663页。
② 刘向:《战国策》,第669页。

第八章 墨家的政治思想

第一节 墨翟与墨家学派

一 墨翟——"农与工肆之人"的代表

墨家学派的创始人墨翟，其生活年代在公元前490年到公元前403年之间。[①] 他的里籍至今存在争议，比较流行的是宋人说和鲁人说，其中"鲁人之说最得其实"[②]。近年不少学者认同山东滕州说。[③]

墨翟虽然一生没有做官，但由于他与众多弟子组成了一个带有民间秘密结社性质的政治、学术团体，他本人及其弟子又热心参与当时的政治和学术活动，他曾"止楚攻宋"，还留下了《墨子》一部书，所以在战国初期成为影响很大的学术流派。孟子就曾惊呼："杨朱、墨翟之言盈天下，天下之言，不归杨则归墨。"[④] 墨家学派成为与儒家学派齐名的"显学"。特别是，由于他弟子众多，著述宏富，加之热心政治活动，因而取得驰骋学林、蜚声列国的巨大声望。在孔子之后，其声誉后来居上，一时甚至盖过儒家学派，几乎独领时代风骚。

墨家学派思想体系庞大，结构严整，内容丰富，义理深邃，在战国初期产生了相当大的影响。墨家学派究竟反映当时哪个阶级或集团的利益，较多学者认为他们是由小生产者上升而来的士，代表了"农与工肆之人"，是当时唯一代表劳动人民的学术流派。也有学者认为他们代

[①] 方授楚：《墨学源流》，中华书局1937年版，第10—14页。
[②] 方授楚：《墨学源流》，第8页。
[③] 张知寒：《墨子里籍新探》，《山东社会科学》1988年第6期。
[④] 《孟子·滕文公下》，《十三经注疏》，第2714页。

表了"王公大人"。对此,让我们还是从墨翟的著作中寻找答案吧。

墨子曾经将自己的主张归纳为尚贤、尚同、节用、节葬、非乐、非命、尊天、事鬼、兼爱、非攻十大"纲领":

> 凡入国,必择务而从事焉。国家昏乱,则语之尚贤、尚同;国家贫,则语之节用、节葬;国家熹音湛湎,则语之非乐、非命;国家淫僻无礼,则语之尊天、事鬼;国家务夺侵凌,则语之兼爱、非攻。①

墨子看到了几乎无日不在进行的兼并战争给广大劳动人民带来的危害,所以他提出"兼爱""非攻"的口号,要求人们"兼相爱,交相利",每个人都换位思考,"视人之国若视其国,视人之家若视其家,视人之身若视其身"②。这里,墨子的理想虽然反映了广大劳动人民希冀避免战争、渴求和平的愿望,但他用说服人们信仰"兼爱"而放弃互相攻伐只能是一种幻想。因为当时从事兼并战争的各国统治者都力图通过战争的手段获取人口、土地和财富,墨子"兼爱"的说教对他们不啻对牛弹琴。

墨子的"非乐""非命""节用""节葬"主张比较集中反映小生产者的愿望。面对王公大人,尤其儒家宣扬的"死生有命,富贵在天"的说教,面对王公大人的恣意享乐、奢淫无度和厚葬之风的蔓延,墨子直斥"命者暴王所作",是用以欺骗劳动人民的,因而提出"非命"与之对抗,要求"赖其力者生,不赖其力者不生"③;提出"非乐""节用""节葬"的口号,要求全社会都向劳动人民的最低生活标准看齐。音乐没有实用价值,干脆弃之如敝履;豪宅精舍、轻裘华服、山珍海味统统是浪费社会财富,必须弃之不用,而代之以低檐茅屋、粗衣芒鞋、粗茶淡饭;凿山为圹、棺椁数重、随葬器物无数的厚葬必须废止,而代之以"衣衾三领,桐棺三寸"的薄葬。这些主张自然有其反对贫富不均、要求平等平均,反对铺张浪费、要求节俭勤朴的善良愿望,但也同时反映了小生产者安于最低生活水平的局限,

---

① 吴毓江:《墨子校注》,第737页。
② 吴毓江:《墨子校注》,第156页。
③ 吴毓江:《墨子校注》,第375页。

这种理念是不利于生产发展和社会进步的。

显然，墨子作为"农与工肆之人"的代表，既反映了小生产者的优长，也反映了小生产者的局限。在战国奴隶解放的大潮中，他们一时显得生机勃勃，但当封建社会稳定存在的时候，他们被固化的利益却日渐遭到侵蚀，作为社会的弱势群体，再想找到他们利益的代言人就很困难了。

二 墨家学派的兴衰

墨家学派在战国中期经历了最辉煌的时代。当年，他们组织起严密的团体，风尘仆仆于通往各诸侯国的道路之上，宣扬"兼爱""非攻"，矢志为国家和百姓排忧解难。弟子们散布列国，实践着墨子的理想。据《韩非子·显学篇》记载，墨翟死后，墨家分而为三，即相里氏之墨、相夫氏之墨和邓陵氏之墨。他们除一部分仍在鲁国活动外，不少人去了其他诸侯国，其中秦、楚等国家都留下了他们的足迹。《吕氏春秋·去私》有以下记载：

> 墨者有钜子腹䵍居秦，其子杀人。秦惠王曰："先生之年长矣，非有它子也，寡人已令弗诛矣，先生之以此听寡人也。"腹䵍对曰："墨者之法曰：'杀人者死，伤人者刑。'此所以禁杀伤人也。夫禁杀伤人者，天下之大义也，王虽为之赐，而令吏弗诛，腹䵍不可不行墨者之法。"不许惠王而遂杀之。子，人之所私也，忍所私以行大义，钜子可谓公矣。①

《吕氏春秋·首时》《韩非子》中的《外储说左上》《问田》等还记载了齐人墨者田鸠在楚、秦的故事。《吕氏春秋·去宥》也记载了墨者田姑果与另一墨者谢子在秦惠王面前争宠的故事。这说明墨子学说在秦国得到了传播。由于墨家"尚同"等思想和该学派勇武轻死的风尚与法家的精神容易找到契合点，所以墨家学派在秦国一直有着较大的势力，并对秦国当时和其后的政治与思想都产生了较大的影响，马非百先生有以下评论：

---

① 许维遹：《吕氏春秋集释》，第 22—23 页。

观惠王一代墨者之多，则墨者之学在秦已得有相当流行之地位，实可想见。居秦之墨，虽不免有排斥秦以外诸墨之事实，而其所具有之宗教精神，与秦之立法精神，根本上不唯不相冲突，而且适足以相反相成。秦人之所以保持其一贯的勇武轻死之风尚，数世有胜者，此种宗教精神之传布于关中，未始非其一重要之原因也。惠王以后墨者在秦发展情形如何？今已不能详知，然吾观吕不韦书，其中称述墨家之道者，实不在少。此自是吕氏宾客中之墨者之徒所执笔。然则墨学在秦，直至吕不韦当政时期，犹未稍衰矣！①

显然，墨家学派虽然诞生于齐鲁，但其在政治上发挥最大影响的地方，却是三秦。尽管在战国中期以前墨家学派曾一度超过儒家，其代表人物在楚、越、卫、宋、齐、秦等诸侯国做官从政，都有不俗的表现，可以说极尽风光。然而，随着战国时代的落幕，墨家就声光消歇了。当西汉初年诸子中的儒、道、法、阴阳、纵横各家再度活跃的时候，却再也见不到墨家的身影了。原因何在？学者们可以给出各种各样的答案，但有几点似乎应该形成共识。

首先，从墨家学派本身说，由于其坚持最低生活水准的禁欲主义倾向不利于生产的发展和人民生活的提高，坚持"非乐"的反文化倾向不利于人民对精神文化的追求，这种学说不可能得到广大人民的长期拥护。

其次，墨学的"尚同""尚贤"的理念并非它所独有，西汉初年，儒学在自我改造的过程中将其吸收消化，它为这些理论而单独存在的价值已经没有了。

再次，墨学的侠义精神虽然被下层社会的民间结社所保留，但在理论上却没有新的发展，就不可能对知识分子具有吸引力，也不可能在知识阶层中传播和发展了。

尽管墨学在秦汉以后销声匿迹，但在中国思想文化，特别是齐鲁思想文化发展史上，仍然占有重要地位："墨学的广泛传播扩大了齐鲁文

---

① 马非百：《秦集史》上，第346页。

化的影响，使齐鲁人执着追求真理、坚守高尚情操、好学而且笃行的精神风貌得到更加充分的展示。特别重要的是，墨学的兴起带动了齐鲁地区学术文化的发展，对宋钘尹文学派、许行学派、阴阳家和儒家的发展都起到了强有力的推动作用。"[①]

第二节　墨子的政治思想体系

一　"尊天""事鬼"和"非命"

不少学者认为，"天志""明鬼"是墨子思想的糟粕，但也有学者认为"天志""明鬼"与民主意识相通。应该看到，墨子的"尊天""事鬼"尽管赋予天、鬼以墨家思想守护神的人世情怀，因而具有"工具理性"的意义。然而，不管怎么说，一个确定不移的事实是，墨子在主观上承认有一个君临自然界和人类社会，明察秋毫，赏善罚恶的人格神的上帝天，同时也赋予鬼以助天行善罚恶的神灵定位，这就使他的天与殷人的"帝"、周人的"天"具有了一脉相通之处。他认为天同样是法力无边的，它既能够将王权交给"顺天意者"，又能够将王权从"反天意者"那里取走，并且不时地与地上的王者互相感应和沟通：

> 然则禹、汤、文、武，其得赏何以也？子墨子言曰：其事上尊天，中事鬼，下爱人，故天意曰："此之我所爱，兼而爱之；我所利，兼而利之。爱人者此为博焉，利人者此为厚焉。"故使贵为天子，富有天下，业万世子孙。传称其善，方施天下，至今称之，谓之圣王。然则桀、纣、幽、厉得其罪何以也？子墨子言曰：其事上诟天，中诬鬼，下贼人。故天意曰："此之我所爱，别而恶之；我所利，交而贼之。恶人者此为博也，贼人者此为厚也。"故使不得终其寿，不殁其世，至今毁之，谓之暴王。[②]

> 子墨子曰：吾所以知天之贵且知于天子者，有矣。曰：天子为善，天能赏之；天子为暴，天能罚之。天子有疾病祸祟，必斋戒沐

[①] 孟祥才、胡新生：《齐鲁思想文化史：从地域文化到主流文化》，山东大学出版社2002年版，第231页。

[②] 吴毓江：《墨子校注》，第289页。

浴，洁为酒醴粢盛，以祭祀天鬼，则天能除去之。①

这表明，墨子既相信君权神授说，又相信"天人感应论"，并以天意之然否解释王朝的更替。在墨子所处的战国初期，除个别思想家对天帝鬼神表示怀疑外，从正面完全否定天帝鬼神的思想还未出现。因而，我们没有理由对墨子的"尊天""事鬼"过多地非议。但也必须指出，墨子的"尊天""事鬼"与孔子的"不语怪、力、乱、神""未知生，焉知死"和"祭如在，祭神如神在"的思想相比，不能不说是一种历史的退步。墨子"尊天""事鬼"的理论，给历代王朝统治的合法性罩上神权的灵光。到了汉代，墨子的"尊天""事鬼"论就成为董仲舒构筑他"神学目的论"的重要思想资料之一。董仲舒说："且天之生民，非为王也，而天立王以为民也。故其德足以安乐民者，天予之；其恶足以贼害民者，天夺之……故夏无道而殷伐之，殷无道而周伐之，周无道而秦伐之，秦无道而汉伐之。有道伐无道，此天理也，所以来久矣。"②其间的继承关系是相当明晰的。墨子的神权政治论经过董仲舒的创造性改造和发展，作为一种政治文化对中国古代史产生了巨大而深远的影响。只要你翻开正史查阅皇帝的本纪，就会看到，不少皇帝，尤其是开国之君，无不编撰其降生时刻的怪异荒诞故事，以渲染天意对这个王朝的眷顾，作为君权神授的根据。在每个皇帝陵前巨大的石碑上，无一例外地刻上"奉天承运"，以显示其合法性。

还应该指出，墨子的认识论在中国思想史上也占有重要一席地位，因为他提出了著名的"三表"原则：

> 言必立仪。言而无仪，譬犹运均之上而立朝夕者也，是非利害之辨不可得而明知也，故言必有三表。何谓三表？子墨子言曰：有本之者，有原之者，有用之者。于何本之？上本之于古者圣王之事。于何原之？下原察百姓耳目之实。于何用之？发以为刑政，观其中国家、百姓、人民之利，此所谓言有三表也。③

---

① 吴毓江：《墨子校注》，第297页。
② 董仲舒：《春秋繁露·尧舜不擅移汤武不专杀》，董治安主编《两汉全书》第4册，第2065页。
③ 吴毓江：《墨子校注》，第400页。

这里，墨子在中国思想史上第一次提出了检验认识正确与否的标准，即"三表"。这个"三表"中有着唯物论认识论的因素，如第三表就隐含着接近实践是检验真理标准的认知。但总体上看，墨子的"三表"带有很强的经验主义和实用主义倾向。因为无论是"古者圣王之事"，还是"百姓耳目之实"，甚至"国家、百姓、人民之利"，都主要是依据过去和现在的感性经验。而这些感性经验与马克思主义所说的"实践"还有着本质的区别。因为前者是已经过去的经验，后者是未来充满变数的行动。而已有的文献记载则被他视为真实的存在，无怪乎他在使用三表进行具体论证时得出了"鬼神为有"和"明鬼"的结论。

如果说墨子"尊天""事鬼"的理念是糟粕多于精华的话，那么，"非命"的命题蕴含的则基本都是精华。《墨子·非命上》有以下记载：

> 子墨子言曰：古者王公大人为政国家者，皆欲国家之富，人民之众，刑政之治。然而不得富而得贫，不得众而得寡，不得治而得乱，则是本失其所欲，得其所恶，是何故也？子墨子言曰：执有命者以杂于民间者众，执有命者之言曰："命富则富，命贫则贫；命众则众，命寡则寡；命治则治，命乱则乱；命寿则寿，命夭则夭。命虽强劲，何益哉？"上以说王公大人，下以驵百姓之从事。故执有命者不仁，故当执有命者之言，不可不明辨。①

墨子这里所指的"命"就是命定论，即认为人的生死祸福、富贵贫贱以及天下的兴衰治乱，都是命中注定的。墨子坚决反对这种体现必然性的命定论，认为必须加以明辨。那么，如何辨呢？就是依据"三表"加以辨别。他认定，桀、纣之时天下乱，汤、武之时天下治，"世未易，民未渝"，结果大不相同，说明"命"不存在。结论是，只要"义人在上，天下必治"。墨子进而追问，这个"命"是哪里来的？他认定是"暴王之道"，即无义的暴虐之王假造出来欺骗百姓，为自己的恶行辩护的。而这种"命"论如果成为国家和社会的支配意识，则为害无穷：

---

① 吴毓江：《墨子校注》，第393页。

> 今用执有命者之言，则上不听治，下不从事。上不听治，则刑政乱；下不从事，则财用不足。上无以供粢盛酒醴，祭祀上帝鬼神；外无以应待诸侯之宾客，降绥天下贤可之士；内无以食饥衣寒，将养老弱。故命上不利于天，中不利于鬼，下不利于人。而强执此者，此特凶言之所自生，而暴人之道也。①

既然"命"不存在，那么，人的生死祸福、富贵贫贱以及天下国家的兴衰治乱又是怎么来的？人的命运和国家治乱是由什么决定的？墨子认为是"强力"："强必治，不强必乱，强必宁，不强必危。"②"赖其力者生，不赖其力者不生。"③ 墨子在这里凸显人的主观能动性的意义，认定决定人的生死祸福、富贵贫贱以及天下国家治乱的不是冥冥中那个不以人的主观能动性为转移的"命"，而是自己的主观能动性的发挥，即命运掌握在自己手上。墨子的这一论点，显示了当时小生产者自立自强、相信通过自己的努力能够改变命运的自信。

从强力出发，墨子要求社会上的各色人等都必须努力做好自己的本职工作，争取达到自己最理想的目标：

> 今也卿大夫之所以竭股肱之力，殚其思虑之知，内治官府，外敛关市、山林、择梁之利，以实官府，而不敢怠倦者，何也？曰：彼以为强必贵，不强必贱，强必荣，不强必辱，故不敢怠倦。今也农夫之所以蚤出暮入，强乎耕稼树艺，多聚粟，而不敢怠倦者，何也？曰：彼以为强必富，不强必贫，强必饱，不强必饥，故不敢怠倦。今也妇人之所以夙兴夜寐，强乎纺绩织纴，多治麻丝葛绪，捆布参，而不敢怠倦者，何也？曰：彼以为强必富，不强必贫，强必暖，不强必寒，故不敢怠倦。④

墨子曾忧心忡忡地说："民有三患，饥者不得食，寒者不得衣，劳

---

① 吴毓江：《墨子校注》，第396页。
② 吴毓江：《墨子校注》，第418页。
③ 吴毓江：《墨子校注》，第375页。
④ 吴毓江：《墨子校注》，第418页。

者不得息,三者民之巨患也。"① 他的"非命"论就是要求避免"三患",展示的是他强烈的家国情怀。他希望国家政府掌握在各级贤明之人手里,节用、节葬、非乐、非命,减轻赋敛,为百姓创造良好的生产生活条件;士、农、工、商各尽本分做好自己分内的工作,上下协和,使社会有序运行,百姓安居乐业。

二 "兼爱"与"非攻"

墨子以"兼相爱,交相利"的理念构筑起他庞大的社会思想体系。在他看来,人类社会之所以纷争无已,变乱不断,根本原因源于人与人之间的不相爱而相互伤害:

> 圣人以治天下为事者也,必知乱之所自起,焉能治之,不知乱之所自起,则不能治。
>
> 当察乱何自起?起不相爱。臣子之不孝君父,所谓乱也。子自爱不爱父,故亏父而自利;弟自爱不爱兄,故亏兄而自利;臣自爱不爱君,故亏君而自利。此所谓乱也。虽父之不慈子,兄之不慈弟,君之不慈臣,此亦天下之所谓乱也。父自爱也,不爱子,故亏子而自利;兄自爱也,不爱弟,故亏弟而自利;君自爱也,不爱臣,故亏臣而自利。是何也?皆起不相爱。虽至天下之为盗贼者,亦然。盗爱其室,不爱其异室,故窃异室以利其室;贼爱其身,不爱人,故贼人以利其身。此何也?皆起不相爱。虽至大夫之相乱家、诸侯之相攻国者,亦然。

在墨子看来,世界上的乱源既然是人们彼此之间的不相爱而相伤害,那么,止乱的方法就是反其道而行之,"兼相爱":

> 若使天下兼相爱,爱人若爱其身,犹有不孝者乎?视父兄与君若其身,恶施不孝?犹有不慈者乎?视子弟与臣若其身,恶施不慈?故不孝不慈亡有,犹有盗贼乎?故视人之室若其室,谁窃?视人之身若其身,谁贼?故盗贼亡有。犹有大夫之相乱家、诸侯之相

---

① 吴毓江:《墨子校注》,第374页。

攻国者乎？视人家若其家，谁乱？视人国若其国，谁攻？故大夫之相乱家、诸侯之相攻国者亡有。若使天下兼相爱，国与国不相攻，家与家不相乱，盗贼无有，君臣父子皆能孝慈，若此则天下治。①

墨子认为，仅仅"兼相爱"还不够，为了进一步夯实人类和平安宁的基础，还应该"以兼易别"，积极实现"交相利"的目标，将彼此的关系建立在同一的利益之链上，"仁人之事者，必务求兴天下之利，除天下之害"：

> 然当今之时，天下之害孰为大？曰：若大国之攻小国也，大家之乱小家也，强之劫弱，众之暴寡，诈之谋愚，贵之敖贱，此天下之害也。又与为人君者之不惠也，臣者之不忠也，父者之不慈也，子者之不孝也，此又天下之害也。又与今人之贱人，执其兵刃毒药水火，以交相亏贼，此又天下之害也。姑尝本原若众害之所自生，此胡自生？此自爱人、利人生与？即必曰非然也，必曰从恶人、贼人生。②

墨子显然看到战国之时面临的复杂、多变而又激烈的矛盾，这些矛盾构成人与人之间的相别与相害，而这又与所有人的利益相悖谬。墨子苦口婆心地规劝世人，必须兼以易别，除天下之大害，兴天下之大利：

> 故兼者，圣王之道也，王公大人之所以安也，万民衣食之所以足也。故君子莫若审兼而务行之，为人君必惠，为人臣必忠，为人父必慈，为人子必孝，为人兄必友，为人弟必悌。故君子莫若欲为惠君、忠臣、慈父、孝子、友兄、悌弟，当若兼之不可不行也，此圣王之道而万民之大利也。③

墨子兼以易别的思想，显然是对着儒家的"爱有等差"来的，表述的是一种无差别的普遍的人类之爱。孔子提倡"人者爱人"，是从人

---

① 吴毓江：《墨子校注》，第151—152页。
② 吴毓江：《墨子校注》，第172页。
③ 吴毓江：《墨子校注》，第177—178页。

的自然亲情出发，由对父母亲子之爱推广开去，并不是对所有人实行毫无差别的爱。如果说儒家的"人者爱人"充满理想主义，墨子的"兼爱"就是更彻底的理想主义。不过，在阶级社会里，如果说儒家"爱有等差"的"人者爱人"理想还可稍稍有实行的余地，那么，墨子的"兼爱"却是根本行不通的。正如毛泽东所说："世上决没有无缘无故的爱，也没有无缘无故的恨。至于所谓'人类之爱'，自从人类分化成阶级以后，就没有过这种统一的爱。"① 尽管如此，墨子的"兼爱"还是应该加以肯定，因为它表述了人类的美好理想，是对未来世界的向往与期许。

从"兼爱"出发，墨子自然反对对人类造成最大危害的战争，所以他主张"非攻"就是顺理成章的逻辑推衍。墨子以身边的小事为例，认为从入园圃窃桃李，入家"攘人犬豕鸡豚"，"入栏厩取人牛马"，"杀不辜人"，到攻人之国，都属于不义之举，所以必须反对并从根本上杜绝。他描述战争对国家社会百姓造成的极大的危害：

> 春则废民耕稼树艺，秋则废民获敛。今唯毋废一时，则百姓饥寒冻馁而死者，不可胜数。今尝计军上，竹箭、羽旄、帷幕、甲盾、拨劫，往而靡坏腐烂不反者，不可胜数；又与矛、戟、戈、剑、乘车，其列往则碎折靡坏而不反者，不可胜数；与其牛马肥而往、瘠而反，往死亡而不反者，不可胜数；与其途道之修远，粮食辍绝而不继，百姓死者，不可胜数也；与其居处之不安，食饮之不时，饥饱之不节，百姓之道疾病而死者，不可胜数。丧师多不可胜数，丧师尽不可胜计，则是鬼神之丧其主后，亦不可胜数。②

> 今王公大人、天下之诸侯则不然，将必皆差论其爪牙之士，比列其舟车之卒伍，于此为坚甲利兵，以往攻伐无罪之国。入其国家边境，芟刈其禾稼，斩其树木，堕其城郭，以湮其沟池，攘杀其牲牷，燔溃其祖庙，劲杀其万民，覆其老弱，迁其重器。③

这是对战国时期战争所造成巨大损失的具有统计学意义的陈述。既

---

① 《毛泽东选集》，人民出版社1966年版，第873页。
② 吴毓江：《墨子校注》，第199页。
③ 吴毓江：《墨子校注》，第215页。

然战争造成如此巨大的危害，为什么一些人还热衷于战争，甚至乐此不疲呢？原因很简单，就是为政的各国国君痴迷于名和利。对此，墨子力于驳斥，指出发动战争的双方没有赢家，即使得胜的一方，也是得不偿失：

> 今攻三里之城、七里之郭，攻此不用锐，且无杀而徒得，此然也。杀人多必数于万，寡必数于千，然后三里之城、七里之郭且可得也。今万乘之国，虚数于千，不胜而入，广衍数于万，不胜而辟。然则土地者，所有余也；士民者，所不足也。今尽士民之死，严下上之患，以争虚城，则是弃所不足，而重所有余也。为政若此，非国之务者也。①

墨子对战争的控诉，表达的是诸子百家学者中除法家外其他各家对战争的共同心声。这种对战争的控诉和对和平的呼唤，透出墨子的家国情怀，展示了他对国脉民命的关心，其中蕴含着深广的人道主义精神。但是，与同时代的大多数思想家一样，墨子并不了解战争是社会发展到一定阶段的必然产物，其出现和长期存在是不以人的意志为转移的。善良人们的反战呼唤尽管值得肯定和同情，但却无法阻止战争的发生。同时，还必须看到，战争尽管有其非人道的一面，其破坏作用更是有目共睹。然而，战争还有其进步的一面。一方面，战争有正义和非正义之分，正义的战争还是应该肯定的，不能反对一切战争。另一方面，就是看似非正义的战争，客观上也可能起着推动社会进步和历史发展的作用，即如战国时期进行的战争，在很大程度上就起了推进历史发展的作用，是中国历史走向统一的推进器，起了别的任何手段难以替代的作用。但是，应该承认，墨子的"非攻"理念是中国思想史上一笔属于精华的遗产，它反映了人类对美好未来的向往和追求和平的愿望，值得珍视和发扬。

三 "尚同"和"尚贤"

有的学者认为墨子的"尚同"和"尚贤"思想中有与近代民主意

---

① 吴毓江：《墨子校注》，第200页。

识相通的一面，这自然不无道理。但是，作为一种政治观念，"尚同"恰恰成为中国封建社会专制主义中央集权理论的渊源之一。先看墨子对国家起源的解释：

> 子墨子言曰：古者民始生，未有刑政之时，盖其语人以异义。是以一人则一义，二人则二义，十人则十义。其人益众，其所谓义者亦兹众。是以人是其义，以非人之义，故交相非也。是以内者父子兄弟作怨恶，离散不能相和合。天下之百姓，皆以水火毒药相亏害，至有余力不能以相劳，腐臭余财不以相分，隐匿良道不以相教。天下之乱，若禽兽然。夫明乎天下之所以乱者，生于无政长。①

这里，墨子在断定无政府的社会必然导致混乱的前提下，引出他的"尚同"的理念，其思路是上天选立天子，天子又依据天意设立从上到下的各级政府以建立秩序，消除无政府状态，全体国民都共同遵守"兼相爱，交相利"的"一同天下之义"，太平盛世也就出现了。墨子把消除无政府状态、恢复秩序作为政府的重要功能无疑是有见地的。不过，在他设计的"尚同"的社会里，只要剔除其中的幻想成分，剩下的也就只能是专制主义了，如其所言：

> 明乎民之无政长，以一同天下之义，而天下乱也，是故选择天下贤良圣知辩慧之人，立以为天子，使从事乎以一同天下之义。天子既已立矣，以为唯其耳目之情，不能独一同天下之义，是故选择天下赞阅贤良、圣知辩慧之人，置以为三公，与从事乎一同天下之义。②

而后层层选择诸侯国君、左右将军、大夫、乡里之长，这些人自然都是"贤者"。无疑，这些从天子到乡里之长的"贤者"系列就是墨子"一同天下之义"的前提：

---

① 吴毓江：《墨子校注》，第109页。
② 吴毓江：《墨子校注》，第116页。

民之政长,既已定矣,天子为发施政教,曰:"凡闻见善者必以告其上,闻见不善者亦必以告其上。上之所是,必亦是之;上之所非,必亦非之。已有善傍荐之,上有过规谏之。尚同义其上,而毋有下比之心,上得则赏之,万民闻则誉之。"①

如此一来,也就达到了墨子设想的理想境界。里长"率其里之万民,以上同乎乡长","乡长之所是必亦是之,乡长之所非必亦非之。去而不善言,学乡长之善言;去而不善行,学乡长之善行"。乡长又"率其乡万民,以尚同乎国君","国君之所是必亦是之,国君之所非必亦非之"。国君再率国之万民"尚同乎天子"。这样,全国的百姓就在乡里之长、大夫、将军、诸侯国君、三公等的统帅下,逐级"尚同",最后同天子保持绝对一致,以天子之所是为是,以天子之所非为非。天子以下的各级政长以及百姓如果违反了"尚同"之义,天子就有权以"五杀之刑"加以惩罚。

表面看起来,墨子这个"尚同"是很令人神往的。从天子到各级政长都是"圣知辩慧"的贤良之人,自下而上的"尚同"既维持了统一,又维持了秩序,一个"兼相爱,交相利"的理想国不就实现了吗!然而稍加推敲,就会发现,墨子设计的这个"尚同"的前提在事实上是不存在的,因为谁也没有办法保证从天子到各级政长都是贤人。而一旦抽掉了这个前提,"兼相爱,交相利"的理想国自然就成了空中楼阁,"上之所是必亦是之,上之所非必亦非之"的逐级"尚同"也就成了赤裸裸的专制主义,因为不管各级政长是不是"圣知辩慧"的贤良之人,下级也必须同上级保持绝对一致。如果从这个意义上理解,郭沫若的论点"尚同是绝对的王权统治"和"以一人的意志为天下人的意志,以一人的是非为天下人的是非"②,就是可以接受的。事实上,墨子的"尚同"论与法家的"事在四方,要在中央,圣人执要,四方来效"③的中央集权论确有异曲同工之妙。这个"尚同"论后来被法家的李斯、儒家的董仲舒充分吸收了。墨子的幻想自然无法实现,但以皇帝

---

① 吴毓江:《墨子校注》,第116页。
② 《十批判书》,《郭沫若全集》历史编2,第113页。
③ 王先慎:《韩非子集解》,第47页。

为代表的专制主义中央集权的行政体制却实实在在地在中国实行了两千多年。

显然,墨子的许多思想显示了他对"农与工肆之人"的钟爱,说他是劳动人民的代言人应该是对他的比较确切的定位。但是,他的"尚同"理念又的确在事实上导致专制主义,说他代表了"王公大人"的利益似乎也不冤枉于他。从阶级观点看来,"农与工肆之人"和"王公大人"是绝对对立的两极,为什么在墨子那里水乳交融地统一在一起了呢?

墨子代表的"农与工肆之人",在战国时代主要是由平民和奴隶转化而来的个体农民和手工业者,这些人是当时社会物质生产的主要承担者。作为劳动者,他们意识到自己改造自然、创造物质财富的力量,所以强调"非命""赖其力者生,不赖其力者不生";他们向往和平的生活和社会的平等,因而主张"兼爱""非攻";他们对统治者因骄奢淫逸造成的社会财富的巨大浪费痛心疾首,故而倡导"节用""节葬""非乐";他们热望打破世家贵族对政治权力的垄断,使自己跻身于权力阶层,所以大声疾呼"尚贤",要求实现各阶层的上下流动。然而,作为个体劳动者,他们个人的力量又毕竟是微弱的,在强大的自然力量面前他们又感到无助和无奈,于是他们期望有一个全能的上帝和无处不在的鬼魅代表他们的利益,反映他们的意志,所以拼命强调"天志"和"明鬼"。而天和鬼也都邪门般地成为墨子理论的守护神,墨子之所是,天、鬼必是之;墨子之所非,天、鬼必非之。不管墨子是骨子里笃信,还是心知肚明那是他杜撰出来忽悠所有世人的,他之求助于"天志"和"明鬼",恰恰说明他对自身力量的信心不足,需要一个最高的主宰上帝和一群聪明万端的鬼魅时刻给他们以无条件的佑护。

墨子既然给"农与工肆之人"请来上天和鬼神的虚无的佑护,那么,他就更需要在地上给他们找到真实的佑护之神,这就是"一同天下之义"的天子。其中最根本的原因就是农民和手工业者自己不能代表自己,他们必须要求有一个全能的主宰从上面赐给他们雨露和阳光。于是,与天相对应的天子就成为"农与工肆之人"最真实的主宰,而"尚同"的理念在墨子那里也就成为合乎逻辑的归宿。马克思在《路易·波拿巴雾月十八日》一文中曾对法国农民进行过十分深刻的分析:

> 小农人数众多，他们的生活条件相同，但是彼此间并没有发生多种多样的关系。他们的生产方式不是使他们互相交往，而是使他们互相隔离。……一小块土地，一个农民和一个家庭；旁边是另一小块土地，另一个农民和另一个家庭。一批这样的单位就形成一个村子；一批这样的村子就形成一个省。这样，法国国民的广大群众，便是由一些同名数相加形成的，好像一袋马铃薯是由袋中的一个个马铃薯所集成的那样。①

马克思得出结论，法国农民既是一个阶级，又不是一个阶级，所以他们就不能代表自己，而只能由别人来代表自己。马克思笔下的法国农民虽然与墨子心目中的"农与工肆之人"有着地域、民族和时代的差异，但在本质上又有许多相同之处。他的分析似乎可以帮助我们理解，墨子既代表"农与工肆之人"，又为什么给他们请来天、鬼和天子作为守护神。

过去，历史学家中的不少人片面理解马克思主义经典作家关于农民阶级是"民主主义者"的论断，认定农民阶级有着朴素的平等观，他们的"革命民主主义"与近代资产阶级的民主主义是相通的，这实在是一种误读。在中国，农民没有什么"革命民主主义"，他们的平等观念绝对不能通向近代民主，而是通向封建专制。他们有时反对封建皇帝和封建专制，但不是要消灭封建皇帝和封建专制，而是由自己做封建皇帝和执掌封建专制的权力。由此，也就不难理解，代表"农与工肆之人"的墨子为什么对"尚同"那么执着。

俄国著名作家赫尔岑的如下一段话，或许可以帮助我们加深对墨子思想的理解：

> 群众只想制止那种把他们赢得的面包粗鲁攫走的手……对于个人自由、言论自由，他们漠不关心，群众爱权威。他们至今仍目眩神迷于权力的傲慢闪光，有人特立独行，他们就怫然不悦。所谓平等，他们作"大家一律受压迫"的平等解释……他们要一个为他

---

① 《马克思恩格斯选集》第1卷，第693页。

们的利益而统治的社会政府，不要一个现在这样违反他们利益的政府。但是，他们从无自治之念。①

旅美的中国史学家何炳棣，曾对墨子的"尚同"与"尚贤"做过如下评论：

> 深深了解金字塔式制度的崩溃和一元化政治机制建立的必然趋势，于是提出自己的"尚同"与"尚贤"的理论系统。……天子一定是贤明的，因为他是最高神"天"参照人民的意愿而选派到人间的最高统治者。但这绝不是卢梭《社会契约论》式的政原论，因为人民既无知，也从未曾被征询过他们的意见，所以根本谈不到天和天子与人民的"契约"关系。最后分析起来，这种政治是一人专制，意识上是墨子一人专制。历史演变的结果是秦始皇一人的专制。②

何炳棣的评论，与郭沫若基本一致。作为一种学术观点，尽管与多数意见相左，但仍然是值得重视和深思的。

墨子思想中最有价值的部分是他的"尚贤"理论。"尚贤"的理论并不是墨子第一个提出来的。在他之前，周公、姜尚、管仲、孔子，在他之后，孟子、荀子、慎到、商鞅，都提出或对"尚贤"理论进行了充分阐述。但是，应该承认，在其前后左右所有提倡任贤使能的思想中，以墨子的"尚贤"理论视野最广阔，内涵最丰富。

墨子的"尚贤"有两层含义，一是要求当时的王公大人坚持任人唯贤的原则，选取贤人做各级政长。二是要求从王公大人到各级政长都依照贤人的标准修养自己成为君子人格的表率。墨子列举大量事实，论证"尚贤"为"政之本"，同时猛烈批判西周以来任人唯亲、世卿世禄、"王公大人骨肉之亲，无故富贵面目美好者，则举之"③的弊端，要求王公大人广揽贤才，委以重任：

---

① 林建纲：《闻一多的转变》，转引自《温故》第14期，广西师范大学出版社2009年版。
② 何炳棣：《读史阅世六十年》，中华书局2012年版，第479页。
③ 吴毓江：《墨子校注》，第98页。

故古者圣王之为政，列德而尚贤。虽在农与工肆之人，有能则举之。高予之爵，重予之禄，任之以事，断予之令。……举三者授之贤者，非为贤赐也，欲其事之成。故当是时，以德就列，以官服事，以劳殿赏，量功而分禄。故官无常贵，而民无终贱。有能则举之，无能则下之，举公义，避私怨。①

故古者圣王，甚尊尚贤而任使能。不党父兄，不偏富贵，不嬖颜色，贤者举而上之，富而贵之，以为官长。不肖者抑而废之，贫而贱之，以为徒役。是以民皆劝其赏，畏其罚，相率而为贤者。②

这里，墨子要求打破当时还残存的奴隶制等级贵贱身份的限制，以贤能面前人人平等的原则，公正地在社会各类人，包括"农与工肆之人"中选取贤能之士，授以高官，给以重禄，使之有职有权，充分发挥自己的聪明才智。同时对在职的各级官吏依政绩事功进行奖惩，"有能则举之，无能则下之"，破除终身制，防止某些人对官位的垄断。墨子的"尚贤"论反映了"农与工肆之人"参政的愿望，较之其他各家的举贤思想要进步得多。不过，墨子真正关注的还是以"士"为代表的平民知识分子的参政要求。因为这部分人最具有与那些贵族执政者相抗衡的知识和能力。他说："故士者，所以为辅相承嗣也。故得士则谋不困，体不劳，名立而功成，美章而恶不生……故子墨子言曰：得意，贤士不可不举；不得意，贤士不可不举。"③ 又说："入国而不存其士，则国亡矣。见贤而不急，则缓其君矣。非贤无急，非士无与虑国。缓贤忘士而能以其国存者，未曾有也。"④ 这里，墨子简直将贤与士等同起来了。既然贤士关乎国家的生死存亡，所以国君就必须有容士的雅量，尊士的风度，亲士的至诚，用士的眼光，使贤能之士各得其所，以发挥他们最大的潜能。

在墨子心目中，贤良之士是他理想的君子人格的化身。这些人忠于墨子的理想，笃行"兼相爱，交相利"的信条，讲仁义，重事功，以

---

① 吴毓江：《墨子校注》，第67页。
② 吴毓江：《墨子校注》，第74页。
③ 吴毓江：《墨子校注》，第68页。
④ 吴毓江：《墨子校注》，第1页。

法办事，忠于职守，兢兢业业，夜以继日，为官一任，造福一方，使饥者得食，寒者得衣，劳者得息，乱者得治：

> 贤者之治国也，蚤朝晏退，听狱治政，是以国家治而刑法正。贤者之长官也，夜寝夙兴，收敛关市、山林、泽梁之利，以实官府，是以官府实而财不散。贤者之治邑也，蚤出莫入，耕稼树艺，聚菽粟，是以菽粟多而民足乎食。故国家治则刑法正，官府实则万民富。……内有以食饥息劳，将养其万民。外有以怀天下之贤人。是故上者天鬼富之，外者诸侯与之，内者万民亲之，贤者归之，以此谋事则得，举事则成，入守则固，出诛则强。①

同时墨子理想中的贤士还必须努力加强自身修养，以宗教的赤诚约束自己，"见毁而反之身"，"潜慝之言，无入之耳。批扞之声，无出之口。杀伤人之孩，无存之心"；以"君子之道"要求自己，"贫则见廉，富则见义，生则见爱，死则见哀"，志强智达，言信行果，有财分人，有力助人，守道而笃，偏物而博，"心辩而不繁说，多力而不伐功"，"言无务为多而务为智，无务为文而务为察"②。如此高大的贤士是墨子理想中的圣人、君子、智者和循吏的综合形象。君子人格是儒家最先提出来的概念，在孔、孟、荀那里都得到充分的阐发。在这个问题上，儒、墨两家似乎达成了共识。"尚贤"论是墨子政治思想中最有价值的部分，是他对中国传统文化的重大贡献。

四 "节用""节葬"和"非乐"

墨子目睹战国时期各诸侯国君和达官贵人日益奢靡豪华的生活，以及因此而不断加重对劳动者的盘剥，十分气愤和痛心，从而以悲悯的情怀发出"节用""节葬"的呼吁。他认定，圣人为国一定是执行"节用"的理念，达成"用财不费，民德不劳，其兴利多矣"的目标。墨子对消费的理解是足用即可，超出足用的标准就是浪费：

> 其为衣裘何以为？冬以圉寒，夏以圉暑。凡为衣裳之道，冬加

---

① 吴毓江：《墨子校注》，第75页。
② 吴毓江：《墨子校注》，第11页。

温，夏加清者，芊且不加者去之。其为宫室何以为？冬以圉风寒，夏以圉暑雨。有盗贼加固者，芊且不加者去之。其为甲盾五兵何以为？以圉寇乱盗贼，若有寇乱盗贼，有甲盾五兵者胜，无者不胜，是故圣人作为甲盾五兵。凡为甲盾五兵，加轻以利坚而难折者，芊且不加者去之。其为舟车何以为？车以行陵陆，舟以行川谷，以通四方之利。凡为舟车之道，加轻以利者，芊且不加者去之。凡其为此物也，无不加用而为者，是故用财不费，民德不劳，其兴利多矣。①

看得出，在墨子眼里，人类的消费以足用为标准，超出标准即为浪费。衣服足以御寒，宫室足以挡风遮雨，甲盾五兵足以御寇乱盗贼，舟车足以通四方之利，就可以了。超出实用标准，就是浪费资财，就是劳民伤财，就应该力于避免。而当时的执政者们却是反其道而行之，痴迷"无用之务"，"好聚珠玉鸟兽犬马，以益衣裳宫室甲盾五兵舟车之数"，实行的是"寡人之道"：

今天下为政者，其所以寡人之道多，其使民劳，其籍敛厚，民财不足，冻饿死者不可胜数也。且大人惟毋兴师以攻伐邻国，久者终年，速者数月，男女久不相见，此所以寡人之道也。与居处不安，饮食不时，作疾病死者，有与侵就橐，攻城野战死者，不可胜数。此不今为政者所以寡人之道数术而起与？圣人为政特无此，不圣人为政，其所以众人之道亦数术而起与？故子墨子曰：去无用之费，行圣王之道，天下之大利也。②

墨子看到当时诸侯国君和达官贵人的惊人的奢侈豪华，看到由此而产生的"民劳""敛厚"导致百姓"冻饿死者不可胜数"的悲惨现实，认定这一切都是违背圣人之道的不合理的消费方式，是"无用之务"，必须坚决加以纠正。墨子认为，"古者明王圣人"都是"爱民谨忠，利民谨厚，忠信相连"，能够给百姓带来大利的伟人。他们制定的节用之法是："凡天下群百工，轮、车、鞼、陶、冶、梓、匠，使各从事其所

---

① 吴毓江：《墨子校注》，第242—243页。
② 吴毓江：《墨子校注》，第243页。

能。""凡足天下以奉给民用诸,加费不加民利则止。"即坚持"利民"的足用标准。他进一步重申这一标准,饮食足以保证营养即可,不可极"五味之调、芬芳之和","不致远国珍怪异物"。衣服足以蔽体御寒即可,甲兵足以御野兽和盗贼之害即可,舟车足以负重致远即可,这一切体现的是"加费不加于民利者,圣王弗为"。

墨子的"节用"观念,一方面反映了"农与工肆之人",即劳动者对于国君和达官贵人奢侈豪华生活的反感和因此而导致负担加重的愤怒,这自然合理且具有积极意义。另一方面也反映了"农与工肆之人"的局限,将社会的消费水平压至最低标准,要求社会上的各色人等都是一个标准,这既是不合理的,也是做不到的。因为人类日益增长的物质文化生活的需要,逐步提高生活质量的欲望,是促进生产发展、科学进步和创造发明的驱动器。过度抑制消费,不利于生产发展和科学的进步。《管子·侈靡》就论述了充分消费对生产发展的促进作用。墨子的消费观念显示了小生产者眼界的狭隘。

与"节用"相联系,墨子提倡"节葬"。这一方面反映了他对厚葬之风带来的社会弊端的忧虑,另一方面显示了他对儒家"三年之丧"主张以及与之有关的繁文褥礼的非议。他揭露了厚葬之风的蔓延及其连带效应导致的恶果:

> 此存乎王公大人有丧者,曰棺椁必重,葬埋必厚,衣衾必多,文绣必繁,丘陇必巨。存乎匹夫贱人死者,殆竭家室。存乎诸侯死者,虚库府,然后金玉珠玑比乎身,纶组节约,车马藏乎圹,又必多为屋幕、鼎鼓、几梴、壶滥、戈剑、羽旄、齿革,寝而埋之。满意若殉从,曰:天子杀殉,众者数百,寡者数十。将军大夫杀殉,众者数十,寡者数人。处丧之法将奈何哉,曰哭泣不秩声翁,缞绖垂涕,处倚庐,寝苫枕块。又相率强不食而为饥,薄衣而为寒,使面目陷陬,颜色黧黑,耳目不聪明,手足不劲强……以此共三年。①

这里墨子揭露了当时厚葬之风及其陋习的种种弊端,认定这些弊端

---

① 吴毓江:《墨子校注》,第258—259页。

带来巨大的社会危害。社会上的各色人等，从国君到各级政府官员，到农、工等各行业的劳动者，都不能正常从事本职工作，致使工作废弛，严重影响国家各级政府和各项事业的运作，使生产无法正常进行，造成社会财富的巨大损失：

> 若法若言，行若道，使王公大人行此，则必不能蚤朝晏退，治五官六府，辟草木，实仓廪。使农夫行此，则必不能蚤出夜入，耕稼树艺。使百工行此，则必不能修舟车，为器皿矣。使妇人行此，则必不能夙兴夜寐，纺绩织纴。细计厚葬为对埋赋之财者也，计久丧为久禁从事者也。财以成者，扶而埋之。后得生者，而久禁之。以此求富，此譬犹禁耕而求获也，富之说无可得焉。是故求以富国家，而既已不可矣。①

因此，墨子极力主张薄葬和革除与丧葬有关的陋习：

> 故古圣王制为葬埋之法曰："棺三寸，足以朽体；衣衾三领，足以覆恶。以及其葬也，下毋及泉，上毋通臭，垄若参耕之亩，则止矣。"死者既已葬矣，生者必无久哭，而疾而从事，人为其所能，以交相利也，此圣王之法也。②

墨子关于薄葬的思想在当时和以后都具有积极意义，因为这一理论一方面具有反对统治阶级奢靡和反对过重税负，要求减轻剥削的意义；另一方面具有通向唯物论的指归，因为他的薄葬理论是将人死后的遗体作为纯粹的物质个体看待的，他没有生时的感觉，更没有生时的享受欲望，所以怎么处理都不会给亲属带来麻烦；否则，如果人死后为鬼，他就肯定计较葬礼的厚薄了，这就在事实上否定了他坚持的"明鬼"理念。

墨子与"节用""节葬"相联系的还有"非乐"的理论：

> 子墨子言曰，仁之事者，必务求兴天下之利，除天下之害。将

---

① 吴毓江：《墨子校注》，第258—259页。
② 吴毓江：《墨子校注》，第261页。

以为法乎天下，利人乎即为，不利人乎即止。且夫仁者之为天下度也，非为其目之所美，耳之所乐，口之所甘，身体之所安，以此亏夺民衣食之财，仁者弗为也。是故子墨子之所以非乐者，非以大钟、鸣鼓、琴瑟、竽笙之声以为不乐也，非以刻镂华文章之色以为不美也，非以刍豢煎炙之味以为不甘也，非以高台、厚榭、邃野之居以为不安也。虽身知其安也，口知其甘也，目知其美也，耳知其乐也，然上考之不中圣王之事，下度之不中万民之利，是故子墨子曰：为乐，非也。①

这是墨子对其"非乐"论的一个完整的诠释。虽然目、耳、口、身的尽情享受是每个人都喜欢的，但由于这些享受违背"兴天下之利，除天下之害"的宗旨，不中"圣王之事"和"万民之利"，所以墨子拒绝享受。他进一步解释说，由于人们痴迷于目、耳、口、身的享受，必然荒废他们应该从事的本职工作，影响国家政务的运转和正常生产事业的进行：

今惟毋在乎王公大人悦乐而听之，即必不能蚤朝晏退，听狱治政，是故国家乱而社稷危矣。今惟毋在乎士君子悦乐而听之，即必不能竭股肱之力，殚其思虑之智，内治官府，外收敛关市、山林、泽梁之利，以实仓廪府库，是故仓廪府库不实。今惟毋在乎农夫悦乐而听之，即必不能蚤出暮入，耕稼树艺，多聚菽粟，是故菽粟不足。今惟毋在乎妇人悦乐而听之，即必不能夙兴夜寐，纺绩织纴，多治麻丝葛绪，捆布参，是故布参不兴。②

在墨子看来，人们目、耳、口、身的最基本的生理需要还是应该满足的，但这种需要应该维持在满足生命延续的需要的最低水平上。而当时国君和达官贵人的享受则远远超出这个水平，变成了极度的奢侈浪费。如果整个社会的所有人都去追求这种满足，那么，从王公大人到农夫农妇，都会放弃本职工作，国家政务、社会生产就难以正常进行，最终就会危害人类的生存和延续。显然，墨子"非乐"的命题，就其反

---

① 吴毓江：《墨子校注》，第373页。
② 吴毓江：《墨子校注》，第376页。

对王公大人肆意追求目、耳、口、身超出生理需要的极度享受而言，具有反对过度剥削的积极意义。就其将所有人的生理需要限制在最低水平上的要求而言，则恰恰反映了小生产者的局限。他不知道，人们的目、耳、口、身的需要并不仅仅是满足于维持人自身生存和延续的物质需求，而且是追求物质之外的文化和精神的需要。正是对美好生活的日益增长的要求，推动着人类社会的发展。

第三节　墨家别派的政治观念

一　许行与农家学派

以许行为代表的农家学派，被不少学者认定为墨家别派，其中的缘由可能是这一学派也是代表劳动者的。司马谈的《论六家要旨》所论的六家中没有农家，《汉书·艺文志》记载的十家九流中，农家是其中之一。不过，农家的代表作《神农》一书到汉代已经亡佚，其基本资料散见于《孟子》《吕氏春秋》和《淮南子》等著作中。农家奉神农、后稷为祖师，其学说内容分为两部分，一是农业科学技术，《吕氏春秋》中的《任地》《辩土》《审时》等记载了这方面的内容，展示了到战国时期中国农业科学技术所达到的水平；一是政治思想，《孟子·滕文公》和《吕氏春秋》中的《上农》则记载了这方面的内容。

农家强调农民和农业的重要性，以农为本，认定"重本抑末"作为国策的重要意义：

> 古先圣王之所以导其民者，先务于农。民农非徒为地利也，贵其志也。民农则朴，朴则易用，易用则边境安，主位尊。民农则重，重则少私义，少私义则公法立，力专一。民农则其产复，其产复则重徙，重徙则死其处，而无二虑。民舍本而事末则不令，不令则不可以守，不可以战。民舍本而事末则其产约，其产约则轻迁徙，轻迁徙则国家有患皆有远志，无有居心。民舍本而事末则好智，好智则多诈，多诈则巧法令，以是为非，以非为是。①

---

① 许维遹：《吕氏春秋集释》，第598—599页。

这些论述，与法家的耕战思想是比较接近的。不过，这并不是农家思想的最重要的内容。据《孟子·滕文公上》记载，农家的政治理想是建立一个人人共同劳动、共同消费、没有阶级、没有剥削和压迫的农耕社会。他们之所以重视农业科学技术的研究与推广，是因为这是提高农作物产量的重要举措。孟子与许行的弟子陈相曾就社会分工问题进行过激烈辩论：

> 有为神农之言者许行，自楚之滕，踵门而告文公曰："远方之人，闻君行仁政，愿受一廛而为氓。"文公与之处。其徒数十人，皆衣褐，捆屦织席以为食。陈良之徒陈相与其弟辛负耒耜而自宋之滕，曰："闻君行圣人之政，是亦圣人也，愿为圣人氓。"陈相见许行而大悦，尽弃其学而学焉。陈相见孟子，道许行之言曰："滕君则诚贤君也；虽然，未闻道也。贤者与民并耕而食，饔飧而治。今也滕有仓廪府库，则是厉民而以自养也，恶得贤？"孟子曰："许子必种粟而后食乎？"曰："然。""许子必织布而后衣乎？"曰："否，许子衣褐。""许子冠乎？"曰："冠。"曰："奚冠？"曰："冠素。"曰："自织之与？"曰："否，以粟易之。"曰："许子奚为不自织？"曰："害于耕。"曰："许子以釜甑爨，以铁耕乎？"曰："然。""自为之与？"曰："否，以粟易之。""以粟易械器者，不为厉陶冶；陶冶亦以其械器易粟者，岂为厉农夫哉？且许子何不为陶冶，舍皆取诸其宫中而用之？何为纷纷然与百工交易？何许子之不惮烦？"曰："百工之事固不可耕且为也。""然则治天下独可耕且为与？有大人之事，有小人之事。且一人之身，而百工之所为备，如必自为而后用之，是率天下而路也。故曰，或劳心，或劳力；劳心者治人，劳力者治于人；治于人者食人，治人者食于人，天下之通义也。当尧之时，天下犹未平，洪水横流，氾滥于天下，草木畅茂，禽兽繁殖，五谷不登，禽兽偪人，兽蹄鸟迹之道交于中国。尧独忧之，举舜而敷治焉。舜使益掌火，益烈山泽而焚之，禽兽逃匿。禹疏九河，瀹济漯而注诸海，决汝汉，排淮泗而注之江，然后中国可得而食也。当是时也，禹八年于外，三过其门而不入，虽欲耕，得乎？后稷教民稼穑，树艺五谷；五谷熟而民人育。人之有道也，饱食、暖衣、逸居而无教，则近于禽兽。圣人有忧之，使契为司徒，教以人伦，父子

有亲，君臣有义，夫妇有别，长幼有序，朋友有信。放勋曰：'劳之来之，匡之直之，辅之翼之，使自得之，又从而振得之。'圣人之忧民如此，而暇耕乎？尧以不得舜为己忧，舜以不得禹、皋陶为己忧。夫以百亩之不易为己忧者，农夫也。分人以财谓之惠，教人以善谓之忠，为天下得人者谓之仁。是故以天下与人易，为天下得人难。孔子曰："大哉尧之为君！惟天为大，惟尧则之，荡荡乎民无能名焉！君哉舜也！巍巍乎有天下而不与焉！"尧舜之治天下，岂无所用其心哉？亦不用于耕耳。①

《孟子》一书中记载他与人辩论的事件很多，但这场与陈相的辩论是其所有辩论中最精彩的场次之一。整个辩论围绕着社会分工和分工是否"厉人"即剥削进行。辩论以陈相转述许行指责滕君"厉民而以自养"开始，认为贤明的君王一定要和人民一道耕种，自己做饭，同时替百姓办事。如今滕国有储谷米的仓廪，有存财物的府库，这就是损害别人奉养自己，是不能叫做贤明的。许行的这一理论，就其反对国君积聚大量钱粮、加重对百姓的剥削而言，具有进步意义。但他表述的反对社会分工的观点却是落后于历史发展的。这一问题，恰恰被孟子抓住了。因为孟子认定农、工、商等不同行业和管理国家与社会事务的国君及各级官吏都是社会需要的分工，他们以各自的服务与其他行业交换，这里根本不存在谁剥削谁的问题，所以他首先从分工谈起，让陈相承认许行一伙用谷物交换衣服、帽子、锅、田器是谁也不剥削谁的正当行为，而且必须有这样的分工和交换社会才能正常运转。而管理国家的各项事务也是社会分工，如同农民种田、工人织布、烧窑、冶铁、制器一样，都是社会不可或缺的工作。所以，有的人从事脑力劳动，有的人从事体力劳动；脑力劳动者统治人，体力劳动者被人统治；被统治者养活别人，统治者靠人养活，这就是普天下的共同原则。孟子举出历史上圣帝明王殚精竭虑、救民水火的例子，极力说明脑力劳动绝不比体力劳动轻松，而贡献也远远超过体力劳动。孟子最后的结论是："劳心者治人，劳力者治于人；治于人者食人，治人者食于人，天下之通义也。"孟子认定脑力劳动和体力劳动是不同的社会分工，充分肯定脑力劳动和

---

① 《孟子·滕文公上》，《十三经注疏》，第 2705—2706 页。

体力劳动分工的积极意义。在这个问题的辩论中，暴露了农家的局限。他们的思想还停留在原始社会分工极不发达的低消费状态，认定那种人人平等的社会是最理想的社会。他们不了解历史的发展必然导致社会分工的扩大，而越来越细密的分工更能促进社会的发展和文明的进步。而分工极不发达、看似平等的远古社会，实际上对所有人都是极其艰苦的生活。他们对这种生活作了理想化的描绘，是一种对乌托邦的向往。

大概是孟子的辩驳还没有完全说服陈相，他又提出农家学说可以避免价格欺诈的观点，但也被孟子有力地驳斥了：

"从许子之道，则市贾不贰，国中无伪；虽使五尺之童适市，莫之或欺。布帛长短同，则贾相若；麻缕丝絮轻重同，则贾相若；五谷多寡同，则贾相若；屦大小同，则贾相若。"曰："夫物之不齐，物之情也；或相倍蓰，或相什伯，或相千万。子比而同之，是乱天下也。巨屦小屦同贾，人岂为之哉？从许子之道，相率而为伪者也，恶能治国家？"[①]

表面上看，陈相的说法的确令人神往。如果听从许行的学说，那就会做到市场上的物价一致，人人没有欺诈。纵令打发小孩子去市场，也没有人来欺骗他。因为许子的交易准则是布匹丝绸的长短一样，价钱便一样；麻绵丝绵的轻重一样，价钱便一样；谷米的多少一样，价钱也一样；鞋的大小一样，价钱也一样。然而，陈相所转述的农家的这个观点，却有一个致命伤，他们标榜的数量一样就价格相同的观念，没有将质量计算在内。所以孟子反驳说：各种东西的品种质量不一致，这是自然的，由此也就导致价格的不一致，有的相差一倍五倍，有的相差十倍百倍，有的相差千倍万倍；你要不分精粗优劣，完全使它们一致，只是扰乱天下罢了。试想，大小相同的好鞋和坏鞋一样价钱，制鞋人难道还肯去做质量好的吗？恰恰相反，听从许子的学说，不仅不会避免欺诈，而且必然率领大家走向虚伪，这哪能够治理好国家呢？孟子这里触及一个重要的经济学问题，即商品价值的问题，他已经意识到商品价值，不仅由数量，而且由质量即由凝结其中的物化劳动的多少决定的，数量相同但质量不同，价格也就不同，

---

① 《孟子·滕文公上》，《十三经注疏》，第 2706 页。

同样数量的布帛，因质量不同价格可以相差数倍、数十倍甚至上百倍，原因就在于凝结于其中的物化劳动是不一样的。

应该承认，孟子对农家学派的批判是有积极意义的。因为农家学派主张的人人劳动、君民共耕、自食其力、反对分工的理论，是一种倒退到原始社会的理论，既是一种空想，也不具有进步和积极意义。而孟子看到了社会分工尤其是体、脑分工的积极意义，看到了发展商品经济的积极意义，即使其中有为剥削辩护的因素，也不应该否定其积极意义。因为在孟子的时代，剥削正为推动历史的发展发挥着巨大的原动力的作用。

正因为农家学派的政治思想具有逆历史发展潮流而动的弊端，所以它既不被统治者认可，亦难以在广大群众中产生吸引力，因而在战国以后的中国历史上，它作为一个学派基本上消失了。它的思想资料作为一种思想遗产，偶尔被一些思想家用来构筑"大同"理想，其主流思想则变成农业技术科学继续发展并造福国家和社会。

二　宋钘与尹文

宋钘与尹文都属于齐国的"稷下先生"，是稷下学宫中作为代表"别墨"一派的著名学者。《庄子·天下篇》对他们的学说做过比较详细的评介：

> 不累于俗，不饰于物，不苟于人，不忮于众，愿天下之安宁以活民命，人我之养，毕足而止，以此白心。古之道术有在于是者，宋钘、尹文闻其风而悦之。作为华山之冠以自表，接万物以别宥为始。语心之容，命之曰"心之行"。以聏合欢，以调海内。请欲置之以为主。见侮不辱，救民之斗；禁攻寝兵，救世之战。以此周行天下，上说下教。虽天下不取，强聒而不舍者也，故曰"上下见厌而强见也"。虽然，其为人太多，其自为太少。曰："请欲固置五升之饭足矣。"先生恐不得饱，弟子虽饥，不忘天下，日夜不休，曰："我必得活哉！图傲乎救世之士哉！"曰："君子不为苛察，不以身假物。"以为无益于天下者，明之不如己也。以禁攻寝兵为外，以情欲寡浅为内。其小大精粗，其行适至是而止。[①]

---

① 陈鼓应注译：《庄子今注今译》，第924—925页。

显然，宋钘、尹文的学说作为"别墨"一派，基本上继承了墨子"救民之斗，禁攻寝兵"的思想，但它同时也吸收了老子的"情欲寡浅"和"见侮不辱"的理念。他们认为人对物质财富和其他享受的需求是很有限的，适足即止而不多求应该是人之常情，所以"以己之情为欲多"① 是人之常情的一种扭曲。因而他们要大力宣传自己的主张，让人们明白，"知情欲之寡"。欲寡则无贪心，无争端，"愿天下之安宁以活民命"的理想也就能够实现了。这种理念突出展示了这一派的家国情怀。所谓"见侮不辱"就是受到欺侮不以为羞辱。目的是"救民之斗"，即制止人间没完没了的争斗。正如《荀子·正论》引宋钘的话所做的解释："明见侮之不辱，使人不斗。人皆以见侮为辱，故斗也；知见侮之不辱，则不斗矣。"②《韩非子·显学》对这一观点也作了近似的诠释："宋荣子（即宋钘）之议，设不斗争，取不随仇，不羞囹圄，见侮之不辱，世主以为宽而礼之。"③ 这实际上是要求人们对外来的"辱"保持最大的克制，在内心予以化解，以"辱"为不辱，人人如此，自然也就斗不起来了。显然，"情欲寡浅"和"见侮不辱"是宋尹学派从老子那里继承来的一种人生理念，基本精神就是以退为进，以柔克刚，以退让求和平，达到消解战国时期国与国、集团与集团、人与人之间无休止斗争的目的。当然，这种思想在当时是很难得到当权者呼应的，因为他们正醉心于以战争手段取得全国统一的目标。

宋尹学派在认识论上提出了"接万物以别宥为始"的思想，要求人们在认识过程中自觉地破除妨碍正确认识事物的屏障、宥蔽，如错觉、偏见、习惯心理定式等，以便人们能够迅速准确、毫无阻碍地认识事物的本质或真相。不少学者认为《吕氏春秋》的《去尤》和《去宥》两篇反映了宋尹学派的观点，可以作为对"别宥"的注解：

> 世之听者多有所尤，多有所尤则听必悖矣。所以尤者多故，其要必因人所喜与因人所恶。东面望者不见西墙，南向视者不睹北方，意有所在也。④

---

① 王先谦：《荀子集解》，第406页。
② 王先谦：《荀子集解》，第402页。
③ 王先慎：《韩非子集解》，中华书局2013年版，第500—501页。
④ 许维遹：《吕氏春秋集释》，第249页。

> 夫人有所宥者,固以昼为昏,以白为黑,以尧为桀,宥之为败亦大矣。亡国之主,其皆甚有所宥邪?故凡人必别宥然后知,别宥则能全其天矣。①

"别宥"说要求人们在认识过程中摈弃主观成见和其他一切障碍,全面客观地认识和把握事物的真相,无疑是正确的。后来荀子的"解蔽"说显然是受了它的影响。

---

① 许维遹:《吕氏春秋集释》,第379页。

第九章 儒家的政治思想

第一节 曾子的政治思想

一 曾子的生平事迹

战国时期，儒家学派中影响最大的是以曾子、子思和孟子为代表的思孟学派和以荀子为代表的孙氏之儒。

曾子（前505—前432年）性格沉稳低调，读书时显得有点迟钝，所以孔子说他"鲁"。其实他是属于那种沉潜思考、谨慎谦虚的学者型人才。他曾说："以能问于不能，以多问于寡，有若无，实若虚；犯而不校。昔者吾友尝从事于斯矣。"① 又说："良贾深藏如虚，君子有盛教如无。"② 他认定所有人都应该固守本分，"思不出其位"③。但又必须守住做人的底线，不为一己之私利向当权者"胁肩谄笑"④，也不接受任何非分的馈赠。据说鲁君为改善他的贫困状况，答应赠予他一个"邑"，这对别人来说是天上掉馅饼的好事，他却断然拒绝，理由是"受人者畏人，予人者骄人"，受人之赠，就挺不起腰杆了。尽管曾子谦虚谨慎，与人为善，不向任何人挑衅，但在遇到有关人格的无理挑衅侮辱时，他却不乏大丈夫之勇。这种勇毅精神，既表现为敢于斗争的勇气："辱若不避，避之而已；及其不可避，君子视死如归。"⑤ 又表现为对于国家和社会的担当意识：

---

① 《论语·泰伯》，《十三经注疏》，第2486页。
② 《大戴礼记·制让》，四库全书本。
③ 《论语·宪问》，《十三经注疏》，第2512页。
④ 《孟子·滕文公下》，《十三经注疏》，第2714页。
⑤ 董仲舒：《春秋繁露·竹林》，《两汉全书》第4册，第2021页。

曾子曰："可以托六尺之孤，可以寄百里之命，临大节而不可夺也。君子人与？君子也。"

曾子曰："士不可以不弘毅，任重而道远。仁以为己任，不亦重乎？死而后已，不亦远乎？"①

曾子以君子人格的修养为目标，"仁以为己任"②，刻苦自励，不时反省检点自己的行动："吾日三省吾身：为人谋而不忠乎？与朋友交而不信乎？传不习乎？"③ 他格外重视诚信品格的修养，据《韩非子·外储说左上》记载，他的妻子答应杀猪给儿子吃肉，过后又说是一句开玩笑的话，不准备兑现。曾子批评妻子的做法是欺骗儿子，违背了诚信的道德，于是杀猪以兑现承诺。

曾子继承和发展孔子重义轻利的思想，认为"君子苟能无以利害义，则耻辱亦无由至矣"④。他特别注重孝道伦理的阐发，认为孝伦理对国家社会和个人都极其重要："慎终追远，民德归厚。"⑤ 而民德归厚的结果必然是社会和谐，国家就能收到"远者悦，近者来"的效果。他发展孔子孝的理论，据说他创作了《孝经》这部中国孝伦理的第一宝典，大力倡导子女对父母竭诚尽力的养，发自内心的敬，"三年无改于父之道"。曾子身体力行地将孝的理论落实到行动上，成为对父母尽孝的典型，被后世推尊为二十四孝之一。

曾子继承和发展了孔子的修养论，"自省"和"慎独"的功夫达到"正心诚意"的境界。不少学者认定他的思想开启了战国儒学的思孟学派，在历史上产生了深远的影响。正因为如此，曾子被后世誉为"宗圣"，成为与颜回、子思、孟子同框的"四配"之一，享受在大成殿陪伴孔子的殊荣。

二 《大学》展示的政治思想

曾子有没有留下著作，在学术史上一直是一个聚讼纷纭的问题。不

---

① 《论语·泰伯》，《十三经注疏》，第 2486—2487 页。
② 《论语·泰伯》，《十三经注疏》，第 2487 页。
③ 《论语·学而》，《十三经注疏》，第 2457 页。
④ 王先谦：《荀子集解》，第 631 页。
⑤ 《论语·学而》，《十三经注疏》，第 2458 页。

少人将《大学》和《孝经》的著作权放在他的名下,不过,较多学者认为《孝经》是西汉时期才面世的一部著作,尽管其中可以看出曾子思想的影响,但其著作权应该属于汉儒。所以,对《孝经》政治思想的评判就放在本套书的秦汉卷中进行。

曾子的政治思想集中展示在《大学》一书中。《大学》原是《礼记》中的一篇,宋朝人将其从《礼记》中抽出,与《论语》《孟子》和《中庸》一起合组为"四书",南宋朱熹为之作注,宋朝以后作为官定教科书在各级学校中广泛传授,其声光几乎超过了《十三经》的影响。

《大学》的政治思想主要体现在其提出的"三纲八目"中。所谓"三纲",是"大学之道,在明明德,在亲民,在止于至善"[1]。所谓"八目",即平天下、治国、齐家、修身、正心、诚意、致知、格物:

> 古之欲明明德于天下者,先治其国。欲治其国者,先齐其家。齐其家者,先修其身。欲修其身者,先正其心。欲正其心者,先诚其意。欲诚其意者,先致其知。致知在格物。格物而后知至,知至而后意诚,意诚而后心正,心正而后身修,身修而后家齐,家齐而后国治,国治而后天下平。自天子以至于庶人,壹是皆以修身为本。其本乱而末治者,否矣。其所厚者薄而其所薄者厚,未之有也。此谓知本,此谓知之至也。

这个"三纲八目",集中阐发的其实就是儒家的"内圣外王"之道。它要求人们,特别是君子,进而锁定执政者,必须将自己修养成圣人,而这个修养过程就是由格物致知到诚意正心,最后达到圣人的境界。既然他已经修养成圣人,那必然就成为一个全知全能、无事而不成、无往而不胜的伟人,他自然能够齐家;将家治理成一个齐聚圣人之家,他自然能够治国,将国(当时指一个诸侯国)治理成一个样板楷模之国,这样的国自然又能够发挥榜样的力量,所以也就能平天下,将天下变成王道灿然的理想天下。而这整个过程体现的就是三纲:明德、亲民、止于至善。即从明德开始,通过修养达到圣人之境,通过亲民达

---

[1] 《大学》引文皆出自朱熹《四书集注》,四库全书本。

到治国平天子的政治目标，最后达到至善之境，人人成为道德完人。不难看出，充塞《大学》的是儒家的理想主义，这种理想主义在现实政治中恐怕要大打折扣。不过其中要求执政者修养成为君子的意识还是有积极意义，因为它提出了对执政者道德和能力的要求，这就是实践忠信仁义：

> 是故君子有大道，必忠信以得之，骄泰以失之。生财有大道，生之者众，食之者寡，为之者疾，用之者舒，则财恒足矣。仁者以财发身，不仁者以身发财。未有上好仁而下不好义者也，未有好义其事不终者也，未有府库非其财者也。

《大学》最具积极意义的政治思想是其中凸显的民本意识：

> 所谓平天下在治其国者，上老老而民兴孝，上长长而民兴弟，上恤孤而民不倍。是以君子有絜矩之道也。所恶于上，毋以使下，所恶于下，毋以事上；所恶于前，毋以先后；所恶于后，毋以从前；所恶于右，毋以交于左；所恶于左，毋以交于右；此所谓絜矩之道。《诗》云："乐只君子，民之父母。"民之所好好之，民之所恶恶之，此所谓民之父母。……道得众则得国，失众则失国。

这里体现的正是三纲中的"亲民"理念，反映的是儒家思想中的核心意识之一。

第二节 子思的政治思想

一 子思与《中庸》

子思（前483—前403年），名伋，鲁国人，孔子之孙。《汉书·艺文志》载有《子思子》一书，似可肯定是子思著作的结集，但此书自西汉以后就亡佚了。相传由他撰写的《中庸》[①] 一书发展了孔子的"中庸"思想，成为连接孔子和孟子的桥梁。"中庸"是孔子思想的重要内

[①] 司马迁、郑玄、朱熹等皆认定子思是《中庸》的作者。

容之一，他说："中庸之为德也，其至矣乎！"① 程颐解释"中庸"云："不偏之谓中，不易之谓庸。中者天下之正道，庸者天下之定理。"② 即做任何事情都要掌握一个恰如其分的"度"，既不"过"亦不"不及"，以达到"中和"。从思想方法论的角度看，程颐的解释接近孔子的原意。

子思发挥孔子的"中庸"思想，进而为孔子以仁、礼互补为核心的学说寻来一个天道性命的哲学基础：

> 天命之谓性，率性之谓道，修道之谓教。……中也者，天下之大本也；和也者，天下之达道也。致中和，天地位焉，万物育焉。③
>
> 诚者，天之道也；诚之者，人之道也。④
>
> 唯天下至诚，为能尽性；能尽其性，则能尽人之性；能尽人之性，则能尽物之性；能尽物之性，则可以赞天地之化育；可以赞天地之化育，则可以与天地参矣。⑤
>
> 至诚之道，可以前知。国家将兴，必有祯祥；国家将亡，必有妖孽。……祸福将至，善，必先知之，不善，必先知之，故至诚如神。⑥

显然，《中庸》将天人合一作为自己的哲学核心，认为天、诚、性、命、道、教都是相通的。天的精神是诚，诚化育万物，在人身上体现为性与命，率性而行又体现为道。道既是天地万物的总规律，又是人类社会制度与伦理道德的总汇。而使人认识道，进而认识诚，就要靠教。人们认识性、命、道，最后认识诚，至诚通天，天人合一。这样，人就不仅可以认识自己，主宰人事，而且还可以"赞天地之化育""与天地参"，参与天地的运行，并能预知吉凶祸福，达到"至诚如神"的境界。子思继承了乃祖自强不息、昂扬向上的精神，自然有其可贵

---

① 《论语·雍也》，《十三经注疏》，第 2479 页.
② 《二程遗书》卷 7，四库全书本。
③ 陈来、王志民主编：《中庸解读》，第 55 页。
④ 陈来、王志民主编：《中庸解读》，第 183 页。
⑤ 陈来、王志民主编：《中庸解读》，第 198 页。
⑥ 陈来、王志民主编：《中庸解读》，第 200 页。

处,但是,他并不了解自然界(天)与人类社会的区别,更不了解人的主观能动性的发挥始终处于时代条件的制约之中,不可能达到任意和无限的程度。子思夸大了人类主观能动性的作用,最后滑向了神秘主义,与宗教神学合流了。

子思上承孔子,下启孟子,成为二者之间的桥梁,在孔孟之道的形成过程中起了重要作用。后世学者将他与孟子结合起来,合称思孟学派,是有道理的。

《中庸》对宋明理学的形成也产生了重大影响。宋以后,《中庸》作为四书之一,成为封建士子的教科书,而子思也成为"四配"之一的"述圣"跻入大成殿,与乃祖一起享受着封建帝王和儒生的隆重祭典。

《中庸》一书主要是一部哲学著作,但其中也透出较丰富的政治思想。该书大讲君子人格修养,是期待所有执政者都成为君子式的做人的典范:

> 君子素其位而行,不愿乎外。素富贵,行乎富贵;素贫贱,行乎贫贱;素夷狄,行乎夷狄;素患难,行乎患难。君子无入而不自得焉。在上位,不陵下;在下位,援上。正己而不求于人,则无怨。上怨天,下不尤人。故君子居易以俟命,小人行险以徼幸。子曰:"射有似乎君子,失诸正鹄,反求诸其身。"[1]

这里出现的君子人格,看似消极被动地应对外部环境,实际上是要求君子通过向内自我追求的完善,达到君子人格的最美境界,成为圣人。舜就是由孝顺父母开始,完善自我修养而成为有大德的圣人。而一旦有德,也就有位,甚至获得国君的尊位。这里解释了君位合法性的由来,德位相匹配:

> 曰:"舜其大孝也与!德为圣人,尊为天子,富有四海之内,宗庙飨之,子孙保之。故大德必得其位,必得其禄,必得其名,必得其寿。故栽者培之,倾者覆之。《诗》曰:'嘉乐君子,宪宪令

---

[1] 陈来、王志民主编:《中庸解读》,第136页。

德。宜民宜人，受禄于天保佑命之，自天申之。'故大德者必受命。"①

子思所阐述的是一个古老的命题，君权天授，以德配天。君子在得到国君的尊位以后，执掌大权，应该如何行政呢？子思给出的答案是，继续修养君子人格，做到居仁守义，尊贤秉礼，修身事亲，知人知天：

> 哀公问政。子曰："文、武之政，布在方策。其人存，则其政举；其人亡，则其政息。人道敏政，地道敏树。夫政也者，蒲卢也。故为政在人，取人以身，修身以道，修道以仁。仁者人也，亲亲为大；义者宜也，尊贤为大。亲亲之杀，尊贤之等，礼所生也。在下位不获乎上，民不可得而治矣。故君子不可不修身。思修身，不可以不事亲；思事亲，不可以不知人；思知人，不可以不知天。"②

子思还认定，作为执政者，还必须处理好五种关系，具备知、仁、勇三项品格：

> 天下之达道五，所以行之者三。曰君臣也，父子也，夫妇也，昆弟也，朋友之交也。五者天下之达道也。知、仁、勇三者，天下之达德也。所以行之者一也。③

子思进而认为，管理天下国家的执政者，应该认真做好九个方面的工作：

> 凡为天下国家有九经，曰：修身也，尊贤也，亲亲也，敬大臣也，体群臣也，子庶民也，来百工也，柔远人也，怀诸侯也。修身则道立，尊贤则不惑，亲亲则诸父昆弟不怨，敬大臣则不眩，体群臣则士之报礼重，子庶民则百姓劝，来百工则财用足，柔远人则四

---

① 陈来、王志民主编：《中庸解读》，第149页。
② 陈来、王志民主编：《中庸解读》，第168—169页。
③ 陈来、王志民主编：《中庸解读》，第172页。

方归之,怀诸侯则天下畏之。①

这九个方面,几乎涉及了执政者从修身至内政外交的方方面面,其基本要求就是君子时刻注意修身,成为臣民的表率,由自身的亲亲,进而通过尊贤选取群臣,让他们有职有权地做好分内工作,同时让庶民和百工心悦诚服地努力于本职工作,创造丰厚的社会财富,以获得国家和社会正常运行所需要的物质基础。再通过"柔远人"和"怀诸侯"创造良好的"国际"和国内环境,使国家和社会得以有序安宁地存在和运转。

最后,子思总结说,要想"王天下",必须做好政治制度的建设,即"三重",涉及"义礼""制度""考文"三个方面。而只要这三个方面的建设达到要求,"王天下"也就水到渠成了:

> 故君子之道,本诸身,征诸庶民,考诸三王而不谬,建诸天地而不悖,质诸鬼神而无疑,百世以俟圣人而不惑。质诸鬼神而无疑,知天也;百世以俟圣人而不惑,知人也。是故君子动而世为天下道,行而世为天下法,言而世为天下则。远之则有望,近之则不厌。《诗》曰:"在彼无恶,在此无射。庶几夙夜,以永终誉。"君子未有不认错而蚤有誉于天下者也。②

子思的政治思想从君子修养开始,最后又归结为君子人格,展现的恰是儒家的"内圣外王"之道。

二 郭店楚简透出的子思思想

1993年湖北荆门市郭店村的一座楚国墓葬中出土一批竹简,至1998年正式整理出版,在学术界引起轰动效应。其中道家著作四篇,儒家著作十四篇。不少学者认定,出土的这些儒家著作,"填补了儒家学说史上的一段重大空白"③,解决了从孔子到孟子之间一百多年间儒学发展的脉络,基本坐实了曾子作《大学》和子思作《中庸》的问题,

---

① 陈来、王志民主编:《中庸解读》,第175页。
② 陈来、王志民主编:《中庸解读》,第218—219页。
③ 刘贻群编:《庞朴文集》第2卷,山东大学出版社2005年版,第11页。

证明曾子和子思及其著作是孔子儒学到孟子和荀子儒学过渡的桥梁。

对于郭店竹简中十四篇儒简哪些属于子思的著作,学术界意见并不一致。梁涛认为:十四篇儒简大致分为三类,第一类包括《缁衣》《五行》《鲁穆公问子思》,我们肯定其就属于《子思》。第二类包括《穷以达时》《性自命出》,虽没有确切的证据,但我们"倾向"于将其分别看作子思与子游氏之儒的作品。第三类包括《唐虞之道》《尊德义》《六德》等,我们认为其作者已难详考,但《唐虞之道》所谈论之"禅让",《尊德义》《六德》所谈论之"仁内义外",是儒学一定发展时期也就是子思那个时代人们普遍谈论并可以接受的观点,所以,我们将其作为由子思到孟子的背景材料处理和使用。①

这一看法可能比较接近事实。如从出土的《缁衣》《鲁穆公问子思》,再联系《表记》《坊记》,就能够从政治思想的角度丰富对子思思想的认知。如对虞舜的赞扬,显示了他对作为君必须"君天下,生无私"的认识:

> 子言之曰:"后世虽有作者,虞帝弗可及也已矣。君天下,生无私,死不厚其子,子民如父母,有憯怛之忧,有忠利之教,亲而尊,安而敬,威而爱,富而有礼,惠而能散。其君子尊仁畏义,耻费轻实,忠而不犯,义而顺,文而静,宽而有辨。《甫刑》曰'德威惟威,德明惟明',非虞帝其孰能如此乎?"②

这里,子思通过对虞舜为帝时的"无私"彰显当时从周天子到各诸侯国君的"有私",其批判意识跃然纸上。

再如,对刑罚作用的认识,子思也比乃祖进了一步,从孔子的德、礼为主、刑罚为辅,进到德刑并用:

> 子曰:"夫民,教之以德,齐之以礼,则民有格心;教之以政,齐之以刑,则民有遁心。故君民者,子以爱之,则民亲之;信以结之,则民不倍;恭以立之,则民有孙心。《甫刑》曰:'苗民匪用

---

① 梁涛:《郭店竹简与思孟学派》,中国人民大学出版社 2008 年版,第 14—15 页。
② 孙希旦:《礼记集解》,第 1312 页。

命，制以刑，惟作五虐之刑曰法。'是以民有恶德，而遂绝其世也。"①

再如君臣关系，孔子主张"君使臣以礼，臣事君以忠"，臣是"以道事君，不可则止"，"天下有道则见，无道则隐"，对无道之君采取消极避之的态度，而子思则进了一步：

> 子曰："事君可贵可贱，可富可贫，可生可杀，而不可使为乱。"②
> 子曰："事君，军旅不辞难，朝廷不辞贱。处其位而不履其事，则乱也。故君使臣得志，则慎虑而从之；否，则孰虑而从之，终事而退，臣之厚也。《易》曰：'不事王侯，高尚其事。'"
> 总曰："唯天子受命于天，士受命于君。故君命顺则臣有顺命；故君命逆则臣有逆命。《诗》曰：'鹊之姜姜，鹑之贲贲；人之无良，我以为君。'"③

《鲁穆公问子思》也表达了与上述观点相同的理念：

> 公曰："乡者吾问忠臣于子思，子思曰：'恒称其君之恶者，可谓忠臣矣。'寡人惑焉，而未得之也。"成孙弋曰："噫，善哉言乎！夫为其君之故杀其身者，尝有之矣；恒（称其君）之恶，未之有也。夫为其（君）之故杀其身者，效爵禄者也。恒称其君之恶（者，远）爵禄者（也）。（为）义而远爵禄，非子思，吾恶闻之矣。"④

这些资料表明，子思认定臣子对国君有从仁义出发的强谏义务，即使"恒称其君之恶"也是应该的。臣子并不是君主的附庸，他具有独立的人格，而在仁义面前，国君与臣子是平等的。这种认识对孟子君臣

---

① 荆门市博物馆编：《郭店楚墓竹简》，文物出版社1998年版，第130页。
② 孙希旦：《礼记集解》，第1315页。
③ 孙希旦：《礼记集解》，第1315—1316页。
④ 荆门市博物馆编：《郭店楚墓竹简》，第141页。

关系思想的形成显然具有直接影响。

第三节 孟子的"仁政"理论

一 孟子其人其事迹

孟子（前372——前289）名轲，战国时期的邹国（今山东邹城市）人，是孔子之后叱咤于战国政坛特别是思想文化论坛上的著名思想家、政治家和教育家，是儒家学派的著名代表人物。他与孔子、荀子同为先秦原始儒学的奠基人，是无独有偶、鼎足而三的伟人之一。对于他的生平事迹，《史记·孟子荀卿列传》作了这样的记载：

> 孟轲，邹人也，受业子思之门人。道既通，游事齐宣王，宣王不能用。适梁，梁惠王不果所言，则见以为迂远而阔于事情。当是之时，秦用商君，富国强兵；楚、魏用吴起，战胜弱敌；齐威王、宣王用孙子、田忌之徒，而诸侯东面朝齐。天下方务于合从连衡，以攻伐为贤，而孟轲乃述唐、虞、三代之德，是以所如者不合。退而与万章之徒序《诗》《书》，述仲尼之意，作孟子七篇。[①]

这里，司马迁虽然将孟子所处的时代作了准确的记述，但并没有追述孟子的家世。而在孟子与其弟子合作的《孟子》七篇中，也没有关于他家世的记载。最早提及孟子家世的是孟子殁后400多年的东汉人赵岐。他在《孟子题辞》中说："或曰：孟子鲁公族孟孙之后，故孟子仕于齐，丧母而归葬于鲁也。三桓子孙既已衰微，分适他国。"此后，金代孙弼所撰《邹公坟庙之碑》，明代人所撰《孔颜孟三氏志》《三迁志》《孟志》，清代阎若璩所撰《孟子生卒年月考》，焦循所撰《孟子正义》，还有《重修三迁志》等书，均承袭赵岐的观点，认定孟子是鲁国贵族孟孙氏的后代。清同治四年（1865）所修的《孟子世家谱》，则将孟子的谱系追溯至黄帝：

> 孟子，邹人也，系出于鲁。鲁之先始自周公，周公之先溯自后

[①] 司马迁：《史记》卷74《孟子荀卿列传》，第2343页。

稷。后稷出自黄帝。帝前之史已详，无庸叙列。自周公封于鲁，鲁公传至隐公。隐公弟为桓公，桓公子为庄公。庄公有异母弟三人，即共仲、叔牙、季有，谓之"三桓"，其长曰共仲，字庆父，初称仲孙，后更称孟孙。《春秋》经书仲孙，《左传》则称孟孙，故仲孙、孟孙并称。叔牙之后称叔孙，季友之后称季孙。

孟子作为鲁国贵族孟孙氏的后裔应该是没有疑义的。不过，从鲁桓公（前711—前694）去世到孟子降生，其间相隔322年，孟孙氏一支也应该传下十五、六代人，他们的后裔显然已经是子孙绳绳的大家族，而其中的大多数单立门户的家庭，肯定是作为平民"散而之四方"。孟子祖先一支迁到与鲁国毗邻的邹国谋生，经过十余代的平民生活，他们的贵族意识已经相当淡薄。在孟子身上，我们很难找到作为鲁国贵族的孟孙氏的影响。因为孟子身上很少展现贵族气质，倒是较多地表现了平民的心态，这在他对民本思想的阐发中屡屡凸现。不过，鲁国文化对他的影响却是异常显著的，这突出表现在他对儒学的继承和弘扬。正是鲁国浓厚的儒学氛围给予他"润物细无声"般的浸润和熏陶，使他在潜移默化中攫取了儒学的精髓，从而在时代大潮的推动下将儒学推向一个新的高峰。

孟子少年时即接受良好的教育，他的母亲教子有方，千方百计为儿子选择和创造适宜读书的环境，留下"孟母三迁"的佳话。他六七岁时可能已经进入学校读书，20岁左右成为饱读诗书的青年才俊并开始聚徒讲学。从此乐此不疲，终生从事教育，弟子满天下，成为继孔子之后最著名的教育家。公元前347年，他26岁时第一次赴齐国，在稷下学宫一住就是20年，持续从事教学和研究，与一批当时顶尖的学者互相切磋，辩论互诘，学问大进，逐渐声名远播。公元前328年46岁时回鲁葬母。守孝三年后重返齐国稷下学宫，因见齐威王对他的仁政理论不认同，就离齐奔宋国。但宋国也不是他理想的从政讲学之地，又离宋返邹，其间在滕国停留，与滕文公讨论"三年之丧"和"仁政"问题，又与农家许行弟子陈相辩论"劳力劳心"问题。公元前320年，离滕赴大梁（今河南开封），与梁惠王进行义、利之辩，与景春辩论纵横家作用，直斥其为"妾妇之道"。又与白圭讨论税收问题，与周宵论"君子之仕"。梁惠王死后，与继位的梁襄王谈"天下何乎定"，孟子提出

"定于一"的结论,预言战国历史的走向是全国统一。公元前319年,离开梁国,再次赴齐,执教稷下学宫。与齐宣王对话,讨论"仁政"问题。与弟子公孙丑讨论"四十不动心"和"养浩然之气"。其后,燕国发生内乱,孟子与齐宣王"谋伐燕",获得成功。公元前312年,因对齐宣王的施政之策不满,拒绝征召,放弃万钟的俸禄,离开齐国,回到故乡,继续讲学和著述。其中最重要的一项工作是与万章等弟子一起,编撰了《孟子》一书。公元前289年,孟子以虚龄84岁之年病逝于故乡。

孟子一生,宣扬"性善",倡导"仁政",主张"民贵君轻",要求"制民恒产""五亩之宅,树之以桑""百亩之田,勿夺其时"。他呼唤君子人格,强调以天下为己任的责任意识,大力弘扬"杀身成仁,舍生取义"的价值理想和"富贵不能淫,贫贱不能移,威武不能屈"的大丈夫精神。他高扬孔子的学说,高举儒学的旗帜,以锐不可当的气势,凌厉无比的词锋,辟杨、墨,斥农家,贬纵横,继孔子之后,再次占领当时中国思想领域的制高点,推动了儒学又一次辉煌的崛起。儒家学派因为有了孔子和孟子这两个里程碑式的人物与他们在思想上的创造,其理论更加完备,内容更加充实,体系更加严整,视野更加宏阔,从而具备了日后被推尊为主流意识形态的最基本的要素,具备了与世界各大思想体系相比肩和互相对话的资格,深深影响了当时和以后的中国与世界。孟子被后世推尊为"亚圣",是大成殿中的"四配"之一。他是孔子之后公认的最大的儒学大师,而"孔孟之道"在宋朝以后也成为儒学的代名词,可见其影响之深巨和悠远。

二 "性善论"

长期以来,人性是中国古代思想家着力探索的一个重要问题。孔子最早提出"性相近,习相远"① 的命题,承认社会上的每个人在其出生之时有共同的相近的人性,但由于后来的"习"——社会实践的不同,使他们的品性表现出较大的差异甚至天壤之别。

孔子的"性相近,习相远"的人性理论,被后世的思想家朝不同

---

① 《论语·阳货》,《十三经注疏》,第2524页。

的方向发展了。就先秦思想家而言，除告子坚持"生之谓性"，人性"无分于善与不善"①外，其他人基本上分为"性善"与"性恶"对立的两派。"性善"论的代表是孟子，"性恶"论的代表是荀子和他的弟子韩非。荀子把人性看作人与生俱来的生理本能，即与社会无关的、抽象的自然生物性。韩非师承乃师的性恶论，认为人性恶不仅是绝对的，而且是不可改变的。这种"性恶"的社会表现就是对个人私利的无厌追求，而这种追求是完全合理的。所以一切仁义道德的说教统统都是骗人的鬼话，统统都应该弃之如敝屣，在他看来，规范社会上人与人关系的准则就是利害。法家的这种绝对功利主义的社会伦理学说，斩断了社会上本来就存在的非功利的伦理亲情的联系，将社会上所有人与人的关系全说成是弱肉强食的狼与羊的关系。这种理念作为真理广泛宣传，其对国家民族和社会的危害是显而易见的。

孟子是儒家中对人性最感兴趣的思想家之一，《孟子》七篇中有不少章节论及人性问题，其中最集中讨论人性的是《告子》篇记载的他同告子的辩论。孟子认为人的本性是"善"的，这个善的内容就是对仁、义、礼、智等伦理道德观念的认同。而这个善发端于"人皆有不忍人之心"：

> 人皆有不忍人之心。先王有不忍人之心，斯有欲不忍人之政矣。以不忍人之心，行不忍人之政，治天下可运之掌上。所以谓人皆有不忍人之心者，今人乍见孺子将入于井，皆有怵惕恻隐之心，非所以内交于孺子之父母也，非所以要誉于乡党朋友也，非恶其声而然也。由是观之，无恻隐之心，非人也；无羞恶之心，非人也；无辞让之心，非人也；无是非之心，非人也。恻隐之心，仁之端也；羞恶之心；义之端也；辞让之心，礼之端也；是非之心，智之端也。人之有是四端也，犹其有四体也。有是四端而自谓不能者，自贼者也；谓其君不能者，贼其君者也。凡有四端于我者，知皆扩而充之矣，若火之始然，泉之始达。苟能充之，足以保四海；苟不充之，不足以事父母。②

---

① 《孟子·告子上》，《十三经注疏》，第2749页。
② 《孟子·公孙丑上》，《十三经注疏》，第2690—2691页。

孟子这里从人人都有怜恤别人的同情心引申开来，进而说人人都有恻隐之心、羞恶之心、辞让之心、是非之心，而这四心又恰恰是仁、义、礼、智的发端和萌芽，将这四端扩而充之，人人就具备了善，即仁、义、礼、智的品性了。这样，孟子性善论就有了他设定的一个前提：人人具有善端。

孟子与告子关于人性的辩论，进一步深化了他的理论：

> 告子曰："性犹杞柳也，义犹桮棬也；以人性为仁义，犹以杞柳为桮棬。"孟子曰："子能顺杞柳之性而以为桮棬乎？将戕贼杞柳而后以为桮棬也？如将戕贼杞柳而以为桮棬，则亦将戕贼人以为仁义与？率天下之人而祸仁义者，必子之言夫！"①

孟子的意思是可以顺着杞柳树的本性来制成杯盘，也就可以顺着人的本性达到仁义，所以人的本性与仁义的联系是自然而然的。

孟子与告子继续辩论。告子说，人性好比湍急的流水，从东方开一个口子便向东流，从西方开一个口子便向西流。人的本性没有善与不善的定性，就好比水没有向东流向西流的定向一样。孟子反驳告子说，水诚然没有向东流向西流的定向，难道也没有向上向下的定向吗？人性的善良，就好像水性的向低处流。人没有不善良的，水没有不向低处流的。当然，拍水使它翻腾起来，可以高过额角；戽水使它倒流，可以引上高山，这难道是水的本性吗？是形势的改变使它如此的。就像有的人做坏事，其本性的改变也正是这样。在继续的辩论中，告子和孟子都以水的流向做比喻：告子以水没有东流西流的定向为喻，证明人性没有善与不善的定性。孟子以水性的向低处流为喻，证明人性没有不善良的。其实人性和水性是不可比的。告子以水没有东流西流的定向证明不了人性没有善与不善的定性，孟子以水性的向低处流也证明不了人性没有不善良的结论。然而，他们却硬是以水的这种品性证明自己想要的结论。

再往下，孟子和告子就辩论到仁、义这些伦理本身的问题。孟子依然坚持人性本善的观点，而告子则仍然以"生之谓性"与之颉颃：

---

① 《孟子·告子上》，《十三经注疏》，第 2747 页。

告子曰:"食色,性也。仁,内也,非外也;义,外也,非内也。"孟子曰:"何以谓仁内义外也?"曰:"彼长而我长之,非有长于我也;犹彼白而我白之,从其白于外也,故谓之外也。"曰:"异于白马之白也,无以异于白人之白也;不识长马之长也,无以异于长人之长与?且谓长者义乎?长之者义乎?"曰:"吾弟则爱之,秦人之弟则不爱也,是以我为悦者也,故谓之内。长楚人之长,亦长吾之长,是以长为悦者也,故谓之外也。"曰:"耆秦人之炙,无以异于耆吾炙,夫物则亦有然者也,然则耆炙亦有外与?"①

在这一段辩论中,告子坚持饮食男女是本性并不错,错在将仁义分内外,从而使自己陷入矛盾状态。孟子坚持仁义是发自内心的本性,尽管是一个假设,但却避免了矛盾,所以也就赢得了对告子辩论的成功。

接着,公都子转述告子和其他人关于人性的观点并向孟子发问,引来孟子对人性问题的进一步阐述:

公都子曰:"告子曰:'性无善无不善也。'或曰:'性可以为善,可以为不善;是故文、武兴,则民好善;幽、厉兴,则民好暴。'或曰:'有性善,有性不善;是故以尧为君而有象;以瞽瞍为父而有舜;以纣为兄之子,且以为君,而有微子启、王子比干。'今曰'性善',然则彼皆非与?"孟子曰:"乃若其情,则可以为善矣,乃所谓善也。若夫为不善,非才之罪也。恻隐之心,人皆有之;羞恶之心,人皆有之;恭敬之心,人皆有之;是非之心,人皆有之。恻隐之心,仁也;羞恶之心,义也;恭敬之心,礼也;是非之心,智也。仁义礼智,非由外铄我也,我固有之也,弗思耳矣。故曰,'求则得之,舍则失之。'或相倍蓰而无算者,不能尽其才者也。《诗》曰,'天生蒸民,有物有则。民之秉彝,好是懿德。'孔子曰,'为此诗者,其知道乎!故有物必有则;民之秉彝也,故好是懿德。'"②

---

① 《孟子·告子上》,《十三经注疏》,第 2748 页。
② 《孟子·告子上》,《十三经注疏》,第 2749 页。

公都子这里转述的是关于人性的三种观点。他说，告子说，本性没有什么善良，也没有什么不善良。也有人说，本性可以使它善良，也可以使它不善良；所以周文王、武王执政时，百姓便向善乐道；周幽王、厉王在位时，百姓便趋向强横暴戾。也有人说，有些人本性善良，有些人本性不善良；所以虽有尧这样的圣人为君王，却有象这样品质恶劣的百姓；以瞽瞍这样不慈的父亲，却有舜这样孝顺的好儿子；以纣这样暴虐的侄儿，而且做了君王，却有微子启、比干这样的仁人叔父。如今老师说本性善良，那么，他们都错了吗？对于公都子提出的问题，孟子平心静气地做了这样的回答：从天生的资质看，所有人都可以使它善良，这便是我所谓的人性善良的含义。至于有些人不善良，不能归罪于他的资质。同情心，每个人都有；羞耻心，每个人都有；恭敬心，每个人都有；是非心，每个人都有。同情心属于仁，羞耻心属于义，恭敬心属于礼，是非心属于智。这仁义礼智，不是有外人给予我的，而是我本来固有的。不过自己不曾思考它罢了。所以说，一经思考探求，便会得到；一旦放弃思考探求，便会失掉。人与人之间有相差一倍、五倍甚至无数倍的，就是不能充分发挥他们人性的本质的缘故。《诗经·大雅·烝民》说，上天生育众民，每一样事物都有它的本质规律。百姓把握了那些固有规律，于是尊崇美好的品德。孔子说，这篇诗的作者真懂得道呀！有事物，便有它的固有规律；百姓把握了这些固有规律，所以尊崇美好的品德。孟子这里一力坚持的，仍然是本性善的理念，而这个本性善的资质，不是"外铄"，而是我"固有"。至于有的人在现实生活中表现为善，有的人在现实生活中表现为恶，原因是有的人探索和发挥了本性中的善，有的人没有探索和发挥了本性中的善。

接下来，孟子进一步阐述说：

富岁，子弟多赖；凶岁，子弟多暴；非天之降才尔殊也，其所以陷溺其心者然也。今夫麰麦，播种而耰之，其地同，树之时又同，浡然而生，至于日至之时，皆熟矣。虽有不同，则地有肥硗、雨露之养、人事之不齐也。故凡同类者，举相似也，何独至于人而疑之？圣人，与我同类者。故龙子曰："不知足而为屦，我知其不为蒉也。"屦之相似，天下之足同也。口之于味，有同耆也；易牙先得我口之所耆者也。如使口之于味也，其性与人殊，若犬马之与我不同类也,则天下何耆皆从易牙之于味也?至于味,天下期于易牙,是天下之口相似也。惟耳亦然。至于声,天下期于师旷,是天下之耳相似也。惟目亦然。至于子都,天下莫不知其姣也。不知子都之姣者,无目者也。故曰,口之于味也,有同耆焉;耳之于声也,有同听焉;目之于色也,有同美焉。至于心,独无所同然乎?心之所同然者何也?谓理也,义也。圣人先得我心之所同然耳。故理义之悦我心,犹刍豢之悦我口。①

孟子这一段论证,意在说明人类有共同的道德意识。他说,丰收年成,少年子弟多半好吃懒做;灾荒年成,少年子弟多半强取豪夺,这不是天生资质的不同造成的,而是环境使他们心情变坏的缘故。以大麦作比喻吧,播了种,耘了地,如果地土一样,种植的时间一样,便会郁郁葱葱地生长起来,待到夏至时节,都会成熟。各地段的收成纵有所不同,那是由于土地的肥瘠、雨露的多少、人工的勤惰不同造成的。所以一切同类的事物,都是大体相同的,为什么一讲到人类就怀疑这个规律了呢?圣人也是我们的同类。龙子说:"即使不看清脚样去编草鞋,我知道也不会编成筐子。"草鞋的相近,是因为每个人的脚大体相同。嘴巴对于味道,也有相同的辨别标准;易牙就是掌握了这一点,所以才练就了高超的烹调技艺。假设嘴巴对于味道一人一个标准,就像狗马和我们人类本质上的不同一样,那么,凭什么天下的人都喜欢易牙烹调出的美味呢?一讲到口味,所有人都期望做到易牙那样,这就说明了所有人对味道的品评有一个大体相同的标准。耳朵也如此。一讲到声音,所有人都期望做到师旷那样,这就说明了所有人的听觉有大体相同的标准。眼睛也如此。一说起子都,没有人不知道他潇洒俊美的。不认为子都潇洒俊美的,那就是没长眼睛的人。所以说,嘴巴对于味道,有相同的嗜好;耳朵对于声音,有相同的听觉;眼睛对于容色,有相同的美感。谈到心,就独独没有相同之处吗?心的相同之处是什么呢?就是理和义。圣人早就懂得了我们内心有着相同的理义。所以理义之使我内心爽然畅快,正像猪狗牛羊肉使我们感觉味美一般。这里,孟子通过人的生理本能(味觉、听觉、视觉)的相似,进而论证人性,即人所秉持

---

① 《孟子·告子上》,《十三经注疏》,第2749页。

的伦理道德观念也应该相似。但他不了解,人的生理本能是与生俱来的,而人的伦理道德观念的养成却是后天的。将人的先天的生理本能与后天的伦理道德观念完全等同起来显然是说不通的。然而,在孟子那里,这二者却是完全相通的。请看他在《尽心上》一章中的论述:

> 人之所不学而能者,其良能也;所不虑而知者,其良知也。孩提之童无不知爱其亲者,及其长也,无不知敬其兄也。亲亲,仁也;敬长,义也;无他,达天下也。①

孟子认为,人不待学习就能做到的,是良能;不待思考就会知道的,是良知。两三岁的小孩儿没有不爱他父母的,等到他长大,没有不知道恭敬兄长的。亲爱父母是仁,恭敬兄长是义,这没有其他原因,因为这两种品德可以通行于天下。这里孟子仍然是将人的伦理道德观念等同于人的先天的生理本能。

在《尽心下》一章中,孟子再次强调将善的本性即良知、良能的扩充:

> 人皆有所不忍,达之于其所忍,仁也;人皆有所不为,达之于其所为,义也。人能充无欲害人之心,而仁不可胜用也;人能充无穿逾之心,而义不可胜用也。人能充无爱尔汝之实,无所往而不为义也。②

孟子认为,每个人都有不忍心做的事,把它扩充到所忍心做的事上,便是仁;每个人都有不愿做的事,把它扩充到所愿做的事上,便是义。换句话说,人能够把不想害人的心扩而充之,仁就用不尽了;人能够把不挖洞跳墙的心扩而充之,义就用不尽了;人能够把不受轻贱的实际言行扩而充之,以至所有言行都不遭受轻贱,那无论到哪里都合于义了。这里强调的仍然是将"善端"扩充而成为持久的善的品质,这也是他一直坚持的"自求"精神:

---

① 《孟子·尽心上》,《十三经注疏》,第 2765 页。
② 《孟子·尽心下》,《十三经注疏》,第 2778 页。

> 求则得之，舍则失之，是求有益于得也，求在我者也。……万物皆备于我矣，反身而诚，乐莫大焉。强恕而行，求仁莫近焉。①

孟子的意思是，善的东西，努力探求便会得到；放弃探求便会失掉。这是有益于收获的探求，因为所探求的对象是我本身固有的。由于我一切都具备了，反躬探求，自己是忠诚踏实的，便是最大的快乐。不懈地以推己及人的恕道去做，达到仁德的道路没有比这更便捷的了。

最后，孟子将心、性、天、命联系在一起，构筑起一个完整的天人合一的思想体系：

> 尽其心者，知其性也。知其性，则知天矣。存其心，养其性，所以事天也。殀寿不贰，修身以俟之，所以立命也。②

在孟子看来，充分扩张善良的本心，也就是懂得了人的本性。懂得了人的本性，也就懂得天命了。保持人的本心，培养人的本性，这就是对待天命的方法。短命也好，长寿也好，我都不三心二意，只是培养身心，等待天命，这就是安身立命的方法。

至此，孟子构筑了他人性论的基本观点。

第一，所有人类都有共同的人性，这个人性可以用"善"来概括，内容包括仁、义、礼、智等当时社会公认的伦理道德信条。

第二，"善"是人类与生俱来的生理本能，这个本能就是"善端"，来源于恻隐之心、羞恶之心、辞让之心、是非之心。"善端"扩而充之，就是恒久不变的仁、义、礼、智。

第三，因为"善"是我"固有"，非"外铄"，所以道德修养的根本途径是"反身而诚"，即在不断的反躬自问中开掘、扩充和发扬光大自己具有的优良品德。

第四，"尽心"也就是"知性"，"知性"也就能知天命。培养身心，等待天命，也就是仁人君子"安身立命"的人生态度。

第五，社会上人之恶行表现是"孳孳为利"，人之所以弃善从恶，

---

① 《孟子·尽心上》，《十三经注疏》，第 2764 页。
② 《孟子·尽心上》，《十三经注疏》，第 2764 页。

是由于这种人自身不能保持和发扬"善端":"人之所以异于禽兽者几希,庶民去之,君子存之。"①

不难看出,孟子人性论的缺失是明显的。由于他混淆了人的自然本性和社会本性,同时又从自然本性的相同推及社会本性的相同,从而得出人的自然本性和社会本性都是相同的结论。事实是,人的自然本性尽管是相同的,社会本性也有其相同的方面,但社会本性是人在社会生活中形成的,社会地位的不同,谋取生活资料的方式不同,对待社会矛盾和人与人之间关系的看法不同,就形成了不同的人性。

不过,孟子的人性论也有其合理内核。一是他意识到人之为人,不论是生物的人还是社会的人,都有其共性的一面,因而即使在道德伦理观念方面,也表现出一定的共性。二是他将道德与修养联系起来,特别强调美好的道德是持之以恒、刻苦自励、认真修养的结果,从而对中国古代君子人格的形成产生了积极的影响。

三 统治权合法性与仁政论

以猛烈批判墨家和杨朱而高扬儒家旗帜的孟子,在先秦思想学术之林中,是对统治权合法性问题重要性认识最深刻、论述最明晰的政治家和思想家。

孟子认为君主统治权的合法性来源于"天授"和"民受",即天授予,民接受,这一观念在孟子与万章的对话中有最清晰的表述:

> 万章曰:"尧以天下与舜,有诸?"孟子曰:"否,天子不能以天下与人。""然则舜有天下也,孰与之?"曰:"天与之。""天与之者,谆谆然命之乎?"曰:"否,天不言,以行与事示之而已矣。"曰:"以行与事示之者,如之何?"曰:"天子能荐人于天,不能使天与之天下;诸侯能荐人与天子,不能使天子与之诸侯;大夫能荐人于诸侯,不能使诸侯与之大夫。昔者,尧荐舜与天,而天受之;暴之于民,而民受之;故曰,天不言,以行与事示之而已矣。"曰:"敢问荐之于天,而天受之;暴之于民,而民受之,如何?"曰:"使之主祭,而百神享之,是天受之;使之主事,而事

---

① 《孟子·离娄下》,《十三经注疏》,第 2727 页。

治,百姓安之,是民受之也。天与之,人与之,故曰,天子不能以天下与人。舜相尧二十有八载,非人之所能为也,天也。尧崩,三年之丧毕,舜避尧之子于南河之南,天下诸侯朝觐者,不之尧之子而之舜;讼狱者,不之尧之子而之舜;讴歌者,不讴歌尧之子而讴歌舜,故曰,天也。夫然后之中国,践天子位焉。而居尧之宫,逼尧之子,是篡也,非天与也。《太誓》曰,'天视自我民视,天听自我民听',此之谓也。"①

孟子通过对尧、舜禅让传说的诠释,给舜的统治权的合法性一个"天与之"的解读,而紧接着这个"天与之"的是"暴之于民,而民受之"的解读。显然,孟子知道,他所处的时代,"天",即人格神的上帝在君王百姓中还有着巨大的威势,"天与之"定能给合法性罩上神圣的灵光。然而,孟子也明白,"天与之"毕竟是一个既难以证实又比较容易证伪的说辞,所以,必须将可以证实的"民受之"作为"天与之"的一个最坚强有力的证明。在孟子那里,这两者是可以互证,甚至是能够等同的,它们之间的关系就是《太誓》的"天视自我民视,天听自我民听"。这样,孟子就将"天与之"的"虚置"落实到"民受之"的实基之上。不过,这个对尧、舜禅让的解释如何应对"禹传子"的合法性呢?孟子依然用他的"天与之"和"民受之"进行诠释:

万章问曰:"人有言:'至于禹而德衰,不传于贤,而传于子。'有诸?"孟子曰:"否,不然也;天与贤,则与贤;天与子,则与子。昔者,舜荐禹于天,十有七年,舜崩,三年之丧毕,禹避舜之子于阳城,天下之民从之,若尧崩之后不从尧之子而从舜也。禹荐益于天,七年,禹崩,三年之丧毕,益避禹之子于箕山之阴。朝觐讼狱者不之益而之启,曰:'吾君之子也。'讴歌者不讴歌益而讴歌启,曰:'吾君之子也。'丹朱之不肖,舜之子亦不肖。舜之相尧,禹之相舜也,历年多,施泽于民久,启贤能敬承继禹之道。益之相禹也,历年少,施泽于民未久。舜、禹、益相去久远,其子之贤不肖,皆天也,非人之所能为也。莫之为而为者,天也;

---

① 《孟子·万章上》,《十三经注疏》,第 2737 页。

莫之致而致者，命也。匹夫而有天下者，德必若舜、禹，而又有天子荐之者，故仲尼不有天下。继世以有天下，天之所废，必若桀、纣者也，故益、伊尹、周公不有天下。伊尹相汤以王于天下，汤崩，太丁未立，外丙二年，仲壬四年，太甲颠覆汤之典刑，伊尹放之于桐，三年，太甲悔过，自怨自艾，于桐处仁迁义，三年，以听伊尹之训己也，复归于亳。周公之不有天下，犹益之于夏、伊尹之于殷也。孔子曰：'唐虞禅，夏后殷周继，其义一也。'"①

这里，孟子依据自己"天与之"和"民受之"的理念，顺理成章地解释了"禹传子，家天下"的合法性。尽管禹在生前推荐益为继承人，但禹崩之后，民不拥戴益而拥戴禹的儿子，这就证明天与禹的儿子而不与益，人的推荐拗不过天意，这就是"天与贤，则与贤；天与子，则与子"，而夏、殷、周和三代的传子，其合法性就在于"天与之"。所以在孟子看来，孔子的解释"唐虞禅，夏后殷周继，其义一也"，与自己的解读是相通的。

孟子在统治权合法性问题上的最大贡献是将"民受之"的理念建立在仁政的理想之上，也就是说，君王统治权的合法性体现在始终不渝地实施仁政理想。而一旦背离这个理想，其合法性也就失去了依据。仁政是一个完整的思想体系。它是由民本观念、施仁百姓、尊贤使能、反对战争和君主自律等一系列内容构成的。

孟子仁政理想的理论基础是民本思想，他明确指出：

民为贵，社稷次之，君为轻。是故得乎丘民而为天子。诸侯之宝三：土地、人民、政事。②

在孟子看来，在百姓、土谷之神和君主三者之中，百姓的重要程度远远超过后二者，因为只有得到百姓的欢心和拥护才能稳坐天子之位，所以在诸侯之宝中，人民也就与土地和政事并列为三。孟子之所以将被统治的百姓认定为国之本，是因为他从历史经验中悟出一个"得民心者得天下"的颠扑不破的真理：

---

① 《孟子·万章上》，《十三经注疏》，第2737—2738页。
② 《孟子·尽心下》，《十三经注疏》，第2774、2778页。

> 桀纣之失天下也，失其民也；失其民者，失其心也。得天下有道，得其民，斯得天下矣；得其民有道，得其心，斯得民矣；得其心有道，所欲与之聚之，所恶勿施，尔也。民之归仁也，犹水之就下，兽之走圹也。故为渊殴鱼者，獭也；为丛殴爵者，鹯也；为汤武殴民者，桀与纣也。①

孟子这段话把民、民心与天下的关系说得再明白不过了：桀和纣的丧失天下，是由于失去了百姓的支持；他们失去百姓的支持，是由于失去了民心。获得天下的方法：获得了百姓的支持，便获得天下了。获得百姓的支持有方法：获得了民心，便获得百姓的支持了。获得民心也有方法：他们所希望的，替他们聚积起来；他们所厌恶的，不要加在他们头上，如此罢了。百姓向仁德仁政归附，正好比水之向下流淌、兽之旷野奔走一样。所以替深池把鱼赶来的是水獭，替森林把鸟雀赶来的是鹯鹰，替商汤、周武王把百姓赶来的是夏桀和商纣。这里，孟子在中国历史上第一次提出民心向背问题，使只有赢得民心才能得天下的理念成为影响整个中国历史的重要政治思想。当然，孟子的民本思想与现代民主思想还不是一个概念，他的民本思想只是西周以来"民为邦本，本固邦宁"理念的延续和发扬，骨子里仍然是居高临下的"为民作主"。他不是站在百姓的立场上，而是站在统治者的立场上，从得天下和长治久安的目的出发。而且，他更明白当时社会上最富有的阶层是统治的基础，必须照顾好他们的利益，所以他毫不讳言："为政不难，不得罪于巨室。巨室之所慕，一国慕之；一国之所慕，天下慕之；故沛然德教溢乎四海。"② 在他看来，搞政治并不难，最重要的是不得罪那些有影响的巨室即卿大夫。因为这些人影响到全国百姓的走向，他们所敬慕的，一国人都会敬慕，天下的人也会敬慕，在他们的影响下，德教就会浩浩荡荡地洋溢于天下了。

孟子仁政思想的主要内容是对百姓施仁，即从各方面给百姓以看得见的实际利益。因为只有施仁才能得民心，也才能得天下：

---

① 《孟子·离娄上》，《十三经注疏》，第2721页。
② 《孟子·离娄上》，《十三经注疏》，第2719页。

> 三代之得天下也以仁，其失天下也以不仁。国之所以废兴存亡者亦然。天子不仁，不保四海；诸侯不仁，不保社稷；卿大夫不仁，不保宗庙；士庶人不仁，不保四体。今恶死亡而乐不仁，是犹恶醉而强酒。①

你看，孟子说得多好呀。夏、商、周三代的获得天下是由于仁，他们的丧失天下是由于不仁。国家的兴起和衰败、生存和灭亡也是这个道理。天子如果不仁，便不能保持他的天下；诸侯如果不仁，便不能保持他的国家；卿大夫如果不仁，便不能保持他的祖庙；士人和老百姓如果不仁，便不能保全自己的身体。最后，他慨叹说，现在有些人害怕死亡，却乐于不仁，这就像害怕醉却偏要饮酒一样啊！

那么，如何施仁呢？首先，要"制民之产"，使百姓，主要是农民有稳定的赖以生活和进行生产的各种资料。同时，又要保证农时，使其有充裕的时间从事劳作：

> 明君制民之产，必使仰足以事父母，俯足以畜妻子，乐岁终身饱，凶年免于死亡……五亩之宅，树之以桑，五十者可以衣帛矣。鸡豚狗彘之畜，无失其时，七十者可以食肉矣。百亩之田，勿夺其时，八之家可以无饥矣。②

孟子的时代，中国社会正经历由奴隶社会向封建社会的过渡，随着大量的奴隶挣脱枷锁变成具有相对自由身份的农民，随着土地私有化的加剧，土地所有者的国家和封建主手中集中的土地越来越多，而无地和少地的农民也越来越多，由此形成严重的社会问题。正如孟子所说："经界不正，井地不均，谷禄不平，是故暴君污吏必慢其经界。"③ 因此，"制民之产"，使无地少地的农民拥有一小块土地就成为缓和社会矛盾的当务之急。孟子拟定的具体办法就是恢复他理想的"井田制"：

---

① 《孟子·离娄上》，《十三经注疏》，第2718页。
② 《孟子·梁惠王上》，《十三经注疏》，第2671页。
③ 《孟子·滕文公上》，《十三经注疏》，第2702页。

> 夫仁政，必自经界始。……经界既正，分田制禄可坐而定也。……请野九一而助，国中什一使自赋。卿以下必有圭田，圭田五十亩，余夫二十五亩。死徙无出乡，乡田同井，出入相友，守望相助，疾病相扶持，则百姓亲睦。方里而井，井九百亩，其中为公田。八家皆私百亩，同养公田；公事毕，然后敢治私事，所以别野人也。此其大略也。①

按照孟子的方案，公卿以下的官吏每家分 50 亩的圭田用于祭祀，如果他家还有剩余的劳动力，再分给每人 25 亩。无论埋葬或者搬家，都不离开本乡本土。共一井田的各家，平日出入，互相友爱；防御盗贼，互相帮助；一有疾病，互相照顾，百姓之间便亲爱和睦了。办法是，每一方里的土地为一个井田单位，每一井田单位有 900 亩，当中 100 亩是公田，以外 800 亩分给各家作私田。这样 8 家来耕种公田，先把公田耕种完了，再来料理私人的事务，这就是区别官吏和劳动人民的办法。因为这个方案是孟子为滕文公设计的，带着孟子式的理想主义色彩。是否具有普遍意义很难说，是否具有可操作性也不好说，但有一点可以肯定，他是希望通过这一方案实现百姓"五口之家，百亩之田"的愿望，是他"制民之产"思想的具体政策化的实施细则。

百姓有了自己的土地，有了比较充裕的劳动时间，自然就保证了正常年景下农业的丰收。这是百姓"仰足以事父母，俯足以畜妻子"的基础。但是，仅此还不足以保持百姓生活的安定和富足，孟子还要求统治者"省刑罚，薄赋敛"，"取于民有制"，"耕者九一，仕者世禄，关市讥而不征，泽梁无禁，罪人不孥"②。他反对横征暴敛，要求减轻剥削的力度："有布缕之征，粟米之征，力役之征。君子用其一，缓其二。用其二而民有殍，用其三而父子离。"③对鳏、寡、孤、独等"穷民而无告者"给予特别的关爱和照顾。同时，还应该实行一系列招徕人才、吸引百姓的政策措施，让天下所有人都愿意成为君王的臣民。针对当时列国林立的状况，他认为理想的诸侯国应该是这样的：

---

① 《孟子·滕文公上》，《十三经注疏》，第 2702—2703 页。
② 《孟子·梁惠王下》，《十三经注疏》，第 2676 页。
③ 《孟子·尽心下》，《十三经注疏》，中华书局 1980 年版，第 2778 页。

尊贤使能，俊杰在位，则天下之士皆悦，而愿立于其朝矣；市，廛而不征，法而不廛，则天下之商皆悦，而愿藏于其市矣；关，讥而不征，则天下之旅皆悦，而愿出于其路矣；耕者，助而不税，则天下之农皆悦，而愿耕于其野矣；廛，无夫里之布，则天下之民皆悦，而愿为之氓矣。信能行此五者，则邻之民仰之若父母矣。率其子弟，攻其父母，自有生民以来未有能济者也。如此，则无敌于天下。①

孟子这里描绘的是一幅人人各得其所、人与人和谐相处的仁政社会的美好图画。在这里，尊重有道德的人，重用有能力的人，杰出的人才都有官位，所以天下的士子都愿意到这个朝廷寻个一官半职；这里的市场，给予空地储存货物，却不征收货物税；如果滞销，依法征购，不让它长久积压，所以天下的商人都会高兴，愿意把货物堆放在那个市场上；关卡只稽查而不征税，所以天下的旅客都会高兴，愿意从这里的道路经过；对耕田的人，实行井田制，只助耕公田，不再征税，所以天下的农夫都高兴，愿意在这里的田野上种庄稼；人们居住的地方，没有额外的雇役钱和地税，所以天下的百姓都愿意在这里居住。一个诸侯国真正能够做到这五项，那么，邻近国家的老百姓都会像对待爹娘一样地对待它的国君。如果邻国之君要率领这样的人民来攻打他，便好比率领他的儿女来攻打他的父母一样，从有人类以来，这种事没有能够成功的。像这样，就会天下无敌。这种理想，也正是他同齐宣王讲的："使天下仕者皆欲立于王之朝，耕者皆欲耕于王之野，商贾皆欲藏于王之市，行旅皆欲出于王之途，天下之欲疾其君者皆欲赴愬于王。其若是，孰能御之？"②

与此同时，他还提出"以佚道使民""以生道杀民"的观念："以佚道使民，虽劳不怨。以生道杀民，虽死不怨杀者。"③ 意思是，在求百姓安逸的原则下来役使百姓，百姓虽然劳苦，也不怨恨。在求老百姓生存的原则下来杀人，那人虽然被杀死，也不会怨恨那杀他的人。如此

---

① 《孟子·公孙丑上》，《十三经注疏》，第2690页。
② 《孟子·梁惠王上》，《十三经注疏》，第2671页。
③ 《孟子·尽心上》，《十三经注疏》，第2765页。

的仁政理想，显然带有强烈的乌托邦色彩，但其中透出的却是孟子胸怀天下、关心民瘼和建立和谐社会的人文情怀。

孟子尽管认为"民为贵"，但同时又认为民的道德水准低下，他们一旦"无恒产"，即"无恒心"，就会"放辟邪侈"，所以必须重视对他们进行经常的伦理道德教化：

> 设为庠序学校以教之。庠者，养也；校者，教也；序者，射也。夏曰校，殷曰序，周曰庠；学则三代共之，皆所以明人伦也。人伦明于上，小民亲于下。①

教化的目的是"明人伦"，即认识当时等级秩序的合理性，明确并安于自己所在的等级位置，既不犯上作乱，也不凌辱周围的同类小民，父子、兄弟、夫妻都能自守本分，做到父子有亲，兄弟有义，夫妻有情，人人和睦，这样才能达到和谐社会的目标。

孟子所处的战国时代，是一个列国纷争、战乱无已的时代。他渴望统一，但反对以战争的手段统一，认为"不嗜杀人者"能够统一。他理想的仁政社会是没有战争的世界，所以他痛斥"春秋无义战"，主张"善战者服上刑"：

> 争地以战，杀人盈野；争城以战，杀人盈城，此所谓率土地而食人肉，罪不容于死。故善战者服上刑，连诸侯者次之，辟草莱、任土地者次之。②

孟子认为实现仁政理想的关键是要有一个仁人之君。这个仁人之君首先是一个有天下国家情怀的伟大人物，知道"天下之本在国，国之本在家，家之本在身"③ 和"保民而王"的道理，以解民倒悬、救民水火为己任，"发政施仁""推恩及人"，"老吾老，以及人之老；幼吾幼，以及人之幼"④，与民同忧，与民同乐，与民同好：

---

① 《孟子·滕文公上》，《十三经注疏》，第2702页。
② 《孟子·离娄上》，《十三经注疏》，第2722页。
③ 《孟子·离娄上》，《十三经注疏》，第2671页。
④ 《孟子·梁惠王上》，《十三经注疏》，第2670页。

乐民之乐者，民亦乐其乐；忧民之忧者，民亦忧其忧。乐以天下，忧以天下，然而不王者，未之有也。王如好货，与百姓同之，于王何有？王如好色，与百姓同之，于王何有？①

不唯如此，在对民实行"善政"的前提下，进而实施"善教"更为必要："仁言不如仁声之入人深也，善政不如善教之得民也。善政，民畏之；善教，民爱之。善政得民财，善教得民心。②"孟子深知，仁德的言语赶不上仁德的音乐深入人心，良好的政治赶不上良好的教育获得民心。良好的政治，必须怕它；良好的教育，必须爱它。良好的政治得到百姓的财物，良好的教育能够得到百姓的心。更重要的是，仁人之君必须成为一国的道德楷模，成为万民学习的榜样："君仁，莫不仁；君义，莫不义；君正，莫不正。一正君而国定矣。"③

孟子多次赞扬尧、舜、禹、汤和周文王、周武王以及周公，赞扬他们的事功，特别赞扬他们的品格，将他们视为推行仁政的楷模：

禹闻善言，则拜。大舜有大焉，善与人同，舍己从人，乐取于人以为善。自耕稼、陶、渔以至为帝，无非取于人者。④

舜明于庶物，察于人伦，由仁义行，非行仁义也。

禹恶旨酒而好善言。汤执中，立贤无方。文王视民如伤，望道而未之见。武王不泄迩，不忘远。周公思兼三王，以施四事；其有不合者，仰而思之，夜以继日；幸而得之，坐以待旦。⑤

文王一怒而安天下之民，……武王一怒而安天下之民。⑥

显然，孟子只认定死去的圣帝名王为仁政楷模，这里寄托的无宁是自己的理想，也是为生者树立一批学习的榜样。在他看来，在世的诸侯王们没有一个仁人之君，孟子只希望他的"教诲"能够在他们身上发

---

① 《孟子·梁惠王下》，《十三经注疏》，第2675—2677页。
② 《孟子·尽心上》，《十三经注疏》，第2765页。
③ 《孟子·离娄上》，《十三经注疏》，第2723页。
④ 《孟子·公孙丑上》，《十三经注疏》，第2691页。
⑤ 《孟子·离娄下》，《十三经注疏》，第2627页。
⑥ 《孟子·梁惠王下》，《十三经注疏》，第2675页。

生作用，使自己钟情的仁政理想能够在当世再现光芒。

不难看出，孟子的仁政理想既带有强烈的感情色彩，又带有浓烈的理想化色彩。这样的仁政，在孟子的时代只能是一种乌托邦式的幻想，在以后中国两千多年的历史上，也没有真正实行过。尽管如此，孟子的仁政理想仍然具有不可磨灭的积极意义。这是因为，这个仁政理想设计了中国古代最理想的美好政治的模式，成为日后衡量政治优劣的标准和一切仁人志士努力追求的目标。每一个有作为的圣君贤相，都以仁政理想为的鹄，通过自己的努力，再加上客观条件的配合，从而创造出名垂史册的"盛世"，在中华民族的历史上谱写了辉煌的篇章。

与仁政理想相联系，孟子的君王统治权合法性的理论自然也是一种理想化的理论，在现实政治中，真正符合这种合法性要求的君王几乎是不存在的。然而，孟子的理论仍然具有不可忽视的积极意义。第一，他力图建立一个君王统治权合法性的标准，而这个标准主要是对君王的要求，从而促使有作为的君王朝着这个目标努力。第二，君王达不到这个标准就失去了统治权的合法性，人民起来推翻他就是合理的，这就论证了人民革命的合理性和合法性。

四　君子人格论

建立一个和谐的人类社会，一直是中国古代的圣人贤人追求的目标。孔子最早提出"君子和而不同"[①]思想，向往着"大道之行也，天下为公"[②]和"四海之内皆兄弟"[③]的理想社会。在春秋战国时代出现的思想文化领域的"百家争鸣"思潮中，儒、墨、法、道等学派，都推出了自己的理想社会的蓝图。其中，儒家的"大同"，墨家的"尚同"，道家的"至德之世"，法家的"不分贵贱亲疏一断于法"等，最具代表性。他们都有自己理解的和谐社会理想。比较而言，儒家和道家学说中和谐社会的理论最为丰富。不过，道家理想的"至德之世"虽然强调了人与自然的和谐和人自身的和谐，但由于它消极避世，逃避社会责任，其负面影响较大，很难成为主流意识存在。儒家的和谐社会理想积极入世，强调对国家、民族和社会的责任担当，因而成为中国主流

[①] 《论语·子路》，《十三经注疏》，第2508页。
[②] 孙希旦：《礼记集解》，第582页。
[③] 《论语·颜渊》，《十三经注疏》，第2505页。

意识的重要组成部分。在先秦儒家学派的代表人物中，孟子上承孔子、子思，提出了较完整的和谐社会理论。其中对人的自身和谐问题的阐发，超过了同时代的任何思想家。

孟子自我和谐论的核心，是确立人在自然界和社会中的主体地位。因为人与自然界能否和谐关键在人，人与社会、人与人之间能否和谐关键更在人。人不仅是自然的主人，更是社会的主人。从这个意义上说，"万物皆备于我"① 就不能作为一个唯心论的命题去理解了。孟子笃信人在自然和社会中的主体地位，对自己的聪明才智更是充满自信："五百年必有王者兴，其间必有名世者。由周而来，七百有余岁矣。以其数，则过矣；以其时考之，则可矣。夫天未欲平治天下也；如欲平治天下，当今之世，舍我其谁也？我何为不豫哉？"② 他不仅自视甚高，而且对所有人都不小觑，而是充满期待。因为他深信"人皆可以为尧舜"③，只要你坚定信心，持之以恒地去做，尧舜能做到的，其他人也可以做到。这里的区别仅仅在于愿意做和不愿意做，而不在于哪个能做、哪个不能做。"人皆可以为尧舜"的命题虽然不无偏颇之处，但它显示的是孟子对人的主观能动性的信心和张扬。孟子还期望每个男子汉都成为他心目中顶天立地的大丈夫。景春在与孟子谈话时大吹纵横家的公孙衍、张仪等人，认为他们是自己心目中的大丈夫，因为这些人在战国时代威风八面："一怒而诸侯惧，安居而天下熄。"孟子对这些人的大丈夫地位坚决不予认同。他认为这些人"以顺为正"，行的是"妾妇之道"。孟子心目中的大丈夫是据守仁义，永远不为外力所屈服，不为外物所引诱，以坚定的信念，不变的操守，傲视天地间："居天下之广居，立天下之正位，行天下之大道；得志，与民由之；不得志，独行其道。富贵不能淫，贫贱不能移，威武不能屈，此之谓大丈夫。"④ 这样的大丈夫显然不是人人都能做到的，但它显示了孟子对人之为人的主体地位的期望，在一定意义上也是孟子的夫子自道。

人既是天地万物的主体，又是他自己的主人。那么，这个人应该以怎样的形象回应自己的主体地位呢？孟子认为人人都应该成为君子人格

---

① 《孟子·尽心上》，《十三经注疏》，第 2764 页。
② 《孟子·公孙丑下》，《十三经注疏》，第 2699 页。
③ 《孟子·告子下》，《十三经注疏》，第 2755 页。
④ 《孟子·滕文公下》，《十三经注疏》，第 2710 页。

的实践者。他的君子人格，其实也就是大丈夫的另一种表述，或者说是大丈夫行为规范的具体化。这个君子人格的内涵是什么呢？在孟子心目中，君子就是天地间的完人，君子人格就是所有人学习的目标和榜样。

君子是天命在人间的代表，他能"尽心知性"，能"知天安命"。他的最高境界就是与天地融为一体，"赞天地之化育"："夫君子所过者化，所存者神，上下与天地同流。"① 为此，他必须充分弘扬自身从上天那里秉承的良知良能，即仁、义、礼、智、信这些先天存在的道德律。正因为君子具备并最大限度地弘扬了先天的道德律，所以他的行动是自由的，几乎可以随心所欲："大人者，言不必信，行不必果，惟义所在。"② 像孔夫子那样："可以仕则仕，可以止则止，可以久则久，可以速则速。"③ 君子并不是不要富贵利禄，而是"君子爱财，取之有道"："彭更问曰：'后车数十乘，从者数百人，以传食于诸侯，不以泰乎？'孟子曰：'非其道，则一箪食不可受于人；如其道，则舜受尧之天下，不以为泰，子以为泰乎？'"④ 君子生当人世间，对什么事都有自己的标准，例如，对取、与、死就有自己的取舍："可以取，可以无取，取伤廉；可以与，可以无与，与伤惠；可以死，可以无死，死伤勇。"⑤ 当然，君子对于自己的行为也有一个最高标准，这就是"杀身成仁""舍生取义"：

> 鱼，我所欲也，熊掌亦我所欲也；二者不可得兼，舍鱼而取熊掌者也。生亦我所欲也，义亦我所欲也；二者不可得兼，舍生而取义者也。生亦我所欲，所欲有甚于生者，故不为苟得也；死亦我所恶，所恶有甚于死者，故患有所不辞也。如使人之所欲莫甚于生，则凡可以得生者，何不用也？使人之所恶莫甚于死者，则凡可以辟患者，何不为也？由是则生而有不用也，由是则可以辟患而有不为也，是故所欲有甚于生者，所恶有甚于死者。非独贤者有是心也，人皆有之，贤者能勿丧耳。⑥

---

① 《孟子·尽心上》，《十三经注疏》，第2763页。
② 《孟子·离娄下》，《十三经注疏》，第2726页。
③ 《孟子·公孙丑上》，《十三经注疏》，第2686页。
④ 《孟子·滕文公下》，《十三经注疏》，第2711页。
⑤ 《孟子·离娄下》，《十三经注疏》，第2729页。
⑥ 《孟子·告子上》，《十三经注疏》，第2752页。

孟子同时认为，由于每个人在社会上的地位不同，对其行为规范的要求也有不同的具体标准："规矩，方圆之至也；圣人，人伦之至也。欲为君，尽君道；欲为臣，尽臣道。二者皆法尧舜而已矣。"[1] 这实际上是说，每个人都要安于其本位，在本位上尽君子之道。人们虽然地位不同，所从事的事业各异，但只要按照君子的标准要求自己，并达到了这个标准，他也就是君子了。这说明，孟子认为所有的人，不管身份、地位、职业有何不同，在道德上可以达到同样的水准。

君子必须守住自己行仁居义的人生理念，不自侮，不自毁，因为"人必自侮，然后人侮之；家必自毁，而后人毁之；国必自伐，而后人伐之"。不自暴，不自弃，因为"自暴者，不可与有言也；自弃者，不可与有为也"[2]。努力守住自己的节操，"志士不忘在沟壑，勇士不忘丧其元"[3]。永远有一种正义感和耻辱心："人不可以无耻，无耻之耻，无耻矣。"[4] 无论什么时候，都应该知道什么事该做，什么事不该做。特别应该摆正内在品德与富贵利禄的关系，即"天爵"与"人爵"的关系："有天爵者，有人爵者。仁义忠信，乐善不倦，此天爵也；公卿大夫，此人爵也。古之人修其天爵，而人爵从之。今之人修其天爵，以要人爵；既得人爵，而弃其天爵，则惑之甚者也，终亦必亡而已矣。"[5] 君子不仅要修"天爵"以待"人爵"，而且随时准备以身殉道："天下有道，以道殉身；天下无道，以身殉道。"[6] 君子必须以博大的胸怀"仁民爱物"，爱惜万物，与大自然和谐相处，最终目的是"仁民"，为了百姓在与万物的关系上各得其所。

君子立于天地间，要与各式各样的人打交道，每个人即使有相同的信仰，在具体行事时也会有不少差异。因此，君子待人处世不要强求一律，特别不要以自己为标准要求别人，要做到"仁而不同"："居下位，不以贤事不肖者，伯夷也；五就汤，五就桀者，伊尹也；不恶污君，不辞小官者，柳下惠也。三子者不同道，其趋一也。一者何？曰：仁也。

---

[1] 《孟子·离娄上》，《十三经注疏》，第 2718 页。
[2] 《孟子·离娄上》，《十三经注疏》，第 2721 页。
[3] 《孟子·滕文公下》，《十三经注疏》，第 2710 页。
[4] 《孟子·尽心上》，《十三经注疏》，第 2764 页。
[5] 《孟子·告子上》，《十三经注疏》，第 2753 页。
[6] 《孟子·尽心上》，《十三经注疏》，第 2770 页。

君子亦仁而已矣，何必同？"① 所以，君子必须有容人之量，对己严，对人宽，听信善言，尤其不要追求物质的享受："堂高数仞，榱题数尺，我得志，弗为也。食前方丈，侍妾数百人，我得志，弗为也。般乐饮酒，驱骋田猎，后车千乘，我得志，弗为也。"② 君子当然也有自己的追求，这就是蹈仁居义的内心的快乐："尊德乐义，则可以嚣嚣矣。故士穷不失义，达不离道。穷不失义，故士得己焉；达不离道，故民不失望焉。古之人，得志，泽加于民；不得志，修身见于世。穷则独善其身，达则兼善天下。"③ 孟子甚至认为，君子的快乐是王天下所不可比拟的："君子有三乐，而王天下不与存焉。父母俱存，兄弟无故，一乐也；仰不愧于天，俯不怍于人，二乐也；得天下英才而教育之，三乐也。君子有三乐。而王天下不与存焉。""广土众民，君子欲之，所乐不存焉；中天下而立，定四海之民，君子乐之，所性不存焉。君子所性，虽大行不加焉，虽穷居不损焉，分定故也。仁义礼智根于心，其生色也睟然，见于面，盎于背，施于四体，四体不言而喻。"④

孟子的君子人格基本上涵盖了他的人生理念和理想追求，一定程度上也是他的夫子自道。孟子一生都在追求君子人格，修炼君子人格，希望在那个人欲横流，诸侯们杀人盈城与杀人盈野，智能之士为富贵奔走权势之门的恶浊的时代，正身帅人，挽狂澜于既倒，恢复社会的理性与秩序。孟子作为一个理想主义者，尽管视野宏阔，志高才大，心雄万夫，"说大人而藐之"，但是，想以在野之身，仅仅以思想的力量影响社会，以德抗位，改变潮流，扭转士风，是不可能的。孟子只能带着无限的遗憾走向生命的终点。不过，他倡导的大丈夫精神和君子人格，对战国以后的中国知识分子产生了广泛、巨大而深远的影响，从中涌现了一大批具有大丈夫精神和君子人格的志士仁人。他们坚持理想，笃守正义，始终以生命和鲜血捍卫民族独立和社会正义，为百姓谋福祉，为文化增光彩，让伟大的人格展示永恒的魅力，留下了许多可歌可泣的英雄业绩做人的榜样，他们作为历史的脊梁永远绽放不灭的光芒。

孟子鼓吹大丈夫精神和君子人格，认为达到这一目标的标志是践履

---

① 《孟子·告子下》，《十三经注疏》，第 2757 页。
② 《孟子·尽心下》，《十三经注疏》，第 2779 页。
③ 《孟子·尽心上》，《十三经注疏》，第 2764—2765 页。
④ 《孟子·尽心上》，《十三经注疏》，第 2766 页。

仁、义、礼、智、信这些美好的先验的道德律。这些道德信条虽然是人人从天命那里承受的"善端",因而人人具有成为大丈夫和君子的可能性。但是,将可能性变为现实性却要通过自身的坚持不懈的修养和磨炼:"仁义礼智,非由外铄我也,我固有之也,弗思耳矣。故曰:求则得之,舍则失之。"① 有人坚持不断地修养和磨炼保住了"善端"并发扬光大,就成为君子;有人放弃修养和磨炼保不住"善端",就成为小人。

孟子认为坚持不懈的自我修养和磨炼是达到大丈夫和君子人格境界的必由之路,因而要求人们不仅有坚定的信仰和信心,"人皆可以为尧舜",还必须通过持之以恒的不懈努力,艰苦的修养和磨炼,不断地向这一目标前进。孟子总结了一套自我修养的方法,其荦荦大端有以下几项。

第一,养浩然之气。孟子认为,"天下之本在国,国之本在家,家之本在身"②。因此,自身成为君子,扩而大之于家国天下,世界的一切问题都会迎刃而解。而成为君子的首途就是养"浩然之气":"其为气也,至大至刚,以直养而无害,则塞于天地之间。其为气也,配义与道;无是,馁也。是集义所生者,非义袭而取之也。"③ 这个孟子也感到难以解释清楚的至大至刚的浩然之气,实际上也就是他讲的仁义精神、刚正气质、大丈夫风骨。时刻保持并发扬这种"浩然之气",也就保住了君子人格的根本。由于孟子讲的"浩然之气"是一种与生俱来的精神,因而养"浩然之气"的方法就主要是向自己内心的追求,而不是向自身之外的开拓。为此,就要"求放心""不动心",反身而诚:"诚身有道,不明乎善,不诚其身矣。是故诚者,天之道也;思诚者,人之道也。"④ 孟子的这一修身养性的方法,以前论者多将其归入"唯心论"。其实他讲的主要是一个人对崇高人格理想的不断的自觉的追求,要求人们无论在任何条件下都不放弃这种追求。即使没有制度和社会制约,也使自己在"慎独"的状态下,将自己的思想和行为置于道德的约束之下。

---

① 《孟子·告子上》,《十三经注疏》,第 2749 页。
② 《孟子·离娄上》,《十三经注疏》,第 2718 页。
③ 《孟子·公孙丑上》,《十三经注疏》,第 2685 页。
④ 《孟子·离娄上》,《十三经注疏》,第 2721 页。

第二，专心致志。孟子说："虽有天下易生之物也，一日暴之，十日寒之，未有能生者也。""今夫弈之为数，小数也；不专心致志，则不得也。弈秋，通国之善弈者也。使弈秋诲二人弈，其一人专心致志，惟弈秋之为听。一人虽听之，一心以为有鸿鹄将至，思援弓缴而射之，虽与之俱学，弗若之矣。为是其智弗若与？曰：非然也。"① 孟子这里讲的是学习的普遍规律，修养品德，磨炼性格，锻炼意志，更需要坚持不懈，持之以恒，永远不自我满足，更不自我放纵。

第三，艰苦磨炼。孟子认为，艰苦的环境，困难的条件，是磨炼意志，增强才干，锻炼身体，不断走向成熟的重要条件。任何一个成就卓著的人物，无论是帝王还是臣子，是大学问家还是技艺精湛之手艺人，无不经过了在艰苦环境中的长期锻炼："舜发于畎亩之中，傅说举于版筑之间，胶鬲举于鱼盐之中，管夷吾举于士，孙叔敖举于海，百里奚举于市。故天将降大任于是人也，必先苦其心志，劳其筋骨，饿其体肤，空乏其身，行拂乱其所为，所以动心忍性，曾益其所不能。"② 这里孟子其实总结了人才成长的普遍规律，即人才不是在一贯风调雨顺的环境，鲜花美酒的条件下成长的。要想成为一个优秀人才，成为一个具有君子人格的卓荦之士，只有在极其艰苦的环境，复杂多变的条件下，全身心地投入，坚持不懈地奋斗，九死一生，万苦备尝，才能脱颖而出，拔出同列，成为时代的精英。

第四，独立思考。任何人都不能选择他的时代，当他来到世界上的时候，他碰到的是既定的社会现实和各种关系以及各种不同的思想观念。在这种情况下，一个人很容易为外物、外力和外来的思想观念所左右，很容易随波逐流。而这恰恰是君子所不齿的。要想成为一个始终保持君子人格的大丈夫，就必须每时每刻保持清醒的头脑，遇事独立思考，问个为什么。孟子是一个一生保持独立思考的人，他无论走到哪里，无论见到什么人，不管是高高在上的君王，还是大名鼎鼎的思想家，孟子都是坚持自己的观点，宣传自己的主张，既不媚俗，更不媚权，越是在君王面前，他越是侃侃而谈，顽强地维护自己的观点。在他身上，没有丝毫的奴颜和媚骨。对于他最崇拜的人，也不苟同。例如孔子对齐桓、晋文等春秋五霸是赞扬的，这在《论语》中有明确的记载，

---

① 《孟子·告子上》，《十三经注疏》，第 2751 页。
② 《孟子·告子下》，《十三经注疏》，第 2762 页。

但孟子却说:"仲尼之徒,无道桓文之事者。"他对儒家视为神圣的经典如《尚书》就质疑:"尽信《书》,则不如无《书》。吾于《武成》,取二三策而已矣。仁人无敌于天下,以至仁伐至不仁,而何其血之流杵也?"①

孟子的自我和谐论比较全面地论述了人的自尊、自爱、自强、自立、自省、自我加压、自找苦吃等一系列自我完善的理论,以向内的不倦追求应对外界不断变化的环境和形势。不论外界如何变化,都要保持自己的独立人格、独立见解、独立思考和行事的原则,不屈服压力,不屈服强权,不献媚流俗,苟心之所善,虽千夫所指,勇往直前。孟子的这种品格和作风,正是在战国时代思想言论自由、百无禁忌的环境中培育出来的。这几乎是那一代知识分子普遍具有的品性和行事风格,而在孟子身上得到了最集中的体现。这是中国知识分子最可宝贵的品格。然而,这种品格却与后来中国封建社会的君主绝对专制不相容,而越来越多的知识分子在专制的淫威下,为了荣华富贵和趋利避祸,逐渐将孟子自我和谐、自我完善的理论和实践原则变成了揣摩、迎合君主与上司的理论和实践原则,孟子之类的人物也就只能是凤毛麟角了,这是中国知识分子的悲哀。孟子的自我和谐、自我完善的理论和实践原则虽然有其特定的时代内容,但其中所蕴含的真理则是永恒的。

五 对杨、墨的批判

在战国时代的思想家中,孟子是学派性和个性最鲜明的学者,他最敢辩论,最善辩论,也最能辩论,几乎走到哪里就辩论到哪里。无论辩论对手是何人、国君、将相、贵戚、学者,还是一般学生、贩夫走卒,他都不假辞色,一辩再辩,不辩到对方理屈词穷,决不罢休。

孟子对杨朱和墨翟进行的批判最为猛烈。

杨朱(约前395—前335)是与孟子同时代的或略早的道家学派的代表人物之一。他没有著作流传下来,其思想资料散见于诸子中,《孟子》是保存其资料较多的著作之一。虽然秦汉以后已经很难窥见杨朱思想的全貌,但在战国前中期,他却是思想界极其活跃的人物,他所代表的学派与儒、墨两家成鼎足之势,纵横一时,耸动远近视听。孟子对

---

① 《孟子·尽心下》,《十三经注疏》,第2773页。

杨朱的批判，集中在"为我"之论，说他是"拔一毛利天下而不为"，是一个"无君"的绝对个人主义者。其实杨朱的思想反映了战国时代个体生命自主意识的觉醒。他认为每一个人都是一个独立的个体生命，每一个人都是他自己生命的主人，只有自己有权支配自己的一切。即使拔一毛利天下，也要看他自己愿不愿意拔这根毛。他要求尊重个体生命，尊重个人自由，无论是个人还是集体，都无权侵犯别人的利益。这种对于个体生命意识的张扬，在当时奴隶的解放潮流中显然具有积极意义。

墨翟是墨家学派的创始人，他与弟子组成一个组织严密、纪律严明的团体，是战国时代唯一代表"农与工肆之人"的一个学派，在战国前期声势浩大，齐、楚、燕、韩、赵、魏、秦的王宫里都能看到他们的身影。他们还是战国诸子中在自然科学方面取得最多成就的学派，在数学、物理、光学、医学和军事工程等学科都做出了划时代的贡献。墨翟及其后学留下一部《墨子》，是后学了解和研究这个学派的最重要的资料。墨翟曾提出"兼爱""非攻"等十大纲领性的主张，既反映了"农与工肆之人"的美好愿望，也反映了他们不可避免的局限。

孟子之所以对这两个学派发起猛烈批判，一是因为他们是当时最负盛名、最有势力的学派，严重威胁到儒家学派的地位。二是因为他们的思想和主张在很多方面与儒学针锋相对，严重危及儒家思想的传播和弘扬。

《孟子·滕文公下》记载了孟子对杨朱和墨家学派的批判：

> 公都子曰："外人皆称夫子好辩，敢问何也？"孟子曰："予岂好辩哉，予不得已也。天下之生久矣，一治一乱。当尧之时，水逆行，氾滥于中国，蛇龙居之，民无所定；下者为巢，上者为营窟。《书》曰：'洚水警余。'洚水者，洪水也。使禹治之，禹掘地而注之海，驱蛇龙而放之菹；水由地中行，江、淮、河、汉是也。险阻既远，鸟兽之害人者消，然后人得平土而居之。尧、舜既没，圣人之道衰，暴君代作，坏宫室以为污池，民无所安息；弃田以为园囿，使民不得衣食。邪说暴行又作，园囿、污池、沛泽多而禽兽至。及纣之身，天下又大乱。周公相武王诛纣，伐奄三年讨其君，驱飞廉于海隅而戮之，灭国者五十，驱虎、豹、犀、象而远之，天

下大悦。《书》曰：'丕显哉，文王谟！丕承哉，武王烈！佑启我后人，咸以正无缺。'世衰道微，邪说暴行有作，臣弑其君者有之，子弑其父者有之。孔子惧，作《春秋》。《春秋》，天子之事也；是故孔子曰：'知我者其惟《春秋》乎！罪我者其惟《春秋》乎！'圣王不作，诸侯放恣，处士横议，杨朱、墨翟之言盈天下。天下之言不归杨，则归墨。杨氏为我，是无君也；墨氏兼爱，是无父也。无父无君，是禽兽也。公明仪曰：庖有肥肉，厩有肥马，民有饥色，野有饿莩，此率兽而食人也。'杨、墨之道不息，孔子之道不著，是邪说诬民，充塞仁义也。仁义充塞，则率兽食人，人将相食。吾为此惧，闲先圣之道，距杨、墨，放淫辞，邪说者不得作。作于其心，害于其事；作于其事，害于其政。圣人复起，不易吾言矣。昔者禹抑洪水而天下平，周公兼夷狄、驱猛兽而百姓宁，孔子成《春秋》而乱臣贼子惧。《诗》云：'戎狄是膺，荆舒是惩，则莫我敢承。'无父无君，是周公所膺也。我亦欲正人心，息邪说，距诐行，放淫辞，以承三圣者，岂好辩哉，予不得已也。能言距杨、墨者，圣人之徒也。"①

这是《孟子》一书中记载孟子一次谈话最长的篇幅之一，由公都子的问话引起，他解释自己的所谓好辩乃是出于不得已。孟子从历史讲起，先述尧、舜、禹领导百姓战胜自然灾害的筚路蓝缕之功，接着讲文、武、周公诛纣、伐奄、驱飞廉、灭叛逆之国五十而使天下太平的丰功伟绩，之后就大讲对邪说淫辞的批判。他说，春秋以来，"太平之世和仁义之道都逐渐衰微，荒谬的学说、残暴的行为又盛行起来，臣子杀死君王、儿子杀死父亲，屡见不鲜。孔子深为忧虑，著作了《春秋》一部历史书。书中对历史上的人和事有所赞扬和指责，这本来是天子的职权，孔子不得已而做了。所以孔子说：'了解我的，就在于《春秋》这部书！责骂我的，也就在于《春秋》这部书！'自那以后，圣王也不再出现，诸侯无所顾忌，一般人士也乱发议论，杨朱、墨翟的学说充满天下，于是所有的主张不属于扬朱派，便属于墨翟派。杨朱主张'为我'，否定了对君上的尽忠，就是目无君上；墨派主张'兼爱'，否定

---

① 《孟子·滕文公下》，《十三经注疏》，第 2714—2715 页。

了对父亲的尽孝，就是目无父母。目无君上，目无父母，那就成了禽兽了。公明仪说过，'厨房里有肥肉，马厩里有肥马，但是，老百姓脸上有饥色，野外躺着饿死的尸体，这就是率领着野兽来吃人呀。'杨朱、墨翟的学说不消灭，孔子的学说就无法发扬，这便是荒谬的学说欺骗了百姓。而阻塞了仁义的道路。仁义的道路被阻塞，也就等于率领着野兽来吃人，人与人也将互相残杀。我因而深为忧虑，便出来捍卫古代圣人的学说，反对杨、墨的学说，驳斥错误的言论，使发表谬论的人不能抬头。那种荒谬的学说，从心里产生出来，便会危害工作；危害了工作，也就危害了政治。即使圣人再度兴起，也会同意我这番话的。"孟子接着讲历史说，从前大禹制服了洪水，天下才得着太平；周公兼并了夷狄，赶跑了野兽，百姓才得着安宁；孔子著作了《春秋》，叛乱的臣子、不孝的儿子才有所害怕。《诗》说过："攻击戎狄，痛惩荆舒，就没有人敢于抗拒我。"像杨、墨这样目无君上目无父母的人，正是周公所要惩罚的。又进一步发挥说，我也要端正人心，消灭邪说，反对偏激的行为，驳斥荒唐的言论，来继承大禹、周公、孔子三位圣人的事业，这难道是喜欢辩论吗？我是不能不辩论的呀。能够以言论来反对杨墨的，也就是圣人的门徒了。

孟子以少有的激愤发出了对杨、墨的猛烈批判，其火力之猛，义愤之烈，给两人所加罪名之重，在他批判过的人中几乎无出其右。如果我们检视孟子批判杨、墨的主要内容，就不难发现，这里更多反映的是他作为当时儒家学派代表人物的思想和学术偏见。你看，孟子批判杨朱的主要罪名是"为我"，"为我"就能与"无君"联系起来吗？这里孟子首先将杨朱说成一个绝对的个人主义者，全然不看他"为我"的前提是反对损害别人的利益，一个人在此前提下维护个人的正当利益有什么错呢？儒家思想特别注重社会担当意识自然是积极奋发的人生态度，但在当时各阶级权利和义务极不平等的条件下，儒家要求被剥削被压迫阶级承担的义务显然是不公平的。正由于孟子的批判，后人几乎都将杨朱定位为绝对的个人主义者，这是有失公平的。孟子集中批判墨子的"兼爱"，"兼爱"能同"无父"联系起来吗？墨子以"爱无等差"的平等意识反对儒家"爱有等差"的等级观念，反映了"农与工肆之人"这个劳动者群体争取自身权利的觉醒。当然，这个理想只不过是美丽的空想。尽管孟子对杨、墨的批判在学理上大有商榷的余地，但是，由于他的近乎"欲加之罪"的批判，再加上其他原因，这两个学派在战国后期就呈现出不可挽回的衰颓之势。

六　对纵横家的批判与纵横家的谋略思想

孟子对纵横家最为鄙视，直斥他们的行径为"妾妇之道"：

> 景春曰："公孙衍、张仪，岂不诚大丈夫哉！一怒而诸侯惧，安居而天下熄。"孟子曰："是焉得为大丈夫乎？子未学礼乎？丈夫之冠也，父命之；女子之嫁也，母命之，往送之门，戒之曰：'往之女家，必敬必戒，无违夫子！'以顺为正者，妾妇之道也。居天下之广居，立天下之正位，行天下之大道；得志，与民由之；不得志，独行其道。富贵不能淫，贫贱不能移，威武不能屈，此之谓大丈夫。"①

这里孟子认定，不要看纵横家们出将入相，威风八面，其实他们奉行的是最卑鄙的"妾妇之道"，因为他们违背了仁、礼、义的基本信条，和大丈夫丝毫不沾边。

孟子为什么对纵横家如此不屑一顾，嗤之以鼻呢？在孟子看来，纵横家最大的缺失是没有基于理想的立场，而是像妾妇那样事事顺着君王，溜须拍马，看人下箸，为了取得君王的欢心不择手段，并以此猎取富贵利禄。

纵横家曾一度是战国时期政治和外交舞台上最活跃的群体。这个群体的政治思想比较贫乏，而谋略则比较丰富，他们对《孙子》的"诡道"做了充分的发展和演绎。

经过秦孝公在商鞅辅佐下20多年的变法图强，秦国国力蒸蒸日上，其军事触角不断地向东向南延伸，将一个又一个的胜利写在自己的编年史上。东方六国越来越感受到秦国的咄咄逼人之势，都在不约而同地思谋一个自保的万全之策。适应这种要求，苏秦等提出了合六国之力共同对抗秦国的策略，称为"合纵"，又称"约纵"，简称"纵"（从）。这个策略，用韩非的话解释，就是"合众弱以攻一强"。从地理位置看，

---

① 《孟子·滕文公下》，《十三经注疏》，第2710页。

秦国以外的六国大体都在函谷关（今河南灵宝北）以东，由北向南摆开，用一条纵线就能够串在一起，所以称为"纵"。为了对付六国的"合纵"，张仪为秦国设计了"连横"的策略，简称为"横"。这一策略，用韩非的话解释，就是"事一强以攻众弱"[①]，即秦国与东方某国联合进攻其他诸侯国。由于秦国在西部，与东方任何一国联合都在一条横线上，因而称为"连横"。

"合纵"与"连横"的斗争持续百年左右，在战国中期的秦惠文王元年（前337年）至秦武王末年（前307年）的30年间，是纵横家最活跃的时期。以苏秦、张仪为代表的纵横策士，是当时列国间激烈的政治、军事和外交斗争的产物。他们与军事斗争相配合，穿梭于列国间，在政治、外交战线上演出了一幕幕波谲云诡、光怪陆离、变化莫测、牵动列国君臣神经的活剧。他们与各诸侯国的国君、将相广泛接触，摇动如簧之舌，拨弄是非，挑拨离间，时而激化矛盾，时而消解冲突，谈笑间，使和平的边界燃起烽火；一番折冲，又使双方化干戈为玉帛，仿佛这几个人左右着列国历史的走向和时代的命运。其实，从一定意义上看，他们只是推动历史发展的不自觉的工具。当时的历史趋势是，列国斗争导向统一，统一的进程在斗争中完成。这场斗争将各类政治、军事和外交精英呼唤出来，给他们提供了施展才干的广阔舞台。

纵横策士就是当时政治外交精英的代表，他们洞悉列国形势，深谙每一个国家的政治、经济、军事状况以及山川民俗和社会风气，对各国国君的性格、爱好、脾气等也都了然于胸。他们善于揣摩国君的心理，反应机敏，长于辩论，口若悬河。他们为达目的不择手段，无中生有，颠倒黑白，不讲信义，反复无常，阴谋诡计，翻手为云，覆手为雨。他们的人生追求是荣华富贵，为此，不惜投机钻营，卖友求荣。他们的人格是卑微的，但是作为历史的不自觉的工具，正是他们的活动推进了列国之间的斗争，构成了战国统一进程中最为扣人心弦、险象环生、多姿多彩、酣畅淋漓的活剧。战国的历史，在秦惠文王、武王时期30多年的岁月里，是在纵横家的唇枪舌剑中度过的。秦昭王即位后，他们的活动已近尾声。代之而起的主要是将帅的谋略和秦军东向进军的车辚马啸之声。

---

① 王先慎：《韩非子集解》，第494—495页。

纵横策士是运用"诡道"的大师。《孙子兵法·计篇》对"诡道"作了极其简洁而精准的概括:"兵者,诡道也。故能而示之不能,用而示之不用,近而示之远,远而示之近。利而诱之,乱而取之,实而备之,强而避之,怒而挠之,卑而骄之,佚而劳之,亲而离之。"所有统率千军万马的将帅,能否在战场上取胜,除了其他条件外,关键就在于如何将"诡道"加以精准、灵活和恰切到位的运用。人们只知道军事领域是"诡道"运作的广阔天地,其实在政治、外交领域,"诡道"有着更为广阔的空间,战国纵横家们的实践活动,在这方面提供了许多鲜活的例证。

"合纵"的倡导者是苏秦,参与者有其兄弟苏代、苏厉等人。苏秦是东周王城洛邑(今河南洛阳)人,是当时以纵横之术闻名天下的鬼谷子的学生。与所有的文武之士一样,他希望凭借自己的本领到列国君王那里猎取富贵利禄,但开始并不顺利。

> 出游数岁,大困而归。兄弟嫂妹妻妾窃皆笑之,曰:"周人之俗,治产业,力工商,逐什二以为务。今子释本而事口舌,困,不亦宜乎!"苏秦闻之而惭,自伤,乃闭门不出,出其术遍视之,曰:"夫士业已屈首受书,而不能以取尊荣,虽多亦奚以为!"于是得周书《阴符》,伏而读之。期年,以出揣摩,曰:"此可以说当世之君矣。"①

苏秦熟读的《阴符》没有流传下来,估计其内容就是游说之术,也就是"诡道"。纵横家们诱使各诸侯国君王尽入彀中的第一个也是最奏效的策略是"利而诱之","苏秦、张仪方以利为说取重于六国。为人君者非利则不听,为人臣者非利则不谈,朝纵暮横,左计有数……朝廷之上,乡间之间,往来游说之士,无不以此藉口,哓哓唧唧,喧宇宙而渎乾坤者,无非利而已矣。是以攘夺成风,兵戈连岁,天下之人,欲息肩而不得"②。纵横家们要做到这一点,就需要"知彼知己",特别是揣摩透各诸侯国君王的心理。你看,苏秦是如何对各国君王摇唇鼓舌,让他们在"利动"面前心旌摇荡吧,如对燕文侯就有以下说辞:

---

① 司马迁:《史记》卷69《苏秦列传》,第2241—2242页。
② 张九成:《孟子传》卷1,四库全书本。

夫安乐无事，不见覆军杀将，无过燕者。大王知其所以然乎？夫燕之所以不犯寇被甲兵者，以赵之为蔽其南也。秦赵五战，秦再胜而赵三胜。秦赵相弊，而王以全燕制其后，此燕之所以不犯寇也。且夫秦之攻燕也，逾云中、九原，过代、上谷，弥地数千里，虽得燕城，秦计固不能守也。秦之不能害燕亦明矣。今赵之攻燕也，发号出令，不至十日而数十万之军军于东垣矣。渡嘑沱，涉易水，不至四五日而距国都矣。故曰秦之攻燕也，战于千里之外；赵之攻燕也，战于百里之内。夫不忧百里之患而重千里之外，计无过于此者。是故愿大王与赵从亲，天下为一，则燕国必无患矣。①

日夜为自己弱小的国家安全焦虑的燕文侯认可了苏秦设计的这个安全阀，于是成为第一个赞成"合纵"之策的君王，他自愿为苏秦提供"车马金帛"，资助他前去游说赵国。苏秦在对赵肃侯分析了列国形势后，特别指出六国都面临秦国的威胁和"事秦"的危害：

夫衡人者，皆欲割诸侯之地以予秦。秦成，则高台榭，美宫室，听竽瑟之音，前有楼阙轩辕，后有长姣美人，国被秦患而不与其忧。是故夫衡人日夜务以秦权恐愒诸侯以求割地，故愿大王孰计之也。②

在赵肃侯被说动之后，苏秦进而兜售他的"合纵"之策：

故窃为大王计，莫如一韩、魏、齐、楚、燕、赵以从亲，以畔秦。令天下之将相会于洹水之上，通质，刳白马而盟。要约曰："秦攻楚，齐、魏各出锐师以佐之，韩绝其粮道，赵涉河漳，燕守常山之北。秦攻韩、魏，则楚绝其后，齐出锐师而佐之，赵涉河漳，燕守云中。秦攻齐，则楚绝其后，韩守成皋，魏塞其道，赵涉河漳、博关，燕出锐师以佐之。秦攻燕，则赵守常山，楚军武关，齐涉勃海，韩、魏皆出锐师以佐之。秦攻赵，则韩军宜阳，楚军武

---

① 司马迁：《史记》卷69《苏秦列传》，第2244页。刘向：《战国策》，第1039—1040页。
② 司马迁：《史记》卷69《苏秦列传》，第2248页。刘向：《战国策》，第640页。

关，魏军河外，齐涉清河，燕出锐师以佐之。诸侯有不如约者，以五国之兵共伐之。六国从亲以宾秦，则秦甲必不敢出于函谷以害山东矣。如此，则霸王之业成矣。"①

赵肃侯又被苏秦"利动"了，于是"乃饰车百乘，黄金千镒，白璧百双，锦绣千纯，以约诸侯"。苏秦选定的下一个目标是韩宣王，而用于打动他的利器是"事秦"的危害：

大王事秦，秦必求宜阳、成皋。今兹效之，明年又复求割地。与则无地以给之，不与则弃前功而受后祸。且大王之地有尽而秦之求无已，以有尽之地而逆无无已之求，此所谓市怨结祸者也，不战而地已削矣。臣闻鄙谚曰："宁为鸡口，无为牛后。"今西面交臂而臣事秦，何异于牛后乎？夫以大王之贤，挟强韩之兵，而有牛后之名，臣窃为大王羞之。②

一席话说得韩宣王"勃然作色"，甘愿"敬奉社稷以从"。苏秦说韩王成功后，将下一个目标锁定魏襄王，他的说辞是集中诋毁魏国"事秦"之非：

今乃听于群臣之说而欲臣事秦。夫事秦必割地以效实，故兵未用而国已亏矣。凡群臣之言事秦者，皆奸人，非忠臣也。夫为人臣，割其主之地以求外交，偷取一时之功而不顾其后，破公家而成私门，外挟强秦之势以内劫其主，以求割地，愿大王孰察之。③

在得到魏王"敬以国从"的承诺后，苏秦又将暂时似乎远离"秦害"的齐宣王说动，使之加入合纵的行列。最后，苏秦来到楚国，先对楚威王大讲"事秦"之害：

---

① 司马迁：《史记》卷69《苏秦列传》，第2249。刘向：《战国策》，第641页。
② 司马迁：《史记》卷69《苏秦列传》，第2253页。刘向：《战国策》，第930—931页。
③ 司马迁：《史记》卷六69《苏秦列传》第2259页，刘向：《战国策》，第790页。

秦之所害莫如楚，楚强则秦弱，秦强则楚弱，其势不两立。故为大王计，莫如从亲以孤秦。大王不从（亲），秦必起两军，一军出武关，一军下黔中，则鄢郢动矣。夫秦，虎狼之国也，有吞天下之心。秦，天下之仇雠也。衡人皆欲割诸侯之地以事秦，此所谓养仇而奉仇者也。夫为人臣，割其主之地以外交强虎狼之秦，以侵天下，卒有秦患，不顾其祸。夫外挟强秦之威以内劫其主，以求割地，大逆不忠，无过此者。故从亲则诸侯割地以事楚，衡合则楚割地以事秦，此两策者相去远矣，二者大王何居焉？

接着再兜售"合纵"给楚国带来的极具诱惑力的"好处"：

大王诚能听臣，臣请令山东之国奉四时之献，以承大王之明诏，委社稷，奉宗庙，练士厉兵，在大王之所用之。大王诚能用臣之愚计，则韩、魏、燕、赵、卫之妙音美人必充后宫，燕、代橐驼良马必实外厩。故从合则楚王，衡成则秦帝。今释霸王之业，而有事人之名，臣窃为大王不取也。[1]

东方六国都被苏秦描绘的"合纵"的动人前景深深鼓舞和陶醉，认定苏秦是他们利益的代表，心甘情愿地将相印奉送给他。六国国君都认为他们从苏秦倡导的"合纵"中获得了最大的利益，而苏秦则从他们那里得到富贵利禄，一时名震列国，享誉士林。

"连横"之策的倡导者是张仪，另有陈轸、犀首等，在张仪之后作为他的同道有名于时。张仪（？—前310）是魏国人，他与苏秦同窗时从鬼谷子那里学到了不亚于苏秦的本领，"苏秦自以不及张仪"。他同苏秦一样，开始游说诸侯时流年不利：

张仪已学而游说诸侯。尝从楚相饮，已而楚相亡璧，门下意张仪，曰："仪贫无行，必此盗相君之璧。"共执张仪，掠笞数百，不服，醳之。其妻曰："嘻！子毋读书游说，安得此辱乎？"张仪

---

[1] 司马迁：《史记》卷69《苏秦列传》，第2260—2261页。刘向：《战国策》，第500—503页。

谓其妻曰："视吾舌尚在不？"其妻笑曰："舌在也。"仪曰："足矣。"①

在当时的纵横之士看来，三寸不烂之舌是他们唯一的猎取富贵利禄的资本，打动君王的唯一武器是利益。

张仪在推行"连横"之策时，也将"利动"发挥得淋漓尽致，比苏秦有过之而无不及。张仪先来到楚国，投奔楚相门下，因被怀疑窃璧而遭毒笞，他失魂落魄回家后，问妻子的第一句话是"吾舌尚在不"？得到肯定的回答后，他说"足矣"，显然将口舌作为第一资本，将游说当成第一职业。他后来到秦国，与司马错争论伐蜀伐魏何为先的策略，结果输给司马错。秦国进军巴蜀，很快获得了一个稳定的战略后方，为秦国后来的统一战争储备了丰厚的物质基础。不久，张仪因游说魏王事秦成功，被任命为秦相。但两年后魏背秦，秦军伐魏，两国关系极其紧张。正在此时，魏襄王死去，魏哀王继位。张仪劝说哀王转事秦，被拒。他于是一面阴告秦伐魏，在军事上对其造成高压态势，一面乘机再次劝说魏哀王事秦，他先讲魏国处境的艰难：

> 魏地方不至千里，卒不过三十万。地四平，诸侯四通辐凑，无名山大川之限。从郑至梁二百余里，车驰人走，不待力而至。梁南与楚境，西与韩境，北与赵境，东与齐境，卒戍四方，守亭障者不下十万。梁之地势，固战场也，梁南与楚而不与齐，则齐攻其东；东与齐而不与赵，则赵攻其北；不合于韩，则韩攻其西；不亲于楚，则楚攻其南；此所谓四分五裂之道也。

接着再讲苏秦合纵之策的缺失和难以成功的原因：

> 且夫诸侯之为从者，将以安社稷尊主强兵显名也。今从者一天下约为昆弟，刑白马以盟洹水之上，以相坚也。而亲昆弟同父母，尚有争钱财而欲恃诈伪反复，苏秦之余谋，其不可成亦明矣。

---

① 司马迁：《史记》卷70《张仪列传》，第2279页。

再后，他大谈不事秦的危害和事秦伐楚的种种好处，特别诋毁合纵之士品格恶劣和不可信赖：

> 为大王计，莫如事秦。事秦则楚、韩必不敢动；无楚、韩之患，则大王高枕而卧，国必无忧矣。且夫秦之所欲弱者莫如楚，而能弱楚者莫如梁。楚虽有富大之名而实空虚；其卒虽多，然而轻走易北，不能坚战。悉梁之兵南面而伐楚，胜之必矣。割楚而益梁，亏楚而适秦，嫁祸安国，此善事也。大王不听臣，秦下甲士而东伐，虽欲事秦不可得矣。且夫从人多奋辞而少可信，说一诸侯而成封侯，是故天下之游谈士莫不日夜搤腕瞋目切齿以言从之便，以说人主。人主贤其辩而牵其说，岂得无眩哉。臣闻之，积羽沉舟，群轻折轴，众口铄金，积毁销骨，故愿大王审定计议，且赐骸骨辟魏。①

面对"利动"，魏哀王于是堕入张仪连横之策的陷阱，答应事秦。但三年后又转而背秦，双方刀兵再起。张仪因游说魏王成功，再次就任秦国丞相。此时的秦昭王和张仪都明白，东方六国的合纵，其核心是齐、楚两个大国的联盟。欲破合纵，关键就是拆散齐楚联盟。张仪于是前去楚国，仍然以"利动"向楚怀王下箸："大王诚能听臣，闭关绝约于齐，臣请献商于之地六百里，使秦女得为大王箕帚之妾，秦楚娶妇嫁女，长为兄弟之国，此北弱齐而西益秦也，计无便此者。"利欲熏心的楚王认定这是天上掉下来的馅饼，立即"大说而许之，群臣皆贺"，只有陈轸保持了清醒的头脑，并提出万全的对应之策："以臣观之，商于之地不可得而齐秦合，齐秦合则患必至矣。"陈轸接着解释说："夫秦之所以重楚者，以其有齐也。今闭关绝约于齐，则楚孤。秦奚贪夫孤国，而与之商于之地六百里？张仪至秦，必负王，是北绝齐交，西生患于秦也，而两国之兵必俱至。善为王计者，不若阴合而阳绝于齐，使人随张仪，苟与吾地，绝齐未晚也；不与吾地，阴合谋机也。"陈轸也是一个纵横策士，这里他为楚国设计的万全之策是高明的。然而此时已经被六百里空头支票迷住双眼的楚怀王哪里听得进这忠良之言。结果是与

---

① 司马迁：《史记》卷70《张仪列传》，第2285—2287页。刘向：《战国策》，第792—794页。

齐绝交，换来的是张仪的赖账和齐秦联军的进攻。楚不仅没有得到一寸土地，反而是丹阳、蓝田的两次惨败和丹阳、汉中的失守。此次事件让楚国君臣见识了张仪"诡道"的厉害。楚怀王痛恨张仪，恨不得食其肉、寝其皮。然而，就是在这种情况下，张仪却毅然代表秦国出使楚国。他之所以敢于如此冒险，一是基于秦国的强大对楚国造成的巨大威慑；二是他自信利用楚国的君臣矛盾和君王与妾妃的纠结能够化解楚王对自己的敌意。结果完全如其所料，楚王不仅没有加害于他，反而再一次坠入他的"诡道"。其中，仍是"利动"击中了楚王的软肋。你看张仪如何在楚王面前侃侃而谈吧：

> 秦地半天下，兵敌四国，被险带河，四塞以为固，虎贲之士百余万，车千乘，骑万匹，积粟如丘山。法令既明，士卒安难乐死，主明以严，将智以武，虽无出甲，席卷常山之险，必折天下之脊，天下有后服者先亡。且夫为从者，无以异于驱群羊而攻猛虎，虎之与羊不格明矣。今王不与猛虎而与群羊，臣窃以为大王之计过也。凡天下强国，非秦而楚，非楚而秦，两国交争，其势不两立。大王不与秦，秦下甲据宜阳，韩之上地不通。下河东，取成皋，韩必入臣，梁则从风而动。秦攻楚之西，韩、梁攻其北，社稷安得毋危？且夫从者聚群弱而攻至强，不料敌而轻战，国贫而数举兵，危亡之术也。臣闻之，兵不如者勿与挑战，粟不如者勿与持久。夫从人饰辩虚辞，高主之节，言其利不言其害，卒有秦祸，无及为已，是故愿大王之孰计之。秦西有巴蜀，大船积粟，起于汶山，浮江以下，至楚三千余里。舫船载卒，一舫载五十人与三月之食，下水而浮，一日行三百余里，里数虽多，然而不费牛马之力，不至十日而距扞关。扞关惊，则从境以东尽城守矣，黔中、巫郡非王之有。秦举甲出武关，南面而伐，则北地绝。秦兵之攻楚也，危难在三月之内，而楚待诸侯之救，在半岁之外，此其势不相及也。夫待弱国之救，忘强秦之祸，此臣所以为大王患也。

这里张仪反复说项的中心内容，就是秦国强大无比，楚国只有与秦结盟，才是保存自己并得以发展的安全之策。张仪特别提醒楚王，要他记住此前不久与秦国开战的教训：

且夫秦之所以不出兵函谷十五年以攻齐、赵者，阴谋有合天下之心。楚尝与秦构难，战于汉中，楚人不胜，列侯执珪死者七十余人，遂亡汉中。楚王大怒，兴兵袭秦，战于蓝田。此所谓两虎相搏者也。夫秦楚相敝而韩魏以全制其后，计无危于此者矣，愿大王孰计之。

接下来，张仪再次论证合纵不会成功，而与秦国结盟则是最好的保国家存社稷之良策：

今秦与楚接境壤界，固形亲之国也。大王诚能听臣，臣请使秦太子入质于楚，楚太子入质于秦，请以秦女为大王箕帚之妾，效万室之都，以为汤沐之邑，长为昆弟之国，终身无相攻伐，臣以为计无便于此者。

就这样，张仪通过一番雄辩滔滔的说项，不仅保住了自己的性命，还使楚怀王乖乖地进入他设定的连横套路中。此后，他又连去韩国、齐国、赵国、燕国，以同样的"利动"让他们离开合纵而入连横之域。最后被秦国各个击破。[①]

纵横家说服各国君王的第二个策略是"卑而骄之"。他们利用各国诸侯王的虚骄之心，当着君王的面，使用最美艳动听、无限夸饰的词语，颂扬各个诸侯国的山川之险固，物产之丰饶，民风之淳美，君王之英名，使君王们在洋洋盈耳的颂声中昏昏然飘飘然，从而产生对他们的好感和信任。将此一策略运用得特别得心应手的是苏秦。他针对不同的对象，使用最切合这个人物心理和需要的语言。如对秦惠王的说辞主要颂扬秦国的山川之固、士民之众和兵法之教：

大王之国，西有巴、蜀、汉中之利，北有胡貉、代马之用，南有巫山、黔中之限，东有肴、函之固。田肥美，民殷富，战车万乘，奋击百万，沃野千里，蓄积饶多，地势形便，此所谓天府，天

[①] 司马迁：《史记》卷 70《张仪列传》，第 2289—2292 页。

下之雄国也。以大王之贤，士民之众，车骑之用，兵法之教，可以并诸侯，吞天下，称帝而治。①

对燕文侯的说辞主要是赞美其地大兵强和物产之丰：

燕东有朝鲜、辽东，北有林胡、楼烦，西有云中、九原，南有嘑沱、易水，地方二千余里，带甲数十万，车六百乘，骑千匹，粟支数年。南有碣石、雁门之饶，北有枣栗之利，民虽不佃作而足于枣栗矣，此所谓天府者也。②

对韩宣王的说辞主要是赞颂韩国兵器之劲利：

韩北有巩、洛、成皋之固，西有宜阳、商阪之塞，东有宛、穰、洧水，南有陉山，地方九百余里，带甲数十万，天下之强弓劲弩皆从韩出。谿子、少府时力、距来者，皆射六百步之外。韩卒超足而射，百发不暇止，远者括蔽洞胸，近者镝弇心。韩卒之剑戟皆出于冥山、棠谿、墨阳、合赙、邓师、宛冯、龙渊、太阿，皆陆断牛马，水截鹄雁，当敌则斩坚甲铁幕，革抉簠芮，无不毕具。以韩卒之勇，被坚甲，蹠劲弩，带利剑，一人当百，不足言也。夫以韩之劲与大王之贤，乃西面事秦，交臂而服，羞社稷而为天下笑，无大于此者矣。是故愿大王孰计之。③

对魏襄王的说辞则主要赞扬魏国的人众物阜：

大王之地，南有鸿沟、陈、汝南、昆阳、召陵、舞阳、新都、新郪，东有淮、颍、煮枣、无胥，西有长城之界，北有河外、卷、衍、酸枣，地方千里。地名虽小，然而田舍庐庑之数，曾无所刍牧。人民之众，车马之多，日夜行不绝，輷輷殷殷，若有三军之众。……魏，天下之强国也；王，天下之贤王也。今乃有意西面而

---

① 司马迁：《史记》卷69《苏秦列传》，第2242页。刘向：《战国策》，第78页。
② 司马迁：《史记》卷69《苏秦列传》，第2243页。刘向：《战国策》，第1039页。
③ 司马迁：《史记》卷69《苏秦列传》，第2250—2251页。刘向：《战国策》，第930页。

事秦，称东藩，筑帝宫，受冠带，祠春秋，臣窃为大王耻之。①

对齐宣王的说辞主要是颂赞齐国地理位置之优越、国力军力之强大和国都临淄的富庶繁华：

齐南有泰山，东有琅邪，西有清河，北有勃海，此所谓四塞之国也。齐地方二千余里，带甲数十万，粟如邱山，三军之良，五家之兵，进如锋矢，战如雷霆，解如风雨。即有军役，未尝倍泰山，绝清河，涉勃海也。临淄之中七万户，臣窃度之，不下户三男子，三七二十一万，不待发于远县，而临淄之卒固已二十一万矣。临淄甚富而实，其民无不吹竽鼓瑟，弹琴击筑，斗鸡走狗，六博蹹鞠者。临淄之途，车毂击，人肩摩，连衽成帷，举袂成幕，挥汗成雨，家殷人足，志高气扬。夫以大王之贤与齐之强，天下莫能当。今乃西面而事秦，臣窃为大王羞之。②

对楚威王的说辞主要是赞颂楚国的国强君贤和军力强大：

楚，天下之强国也；王，天下之贤王也。西有黔中、巫郡，东有夏州、海阳，南有洞庭、苍梧，北有陉塞、郇阳，地方五千余里，带甲百万，车千乘，骑万匹，粟支十年。此霸王之资也。夫以楚之强与王之贤，天下莫能当也。今乃欲西面而事秦，则诸侯莫不西面而朝于章台之下矣。③

苏秦对东方六国的颂赞尽管言过其实，但讨得了各国君王的欢心。这里展示了他设计说辞的匠心独运。他对各国的国情烂熟于心，顺口举出的事例真实存在，这使被说的对象认为他说的是实情，这一招既拉近了彼此的距离，又取得了国君的好感，直把他认作久违的"知音"，对他故意夸饰吹嘘的一些内容和溜须拍马的话语也就坦然接受，在不知不觉中认可了他的主张，甘愿奉送他相位和金钱。张仪的吹工似乎逊色于

---

① 司马迁：《史记》卷 69《苏秦列传》，第 2253—2254 页。刘向：《战国策》，第 787 页。
② 司马迁：《史记》卷 69《苏秦列传》，第 2256—2257 页。刘向：《战国策》，第 337 页。
③ 司马迁：《史记》卷 69《苏秦列传》，第 2259 页。刘向：《战国策》，第 500 页。

苏秦，这倒不是因为他不谙此道，而是由于他游说东方六国的主轴不是夸饰他们的优势而是揭示他们的短板和软肋，所以主要运用恫吓之策。不过，他有时也稍稍运用吹拍的手段讨某些国君的欢心，除了对秦国的吹拍外，他也对齐湣王加以吹拍："天下强国无过齐者，大臣父兄殷众富乐。"

纵横家的第三个策略是轻诺寡信，贯穿其中的是口蜜腹剑、坑蒙诈骗。他们可以随口抛出一连串根本不准备也无法兑现的承诺，诱使国君们进入他设计的黑套中。你看，苏秦对赵肃侯的承诺："君诚能听臣，燕必致旃裘狗马之地，齐必致鱼盐之海，楚必致橘柚之园，韩、魏、中山皆可使致汤沐之奉，而贵戚父兄皆可以受封侯。"对楚王许诺："令山东之国奉四时之献……韩、魏、燕、赵、卫之妙音美人必充后宫，燕、代橐驼良马必实外厩。"① 能兑现吗？张仪对楚怀王许诺的"以秦女为大王箕帚之妾，效万室之都以为汤沐之邑"②，能兑现吗？而他许诺的"商于之地六百里"则纯粹是一个骗局。其他对齐、韩、赵、魏、燕等国君"全国保君"的承诺，更都是骗局。显然，纵横家们是一批吹牛不脸红、撒谎不打草稿、翻脸比翻书快、坑蒙拐骗理直气壮、完全抛弃道德底线的人物。他们的活动将政治和外交中的"诡道"发挥到淋漓尽致的程度。他们见人说人话，见鬼说鬼话，翻云覆雨，技巧权术，当面郑重承诺，转脸死不认账，面带迷人微笑，心怀鬼蜮伎俩，人前握手拥抱，背后使拌插刀。他们认定最终的成功就是一切，为达目的可以使用任何上不得台面的手段。

纵横家的第四个策略是纵横捭阖、挑拨离间，不断在列国之间制造矛盾，激发事端。这在张仪尤其是拿手好戏。为了破坏东方六国的"合纵"，他总是千方百计地渲染六国间的利益冲突，将他们之间的关系形容为不可调和的矛盾。在魏国，他极力强调魏国是四战之地，处于齐、赵、韩、楚等国的包围中，怎么做也难以摆平同他们的关系，只有同秦国结盟才会安全。到楚国，他硬是离间了六国合纵的核心齐、楚联盟，使二者兵戎相见。到燕国，他大讲赵王"很戾无亲"和围攻燕都的往事，成功离间燕、赵关系。张仪最后的杰作是将秦惠王、魏哀王和齐湣王玩于股掌之上：

---

① 司马迁：《史记》卷69《苏秦列传》，第2245、2260—2261页。
② 司马迁：《史记》卷70《张仪列传》，第2292页。

秦武王元年，群臣日夜恶张仪未已，而齐让又至。张仪惧诛，乃因谓秦武王曰："仪有愚计，愿效之。"王曰："奈何？"对曰："为秦社稷计者，东方有大变，然后王可以多割得地也。今闻齐王甚憎仪，仪之所在，必兴师伐之。故仪愿乞其不肖之身之梁，齐必兴师而伐梁。梁、齐之兵连于城下而不能相去，王以其间伐韩，入三川，出兵函而毋伐，以临周，祭器必出。挟天子，按图籍，此王业也。"秦王以为然，乃具革车三十乘，入仪之梁。齐果兴师伐之，梁哀王恐。张仪曰："王勿患也，请令罢齐兵。"乃使其舍人冯喜之楚，借使之齐，谓齐王曰："王甚憎张仪；虽然，亦厚矣王之讬仪于秦也！"齐王曰："寡人憎仪，仪之所在，必兴师伐之，何以讬仪？"对曰："是乃王之讬也。夫仪之出也，固与秦王约曰：'为王计者，东方有大变，然后王可以多割得地。今齐王甚憎仪，仪之所在，必兴师伐之。故仪愿乞其不肖之身之梁，齐必兴师伐之。齐梁之兵连于城下而不能相去，王以其间伐韩，入三川，出兵函谷而无伐，以临周，祭器必出。挟天子，案图籍，此王业也。'秦王以为然，故具革车三十乘而入之梁也。今仪入梁，王果伐之，是王内疲国而外伐与国，广邻敌以内自临，而信仪于秦王也。此臣之所谓'讬仪'也。"王曰："善。"乃使解兵。①

这里张仪将离间捏合之术运用得炉火纯青，将秦惠王、魏哀王和齐湣王一一收入毂中，一方面使自己暂时摆脱困境；另一方面使秦、魏、齐一时不动刀兵。第二年，他寿终正寝于魏国，算是在生命终结前夕干了一件促成列国间和平的好事。不过，张仪一生最显著的功业是他用离间之术不断破解苏秦的"合纵"之策，最终导致秦国以各个击破的战术奏响了统一六国的凯歌。

纵横家的第五个策略是连环设局，环环相扣，使堕入局中者步步中招，最后达到他们设定的目标。"秦、仪学于鬼谷，其术先揣摩其如何，然后捭阖，捭阖既动，然后用钩钳，钩其端，然后钳制之。"② 最典型的是张仪诓骗楚王所设的"献商于之地六百里"的骗局：楚王因

---

① 司马迁：《史记》卷70《张仪列传》，第2299页。
② 《二程子抄释》卷4，四库全书本。

贪心中招后，张仪破除齐楚联盟的目的达成；接着，以"丰邑六里"搪塞，使楚王震怒而不计后果地发兵，结果是丹阳、蓝田两战楚军惨败，秦夺取楚丹阳、汉中两地；再后，是张仪二次入楚，利诱楚王"与秦亲"，保证连横之计继续推行。在这一进程中，张仪将"钩钳之术"运用得真是天衣无缝，妙不可言。

纵横家的游说诸侯国，取得政治和外交上的成功，目的是以此为筹码，从君王那里猎取富贵利禄，以实现他们的人生价值。"考其所学，非阴谋诡计即纵横捭阖，驾倾河之辩，肆无稽之谈，大要以进取为功业，杀人为英雄。"[1] 苏秦毫不讳言他的目的是"以取尊荣"，结果一时获得佩六国相印的殊荣。当他从楚国北去赵国路经自己的故乡洛阳时，真是风光无限："行过洛阳，车骑辎重……疑于王者。周显王闻之恐惧，除道，使人郊劳。苏秦之昆弟妻嫂侧目不敢仰视，俯伏待取食。"[2] 他们没有自己固定的信仰，行事也没有道德底线。苏秦是"合纵"之策的首创者，可他在游说七国时首访的国家是秦国，献出的计策是让秦国"可以吞天下，称帝而治"。如果秦惠王接纳了他，他可能就是"连横"之策的首创者了。所以戴表元认定他"利从则从，利横则横，其区区穷谋本不专有摈秦之心，惟不得于秦而从事于诸侯耳"[3]。作为"合纵"之策的谋主，他应该千方百计维护六国的团结，然而，他在燕国私通燕易王的母亲后，最后又跑到齐国为燕国做内应，"欲破敝齐而为燕"，破坏了齐、燕之间的联盟。黄震因此说他"使燕以报齐，食齐之禄而反误之，不忠孰甚焉？又岂约从之初意哉？"[4] 张仪是"连横"之策的创始人，但他最后却运用自己的智慧避免了秦、魏、齐三国间的一场战争。这说明他们没有固定的政治信仰，只有利益考量，尤其是个人利益的考量。正因此，历史上众多思想家从仁义道德出发给予纵横家的基本是否定的评价。孟子是苏秦、张仪的同时代人，当景春在他面前赞扬纵横家是"大丈夫"时，孟子却直斥他们是"妾妇之道"，与大丈夫根本不沾边。稍后于孟子的荀子也将他们视为"态臣"[5]，即专门对

---

[1] 张九成：《孟子传》卷12，四库全书本。
[2] 司马迁：《史记》卷69《苏秦列传》，第2261—2262页。
[3] 戴表元：《剡源文集》卷22《苏秦列传》，四库全书本。
[4] 黄震：《黄氏日钞》卷46《苏秦》，四库全书本。
[5] 王先谦：《荀子集解》，第219页。

君王谄媚逢迎的奸佞之臣。西汉初年的刘安直斥他们是"丑者":"张仪、苏秦,家务常居,身无定君,约从衡之事,为倾覆之谋,浊乱天下,挠滑诸侯,使百姓不遑启居,或从或横,或合众弱,或辅富强,此异行而归于丑者也。"① 两宋时期,理学大兴,政治家和思想家特别看重人们的道德人格,所以对纵横家的评价更低。苏门四学士之一的秦观认为他们不过是"利口之雄",为君子所不齿:

> 所谓辩士者,必具三德、明五机,而利口者不与焉。昔苏秦、张仪、犀首、陈轸、代厉之属,尝以辩名于世矣。然三德不足而五机有余,故事求遂而不问礼之得失,功求成而不恤义之存亡,偷合苟容,取济一时而已。此其所以为利口之雄,而君子不道也。②

宋朝的张九成对纵横家们更是义愤填膺,大骂其为"民贼",认定他们一无是处:

> 苏秦得志于六国,腰佩六印,坐谋辎车,时君世主,拥篲先驱,郊迎侧行,其见礼如此。考其所学,非阴谋诡计即纵横捭阖。
> 苏秦以不虞之誉以取富贵,张仪以求全之毁以取富贵,此两人者,岂有心于天下国家哉?特以口舌觅官,为饱暖之资耳。一则专以誉而悦六国,一则专以毁而恐六国,天下性命皆系两人之口舌。
> 商鞅、驺忌、孙膑、苏秦、张仪、稷下诸人,立乎人之本朝,而以阴谋诡计纵横捭阖卓异荒唐为事业,或窃相位,或坐辎车,或佩六印,或据康庄,扬扬以为得计,以圣贤之道观之,其耻有过于此者乎?③

这种纯粹从传统道德观念出发的评论,抒发的是义愤,给出的并不是一种公允的历史评价。历史虽然不拒绝道德评价,但更侧重于从历史发展的趋势看待历史人物的客观作用,东汉王充就肯定了纵横家的事功:

---

① 何宁:《淮南子集释》,中华书局1998年版,第1411页。
② 秦观:《淮海集》卷16《辩士》,四库全书本。
③ 张九成:《孟子传》卷12、卷17、卷25,四库全书本。

> 苏秦约六国为从，强秦不敢窥兵于关外；张仪为横，六国不敢同攻于关内。六国约从，则秦畏而六国强；三秦称横，则秦强而天下弱。功著效明，载纪竹帛，虽贤何以加之。……仪、秦，排难之人也，处扰攘之世，行揣摩之术，当此之时，稷、契不能与之争计，禹、皋陶不能与之比效。①

有点偏离儒学正统思想的王充从事功标准出发的理性评价，较之义愤的詈骂似乎更接近真实。不过，王充也无法理解，人格看似卑微的纵横家为什么能够建立辉煌的功业，而他们并没有意识到自己成了历史发展的不自觉的工具。

苏秦的合纵之策在短期内获得了成功，"秦兵不敢窥函谷关十五年"②。原因在于，合纵抗秦在一定程度上反映了六国的共同要求，参加合纵的燕文侯、赵肃侯、韩宣王、魏襄王、齐宣王、楚威王大都是明于时势、洞悉利害关系的明智国君。他们全力支持合纵，有意识地维系六国的团结。合纵初起，声势浩大，秦国一时找不到破解之法，加之对六国合力心存畏惧，故而基本上对六国采取守势。特别是，苏秦从中运筹帷幄，协调关系，化解矛盾，使六国维持了短暂的团结，合纵之策取得了暂时的成效。但是，合纵最后走向失败又是必然的。因为它违背了当时中国走向统一的历史潮流。合纵的核心是六国团结自保，以维持战国时期列国分裂割据的局面。所以合纵的策略是保守的，它的主轴基本上不是团结六国共同进击秦国，而是抱团消极防御秦国的进攻，因而即使纵约真正实行，也只是阻止秦国的东进，丝毫危及不到秦国本身的安全。最重要的是六国各自有其局部利益。他们不仅与秦国有利益上的矛盾与冲突，而且彼此之间，尤其是相毗邻的国家之间，也有利益上的矛盾和冲突。由于六国与秦国的关系复杂，有的国家如韩、赵、魏与秦国接壤，时常遭受秦军的攻伐，因而既需纵约联兵抗秦，又易在秦国的威胁利诱下与之妥协屈服。有的国家如燕、齐，因距秦国较远，一时对秦国的威胁还无切肤之痛，他们对纵约的热情不高，极易为自身利益而背弃同盟者，甚至刀兵相见，从同盟者那里掠取土地和人口。如公元前

---

① 王充：《论衡·答佞篇》，《诸子集成》7，上海书店1986年影印版，第116页。
② 司马迁：《史记》卷69《苏秦列传》，第2262页。

314年，齐国乘燕国内乱之机，出兵攻燕，直下燕都。公元前286年，燕昭王又纠合秦、韩、赵、魏诸国联军，连下齐国七十余城，使之遭到一次重大打击。显然，由于东方六国各自利益的不同，他们的团结是极不牢固的，因而很容易被秦国连横的策略所打破。正如合纵之策失败是必然的一样，连横之策的胜利也有着内在的必然性。这是因为，连横为秦国的统一事业服务，而这恰恰顺应了当时的时代潮流。连横以我为主，恃我而不恃敌，把基点建立在自己力量的基础上，处处时时掌握着主动权，制人而不受制于人。因而能玩六国于股掌之上，显得从容不迫，游刃有余。同时秦国有着远较六国优越的地理条件，它地处关中，南连汉中、巴蜀，占有当时中国最富饶的财富之区，使它能以雄厚的资源坚持同六国的长期斗争。特别是，黄河、华山、熊耳山，形成了秦国与六国间的天然屏障，使之进可攻，退可守，立于不败之地。而六国由于各自利益的不同，不可能长期形成铁板一块，因而给连横的实施创造了不少可乘之机。加之张仪等人居中巧妙谋划运筹，又以军事斗争紧密配合，连横终于战胜了合纵。对此，如苏轼就有以下评价：

> 且秦非能强于天下之诸侯，秦惟能自必，而诸侯不能，是以天下百变，而卒归于秦。诸侯之利，固在从也，朝闻陈轸之说而合为合从，暮闻张仪之计而散为横。秦则不然，横人之欲为横，从人之欲为从，皆使其自择而审处之。诸侯相顾，而终莫能自必，则权之在秦，不亦宜乎？[①]

"合纵"与"连横"的斗争，从一定意义上说，不过是战国时期列国军事斗争的副产品，它服务于军事斗争，并且基本上也为军事斗争所左右。最后决定列国命运的不是纵横策士的如簧之舌，而是列国间金戈铁马的拼杀。当秦国以绝对优势的兵力敲响东向进军的钲鼓时，"合纵"的策略一败涂地，"连横"的策略也失去用武之地，响彻中华大地的是秦军勇猛急进的马蹄声。

孟子尽管对纵横家深恶痛绝，批判不遗余力，但是，他与这批同时代的风云人物却基本上没有发生交集，无缘进行面对面的辩论，使历史

[①] 郭预衡主编：《唐宋八大家文总集·苏轼（一）》，河北人民出版社1995年版，第4496—4497页。

遗憾地缺失了这本应精彩的场景。在政坛上极其活跃的孟子之所以没有同纵横家交集，主要原因可能是孟子涉及的主要是政治和思想领域，他基本不涉及外交，在纵横家频频出场的外交领域，他被邀请参加的机会很少，所以孟子的思想和才华也就没能够在这一领域绽放。

七　孟子弟子的政治思想

孟子作为一个影响巨大而深远的教育家，一生与教育结下不解之缘。他少时接受教育，20岁左右开始聚徒讲学，一直到生命终结，在60多年的岁月中，身旁总是环绕着数以十计、百计的学生。通过教育，他培养了大量的有用之才。通过师生之间的不断切磋，他进一步发展深化了儒家学说。通过教育，他更广泛地传播了儒家思想，使儒家思想在孔子之后迎来一次具有决定意义的复兴。

60多年的聚徒讲学，孟子培养了数以千百计的学生。但由于岁月的磨洗，这些学生中的大部分人已经姓名湮灭，即使留下姓名者不少人的事迹也模糊不清。今天，我们已经很难恢复其所有弟子事迹与思想的全貌了。这里，只能根据现有文献的梳理，描绘一下他部分弟子的模糊身影和思想面貌。

在《孟子》一书中留下姓名、可以确定为孟子弟子者，不过20人。现根据该书的记载，对其中的主要人物的事迹和思想进行大致的勾勒。

在《孟子》一书中，公孙丑是孟子弟子中出镜最多的人物之一。他是齐国人，应该是孟子第一次入齐时投靠师门的。他与孟子的谈话达15章之多。孟子与他谈"仁政"，评管、晏，阐述"不动心"与"浩然之气"，讲论"君臣之义"和"为政之道"。尽管《孟子》中没有他做官的记载，但他热衷仕途、崇尚建功立业的思绪跃然纸上。与孟子笃信"仁政"救世相比，他似乎更倾向于"霸业"的辉煌。虽然他是孟子信赖和中意的弟子之一，但后世儒生却对他持批评态度，如宋代的张九成就对他作了毫不客气的批判：

> 公孙丑涉学未深，闻道犹浅，乃曰："夫子当路于齐，管仲、晏子之功可复许乎？"此孔子之门五尺之童所羞谈者也，而丑乃以期孟子，岂不成亵渎乎？其狭劣如此者，无他焉，生乎齐，长乎齐，闻见乎齐，止知管、晏而已。……公孙丑俗气未除，邪心犹

在，止见管、晏之功业，不知二子之存心，乃曰："管仲以其君霸，晏子以其君显，管仲、晏子犹不足为与?"其仰慕管、晏如此，想见丑之识趣也。……公孙丑见识偏邪，溺于霸道，不信王道之易行也。①

其实，公孙丑与孟子理想主义的一定程度的疏离，恰恰证明了他的思想比孟子更贴近现实。因为当时的各国国君更容易接受"霸道"的理论，他们更相信当时的列国纷争和社会乱象只有通过"耕战"才能解决，而"仁政""德治"的说教除了表面光鲜，实际上却难以解决迫在眉睫的社会危机。

在《孟子》一书中，万章也是孟子弟子中出镜最多的人物之一。他也是齐国人，同样应该是孟子第一次入齐时投靠师门的。他与孟子的谈话也达 15 章之多。不仅如此，万章还是跟随孟子最久的弟子之一，最后陪伴孟子"序《诗》、《书》，述仲尼之意，作七篇"的就是他。②在《孟子》中，没有万章入仕的记载，他似乎终生未入官场。最大的可能是，他先是师从孟子做学生，之后成为孟子的助手做先生。一方面协助孟子从事教学工作；另一方面负责记录孟子的言行，所以后来成为完成《孟子》一书的最主要的编纂者。从与孟子的对话内容可以看出，万章是一个对历史特别感兴趣的人。在他不断地请教中，孟子对传说中的五帝之一的虞舜进行了全方位的论述，如孝行，对嚚父母的逆来顺受，对顽弟的以德报怨；如政事，对禅让和"天与之"的解读，对"禹传子，家天下"的阐发，以及对尧、益、启、丹朱、桀、商汤、伊尹、太甲、周公、百里奚等历史人物的记述和评论，都显示了他对历史的浓烈兴趣。他对交友、交际以及对士与诸侯关系的探询，显示他对妥善处理人际关系的重视。万章在孟门中似乎处于大师兄、大总管的位置，孟子可能将他们这个教育集团的日常事务都交给他来打理，他也能将一应具体事务处理得井井有条，从而得到各方面的赞许。在《孟子》一书中，还没有发现他与任何人冲突的记录。正因为万章需要接触各色人，需要处理各种繁杂的事务，所以孟子也就特别注重对他进行交友的告诫：

---

① 张九成:《孟子传》卷 6，四库全书本。
② 司马迁:《史记》卷 74《孟子荀卿列传》，第 2343 页。

> 孟子谓万章曰："一乡之善士斯友一乡之善士，一国之善士斯友一国之善士，天下之善士斯友天下之善士。以友天下之善士为未足，又尚论古之人。颂其诗，读其书，不知其人可乎？是以论其世也，是尚友也。"①

万章显然是陪伴孟子寿终的弟子之一，在思想上他应是孟子的嫡传之一。对孟子思想资料的整理和思想的传播，他起了不可替代的作用。

公都子也是齐国人，可能是孟子最早的弟子之一，估计也是孟子第一次入齐时投靠师门的。在《孟子》一书中，记载他与孟子的答问有7章。从他请教孟子问题的内容看，他对哲理比较有兴趣，雍正二年（1724）的"礼臣议"就称颂他"精研性善之旨"。如他同孟季子辩论"义"的内外问题，引出孟子对这个问题的解释。他转述告子"性无善无不善"的理论以及他对"性善论"的怀疑，引出孟子关于"性善论"的经典解读。他对孟子"好辩"的追问，引出了孟子对杨朱、墨翟理论观念的义愤填膺的猛烈批判。不过，从他对孟子的某些理论观念持怀疑态度看，他似乎并不完全赞同老师的思想。

乐正克是周人。此时的东周国君周赧王和他的名不副实的朝廷虽然距彻底灭亡的年代（前256年，周赧王五十九年）还差几十个春秋，但地盘已缩小至狭小的洛邑一隅。在战国时代那些军威雄壮、财大气粗的七雄眼里，它实在是无足轻重了。乐正克尽管出生于这个曾经辉煌过的王国腹地，然而窝囊受气的母国和故乡却不能给他丝毫的虚骄之气。他之所以外出求学和谋生，大概就是感到外面的世界更精彩。他投到孟子门下的时间，估计最早也是在孟子入齐之后。在孟子的弟子中，乐正克是少数做官的人之一，因而孟子对他格外重视。当他听到乐正克要在鲁国做官主政的信息后，竟然"喜而不寐"。这个时间肯定在公元前322年前，因为这一年孟子由邹国来到鲁国，经乐正克斡旋，鲁君曾打算与他会面，但终因嬖人臧仓的从中作梗而罢。但是，孟子也有对乐正克不满意甚至失望的时候。可能是在孟子离开鲁国返齐不久，乐正克因公事随王子敖来到齐国，由于当天未去拜见孟子，引起孟子的恼怒，认

---

① 《孟子·万章下》，《十三经注疏》，第2746页。

为他失礼。后来,可能因为乐正克在齐国没有宣扬他那套"仁政"理论,孟子就讽刺他到齐国是"为着饮食"。不过,孟子对乐正克总体上是肯定的,在同公孙丑谈话时,他赞扬乐正克"其为人也好善"。在回答浩生不害"乐正子何人也"的询问中,他更是赞扬乐正克是"善人"和"信人"。孟子一生中,对弟子的赞扬很少,乐正克是得到这种赞扬的极少数人之一。在《孟子》一书中,记载他与孟子的答问有 5 章,师生关系是比较密切的。

陈代,籍贯不详,是长期追随孟子的弟子之一。他虽然没有做过官,但似乎对入仕特别有兴趣,曾问孟子"古之君子何如则仕"①。他见孟子不主动谒见诸侯,因而失去做官的机会,就劝他改变态度,结果引来孟子的长篇议论,《孟子·滕文公下》记载了师徒二人的如下对话:

> 陈代曰:"不见诸侯,宜若小然;今一见之,大则以王,小则以霸。且《志》曰:'枉尺而直寻。'宜若可为也。"孟子曰:"昔齐景公田,招虞人以旌不至,将杀之。志士不忘在沟壑,勇士不忘丧其元。孔子奚取焉?取非其招不往也。如不待其招而往,何哉?且夫枉尺而直寻者,以利言也。如以利,则枉寻直尺而利,亦可为与?昔者赵简子使王良与嬖奚乘,终日而不获一禽。嬖奚反命曰:'天下之贱工也。'或以告王良。良曰:'请复之。'强而后可,一朝而获十禽。嬖奚反命曰:'天下之良工也。'简子曰:'我使掌与女乘。'谓王良,良不可,曰:'吾为之范我驰驱,终日不获一;为之诡遇,一朝而获十。《诗》云:"不失其驰,舍矢如破。"我不贯与小人乘,请辞。'御者且羞与射者比;比而得禽兽,虽若丘陵,弗为也。如枉道而从彼,何也?且子过矣;枉己者,未有能直人者也。"②

这里,陈代对孟子说:"您不去觐见诸侯,只不过是从小处保证自己的气节吧;如今一去晋见诸侯,从大处说可以实行仁政理想,统一天下;从小处说可以改变局面,称霸中国。而且《志》上说过这样的话:

---

① 《孟子·告子下》,《十三经注疏》,第 2761 页。
② 《孟子·滕文公下》,《十三经注疏》,第 2710 页。

'弯曲着的只有一尺，伸展开来却有八尺长了'，好像大有可为呀。"孟子对陈代的劝解不以为然，他这样解释："从前齐景公狩猎，用旌旗来召唤猎场的管理员，管理员不去，景公一气之下便准备杀他。可是他并不因此而畏惧，这位管理员的作为曾经得到孔子的称赞。因为有志之士坚守节操，不怕死后弃尸山沟；勇敢的人见义而为，不怕丢掉脑袋。孔子对于这个猎场管理员的作为肯定他哪一点呢？就是肯定他面对非礼之召宁死不去。假定我不等诸侯以礼邀请便自动前去，那又是怎样的行为呢？而且你所说的弯曲着一尺，伸直来八尺，这完全是从利益的角度考虑的。如果纯粹从利益来考虑，那么，即使所弯曲的有八尺，所伸直的只有一尺，其中也有利益，也可以去干么？从前，赵简子命令王良替他的宠臣奚驾车打猎，出去一天也打不着一只野兽。奚向简子回报说：'王良真是天下最拙劣的驭手。'有人把这话告诉了王良。王良说：'希望再来一次试试看。'奚勉强同意之后，当天早晨就打了十只野兽。奚便又回报说：'王良的确是一个优秀的驭手呀。'赵简子说：'那我就叫他专门为你驾车吧。'便通知王良，王良不答应，说：我给他依规矩驾车，整天打不着一只；我违背规矩，一个早晨便打中十只。可是《诗经·小雅·车攻》这样说，按规矩奔驰，箭一放出便中目标。我不习惯替小人驾车，请不要让我担任这差事。'驾车人尚且以同坏的射手合作为耻，这种合作即使猎到的野兽堆积如山，也不肯干。假定我们放弃自己的志向和主张而屈从诸侯，那又是为什么呢？而且你错了，自己不正直的人从来没有能够使别人正直的。"看来陈代比较热衷仕进，为了得到仕进的机会，可以灵活使用不同的方法。孟子对他的教导是，仕进必须坚持原则，在诸侯以礼相召的时候才可以应命，并且始终坚持"志士不忘在沟壑，勇士不忘丧其元"节操。

徐辟，籍贯不详，从他与墨家学派的夷之关系密切的情况看，他极有可能是滕国人，即墨子的同乡。在《孟子》一书中，记载他与孟子的答问有两章，其一是为夷之传话：

> 墨者夷之因徐辟而求见孟子。孟子曰："吾固愿见，今吾尚病，病愈，我且往见，夷子不来！"他日，又求见孟子。孟子曰："吾今则可以见矣。不直，则道不见；我且直之。吾闻夷子墨者，墨之治丧也，以薄为其道也；夷子思以易天下，岂以为非是而不贵也；

然而夷子葬其亲厚，则是以所贱事亲也。"徐子以告夷子。夷子曰："儒者之道，古之人若保赤子，此言何谓也？之则以为爱无差等，施由亲始。"徐子以告孟子。孟子曰："夫夷子信以为人之亲其兄之子为若亲其邻之赤子乎？彼有取尔也。赤子匍匐将入井，非赤子之罪也。且天之生物也，使之一本，而夷子二本故也。盖上世尝有不葬其亲者，其亲死，则举而委之于壑。他日过之，狐狸食之，蝇蚋姑嘬之。其颡有泚，睨而不视。夫泚也，非为人泚，中心达于面目，盖归反虆梩而掩之。掩之诚是也，则孝子仁人之掩其亲，亦必有道矣。"徐子以告夷子。夷子怃然为间曰："命之矣。"①

这则故事是说，墨家信徒夷之借与徐辟的关系要求拜见孟子。孟子本来就对墨家持猛烈批判态度，对其信徒自然没有好感。于是敷衍说："我本来愿意相见，不过我现在病中，病好了，我打算去看他，他不必来我这里了！"过了一些时候，他又要来拜见孟子。孟子说："现在可以相见了。不过，不坦白地说话，真理就阐发不出来，我就姑且直截了当地说话吧。我听说夷子是墨家信徒，墨家的办理丧事，以薄葬为合理，夷子也想用薄葬来改变天下的风俗，自然认为非薄葬是不宜提倡的；但是，他自己埋葬父母却相当丰厚，这种行为表明，他是拿自己所轻贱和否定的东西对待他的父母亲了。"这里，孟子以夷子的言行不一批判墨家的薄葬理论，让徐辟传话过去，看他如何应对。徐辟将孟子的话传给了夷子。夷子回应说："儒家学说认为，古代君王爱护百姓好像照料婴儿一般，这话是什么意思呢？我的理解是，人们之间的爱不应该有亲疏厚薄的区别，只是这种爱实行起来从父母亲开始罢了。这样看来，墨家的兼爱之说就很有道理，而我的厚葬父母，也就能够清楚说了。"显然，夷子这里是竭力拉近墨家学说与儒家学说的距离，同时为自己厚葬父母辩解。他的话又经徐辟传给孟子。但孟子却不认同夷子在儒、墨之间的"求同"之论。他说："夷子真正以为人们爱自己的侄儿，就和爱他邻人的婴儿就一样吗？夷子不过抓住了这一点：婴儿在地上爬行，眼看快要跌到井里去，这显然不是婴儿自己的过错。这时候，不管这婴儿是谁的孩子，无论谁看见了都会去救，夷子以为这就是墨家

---

① 《孟子·滕文公上》，《十三经注疏》，1980年版，第2707页。

所谓的爱无次等,其实,这只是人的恻隐之心罢了。况且天生万物,只有一个根源,对人来说,只有父母,所以儒家主张'老吾老以及人之老',夷子却说了两个根源,因此认为我的父母和人的父母没有区别,主张爱无差等。道理就在这里。大概上古曾经有不埋葬父母的人,父母死了,就抛弃在山沟中。过了一些时候,经过那里,就看见狐狸在啃啮尸体,苍蝇蚊子在咀吮尸液,这时,那个人不禁额头上流着悔恨的汗,斜着眼睛张望,不敢正视。这内疚的汗不是流给别人看的,实在是由于锥心的悔恨而在面貌上表达出来的,大概他回家后也会去取了锄头畚箕再把尸体埋葬了。埋葬尸体诚然是对的,那么,孝子仁人埋葬他的父母,自然有他的道理了。"孟子诉诸感情,说明儒家厚葬父母是出于孝心,同时指出墨家厚葬自己的父母也是出于同样的孝心。爱是有差等的,兼爱和薄葬都是没有道理的。徐辟把孟子的这些话转告夷子,夷子很怅惘地停了一会儿,说道:"我懂得了。"孟子这里不仅是教育夷之,也是教育徐辟,使他改变对墨家的看法。

徐辟与孟子的另一次谈话是请教水的问题,引出了孟子对泉水的充满感情的赞扬。所谓"仁者乐山,智者乐水"。孟子赞扬昼夜不停的泉水,目的是告诉徐辟和他的学生,君子应该是内涵深沉,知识渊博的人,就像永不枯竭的泉水一样。而名誉超过实际的人,犹如夏日的暴雨,尽管来势凶猛,一时即可使沟满河溢,但很快就销声匿迹,因为他没有源头的活水。

彭更,籍贯不详。在孟子弟子中,他可能是出身社会下层,在思想上有点倾向于农家,他曾同孟子讨论社会分工与动机和效果关系问题:

> 彭更问曰:"后车数十乘,从者数百人,以传食于诸侯,不以泰乎?"孟子曰:"非其道,则一箪食不可受于人;如其道,则舜受尧之天下,不以为泰,子以为泰乎?"曰:"否;士无事而食,不可也。"曰:"子不通功易事,以羡补不足,则农有余粟,女有余布;子如通之,则梓匠轮舆皆得食于子。于此有人焉,入则孝,出则悌,守先王之道,以待后之学者,而不得食于子;子何尊梓匠轮舆而轻为仁义者哉?"曰:"梓匠轮舆,其志将以求食也;君子之为道也,其志亦将以求食与?"曰:"子何以其志为哉?其有功于子,可食而食之矣。且子食志乎?食功乎?"曰:"食志。"曰:

"有人于此，毁瓦画墁，其志将以求食也，则子食之乎？"曰："否。"曰："然则子非食志也，食功也。"①

彭更入孟子之门可能比较晚，看到孟子"后车数十乘，从者数百人"的气势很是惊异，于是发问：您老人家身后跟随的车多达数十辆，跟随的弟子多达数百人，由这一国到那一国，接受珍馐佳肴的招待，这样做是不是有点过分呢？孟子对彭更的发问肯定很反感，于是回答："如果不合理，就一筐饭也不能接受；如果合理，就是舜接受了尧的天下这样的大事，都不能算过分，你以为我是过分了吗？"彭更认为孟子误解了他的意思，解释说，我以为，读书人不干实际工作，吃白饭，是不可以的。孟子以通工易事说明社会分工的合理性："你如果不互通各人的成果，交换各行业的产品，用多余的来弥补不足的，就造成农民有多余的米，别人吃不着；妇女有多余的布，别人穿不着；如果能互通有无，那么，木匠车工都能够从农民那里得着吃的。假定这里有个人，在家孝顺父母，出外尊敬长辈；严守着古代圣王的礼法道义，用自己的知识和行动来培养后代的学者，却不能从农民那里得着吃的；那么，你为什么尊重木匠车工，却轻视仁义之士呢？"孟子这里以社会分工论说明知识分子以自己的工作从农民那里换得吃的是合理的，是一种社会交换。彭更并没有被孟子说服，于是引出动机论，他说："木匠车工，他们的动机本是谋饭吃；君子的研究学术，推行王道，那动机也是弄到吃的吗？"彭更的言外之意是，君子应该谋道不谋食。孟子看到彭更讲动机，就将问题引申到动机和效果（功绩）的关系上来，说："你为什么要论动机呢？他们认为你有功绩，可以给予吃的，便给予吃的了。而且，你是论动机而给以吃的呢？还是论功绩而给以吃的呢？"彭更的回答是"论动机"。孟子立即举例反问："这里有个匠人，把屋瓦打碎，在新刷的墙壁上乱画，他的动机也是为着弄吃的，你给他吃的吗？"彭更自然说"不"，孟子于是说："那么，你不是论动机，而是论功绩了。"动机和效果（功绩）是一对矛盾，二者的和谐关系应该是统一。但绝对的统一又不存在。所以正确的做法应该是既看动机也看效果，最后统一于效果。在这个问题上，孟子的观点是比较正确的。

---

① 《孟子·滕文公下》，《十三经注疏》，第 2711 页。

景春，籍贯不详。赵岐认为他是"为纵横之术者"。周广业《孟子古注考》则认为："《汉书·艺文志》兵阴阳家有《景子》十三篇，疑即此人。"但该书没有流传下来。在孟子弟子中，他的确是最钟情纵横之士的一个人，明明知道孟子对纵横之士瞧不上眼，仍然在他面前推尊公孙衍和张仪是"一怒而诸侯惧，安居而天下熄"的大丈夫。引得孟子高调否认，并提出流传千古的"富贵不能淫，贫贱不能移，威武不能屈，此之谓大丈夫"的著名论点。

从以上介绍的情况可以发现，孟子及其弟子在官场上很不得志，孟子弟子中也找不出一个有成体系的政治思想的人，但他们通过自己的努力使儒家学派恢复了昔日的气势。在孟子之后，弟子们为儒学的进一步传播作出了不可替代的贡献，从而为儒学在汉代的复兴和极尽风光发挥了承前启后的作用。

第四节 荀子的政治思想

一 集儒学之大成的百科全书式学者和思想家

战国时期，较孟子稍后而与之齐名的另一位儒学大师是荀子，他是孙氏之儒的创始人。荀子（约前316—前235年），名况，字卿，西汉时期因避汉宣帝刘询讳，改荀为孙，所以又写作孙卿，赵国（今山西临猗）人。他博学多才，少年时期即有名于时。15岁左右游学于齐国，入稷下学宫。当时正是齐威王当政时期，稷下学宫云集着来自各诸侯国的著名学者，轮番讲学，互相辩诘，创造了浓厚的"百家争鸣"的氛围。荀子在这里广采博取，奠定了坚实的基础。大约在公元前279年前后，荀子离开齐国到楚国。此时，乐毅率燕、赵等五国之师攻齐，连下七十余城，稷下学宫的文人学者风流云散。不久，齐国即墨守将田单大举反击，收复临淄。齐襄王即位，重整稷下学宫，荀子于此时又回到齐国。由于老辈学者都已死去，荀子在稷下学宫"最为老师"，"齐尚修列大夫之缺，而荀卿三为祭酒焉"[1]。此后，荀子在齐国生活了十多年，大约在齐襄王死后的前264年，他离开齐国，应邀到秦国考察。他在对秦国的政治、军事、民俗和自然形势等多方面进行了详细考察后，认为

---

[1] 司马迁：《史记》卷74《孟子荀卿列传》，第2348页。

经过商鞅变法的秦国蒸蒸日上,已经具备了统一中国的条件:

> 其固塞险,形势便,山林川谷美,天材之利多,是形胜也。入境,观其风俗,其百姓朴,其声乐不留污,其服不挑,甚畏有司而顺,古之民也。及都邑官府,其百吏肃然莫不恭俭、敦敬、忠信而不楛,古之吏也。入其国,观其士大夫,出于其门,入于公门,出于公门,归于其家,无有私事也,不比周,不朋党,偶然莫不明通而公也,古之士大夫也。观其朝廷,其间听决百事不留,恬然如无治者,古之朝也。故四世有胜,非幸也,数也。是所见也。故曰,佚而治,约而详,不烦而功,治之至也,秦类之矣。①

他建议秦昭王重用儒者,"力求止,义求行",用"王道"统一中国。这一主张与秦国推行的以耕战为主要内容的国策相抵触,因而受到冷落。荀子见在秦国无事可为,又返回齐国。此时,齐国最后一个国君田建在位,母后专权,朝政日非。荀子劝说齐相"求贤",刷新国政。因遭谗言,于前255年离齐赴楚,被春申君任为兰陵(今属山东)令。其后,因有人进谗,一度离楚赴赵国,与楚将临武君一起在赵孝成王前议兵。后经春申君敦请,又返回楚国,继续做兰陵令。公元前238年,春申君死于楚国内乱,荀子也废居兰陵。大约此后不久,这位80多岁的老人就寿终正寝,永远长眠在兰陵的土地上了。

荀子生活于战国时代的晚期,又长期在当时的学术文化中心的稷下学宫学习和讲学,熟悉各家学说,有着丰厚的学术积累,这就使他有条件对诸子百家学说加以批判地继承,成为一个百科全书式的学者,一个集诸子百家之大成的思想家。郭沫若曾这样评论荀子:

> 荀子是先秦诸子的最后一位大师,他不仅集了儒家的大成,而且可以说集了百家的大成。……他是把百家的学说差不多都融会贯通了。先秦诸子几乎没有一家没有经过他的批判。……这些固然表示他对于百家都采取了超越的态度,而在他的学说思想里面,我们明显地可以看得出百家的影响。或者是正面地接受与发展,或者是

---

① 王先谦:《荀子集解》,第358页。

反面地攻击与对立，或者是综合地统一与衍变。①

荀子写了《非十二子》一文，对它嚣、魏牟、陈仲、史䲡、墨翟、宋钘、慎到、田骈、惠施、邓析、子思、孟轲等进行了批判。在其他文章中，对先秦诸子都进行了评判。他批评老子"有见于诎，无见于信"②。批评庄子"蔽于天而不知人"③，同时把老庄的"道"改造为自然界和人类社会的总规律，提出"明天人之分"和"制天命而用之"的思想。他批评宋钘"蔽于欲而不知得"④，同时吸收了宋尹学派关于"气"和礼法相结合的思想。他批评墨子"有见于齐，无见于畸"⑤，"蔽于用而不知文"⑥，同时吸收其"尚贤"的主张以及认识论和逻辑学的成果。他批评慎到"蔽于法而不知贤"，申不害"蔽于势而不知知"⑦，但也吸收了其法治的观点。荀子对于子思、孟子一派儒者也进行十分尖锐的批评，说他们"略法先王而不知其统，犹然而材剧志大，闻见杂博。案往旧造说，谓之五行，其僻违而无类，幽隐而无说，闭约而无解"⑧。亦将子张、子夏、子游等儒家学派斥为"贱儒"，并对他所谓的"贱儒""俗儒""陋儒""腐儒"等严加抨击。在当年的"评法批儒"热潮中，有人一度将荀子从儒家阵营中拉出来，归入法家系列。这显然是一种强使荀子改换门庭的可笑之举。其实，荀子自己从来就标榜自己属于儒家学派，自诩儒家的嫡系传人。而韩非在《显学篇》中也将其认定为儒家八派之一的领袖。最重要的是，《荀子》一书，处处以其鲜明的儒家学派意识阐述了自己的立场和理念，在在不离儒学的基本要义。如在《儒效》篇中，他将周公推尊为儒家的祖师爷，极尽讴歌颂扬：

大儒之效，武王崩，成王幼，周公屏成王而及武王，以属天下，恶天下之倍周也。履天子之籍，听天下之断，偃然如固有之而

---

① 《十批判书·荀子的批判》，《郭沫若全集》历史编2，第213页。
② 王先谦：《荀子集解》，第377页。
③ 王先谦：《荀子集解》，第464页。
④ 王先谦：《荀子集解》，第463页。
⑤ 王先谦：《荀子集解》，第377页。
⑥ 王先谦：《荀子集解》，第463页。
⑦ 王先谦：《荀子集解》，第463页。
⑧ 王先谦：《荀子集解》，第110—111页。

天下不称贪焉；杀管叔，虚殷国，而天下不称戾焉；兼制天下，立七十一国，姬姓独占五十三人，而天下不称偏焉。教诲开导成王，使谕于道，而能掩迹于文、武。周公归周，反籍于成王，而天下不辍事周，然而周公北面而朝之。天子也者，不可以少当也，不可以假摄为也。能则天下归之，不能则天下去之，是以周公屏成王而及武王，以属天下，恶天下之离周也。成王冠，成人，周公归周，反籍焉，明不灭主之义也。周公无天下矣，乡有天下，今无天下，非擅也；成王乡无天下，今有天下，非夺也，变埶次序节然也。故以枝代主而非越也，以弟诛兄而非暴也，君臣异位而非不顺也。因天下之和，遂文、武之业，明枝主之义，抑亦变化矣，天下厌然犹一也。非圣人莫之能为，夫是之谓大儒之效。①

这里荀子极力颂扬周公秉持"大公"敢作敢为的品格，将其作为"大儒之效"的标杆人物予以表彰，这与孔子和孟子的立场是完全一致的。他进而将"天下之道""百王之道"展现的真理归结为《诗》《书》《礼》《乐》《春秋》所承载："《诗》言是，其志也；《书》言是，其事也；《礼》言是，其行也；《乐》言是，其和也；《春秋》言是，其微也。"②再进一步，就将孔子作为儒家创始人推尊至"善调一天下"的圣人：

彼大儒者，虽隐于穷阎漏屋，无置锥之地，而王公不能与之争名；在一大夫之位，则一君不能独畜，一国不能独容，成名况乎诸侯，莫不愿得以为臣；用百里之地，而千里之国莫能与之争胜，笞棰暴国，齐一天下，而莫能倾也。是大儒之征也。其言有类，其行有礼，其举事无悔，其持险应变曲当，与时迁徙，与世偃仰，千举万变，其道一也。是大儒之稽也。其穷也，俗儒笑之；其通也，英杰化之，嵬琐逃之，邪说畏之，众人愧之。通则一天下，穷则独立贵名，天不能死，地不能埋，桀、跖之世不能污，非大儒莫之能立，仲尼、子弓是也。③

---

① 王先谦：《荀子集解》，第135—137页。
② 王先谦：《荀子集解》，第158页。
③ 王先谦：《荀子集解》，第163—164页。

一方面，荀子在《宥坐》《子道》《法行》《哀公问》等篇章中，以极其赞赏的笔触记述了孔子及其弟子大量言论和事功；另一方面，几乎在所有篇章中不断阐释孔子及儒家的基本理念，大大突出和丰富了仁、礼、民本、善政、圣君贤相、君子人格等儒家思想的内涵。这充分说明，荀子作为儒学在战国时代承先启后、树门立派的重要代表人物，在中国思想史，尤其是儒学史上做出了不可替代的贡献。

二 "天人相分"

天人关系是中国思想家论述的重要内容之一，"天人合一"又是其中最重要的表述。如果说，在孔子那里，天是人格神的上帝，人合于天是其基本内涵；在孟子那里，天尽管还未脱离人格神上帝的外衣，但人的主观能动性已经被大大提升，天合于人成为基本内涵；那么，在荀子那里，天就成为完全失去神性的自然界，天人关系的表述就成了"天人相分"。荀子的这个理论，具有多层意蕴。

第一层意蕴是，天就是客观存在的自然界，它脱离人的意识存在，不受人的制约运行；人虽然在自然界存在和生活，但可以自由自主地活动。二者尽管有着密切的联系，但各自是独立的。只有明晰天人之分，才算是"至人"即洞彻事理的人：

> 天行有常，不为尧存，不为桀亡。应之以治则吉，应之以乱则凶。强本而节用，则天不能贫；养备而动时，则天不能病；修道而不贰，则天不能祸。故水旱不能使之饥，寒暑不能使之疾，祅怪不能使之凶。本荒而用侈，则天不能使之富；养略而动罕，则天不能使之全；倍道而妄行，则天不能使之吉。故水旱未至而饥，寒暑未薄而疾，祅怪未至而凶。受时与治世同，而殃祸与治世异，不可以怨天，其道然也。故明于天人之分，则可谓至人矣。①

第二层意蕴是，一切自然界的运动都是物质之间作用的结果，天就是不断发展变化的自然界。在物质运动之中和之外，都不存在一个神秘的主宰，"天地合而万物生，阴阳接而变化起"②，事物之间和事

---

① 王先谦：《荀子集解》，第362—364页。
② 王先谦：《荀子集解》，第433页。

物内部的矛盾促成了事物的运动发展变化。宇宙的事物尽管千差万别，但都统一于共同的本原"气"："水火有气而无生，草木有生而无知，禽兽有知而无义，人有气有生有义，故最为天下贵也。"① 这里，荀子已经对无机物、有机物、植物、动物和人的区别进行了界定，认为事物的多样性统一于物质的"气"，这就坚持了唯物论的一元论。荀子同时认为事物的发展变化有自己的规律，这个规律就是"道"或"天道"，它不受任何外力的支配和主宰，社会的治乱兴废与天、地、时都没有关系：

> 治乱天邪？曰：日月星辰瑞历，是禹、桀之所同也。禹以治，桀以乱，治乱非天也。时邪？曰：繁启蕃长于春夏，蓄积收藏于秋冬，是又禹、桀之所同也。禹以生，桀以乱，治乱非时也。地邪？曰：得地则生，失地则死，是又禹、桀之所同也，禹以治，桀以乱，治乱非地也。②

第三层意蕴是，尽管天人是相分的，天有自己的运行规律即"天职"，但人仍然能够发挥自己的主观能动性，参与到天地的运行中，因为"人有其治"：

> 不为而成，不求而得，夫是之谓天职。如是者，虽深，其人不加虑焉；虽大，不加能焉；虽精，不加察焉；夫是之谓不与天争职。天有其时，地有其财，人有其治，夫是之谓能参。舍其所以参而愿其所参，则惑矣。③

第四层意蕴是，人虽然不能干预天的运行，但在顺应天运行规律的前提下，却可以获得"天功"。这里的关键是，清天君，正天官，备天养，顺天政，养天情，既"知其所为"，又"知其所不为"：

> 列星随旋，日月递炤，四时代御，阴阳大化，风雨博施，万

---

① 王先谦：《荀子集解》，第194页。
② 王先谦：《荀子集解》，第367—368页。
③ 王先谦：《荀子集解》，第364—365页。

物各得其和以生，各得其养以成，不见其事而见其功，夫是之谓神。皆知其所以成，莫知其无形，夫是之谓天功。唯圣人为不求知天。天职既立，天功既成，形具而神生，好恶、喜怒、哀乐藏焉，夫是之谓天情。耳目鼻口形能，各有接而不相能也，夫是之谓天官。心居中虚以治五官，夫是之谓天君。财非其类，以养其类，夫是之谓天养。顺其类者谓之福，逆其类者谓之祸，夫是之谓天政。暗其天君，乱其天官，弃其天养，逆其天政，背其天情，以丧天功，夫是之谓大凶。圣人清其天君，正其天官，备其天养，顺其天政，养其天情，以全其天功。如是，则知其所为，知其所不为矣。①

第五层意蕴是，由于大多数人对天即自然界的物质本质认识不清，迷惑于怪异天象物候，出于敬畏之心而神化天和各种怪异物候天象，对此，主政者可以顺应民心而加以文饰：

天不为人之恶寒也而辍冬，地不为人之恶辽远也而辍广。……星坠、木鸣，国人皆恐。曰：是何也？曰：无何也，是天地之变、阴阳之化、物之罕至者也，怪之可也，而畏之非也。夫日月之有食，风雨之不时，怪星之党见，是无世而不常有之。上明而政平，则是虽并世起，无伤也。……雩而雨，何也？曰：无他也。犹不雩而雨也。日月食而救之，天旱而雩，卜筮然后决大事，非以为得求也，以文之也。故君子以为文，而百姓以为神。以为文则吉，以为神则凶也。②

第六层意蕴是，人在尊重、顺应自然规律的前提下，应该充分发挥自己的主观能动性，"制天命而用之"，向自然索取需要的物资：

大天而思之，孰与物畜而制之？从天而颂之，孰与制天命而用之？望时而待之，孰与应时而使之？因物而多之，孰与骋能而化之？思物而物之，孰与理物而勿失之也？愿于物之所以生，孰与有

---

① 王先谦：《荀子集解》，第365—366页。
② 王先谦：《荀子集解》，第368—374页。

物之所以成？故错人而思天，则失万物之情。①

显然，在先秦儒家学派对天人关系的认识中，只有荀子展现了唯物论的底蕴，站在了哲学思维的制高点上。他最大的功绩是把殷周以来由孔、孟继承的人格神的天还原为自然界，剥去了罩在它身上的一切神圣的灵光。

与唯物论的自然观相联系，荀子的认识论也具有朴素唯物论的特征。他认为，人有认识客观事物的能力，而客观事物也是可以认识的："凡以知，人之性也；可以知，物之理也。以可以知人之性，求可以知物之理而无所疑止之，则没世穷年不能遍也。"② 荀子已经意识到，人类的认识过程是以人的感觉器官接触外界事物产生感性认识开始的。他把感觉器官称为"天官"，感觉器官接触外界事物就是"缘天官"，通过"天官"反映事物就是"天官意物"③。荀子也看到了单纯感性认识的局限，即它只能反映事物外表的映象，并且容易为假象所蒙蔽，如"从山上望牛者若羊"，"从山下望木者，十仞之木若箸"④。因此，仅仅依靠感性经验还难以得到正确的认识。所以还必须依靠理性思维器官"天君"（心）来获得正确的认识，"心居中虚，以治五官，夫是之谓天君"⑤："人何以知道？曰：心。"⑥ 这个心相当于"大脑"。"心"具有理性认识的功能，这个认识过程被荀子定义为"征知"："心有征知，征知，则待缘耳而知声可也，缘目而知形可也，然而征知必将待天官之当薄其类然后可也。五官薄之而不知，心征知而无说，则人莫不然谓之不知。"⑦ 这说明荀子对感性认识和理性认识的关系已经有了朴素辩证的理解。他进而认定，在人的认识之路上有很多障碍，这就是"蔽"："凡人之患，蔽于一曲而暗于大理。"⑧ 他批评当时许多思想家之"蔽"，认为许多"蔽"阻碍了人准确认识事物："欲为蔽，恶为蔽，始

---

① 王先谦：《荀子集解》，第374—375页。
② 王先谦：《荀子集解》，第480页。
③ 王先谦：《荀子集解》，第491页。
④ 王先谦：《荀子集解》，第478页。
⑤ 王先谦：《荀子集解》，第366页。
⑥ 王先谦：《荀子集解》，第467页。
⑦ 王先谦：《荀子集解》，第493—494页。
⑧ 王先谦：《荀子集解》，第456页。

为蔽，终为蔽，远为蔽，近为蔽，博为蔽，浅为蔽，古为蔽，今为蔽。凡万物异则莫不相为蔽，此心术之公患也。"① 如何避免"蔽"呢，这就要求心做到"虚壹而静"：

> 心未尝不臧也，然而有所谓虚；心未尝不两也，然而有所谓壹；心未尝不动也，然而有所谓静。人生而有知，知而有志。志也者，臧也。然而有所谓虚，不以所已臧害所将受谓之虚。②

荀子的这个"虚壹而静"，显然就是屏除主观成见，屏除各种"蔽"，让心能够客观理性地对待和认识事物，得到事物的本真之相，最后达到对事物的最终真理即"道"的认识和把握：

> 万物莫形而不见，莫见而不论，莫论而失位。坐于室而见四海，处于今而论久远，疏观万物而知其情，参稽治乱而通其度，经纬天地而材官万物，制割大理而宇宙裹矣。恢恢广广，孰知其极！睪睪广广，孰知其德！涫涫纷纷，孰知其形！明参日月，大满八极，夫是之谓大人，夫恶有蔽矣哉！③

更为可贵的是，荀子把"行"引进了他的认识论，认为认识的目的不是"入乎耳，出乎口"，而是学以致用："不闻不若闻之，闻之不若见之，见之不若行之，学至于行之而止矣。……故闻之而不见，虽情必谬；见之而不知，虽学必妄；知之而不行，虽敦必困。"④ 荀子的"行"虽然仅指个人的活动特别是道德践履，还不是唯物论所指的实践的意义，但已经看到"行"在认识中的决定意义，应该说是中国古代认识论发展史上的一次飞跃。当然，与辩证唯物论的认识论相比，荀子的认识论还是直观和朴素的，他不了解认识从感性到理性到实践是一个辩证过程，更不了解认识是一个无限深化、循环往复以至无穷的过程。不过，应该看到，荀子的唯物论的认识论毕竟达到了那个时代的高峰，

---

① 王先谦：《荀子集解》，第 458 页。
② 王先谦：《荀子集解》，第 467 页。
③ 王先谦：《荀子集解》，第 469 页。
④ 王先谦：《荀子集解》，第 168 页。

他的前辈和同辈无一人能望其项背。

三 "人性恶，善者伪也"

在人性论问题上，荀子对孟子的性善论进行了猛烈批判，并针锋相对地提出了性恶论。他把人性看作人与生俱来的生理本能，即与社会关系无关的、抽象的自然生物性："今人之性，饥而欲饱，寒而欲暖，劳而欲休，此人之情性也。"① "若夫目好色，耳好声，口好味，心好利，骨体肤理好愉佚，是皆生于人之情性者也，感而自然，不待事而生之者也。"② 这种生理本能如不加以节制，任其发展，其社会性就必然是恶的了：

> 今人之性，生而有好利焉，顺是，故争夺生而辞让亡焉。生而有疾恶焉，顺是，故残贼生而忠信亡焉。生而有耳目之欲，有好声色焉，顺是，故淫乱生而礼义文理亡焉。然则从人之性，顺人之情，必出于争夺，合于犯分乱理而归于暴。③

既然人生来就性恶，那么，"善"是从哪里来的呢？荀子认为是在圣人教化下，学习礼义，对性恶进行改造的结果，"善者伪也"：

> 故必将有师法之化，礼义之道，然后出于辞让，合于文理，而归于治。用此观之，人之性恶明矣，其善者伪也。故枸木必将待檃栝、烝矫然后直，钝金必将待砻厉然后利。今人之性恶，必将待师法然后正，得礼义然后治。今人无师法则偏险而不正，无礼义则悖乱而不治。古者圣王以人之性恶，以为偏险而不正，悖乱而不治，是以为之起礼义，制法度，以矫饰人之情性而正之，以扰化人之情性而导之也，始皆出于治、合于道者也。今之人化师法、积文学、道礼义者为君子，纵性情、安恣睢而违礼义者为小人。用此观之，然则人之性恶明矣，其善者伪也。④

---

① 王先谦：《荀子集解》，第516页。
② 王先谦：《荀子集解》，第517页。
③ 王先谦：《荀子集解》，第513—514页。
④ 王先谦：《荀子集解》，第514页。

荀子批评孟子的性善论是"不察乎人之性、伪之分"。在他那里，性与伪是截然不同的："凡性者，天之就也，不可学，不可事；礼义者，圣人之所生也，人之所学而能、所事而成者也。不可学、不可事而在人者谓之性，可学而能、可事而成之在人者谓之伪。是性、伪之分也。"① 这就是说，性是先天的恶，善是后天的伪，而由恶转善的关键则是圣人的"化性起伪"：

> 凡礼义者，是生于圣人之伪，非故生于人之性也。故陶人埏埴而为器，然则器生于陶人之伪，非故生于人之性也。故工人斫木而成器，然则器生于工人之伪，非故生于人之性也。圣人积思虑，习伪故，以生礼义而起法度，然则礼义法度者，是生于圣人之伪，非故生于人之性也。②

显然，与孟子的性善论一样，荀子的性恶论也是一种抽象的人性论，并且有着不可克服的矛盾：既然人性都是恶的，圣人自然也不能例外，为什么他的人性不仅是善的并且还能据守礼义对百姓进行教化呢？章太炎就发现荀子人性论的矛盾之处，他在对比孟子与荀子人性论异同时就指出：

> 孟子论性有四端：恻隐为仁之端，羞恶为义之端，辞让为礼之端，是非为智之端。然四端中独辞让之心为孩提之童所不具，野蛮人亦无之。荀子隆礼，有见于辞让之心，性所不具，故云性恶，以此攻击孟子，孟子当无以自解。然荀子谓礼义辞让，圣人所为。圣人亦人耳，圣人之性亦本恶，试问何以能化性起伪？此荀子不能自圆其说也。反观孟子既云性善，亦何必重视教育，即政治亦何所用之。是故二家之说俱偏，唯孔子"性相近，习相远"之语为中道也。③

不过，较之孟子的性善论，性恶论有着更多的合理因素。这里荀子

---

① 王先谦：《荀子集解》，第515页。
② 王先谦：《荀子集解》，第516—517页。
③ 章太炎：《国学讲演录·诸子学略说》，吴永坤讲评，凤凰出版社2008年版，第179—180页。

似乎隐隐地感到了,"正是人的恶劣的情欲——贪欲和权势欲成了历史发展的杠杆"①,而这种"恶"恰恰在当时的奴隶主和封建主身上得到了集中体现。以此为据,荀子理直气壮地"援法入儒",并以人性恶作为实施礼法对人进行教化和强制其遵守礼法规范的根据。进一步引申,他认为社会环境对人性的改造有重要作用,"蓬生麻中,不扶自直,白沙在涅,与之俱黑"②。只要创造一种良好的外部环境,促使人人努力学习礼仪法度,就可以"化性起伪",成为具有善性的人。所以他认为"君子居必择乡,游必就士",为的是"防邪僻而近中正"③。由此出发,荀子特别强调学习在一个人改恶向善过程中的重要意义:

> 君子曰:学不可以已。青,取之于蓝,而青于蓝;冰,水为之,而寒于水。木直中绳,𫐓以为轮,其曲中规,虽有槁暴,不复挺者,𫐓使之然也。故木受绳则直,金就砺则利,君子博学而日参省乎己,则智明而行无过矣。故不登高山,不知天之高也;不临深谿,不知地之厚也;不闻先王之遗言,不知学问之大也。
>
> 吾尝终日而思矣,不如须臾之所学也;吾尝跂而望矣,不如登高之博见也。登高而招,臂非加长也,而见者远;顺风而呼,声非加疾也,而闻者彰。假舆马者,非利足也,而致千里;假舟楫者,非能水也,而绝江河。④

与孔子孟子一样,荀子作为一个成功的教育家,不断探索教育的规律,其中如对循序渐进规律和锲而不舍原则的论述,就启迪和沾溉了无数后来的青少年和学者,使他们在学习和探索知识、成功学问的路上不断砥砺前行:

> 积土成山,风雨兴焉;积水成渊,蛟龙生焉;积善成德,而神明自得,圣心备焉。故不积跬步,无以至千里;不积小流,无以成江海。骐骥一跃,不能十步;驽马十驾,功在不舍。锲而舍之,朽

---

① 《马克思恩格斯选集》第4卷,第233页。
② 王先谦:《荀子集解》,第6页。
③ 王先谦:《荀子集解》,第7页。
④ 王先谦:《荀子集解》,第1—4页。

木不折；锲而不舍，金石可镂。①

不过，荀子对学习内容和目的的设定显示了他的儒家特色，这就是通过学习《诗》《书》《礼》《易》《乐》《春秋》，"化性起伪"，达到"君子""圣人"的境界："学恶乎始？恶乎终？曰：其数则始乎诵经，终乎读礼；其义则始乎为士，终乎为圣人。"②

四 "群"论导出的历史观

在先秦儒家学派的思想家中，荀子是第一个提出"群"论的代表人物。这个思想突出展示的是他的历史观：

> 水火有气而无生，草木有生而无知，禽兽有知而无义，人有气、有生、有知，亦且有义，故最为天下贵也。力不若牛，走不若马，而牛马为用，何也？曰：人能群，彼不能群也。人何以能群？曰：分。分何以能行？曰：义。故义以分则和，和则一，一则多力，多力则强，强则胜物，故宫室可得而居也。故序四时，裁万物，兼利天下，无他故焉，得之分义也。故人生不能无群，群而无分则争，争则乱，乱则离，离则弱，弱则不能胜物，故宫室不可得而居也，不可少顷舍礼义之谓也。能以事亲谓之孝，能以事兄谓之悌，能以事上谓之顺，能以使下谓之君。君者，善群也。群道当，则万物皆得其宜，六畜皆得其长，群生皆得其命。故养长时则六畜育，杀生时则草木殖，政令时则百姓一，贤良服。圣王之制也，草木荣华滋硕之时，则斧斤不入山林，不夭其生，不绝其长也；鼋鼍、鱼鳖、鳅鳝孕别之时，罔罟毒药不入泽，不夭其生，不绝其长也；春耕、夏耘、秋收、冬藏四者不失时，故五谷不绝，而百姓有余食也；污池、渊沼、川泽谨其时禁，故鱼鳖优多，而百姓有余用也；斩伐养长不失其时，故山林不童，而百姓有余材也。圣王之用也，上察于天，下错于地，塞备天地之间，加施万物之上，微而明，短而长，狭而广，神明博大以至约。故曰：一与一是为人者，谓之圣人也。③

---

① 王先谦：《荀子集解》，第8—9页。
② 王先谦：《荀子集解》，第13页。
③ 王先谦：《荀子集解》，第194—196页。

这段话表明，荀子已经认识到，第一，人类与自然界，包括植物界和动物界的根本区别是"人能群，彼不能群"，即人类组成了一个有组织的社会，所以能让自然界为人类服务，使善走多力的牛马乖乖地供人类驱使，因而"最为天下贵"。第二，人类之所以能组成社会，是因为能"分"，即能够使所有人各得其所，避免纷争；而其所以能够"分"，是因为有"义"，即形成社会共同遵守的行为规范与伦理道德，有一整套礼法制度来规范人们的行为，"丧祭、朝聘、师旅"，"贵贱、生杀、予夺"，"君君、臣臣、父父、子子、兄兄、弟弟、夫夫、妇妇"，"农农、士士、工工、商商"，实际上指的是封建的经济基础和上层建筑，即全套的封建制度。而这套制度又是永恒的："君臣、父子、兄弟、夫妇，始则终，终则始，与天地同理，与万世同久，夫是之谓大本。"①第三，能够依"义"而行"分"，使群中之人和睦相处的是君王，只有他是"善群"的。第四，在君王主持下，人类社会按"群道"有序运行，就会收到"万物皆得其宜，六畜皆得其长，群生皆得其命"的效果。第五，君王是"上察于天，下错于地，塞备天地之间，加施万物之上，微而明，短而长，狭而广，神明博大以至约"的圣人，所以他有智慧和能力推动和指挥自然界和人类社会的有序和谐运行。显而易见，荀子的历史观是与孔子、孟子相同或相近的圣人史观，即认定人类社会只有在圣人主持下才能组织起来，并正常有序地运行。这种历史观显然属于唯心主义。不过，在荀子的唯心论历史观中，还蕴含着不少合理内核。他猜测到人类组成了一个有别于自然界的社会，这个社会是按照一定的规则有序运行的；这个社会必须使所有人都处于一个等级秩序的阶梯之上，各得其所；这个社会必须在一个君王主持的政府管理下运作，以达到和谐共生的目标。

五 "隆礼重法"与惠民富民

荀子在政治思想上一方面继承了孔子的礼治观念，并且成为先秦礼学的集大成者，极力突出"隆礼"；另一方面，他"援法入儒"，更多地使礼向法倾斜，提出了一套较完整的以王权为中心的封建专制理论。

荀子关于礼的观点，集中展现在《礼论》《王制》等篇中。他认为

---

① 王先谦：《荀子集解》，第193页。

礼是为"养人之欲，给人之求"而设定的分界线：

> 礼起于何也？曰：人生而有欲，欲而不得，则不能无求；求而无度量分界，则不能不争；争则乱，乱则穷。先王恶其乱也，故制礼义以分之，以养人之欲，给人之求，使欲必不穷乎物，物必不屈于欲，两者相持而长，是礼之所起也。故礼者，养也。刍豢稻梁、五味调香，所以养口也；椒兰芬苾，所以养鼻也；雕琢、刻镂、黼黻、文章，所以养目也；钟鼓、管磬、琴瑟、竽笙，所以养耳也；疏房、檖䫉、越席、床笫、几筵，所以养体也。故礼者，养也。君子既得其养，又好其别。曷谓别？曰：贵贱有等，长幼有差，贫富轻重皆有称者也。①

在荀子看来，以"分"为原则的礼是"养天下之本"：

> 礼分均则不偏，势齐则不一，众齐则不使。有天有地而上下有差，明王始立而处国有制。夫两贵之不能相事，两贱之不能相使，是天数也。势位齐而欲恶同，物不能澹则必争，争则乱，乱则穷矣。先王恶其乱也，故制礼义以分之，使有贫富贵贱之等，足以相兼临者，是养天下之本也。②

这就是说，人的口、目、耳、体的自然需求都是合理的，都应该得到满足。但自然界的物质数量是一定的，如果人人都追求需要的无限满足，势必引起争端。而为了既使人们的欲望得到满足，又使这种欲望的无限膨胀得到抑制，就必须加以节制，而礼就是应这种节制的需要而产生的。如何节制呢？就是规定各色人享受的等级，形成一个差序等级制度："贵贱有等，长幼有差，贫富轻重皆有称。"扩而大之，礼既是社会和国家各种制度的准则，也成为界定各色人权利和义务的标准，即"人道之极"：

> 故绳墨诚陈矣，则不可欺以曲直；衡诚县矣，则不可欺以轻

---

① 王先谦：《荀子集解》，第409—410页。
② 王先谦：《荀子集解》，第179—180页。

重；规矩诚施矣，则不可欺以方圆；君子审于礼，则不可欺以诈伪。故绳者，直之至；衡者，平之至；规矩者，方圆之至；礼者，人道之极也。①

人无礼则不生，事无礼则不成，国家无礼则不宁。②

荀子损益西周以来的礼乐制度，在规定各种祭祀制度的同时，特别强调对天地、祖先和君师的尊崇：

礼有三本：天地者，生之本也；先祖者，类之本也；君师者，治之本也。无天地，恶生？无先祖，恶出？无君师，恶治？三者偏亡焉，无安人。故礼上事天，下事地，尊先祖而隆君师，是礼之三本也。③

故天者，高之极也；地者，下之极也；无穷者，广之极也；圣人者，道之极也。④

在此前提下，将自然界和人类社会的各种事物、各色人等都纳入差序格局，彼此和谐相处，从而使自然界和人类社会永远都在既定秩序中顺畅地运行，也就达到了荀子心目中的"天人合一"的境界：

天地以合，日月以明，四时以序，星辰以行，江河以流，万物以昌，好恶以节，喜怒以当，以为下则顺，以为上则明，万物不乱，贰之则丧也。礼岂不至矣哉！立隆以为极，而天下莫之能损益也。⑤

荀子的隆礼思想显示了他对社会形成和谐秩序的渴望。由礼引申至仁，接续儒学仁礼互补的意蕴，将孔子政治思想的基本理念继承和弘扬开来。与孔子、孟子相比，荀子更重视刑罚在治国理政中的作用：

---

① 王先谦：《荀子集解》，第 421 页。
② 王先谦：《荀子集解》，第 27 页。
③ 王先谦：《荀子集解》，第 413 页。
④ 王先谦：《荀子集解》，第 422 页。
⑤ 王先谦：《荀子集解》，第 420 页。

听政之大分，以善至者待之以礼，以不善至者待之以刑。两者分别，则贤不肖不杂，是非不乱。贤不肖不杂，则英杰至，是非不乱，则国家治。若是，名声日闻，天下愿，令行禁止，王者之事毕矣。凡听，威严猛厉而不好假道人，则下畏恐而不亲，周闭而不竭，若是，则大事殆乎弛，小事殆乎遂。和解调通，好假道人而无所凝止之，则奸言并至，尝试之说蜂起，若是，则听大事烦，是又伤之也。故法而不议，则法之所不至者必废；职而不通，则职之所不及者必坠。故法而议，职而通，无隐谋，无遗善，而百事无过，非君子莫能。故公平者，职之衡也；中和者，听之绳也。其有法者以法行，无法者以类举，听之尽也；偏党而无经，听之辟也。故有良法而乱者有之矣，有君子而乱者，自古及今，未尝闻也。传曰："治生乎君子，乱生乎小人。"此之谓也。①

故奸言、奸说、奸事、奸能、遁逃反侧之民，职而教之，须而待之，勉之以庆赏，惩之以刑罚，安职则畜，不安职则弃。……才行反时者死无赦。②

在荀子心目中，由君子掌控的礼、法结合互补的原则是最好的执政理念，认真贯彻执行就是善政，善政的重要体现，首先是"法后王"：

王者之制，道不过三代，法不二后王。道过三代谓之荡，法二后王谓之不雅。衣服有制，宫室有度，人徒有数，丧祭械用皆有等宜，声则凡非雅声者举废，色则凡非旧文者举息，械用则凡非旧器者举毁，夫是之谓复古，是王者之制也。③

荀子坚持"法后王"的理论，表明他已经与孔子、孟子的思想拉开了一定距离，因为孔孟都是"言必称尧、舜"的"法先王"理论的坚定信仰者，他们将人类最美好的时代锁定于远古。荀子所处的战国时代明显与远古有了很大的区隔，再继续"法先王"已经无法回应时代

---

① 王先谦：《荀子集解》，第176—177页。
② 王先谦：《荀子集解》，第176页。
③ 王先谦：《荀子集解》，第187—188页。

的诉求了。荀子敢于放弃"法先王"的儒家传统,毅然提倡"法后王",表明他具有与时俱进的勇气和魄力。

其次,善政亦体现为任人唯贤和赏罚分明:

> 请问为政?曰:贤能不待次而举,罢不能不待顷而废,元恶不待教而诛,中庸杂民不待政而化,分未定也则有昭缪也。虽王公士大夫之子孙也,不能属于礼义,则归之庶人。虽庶人之子孙也,积文学,正身行,能属于礼义,则归之卿相士大夫。①

> 王者之论,无德不贵,无能不官,无功不赏,无罪不罚,朝无幸位,民无幸生,尚贤使能而等位不遗,析愿禁悍而刑罚不过,百姓晓然皆知夫为善于家而取赏于朝也,为不善于幽而蒙刑于显也。夫是之谓定论,是王者之论也。②

任人唯贤和赏罚分明的思想,是先秦许多学派共有的理念,荀子强调这一理念,同时向厉行赏罚倾斜,显示了他向法家思想的靠拢。

再次,善政尤其体现在对儒家民本思想的弘扬:

> 马骇舆则君子不安舆,庶人骇政则君子不安位。马骇舆则莫若静之,庶人骇政则莫若惠之。选贤良,举笃敬,兴孝悌,收孤寡,补贫穷,如是,则庶人安政矣。庶人安政,然后君子安位。传曰:"君者,舟也;庶人者,水也。水则载舟,水则覆舟。"此之谓也。故君人者欲安则莫若平政爱民矣,欲荣则莫若隆礼敬士矣,欲立功名则莫若尚贤使能矣,一是君人者之大节也。③

荀子认定,民本的核心内容应该是"惠民",而惠民的核心意蕴是"富民",使他们衣食无虞,这就需要实行"富民"的财政经济政策:

> 王者之法,等赋、政事、财万物,所以养万民也。田野什一,关市几而不征,山林泽梁以时禁发而不税,相地而衰政,理道之远

---

① 王先谦:《荀子集解》,第175—176页。
② 王先谦:《荀子集解》,第188—189页。
③ 王先谦:《荀子集解》,第180页。

近而致贡，通流财物粟米无有滞留，使相归移也。四海之内若一家，故近者不隐其能，远者不疾其劳，无幽闲隐僻之国莫不趋使而安乐之。①

荀子有时也将他的富民政策概括为"节用裕民"，认为国富必须建立在民裕的基础之上：

> 足国之道，节用裕民而善藏其余。节用以礼，裕民以政。彼裕民，故多余。裕民则民富，民富则田肥以易，田肥以易则出实百倍。……故知节用裕民，则必有仁义圣良之名，而且有富厚丘山之积矣。②

为了裕民，还应该给百姓一定数量的土地，并实行轻徭役、薄赋敛的政策：

> 量地而立国，计利而畜民，度人力而授事，使民必胜事，事必出利，利足以生民，皆使衣食百用出入相揜，必时藏余，谓之称数。……轻田野之税，平关市之征，省商贾之数，罕兴力役，无夺农时，如是，则国富矣，夫是之谓以政裕民。③

实行这样的财政经济政策，不仅能够达到富民的目的，而且能够促进百业兴旺，货畅其流：

> 故泽人足乎木，山人足乎鱼，农夫不斲削、不陶冶而足械用，工贾不耕田而足菽粟。故虎豹为猛矣，然君子剥而用之。故天之所覆，地之所载，莫不尽其美，致其用，上以饰贤良，下以养百姓而安乐之。④

---

① 王先谦：《荀子集解》，第189—190页。
② 王先谦：《荀子集解》，第209—210页。
③ 王先谦：《荀子集解》，第211—212页。
④ 王先谦：《荀子集解》，第192页。

与之相反的是"聚敛",必将导致国富而民贫。其结果一定是灭亡:

> 故修礼者王,为政者强,取民者安,聚敛者亡。故王者富民,霸者富士,仅存之国富大夫,亡国富筐箧,实府库。筐箧已富,府库已实,而百姓贫,夫是之谓上溢而下漏,入不可以守,出不可以战,则倾覆灭亡可立而待也。故我聚之以亡,敌得之以强。聚敛者,召寇、肥敌、亡国、危身之道也,故明君不蹈也。①

而所有这一切惠民、利民、富民的政策措施,所要达到的最终目的是争取民心,即"夺人",使民心悦诚服地为君王服务,甚至不惜以生命捍卫国家的安全;与之相联系,一个得到百姓拥戴的君王,"暴国"既无力也不敢加兵于他的头上:

> 王夺之人,霸夺之与,强夺之地。夺之人者臣诸侯,夺之与者友诸侯,夺之地者敌诸侯。臣诸侯者王,友诸侯者霸,敌诸侯者危。用强者,人之城守,人之出战,而我以力胜之也,则伤人之民必甚矣。伤人之民甚,则人之民必恶我甚矣;人之民恶我甚,则日欲与我斗。人之城守,人之出战,而我以力胜之,则伤吾民必甚矣。伤吾民甚,则吾民之恶我必甚矣;吾民之恶我甚,则日不欲为我斗。人之民日欲与我斗,吾民日不欲为我斗,是强者之所以反弱也。②
>
> 刑政平,百姓和,国俗节,则兵劲城固,敌国案自屈矣;务本事,积财物,而勿忘栖迟薛越也,是使群臣百姓皆以制度行,则财物积,国家案自富矣。三者体此而天下服,暴国之君案自不能用其兵矣。③

最后,荀子将自己的政治思想归结为仁、义、威三者的有机结合,阐发的仍然是儒家思想的基本要义:

---

① 王先谦:《荀子集解》,第 181—182 页。
② 王先谦:《荀子集解》,第 182—183 页。
③ 王先谦:《荀子集解》,第 204 页。

> 仁眇天下，故天下莫不亲也；义眇天下，故天下莫不贵也；威眇天下，故天下莫敢敌也。以不敌之威，辅服人之道，故不战而胜，不攻而得，甲兵不劳而天下服，是知王道者也。知此三具者，欲王而王，欲霸而霸，欲强而强矣。①

实际上，荀子在中国政治思想史上，第一次将礼治、法治和人治有机结合在一起，为后来中国统一的封建王朝找到了最适宜的意识形态和治国理政模式，也使荀学实质上成为历代君王治国理政的教科书。

六　军事思想

在先秦历史上，伴随着文明的产生发展而出现的激烈战争，催生了一大批著名兵家和一大批卓越将帅，创造了中国兵学史和战争史上开端岁月的辉煌篇章。而此期兵家之外的不少政治家和思想家，也大都因战争而涉猎兵学，从黄帝、尧、舜、禹、汤、文、武、周公，到五霸、七雄之国的君主们，再到诸子百家的精英们，都在其行政实践和著作中展示自己的军事思想。其中，法、墨、杂、纵横等学派的军事思想较为丰富，而儒、道、名、阴阳、农等家的军事思想则相对贫乏。但就是在军事思想相对贫乏的思想家中，也往往有着对某些兵学问题的精彩论述。此期儒家学派的三个代表人物孔子、孟子和荀子，尽管都标榜热衷俎豆而鄙薄军旅，倡导以仁义反对战争，但面对战争几乎天天上演的现实，他们也不能不推出自己因应战争的思考。他们中间，荀子是最关注和研究战争的儒学大师，他的《议兵篇》就集中展示了自己的军事思想。

《议兵篇》记载了他同赵孝成王、临武君、陈嚣、李斯等讨论兵学的对话，在彼此的相互辩诘中展现了他的兵学理念。

荀子的军事思想，坚守的是儒家学派的基本立场，认定政治重于军事，君王立于不败之地的不拔之基是仁义为本、修政亲民。当赵孝成王问"兵要"即兵学最核心的理念是什么时，临武君的回答是："上得天时，下得地利，观敌之变动；后之发，先之至。此用兵之要术也。"荀子的回答是："臣所闻古之道，凡用兵，攻战之本，在乎一民。弓矢不

---

① 王先谦：《荀子集解》，第186—187页。

调,则羿不能以中微;六马不和,则造父不能以致远;士民不亲附,则汤武不能以必胜也。故善附民者,是乃善用兵者也。故兵要在乎善附民而已。"临武君认为荀子的上述观点不对,反驳说:"兵之所贵者,势利也;所行者,变诈也,善用兵者,感忽悠暗,莫知其所从出。孙、吴用之,无敌于天下,岂必待附民哉?"针对临武君的观点,荀子全面阐发了他的仁人之兵不可战胜的理论:

> 臣之所道,仁者之兵,王者之志也。君之所贵,权谋、势利也;所行,攻夺、变诈也,诸侯之事也。仁人之兵,不可诈也。彼可诈者,怠慢者也,路亶者也,君臣上下之间涣然有离德者也。故以桀诈桀,犹巧拙有幸焉,以桀诈尧,譬之若以卵投石,以指挠沸,若赴水火,入焉焦没耳。故仁人上下,百将一心,三军同力……故仁人之兵,聚则成卒,散则成列,延则若莫邪之长刃,婴之者断;兑则若莫邪之利锋,当之者溃;圜居而方止,则若盘石然,触之者角摧,案角鹿埵、陇种、东笼而退耳。①

这里荀子与临武君的互诘显然是各说各话,谈论的议题指向实际上是不同的。临武君主要讲的是战争中制胜的战略战术,强调的是"诡道"的运用;而荀子主要讲的是战争中制胜的政治条件,强调的是"仁人上下、百将一心,三军同力",而不是各种战术的具体运用。在他看来,仁义为本、修政亲民的诸侯国君王,既必须以亲贤施仁对待他的臣民,也必须以诚信施之于他的邻国及其百姓,这就必然远离"变诈",拒绝"诡道"。荀子的这套理念,与当时激烈进行的战争中敌我双方普遍实施的"诡诈"伎俩是不相容的,所以当他的学生陈嚣提出"仁者爱人,义者循理,然则又何以兵为?凡所为有兵者,为争夺也",认定以争夺为目标的战争与仁义矛盾时,他这样解释:

> 彼仁者爱人,爱人,故恶人之害之也;义者循理,循理,故恶人之乱之也。彼兵者,所以禁暴除害也,非争夺也。故仁人之兵,所存者神、所过者化,若时雨之降,莫不说喜。是以尧伐驩兜,舜

---

① 王先谦:《荀子集解》,第315—317页。

伐有苗，禹伐共工，汤伐有夏，文王伐崇，武王伐纣，此四帝两王，皆以仁义之兵行于天下也。故近者亲其善，远方慕其德，兵不血刃，远迩来服；德盛于此，施及四极。①

在荀子的意识中，仁人之兵必然是正义之兵，仁人之战必然是正义之战，所以能够收到"近者亲其善，远方慕其德，兵不血刃，远迩来服"的效果，这样的征战一定能够轻而易举地取得胜利，根本无须"变诈"和"诡道"。荀子如此解释并没有说服他的另一个学生李斯。李斯以当时的秦国屡屡战胜周边诸侯国为例，说明不施仁义、全凭兵家韬略和战术也能取胜："秦四世有胜，兵强海内，威行诸侯，非以仁义为之也，以便从事而已。"对此，荀子毫不留情地严加驳斥：

> 汝所谓便者，不便之便也；吾所谓仁义者，大便之便也。彼仁义者，所以修政者也。政修则民亲其上，乐其君，而轻为之死。故曰："凡在于军，将率，末事也。"秦四世有胜，諰諰然常恐天下之一合而轧己也，此所谓末世之兵，未有本统也。故汤之放桀也，非其逐之鸣条之时也，武王之诛纣也，非以甲子之朝而后胜之也，皆前行素修也，所谓仁义之兵也。今汝不求之于本，而索之于末，此世之所以乱也。②

荀子这里依然固执地认定，仁义是根本，将率是末事，以战争手段纵然一时取得成功也不能从根本上杜绝暴乱，所以只能归之于"索之于末"之列。

当孝成王、临武君顺着荀子的思路"问王者之兵，设何道何行而可"时，荀子则不失时机地充分阐发儒家视为圭臬的国家治乱强弱的道理：

> 凡在大王，将率，末事也。臣请遂道王者诸侯强弱、存亡之效，安危之势。君贤者其国治，君不能者其国乱；隆礼贵义者其国治，简礼贱义者其国乱。治者强，乱者弱，是强弱之本也。上足

---

① 王先谦：《荀子集解》，第330—331页。
② 王先谦：《荀子集解》，第331—332页。

仰，则下可用也；上不仰，则下不可用也。下可用则强，下不可用则弱，是强弱之常也。隆礼效功，上也；重禄贵节，次也；上功贱节，下也，是强弱之凡也。好士者强，不好士者弱；爱民者强，不爱民者弱；政令信者强，政令不信者弱；民齐者强，民不齐者弱；赏重者强，赏轻者弱；刑威者强，刑侮者弱；械用兵革攻完便利者强，械用兵革窳楛不便利者弱；重用兵者强，轻用兵者弱；权出一者强，权出二者弱，是强弱之常也。①

这里荀子将国家强盛的条件归结为君王贤明、深具才能、崇尚礼文、尊重正义、国家平治、上足仰、下可用、崇尚事功、喜好贤士、抚爱百姓、政令有信、百姓齐一、赏赐隆重、刑罚威严、器械完好、慎于用兵、兵权专一。在他所列的这17项条件中，只有三项涉及军事，其余14项全是政治。这表明在荀子的心目中，政治是本，军事是末，军事绝对依附于政治，政治好，军事一定好，政治坏，军事一定失败。所以他认定，齐国的技击、魏国的武卒、秦国的锐士虽然都是训练有素的勇士并且一个比一个更骁勇善战，但却比不上齐桓公、晋文公的"节制"，即严明的法纪，而这两个五霸中的佼佼者又比不上笃行仁义的商汤和周武王。从仁义为本出发，荀子将当时人们普遍赞颂的名将田单、庄蹻、商鞅、乐毅贬得很低，认为他们玩弄的道术是偏倚、奸诈、权谋、颠覆，根本达不到君民、将帅和士卒的协和与齐一，他们统帅的士卒只能是"盗兵"，他们指挥的军事行动也不过是"盗兵"的恣意妄为。齐桓公、晋文公、楚庄王、吴王阖闾、越王勾践等所谓春秋五霸，尽管初步进入了礼教之域，但还达不到商汤、周文、武的仁义之境，所以他们只能成就霸业，而不能王天下。

具体到军事，荀子认为一个优秀的将帅，必须具备"六术""五权""三至"和"五㸌"的识见、品格和才能：

> 知莫大乎弃疑，行莫大乎无过，事莫大乎无悔。事至无悔而止矣，成不可必也。故制号政令欲严以威，庆赏刑罚欲必以信，处舍收藏欲周以固，徙举进退欲安以重，欲疾以速，窥敌观变欲潜以

---

① 王先谦：《荀子集解》，第319—320页。

深，欲伍以参，遇敌决战必道吾所明，无道吾所疑，夫是之谓六术。无欲将而恶废，无急胜而忘败，无威内而轻外，无见利而不顾其害，凡虑事欲熟而用财欲泰，夫是之谓五权。所以不受命于主有三，可杀而不可使处不完，可杀而不可使击不胜，可杀而不可使欺百姓，夫是之谓三至。凡受命于主而行三军，三军既定，百官得序，群物皆正，则主不能喜，敌不能怒，夫是之谓至臣。虑必先事而申之以敬，慎终如始，终始如一，夫是之谓大吉。凡百事之成也，必在敬之，其败也，必在慢之。故敬胜怠则吉，怠胜敬则灭。计胜欲则从，欲胜计则凶。战如守，行如战，有功如幸，敬谋无圹，敬事无圹，敬吏无圹，敬众无圹，敬敌无圹，夫是之谓五无圹。慎行此六术、五权、三至。而处之以恭敬无圹，夫是之谓天下之将，则通于神明矣。①

荀子所推崇的"六术"，一是法制、政令要做到严格而具有威慑力；二是庆赏、刑罚要做到确切而坚实；三是驻军、仓库要做到周密而牢固；四是部队转移、进退既要做到安泰而稳重，又要做到迅速而隐秘；五是侦察敌情、观察变化，要做到深入而隐蔽，充分知悉其错综而又复杂的实际情况；六是遇到敌情，决定战略战术，必须根据已经明晰的实际情况，而不能根据怀疑想当然地盲目行动。这六种方术涉及军队纪律、赏罚规则、后勤供应、行军安排、情报获取、敌情处置等诸多方面，包含了战略战术的一些基本理论和原则。荀子强调的"五权"，一是不要喜爱行动而厌恶止息；二是不要急于取胜而忘掉失败；三是不要专注内部而轻视敌方；四是不要光顾利益而忘却危害；五是思考要周密审慎，用财要大度仗义。五权显示了荀子在军事谋划和指挥上的辩证意识，凡事考虑正反两面，预设两种可能，做好两种准备，只有如此才能进退有据，立于不败之地。荀子钟情的"三至"是指将帅拒绝君王授命的三项基本原则：一是宁可被杀戮也不使自己统帅的军队驻扎在守备不坚固的地方；二是宁可被杀戮也不使自己统帅的军队去进攻无法战胜的敌人；三是宁可被杀戮也不可使自己统帅的军队去欺压百姓。这三项内容是"君命有所不受"的原则，体现的是作为将帅必须坚持的爱民、

---

① 王先谦：《荀子集解》，第327—328页。

制胜和体恤士卒的原则。在荀子看来，这是将帅应该遵循的行为准则，也就是底线。荀子特别要求将帅时刻保持警戒状态，拒绝疏忽怠慢，防止欲望过度，警惕立功后的忘乎所以，做到谋虑、事务、官吏、群众、敌人五个方面的问题都不圹，即要求这五个方面的工作件件落到实处，条理清晰，面面俱到。这些内容，加上前面提到的器械完好、慎于用兵、兵权专一等要求，显示了荀子在战略战术方面的准则意识、缜密思考、周全把控和正确运筹。

荀子还十分强调军纪和一系列克敌制胜原则的重要性。当临武君问王者应该有怎样的"军制"时，他这样回答：

> 将死鼓，驭死辔，百吏死职，士大夫死行列。闻鼓声而进，闻金声而退，顺命为上，有功次之。令不进而进，犹令不退而退也，其罪惟均。不杀老弱，不猎禾稼，服者不禽，格者不舍，奔命者不获。凡诛，非诛其百姓也，诛其乱百姓者也。百姓有扞其贼，则是亦贼也。以故顺刃者生，苏刃者死，奔命者贡。微子开封于宋，曹触龙断于军，殷之服民，所以养生之者也，无异周人。故近者歌讴而乐之，远者竭蹶而趋之，无幽闲辟陋之国，莫不趋使而安乐之，四海之内若一家，通达之属莫不从服，夫是之谓人师。《诗》曰："自西自东，自南自北，无思不服。"此之谓也。王者有诛而无战，城守不攻，兵格不击。上下相喜则庆之。不屠城，不潜军，不留众，师不越时。故乱者乐其政，不安其上，欲其至也。①

这里荀子强调的是，所有将帅士卒，都必须忠于职守，必要时以身殉职；都必须严守军纪，令行禁止，不留丝毫通融的余地；还要爱护战区的百姓，不杀戮老弱，不毁坏庄稼；对顺从的敌人不擒拿，对归降的人不捕获，但对拼死抵抗的人不饶恕；对敌人固守的城郭不攻打，对还抱团抵御的敌方士卒百姓不出击；对敌方官兵上下协和者送去祝福；不毁坏城郭，不伏击敌人；用兵作战尽量速战速决，不打旷日持久的消耗战，不在国外留驻重兵。从荀子强调的这些"军制"内容，可以看出他要求将帅士卒要纪律严明，爱护百姓，区别对待不同情况的敌人，注

---

① 王先谦：《荀子集解》，第 328—330 页。

意瓦解敌军，特别要杜绝久拖不决的对外战争，以避师老兵疲，转胜为败。这些内容，除军纪外，也涉及不少战略战术方面的问题，都被他视为克敌制胜的原则和条件。

上面以《议兵篇》为据，简略检视了荀子的军事思想。从中可以清楚地看出，荀子是完全以儒家的立场看待军事、思谋战争，极力强调军事从属政治，战争服务于正义的目标，仁义为本，将率为末。他强调战争的正义性质，认定仁义无敌，无往而不胜。他特别重视军纪，要求将帅士卒忠于职守、严格纪律、爱护百姓，不滥杀无辜，不毁坏财物。他也注重战略战术的某些方面，如提出六术、五权、三至和五不圹等内容，其中既不乏朴素唯物论和辩证法的因素，也显示了他在战略战术方面的一些真知灼见。然而，荀子的军事思想与几位兵学巨擘如孙武、吴起等相比，总体上是比较贫乏的。他强调战争的正义性质，强调仁义为本，强调战争从属政治，虽然都具有积极意义，但他对政治、仁义决定战争胜负的理解是片面的，缺乏辩证思维。他不理解政治与战争的关系是辩证的，两者紧密联系又各自独立，各自具有不同的内涵，二者是不能互相代替的。正义是决定战争胜利的重要和必要条件，但又不是唯一条件，仅仅靠正义并一定能够取胜。因为制胜的因素和条件是多方面的，非正义战争的一方有时也能够取胜。荀子对战略战术的探索更多缺失，特别是拒绝在战争中运用"诡道"更是迂腐之论。因为战场上的"诡道"运思是取胜的重要条件，是将帅战略战术水平高下优劣的重要标志。拒绝诡道的宋襄公在战场上一败涂地，被毛泽东讥讽为"蠢猪式的仁义道德"。荀子虽然生活在战争频仍的战国时代，但他却一生与战争无缘，既没有参与具体战役的谋划，更没有亲临前线指挥战斗，对战争的凶险、残酷和瞬息万变的机遇捕捉相对隔膜。他的军事思想基本上是停留在书斋里的坐而论道，因而有时展露不谙滕里的书呆子气息。所以，荀子虽是一个顶尖的思想家，却只能算末流的军事家。对于军事，他犹如一个站在花园围墙之外的外行人，仅仅是对园内花木做了一点浮光掠影的评点而已。不过，中国历史仿佛是同儒家大师们开玩笑，它没有按照"仁者无敌"的预言走向他们倾情的仁义统一之路，而是在秦王嬴政的运筹下让将帅们指挥的虎狼之师以看似不义的战争手段将六国的抵抗踩在血泊中，使兵家的韬略、智谋和勇敢高奏了一曲胜利的凯歌。

七　君子人格

与孔子、孟子一样，荀子也特别重视君子人格的修养。在《荀子》三十二篇文章中，每篇都提及君子人格问题，而在《劝学》《修身》《不苟》《荣辱》等篇中，更是集中对这一问题进行论述。首篇《劝学》则以"君子曰"拉开全书的帷幕。显然，在荀子等儒家学派眼里，这是一个需要着力探索的重要问题之一。

荀子认定，君子之所以成为君子，最根本的是遵礼崇师，以礼法作为自己行为的准则，以从师那里获得礼法的全部知识和学问为荣：

> 礼者，所以正身也；师者，所以正礼也。无礼，何以正身？无师，吾安知礼之为是也？礼然而然，则是情安礼也；师云而云，则是知若师也。情安礼，知若师，则是圣人也。故非礼，是无法也；非师，是无师也。不是师法，而好自用，譬之是犹以盲辨色、以聋辨声也，舍乱妄无为也。故学也者，礼法也。夫师，以身为正仪，而贵自安者也。①

> 扁善之度，以治气养生，则后彭祖，以修身自名，则配尧、禹。宜于时通，利以处穷，礼信是也。凡用血气、志意、知虑，由礼则治通，不由礼则勃乱提僈；食饮、衣服、居处、动静，由礼则和节，不由礼则触陷生疾；容貌、态度、进退、趋行，由礼则雅，不由礼则夷固辟违，庸众而野。故人无礼则不生，事无礼则不成，国家无礼则不宁。②

自然，君子治理国家和社会，也是以礼义为准绳，屏除"治乱"，达到"治治"之境：

> 君子治治，非治乱也。曷谓邪？曰：礼义之谓治，非礼义之谓乱也。故君子者，治礼义者也，非治非礼义者也。然则国乱将弗治与？曰：国乱而治之者，非案乱而治之之谓也，去乱而被之以治；人污而修之者，非案污而修之之谓也，去污而易之以修。故去乱而

---

① 王先谦：《荀子集解》，第 39—40 页。
② 王先谦：《荀子集解》，第 25—27 页。

非治乱也,去污而非修污也。治之为名,犹曰君子为治而不为乱,为修而不为污也。①

荀子从"人性恶"的前提出发,认为所有人的人性原本都是相同的,后来之所以出现君子小人的分野,是因为后天学习的差异,即"注错"(学习积累)当与不当的问题。"注错"当则成为君子,"注错"不当则成为小人恶人:

> 荣辱之大分,安危利害之常体。先义而后利者荣,先利而后义者辱;荣者常通,辱者常穷;通者常制人,穷者常制于人,是荣辱之大分也。材悫者常安利,荡悍者常危害;安利者常乐易,危害者常忧险;乐易者常寿长,忧险者常夭折,是安危利害之常体也。夫天生烝民,有所以取之。志意致修,德行致厚,智虑致明,是天子之所以取天下也。政令法,举措时,听断公,上则能顺天子之命,下则能保百姓,是诸侯之所以取国家也。志行修,临官治,上则能顺上,下则能保职,是士大夫之所以取田邑也。修法则、度量、刑辟、图籍,不知其义,谨守其数,慎不敢损益也,父子相传,以持王公,是故三代虽亡,治法犹存,是官人百吏之所以取禄职也。孝悌原悫,䎡录疾力,以敦比其事业而不敢怠傲,是庶人之所以取暖衣饱食,长生久视,以免于刑戮也。饰邪说,文奸言,为倚事,陶诞突盗,惕悍骄暴,以偷生反侧于乱世之间,是奸人之所以取危辱死刑也。其虑之不深,其择之不谨,其定取舍楛僈,是其所以危也。材性知能,君子、小人一也。好荣恶辱,好利恶害,是君子、小人之所同也,若其所以求之之道则异矣。小人也者,疾为诞而欲人之信己也,疾为诈而欲人之亲己也,禽兽之行而欲人之善己也。虑之难知也,行之难安也,持之难立也,成则必不得其所好,必遇其所恶焉。故君子者,信矣,而亦欲人之信己也;忠矣,而亦欲人之亲己也;修正治辨矣,而亦欲人之善己也。虑之易知也,行之易安也,持之易立也,成则必得其所好,必不遇其所恶焉。是故穷则不隐,通则大明,身死而名弥白。小人莫不延颈举踵而愿曰:"知

---

① 王先谦:《荀子集解》,第52页。

虑材性，固有似贤人也。"夫不知其与己无以异也。则君子注错之当，而小人注错之过也。①

端悫顺弟，则可谓善少者矣；加好学逊敏焉，则有钧无上，可以为君子者矣。②

因为荀子笃信君子是由于自己修养而成的，所以他特别看重人的自我修养，要求在选师择友方面慎之又慎，对那些"谄谀我者"以"贼"视之，坚决拒之门外：

故非我而当者，吾师也；是我而当者，吾友也；谄谀我者，吾贼也。故君子隆师而亲友，以致恶其贼。好善无厌，受谏而能诫，虽欲无进，得乎哉！小人反是，致乱而恶人之非己也，致不肖而欲人之贤己也，心如虎狼，行如禽兽，而又怨人之贼己也。谄谀者亲，谏诤者疏，修正为笑，至忠为贼，虽欲无灭亡，得乎哉！③

在具体修养方法方面，荀子推出"治气养心之术"，以崇师为前提，以遵礼为标准，修为自己的品格言行，在矛盾中寻找平衡，以达到最佳的"中庸"之境，能够使品格圆融，行为恰到好处：

治气养心之术，血气刚强，则柔之以调和；知虑渐深，则一之以易良；勇胆猛戾，则辅之以道顺；齐给便利，则节之以动止；狭隘偏小，则廓之以广大；卑湿、重迟、贪利，则抗之以高志；庸众驽散，则刦之以师友；怠慢僄弃，则炤之以祸灾；愚款端悫，则合之以礼乐，通之以思索。凡治气养心之术，莫径由礼，莫要得师，莫神一好，夫是之谓治气养心之术也。④

君子宽而不僈，廉而不刿，辩而不争，察而不激，直立而不胜，坚强而不暴，柔从而不流，恭敬谨慎而容，夫是之谓至文。⑤

---

① 王先谦：《荀子集解》，第68—72页。
② 王先谦：《荀子集解》，第40页。
③ 王先谦：《荀子集解》，第24—25页。
④ 王先谦：《荀子集解》，第29—31页。
⑤ 王先谦：《荀子集解》，第47—48页。

> 君子易知而难狎，易惧而难胁，畏患而不避义死，欲利而不为所非，交亲而不比，言辩而不辞。荡荡乎，其有以殊于世也。①
>
> 君子崇人之德，扬人之美，非谄谀也；正义直指，举人之过，非毁疵也；言己之光美，拟于舜、禹，参于天地，非夸诞也；与时屈伸，柔从若蒲苇，非慑怯也；刚强猛毅，靡所不信，非骄暴也。以义变应，知当曲直故也。②

荀子还认为，君子除了具备"治气养心之术"而外，还应该具有"操术"，即治理国家和社会的理论和方法：

> 君子位尊而志恭，心小而道大，所听视者近，而所闻见者远。是何邪？则操术然也。故千人万人之情，一人之情也；天地始者，今日是也；百王之道，后王是也。君子审后王之道，而论于百王之前，若端拜而议。推礼义之统，分是非之分，总天下之要，治海内之众，若使一人，故操弥约而事弥大。五寸之矩，尽天下之方也。故君子不下室堂，而海内之情举积此者，则操术然也。③

荀子进而认定，君子在遵礼行法中还需要保持始终不渝的定力，不受任何干扰："君子行不贵苟难，说不贵苟察，名不贵苟传，唯其当之为贵。"④ 认准目标，坚定前行。既能杜绝富贵利禄的引诱，也能经得起贫贱、劳苦、困难的磨炼和考验，秉持以德抗位的初衷，我行我素，只求内心之安然与疏朗：

> 志意修则骄富贵，道义重则轻王公，内省则外物轻矣。传曰："君子役物，小人役于物。"此之谓也。身劳而心安，为之；利少而义多，为之。事乱君而通，不如事穷君而顺焉。故良农不为水旱不耕，良贾不为折阅不市，士君子不为贫穷怠乎道。⑤

---

① 王先谦：《荀子集解》，第46页。
② 王先谦：《荀子集解》，第48—49页。
③ 王先谦：《荀子集解》，第56—57页。
④ 王先谦：《荀子集解》，第43页。
⑤ 王先谦：《荀子集解》，第31—32页。

> 体恭敬而心忠信，术礼义而情爱人，横行天下，虽困四夷，人莫不贵。劳苦之事则争先，饶乐之事则能让，端悫诚信，拘守而详，横行天下，虽困四夷，人莫不任。体倨固而心执诈，术顺墨而精杂汙，横行天下，虽达四方，人莫不贱。劳苦之事则偷儒转脱，饶乐之事则佞兑而不曲，辟违而不悫，程役而不录，横行天下，虽达四方，人莫不弃。①
>
> 君子之求利也略，其远害也早，其避辱也惧，其行道理也勇。君子贫穷而志广，富贵而体恭，安燕而血气不惰，劳倦而容貌不枯，怒不过夺，喜不过予。君子贫穷而志广，隆仁也；富贵而体恭，杀势也；安燕而血气不衰，柬理也；劳倦而容貌不枯，好交也。怒不过夺，喜不过予，是法胜私也。②

再进一步，荀子将君子修养的功夫锁定于"诚"，而这个诚的核心内容就是"唯仁之为守，唯义之为行"，这显然已经回到了孔子、孟子等儒学大师的中心议题：

> 君子养心莫善于诚，致诚则无他事矣，唯仁之为守，唯义之为行。诚心守仁则形，形则神，神则能化矣；诚心行义则理，理则明，明则能变矣。变化代兴，谓之天德。天不言而人推高焉，地不言而人推厚焉，四时不言而百姓期焉。夫此有常，以至其诚者也。君子至德，嘿然而喻，未施而亲，不怒而威。夫此顺命，以慎其独者也。善之为道者，不诚则不独，不独则不形，不形则虽作于心，见于色，出于言，民犹若未从也，虽从必疑。天地为大矣，不诚则不能化万物；圣人为知矣，不诚则不能化万民；父子为亲矣，不诚则疏；君上为尊矣，不诚则卑。夫诚者，君子之所守也，而政事之本也。唯所居以其类至，操之则得之，舍之则失之。操而得之则轻，轻则独行，独行而不舍，则济矣。济而材尽，长迁而不反其初，则化矣。③

---

① 王先谦：《荀子集解》，第32—35页。
② 王先谦：《荀子集解》，第41—42页。
③ 王先谦：《荀子集解》，第53—56页。

与此同时，君子应该警惕"诚"的对立面，同时力图避免"偏伤之患"：

> 公生明，偏生暗，端悫生通，诈伪生塞，诚信生神，夸诞生惑。此六生者，君子慎之，而禹、桀所以分也。①
>
> 欲恶取舍之权：见其可欲也，则必前后虑其可恶也者；见其可利也，则必前后虑其可害也者；而兼权之，熟计之，然后定其欲恶取舍。如是，则常不失陷矣。凡人之患，偏伤之也。见其可欲也，则不虑其可恶也者；见其可利也，则不顾其可害也者。是以动则必陷，为则必辱，是偏伤之患也。②

荀子在论述君子人格的过程中，不时拿出小人作为对立面，以展示君子与小人的根本不同，以求在对比映照中进一步彰显君子的伟大和小人的卑微：

> 君子能亦好，不能亦好；小人能亦丑，不能亦丑。君子能则宽容易直以开道人，不能则恭敬繜绌以畏事人；小人能则倨傲僻违以骄溢人，不能则妒忌怨诽以倾覆人。故曰：君子能则人荣学焉，不能则人乐告之；小人能则人贱学焉，不能则人羞告之，是君子小人之分也。③
>
> 君子、小人之反也，君子大心则天而道，小心则畏义而节。知则明通而类，愚则端悫而法；见由则恭而止，见闭则敬而齐；喜则和而理，忧则静而理；通则文而明，穷则约而详。小人则不然，大心则慢而暴，小心则流淫而倾，知则攫盗而渐，愚则毒贼而乱；见由则兑而倨，见闭则怨而险；喜则轻而翾，忧则挫而慑；通则骄而偏，穷则弃而儑。④
>
> 快快而亡者，怒也；察察而残者，忮也；博而穷者，訾也；清之而俞浊者，口也；豢之而俞瘠者，交也；辩而不说者，争也；直

---

① 王先谦：《荀子集解》，第 59—60 页。
② 王先谦：《荀子集解》，第 60 页。
③ 王先谦：《荀子集解》，第 46—47 页。
④ 王先谦：《荀子集解》，第 49—51 页。

立而不见知者,胜也;廉而不见贵者,刿也;勇而不见惮者,贪也;信而不见敬者,好剸行也;此小人之所务,而君子之所不为也。①

有狗彘之勇者,有贾盗之勇者,有小人之勇者,有士君子之勇者。争饮食,无廉耻,不知是非,不辟死伤,不畏众强,悻悻然唯利饮食之见,是狗彘之勇也。为事利,争货财,无辞让,果敢而振,猛贪而戾,悻悻然唯利之见,是贾盗之勇也。轻死而暴,是小人之勇也。义之所在,不倾于权,不顾其利,举国而与之不为改视,重死持义而不挠,是士君子之勇也。②

有通士者,有公士者,有直士者,有悫士者,有小人者。上则能尊君,下则能爱民,物至而应,事起而辨,若是,则可谓通士矣。不下比以誾上,不上同以疾下,分争于中,不以私害之,若是,则可谓公士矣。身之所长,上虽不知,不以悖君,身之所短,上虽不知,不以取赏,长短不饰,以情自竭,若是,则可谓直士矣。庸言必信之,庸行必慎之,畏法流俗而不敢以其所独甚,若是,则可谓悫士矣。言无常信,行无常贞,唯利所在,无所不倾,若是,则可谓小人矣。③

荀子的君子人格论,在继承孔子、孟子思想的基础上,又作了明显的丰富和发展。一方面加强了君子的法制意识,一方面加重了君子后天的修养理念,使孔子、孟子创立的君子人格理论更加臻于完善。

---

① 王先谦:《荀子集解》,第63—64页。
② 王先谦:《荀子集解》,第65—66页。
③ 王先谦:《荀子集解》,第57—59页。

第十章　道家的政治思想

第一节　庄子学派的政治思想

一　庄子其人

以老子为创始人的道家学派，基本上是楚文化孕育出来的一个思想学术流派。至战国中期，宋国人庄周成为道家学派的主要代表人物。记在他名下的《庄子》一书，以其智慧雄辩、机敏诡异、汪洋恣肆使道家学派再展辉煌。他隐居乡野，远离政坛，除了同宋国相惠施有些往来，与其他同辈思想界的雄杰之士极少交往，因而在当时影响不是很大。《史记·老子韩非列传》对其事迹有一个简略的记载：

> 庄子者，蒙人也，名周。周尝为蒙漆园吏，与梁惠王、齐宣王同时。其学无所不窥，然其要本归于老子之言。故其著书十余万言，大抵率寓言也。作《渔父》《盗跖》《胠箧》，以诋訾孔子之徒，以明老子之术。《畏累虚》《亢桑子》之属，皆空语无事实。然善属书离辞，指事类情，用剽剥儒、墨，虽当世宿学不能自解免也。其言洸洋自恣以适己，故自王公大人不能器之。楚威王闻庄周贤，使使厚币迎之，许以为相。庄周笑谓楚使者曰："千金，重利；卿相，尊位也。子独不见郊祭之牺牛乎？养食之数岁，衣以文绣，以入太庙。当是之时，虽欲为孤豚，岂可得乎？子亟去，无污我。我宁游戏污渎之中自快，无为有国者所羁，终身不仕，以快吾志焉。"①

---

① 司马迁：《史记》卷63《老子韩非列传》，第2143—2145页。

如此看来，在先秦诸子中，庄子基本上属于隐逸之人。他长期居住于偏僻的乡间，只担任过漆园吏这样的小官。据学者们考证，这一官职，或者是管理漆园地方的小吏，类似后世的乡镇长，或者是管理漆树的种植园长。总之是秩级很低、收入微薄的基层员吏，可能任职的时间也不长。他一生的大部分时间大概是在聚徒讲学中度过的，但他名下的学生估计也不多，与孔子孟子"后车数十乘"、弟子数百人的盛况不可同日而语，所以留下姓名，特别是发达的弟子寥寥无几。如此一来，庄子一生就与穷困结缘。《庄子》一书中有他向监河侯借粮的记载，也有他妻子死后无钱下葬窘况的记述。他结交的唯一达官贵人是宋国相惠施，他也许是为庄子提供生活资助的亲密朋友。由于庄子一生低调，既不屑与高官显贵交往，也懒得与当时思想文化界的名人交际，因而错失了与同时代人的思想交锋。他是在基本脱离主流社会、以自我满足为中心的沉潜思考中生活的。所以在与他同时代人如孟子等人的著作中看不到他的影子。这说明他在当时的思想文化界没有多少影响。至于《史记·老子韩非列传》中记载的楚威王"使使厚币迎之，许以为相"被他严词拒绝的故事，很可能是出于庄子后学的杜撰，目的是以此抬高他们学派的身价。不要说庄子声名传到楚国的可能性很小，即使真的为楚威王知晓，楚威王也不会聘他为相，除非楚威王的神经出了毛病，否则，他怎么可能将追求富国强兵的希望寄托在这样一个没有任何担当意识的人身上？这一记载，只能作为《庄子》一书中众多的寓言故事之一看待。

庄子其人其书在当时的影响并不大，其影响之逐步扩展主要在后世，特别是在魏晋玄学大昌的时候。庄子不仅被尊为道教的一代宗师——南华真人，其著作也被尊为道教的主要经典——《南华经》，与《周易》《道德经》一起成为玄学的元典"三玄"。不过，作为战国时期道家学派扛鼎的人物，可能由于与惠施熟稔，且也有一些弟子散处列国，庄子对此前和当时思想学术界的情况还是比较熟悉，对此期流传于世的各种典籍也熟读过而理解透辟。这从《天下篇》他对同时代各家思想学术的评判中可以发现。他在中国思想史上的贡献是巨大的。没有庄子和他的著作，先秦思想的天空就少了一颗耀眼的星星，中国思想史和文学史也犹如天缺一角。

在《天下篇》中，庄子对自己的思想有着较精准的概括。可以作为解开庄子思想的钥匙：

寂漠无形，变化无常，死与生与，天地并与，神明往与！芒乎何之，忽乎何适，万物毕罗，莫足以归，古之道术有在于是者，庄周闻其风而悦之。以谬悠之说，荒唐之言，无端崖之辞，时恣纵而不傥，不以觭见之也。以天下为沉浊，不可与庄语，以卮言为曼衍，以重言为真，以寓言为广。独与天地精神往来而不敖倪于万物，不谴是非，以与世俗处。其书虽瑰玮而连犿无伤也。其辞虽参差而諔诡可观。彼其充实不可以已，上与造物者游，而下与外死生无终始者为友。其于本也，弘大而辟，深闳而肆；其于宗也，可谓调适而上遂矣。虽然，其应于化而解于物也，其理不竭，其来不蜕，芒乎昧乎，未之尽者。①

庄子故里"蒙"的方位，后世学者有安徽、河南、山东三说。比较而言，山东东明说较为可信。②

《庄子》一书今存33篇，其中包括内篇7，外篇15，杂篇11。这些著作与庄子的关系，学术界长期聚讼纷纭。我们认定，33篇应大部出自庄子之手，也都经过其后学的润色并添加了一些内容，大部分也符合庄子的理念，可视为庄子及其学派的思想资料。

二 "道"论和认识论

老子作为道家学派的创始人，他赋予"道"特别丰富的内涵，使其成为独立存在而又创造天地万物的精神本体：

道生一，一生二，二生三，三生万物。③
有物混成，先天地生。寂兮寥兮，独立而不改，周行而不殆，可以为天下母。吾不知其名，故强字之曰道。④

庄子接续老子，在《大宗师》中对"道"作了进一步的阐发：

---

① 陈鼓应注译：《庄子今注今译》，第939—940页。
② 孟祥才、胡新生：《齐鲁思想文化史：从地域文化到主流文化》，第403页。
③ 陈鼓应注译：《老子今注今译》，第233页。
④ 陈鼓应注译：《老子今注今译》，第169页。

> 夫道，有情有信，无为无形，可传而不可受，可得而不可见；自本自根，未有天地，自古以固存；神鬼神帝，生天生地；在太极之先而不为高，在六极之下而不为深，先天地生而不为久，长于上古而不为老。狶韦氏得之，以挈天地；伏羲氏得之，以袭气母；维斗得之，终古不忒；日月得之，终古不息；堪坏得之，以袭昆仑；冯夷得之，以游大川；肩吾得之，以处大山；黄帝得之，以登云天；颛顼得之，以处玄宫；禺强得之，立乎北极；西王母得之，坐乎少广，莫知其始，莫知其终；彭祖得之，上及有虞，下及五伯；傅说得之，以相武丁，奄有天下，乘东维，骑箕尾，而比于列星。①

此一阐发，基本上没有超越老子的藩篱，但是进一步凸显了道作为无处不在、无时不在、无所不能的造物主的形象，无论是自然界的事事物物，还是人世间的各类角色，都是因为得之于道才成为各具特色的他自己。

庄子没有就此止步。在《齐物论》中他又对宇宙万物的"始""未始"与"有""无"作了一番认真的追寻：

> 有始也者，有未始有始也者，有未始有夫未始有始也者。有有也者，有无也者，有未始有无也者，有未始有夫未始有无也者。俄而有无矣，而未知有无之果孰有孰无也。②

这显然是一番没有结果的追寻，因为对始于未始、有与无的终极追问是不可能有结果的。

最后，庄子以凸显的自我与造物主的"道"合流："天地与我并生，而万物与我为一。"至此，庄子完成了"道"由客观存在的精神向"道"我合二而一的转化，即由客观唯心论向主观唯心论的转化。不过，在大多数论述中，庄子仍然使"道"保持了其客观独立性，而将那个与"道"同体的"自我"隐于幕后。有些认定庄子是唯物论的学者，力图从"道"与万物的关系中找到答案：

---

① 陈鼓应注译：《庄子今注今译》，第 199 页。
② 陈鼓应注译：《庄子今注今译》，第 80 页。

天之自高，地之自厚，日月之自明。①

　　天地固有常矣，日月固有明矣，星辰自有列矣，禽兽固有群矣，树木自有立矣。……循道而趋，已至矣。②

乍一看，在庄子那里，天、地、日、月、星辰、禽兽等自然界的具体事物都在自生自灭，自己运动，没有外力的干预和支配，而实际上谁也离不开那个"无为而无不为"的"道"的制约，它们只能"循道而趋"，而不可能离"道"而行。下面两段话将"道"与物之间的关系讲得更加分明：

　　道无终始，物有死生，不恃其成；一虚一盈，不位乎其形。年不可举，时不可止；消息盈虚，终则有始。……物之生也，若骤若驰，无动而不变，无时而不移。何为乎，何不为乎？夫固将自化。③

　　夫昭昭生于冥冥，有伦生于无形，精神生于道，形本生于精，而万物以形相生，故九窍者胎生，八窍者卵生。……天不得不高，地不得不广，日月不得不行，万物不得不昌，此其道与！④

当人们面对物"自化"和天、地、万物"不得不"的表述时，很容易将其与唯物论联系在一起，因为物的自生自化与自己运动正是唯物论物质观的朴素表述。但是，不要忘了，在庄子那里，天地万物之上还有一个"无为而无不为"的最高主宰"道"，其"无为"似乎给了天地万物以"自为""自化"的空间，但其"无不为"又恰恰表明了天地万物一刻也离不开"道"的制约。而此时，"道"已经与庄子这个"我"合而为一了。不过，在庄子的著作中，"我"自身并不张扬，而被一再张扬的是"道"。这个"道"是自然的，也是虚无的，实在的世界的一切都是虚无自然的一切衍化出来的。在这个自然虚化而又全能的造物主面前，人类自身的活动既是无能为力的，也是

---

① 陈鼓应注译：《庄子今注今译》，第577页。
② 陈鼓应注译：《庄子今注今译》，第375页。
③ 陈鼓应注译：《庄子今注今译》，第356—357页。
④ 陈鼓应注译：《庄子今注今译》，第607页。

不必要的："日月出矣,而爝火不息,其于光也,不亦难乎?时雨降矣,而犹浸灌,其于泽也,不亦宜乎?"① 由此出发,庄子演绎出自己独特的认识论和人生哲学。

人类作为认识主体诞生以后,其对世界的认识一直面对着这样几个基本问题:第一,认识的客体——自然界、人类社会、人自身,是否是客观存在?有无质的稳定性?能不能被认识?第二,人有没有认识事物的能力?第三,人的认识过程怎样?人的感觉能否感知客观存在?人的思维能否认识客观真理?

庄子对这些问题统统作了否定性的回答,展示了他从相对主义到虚无主义的认识路径:

> 北海若曰:以道观之,物无贵贱。以物观之,自贵而相贱。以俗观之,贵贱不在己。以差观之,因其所大而大之,则万物莫不大。因其所小而小之,则万物莫不小。……以功观之,因其所有而有之,则万物莫不有。因其所无而无之,则万物莫不无。……以趣观之,因其所然而然之,则万物莫不然。因其所非而非之,则万物莫不非。②

> 物无非彼,物无非是。自彼则不见,自知则知之。故曰彼出于是,是亦因彼。彼是方生之说也,虽然,方生方死,方死方生;方可方不可,方不可方可。因是因非,因非因是。是以圣人不由,而照之于天,亦因是也。是亦彼也,彼亦是也。彼亦一是非,此亦一是非。果且有彼是乎哉?果且无彼是乎哉?彼是莫得其偶,谓之道枢。始得其环中,以应无穷。是亦一无穷,非亦一无穷也。故曰莫若以明。③

> 天下莫大于秋毫之末,而太山为小;莫寿乎殇子,而彭祖为夭。天地与我并生,而万物与我为一。既已为一矣,且得有言乎?既已谓之一矣,且得无言乎?一与言为二,二与一为三。自此以往,巧历不能得,而况其凡乎?故自无适有,以至于三,而况自有适有乎!无适焉,因是已。④

---

① 陈鼓应注译:《庄子今注今译》,第22页。
② 陈鼓应注译:《庄子今注今译》,第452页。
③ 陈鼓应注译:《庄子今注今译》,第62页。
④ 陈鼓应注译:《庄子今注今译》,第80—81页。

庄子这里表述的是一种彻底的绝对的相对论。在他眼里，世界的一切，贵贱、大小、有无、然否，即从客观存在的事物到人的主观认识能力，都是相对的，任何东西都不存在质的规定性。所有的差别、对立等，都只不过是因为观察角度的差异而产生的主观感觉的不同。

仔细分析，庄子的相对主义是由三部分组成的。

第一，他认为认识的客体，即客观存在的事物的差别是相对的。他抓住客观事物差别相对性的一面，加以无限夸大，从而否认客观事物质的规定性，达到消解事物之间区别的目的。《庄子·齐物论》中有这样一段话：

> 以指喻指之非指，不若以非指喻指之非指也。以马喻马之非马，不若以非马喻马之非马也。天地一指也，万物一马也。可乎可，不可乎不可。道行之而成，物谓之而然。恶乎然，恶乎不然，不然乎不然。物固有所然，物固有所可，无物不然，无物不可。故为是举莛与楹，厉与西施，恢恑憰怪，道通为一，其分也成也，其成也毁也，凡物无成与毁，复通为一。①

这里庄子明白指出，指与非指，马与非马，然与不然，可与不可，细小的文莛与粗大的楹柱，丑陋的厉与美丽的西施，还有成与毁，以道观之，都通为一，根本不存在质的差别。所以在《德充符》中，他借孔子之口说："自其异者视之，肝胆楚越也；自其同者视之，万物皆一也。"② 既然事物之间根本不存在质的差别，那么，大小、美丑、前后、左右、远近、久暂、高矮、长短、苦乐、勇怯等，都在相对主义的魔杖下变成没有任何区别的"一"了。庄子对自己的认识十分执着，他的妻子死了，他毫无悲痛之感，而是"鼓盆而歌"。因为在他看来，生和死是没有区别的，并且，歌与哭同样是没有区别的，其中何者表示悲哀也是不能判定的。

第二，庄子认为认识的主体人的认识能力同样是相对的。人们根本无法判定自己、他人的认识是否正确。在《齐物论》中，他借啮缺与王倪的对话，以人、泥鳅感受的不同，以人、麋鹿、蛇、鸱鸦和猴子对

---

① 陈鼓应注译：《庄子今注今译》，第66—69页。
② 陈鼓应注译：《庄子今注今译》，第160页。

食物选择的不同，以人、鱼、鸟、麋鹿对美女态度的不同，证明认识主体认识判断的相对性，由此引申对仁义、是非认识的不确定性。庄子将人们主观认识的相对性绝对化，从而否定人们正确认识事物的能力。由此他否定梦与醒的区别，引出那个庄周化蝴蝶的著名典故。庄子随后搬出"至人"这个他心目中的神灵，作为否定认识和是非利害的典型。在《养生主》中，他又以人生短暂与知识无穷的矛盾消解人们的认识。他说："吾生也有涯而知无涯，以有涯随无涯，殆矣。为善无近名，为恶无近刑，缘督以为经，可以保身，可以全生，可以养亲，可以尽年。"① 这里庄子提出了认识客体（知）无限性与认识主体（生）有限性的矛盾，这的确是困扰历代思想家的一个不易解开的结，显示了他对认识问题的深入思考。但他面对困惑采取的是极其消极的态度，既然短暂的人生不能穷尽无限的知识，勉强为之又会身心疲惫，那就不如彻底放弃认识而保身全生，以尽天年。

第三，庄子否定检验真理有一个客观标准。他认为是非、真假、对错都没有质的规定性，都是相对的，因为没有确定性，也就不存在检验真理的客观标准。在《齐物论》中，他以人们的互相辩诘为例，说明是非的不确定性：

> 既使我与若辩矣，若胜我，我不若胜，若果是也？我果非也邪？我胜若，若不吾胜，我果是邪？而果非也邪？其或是也？其或非也邪？其俱是也？其俱非也邪？我与若不能相知也。则人固受其黑暗，吾谁使正之？使同乎若者正之，既与若同矣，恶能正之？使同乎我者正之，既同乎我矣，恶能正之？使异乎我与若者正之，既异乎我与若矣，恶能正之？使同乎我与若者正之，既同乎我与若矣，恶能正之？然则我与若与人，俱不能相知也。②

庄子的意思是，面对任何一个论题，有几个人就有几种观点，而在千差万别的观点中，你根本无法确定哪种观点是正确的。因为世界是不可认识的，人的感觉、理性对外界的感知又是千差万别的，所以是非、真假、对错都是相对的，根本就不存在一个公认的评判标准。由此也就

---

① 陈鼓应注译：《庄子今注今译》，第104页。
② 陈鼓应注译：《庄子今注今译》，第98页。

形成此亦一是非、彼亦一是非、公说公有理、婆说婆有道的局面。而在庄子看来，这种是是非非的争论是没有必要的，也是十分可笑的。他编造了一个朝三暮四、暮四朝三的寓言故事，说明人世间的是非争论犹如猴子争食橡子的争论一样可笑。由于否定各种事物之间质的差别，也就泯灭了生死、是非的界限，所以他经常阐发一些违背常识的可笑之论：

> 昔者庄周梦为蝴蝶，栩栩然蝴蝶也，自喻适志与，不知周也。俄然觉，则蘧蘧然周也。不知周之梦为蝴蝶与，蝴蝶之梦为周与？周与蝴蝶，则必有分矣，此之谓物化。①

> 庄子妻死，惠子吊之，庄子则方箕倨鼓盆而歌。惠子曰："与人居，长子、老、身死不哭，亦足矣，又鼓盆而歌，不亦甚乎！"庄子曰："不然。是其始死也，我独何能无概然！察其始而本无生，非徒无生也而本无形，非徒无形也而本无气。杂乎芒芴之间，变而有气，气变而有形，形变而有生，今又变而之死，是相与为春秋冬夏四时行也。人且偃然寝于巨室，而我噭噭然随而哭之，自以为不通乎命，故止也。"②

> 庄子将死，弟子欲厚葬之。庄子曰："吾以天地为棺椁，以日月为连璧，星辰为珠玑，万物为赍送，吾葬具岂不备邪，何以加此！"弟子曰："吾恐乌鸢之食夫子也。"庄子曰："在上为乌鸢食，在下为蝼蚁食，夺彼与此，何其偏也！"③

庄子沿着是非的相对性前进，最后达到消解是非的不可知论，显示了其认识论的根本缺陷。一是认为世界不可知，人也没有认识世界的能力。二是否认检验真理的标准，压根就不承认实践是检验真理的标准。

列宁对相对主义的批判，可以帮助我们深化对庄子认识论的理解：

> 把相对主义作为认识论的基础，就必然使自己不是陷入绝对怀疑论、不可知论和诡辩，就是陷入主观主义。作为认识论基础的相对主义，不仅承认我们知识的相对性，并且还否定任何为我们的相

---

① 陈鼓应注译：《庄子今注今译》，第101—102页。
② 陈鼓应注译：《庄子今注今译》，第484—485页。
③ 陈鼓应注译：《庄子今注今译》，第903页。

对认识所逐渐接近的、不依赖于人类而存在的、客观的准绳或模特儿。从赤裸裸的相对主义的观点出发,可以证明任何诡辩都是正确的。①

三 文明退步与"至德之世"

庄子所处的时代,是中国封建制度刚刚建立而奴隶制的残余还大量存在的时代。新旧纠结,死生相伴,死的拖住活的现象比比皆是,许多古老的原则和神圣的观念遭到亵渎。面对此情此景,庄子的心在震颤中流血。他认为人类文明的前进运动给社会带来的不是光明和欢笑,而是黑暗与痛苦。社会的物质文明每前进一步,人们的道德就退后一步;社会的制度文明每前进一步,人们的精神文明就后退一步:

盗跖:"且吾闻之,古者禽兽多而人民少,于是民皆巢居以避之,昼拾橡栗,暮栖木上,故命之曰有巢氏之民。古者民不知衣服,夏多积薪,冬则炀之,故命之曰知生之民。神农之世,卧则居居,起则于于,民知其母,不知其父,与麋鹿共处,耕而食,织而衣,无有相害之心,此至德之隆也。然而黄帝不能致德,与蚩尤战于涿鹿之野,流血百里。尧舜作,立群臣,汤放其主,武王杀纣。自是之后,以强凌弱,以众暴寡。汤武以来,皆乱人之徒也。"②

老聃曰:"小子少进!余语汝三皇五帝之治天下。黄帝之治天下,使民心一,民有其亲死不哭而民不非也。尧之治天下,使民心亲,民有为其亲杀其杀而民不非也。舜之治天下,使民心竞,民孕妇十月生子,子生五月而能言,不至乎孩而始谁,则人始有夭矣。禹之治天下,使民心变,人有心而兵有顺,杀盗非杀人,自为种而天下耳,是以天下大骇,儒墨皆起,其始作有伦,而今乎妇女何言哉!余语汝,三皇五帝之治天下,名曰治之,而乱莫甚焉。三皇之知,上悖日月之明,下睽山川之精,中堕四时之施,其知僭于厉虿之尾,鲜规之兽,莫得安其性命之情者,而犹自以为圣人,不可耻乎,其无耻也?"③

---

① 《列宁选集》第2卷,人民出版社1972年版,第136页。
② 陈鼓应注译:《庄子今注今译》,第827页。
③ 陈鼓应注译:《庄子今注今译》,第413页。

古之人，在混芒之中，与一世而得澹漠焉。当是时也，阴阳和静，鬼神不扰，四时得节，万物不伤，群生不夭，人虽有知，无所用之，此之谓至一。当是时也，莫之为而常自然。逮德下衰，及燧人伏羲始为天下，是故顺而不一。德又下衰，及神农黄帝始为天下，是故安而不顺。德又下衰，及唐虞始为天下，兴治化之流，浇淳散朴，离道以为，险德以行，然后去性而从于心。心与心识知，而不足以定天下，然后附之以文，益之以博。文灭质，博溺心，然后民始惑乱，无以反其性情而复其初。①

庄子以冷眼旁观的态度看待社会的变化，满眼都是阴暗与不平。他直斥三皇五帝等圣人"无耻"，将儒家鼓吹的"仁义是非"比喻为"黥刑"和"劓刑"②。在他看来，当时的社会一无是处，当权者混乱无比，道德沦丧，一切都以私利为准，杀伐、欺诈、蒙骗是家常便饭，对百姓如虎似狼。百姓的感觉是"方今之时，仅免刑焉。福轻乎羽，莫之知载；祸重乎地，莫之知避"③，已经到了"生不可悦，死不可恶"的地步。而所有这一切违背自然人生、社会公理的乱象之所以出现并被人们视为常态，就是因为"圣人"出世，而儒、墨等思想家大力提倡仁义礼智信等信条，致使古老社会的良风美俗扫荡净尽：

圣人不死，大盗不止。虽重圣人而治天下，则是重利盗跖也。为之斗斛以量之，则并与斗斛而窃之；为之权衡以称之，则并与权衡而窃之；为之符玺以信之，则并与符玺而窃之；为之仁义以矫之，则并与仁义而窃之。何以知其然邪？彼窃钩者诛，窃国者为诸侯，诸侯之门而仁义存焉，则是非窃仁义圣知邪？故逐于大盗，揭诸侯，窃仁义并斗斛权衡符玺之利者，虽有轩冕之赏弗能劝，斧钺之威弗能禁。此重利盗跖而使不可禁者，是乃圣人之过也。④

故绝圣弃知，大盗乃止；擿玉毁珠，小盗不起；焚符破玺，而民朴鄙；掊斗折衡，而民不争；殚残天下之圣法，而民始可与论

---

① 陈鼓应注译：《庄子今注今译》，第434—435页。
② 陈鼓应注译：《庄子今注今译》，第222页。
③ 陈鼓应注译：《庄子今注今译》，第154页。
④ 陈鼓应注译：《庄子今注今译》，第280页。

议。擢乱六律，铄绝竽瑟，塞瞽旷之耳，而天下始人含其聪矣；灭文章，散五采，胶离朱之目，而天下始人含其明矣；毁绝钩绳而弃规矩，攦工倕之指，而天下始人有其巧矣。削曾史之行，钳杨墨之口，攘弃仁义，而天下之德始玄同矣。彼人含其明，则天下不铄矣；人含其聪，则天下不累矣；人含其知，则天下不惑矣；人含其德，则天下不僻矣。彼曾、史、杨、墨、师旷、工倕、离朱者，皆外立其德而以爚乱天下者也，法之所无用也。①

不可否认，庄子对当时社会的观察自有其深刻之处。与老子一样，他是中国思想家中最早认识到文明进步是需要付出代价的，但他开出的救治之方却是错误的：既然社会进步需要付出代价，那就干脆拒绝进步，最后倒退回到原点。他不知道，文明进步虽然需要付出代价，但这种付出与文明进步带来的好处相比毕竟是第二位的，也是值得的。并且，文明进步带来的弊端只能在文明继续不断地进步中加以克服。庄子惧怕文明进步，他开出的救治之方却犹如怕孩子学走路跌倒而永远不让他走路一样。这显然失之片面。而他对社会黑暗面的揭示，也只是一种"歪打正着"。他对当时许多生机勃勃的新生事物或者视而不见，或者见而鄙视，基本上站到了社会进步、文明发展的对立面。

为了与眼前的污秽现实相对应比照，庄子推出了自己理想的乌托邦"至德之世"：

> 子独不知至德之世乎？昔者容成氏、大庭氏、伯皇氏、中央氏、栗陆氏、骊畜氏、轩辕氏、赫胥氏、尊卢氏、祝融氏、伏羲氏、神农氏，当是时也，民结绳而用之，甘其食，美其服，乐其俗，安其居。邻国相望，鸡狗之音相闻，民至老死而不相往来。若此之时，则至治已。②

> 至德之世，不尚贤，不使能，上如标枝，民如野鹿。端正而不知以为义，相爱而不知以为仁，实而不知以为忠，当而不知以为信，蠢动而相使，不以为赐。是故行而无迹，事而无传。③

---

① 陈鼓应注译：《庄子今注今译》，第284页。
② 陈鼓应注译：《庄子今注今译》，第286页。
③ 陈鼓应注译：《庄子今注今译》，第353页。

> 夫至德之世，同与禽兽居，族与万物并，恶乎知君子小人哉？同乎无知，其德不离；同乎无欲，是谓素朴，素朴而民性得矣。①

以上文字展示了庄子的理想国蓝图。从中要注意两点重要的认识。一是他的理想国是对人类文明史以前社会的理想化加工，那是人与动植物不分，与大自然和谐相处的时代。事实上，他的理想国只存在于他的浪漫的幻想中，在历史上从来就不存在这样的理想国，在现实中更不存在此种理想国建立的条件。显然，他笔下的理想国愈美妙无比，愈是一种空中楼阁，它只能存在于头脑中，展现在文字上，丝毫也不具备实践的品格。二是为了反衬理想国的美妙绝伦，他对黑暗现实的揭露与抨击不遗余力，为后世提供了不少有价值的认识资料。但是，庄子对现实的批判是建立在否定人类文明进步，否定一切文明成果的基础之上的。他锐敏地觉察到文明每前进一步都要付出相应的代价，突出表现为对古老观念的背叛和对以往神圣事物的凌辱。在他看来，仁义礼乐这些文明的产物和标志，是对于人类纯朴本性的戕害，犹如生机盎然的树木被雕刻为牺尊，天然的白玉被磨制成珪璋，自由的奔马被加上衡轭辔头，事物的自然本性被生生戕害了。因此，文明进步是一种罪恶。为了恢复人类纯朴的本性，恢复人与自然的和谐，社会必须倒退回去，毫不犹豫地摒弃一切文明成果，不讲仁义，不讲礼乐，"同与禽兽居，族与万物并"，"至德之世"就会光耀寰宇。显然，这个美好无比的"至德之世"只不过是反对文明，反对进步，以美好的辞藻掩盖苍白无力的倒退观念而已。其实，庄子自己心里也明白，他理想的"至德之世"在现实中是不存在的，更难成为未来社会的期许，退而求其次，就是"无为而治"了。在回答阳子居（即杨朱）关于什么是"明王之治"时，他以老子之口作了这样的阐述：

> 明王之治，功盖天下而似不自己，化贷万物而民弗恃；有莫举名，使物自喜；立乎不测，而游于无有者也。②

"无为而治"是道家学派追求的行政理想模式，也具有较强的可操

---

① 陈鼓应注译：《庄子今注今译》，第270页。
② 陈鼓应注译：《庄子今注今译》，第237—238页。

作性，对中国后世王朝在一定时期的国家和社会治理产生了较积极的影响。如西汉初年的"黄老之治"就是"无为而治"实践的范例之一。

四 人生哲学

不过，如果认为庄子真的相信"至德之世"会降临人间，那就错了。庄子瞑目而思，可以在想象中构筑他的理想蓝图，但只要睁开眼睛面对现实，他就知道那不过是"无何有之乡"，是他杜撰的"谬悠之说，荒唐之言，无端崖之辞"。现实无法摆脱，人生只能被无法控制的命运左右，在"役役而不见其成功"，"疲役而不知其所归"①中走向未来。庄子面对社会追问人生，陷入极度矛盾之中：真实的人都处于社会关系的制约中，他所拥有的自由是十分有限的，而他又非常渴望得到这种自由，于是他舍弃向外的追寻，转而向内追求心灵的绝对自由，而要获得这种自由的关键就是排除"自己"，即名、利、权位的羁绊，达到"无我""无己""至人""神人""圣人""真人"的境界："至人无己，神人无功，圣人无名。"② 然而，"至人""神人""圣人""真人"的境界却不是一般常人所能达到的，怎么办？庄子于是拿出了他的心灵解脱法，将现实的不自由忘却，或者再进一步，让心灵适应现实，将心灵中不自由的感觉排除，你就彻底自由了：

> 死生命也，其有夜旦之常，天也。③
> 知其不可奈何而安之若命，德之至也。④
> 泉涸，鱼相与处于陆，相呴以湿，相濡以沫，不如相忘于江湖。与其誉尧而非桀也，不如相忘而化其道。夫大块载我以形，劳我以生，佚我以老，息我以死。故善吾生者，乃所以善吾死也。⑤
> 堕肢体，黜聪明，离形去知，同于大道。⑥

转来转去，庄子鼓吹的那个绝对的精神自由，最后还要靠他的相对

---

① 陈鼓应注译：《庄子今注今译》，第53页。
② 陈鼓应注译：《庄子今注今译》，第18页。
③ 陈鼓应注译：《庄子今注今译》，第95页。
④ 陈鼓应注译：《庄子今注今译》，第136页。
⑤ 陈鼓应注译：《庄子今注今译》，第195—196页。
⑥ 陈鼓应注译：《庄子今注今译》，第226页。

第十章 道家的政治思想

主义发挥神威去寻觅,办法简单,就是将生死寿夭、富贵贫贱、是非得失、毁誉荣辱之间的区别全部抹杀,将其置之度外,或者统统忘却,在想象中将自己变成无牵无碍、与道同体的自由之身。显然,这种自由只能存在于自我幻化的意识中,存在于自我陶醉的梦呓中。然而,事实上,庄子却不能终日生活在这种心造的幻影中,梦醒之后,他与常人没有太大的区别,依然是饿了要吃饭,冷了想穿衣,而食物衣服都必须向社会索取,他一刻也不能脱离社会,只能生活在社会制约中。如此一来,庄子就终日生活在矛盾中:他讨厌这个充满龌龊和陷阱的社会,但又一刻也不能离开它;他希望自己变成一个对这个社会的一切失去记忆和感觉的"至人",但到头来却发现自己只有依靠这个社会才能有生命的感觉。至此,庄子明白,他必须适应这个社会才能在这个社会中生活,而适应的办法就是妥协,随波逐流,同流合污,苟全性命,不承担社会责任却要求社会养活,无用就是有用,无为而无不为。为了自己的生存和安危,什么是与非,正义与非正义,可以全然不管,一切唯当权者的马首是瞻,随之俯仰:

> 颜阖将傅卫灵公太子,而问于蘧伯玉曰:"有人于此,其德天杀。与之为无方,则危吾国;与之为有方,则危吾身。其知适足以知人之过,而不知其所以过。若然者,吾奈之何?"蘧伯玉曰:"善哉问乎!戒之慎之,正汝身也哉。形莫若就,心莫若和。虽然,之二者有患,就不欲人,和不欲出。形就而入,且为颠为灭,为崩为蹶。心和而出,且为声为名,为妖为孽。彼且为婴儿,亦与之为婴儿。彼且为无町畦,亦与之为无町畦。彼且为无崖,亦与之为无崖,达之入于无疵。"[①]

这显然是一种极其消极自私的人生态度。一个人放弃对于国家和社会的责任,一心专注于个人的生存,为此,不问对错,不管是非,甚至不惜与恶势力同流合污、沆瀣一气,这无论如何都是不值得赞扬的人生态度。

当然,庄子在战国时代不失为思想的重头戏,他在思想史上的主要

[①] 陈鼓应注译:《庄子今注今译》,第142页。

贡献是深化了老子开启的对道的认识，以相对主义的认识论推进了中华民族思维的发展，以道法自然、心灵自由丰富了人们对生活方式的多元选择。他的文章，想象诡奇，上天入地，汪洋恣肆，自由奔放，成为我国浪漫主义文学的代表作品，哺育了一代又一代的浪漫主义文学大师。他的思想与儒家思想互补，成为构筑我国主流思想文化的重要因子，产生了广泛而深远的影响。《庄子·天下》一文是我国最早的学术史。从其对墨子、稷下学派的宋钘、尹文、彭蒙、田骈、慎到，对关尹、老聃、惠施、公孙龙子以及邹鲁缙绅先生即儒家等的评判看，他对当时的思想学术界还是比较熟悉的。他长期居住宋国，聚徒讲学，传播道家思想，成为齐鲁文化与楚文化联系的桥梁。

五　同道之人杨朱和陈仲子的政治意识

杨朱是略早于孟子的道家学派的代表人物，他确切的籍贯、生卒年和生平事迹已经难以稽考。他的出名，首先因为他是孟子激烈攻击的对象：

> 圣王不作，诸侯放恣，处士横议，杨朱、墨翟之言盈天下，天下之言不归杨则归墨。杨氏为我，是无君也；墨氏兼爱，是无父也。无父无君是禽兽也。①
>
> 孟子曰："杨子取为我，拔一毛而利天下不为也。"②
>
> 孟子曰："逃墨必归于杨，逃杨必归于儒，归斯受之而已矣。"③

孟子从学派立场出发对杨朱的批判，只抓住"为我"大作做文章，并没有对杨朱的思想进行全面的展示与分析，显得十分武断。

其后，庄子将杨朱引为同道，名其为阳子居，在《应帝王》中让他与老子对话谈"明王之治"。杨朱与老子可能是隔了一两代的人，他们没有见面的机会。庄子让二人对话的故事只能是任意杜撰的寓言而已。

---

① 《孟子·滕文公下》，《十三经注疏》，第2714页。
② 《孟子·尽心上》，《十三经注疏》，第2768页。
③ 《孟子·尽心下》，《十三经注疏》，第2778页。

西汉刘向作的《说苑》也有关于杨朱谈贫富生死的记载，被仆子批为"智而不知命"。

记载杨朱事迹最多的是《列子》，这部书尽管出于魏晋时人之手，但其展示的杨朱思想比较接近其原貌，似可以作为评判杨朱思想的资料。

《列子》提供的资料显示，杨朱是老子之后道家学派的最主要代表人物，他继承老子思想又有所发展。他认为对于人来说，生命只有一次，所以最珍贵。因而应该顺应生命的自然规律，快快乐乐地活过命之所定的岁月，而影响和扭曲生命历程的是对寿、名、位、货的无厌追求：

> 生民之不得休息，为四事故，一为寿，二为名，三为位，四为货。有此四者，畏鬼畏人，畏威畏刑，此之谓遁人也。可杀可活，制命在外。不逆命，何羡寿？不矜贵，何羡名？不要势，何羡位？不贪富，何羡货？①

扩而大之，对于丰屋、美服、厚味、姣色乃至忠、义和功业的无厌追求，都会危及生命的正常运行，而"忠不足以安君，适足以危身。义不足以利物，适足以害生"。并且，美德、功业和劣德、恶行虽然不同，但对于个人来说，生前似乎迥异，但最后同归于死，又有什么差异呢：

> 杨朱曰：天下之美，归之舜、禹、周、孔。天下之恶，归之桀、纣。然而舜耕于河阳，陶于雷泽，四体不得暂安，口腹不得美厚，父母之所不爱，弟妹之所不亲，行年三十，不告而娶，及受尧之禅，年已长，智已衰，商钧不才，禅位于禹，戚戚然以至于死，此天人之穷毒者也。鲧治水土，绩用不就，殛诸羽山。禹纂业事雠，惟荒土功，子产不字，过门不入，身体偏枯，手足胼胝，及受舜禅，卑宫室，美绂冕，戚戚然以至于死，此天人之忧苦者也。武王既终，成王幼弱，周公摄天子之政，召公不说，四国流言，居东

---

① 马骕：《绎史》，刘晓东等点校，齐鲁书社2001年版，第2424页。

三年，诛兄放弟，仅免其身，戚戚然以至于死，此天人之危惧者也。孔子明帝王之道，应时君之聘，伐树于宋，削迹于卫，穷于商周，围于陈蔡，受屈于季氏，见辱于阳虎，戚戚然以至于死，此天人之遑遽者也。凡彼四圣者，生无一日之欢，死有万世之名。名者，固非实之所取也。虽称之，弗知。虽赏之，弗知。与株块无以异矣。桀藉累世之资，居南面之尊，智足以距群下，威足以震海内，恣耳目之娱，穷意虑之所为，熙熙然以至于死，此天民之逸荡者也。纣亦藉累世之资，居南面之尊，威无不行，志无不从，肆情于倾宫，纵欲于长夜，不以礼义自苦，熙熙然以至于诛，此天民之放纵者也。彼二凶也，生有从欲之欢，死被愚暴之名。实者，固非名之所与也。虽毁之，不知。虽称之，弗知。此与株块奚以异矣。彼四圣虽美之所归，苦以至终，同归于死矣。彼二凶虽恶之所归，乐以至终，亦同归于死矣。①

至此，杨朱已经走入相对主义泥潭，泯灭了人世间的一切是非、美丑、正义与邪恶的区别，只剩下对个体生命的珍视与关注：

  杨朱曰：太古之人，知生之暂来，知死之暂往，故从心而动，不违自然所好。当身之娱，非所去也，故不为名所劝。从性而游，不逆万物所好，死后之名，非所取也，故不为刑所及。名誉先后，年命多少，非所量也。
  杨朱曰：万物所异者，生也，所同者，死也。生则有贤愚贵贱，所以异也。死则有臭腐消灭，是所同也。虽然，贤愚贵贱，非所能也。臭腐消灭，亦非所能也。故生非所生，死非所死，贤非所贤，愚非所愚，贵非所贵，贱非所贱。然而万物齐生齐死，齐贤齐愚，齐贵齐贱。十年亦死，百年亦死，仁圣亦死，凶愚亦死。生则尧舜，死则腐骨，生则桀纣，死则腐骨，一矣，孰知其异，且趋当生，奚遑死后。②
  杨子曰："不知所以然而然，命也。今昏昏昧昧，纷纷若若，随所为，随所不为，日去日来，孰能知其故，皆命也。夫信命者亡

---

① 马骕：《绎史》，第2425—2426页。
② 马骕：《绎史》，第2427—2428页。

寿夭，信理者亡是非，信心者亡逆顺，信性者亡安危，则谓之都亡所信，都亡所不信，真矣，悫矣。奚去奚就？奚哀奚乐？"①

顺此前进，杨朱于是推出"拔一毛利天下而不为"的人生哲学：

> 杨朱曰："伯成子高不以一毫利物舍国而隐耕。大禹不以一身自利一体偏枯。古之人损一毫利天下不与也，悉天下奉一身不取也。人人不损一毫，人人不利天下，天下治矣。"禽子问杨朱曰："去子体之一毛，以济一世，汝为之乎？"杨子曰："世固非一毛之所济。"禽子曰："假济，为之乎？"杨子弗应。禽子出语孟孙阳。孟孙阳曰："子不达夫子之心，吾请言之：有侵若肌肤获万金者，若为之乎？"曰："为之。"孟孙阳曰："有断若一节得一国，子为之乎？"禽子默然有间。孟孙阳曰："一毛微于肌肤，肌肤微于一节，省矣。然则积一毛以成肌肤，积肌肤以成一节。一毛固一体万分中之一物，奈何轻之乎？"②

这里，孟孙阳算是将"拔一毛利天下而不为"的人生哲学作了较准确的符合杨朱本意的解读。一毛虽然是一个人机体的万分之一，但却是人体的重要组成部分，整个机体就是由一毛加一毛积累组织而成，所以应该倍加珍惜和爱护。作为一毛的主人，只有自己有权处置一毛，别人无权随便拔我一毛。如果人人珍视自己的一毛，而不去觊觎别人的一毛，更不去拔别人的一毛，谁也不做损人利己的事，都按自己的意愿过利己不损人的生活，天下不就太平了吗！显然，杨朱的人生哲学尽管看起来有个人主义之嫌，但在当时却是个体生命自觉意识的发现和高扬。在当时权势阶级可以随便侵犯别人特别是危害弱势群体利益的情况下，要求尊重每个个体生命的权力，不能不说是一种具有积极意义的理念。孟子对他的批判实在有点过头，简直是"欲加之罪"了。

杨朱既然珍视个体生命，自然要求无为而治。即希望君王不要干预百姓的生产和生活，让他们按照自己的意愿安排自己的生活方式：

---

① 马骕：《绎史》，第2429页。
② 马骕：《绎史》，第2431页。

> 杨朱见梁王,言治天下如运诸掌。梁王曰:"先生有一妻一妾而不能治,三亩之园而不能芸,而言治天下如运诸掌,何也?"对曰:"君见其牧羊者乎?百羊而群,使五尺童子荷箠而随之,欲东而东,欲西而西。使尧牵一羊,舜荷箠而随之,则不能前矣。且臣闻之:吞舟之鱼不游枝流,鸿鹄高飞不集污池,何则?其极远也。黄钟大吕不可从烦奏之舞,何则?其音疏也。将治大者不治细,成大功者不成小,此之谓矣。"①

杨朱要求君王尽量减少对百姓的干预,让其顺适自然生命规律自由自在地生活,不乏积极意义。不过,杨朱和他代表的道家,却有一个致命的弱点,即他们认识不到制度、法纪、道德对规范百姓行为和维护社会秩序的积极作用。随着社会的发展和文明的进步,制度、法纪、道德的作用会越来越显著,绝对的无为而治是不存在的。

陈仲子是齐国的一位贵族子弟,与孟子是同时代人。因耻食兄长的俸禄而与妻子居于于陵,过着自耕而食、自织而衣的生活,所以在齐国以廉洁闻名,受到许多士人的赞扬。就其提倡和践行自食其力看,他的思想有点接近农家;就其隐居不仕、脱离权贵家庭来看,他的思想又接近道家。齐国将军匡章对陈仲子极为推崇,在他与孟子的一次谈话中引出陈仲子的事迹以及孟子的评论:

> 匡章曰:"陈仲子岂不诚廉士哉?居于陵,三日不食,耳无闻,目无见也。井上有李,螬食实者过半矣,匍匐往,将食之;三咽,然后耳有闻,目有见。"孟子曰:"于齐国之士,吾必以仲子为巨擘焉。虽然,仲子恶能廉?充仲子之操,则蚓而后可者也。夫蚓,上食槁壤,下饮黄泉。仲子所居之室,伯夷之所筑与?抑亦盗跖之所筑与?所食之粟,伯夷之所树与?抑亦盗跖之所树与?是未可知也。"曰:"是何伤哉?彼身织屦,妻辟纑,以易之也。"曰:"仲子,齐之世家也;兄戴,盖禄万钟;以兄之禄为不义之禄而不食也,以兄之室为不义之室而不居也,辟兄离母,处于于陵。他日

---

① 马骕:《绎史》,第 2430 页。

归，则有馈其兄生鹅者，已频顣曰：'恶用是鶂鶂者为哉？'他日，其母杀是鹅也，与之食之。其兄自外至，曰：'是鶂鶂之肉也。'出而哇之。以母则不食，以妻则食之；以兄之室则弗居，以于陵则居之，是尚为能充其类也乎？若仲子者，蚓而后充其操者也。"①

匡章对陈仲子的行为十分赞赏，认定他是一个廉洁的人。然而，孟子并不认可陈仲子的人生选择，他坦率地表示，在齐国的士人中间，陈仲子的确算数一数二的人物。但是，他不能算廉洁。要推广他的所作所为，恐怕只有把人变成蚯蚓才行。蚯蚓在地上吃干土，在地下喝泉水，实在是廉洁之至，无求于人。但陈仲子却不能同它相比。因为你没法确定仲子住的房子是像伯夷那样廉洁的人还是像盗跖那样的强盗所建，他所吃的谷米是像伯夷那样廉洁的人还是像盗跖那样的强盗种植。孟子这里是说，陈仲子不可能离开社会独立生存，他只要住房和吃饭，就没有办法保证房子和谷米的来源也是廉洁的。匡章反驳孟子，认为陈仲子亲自编草鞋，他妻子绩麻练麻，其他生活用品，也都是交换来的，这就应该算上廉洁。孟子不认可匡章的解释，实际上是不赞成陈仲子那样的离群索居的隐逸之士，因为在他看来，第一，一个人绝对隐逸、脱离社会是不可能的；第二，每个人都要有社会责任感，都必须承担对国家和社会的义务，而隐逸则是一种放弃责任的消极的人生态度，是不可取的。孟子又有进一步的引申说明："仲子，不义与之齐国而弗受，人皆信之，是舍箪食豆羹之义也。人莫大焉，亡亲戚君臣上下。以其小者，信其大者，奚可哉？"② 孟子这里主要论述人们对待大节和小节应该采取的态度。他说："陈仲子这个人似乎很讲原则，假定不合原则地把齐国交给他，他也不会接受，别人都相信他的真诚。但是，他那种义充其量也不过是舍弃一筐饭、一碗汤的义。人的罪过没有比不要父兄君臣尊卑还大的，而他就是这种人。因为他有小节操，便相信他的大节操，怎么可以呢？"

在孟子心目中，陈仲子的义是小义，即小节操，而对父兄君臣负载的责任则是大义，即大节操。一个人的小节操完美当然好，但更重要的应该是大节无亏，大义凛然。从这里可以看出儒家学派与道家学派在政

---

① 《孟子·滕文公下》，《十三经注疏》，第2715页。
② 《孟子·尽心上》，《十三经注疏》，第2769页。

治思想上的根本区别：有为还是无为；承担还是逃避对国家和社会的责任。两者相较，儒家思想的积极意义应该超过道家思想。

第二节　稷下黄老学派的政治思想

一　稷下学宫与黄老学派

战国时期，齐国的统治者由姜氏变为田氏。这一时期的齐国比春秋的齐国更加强大，曾一度与称为"西帝"的秦国并峙而立，称为"东帝"。齐国不仅在经济和军事上是雄踞东方的大国，而且在思想文化上成为当时列国的中心，孕育出影响深远的稷下学派。

稷下学派因稷下学宫而得名，而稷下学宫则因其位于齐国国都临淄城的西门即稷门之外而得名。稷下学宫始建于田齐第三代国君田午在位时期（前373—前357）。此后，历经齐威王、齐宣王、齐闵王、齐襄王和齐王建五代国君一百多年时间，这个学宫一直保持着列国学术文化中心的地位。齐宣王在位期间（前319—前301），稷下学宫进入鼎盛时期。《史记·田敬仲完世家》描述学宫的盛况说：

>　　宣王喜文学游说之士，自如邹衍、淳于髡、田骈、接子、慎到、环渊之徒七十六人，皆赐列第，为上大夫，不治而议论。是以齐稷下学士复盛，且数百千人。①

《史记·孟子荀卿列传》对学宫的盛况也有一段近似的描述：

>　　自邹衍与齐之稷下先生，如淳于髡、慎到、环渊、接子、田骈、邹奭之徒，各著书言治乱之事，以干世主，岂可胜道哉！……于是齐王嘉之，自如淳于髡以下，皆命曰列大夫，为开第康庄之衢，高门大屋，尊宠之。览天下诸侯宾客，言齐能致天下贤士也。②

齐闵王在位期间（前300—前284），齐国经历了由盛及衰的转折。

---

①　司马迁：《史记》卷46《田敬仲完世家》，第1895页。
②　司马迁：《史记》卷74《孟子荀卿列传》，第2346—2348页。

他一度与秦昭王分称"东帝"与"西帝",灭掉宋国,南吞楚国淮北之地,西夺三晋大片土地,"泗上诸侯、邹鲁之君皆称臣,诸侯恐惧",国势达到顶点,统一中国的雄图暴露无遗。但不久,风云突变。公元前284年,燕将乐毅率燕、秦、韩、赵、魏五国之师大举攻齐,很短时间内占领了包括国都临淄在内的七十余城,齐闵王也在流亡过程中被楚人杀死。估计此时曾安居于稷下的学者,面对攻入临淄的联军,或死或逃,风流云散了。

其实,由于齐闵王晚年的好大喜功,穷兵黩武,稷下学士中的不少人已从齐国的繁盛中预测衰乱将至,因而纷纷出走避祸,《盐铁论·论儒》追述了当时的情景:

> 齐威宣之时,显贤进士,国家富强,威行敌国。及湣王,奋二世之余烈,南举楚淮北,并巨宋,苞十二国,西摧三晋,却强秦,五国宾从,邹鲁之君、泗上诸侯皆入臣。矜功不休,百姓不堪。诸儒谏不从,各分散。慎到、捷子亡去,田骈如薛,而孙卿适楚。内无良臣,故诸侯合谋而伐之。①

田单率齐军驱逐五国联军后,齐国在襄王和齐王建统治时期虽然又延续了50多年,但再也无法恢复昔日的辉煌,而是在不断的衰落中走向灭亡。稷下学宫尽管一度恢复起来,并凭借过去浑厚的积累继续保持了列国学术文化中心的地位,然而,与齐国的国势一样,它的走向也只能是"无可奈何花落去",在不断的衰颓中走向结束。这是因为,一方面齐国的国力已难以为稷下学者提供往日优厚的待遇,稷下学宫的吸引力已大不如前;另一方面,老一代学者如田骈、淳于髡等都已凋谢,学术队伍也没有了昔日的阵容。虽然,荀子在这期间已来到学宫,并且三次担任学宫的主持人"祭酒",荀子之后,也有邹衍、邹奭、田巴、鲁仲连等著名学者加盟,但毕竟形变势异,学宫的衰败已是不可挽回了。公元前221年,当强大的秦军轻而易举地攻占齐国,将齐王建俘虏之后,稷下学宫也黯然收场,为自己画上了句号。残存的学者也只能悲哀地悄然离去,带着无限的惆怅和迷惘寻找新的生活之路。

---

① 王利器:《盐铁论校注·论儒》,中华书局2015年版,第164—165页。

稷下学宫在近一个半世纪的悠长岁月里，成为战国中后期中国教育与学术文化的中心，在培养人才、催生学派、推动百家争鸣的学术论争中起了至关重要作用。这所集中了官学教育和私学教育优长的高等学府，之所以能够在文化、教育、学术领地上独领风骚百余年，成为齐鲁乃至全国思想文化的重镇，首先是因为齐国发达的经济为稷下学宫的创立和繁荣奠定了坚实的物质基础，为数以千百计的学人提供了优厚的待遇，使他们衣食丰足，心无旁骛，潜心从事学术研究和教育学生。其次是因为齐鲁地区有着丰厚的文化积累，不仅为新的思想文化的再创造提供了沃土，而且也为新的思想文化的再创造建立了新的出发点。再次是因为齐国的几代国君，尤其是威王和宣王，高瞻远瞩，礼贤下士，使稷下学宫大师云集，人才荟萃，极一时之盛。最后，从学术的角度看也许是最重要的，这就是思想自由、百家争鸣，形成了良好的学风。战国时代列国竞争的环境，造成了当权者礼贤下士的时代氛围。各国统治者不仅给贤士们提供优厚的物质待遇，而且尊重他们的人格，给他们充分的言论自由和学术自由。即使国君参与辩诘，他也是平等的一员。纵然被辩得无话可说，不得不"王顾左右而言他"，也不能以行政命令压服对方。国君与贤士都在自由地双向选择，没有任何一个知识分子因言获罪。

齐国的稷下学宫为当时的列国学者搭建了一个百家争鸣的舞台，成为当时最令人向往的学术中心。一方面，齐国当政者热诚欢迎来自四面八方的学者，保证学者来去自由，来者欢迎，去者欢送，再来同样以礼相待；另一方面不以政治，不以君王的好恶干预学者的学术活动，使学者们在百无禁忌的条件下独立思考，自由辩论。这种环境和政策使战国时代的学者名流，不分国别，不分学派，频繁地出入稷下学宫。司马谈在《论六家要旨》中论述的儒、墨、名、法、道、阴阳等学派，都有代表人物在这里登台亮相。据现存文献，钱穆在《先秦诸子系年》中考证稷下学宫留下姓名的学者有17人，张秉楠在《稷下钩沉》中考证有19人。他们是：儒家代表人物孟子、荀子、徐劫、鲁仲连；墨家代表人物宋钘（兼治道）、告子（兼治儒）；名家代表人物兒说、田巴；法家代表人物慎到；道家即黄老代表人物彭蒙、尹文、接子、季真、田骈、环渊、王斗；阴阳家代表人物邹衍、邹奭；还有"学无所主"的淳于髡。

由于稷下学宫是诸子百家自由争鸣的论坛，就使学派与学派、各学派内部以及师友之间时时展开平等的论争。这种平等、自由、生动活泼的思想学术论争,既促进了每个学派的发展,也促进了各学派之间的互相渗透、吸收、融合,促进了新学派如黄老思想的形成,进而促进了大师级的伟大学者如彭蒙、宋钘、尹文、孟轲、慎到、田骈、环渊、荀况、邹衍等脱颖而出,同时更使数以千百计的优秀人才培养出来,在战国、秦与西汉的文化传承中起了承上启下的作用。稷下学宫所培养的优良学风和独特的行之有效的教学与研究模式,对我国二千多年古代社会的思想与文化教育的发展都产生了深远而巨大的影响。

在稷下学宫的诸多学派中,黄老道家学派的阵容最为强大。《史记·孟子荀卿列传》记载的当时该学派的代表人物是:"慎到,赵人。田骈、接子,齐人。环渊,楚人。皆学黄老道德之术,因发明序其指意。"其实这一学派的代表人物还有彭蒙、尹文、季真、王斗等。他们奉传说中的黄帝和老子为创始人,大大拓展了道家的理论。其中宋钘、尹文、慎到、田骈等人的学术贡献最大。学术界虽然一般不把宋钘、尹文算在黄老道家学派之中,但他们对老子学说的吸纳却推动了道家学说在稷下的传播和发展,并对黄老学派的形成和发展产生了直接而具体的影响。

二 慎到与田骈

齐宣王、闵王当国年间,稷下黄老学派达到最兴盛的时期。彭蒙、慎到、接子、季真、田骈、环渊等黄老学派最负盛名的代表人物都在这一时期活跃在稷下学宫。其中彭蒙、接子、季真、环渊等的事迹和学说都比较模糊,只有慎到和田骈的事迹和学说尚能依稀可辨。《荀子·非十二子》将二人归入"上法"一派的代表。《汉书·艺文志》将田骈归入道家,著录《田子》二十五篇,今已佚。将慎到归入法家,著录《慎子》四十二篇,现在只剩下七篇不足二千字的残本。但不少学者考证《管子》中的《内业》《心术上》《心术下》《白心》四篇可以视为二人的作品,能够作为研究他们思想的主要材料。慎到和田骈从老子的道论引申出刑名法术之学,即汉代人所说的"黄老道德之术"。他们首先从对老子"道"和"德"的解释建立起自己的宇宙观。

> 天之道,虚其无形,虚则不屈,无形则无所位迕(牴牾),无所位迕,故遍流万物而不变。德者道之舍(施行),物得以生。生知得

以职（识）道之精。故德者得也。得也者谓得其所以然也。以无为之谓道，舍之之谓德，故道之与德无间，故言之者不别也。①

他们认为"道"是世界万物的本体，它空虚无形，无比深广，没有穷尽，因而能畅行无阻，遍及万物。"道"是万物生成的本源，它的最高的规律或道理就是"无为"，即一切顺其自然。"德"是"道"的体现，是万物自行运转，自生自灭，自我生成自我消失的过程。所以最后推出了"道"和"德"的经典定义："虚而无形谓之道，化育万物谓之德。"由于"道"的本性是"无为"，就进而引申为普遍和公平，而礼义和法度就体现了这种普遍和公平，它们也就是由"道"而生，因而也就具有了合理性和必然性："君臣父子人间之事谓之义；登降揖让、贵贱有等、亲疏之体谓之礼；简物小未一道、杀戮禁诛谓之法。"② 对于德、义、礼、法与"道"的关系，《心术上》还有一段更深入的阐发：

故道之与德无间……间之至理，谓其所以舍也。义者，谓各处其宜也。礼者，因人之情，缘义之理，而为之节文者也。故礼者谓有理也。理也者，明分以喻义之意也。故礼出乎义，义出乎理，理因乎宜者也。法者，所以同出不得不然者也，故杀戮禁诛以一之也。故事督乎法，法出乎权，权出乎道。③

尽管绕了不少圈子，其实他们要说的也就是德、义、礼、法皆出乎"道"。在老子那里，德、义、礼、法是"道"被废弃以后出现的违反人类本性、溢出文明轨道的"恶"事物，而经过慎到和田骈的改造，德、义、礼、法就是"道"这个母体自然生出的具有合理性和必然性的健康活泼的婴儿了。

慎到和田骈在认识论上提出了虚静专一和"弃知去己"的观点。他们认为，要想认识"道"，就必须保持心灵的虚静专一：

道在天地之间也，其大无外，其小无内，故曰不远而难极也。

---

① 《管子·心术上》，《诸子集成》6，上海书店1986年影印版，第220—221页。
② 《管子·心术上》，《诸子集成》6，第219页。
③ 《管子·心术上》，《诸子集成》6，第221页。

虚之与人也无间，唯圣人得虚道，故曰并处而难得。世人之所职者精也，去欲则宣，宣则静矣。静则精，精则独立矣。独则明，明则神矣。……虚者无藏也，故曰去知则奚求矣，无藏则奚没矣。无求无没则无虑，无虑则反复虚矣。①

他们认为，为了认识和体悟"道"，必须排除一切情感欲望和成见，使心灵保持空白"无藏"的"虚"的状态；还必须排除一切躁动和冲动，使心灵处于绝对静止和安定的"静"的状态；同时还必须排除一切杂念，使心灵保持绝对纯净集中的"一"的状态。在他们看来，心灵如同"馆舍"，对"道"的认识或体悟如同贵客，虚静和专一就如同打扫馆舍使之安静清爽，这样才能使贵客入住，正所谓"洁其宫，开其门，去私毋言，神明若存。纷乎其若乱，静之而自治"。而虚静专一的最终目的和最高境界是"弃知（智）去己""去私""无为"，进而与"道"融为一体：

　　过在自用，罪在变化。是故有道之君，其处也若无知。②
　　自用则不虚，不虚则忤（逆）于物矣；变化则为生，为生则乱矣。……君子之处也若无知，言至虚也。③

这里的"至虚"指的是一种心境，即认为自己一无所知和完全没有私心杂念的程度，只有这样，才能懂得"无为"的奥妙，做到"动静不离于理"。也就是说，达到这种极高的修养境界以后，人们就能够在认识过程中做到"道贵因""物至则应"和"督言正名"，绝对遵循事物固有的规律，准确客观地反映事物的本来面貌，从而不犯主观主义和任意胡为的错误。

最后，慎到和田骈的理论落脚点归结为"事断于法"。他们认为，"法"是"道"的公正无私精神的体现，因而应该成为人人必须遵守的最高规范：

----

① 《管子·心术上》，《诸子集成》6，第220页。
② 《管子·心术上》，《诸子集成》6，第220页。
③ 《管子·心术上》，《诸子集成》6，第222页。

> 法虽不善，犹愈于无法，所以一人心也。夫投钩以分财，投策以分马，非钩策为均也，使得美者，不知所以德，使得恶者，不知所以怨，此所以塞愿望也。故蓍龟，所以立公识也；权衡，所以立公正也；书契，所以立公信也；度量，所以立公审也；法制礼籍，所以立公义也。凡立公，所以弃私也。①

在他们看来，法虽然不是尽善尽美的，但因为它代表着必然和公道，所以能够抑制私情和调节欲望，从而保证社会的正常和有序运行。为了使法能够得到正确的贯彻执行，必须反对舍法而"慕贤智"：

> 今也国无常道，官无常法，是以国家日缪。教虽成，官不足，官不足则道理匮，道理匮则慕贤智，慕贤智则国家之政要在一人之心矣。②

还必须反对"舍法"而任忠臣，因为历史事实证明"忠未足以救乱世，而适足以重非"③，所以治国主要不是依靠臣子对君主的忠心，而是倚靠他们遵守法令和恪尽职守：

> 明主之使其臣也，忠不得过职，而职不得过官。是以过修于身，而下不敢以善骄矜守职之吏；人务其治，而莫敢淫偷其事。官正以敬其业，和顺以事其上，如此，则至治矣。④

显然，他们并不是完全否定臣子对君主的忠心，而是防止有人以"忠君"为名超越权限，违法乱纪。进而，他们还反对"舍法而以身治"，即要求君主也必须在法的范围内活动，而不能以个人意志实施赏罚。因为如果君主以个人意志实施赏罚，则必然导致"同功殊赏，同罪殊罚"，结果是私情横行，政治混乱。反之，"大君任法而弗躬，则

---

① 《慎子·威德》，《诸子集成》6，第2—3页。
② 《慎子·威德》，《诸子集成》6，第2页。
③ 《慎子·治忠》，《诸子集成》6，第4页。
④ 《慎子·治忠》，《诸子集成》6，第5页。

事断于法矣。法之所加，各以其分，蒙其赏罚而无望于君也，是以怨不生而上下和矣"①。为了防止出现君主"舍法而以身治"的弊端，君主必须坚持"无为"的原则：

> 君臣之道，臣事事而君无事，君逸乐而臣任劳，臣尽智力以善其事，而君无与焉，仰成而已，故事无不治，治之正道然也。②

这里强调的是君主和臣下应该在法的范围内有一个职权上的明确分工，君主不应该越权干预臣下职权范围内的活动。但是，并不是要求君主轻视势位和放弃本应属于自己的权力。慎到等人已经看到权位的重要性，他形象地说，如果君主没有居高临下的势位，就像腾蛇失去雾，飞龙失去云，就只能落得与蚯蚓一样任人宰割，遑论什么统治国家。慎到等的重势的思想是战国时代封建专制主义中央集权和尊君抑臣思潮不断发展的反映，后来被韩非吸收并加以发展，成为他完整的法治理论的重要组成部分。不过，慎到和田骈的道法相结合的法治思想与韩非思想还是有区别的，这主要体现在他们虽然主张"任法"和"势位"，但并不主张君主绝对专制，《慎子·威德》就认为天下、国家大于天子和国君：

> 古者，立天子而贵者，非以利一人也，曰："天下无一贵，则理无由通，通理以为天下也。"故立天子以为天下，非立天下以为天子也；立国君以为国，非立国以为君也；立官长以为官，非立官以为长也。③

慎到和田骈的黄老道法学说后来在黄老帛书《经法》《十大经》《称》和《道原》那里得到较充分的继承和发展，形成了西汉初年"因阴阳之大顺，采儒墨之善，撮名法之要"④的黄老刑名之学，并被统治者采纳，成为西汉前期60年左右的政治上的指导思想。

---

① 《慎子·君人》，《诸子集成》6，第6页。
② 《慎子·民杂》，《诸子集成》6，第3—4页。
③ 《慎子·威德》，《诸子集成》6，第2页。
④ 司马迁：《史记》卷130《太史公自序》，第3289页。

第十一章　集法家思想之大成的韩非思想

第一节　韩非其人

一　悲剧人生

公元前234年，25岁的秦王嬴政，即后来的秦始皇帝已经继位13年。三年前，他果断地诛除了嫪毐和吕不韦集团，巩固和加强了国内的统治。此时，他指挥的秦军，在名将王翦、蒙敖、桓齮的统帅下，正从多路向关东六国进击。这时以中国救主顾盼自雄的嬴政，头脑中正规划着一幅庞大的统一帝国的蓝图。有一天，他读着从东方传来的《孤愤》《五蠹》等文章，被其中深邃犀利的思想锋芒所触动，不禁拍案叫绝："嗟乎！寡人得见此人与之游，死不恨矣。"① 在一旁的舍人李斯告诉他，写这些文章的人叫韩非，是他在荀子门下读书时的同窗，现在韩国。嬴政为了得到韩非，毅然下令伐韩。在秦军的强大攻势面前，韩国只得乖乖地交出韩非。然而，韩非毕竟是韩国的贵族公子，对自己的祖国还是有感情的，此前他曾与韩王密谋弱秦存韩的计划。入秦以后，他立即上书秦王，极力强调韩国对秦国既忠心而又有功："韩事秦三十余年，出则为扞蔽，入则为席荐。秦特出锐师取韩地而随之，怨悬于天下，功归于强秦。"接着，力陈秦国的主要危险来自赵国，要求秦国放弃攻韩，全力图赵：

今贱臣之愚计，使人使荆，重币用事之臣，明赵之所以欺秦

---

① 司马迁：《史记》卷63《老子韩非列传》，第2155页。

者；与魏质以安其心，从韩而伐赵，赵虽与齐为一，不足患也；二国事毕，则韩可以移书定也。是我一举，二国有亡形，则荆、魏又必自服矣。故曰："兵者，凶器也。"不可不审用也。以秦与赵敌衡，加以齐，今又背韩，而未有以坚荆、魏之心。夫一战而不胜，则祸构矣。计者，所以定事也，不可不察也。赵、秦强弱，在今年耳，且赵与诸侯阴谋久矣。夫一动而弱于诸侯，危事也；为计而使诸侯有意伐我之心，至殆也；见二疏，非所以强于诸侯也。臣窃愿陛下之幸熟图之！夫攻伐而使从者闻焉，不可悔也。①

这个上书的用意，当然瞒不过李斯。当秦王将韩非的上书交给李斯阅看时，李斯立即揭露其中蕴含的存韩弱秦之计，并针锋相对地提出对付韩国的办法：

诏以韩客之所上书，书言"韩子之未可举"，下臣斯，甚以为不然。秦之有韩，若人之有心腹之病也。虚处则㤥然，若居湿地，著而不去，以极走则发矣。夫韩虽臣于秦，未尝不为秦病。今若有卒报之事，韩不可信也。秦与赵为难，荆苏使齐，未知何如。以臣观之，则齐、赵之交未必以荆苏绝也；若不绝，是悉赵而应二万乘也。夫韩不服秦之义而服于强也，今专于齐、赵，则韩必为腹心之病而发矣。韩与荆有谋，诸侯应之，则秦必复见崤塞之患。非之来也，未必不以其能存韩也，为重于韩也。辩说属辞，饰非诈谋，以钓利于秦，而以韩利窥陛下。夫秦、韩之交亲，则非重矣，此自便之计也。臣视非之言，文其淫说，靡辩才甚。臣恐陛下淫非之辩而听其盗心，因不详察事情。今以臣愚议：秦发兵而未名所伐，则韩之用事者以事秦为计矣。臣斯请往见韩王，使来入见；大王见，因内其身而勿遣，稍召其社稷之臣，以与韩人为市，则韩可深割也。因令象武发东郡之卒，窥兵于境上而未名所之，则齐人惧而从苏之计，是我兵未出而劲韩以威擒，强齐以义从矣。闻于诸侯也，赵氏破胆，荆人狐疑，必有忠计。荆人不动，魏不足患也，则诸侯可蚕食而尽，赵氏可得与敌矣。愿陛下幸察愚臣之计，无忽。②

---

① 王先慎：《韩非子集解》，中华书局2013年版，第14—16页。
② 王先慎：《韩非子集解》，第17—19页。

李斯的分析戳穿了韩非存韩弱秦的谋略，秦王自然对韩非心存疑忌，这是后来李斯进谗能够置韩非于死地的主要原因。所以，尽管后来韩非与秦王谈得比较投机，秦王对他那套理论深为佩服，但总对他不是十分放心，对如何使用他难以决断。这时，嫉妒心特重的李斯和姚贾乘机陷害韩非，进谗言说："韩非，韩之诸公子也。今王欲并诸侯，非终为韩不为秦，此人之情也。今王不用，久留而归之，此自遗患也，不如以过法诛之。"① 秦王于是下令将韩非下狱。李斯乘机进毒药，逼其自杀。韩非自知存韩之谋被揭穿，深感辩白无路，就仰药自杀了。当秦王后悔派人去狱中赦免韩非时，看到的已经是韩非冰冷的尸体。韩非之死，不应该全然归咎于李斯、姚贾的进谗，韩非存韩弱秦之论是成因，李斯、姚贾进谗是诱因，秦王嬴政的决断是主因。不过，韩非尽管死于非命，但他集其大成的法家理论却被秦王嬴政全盘接受，成为他建国行政的教科书。

由于历史上留下来的资料十分简单而又互相抵牾，以致关于韩非的生平难以得到完整详细的了解。我们只知道他出身于韩国贵族，"为人口吃，不能道说，而善著书"。他与李斯一起师事荀子，学问远胜李斯。他见韩国政治腐败，改革不力，在强秦进攻面前一再割地受辱，多次上书韩王，提出修明法度、求贤任能、赏罚分明等富国强兵的建议，但不为韩王所纳。韩非愤激之余，写了《孤愤》《五蠹》《内外储》《说林》《说难》等十余万言，完成了封建法制理论的系统化工作。可惜他的故国已经没有条件实行他的理论，而最有条件实行他理论的秦国却以断头台接待了这位踌躇满志的思想家。他是在没有看到自己理想实现的情况下，含恨赍志以殁的。他的卒年（前233年）是清楚的，而生年则众说纷纭。有人说他生于韩厘王五十五年（前281年）前后。寿在40—50岁；有人说他生于韩厘王初年，寿在60岁左右；也有人主张他生于韩襄王末年（前269年），其寿不小于65岁。

二 对前人思想的继承与发展

任何思想都不是凭空产生的，除了政治和经济的条件之外，还必须有可供判继承的思想资料。而春秋末至战国时代的思想前辈，已经为韩

---

① 司马迁：《史记》卷63《老子韩非列传》，第2155页。

非准备了必要的思想资料。中国地主阶级法制思想的产生，是同土地私有制的产生和新兴地主阶级势力的成长相适应的。与此相应产生的法家先驱人物是李悝、吴起、商鞅、申不害、慎到等。

李悝是战国初年魏文侯的老师，写过著名的《法经》，这部以盗、贼、捕、囚、杂、具六章组成的法律文本，是我国历史上第一部较完备的成文法典，对后世产生了相当大的影响。

稍后于李悝的吴起，是新兴地主阶级杰出的政治家和军事家。他曾襄助魏文侯和魏武侯厉行改革，创设常备兵，使战国初期的魏国一度居于首强地位。后来吴起又襄助楚悼王实行封建的变法运动，使楚国迅速强大，但不久因悼王逝世，旧贵族反扑，吴起以身殉职。

后于吴起的商鞅，曾在秦国主持了战国七雄中最为彻底的变法。结果是"行之十年，秦民大悦"，"乡邑大治"。虽然后来商鞅也被旧贵族"车裂"而死，但他的改革却为秦国的迅速崛起奠定了基础。因为商鞅重视用法"齐一制度"，推行政令，奖励有功，惩罚有过，并且特别强调"轻罪重罚"，所以被认定为重法的政治家。

与商鞅差不多同时的申不害曾做过韩昭侯的相。他"内修政教，外应诸侯"，取得了"国治兵强"的显著政绩，"申子之学，本于黄老，而主刑名"[1]。他特别重视"术"的理论，从另一个角度为封建专制政权提供了思想武器。他认为，为了加强君权必须以"术"驾驭群臣。办法是"君操其本，臣操其末。君治其要，臣行其详"，以便使君主"操生杀之权，课群臣之能"。

与孟子同时的慎到是一个重"势"的道家人物。他最先意识到法与势的关系，即法与政治权力的关系。他认为无论多么完备的法制，如不凭借强大的政治权力也是无法推行的。他说，飞龙乘云翱翔，腾蛇在雾中游弋，待到云消雾散，龙蛇落到地上，就与蚯蚓没有什么了不同了。这是因为它们失掉了凭借。贤人屈从于不肖者，是因为权轻位卑；不肖者所以能使贤人屈从，是由于权重位尊。尧如果是一个匹夫，尽管他道德高尚，连三个人也管不了。夏桀纵然暴虐无道，但因为他是天子，也就可以凭借权势把天下搞得乱纷纷。由此可知势力权位的重要，而贤明和智慧却不值得羡慕。

---

[1] 司马迁：《史记》卷63《老子韩非列传》，第2146页。

韩非主要继承的是先秦法家先驱者的理论：商鞅的"法"，申不害的"术"，慎到的"势"，都被他冶为一炉，他由此成为法家思想的集大成者。韩非通过撰写《解老》《喻老》，充分吸纳并批判改造了老子的自然观和无为思想，发展了先秦以来的唯物论和无神论思想，为他的法制主义找到了一个坚实的自然哲学基础。所以司马迁说他"喜刑名法术之学，而其归本于黄老"。韩非还继承和发展了荀子的唯物论、历史进化论、性恶论和隆礼重法论，为自己的法制主义理论找到历史学和社会学的根据。事实上，正是荀子与韩非这一对师徒共同架设了一座由礼制到法制的思想过渡的桥梁。

韩非也在形式上继承了墨家"尚同"的理念，把"上同而下不比"①作为君主专制独裁的法理根据，将"明是非之分，审治乱之纪，明同异之处，察名实之理，处利害，决嫌疑"②等作为法制理论的逻辑证明。韩非尽管对儒家学派进行猛烈抨击，但他还是自觉不自觉地吸取了儒学的某些理念与方法，如"制名以指实，上以明贵贱，下以辨异同"③、"叩其两端竭焉"④等。事实说明，韩非作为先秦法家学说的最后一位大师，他在《显学篇》中虽然批判了法家以外的几乎所有思想流派，但他并不拒绝其他思想流派中对自己有用的东西，而是尽量吸纳。他的思想之所以博大精深，与他善于吸收前人成果是有直接关系的。

韩非的著作《韩子》，亦称《韩非子》，现存55篇。尽管它是先秦古籍中窜乱较少的著作之一，但对其真伪，学术界也有几种不同的说法。有人认为所有篇章皆出自韩非本人之手；有人认为只有《史记》记载的《孤愤》《五蠹》《内外储》等6篇以及《说林》《说难》等10篇出自韩非，其余皆属窜入者。另外还有其他数种看法。我们认为，除了《忠孝》《人主》《饬令》《心度》《制分》为法家后学著作，《初见秦》《存韩》《难言》《爱臣》为战国纵横家著作外，其余46篇，大体出自韩非之手，应该作为研究他思想的重要依据。

韩非虽然同他的前辈吴起、商鞅一样做了地主阶级进步事业的殉道

---

① 吴毓江：《墨子校注》，第108页。
② 吴毓江：《墨子校注》，第627页。
③ 王先谦：《荀子集解》，第491页。
④ 《论语·子罕》，《十三经注疏》，中华书局1980年版，第2490页。

者,但是,他们创建的法制理论却为后来的封建统治者所笃行,在中国历史上产生了深远影响。秦王嬴政尽管误信谗言冤死了韩非,但他统一中国后创设的许多制度和政策措施,不少是以韩非的理论为基础的。

韩非思想的优长和缺失都很突出,但他身后的评价基本上是贬多于褒。原因在于,一是他鼓吹"性恶论",认定"私利"主导所有人的行动,摈弃道德、伦理、亲情的存在及其积极作用。二是他坚持君王的绝对专制论,否定"仁政""德治"的存在及其积极作用。近代以来,除了章太炎对其大加肯定外,王先谦也对他的思想作了有条件的肯定:

> 韩非处弱韩危极之时,以宗属疏远,不得进用。目击游说纵横之徒,颠倒人主以取利,而奸猾贼民,恣为暴乱,莫可救止,因痛嫉夫操国柄者,不能伸其自有之权力,斩割禁断,肃朝野而谋治安。其身与国为体,又烛弊深切,无由见之行事,为书以著明之。故其情迫,其言戆,不与战国文学诸子等。迄今览其遗文,推迹当日国势,苟不先以非之言,殆亦无可为治者。仁惠者,临民之要道,然非以待奸暴也。孟子导时王以仁义,而恶言利,今非之言曰:"世之学术者说人主,不曰乘威严以困奸邪,而皆曰仁义惠爱。世主亦美仁义之名,而不察其实。"盖世主所美,非孟子所谓仁义;说士所言,非仁义即利耳。至劝人主用威,唯非宗属乃敢言之。非论说固有偏激,然其云明法严刑救群生之乱,去天下之祸,使强不凌弱,众不暴寡,耆老得遂,幼孤得长,此则重典之用而张弛之宜,与孟子所称及闲暇明政刑,用意岂异耶!既不能行之于韩,而秦法暗与之同,遂以锄群雄,有天下。①

应该承认,作为晚清大儒的王先谦,对韩非的评价基本上还是比较公允的。

第二节 韩非的法治思想体系

一 唯物论的自然观

老子的思想体系虽然属于客观唯心论,但他摈弃了天地鬼神的作

---

① 王先慎:《韩非子集解·序》,中华书局2013年版,第2页。

用，第一次以"道"作为天地的主宰。特别是他的辩证法思想丰富了人类对自然和社会的认识。韩非批判改造了老子的"天道无为"思想，提出了自己唯物论的自然观。他认为"道""与天地之剖判也俱生"，"天得之以高，地得之以藏，维斗得之以成其威，日月得之以恒其光"，这里的"道"显然还带着从老子那里脱胎而来的痕迹。但他又说："道者，万物之所然也，万理之所稽也。理者，成物之文也；道者，万物之所以成也。……万物各异理，而道尽稽万物之理。"① 这里韩非把"理"说成具体事物的规律，把"道"看成宇宙万事万物的总规律。"道"含蓄着"理"，是"理"的总汇。应该说，对"理"这一范畴的阐发，是韩非对唯物论的新贡献。韩非坚信万事万物都有自己的"理"，宇宙有自己的总规律，因而也坚信事物的发展有自己的规律，这就是他所说的"定命"和"信数"。

韩非认为天下信数有三，一是人的智慧无法实现的，二是人的勇力无法达到的，三是人在强大和威势面前无法取胜的。只有"因可势"，"求易道"，即利用可以成事的客观条件和形势，才能"用力寡而功名立"②，取得各种事业的成功。他认定贤明君主立功成名必须具备四个条件：天时、人心、技能、势位。他说，天时不利，虽有十个尧这样的圣人，也不能在严冬使禾生一穗；人心不顺，虽有贲、育这样的勇士也无法取得对敌斗争的胜利。他的结论是："得天时则不务而自生，得人心则不趋而自劝；因技能则不急而自疾，得势位则不进而成名。"③ 这里，韩非从实践的角度说明办任何事情都必须遵循事物本身的客观规律。韩非虽然指出人的行动必须受制于客观必然性，但他避免了老子强调"清静无为"而忽视人的主观能动性的缺点。他认为人既不能做违反客观规律的狂人，也不应该无所事事，一味等待自然的恩赐，而应该利用天赋的聪明睿智，在自然条件许可范围内，发挥自己的主观能动的作用。这一思想蕴含着朴素唯物论和辩证法的因素。

从唯物论的自然观出发，韩非坚定地站在无神论立场上，驳斥了当时流行的鬼神可以决定吉凶，卜筮能够预测祸福的宗教迷信思想，否定了以星象变化妄测国家兴亡和战争胜负的占星术。他用历史事实揭穿卜

---

① 王先慎：《韩非子集解》，第 156 页。
② 王先慎：《韩非子集解》，第 212 页。
③ 王先慎：《韩非子集解》，第 223 页。

筮的欺骗性。在《饬邪》中，他说，赵国攻打燕国时，凿龟求卜，得兆"大吉"，燕国迎战赵国，同样凿龟求卜，得兆也是"大吉"。但两国交战的结果，燕国两次都打了败仗；赵国相信卜筮，先胜燕国，再胜齐国，但与秦国交战时却一败涂地。燕、赵交战时，难道是燕国的龟不灵，而赵国的龟灵吗？赵国的龟既然灵，为什么与秦国交战时就不灵了呢？韩非又以越王勾践的故事为例，证明恃龟不如靠人：开始，勾践恃大朋之龟，但与吴国交战时败北，自己也成了吴国的俘虏，受尽凌辱。归国以后，再也不凿龟问卜，而是"卧薪尝胆"，十年生聚，十年教训，"明法亲民以报吴"。后来，不仅灭掉吴国，雪会稽之耻，而且北上中原争霸，俨然成为新的霸主。

韩非还讥讽那些幻想长生不老的侯王，他们的巫祝虽然天天焚香作法，预祝千秋万岁，但并不能延年益寿。燕王曾派人向传"不死之道"的仙人学习，但还未来得及学习，仙人自己却一命呜呼，燕王怪罪派去的人贻误大事而将之处以极刑。韩非对此嘲笑说："夫信不然之物而诛无罪之臣，不察之患也。且人之所急，无如其身，不能自使其无死，安能使王长生哉？"①

韩非又以确凿的事实，嘲弄了占星术的虚妄。魏国曾连年东向攻齐，迭克陶、卫，取得一连串胜利。后来转而西向攻秦，却连吃败仗，损兵失地。这难道是因为丰隆、五行、太一、王相、六神、岁星等吉星都在西方，因而成为魏国的守护神吗？难道又因为天缺、弧逆、刑星、荧惑、奎台等凶星都在东方，因而造成对秦国作战的不利吗？这些事实说明，天上星宿的方位，根本不能决定国家盛衰的命运。韩非的结论是："龟筮鬼神不足举胜，左右背乡不足以专战。然而恃之，愚莫大焉。"② "用时日，事鬼神，信卜筮，而好祭祀者，可亡也。"③

韩非还进而从唯物论自然观出发，批判了当时流行的所谓生死祸福是出自上天奖励或惩罚的天人相与论。他认为生死祸福是由人自身的行为造成的，与上天没有任何关系："祸难生于邪心，邪心诱于可欲。可欲之类，进则教良民为奸，退则令善人有祸。"④ 另外，由于人们忧愁

---

① 王先慎：《韩非子集解》，第290—291页。
② 王先慎：《韩非子集解》，第131页。
③ 王先慎：《韩非子集解》，第117页。
④ 王先慎：《韩非子集解》，第154页。

难耐，精神错乱，思虑不周而造成的行为过失，也同样能够给人带来灾祸。而幸福的来源，则是由于人们自己"行端正""思虑熟""得事理"，因而办事成功，福寿两全。这里，韩非竭力把生死祸福的成因从天上拉回人间，从人自身的思想和行为中去寻觅。虽然他不可能从社会经济和阶级的分野来解释生死祸福，而把它单纯归因于个人的思想和行为，但较之那些上帝决定的神道说教，毕竟是前进了一大步。他还认定，只要政治清明，"内无痤疽瘅痔之害，而外无刑罚法诛之祸"①，人们就不会遭到无妄之灾，鬼神迷信也就没有市场了。尽管韩非在这里把消灭鬼神迷信看得过于简单、容易，不了解鬼神迷信的产生有着深刻的社会根源和认识根源，但是，他对鬼神迷信的批判，还是有着重大进步意义的。

二 "参验"的唯物主义认识论

事物是否能够认识？人有没有认识事物的能力？人的认识怎样反映客观实际？如何判断认识的正确与错误？对这一连串的认识论的主要问题，韩非基本上作了唯物论的回答。

韩非认为天地万物的"所以然之道"和"所以然之理"都是客观存在的，是可以认识的。而人也是有认识事物的能力的："聪明睿智，天也；动静思虑，人也。"② 人类认识事物的器官虽是天生的，认识事物却是人的主观能动行为："思虑熟则得事理"，"得事理则必成功"③。这就是说，认识事物首先靠耳、口、目、鼻等"天官""空窍"接触事物，获得感性认识，同时也要靠"心"的思虑使认识得到深化。韩非已经接触到检验认识和行动是否正确的标准问题。他认为，判定言论、意见是否正确，要看其是否符合"形名参同"。如臣下发言、行事，言必有名，事必有形，据形验名，就是"形名参同"："有言者自为名，有事者自为形。形名参同，君乃无事焉，归之其情。"④ 由此韩非主张对当时各家学派的言论，必须根据历史和事实加以"参验"。凡是缺乏历史和事实根据的理论，就是虚妄的谬论。如按此行事，就是欺骗行

---

① 王先慎：《韩非子集解》，第 147 页。
② 王先慎：《韩非子集解》，第 161 页。
③ 王先慎：《韩非子集解》，第 144 页。
④ 王先慎：《韩非子集解》，第 28 页。

为。进而，韩非认定，判断言行是否正确，归根结底是看其在实践中的"功用"："夫言行者，以功用为之的彀者也。"①

韩非以许多生动的故事来证明自己的理论。在齐国的稷下学宫中，有一个叫儿说的辩者持"白马非马"之说，折服了在场的所有学者。但当他乘白马过关的时候，还要按照马的毛色交过关税。韩非批评说，如果凭借虚浮言辞来辩论，口才好的人能辩胜全国人的口；如果按照形象考察实际，就无法欺诈一个人。他进而批判阴阳家的"闳大不经"之谈，嘲笑他们无法验证的言论不过是一种"画鬼"的伎俩。他说，画犬马最难，画鬼魅最容易。因为谁也没有见过鬼魅，所以可以随心所欲地乱画。犬马天天可见，画不像是不行的。当然，阴阳五行家思想中也包含着运动变化的朴素辩证法理念，把他们全部说成画鬼惑众的骗子显然失之偏颇。

韩非还讲过两个故事，说明任何言行都必须看效果。秦国国君将自己的女儿嫁给晋国的国君，同时陪送了70个漂亮的婢女，结果晋人爱其婢而贱公女。这样，秦国以嫁女维持两国友好关系的目的就没有达到。韩非批评这是"善嫁妾"而非"善嫁女"。楚人把一颗珍珠装在一只极其漂亮的盒子里，"为木兰之椟，熏以桂椒，缀以珠玉，饰以玫瑰，辑以翡翠"②，结果郑人买了盒子而退还珍珠，这就是有名的"买椟还珠"的故事。韩非认为，这些行动都没有达到预期的目的，说明行动本身是错误的。

言行必须以"功用"为"的彀"的思想，隐含着以实际效果为检验言辞行为标准的科学认识。对此，韩非有这样一段经典表述：

> 夫视锻锡而察青黄，区冶不能以必剑；水击鹄雁，陆断驹马，则臧获不疑钝利。发齿吻形容，伯乐不能以必马；授车就驾而观其末涂，则臧获不疑驽良。观容服，听辞言，仲尼不能以必士；试之官职，课其功伐，则庸人不疑于愚智。③

韩非还以一个"以子之矛攻子之盾"的故事，把矛盾的概念第一

---

① 王先慎：《韩非子集解》，第430页。
② 王先慎：《韩非子集解》，第287页。
③ 王先慎：《韩非子集解》，第504页。

次引入认识领域。他认为人的思维必须符合形式逻辑的要求，不能陷入自相矛盾。由此引申，他认为君主应该善于听取不同意见，并从各种互相对立矛盾的意见中判断其中哪一种符合实际，千万不要只听一种意见。如果一个君主经常听到的只是一种声音，那么这种声音即使将他引导到完全错误的道路上，他也不易发觉。

韩非还认为，在"上有所好，下必甚焉"的社会风气中，国君更要有自知之明。他说："故知之难，不在见人，在自见。""志之难也，不在胜人，在自胜也。"① 也就是说，人君要对自己保持清醒的头脑，要敢于同自己的错误做斗争。他又说，良药苦口利于病，"忠言拂于耳"②，但聪明的君主还是要听，因为它能够使事业取得成功。他还讲了一个齐王好紫衣的故事，说明以身作则的重要性。由于齐王喜好紫衣，全国上下争相穿用，结果弄到全国紫色布匹价昂缺货。后来齐王纳谏弃紫衣，情况立即发生变化，当天，郎中不穿紫衣了。当月，国都官员百姓不穿紫衣了。当年，齐国境内之民无人再穿紫衣了。这个故事中隐喻的道理，至今仍然发人深思。总之，韩非的唯物论认识论，强调了"参验"和功用，达到了当时的最高水平。

三 今胜于昔的历史进化观

在先秦诸子中，绝大部分人把人类的黄金时代放在遥远的古代社会。以孔子、孟子为代表的儒家鼓吹尧、舜和三代的理想。墨翟为代表的墨家则讴歌大禹时代的"尚同"和"尚贤"。老子和庄子为代表的道家更是赞扬"小国寡民"和"同与禽兽居"的"至德之世"。中国传说时代的圣帝名王及其事迹，绝大多数是在这一时期按不同理想编造出来的。韩非作为新兴地主阶级的代言人，相信自己阶级的力量，对未来充满信心，因而继承和发展了荀子的历史进化观，批判了儒、墨、道"法先王"的历史观。

首先，韩非认为，历史既不是一成不变的简单重复，更不是今不如昔的一代不如一代的倒退，而是一个由低级向高级的连续不断的发展过程。他将中国历史划分为四个发展阶段：上古之世、中古之世、近古之世和当今之世。上古指有巢氏构木为巢、燧人氏钻木取火的时代。中古

---

① 王先慎：《韩非子集解》，第181—182页。
② 王先慎：《韩非子集解》，第288页。

指鲧、禹父子治水的时代。近古指汤、武征伐的时代。当今指春秋战国五霸七雄争霸兼并的时代。韩非还描绘了各个时代不同的特点和风貌。他说,"古人亟德,中世逐于智,当今争于力"①。时代不同,历史条件不同,治国的法术也应该不同。时代进入了中古,如果还有人提倡构木为巢、钻木取火,必然被鲧、禹所耻笑;时代进入近古,如果还有人无故决渎排水,必然被汤、武所耻笑;时代进入当今,如果还有人讴歌尧、舜、汤、武的道德功业,也就必然为"新圣"所耻笑了。他的结论是:"圣人不期修古,不法常可,论世之事,因为之备。"②他讽刺说,儒家"法先王""行仁义"的治国方法,在当时不过是"守株待兔"和"尘饭涂羹"之类的空想而已。

其次,韩非努力排除天命、神道史观,竭力探索历史的规律和决定力量。韩非以前及其同时代的许多思想家,大力鼓吹"天生民而作之君,作之师"的神道史观,国君被誉称"天子",自然界和人类社会的一切发展变化都被说成老天爷的有目的的安排。韩非上承荀子,把天神从历史领域驱除出去,将历史还原为人类自身的历史。他说:"上古之世,人民少而禽兽众,人民不胜禽兽虫蛇。有圣人作,构木为巢,以避群害,而民悦之,使王天下,号曰有巢氏。民食果蓏蚌蛤,腥臊恶臭而伤腹胃,民多疾病,有圣人作,钻燧取火,以好腥臊,而民悦之,使王天下,号曰燧人氏。"③ 韩非如此对上古社会进化的描绘,"确是道破了原始社会的实际"④。这里,韩非虽然把原始社会的一些重大发明与所谓"圣人"联系在一起,但他的描述,比起同时代的其他思想家,毕竟更接近历史实际。进而,他说,尧做国王的时候,吃着粗劣的食物,喝着藜藿做的羹汤,冬天穿鹿皮,夏天穿麻布衣服。今天,就是看门的小官的衣食住行也比他强多了。禹做国王管理天下的时候,手持耒叉带领人民干活,终日劳累,以致大腿上无肉,小腿上不生毛。今天,就是一般奴隶的劳动也不过如此。这样看来,古人辞去天子,不过像今天辞掉一个看门人的俸禄和抛却奴隶的辛劳罢了。因此,古代"禅让"天下

---

① 王先慎:《韩非子集解》,第467页。
② 王先慎:《韩非子集解》,第484页。
③ 王先慎:《韩非子集解》,第483页。
④ 《郭沫若全集》历史编2,第366页。

的事是不值得过多赞扬的。可今天一个县令,即使他死后,他的子孙也可以世世代代坐马车,享受尊荣。所以就辞让而言,古人可以轻而易举地辞去天子的尊位,而今人却难以舍弃辞去一个小小的县令。这是因为实际利益厚薄不同的缘故。他的结论是:"是以古之易财,非仁也,财多也;今之争夺,非鄙也,财寡也。轻辞天子,非高也,势薄也;重争土壤,非下也,权重也。"① 这意思是说,古人所以不争权,因为无利可图,而今人所以争权,是因为财少并有利可图。韩非从经济生活的影响来分析道德的时代性质,正是体现了他的唯物主义精神,由此他把国家盛衰、社会治乱的原因归结到社会经济问题。所以他认为必须强迫人民努力生产,大量增加社会财富,才能给社会的繁荣、美好道德的推行、国家社会的安定奠定基础。进而他激烈反对当时的文学之士、言谈之士、道德之士、工商之民、游侠之士,其中一个重要原因就是这些人脱离农业生产,"用力者寡则国贫,此世之所以乱也"②。由此出发,他主张重本抑末,奖励耕战,大力发展经济。可以看出,韩非在这里继承了《管子》"仓廪实则知礼节,衣食足则知荣辱"的观点,看到了物质生活对国家治乱、道德风尚的影响,这比之儒家空谈仁义的说教,合理的因素似乎更多一点。但是,韩非为了论证以暴力为后盾的封建专制主义的进步性,将物质与道德的关系绝对化了。在《五蠹》中,他认为人口的增长快于财富的增长,社会上人口愈多则财富愈少。财富愈少,则争夺就愈激烈。而社会的动乱就是因人口的迅速增加引起的。这里,韩非的可贵之处,在于看到了人口增长与经济发展的关系,特别是人口增长与社会财富分配之间的矛盾。但是,把社会动乱的原因单纯归结为人口的大量增加,显然是错误的。因为在阶级社会里,社会动乱的根本原因是统治阶级无限制的压迫和剥削。

再次,韩非把历史的根本动力归结为人类对一己私利的无厌追求。"性恶论"是他这一理论的出发点。韩非认为,人性是随着历史的发展而变化的。远古之人无利可图,所以敦朴愚蠢;今之人有利可图,所以狡诈智慧。而所有人所刻意追求的东西,不外乎名和利:"人无羽毛,不衣则犯寒;上不属天,而下不著地,以肠胃为根本,不食则不能活,

---

① 王先慎:《韩非子集解》,第 486 页。
② 王先慎:《韩非子集解》,第 494 页。

是以不免于欲利之心。"① "利之所在民归之,名之所彰士死之。"② 不仅一般人和士君子追逐名利,那些拥有巨量财富和据有极大权力的贵族们,更是经常演出弑父杀兄、篡位逼宫之类骨肉相残的丑剧。在韩非看来,所有的社会关系都离不开名和利,如王良爱马,是为了让它驰骋疆场;勾践爱民,是为了让他们拼死鏖战,以雪会稽之耻;医生吮吸病人的伤口,并非因为他同患者有着骨肉亲情,而是为了收取高昂的酬劳;造车的工匠,希望人人富贵,做棺材的工匠,则盼着人人早死。这也并不是因为造车者仁而做棺者残忍,而是因为人不富贵车子卖不出,人不死亡棺材卖不掉。棺材匠并不是憎恶人,而是因为他的利益恰恰与人的死亡联系在一起。在韩非眼里,普天之下都是为私利活动的人,人与人之间的关系都是建筑在利害基础上,佣工与雇主、父亲与儿子、丈夫与妻子、同事和朋友、君主和臣子,都是以利益的锁链连在一起的。韩非撕破了儒家精心锻造的"君仁臣忠""父慈子孝""兄友弟恭""夫义妇顺"等温情脉脉的道德伦理的纱幕,将其还原为争权夺利、尔虞我诈的赤裸裸的利害关系。而人类的历史,也就势必在各种不同的人群日日追逐名利的推动下,一步一步走过来。所以,君主应该利用人人趋利避害的本性,用严明的赏罚驱使臣子、官吏和人民为自己效力。韩非的法制主义理论正是奠基于这种"性恶论"基础之上,而法的功效也正是因为契合了人类趋利避害的本性。由此出发,他鼓吹强力,鄙视贫弱,鼓励人们以强以力致富致贵,反对救济贫弱群体:

> 是故力多则人朝,力寡则朝于人,故明君务力。夫严家无悍虏,而慈母有败子,吾以此知威势之可以禁暴,而德厚之不足以止乱也。夫圣人之治国,不恃人之为吾善也,而用其不得为非也。③
> 无丰年旁入之利,而独以完给者,非力则俭也;与人相若也,无饥馑疾疚祸罪之殃,独以贫穷者,非侈则惰也。侈而惰者贫,力而俭者富。今上征敛于富人以布施于贫家,是夺力俭而与侈惰也,而欲索民之疾作而节用,不可得也。④

---

① 王先慎:《韩非子集解》,第 155 页。
② 王先慎:《韩非子集解》,第 283 页。
③ 王先慎:《韩非子集解》,第 504 页。
④ 王先慎:《韩非子集解》,第 501 页。

韩非"性恶论"的合理因素，在于他看到了人人都有自己的物质利益，而他的错误在于把这种对物质利益的追求绝对化，把唯利是图看成永远不变的人性，认定"丛林法则"是永恒的法则，错误地否定了人类社会确实存在的超越物质利益的人类亲情和超越生死的道德情操。

从一定意义上说，韩非的"性恶论"是战国时代商品经济得到较大发展的产物。然而，由于它太少伪饰，太赤裸裸，特别是太绝对化，因而对维护封建统治的长治久安不利。所以在秦朝以后，中国的封建统治者虽然在事实上接受和运用韩非的法制理论，但并不张扬他的"性恶论"，而是更多地宣扬孟子的"性善论"。因为"性善论"把人追求名利说成后天才有，不是人的本性；人的本性是由"善端"扩展而向善的，所有人都可以通过修养自觉向善，回归本性。这种理论尽管同样不尽科学，但比"性恶论"要高明得多。

总之，韩非的历史观虽然最终不能超越历史唯心论的局限，但是，由于他倡导今胜于昔的历史进化论，批驳了君权神授的宗教迷信，从人类的经济生活寻找历史发展的动因，鼓吹"世异备变"的不断变革的理念，这就适应了当时新兴地主阶级变革现实的要求，在先秦晚期社会急剧变化的历史条件下，它的进步作用是主要的。

四 法、术、势相结合的法制思想

韩非总结了他的法家前辈的思想，第一次明确阐述了法、术、势三者之间不可分割的联系。他认为，为了推行封建的政治变革，必须实行严酷的法制。他批判申不害只讲"术"不重法的弊端是："不擅其法，不一其宪令，则奸多故。"① 但是推行法制的前提是掌控国家权力，即必须有"势"。但有法有势而无"术"，还不足以对付叛逆臣子的擅权篡弑，极易造成大权旁落。所以人君又必须有术。他指出，法虽然可以使国家富强，"然而无术以知奸，则以其富强也资人臣而已"。所以术与法关系极其密切："君无术则弊于上，臣无法则乱于下。此不可一无，皆帝王之具也。"② 法、术、势三者互为条件，互相补充，构成新兴地主阶级完整的法制思想体系。

韩非认定，法是国家根本的规章制度，是除人君外所有臣民都须一

---

① 王先慎：《韩非子集解》，第433页。
② 王先慎：《韩非子集解》，第433页。

体遵守的根本大法,是衡量一切是非曲直的唯一标准,是保证国家和社会长治久安的唯一凭借,是使全国臣民"人力尽而功名立"的万能法宝,是治国理民的头号利器:

> 巧匠目意中绳,然必先以规矩为度;上智捷举中事,必以先王之法为比。故绳直而枉木斲,准夷而高科削,权衡县而重益轻,斗石设而多益少。故以法治国,举措而已矣。法不阿贵,绳不挠曲。法之所加,智者弗能辞,勇者弗敢争。刑过不避大臣,赏善不遗匹夫。故矫上之失,诘下之邪,治乱决缪,绌羡齐非,一民之轨,莫如法。属官威民,退淫殆,止诈伪,莫如刑。刑重则不敢以贵易贱,法审则上尊而不侵;上尊而不侵则主强而守要,故先王贵之而传之。①

> 国无常强,无常弱。奉法者强则国强,奉法者弱则国弱。②

> 而圣人者,审于是非之实,察于治乱之情也。故其治国也,正明法,陈严刑,将以救群生之乱,去天下之祸,使强不凌弱,众不暴寡,耆老得遂,幼孤得长,边境不侵,君臣相亲,父子相保,而无死亡系虏之患,此亦功之至厚者也。③

> 释法术而心治,尧不能正一国;去规矩而妄意度,奚仲不能成一轮;废尺寸而差短长,王尔不能半中。使中主守法术,拙匠守规矩尺寸,则万不失矣。君人者能去贤巧之所不能,守中拙之所万不失,则人力尽而功名立。④

> 人主使人臣虽有智能不得背法而专制,虽有贤行不得逾功而先劳,虽有忠信不得释法而不禁,此之谓明法。⑤

> 故明主之国,无书简之文,以法为教;无先王之语,以吏为师;无私剑之捍,以斩首为勇。是境内之民,其言谈者必轨于法,动作者归之于功,为勇者尽之于军。是故无事则国富,有事则兵强,此之谓王资。⑥

---

① 王先慎:《韩非子集解》,第40—41页。
② 王先慎:《韩非子集解》,第33页。
③ 王先慎:《韩非子集解》,第109—110页。
④ 王先慎:《韩非子集解》,第209页。
⑤ 王先慎:《韩非子集解》,第126页。
⑥ 王先慎:《韩非子集解》,第494页。

在韩非看来，法的特点是"明"："编著之图籍，设之于官府，而布之于百姓。"① 要广泛宣传，做到家喻户晓，使全国臣民都明白自己行为的底线在哪里，严格约束自己不做违法之举，同时尽力做法所鼓励和倡导的立功受赏之事：

> 明主之表易见，故约立；其教易知，故言用；其法易为，故令行。三者立而上无私心，则下得循法而治，望表而动，随绳而斲，因攒而缝。如此则上无私威之毒，而下无愚拙之诛。故上居明而少怒，下尽忠而少罪。②

法的主要功能是赏罚，并具体规定了赏罚的依据。在《韩非子》一书中，对赏罚的论述是不厌其烦、反复不断、再三再四的。他绝对认定，无论是对于官吏，还是对于一般平民百姓，赏和罚的两手是最好的挟制他们的工具，所以是不可须臾离的"邦之利器"。与之相对应，儒家所倾心倡导的仁义则是搞乱国家、迷惑臣民的"歪理邪说"：

> 法者，宪令著于官府，刑罚必于民心，赏存乎慎法，而罚加乎奸令者也。③
>
> 明主之所导制其臣者，二柄而已矣。二柄者，刑、德也。何谓刑、德？曰：杀戮之谓刑，庆赏之谓德。为人臣者畏诛罚而利庆赏，故人主自用其刑、德，则群臣畏其威而归其利矣。人主将欲禁奸，则审合刑名者，言与事也。为人臣者陈而言，君以其言授之事，专以其事责其功。功当其事，事当其言，则赏；功不当其事，事不当其言，则罚。④
>
> 赏罚者，邦之利器也，在君则制臣，在臣则胜君。君见赏，臣则损之以为德；君见罚，臣则益之以为威。人君见赏而人臣用其势，人君见罚而人臣乘其威。故曰："邦之利器，不可以示人。"⑤

---

① 王先慎：《韩非子集解》，第415页。
② 王先慎：《韩非子集解》，第221页。
③ 王先慎：《韩非子集解》，第433页。
④ 王先慎：《韩非子集解》，第42—44页。
⑤ 王先慎：《韩非子集解》，第170页。

世主美仁义之名而不察其实，是以大者国亡身死，小者地削主卑。何以明之？夫施贫困者，此世之所谓仁义；哀怜百姓，不忍诛罚者，此世之所谓惠爱也。夫有施与贫困，则无功者得赏；不忍诛罚，则暴乱者不止。国有无功得赏者，则民外不务当敌斩首，内不急力田疾作，皆欲行货财，事富贵，为私善，立名誉，以取尊官厚俸。故奸私之臣愈众，而暴乱之徒愈胜，不亡何待！夫严刑者，民之所畏也；重罚者，民之所恶也。故圣人陈其所畏以禁其邪，设其所恶以防其奸，是以国安而暴乱不起。吾以是明仁义爱惠之不足用，而严刑重罚之可以治国也。无捶策之威，衔橛之备，虽造父不能以服马；无规矩之法，绳墨之端，虽王尔不能以成方圆；无威严之势，赏罚之法，虽尧舜不能以为治。今世主皆轻释重罚严诛，行爱惠，而欲霸王之功，亦不可几也。故善为主者，明赏设利以劝之，使民以功赏而不以仁义赐；严刑重罚以禁之，使民以罪诛而不以爱惠免。是以无功者不望，而有罪者不幸矣。①

明主之道不然，设民所欲以求其功，故为爵禄以劝之；设民所恶以禁其奸，故为刑罚以威之。庆赏信而刑罚必，故君举功于臣，而奸不用于上，虽有竖刁，其奈君何？且臣尽死力以与君市，君垂爵禄以与臣市，君臣之际，非父子之亲也，计数之所出也。②

圣人之所以为治道者三：一曰利，二曰威，三曰名。夫利者所以得民也，威者所以行令也，名者上下之所同道也。③

韩非有时把法令叫做"名"，依据法令进行的赏罚叫做"刑"。法是赏罚的标准，"名"是"刑"的根据，"刑"必须合乎"名"。所以韩非的法制又叫"刑名之术"。韩非还鼓吹一种类似法律面前人人平等的理念："法不阿贵，绳不挠曲。法之所加，智者弗能辞，勇者弗敢争。刑过不避大臣，赏善不遗匹夫。"④ 这里讲的臣与民、官与百姓面前一律平等的话，目的在于破坏奴隶制世官世禄的等级制度，代之以

---

① 王先慎：《韩非子集解》，第383页。
② 王先慎：《韩非子集解》，第112页。
③ 王先慎：《韩非子集解》，第447页。
④ 王先慎：《韩非子集解》，第41页。

"使法择人，不自举也"① 为原则的官吏选取制度，做到"内举不避亲，外举不避仇"②，经过实践考验，"论之于任，试之于事，课之于功"③，以便使大批出身于新兴地主阶级和平民百姓的人才得以涌现。韩非并不完全否定贤人，但却极力反对贤人政治，主张"任法不任贤"。韩非继承商鞅"以刑止刑"的观点，力主重刑厚赏：

> 是以赏莫如厚而信，使民利之；罚莫如重而必，使民畏之；法莫如一而固，使民知之。故主施赏不迁，行诛无赦。誉辅其赏，毁随其罚，则贤不肖俱尽其力矣。④
>
> 重一奸之罪而止境内之邪，此所以为治也。重罚者盗贼也，而悼惧者良民也，欲治者奚疑于重刑！若夫厚赏者，非独赏功也，又劝一国。受赏者甘利，未赏者慕业，是报一人之功而劝境内之众也，欲治者何疑于厚赏！⑤
>
> 故明主之治国也，适其时事以致财物，论其税赋以均贫富，厚其爵禄以尽贤能，重其刑罚以禁奸邪；使民以力得富，以事致贵，以过受罪，以功致赏而不念慈惠之赐，此帝王之政也。⑥

韩非坚信，重赏严罚既利于君，也利于民，奸邪者畏于刑而不敢作奸犯科，百姓因追求厚赏而甘愿身赴国难。不过韩非的法制思想的着重点并不是厚赏而是重罚，它的"轻罪重罚"的原则集中表现了法家极度的"刻薄寡恩"和残酷无情。因为罚的对象主要是一般百姓，在实行过程中，它必然要引起劳动人民的激烈反抗。秦王朝是实践韩非法制主义思想的典型之一，它之所以在统一六国十五年后即被农民起义军送上不归路而覆社灭宗，显然与它实行的"重罚"的制度和政策有关。

韩非的"术"是"藏之胸中，以偶众端而潜御群臣"的工具。在涉及法与术的区别时，韩非准确阐明：

---

① 王先慎：《韩非子集解》，第37页。
② 王先慎：《韩非子集解》，第441—442页。
③ 王先慎：《韩非子集解》，第409页。
④ 王先慎：《韩非子集解》，第489页。
⑤ 王先慎：《韩非子集解》，第456页。
⑥ 王先慎：《韩非子集解》，第460页。

人主之大物，非法则术也。法者，编著之图籍，设之于官府，而布之于天下者也。术者，藏之于胸中，以偶众端，而潜御群臣者也。故法莫如显，而术不欲见。是以明主言法，则境内卑贱莫不闻知也，不独满于堂；用术，则亲爱近习莫之得闻也，不得满室。①

韩非的"术"蕴含三个方面的内容。

第一，君王高居尊位，不做具体事情。"圣人不亲细民，明主不躬小事"②，"无为而治"，知人善任，"因任而授官，循名而责实"，以用人之智，用人之能。虽然君主自己不见得智和贤，但只要能用正确的方法使智者贤者为我所用，就可以收到"臣有其劳，君有其成功"的效果。只要对臣下"以言授事""以事责功"，赏罚并用，就可以得到想要的一切：

明君无为于上，群臣竦惧乎下。明君之道，使智者尽其虑，而君因以断事，故君不穷于智；贤者敕其材，君因而任之，故君不穷于能；有功则君有其贤，有过则臣任其罪，故君子不穷于名。是故不贤而为贤者师，不智而为上智者正。臣有其劳，君有其成功，此之谓贤主之经也。③

韩非进而指出人主有"五壅"，而这些"壅"都是由于臣子掌控权力为谋私利擅自行动构成的，所以人主必须破除这些"壅"，才能维护自己的利益：

是故人主有五壅：臣闭其主曰壅，臣制财利曰壅，臣擅行令曰壅，臣得行义曰壅，臣得树人曰壅。臣闭其主则主失位，臣制财利则主失德，臣擅行令则主失制，臣得行义则主失名，臣得树人则主失党。此人主之所以独擅也，非人臣之所以得操也。人主之道，静退以为宝。不自操事而知拙与巧，不自计虑而知福与咎。是以不言

---

① 王先慎：《韩非子集解》，第415页。
② 王先慎：《韩非子集解》，第371页。
③ 王先慎：《韩非子集解》，第29—30页。

而善应，不约而善增。言已应则执其契，事已增则操其符。符契之所合，赏罚之所生也。故群臣陈其言，君以其言授其事，以事责其功。功当其事，事当其言则赏；功不当其事，事不当其言则诛。明君之道，臣不陈言而不当。是故明君之行赏也，曖乎如时雨，百姓利其泽；其行罚也，畏乎如雷霆，神圣不能解也。故明君无偷赏，无赦罚。赏偷则功臣堕其业，赦罚则奸臣易为非。是故诚有功则虽疏贱必赏，诚有过则虽近爱必诛。近爱必诛，则疏贱者不怠，而近爱者不骄也。①

第二，君王必须坚持和维护高度专制主义中央集权的行政体制。君王必须"独断专行"："独视者谓明，独听者谓聪，能独断者故可以为天下主。"② 执掌国家大政方针的决策权，以便提纲挈领、执简御繁，牢牢地掌控政治中枢，号令一切。这就是所谓"事在四方，要在中央，圣人执要，四方来效"③。

第三，专讲以阴谋诡计和各种酷烈的手段制御臣子的法术。韩非从"性恶论"出发，认为人与人之间根本不存在信赖和忠诚，一切人都围绕着权力和名利钩心斗角、你争我夺。因此，君主对任何人都不能信任，而必须严加防范。尤其是对群臣，更必须加以提防，"人主者不操术，则威势轻而臣擅名"④。他详细分析了人臣作奸犯科的八种成奸之术：

凡人臣之所道成奸者有八术。

一曰在同床。何谓同床？曰：贵夫人，爱孺子，便僻好色，此人主之所惑也。托于燕处之虞，乘醉饱之时，而求其所欲，此必听之术也。为人臣者内事之以金玉，使惑其主，此之谓同床。

二曰在旁。何谓在旁？曰：优笑侏儒，左右近习，此人主未命而唯唯，未使而诺诺，先意承旨，观貌察色，以先主心者也。此皆俱进俱退，皆应皆对，一辞同轨以移主心者也。为人臣者内事之以

---

① 王先慎：《韩非子集解》，第31—32页。
② 王先慎：《韩非子集解》，第348页。
③ 王先慎：《韩非子集解》，第47页。
④ 王先慎：《韩非子集解》，第372页。

金玉玩好,外为之行不法,使之化其主,此之谓在旁。

三曰父兄。何谓父兄?曰:侧室公子,人主之所亲爱也;大臣廷吏,人主之所与度计也。此皆尽力毕议,人主之所必听也。为人臣者事公子侧室以音声子女,收大臣廷吏以辞言,处约言事,事成则进爵益禄以劝其心,使犯其主,此之谓父兄。

四曰养殃。何谓养殃?曰:人主乐美宫室台池,好饰子女狗马以娱其心,此人主之殃也。为人臣者尽民力以美宫室台池,重赋敛以饰子女狗马,以娱其主而乱其心,从其所欲而树私利其间,此谓养殃。

五曰民萌。何谓民萌?曰:为人臣者散公财以说民人,行小惠以取百姓,使朝廷市井皆劝誉己,以塞其主而成其所欲,此之谓民萌。

六曰流行。何谓流行?曰:人主者固壅其言谈,希于听论议,易移以辩说。为人臣者求诸侯之辩士,养国中之能说者,使之以语其私,为巧文之言,流行之辞,示之以利势,惧之以患害,施属虚辞以坏其主,此之谓流行。

七曰威强。何谓威强?曰:君人者,以群臣百姓为威强者也。群臣百姓之所善则君善之,非群臣百姓之所善则君不善之。为人臣者聚带剑之客,养必死之士以彰其威,明为己者必利,不为己者必死,以恐其群臣百姓而行其私,此之谓威强。

八曰四方。何谓四方?曰:君人者国小则事大国,兵弱则畏强兵,大国之所索,小国必听,强兵之所加,弱兵必服。为人臣者重赋敛,尽府库,虚其国以事大国,而用其威求诱其君,甚者举兵以聚边境而制敛于内,薄者数内大使以震其君,使之恐惧,此之谓四方。

凡此八者,人臣之所以道成奸,世主所以壅劫,失其所有也,不可不察焉。明君之于内也,娱其色而不行其谒,不使私请。其于左右也,使其身必责其言,不使益辞。其于父兄大臣也,听其言也必使以罚任于后,不令妄举。其于观乐玩好也,必令之有所出,不使擅进,不使擅退,群臣虞其意。其于德施也,纵禁财,发坟仓,利于民者必出于君,不使人臣私其德。其于说议也,称誉者所善,毁疵者所恶,必实其能,察其过,不使群臣相为语。其于勇力之士也，军旅之功无逾赏，邑斗之勇无赦罪，不使群臣行私财。其于诸侯之求索也，法则听之，不法则距之。①

显然，韩非是以最阴暗的心理看待君臣关系，将所有人都看作防范的对象。所以，他执意认定，君主除了自己，对其他任何人都不可信任，因为即使是自己的父兄、妻子、儿女和最亲近的臣子，他们也有与你不同的个人的利益，而为了获取这种利益，他们什么危害君王的事都敢做：

> 人主之患在于信人，信人则制于人。人臣之于其君，非有骨肉之亲也，缚于势而不得不事也。故为人臣者窥觇其君心也，无须臾之休，而人主怠傲处其上，此世所以有劫君弑主也。为人主而大信其子，则奸臣得乘于子以成其私，故李充傅赵王而饿主父。为人主而大信其妻，则奸臣得乘于妻以成其私，故优施傅丽姬杀申生而立奚齐。②

因此，必须研究和掌握对君王至关重要的"安术"和"危道"：

> 安术有七，危道有六。安术：一曰赏罚随是非，二曰祸福随善恶，三曰死生随法度，四曰有贤不肖而无爱恶，五曰有愚智而无非誉，六曰有尺寸而无意度，七曰有信而无诈。危道：一曰斲削于绳之内，二曰断割于法之外，三曰利人之所害，四曰乐人之所祸，五曰危人之所安，六曰所爱不亲、所恶不疏。如此，则人失其所以乐生而忘其所以重死，人不乐生则人主不尊，不重死则令不行也。③

而为了避免臣下的危害，君王就必须运用"七术"和"六微"来侦察他们的动向，运用只有自己熟悉的"术"来击破他们的图谋不轨的阴谋和行动：

---

① 王先慎：《韩非子集解》，第57—60页。
② 王先慎：《韩非子集解》，第122页。
③ 王先慎：《韩非子集解》，第212—213页。

> 主之所用也七术，所察也六微。七术：一曰众端参观，二曰必罚明威，三曰信赏尽能，四曰一听责下，五曰疑诏诡使，六曰挟知而问，七曰倒言反事。此七者，主之所用也。①

> 六微：一曰权借在下，二曰利异外借，三曰托于似类，四曰利害有反，五曰参疑内争，六曰敌国废置。此六者主之所察也。②

怀着极其阴暗的心理，韩非认定，人君不要期望得到人民的爱戴，而必须具有"使人不得不爱我之道"③，即握有使人为我所用的办法。他要求人君平时"无为无见"，不要暴露自己的思想倾向，使臣下感到神秘莫测，产生畏惧，不敢产生危害君主的念头。对于权大位尊的大臣，则要采用如扣留妻子亲人做人质以及其他严加督责的办法，使之小心行事，从而保持君主威慑的形象。一旦发现他们有异心，立即加以惩罚：或径直杀掉；或以毒药暗害；或交给他的仇人加害。对于一般臣子，则要他们互相监视，互相牵制，"以十得一"④。韩非认为如此一来，搞得臣子人人自危，谁也就不敢背着君主干坏事了。韩非"术"的这一部分，突出表现了君主的极端残酷无情、阴险狡诈，也开启了后代的特务哲学，显然是不足取的。

韩非继承慎到的学说，充分认识到"势"即权力的重要性，因为它不仅是实行法和术的凭借，也是法和术服务的对象。他把"势"分成"自然之势"和"人为之势"。尧、舜得势，桀、纣不能乱；桀、纣得势，尧、舜不能治，这就是"自然之势"，不是人力所能为的。但是，如尧、舜这样的贤君和桀、纣这样的暴君都不过"千世而一出"，在历史上应属特例。大多数时期执政的君主，基本上是"上不及尧、舜，而下亦不为桀、纣"的"中君"。他们要想取得统治的成功，则必须依着"人为之势"，即"抱法处势"："抱法处势则治，背法去势则乱。"⑤ 这就要求君主必须牢牢地控制

---

① 王先慎：《韩非子集解》，第227页。
② 王先慎：《韩非子集解》，第258页。
③ 王先慎：《韩非子集解》，第107页。
④ 王先慎：《韩非子集解》，第478页。
⑤ 王先慎：《韩非子集解》，第428页。

住政权,并运用政权的力量去行法用术。他一再推崇、充分肯定"势"的重要性:

> 慎子曰:"飞龙乘云,腾蛇游雾,云罢雾霁,而龙蛇与螾蚁同矣,则失其所乘也。贤人而诎于不肖者,则权轻位卑也;不肖而能服于贤者,则权重位尊也。尧为匹夫不能治三人,而桀为天子能乱天下。吾以此知势位之足恃,而贤智之不足慕也。夫弩弱而矢高者,激于风也;身不肖而令行者,得助于众也。尧教于隶属而民不听,至于南面而王天下,令则行,禁则止。由此观之,贤智未足以服众,而势位足以缶贤者也。①
> 今以国位为车,以势为马,以号令为辔,以刑罚为鞭筴,使尧、舜御之则天下治,使桀、纣御之则天下乱,则贤不肖相去远矣。……夫尧、舜生而在上位,虽有十桀、纣不能乱者,则势治也;桀、纣亦生而在上位,虽有十尧、舜而亦不能治者,则势乱也。故曰:"势治者则不可乱,而势乱者则不可治也。"此自然之势也,非人之所得设也。②

在韩非看来,只有紧紧掌握政权所具有的强大权力,势大位尊,君王才有充足的资源与臣民进行利益交换,让他们出"死力"忠顺地为自己服务:

> 夫有材而无势,虽贤不能制不肖。故立尺材于高山之上,则临十仞之溪,材非长也,位高也。桀为天子,能制天下,非贤也,势重也。尧为匹夫,不能正三家,非不肖也,位卑也。千钧得船则浮,锱铢失船则沉。非千金轻锱铢重也,有势之与无势也。故短之临高也以位,不肖之制贤也以势。人主者,天下一力以共载之,故安;众同心以共立之,故尊;人臣守所长,尽所能,故忠。以尊主御忠臣,则长乐生而功名成。名实相持而成,形影相应而立,故臣主同欲而异使。③

---

① 王先慎:《韩非子集解》,第423—424页。
② 王先慎:《韩非子集解》,第426—427页。
③ 王先慎:《韩非子集解》,第223—224页。

韩非进而认定，君主必须大权独揽，正像王良、造父不能共辔而御一样，君与臣也不能共权而治，因为"一家二贵，事乃无功；夫妻持政，子无适从"①。人君据势的关键在于掌握刑、赏两大权柄，以残酷的杀罚对付叛逆的臣子和人民，以重赏奖励恭顺尽力的奴才。韩非在势问题上的认识较慎到更进了一步。他将君王与臣民的关系看成纯粹的利益关系，显然是一种偏颇，但他认为应该加强中央集权，强调君王掌控权力，乾纲独断，还是具有一定的积极意义。因为在即将走向统一的幅员辽阔的中国，没有一个中央集权的行政体制是很难顺畅实施各项政务运作的。

总之，韩非作为先秦时代最后一位法学大师，完成了先秦法家理论的完整化和系统化，适应了新兴地主阶级建立专制主义中央集权体制的要求，为建立封建的统一王朝奠定了理论基础。他的思想，既表现了新兴地主阶级在上升时期的虎虎生气，也显示了为剥削阶级辩护的那种特有的坦率和真诚。但是完全按照韩非理论建立的秦王朝二世而亡的事实，暴露了韩非学说严重的局限性，证明仅靠严刑峻法还不足以使封建统治长治久安。鉴于秦朝的教训，后来的封建统治者大都采取"内法外儒"、镇抚兼施的统治方略。应该指出，依照韩非的理论建构的专制主义中央集权的体制，在中国历史上，一方面为封建经济的发展，尤其是国家的统一起了积极的促进作用；而在另一方面，又表现出严重的弊端，如本质上的人治传统、官本位、决策失误、腐败盛行等，特别到封建社会后期，它还严重阻碍了资本主义萌芽的成长，延缓了中国历史发展的步伐。这一些弊端，显然不能完全由韩非负责，但作为始作俑者，他也有不可推卸的责任。不过，从历史唯物主义出发，我们更需要历史地看待韩非的思想及其学说，在先秦时期，他是结构完整法制思想体系的大师，他的思想和行动，是同封建社会初期的历史进步连在一起的，所以他仍不失为中国古代历史上一位具有重要影响的思想家。

---

① 王先慎：《韩非子集解》，第55页。

第十二章　阴阳学派和兵家的政治思想

第一节　阴阳学派

一　阴阳学派的形成

阴阳观念在中国起源很早，是说明事物特征和发展变化的基本观念。如西周末年的伯阳父就曾以阴阳二气的郁结来解释地震的成因。《史记·周本纪》一字不易地抄录了《国语·周语》记载的伯阳父的这段话：

> 幽王二年，西州三川皆震。伯阳甫曰："周将亡矣。夫天地之气，不失其序；若过其序，民乱之也。阳伏而不能出，阴迫而不能蒸，于是有地震。今三川实震，是阳失其所而填阴也。阳失而在阴，原必塞；原塞，国必亡。夫水土演而民用也。土无所演，民乏财用，不亡何待！昔伊、洛竭而夏亡，河竭而商亡。今周德若二代之季矣，其川原又塞，塞必竭。夫国必依山川，山崩川竭，亡国之征也。川竭必山崩，若国亡不过十年，数之纪也。天之所弃，不过其纪。"[1]

这里，伯阳父将阴阳理解为互相对立的一对矛盾，认定阴阳协调事物就正常运动，否则就会出现非正常现象，在自然界会出现破坏性灾难，在社会领域就会出现亡国破家的变动。此后阴阳观念就被思想界广

---

[1]　司马迁：《史记》卷4《周本纪》，第145—146页。

泛接受并作为规律用来说明或描述事物在矛盾运动中的发展变化。如《老子》说"万物负阴而抱阳",《易传·系辞》说"一阴一阳之谓道"。范蠡在与勾践论兵时亦有以下说辞:

> 蠡曰:"臣闻古之善用兵者,赢缩以为常,四时以为纪,无过天极,究数而止。天道皇皇,日月以为常。明者以为法,微者则是行。阳至而阴,阴至而阳,日困而还,月盈而匡。古之善用兵者,因天地之常,与之俱行,后则用阴,先则用阳,近则用柔,远则用刚,后无阴蔽,先无阳察。"①

这里范蠡将阴阳观念引入兵学,以之说明用兵需要遵循和运用矛盾对立与转化的原则。

再后来,阴阳的观念更广泛运用于天文、历法等自然科学和医学以及美术、音乐等文学艺术领域,成为中国文化中运用最普遍的概念之一,展示的是中国最早的朴素的辩证意识。可以这样说,不懂阴阳观念,就无法理解传统中国文化,无法理解中国独特的辩证思维。

同阴阳观念一样,五行及其相生相克的观念起源也很早。《尚书·洪范》最早以水、火、木、金、土为"五行",将这五种物质看作国家必须控制的资源。讲这五种物质的性能,意思是治理国家社会,要顺应五行的性能,即顺应自然界规律,不要做逆天违地之行。西周末年,史伯最早提出近于"和而不同"的理念,将万物看成土、金、木、水、火五种物质有机合成的结果:

> 夫和实生物,同则不继。以他平他谓之和,故能丰长,而物生之。若以同裨同,尽乃弃矣。故先王以土与金、木、水、火杂,以成百物。是以和五味以调口,刚四肢以卫体,和六律以聪耳,正七体以役心,平八索以成人,建九纪以立纯德,合十数以训百体,出千品具万方,计亿事,材兆物,收经入,行姟极。②

五行开始被看作构成万物的五种元素,是中国最早的朴素唯物论观

---

① 《国语》卷21《越语》,第237页。
② 《国语》卷16《郑语》,第186页。

点。到春秋时期，五行之间相生相胜的观念产生了。如史墨提到"火胜金"①、"水胜火"②，《孙子兵法》也有"五行无常胜"③的文字。再后，到战国时期，五行相生相克的理论就用于解释社会历史的变迁，孟子与邹衍共同完成了这一理论的创建。

二 邹衍的阴阳五行理论

战国时期阴阳五行学派的创立和发展与两位姓邹的齐国人有着十分密切的关系。邹衍首创五德终始说，以善言天道、雄辩无敌而被誉为"谈天衍"。邹奭继承和发展邹衍的学说，对其"闳大不经"的理论体系进行了更加细密的雕琢，因而被誉为"雕龙奭"。他们都曾游学稷下学宫，是晚期稷下学者中享有盛誉的人物。尤其是邹衍，成名后曾访问魏、赵、燕等国，所到之处都受到崇高的礼遇："适梁，惠王郊迎，执宾主之礼。适赵，平原君侧行撇席。如燕，昭王拥彗先驱，请列弟子之座而受业，筑碣石宫，身亲往师之。……其游诸侯见礼如此。岂与仲尼菜色陈蔡，孟轲困于齐梁同乎哉！"④《汉书·艺文志》著录《邹子》49篇，《邹子始终》56篇，《邹奭子》12篇，可惜这些著作在东汉以后都失传了。

邹衍的五德终始说主要包括"五德转移""治各有宜"和"符应"等相关联的内容。他的思想始终依存于一个基本哲学观念，即世界从时间上说是无始无终，从空间上说是无边无际。其思想方法是"必先验小物，推而大之，至于无垠"。由此出发，推出了他的惊世骇俗的"大九州说"：

> 乃深观阴阳消息而作怪迂之变……其语闳大不经，必先验小物，推而大之，至于无垠。先序今以上至黄帝，学者所共术，大并世盛衰，因载其禨祥度制，推而远之，至天地未生，窈冥不可考而原也。先列中国名山大川，通谷禽兽，水土所殖，物类所珍，因而推之，及海外人之所不能睹。称引天地剖判以来，五德转移，治各

---

① 杨伯峻编著：《春秋左传注》，第1514页。
② 杨伯峻编著：《春秋左传注》，第1653页。
③ 李兴斌等注译：《武经七书新译》，第25页。
④ 司马迁：《史记》卷74《孟子荀卿列传》，第2345页。

有宜，而符应若兹。以为儒者所谓中国者，于天下乃八十一分居其一分耳。中国名曰赤县神州。赤县神州内自有九州，禹之序九州是也，不得为州数。中国外如赤县神州者九，乃所谓九州也。于是有裨海环之，人民禽兽莫能相通者，如一区中者，乃为一州。如此者九，乃有大瀛海环其外，天地之际焉。其术皆类此也。然要其归，必止乎仁义节俭，君臣上下六亲之施，始也滥耳。①

"大九州说"反映了战国时代齐人开阔的宇宙视野，对中国在世界地理中的位置作了天才的猜测，这显然与齐人的海上远航有关。这一学说尽管同五德终始说没有直接联系，但其开阔的视野对于破除以自我为中心的保守观念有重要启示作用。

邹衍的五德终始说贯穿着"变"的理念，他说："政教文质者，所以云救也，当时则用，过则舍之，有则易之，故守一而不变者，未睹治之至也。"② 在此基础上建立起他的"五德转移，治各有宜，而符应若兹"的一整套理论。这一理论的内容，一是说明历代王朝的更替规律和新朝应当采取的礼仪制度，二是说明统治者在一年当中应当顺应五行的变化按月采用的不同礼仪和安排的不同政治活动。他认为王朝是按"五德从所不胜"的规律不断更替的。虞土，夏木，殷金，周火，它们的更替是依木克土、金克木、火克金、水克火、土克水的相克的规律进行的，将来代替周朝的王朝一定是水德。邹衍的这一理论显然是根据五行的物理性能进行的一种附会，对社会历史的认识自然是远离科学的。不过，这种认知尽管是一种机械的历史循环论，但它取代了皇天上帝操纵社会历史变迁的"天命论"，将王朝更替看成既不以人的意志也不以鬼神的意志为转移的必然过程，在当时的历史条件下是有积极意义的。邹衍同时认为一年四时也是依五德转移的规律不断更替的。他运用五行相生的理论，将春、夏、秋、冬配属于木、火、金、水，并以时令物候的变化相比附，目的是将自然界的变化也看成既不以人的意志也不以鬼神的意志为转移的必然过程，就其排除上帝鬼神的意志而言也仍然有进步意义。

邹衍认为，每一个王朝都应该实行与它代表的德相对应的礼仪制

---

① 司马迁：《史记》卷74《孟子荀卿列传》，第2344页。
② 班固：《汉书》卷64下《严安传》，第2807页。

度，如取代商朝的周朝是火德，它的正朔、服色等都与火德相对应。同时，五德终始理论还要求，每一季度和每一月的政令和礼仪也必须与五德转移的要求相对应，这就是各类"月令"性文献的基本内容。如《吕氏春秋·十二纪》所载孟春之月的政令就包括迎春、施肥、祈谷、劝农、入学、习武、修正祭典、禁止伐木、禁杀幼虫等内容。其中有些内容与农业生产应该遵循的时令节气有较密切的关系。

五德终始理论还认为，当五德转移或王朝的政治举措变化时，自然界就有与之相对应的符瑞或灾异现象出现，《吕氏春秋·应同》对此作了详细阐述：

> 凡帝王之将兴也，天必先见祥乎下民。黄帝之时，天先见大螾大蝼，黄帝曰："土气胜。"土气胜，故其色尚黄，其事则土。及禹之时，天先见草木秋冬不杀，禹曰："木气胜。"木气胜，故其色尚青，其事则木。及汤之时，天先见金刃生于水，汤曰："金气胜。"金气胜，故其色尚白，其事则金。及文王时，天先见火，赤乌衔丹书集于周社，文王曰："火气胜。"火气胜，故其色尚赤，其事则火。代火者必将水，天且先见水气胜，水气胜，故其色尚黑，其事则水。水气至而不知，数备将徙于土。①

在邹衍看来，"符应"是天道依五行定律运转时必然派生的征兆，帝王必须根据这些征兆采取与之相应的政治举措。显然，"符应"说具有沟通天人感应的意义。"符应"说应用到月令理论方面，就成为灾异惩罚说，主要思想是如果统治者不按月令的规定行事，打乱四季施政的次序，就会引发各种自然灾害。《管子·幼官》《管子·四时》《吕氏春秋·十二纪》等文献都有各种灾异惩罚的记载。

五德终始理论是邹衍在中国由列国割据走向统一的前夕为未来的新王朝提供的一种与众不同的政治理论，"它把道家的天道思想、儒家墨家的仁爱思想和法家的刑罚思想巧妙地纳入五行四时的框架之中，既有杂家思想内容的广博，又有杂家所没有的理论形式的严整；它设计的礼仪制度和政治日程表比任何一个学派的学说都更为细致。这些特点使得

---

① 许维遹：《吕氏春秋集释》，第245页。

邹衍的五德终始说不但能在战国末年轰动一时，而且能在邹衍死后产生更加广泛深远的影响"①。

三　广泛深远的影响

邹衍的五行学说，尤其是五德终始理论，在其死后的确产生了更加广泛深远的影响。这种影响主要体现在礼仪制度的模式选择、主流思想主要内容的确定和古代思维模式的形成等方面。秦朝建立以后，邹衍的弟子们以博士的身份进入秦始皇的朝堂，他们进奏的五德终始理论迎合了秦始皇好大喜功、锐意创新的政治需要，因而被迅速付诸实践，秦朝就依水德建立起自己的全套礼仪制度：

> 始皇推终始五德之传，以为周得火德，秦代周德，从所不胜。方今水德之始，改年始，朝贺皆自十月朔。衣服旄旌节旗皆上黑。数以六为纪，符、法冠皆六寸，而舆六尺，六尺为步，乘六马。更名河曰德水，以为水德之始。刚毅戾深，事皆决于法，刻削毋仁恩和义，然后合五德之数。②

再后的西汉、新朝和东汉也都郑重其事地确定自己的所当之运，并建立与之相应的礼仪制度。即使东汉以后的王朝，虽然对自己的所当之运没有此前的王朝那么认真和执着，但总也摆脱不了"运"的影子。这只要看绝大多数皇帝的诏书无不以"奉天承运"作为起始语就足以证明了。

五德终始理论与后来成为中国封建社会主流思想的儒家学说有着不解之缘。这不仅体现在它在形成的过程中曾深受思孟学派的影响，而且更体现在以后对儒学的渗透。如秦汉的礼学就大量吸收了邹衍的学说，而阴阳五行更是董仲舒构筑他春秋公羊学派理论的最重要的资源之一。从一定意义上说，董仲舒是将阴阳五行学说在政治思想领域继承和发挥到极致的思想家。他先将阴阳概念用于自然界，为之罩上一层神秘的纱幕。继而将阴阳比附人类社会的所有事物，最后引申至阳德阴刑、阳尊阴卑，进而用阴阳规范君臣、父子、夫妇等各种人伦关系。再进一步，

---

① 孟祥才、胡新生：《齐鲁思想文化史：从地域文化到主流文化》，第349页。
② 司马迁：《史记》卷6《秦始皇本纪》，第237—238页。

就从"天道右阳不右阴"的理念出发,全面阐发他的"德主刑辅"的治国理政思想。他将"五德终始"理论进一步发展完善,推出"三统""三正"的王朝更替论,将历史命定论和循环论打造成此后中国一直占主流地位的历史理论。正是董仲舒等庙堂学者的努力,使五德终始理论由民间学术走向官方学说,在制度创设和主流思想构建中发挥了极其重要的作用。正因此,也就为五行思维模式的普及化创造了条件。秦汉以来,将所有事物分为阴阳、配于五行就成为人们常用的思想方法,从而也就使阴阳五行的公式成为了解中国古代学术的一把钥匙。尤其在天文、医药、术数等实用技术领域,阴阳五行就像魔方一样诠释着所有事物的复杂性和多样性。邹衍在中国传统文化中的影响几乎无所不在,他是一个不可低估的历史人物。

第二节 战国兵家的政治思想

一 《孙膑兵法》展示的政治思想

公元前4世纪,历史步入了战国中期。曾经一度走在列国前列的魏国减缓了它变法的步伐。与此同时,齐威王变法图强,齐国再次崛起于东方,对魏国的霸权提出了挑战。秦孝公任用商鞅,掀起了战国历史上规模最大、历时最长、影响最深远的变法运动,使秦国迅速强大起来,把扩张的触须伸向东方。魏国面临东西两个咄咄逼人的强大对手,由于此时的魏国失去了李悝之类的改革家和吴起之类的智勇双全的将军,内部的腐败因素不断增长,逐渐失去了魏文侯时代的勃勃生机,失败的命运就不可避免了。在一连串使魏国失去首强地位的战争中,其敌军将帅除了秦国的商鞅外,齐国的孙膑是另一位名显列国、叱咤风云的人物。

据《史记·孙子吴起列传》记载,孙膑是春秋时期著名军事家孙武的后代,生于"阿鄄之间"(今山东鄄城)。由于家庭的熏陶,孙膑自幼对兵法情有独钟。后来,他投到鬼谷子门下读书,与庞涓同学,水平远在庞涓之上,这使庞涓心生嫉恨。不久庞涓做了魏国的将军,就将孙膑骗到魏国,通过向魏惠王进谗言,使孙膑惨遭膑刑。后来孙膑被出使魏国的齐国使者淳于髡救至齐国,得到将军田忌和齐威王的赏识,做了齐国的军师。公元前354年,桂陵(今山东菏泽北)一战,孙膑建议齐军统帅田忌以"围魏救赵"的策略,打败魏军,生擒庞涓(后放回)。13年后,公元前341年,齐、魏两军再次在战场上相见。孙膑建议齐军统帅田忌在马陵(今山东莘县境)① 设伏,一举歼灭魏军,逼使魏军统帅庞涓自杀。魏国从此失去战国首强的地位,齐国在列国的地位则显著提高,一段时间内举足轻重,左右形势,执中原之牛耳。孙膑也从此名扬天下,成为蜚声列国的大军事家。在十多年惊心动魄的"孙庞斗智"中,孙膑在品格和智慧上都成为胜利的英雄。

孙膑在其身后留下了一部兵法著作,这在两汉人的记载中是没有疑义的。司马迁曾明确说"孙子膑脚而论兵法"②。班固在《汉书·艺文志》中也记载"齐孙子八十九篇,图四卷"。这个"孙子"颜师古即注明为孙膑。不过,东汉以降,这部兵书大概就失传了,《隋书·经籍志》已不见著录。因而后世一些学者对《孙膑兵法》的存在提出异议,有人甚至认为只有一部《孙子兵法》,它的著作权属于孙武,孙膑可能对该书进行过某些润色和加工。1972年山东临沂银雀山汉墓出土了《孙膑兵法》的竹简,使这个二千多年的疑案终于得到了解决。经过整理的《孙膑兵法》残简虽然只有30篇,并且缺失很多,有些语句也意义不明,但从中仍然可窥见孙膑军事思想的一些重要内容。这部残存的《孙膑兵法》继承了孙武、吴起等前辈兵家的军事思想,融入自己的实战经验,总结了战国时期战争中出现的许多新事物,把春秋以来的兵学向前推进了一步,成为战国中期兵学的代表作之一。

较之《孙子兵法》,《孙膑兵法》对战争重要性的认识又深化了一步。这是因为,战国时期战争的规模进一步扩大,兵器军械较春秋有了长足进步,军队的组成更加复杂,除车兵外,步兵、骑兵等兵种大大发展并成为作战的主力。一次战役,双方动辄投入十万甚至数十万大军集团作战,旷日持久地胶着、对峙,你来我往地反复冲杀成为常态。天气、地形以及各种作战手段的运用,特别是战争在解决社会和政治问题上所起到的越来越明显的直接作用,都给孙膑丰富和发展兵家学说、进一步认识战争的重要意义提供了有利条件。在《见威王》中,孙膑提出了他对战争的看法:

---

① 关于马陵的方位,还有今山东郯城说和河北大名说。
② 司马迁:《史记》卷130《太史公自序》,第3300页。

孙子见威王，曰："夫兵者，非恒势也，此先王傅道也。战胜，则所以在存亡国而继绝世也。战不胜，则所以削地而危社稷也。是故兵者不可不察。"①

这就是说，战争虽然不是永远可以仗恃的手段，却是最重要的手段，因为打了胜仗可以挽救濒于危亡的国家和宗族，打了败仗就会危及国家和宗族的生存，所以必须认真对待。但是，又不能因为战争具有立竿见影的作用就一味好战。由于战争是人心向背、物质力量和将帅才能的综合较量，必须慎之又慎："然夫乐兵者亡，而利胜者辱。兵者非乐也，而胜非所利也。事备而后动，故城小而守固者，有委也；卒寡而兵强者，有义也。夫守而无委，战而无义，天下无能以固且强者。"②孙膑进而认为，尽管战争很残酷，必须谨慎从事，但又不要幻想不经过战争达到自己的政治目的，只有"战胜而强力"，才能收到"天下服"的效果。

孙膑一方面强调战争是民心和物质力量的较量；另一方面又指出，兵多、"委积"丰富、城坚而固并不能保证战争的必然胜利。战争指导者——君主和将帅是否认识"道"即战争的规律，并用于指导具体的战争对于胜负同样具有至关重要的意义：

> 智不足，将兵，自恃（恃）也。勇不足，将兵，自广也。不知道，数战不足，将兵，幸也。夫安万乘国，广万乘王，全万乘之民命者，唯知道者。上知天之道，下知地之理，内得民之心，外知敌之情，阵知八阵之经，见胜而战，弗见而诤，此王者之将也。③

> 众者胜乎？则投算而战耳。富者胜乎？则量粟而战耳。兵利甲坚者胜乎？则胜易知矣。故富未居安也，贫未居危也，众未居胜也。……以决胜败安危者，道也。④

---

① （战国）孙膑著，张震泽撰：《孙膑兵法校理·见威王》，第20页。
② （战国）孙膑著，张震泽撰：《孙膑兵法校理·见威王》，第20页。
③ （战国）孙膑著，张震泽撰：《孙膑兵法校理·版阵》，第64页。
④ （战国）孙膑著，张震泽撰：《孙膑兵法校理·客主人分》，第157页。

孙膑所说的"道",有时指的是战争的总规律,有时指的是具体的战术原则,如"料敌计险,必察远近"等。他反复强调的是掌握战争规律的人的主观能动性在决定战争胜负中的决定作用:

> 兵之胜在于篡卒,其勇在于制,其巧在于势,其利在于信,其德在于道,其富在于亟归,其强在于休民,其伤在于数战。恒胜有五:得主专制,胜。知道,胜。得众,胜。左右和,胜。量敌计险,胜。恒不胜有五:将御不胜。不知道不胜。乖将不胜。不用间不胜。不得众不胜。①

《孙膑兵法》特别重视人在战争中的作用,提出了"天地之间莫贵于人"②的重要论断。因为战争的主体是人,冲锋在前的是士兵,运筹帷幄的是将帅,进行后勤支援的是百姓。所以他强调战争的正义性质,强调战争获得民众拥护的重要意义:"兵不能胜大患,不能合民心者也。"所以"兵强在休民",反对无限制地征发民力。为了使民众和士卒一心一意拥护战争,"蹈白刃而不还踵",一方面要爱护民众和士卒,赏罚必信,建立国家与民众、将帅与士卒的互信关系:"将者不可以不信,不信则令不行,令不行则军不抟,军不抟则无名。"③另一方面要千方百计地鼓励士气:"合军聚众,务在激气;复徙合军,务在治兵利气;临境近敌,务在厉气;战日有期,务在断气;今日将战,务在延气。"④因为军队的基础是士卒,所以必须在士卒的选拔和训练上保证质量,"篡贤取良",并按地方行政系统进行编组和训练。军队的头脑是将帅,对将帅要求更应该严格。在《将义》中,孙膑提出将帅必须具备义、仁、德、信、智五种品质。在《将德》残篇中,他又提出了将帅应该具备的几种美德,如爱护士卒,既不轻视弱小的敌人,也不被强大的敌人所吓倒,不骄不怯,谦虚谨慎,小心翼翼地对待每一次战争。将帅还必须具有"将在外君令有所不受"的独立精神,不受君主制约,独立判断敌情,果断地进行决策和指挥。在与敌人交战时,将帅

---

① (战国)孙膑著,张震泽撰:《孙膑兵法校理·篡卒》,第54页。
② (战国)孙膑著,张震泽撰:《孙膑兵法校理·月战》,第59页。
③ (战国)孙膑著,张震泽撰:《孙膑兵法校理·将义》,第174页。
④ (战国)孙膑著,张震泽撰:《孙膑兵法校理·延气》,第94页。

必须具有与敌人拼个你死我活的无畏精神，他统帅的军队也必须有与敌人拼个你存我亡的牺牲精神。同时，将帅又必须大公无私，赏罚分明，对部下一视同仁。另外，还要具有一种人格的感召力，为周围所有的人所拥戴。相反，将帅的缺点越多，战争失败的可能性越大，因而必须坚决克服。孙膑强调士卒和将帅在战争中的举足轻重的作用，说明他已经认识到，在一定的物质条件下，战争的胜负更多地取决于将帅与士卒的素质，即他们的勇敢、顽强、坚韧、指挥；更多地取决于将帅的素质，即他们的品格、谋略、学识、勇毅、果决，特别是驾驭战争发展变化的本领以及引领战争走向的才能。

《孙膑兵法》中更多的内容是关于指导战争取得胜利的原则、方针和方法。例如，他认为战争中寡胜众、弱胜强是完全可以做到的，关键在于采取正确的战法。这方面他提出"攻其无备，出其不意"和"必攻不守"以及变敌人的优势为劣势，变自己的劣势为优势和集中兵力等原则及方法，以便在每次战争中都能做到：敌人虽多，能使它感到不足；粮食充足，能使它挨饿；安处不动，能使它疲劳；得到民众拥护，能使它离心离德；全军团结一致，能使它互相怨恨。致使敌人"四路"不通，"五动"不利，处处被动。而我军则变被动为主动，"我饱食而待其饥也，安处以待其劳也，正静以待其动也"[①]，这样就能必操胜券。孙膑已经意识到，与政治、经济等事物相比，最富变化、最难预见、最难把握的是战争，因为双方面对的都是充满敌意、恨不得把对方一口吞掉的将帅和他们统率的士兵。双方斗智斗勇，神出鬼没，波谲云诡，战场形势瞬息万变，因而不能用一种固定的办法去对付各种各样的敌人，即不能"以一形之胜胜万形"。所以将帅在战争中就必须根据不断变化的敌情和地形，及时地加以分析、判断，灵活地采用不同的战法，这就是他反复强调的"料敌计险""因地之利，用八阵之宜"，即以己之变应敌之变，以己之变胜敌之变的思想。在《十问》《十阵》等篇中，他对灵活运用战法的问题作了许多具体论述。

孙膑是一个军事家，一生从事攻守征战，当然无暇对哲学问题进行专门思考。但是，由于他从当时的战争实际出发，认真探索战争规律，就使他的兵学著作中包含了丰富的唯物论和辩证法思想。例如，他认为

[①] （战国）孙膑著，张震泽撰：《孙膑兵法校理·善者》，第163页。

战争是一种物质力量的竞赛,"战者,以形相胜者也"①,"兵不能见福祸于未形"②,谁也不能离开物质条件凭想当然指挥战争。所以他要求将领必须知天时、地形、民心、敌情、阵法以及道路的远近险易等各种情况。同时孙膑又认识到,世界上的事物千差万别,各有特点,虽然不能"以一形之胜胜万形",却能够"以万物之胜胜万物"。这就要求战争指导者必须十分重视研究战场上敌我双方的特点,从将帅的谋略、性格到士卒素质、兵器、装备、后勤供应以及地形、天气等都要了如指掌。在对敌我双方的真实情况洞悉于胸的基础上,才能制定出切实可行的战胜敌人的战略战术。在这里,处处展示着唯物论的光辉。孙膑正确地认识到战争中存在着一系列的矛盾,如敌我、主客、攻守、进退、众寡、强弱、奇正、积疏、盈虚、徐疾、径行、动静、佚劳、险易、治乱、生死、胜败等,同时又认识到这些矛盾的双方并非固定不变,而是互相转化:"天地之理,至则反,盈则败。……代兴代废,四时是也;有胜有不胜,五行是也;有生有死,万物是也;有能有不能,万生是也;有所有余,有所不足,形势是也。"③ 在《积疏》篇中,孙膑论述了积疏、盈虚、徐疾、径行、众寡、佚劳六对矛盾的相互关系,认为在军事上兵力集中胜于分散,战力充实胜于虚弱,走捷径胜于走大路,行动迅速胜于缓慢,兵多胜于兵少,安逸胜于疲劳。但这六对矛盾是可以转化的。孙膑认识到各种矛盾无不在一定条件下向对立面转化,将此思想用于指导战争,就要求充分发挥战争指导者的主观能动性,千方百计创造条件促成矛盾的转化:"敌积故可疏,盈故可虚,径故可行,疾(故可徐,众故可寡,佚故可劳)。"孙膑协助田忌谋划的桂陵之战和马陵之战的指导原则,就是充分发挥了矛盾转化的理论,运用种种手段,使魏军的优势转化为劣势,齐军的劣势转化为优势,从而创造了以弱胜强、以少胜多的典型战例。

当然,正像任何伟大人物都有不可避免的时代和阶级的局限性一样,孙膑自然也不例外。他虽然认识到战争在历史发展进程中的巨大作用,但却不知道战争只是历史上特定阶段存在的事物,自然也不会找到一劳永逸地消灭战争的途径。他尽管朦胧地意识到民心和士卒的向背对

---

① (战国)孙膑著,张震泽撰:《孙膑兵法校理·奇正》,第193页。
② (战国)孙膑著,张震泽撰:《孙膑兵法校理·兵失》,第170页。
③ (战国)孙膑著,张震泽撰:《孙膑兵法校理·奇正》,第193页。

战争胜负的重要意义，然而也只是把它们作为被驱使和利用的工具而已。在他心目中，真正在战争中起决定作用的是"明王""圣人"和"王者之将"，这表明在他思想上起主导作用的还是唯心主义的英雄史观。另外，他的军事辩证法思想也带有朴素和直观的性质，比如他以地形的不同把城分为可攻的牝城和不可攻的雄城，把"东注之水"说成"生水"，把"北注之水"说成"死水"，把"南陵之山"说成"生山"，把"东阵之山"说成"死山"等，就是一种表面的静止地观察问题的方法，显然是形而上学的。

综上所述，可以看出，尽管出土的《孙膑兵法》残简还不能反映孙膑军事思想的全貌，并且还有着不可避免的时代和阶级的局限性，但这一兵书的确继承和发展了孙武、吴起的军事思想，达到了战国时代兵家学说的顶峰，在中国军事史上占有光辉的一页。

二 《尉缭子》展示的政治思想

尉缭是魏国人，生卒年不详，从其曾与梁惠王（前369—前319）论兵和在秦王嬴政（前246—前210）麾下任国尉的经历看，他显然是一个高寿之人。传世的历史文献有关他事迹的记载很少，只在《史记·秦始皇本纪》中留下如下的唯一一段记载：

> （秦王十年，前237年）大梁人尉缭来，说秦王曰："以秦之强，诸侯譬如郡县之君，臣但恐诸侯合从，翕而出不意，此乃智伯、夫差、湣王之所以亡也。愿大王毋爱财物，赂其豪臣，以乱其谋，不过亡三十万金，则诸侯可尽。"秦王从其计，见尉缭亢礼，衣服食饮与缭同。缭曰："秦王为人，蜂准，长目，挚鸟膺，豺声，少恩而虎狼心，居约易出人下，得志亦轻食人。我布衣，然见我常身自下，天下皆为虏矣，不可与久游。"乃亡去。秦王觉，固止，以为秦国尉，卒用其策。①

但此后再也不见其事迹的记载。估计他寿限当在90岁以上。最后的归宿只有两种可能，一是他在国尉的位子上干了很短时间即寿终正

---

① 司马迁：《史记》卷6《秦始皇本纪》，第230页。

寝，这种可能性最大。二是悄然出走，不知所终。不过，他给秦王嬴政贡献的扫灭六国的战略谋划得到秦国君臣的首肯并得以认真实施。正是军事进攻和间谍离间两策交互为用，使秦国以十年之功完成了中国历史上第一次真正的统一。就此而言，尉缭功不可没。

尉缭的著作《尉缭子》是先秦时期流传下来的一部著名兵书，最早见于《汉书·艺文志》，此后历代均有著录。北宋神宗元丰年间，它与《孙子》《吴子》《司马法》《六韬》《黄石公三略》《李卫公问对》一起编入《武经七书》，成为宋朝武官必读的军事教科书。由于他在梁惠王和秦王政时期出现，年龄跨度太大，所以引起后世学者对其书其人的怀疑。1972年山东临沂银雀山汉墓出土的竹简中有《尉缭子》残篇，对其书的怀疑似可解除。其人的年龄虽仍有疑问，但只要承认他是寿超90岁的老人，他作为该书的作者也可以确定。

《尉缭子》是流传至今的先秦时期的最后一部兵书，从一定意义上说，它是先秦兵学的总结者，内容比较丰富，如进步的战争观、对战略决策、优秀将帅、军队什伍编制和灵活多变的"奇正"战术的重视，对以"权"为核心的用兵之道的探索，以及对先秦重要人物、重大历史事件，特别是对《孙子》《吴子》等著作的记载和阐述，对于研究先秦的历史尤其是兵学史，都有不可替代的积极意义。

尉缭的政治思想主要是从兵学的角度阐发的。例如，在《原官》中，他就论述了许多有关国家政治和社会的理论：

> 官者，事之所主，为治之本也。制者，职分四民，治之分也。贵爵富禄必称，尊卑之体也。好善罚恶，正比法，会计民之具也。均地分，节赋敛，取与之度也。程工人，备器用，匠工之功也。分地塞要，珍怪禁淫之事也。守法稽断，臣下之节也。明法稽验，主上之操也。明主守，等轻重，臣主之根也。明赏明省，畏诛重好，止奸之术也。审开塞，守一道，为政之要也。下达上通，至聪之听也。知国有无之数，用其仂也。知彼弱者，强之体也。知彼动者，静之决也。官分文武，惟王之二术也。[①]

[①] 李兴斌等注译：《武经七书新译》，第166页。

这里讲了国家设官分职、文武分途对于治理国家和社会的重要意义，谈到爵禄、奖惩、人口、税收、农民种田、工匠制器、申明法令、官吏分工、统一政策标准、上下情畅通、国家财政收入与分配以及知己知彼等的必要性，涉及了国家和社会治理的方方面面，都是很有价值的见解。

尉缭继承和发扬孙武、吴起、孙膑等先秦兵家坚持的唯物论，反对在军事领域迷信天时阴阳等各种禁忌，反对以卜筮决定吉凶和指导战争行动，认定战争属于"人事"，应该由人来决定：

> 梁惠王问尉缭子曰："吾闻黄帝有《刑德》，可以百战百胜，有之乎？"尉缭子对曰："不然，黄帝所谓《刑德》也，以刑伐之，以德守之，非世之所谓《刑德》者，天官、时日、阴阳、向背者也。黄帝者，人事而已矣。……由是观之，天官、时日，不若人事也。"①

尉缭以武王伐纣成功为例，说明战争的胜负主要取决于对战双方的人事修为，决定于将帅的精心谋划，而不能靠"合龟兆，视吉凶，观星辰风云之变"：

> 武王伐纣，师渡盟津，右旄左钺，死士三百，战士三万。纣之陈亿万，飞廉、恶来身先戟斧，陈开百里。武王不疲士民，兵不血刃，而克商诛纣，无祥异也，人事修不修而然也。今世将考孤虚，占咸池，合龟兆，视吉凶，观星辰风云之变，欲以成胜立功，臣以为难。②

尉缭的最后结论是："举贤用能，不时日而事利；明法审令，不卜筮而获吉；贵功养劳，不祷祠而得福。故曰：天时不如地利，地利不如人和。古之圣人，谨人事而已。"③

从人事为本出发，尉缭继承儒家的民本思想，将战争的目的锁定在"为民"，充分坚持和阐发了战争"吊民伐罪"的正义性质，实际上将

---

① 李兴斌等注译：《武经七书新译》，第131页。
② 李兴斌等注译：《武经七书新译》，第157页。
③ 李兴斌等注译：《武经七书新译》，第158页。

战争认定为执行政治任务的工具：

> 凡兵不攻无过之城，不杀无罪之人。夫杀人之父兄，利人之财货，臣妾人之子女，此皆盗也。故兵者，所以诛暴乱、禁不义也。兵之所加者，农不离其田业，贾不离其肆宅，士大夫不离其官府，由其武议在于一人，故兵不血刃而天下亲焉。①
>
> 兵者，凶器也；战者，逆德也；争者，事之末也；王者，伐暴乱而定仁义也。战国所以立威侵敌，弱国之所以不能废也。②
>
> 故兵者，凶器也；争者，逆德也；将者，死官也。故不得已而用之。③

在尉缭看来，如果一个诸侯国的统治者暴虐无道，搞得"（上失天时，下失）地利，中失民情。夫民饥者不得食，（寒）者不得衣，劳者不得息"④，讨伐他就是正义的战争。正义的战争必定得到百姓的拥护，收到"兵不血刃而天下亲"，即"不战而胜"的结果："十万之师，日费千金。故百战百胜，非善之善也；不战而胜，善之善也。"⑤

为了取得战争的胜利，除了彰显战争的正义性质，最根本的是君王的行政必须使民众得到看得见的实际利益，让参战的士卒为了自己和家族的利益而拼死搏战：

> 励士之道，民之生不可不厚也；爵列之等，死丧之礼，民之所以营也，不可不显也；田禄之实，饮食之粮，亲戚同乡，乡里相劝，死丧相救，丘墓相识，民之所以归，不可不速也。必因民之所生以制之，因其所营以显之，因其所归以固之。如此。故什伍如亲戚，阡陌如朋友，故止如堵墙，动如风雨，车不结轨，士不旋踵，此本战之道也。王国富民，霸国富士，仅存之国富大夫，亡国富仓府。⑥

---

① 李兴斌等注译：《武经七书新译》，第157页。
② 李兴斌等注译：《武经七书新译》，第194页。
③ 李兴斌等注译：《武经七书新译》，第157页。
④ 李兴斌等注译：《武经七书新译》，第134页。
⑤ 李兴斌等注译：《武经七书新译》，第134页。
⑥ 李兴斌等注译：《武经七书新译》，第144页。

为了达到富国强兵的目标,尉缭继承了法家奖励耕战的思想,要求百姓全身心投入男耕女织的生产活动,为国家和社会创造财富。进而还要求百姓"无私",一心一意耕织,杜绝饮酒玩乐之类的欲望和享受:

> 凡治人者何?曰:非五谷无以充腹,非丝麻无以盖形。故充腹有粒,盖形有缕。夫在芸耨,妻在机杼,民无二事,则有储蓄。夫无雕文刻镂之事,女无绣饰纂组之作。木器液,金器腥,圣人饮于土食于土,故埏埴以为器,天下无费。今也,金木之性不寒,而衣绣饰;马牛之性食草饮水,而给菽粟。是治失其本,而宜设之制也。春夏夫出于南亩,秋冬女练于布帛,则民不困。今裋褐不蔽形,糟糠不充腹,失其治也。古者土无肥硗,人无勤惰,古人何得而今人何失耶?耕有不终亩,织有日断机,而奈何饥寒?盖古治之行,今治之止也。夫所谓治者,使民无私也。民无私则天下为一家,而无私耕私织,共寒其寒,共饥其饥。故如有子十人,不加一饭;有子一人,不损一饭,焉有喧呼耽酒以败善类乎?民有轻佻,则欲心兴,争夺之患起矣。横生于一夫,则民私饭有储食,私用有储财。民一犯禁,而拘以刑治,乌在其为人上也。善政执其制,使民无私。为下不敢私,则无为非者矣。反本缘理,出乎一道,则欲心去,争夺止,囹圄空。野充粟多,安民怀远,外无天下之难,内无暴乱之事,治之至也。①

兵家往往与强调制度、法纪制约和赏罚同功的法家思想产生共鸣。如果说在国家和社会治理中,制度、法纪和赏罚有其重要作用,那么,在军队统御、战场对敌拼搏时,其重要性就更加一层。所以,尉缭不厌其烦地强调法制、号令、赏罚的重要意义:

> 民非乐死而恶生也,号令明,法制审,故能使之前。明赏于前,决罚于后,是以发能中利,动则有功。
> 吾用天下之用以为用,吾制天下之制以为制。修吾号令,明吾

---

① 李兴斌等注译:《武经七书新译》,第168—169页。

赏罚，使天下非农无所得食，非战无所得爵，使民扬臂争出农、战而天下无敌矣。①

尉缭在赏罚问题上，甚至提出"杀之贵大，赏之贵小"的原则，使百姓和士卒完全按照君王的意愿行事，发挥出最大的潜能：

> 凡诛者，所以明武也。杀一人而三军震者，杀之；赏一人而万人喜者，赏之。杀之贵大，赏之贵小。当杀而虽贵重，必杀之，是刑上究也；赏及牛童马圉者，是赏下流也。夫能刑上究、赏下流，此将之武也，故人主重将。②

尉缭还制定出约束兵民的十二项制度，细化他们的行动规范，并将其视为"人君必胜之道"，目的就是达到"威服天下"：

> 臣闻人君有必胜之道，故能并兼广大，以一其制度，则威加天下。有十二焉：一曰连刑，谓同罪保伍也；二曰地禁，谓禁止行道，以网外奸也；三曰全车，谓甲首相附，三五相同，以结其联也；四曰开塞，谓分地以限，各死其职而坚守也；五曰分限，谓左右相禁，前后相待，垣车为固，以逆以止也；六曰号别，谓前列务进，以别其后者，不得争先登不次也；七曰五章，谓彰明行列，始卒不乱也；八曰全曲，谓曲折相从，皆有分部也；九曰金鼓，谓兴有功，致有德也；十曰陈车，谓接连前矛，马冒其目也；十一曰死士，谓众军之中有材力者，乘于战车，前后纵横，出奇制敌也；十二曰力卒，谓经其全曲，不麾不动也。此十二者教成，犯令不舍。兵弱能强之，主卑能尊之，令弊能起之，民流能亲之，人众能治之，地大能守之。国车不出于阃，组甲不出于橐，而威服天下矣。③

这些规定，透出的已经是浓烈的法家气味了。

---

① 李兴斌等注译：《武经七书新译》，第138—139页。
② 李兴斌等注译：《武经七书新译》，第157页。
③ 李兴斌等注译：《武经七书新译》，第190页。

尉缭认为将帅对于战争的胜负具有重要的意义，甚至起决定作用。所以一方面强调任人唯贤，要求把智能卓异者选拔到关键岗位上；另一方面强调将帅必须以身作则，爱护士卒，与之共艰危，同生死。将帅与士卒上下同心，患难与共，才能保证军队具有持久的战斗力，无往而不胜：

> 夫勤劳之师，将必从己先。故暑不立盖，寒不重裘，有登降之险，将必下步。军井通而后饮，军食熟而后食，军垒成而后舍，劳佚必以身度之。如此，则师虽久不老，虽老不弊。故军无损卒，将无惰志。①

尉缭进而认定，将帅能够让士卒服从命令、拼命对敌的条件有两个，一是将帅爱护士卒，使他们感到温暖并力求回报；二是将帅威严有度使之畏惧而甘愿奉命献身：

> 夫民无两畏也。畏我侮敌，畏敌侮我。见侮者败，立威者胜。凡将能其道者，吏畏其将也；吏畏其将者，民畏其吏也；民畏其吏者，敌畏其民也。是故知胜败之道者，必先知畏侮之权。夫不爱说其心者，不我用也；不威严其心者，不我举也。爱在下顺，威在上立，爱故不二，威故不犯。故善将者，爱与威而已。②

尉缭认为，战争的最终目的虽然是维护正义、为国利民，但直接目标却是夺取胜利，而夺取胜利的方法和层次有道胜、威胜和力胜之别。君王只有掌握了这些方法并灵活运用，才能取得预期的成功。

> 凡兵有以道胜，有以威胜，有以力胜。讲武料敌，使敌之气失而师散，虽刑全而不为之用，此道胜也。审法制，明赏罚，便器用，使民有必战之心，此威胜也。破军杀将，乘闉发机，溃众夺地，成功乃返，此力胜也。王侯知此，所以三胜者毕矣。③

---

① 李兴斌等注译：《武经七书新译》，第144—145页。
② 李兴斌等注译：《武经七书新译》，第149页。
③ 李兴斌等注译：《武经七书新译》，第143页。

尉缭进一步认定，将帅指挥士卒取得胜利，主要是靠高昂的士气，而保持高昂士气、克敌制胜的前提是领帅战前料敌准确和正确决策形成的优势：

> 夫将之所以战者，民也；民之所以战者，气也。气实则斗，气夺则走。刑未加，兵未接，而所以夺敌者五：一曰庙胜之论，二曰受命之论，三曰逾垠之论，四曰深沟高垒之论，五曰举陈加刑之论。此五者，先料敌而后动，是以击虚夺之也。①

其中讲的是朝廷正确决策、简拔卓异将帅、部队行动迅速、防御设施坚固和战前准备充分五个方面。尉缭进一步指出，士气高昂的最集中表现是将帅和士卒在战场上奋不顾身、有敌无我、不怕牺牲的精神："兵有五致：为将忘家，逾垠忘亲，指敌忘身，必死则生，急胜为下。百人被刃，陷行乱陈；千人被刃，擒敌杀将；万人被刃，横行天下。"②这的确抓住了决定战争胜负的重要因素。

另外，在战术方面，尉缭也有很多具体阐发，如《守权》就论述了防守城市需要遵循的基本原则：

> 凡守者，进不郭圉，退不亭障，以御战，非善者也。豪杰英俊，坚甲利兵，劲弩韧矢，尽于郭中，乃收窖廪，毁折入此，令客气十百倍，而主之气不半焉，敌攻者伤之甚也。然而世将弗能知。夫守者，不失其险者也。而守者不出，出者不守。守法：城一丈，十人守之，工食不与焉。一而当十，十而当百，百而当千万。故为城郭者，非妄费于民聚土壤也，诚为守也。千丈之城，则万人之守。池深而广，城坚而厚，士民众选，薪食给备，弩劲矢韧，矛戟称之，此守策也。攻者不下十余万之众乃称。其有必救之军，则有必守之城；无必救之军，则无必守之城。若彼城坚而救诚，则愚夫僮妇，无不蔽城尽资血城者。期年之城，守余于攻者，救余于守者。若彼城坚而救不诚，则愚夫僮妇，无不守陴而泣下，此人之常情也。遂发其窖廪救抚，则亦不能止矣。必鼓其豪杰俊雄，坚甲利

---
① 李兴斌等注译：《武经七书新译》，第143页。
② 李兴斌等注译：《武经七书新译》，第190页。

兵，劲弩韧矢并于前，则幼么毁瘠者并于后。五万之众城必救，关之其后，出要塞，但击其后，无通其粮食，中外相应。此救而示之不诚，则倒敌而待之者也。后其壮，前其老，彼敌无前，守不得而止矣。此守权之谓也。①

这里尉缭阐述了守城的基本战术原则：集中优势兵力、精良武器和粮食等军需物资于城内，拆毁城外房屋，扫清射界，使守军保持高昂士气；将守城部队和出击部队分成两部分，各司其职，依靠坚城深池和丰厚物资进行抵抗；同时，在城外，还要有必需的救援力量与城内守军互相支援，因为守城之战往往旷日持久，数月、一年甚至数年，长时间维持城内守军的士气是很困难的。只有援军不时地发起攻势，使守军看到胜利的前景，才能保持士气持久不衰。这就是守住城市的最有效战法。

《尉缭子》一书中关于具体战术的论述还有不少。作为春秋战国时代最后一部兵学宝典，《尉缭子》尽管在总体的战略建构、全面的战术把控方面没有超越《孙子兵法》，但他根据战国时期不断发展变化的社会现实，在战略战术的许多方面都较此前的兵学著作有所发展和创新，成为兵学史上不可或缺的名篇。

---

① 李兴斌等注译：《武经七书新译》，第153页。

第十三章 《周官》和《礼记》的政治思想

第一节 《周官》之谜

《周官》一书，也称《周礼》，是列入十三经中的一经，与《仪礼》《礼记》合称"三礼"。该书在先秦史书和诸子等文献中都没有提及，只是在西汉河间献王刘德献书中首次出现，西汉末年刘歆校书时发现并献给当权的大司马王莽，得到王莽的酷爱并列入学官，而后在王莽篡政时成为设计官制的重要参考。东汉建立以后，《周官》被撤销立于学官的资格。不过，由于它作为古文经典一直在民间传播，后又经郑玄作注得以广泛流传，逐渐得到后世的重视，在宋代被列入十三经后更是引来学者的关注。但是，因为该书晚出，所以学界关于其书之作者及真伪问题争论不休。一部分人认定它是"周公致太平之书"，对之顶礼膜拜。始作俑者应为刘歆、王莽、郑玄，所以贾公彦在《序周礼发废兴》一文中说：

> 然则《周礼》起于成帝、刘歆，而产于郑玄，附离之者大半。故临孝存以为武帝知《周官》末世渎乱不验之书，故作十论、七难以排弃之。何休以为六国阴谋之书。惟有郑玄遍览群经，知《周礼》者乃周公致太平之迹，故能答临硕之论难，使《周礼》义得条通。……是以《周礼》大行。[1]

---

[1] 贾公彦：《周礼疏》卷首，四库全书本。

后世肯定该书为周公"制礼作乐"伟绩者不乏其人，直至晚清为之作《正义》的孙诒让依然振振有词地将该书的著作权归于周公名下：

> 粤昔周公，缵文武之志，光辅成王，宅中作雒，爰述官政，以垂成宪，有周一代之典，炳然大备。然非徒周一代之典也，盖自黄帝、颛顼以来，纪于民事以命官，更历八代，斟酌损益，因袭积累，以集于文武，其经世大法，咸粹于是。……至其闳章缛典，并苞远古，则如五礼六乐三兆三易之属，咸肇启于五帝而放于二王，以逮职方州服，兼综四朝，大史岁年，通晓三统。若斯之类，不可殚举。盖鸿荒以降，文明日启，其为治，靡不始于粗觕而渐进于精详。此经上承百王，集其善而革其弊，盖尤其精详之至者，故其治跻于纯太平之域。作者之圣，述者之明，蟠际天地经纬万端，究其条绪，咸有原本，是岂皆周公所肊定而手创之哉。①

然而，自宋代以降，对《周官》的质疑声即绵延不绝，至清朝，更是有一批学者出来对其口诛笔伐。如万斯大的《周官辨非》，方苞的《周官辨》和杨椿的《周礼考》，就是其中的代表作。经过这些学者的辨伪，《周官》伪造之论几乎成为定谳。近代以来，顾颉刚为代表的"古史辨派"对古史古书的辨伪更上一层楼。顾颉刚在《"周公制礼"的传说和〈周官〉一书的出现》一文中，②通过将《周官》与先秦传世文献对勘，认定该书与周公毫无关系：

> 经过我们上面的推考，知道《周官》和《管子》的文辞虽有参差，而其中心思想则同是组织人民、充实府库，以求达到统一寰宇的目的，由此可以猜测它出于齐国以及别的法家，跟周公和儒家根本不发生关系。它上面可以联系到齐宣王立稷下之学、燕昭王筑黄金台、秦孝公尊显商鞅等战国时代的史事，下面则可以联系到王莽的托古改制。因为这书不成于一人，也不作于一时，所以其中的制度常有抵牾和不可信成分。然而其中也必然保存了一部分的古代的真制度（例如不用牛耕，没有铁器等事项），值得我们重视，所

---

① 孙诒让：《周礼正义·序》。
② 载《文史》第6辑，中华书局1979年版。

以需要细细地分析出来而部分地归到正确的古代史里去；就是说出于战国和西汉时代的人们的计划那也应当分析出来而归到战国和西汉的政治经济思想史和宗教史里去。如果随手放过或随意屏弃斥责都是不应该的。

这里，顾颉刚得出了《周官》纯粹反映法家思想的判断。再后，顾颉刚又认定，由于汉代儒家参与了对该书的改造，结果最后呈现给读者的面貌，竟是一个"四不像"的东西了。他先引了保存在《孟邻堂文钞》中的杨椿《周礼考》中的这样一段话：

> 是书非周公作也。疑其先出于文种、李悝、吴起、申不害之徒，务在富国强兵，以攻伐、聚敛为贤，而其人类皆坚强猛鸷，有果毅不群之材，故能谋之而必下，行之而必成，而其书亦遂得传于世。遭秦之火，散亡遗佚，间有存者。后人网罗撷拾，汇为此书……其残篇断简，亦或意为增损，故复重缺裂，自相矛盾，且以周、秦后事附入者在在有之。

之后，顾先生似乎大彻大悟地说了这样的话：

> 我们读了这几句话，真像获得了打开千年铁门的一把钥匙，知道这原是一部战国时的法家著作，在散亡之余，为汉代的儒家所获得，加以补苴增损，勉强凑足了五官；然而由于儒、法两家思想的不同，竟成了一个"四不像"的动物标本，这就是我写这篇文字的结论。

顾先生显然发现《周官》充塞的儒家意识，为了维持该书出于法家之手的结论，他就将其归于汉代儒家的"补苴增损"了。郭沫若在《〈周官〉质疑》一文中，将已发现的周代金文所记载的周朝职官与《周官》比对，认为二者差异太大，断定《周官》不仅绝对与周公无缘，而且也不是周代职官的记录，而应该是"荀卿子之弟子所为"：

> 余谓《周官》一书,盖赵人荀卿子之弟子所为,袭其师"爵名从周"之意,纂集遗闻佚志,参以己见而成一家之言。其书盖为未竣之业,故书与作者均不传于世。知此,则其书自身之矛盾,及与旧说之龃龉,均可无庸置辩。作者本无心托之于周公,托之于周公者乃刘歆所为,则其书中之制度自不能与周初相符,认为周初之实际而竟焉为之辩护者,乃学者偏蔽之过也。①

顾、郭两先生尽管都否认《周官》是"周公致太平之迹",但在断定实际作者上却未得出相同的结论,一个认定是齐国稷下学派中的法家所为,一个认定其为"荀卿子之弟子所为"。

然而,关于《周官》的争论并没有因为两位权威学者的认定而结束。"文化大革命"以后,在对以往史学的反思中,学者们对这个问题的研究继续深入,各种不同意见也联翩而出。李学勤在"走出疑古时代"的口号下,对当年古史辨派的所有结论都加以质疑。在黑龙江人民出版社1992年出版的《李学勤集》的自序中,他认为《周官》一书"是研究西周制度的必要依据"。张亚初、刘雨在《西周金文官制研究》一书中,通过金文与《周官》所载职官名称和职能的详细比对,得出如下结论:

> 《周礼》天官六十四官,西周金文有相同或相近者十九官,地官八十四官有二十六官,春官七十一官有十三官,夏官七十四官有二十七官,秋官六十七官有十一官,总计《周礼》三百五十六官有九十六官与西周金文相同或相近。这说明《周礼》中有四分之一以上的职官在西周金文中可找到根据。有如此多相似之处,无论如何不能说成是偶然的巧合,只能证实《周礼》一书在成书时一定是参照了西周时的职官实况。这是从横的方面观察,如果从纵的方面观察,将《周礼》六官总表与西周金文三期职官表对比,就会更加深入了解到二者的一致性。②

---

① 《中国现代学术经典·郭沫若卷》,河北教育出版社1996年版,第464页。
② 张亚初、刘雨:《西周金文官制研究》,中华书局1986年版,第140页。

《西周金文官制研究》一书的实证研究及其结论是比较能站得住的。看来，《周官》既不是西周职官制度的真实记录，也不是与之毫无关联的随意杜撰，而是后世学者借助西周职官的资料，加以理想化的演绎，精心绘制的一幅他们心目中理想官制的蓝图。如果以其作为研究西周官制的真实资料，显然是不适宜的；但如果将其作为研究战国末期政治思想史的资料，则无疑可以发现一方宏阔的天地。

第二节　儒家的"伊甸园"

一　儒家荀子一派的政治理想

《周官》成书的时间应该在战国末期，无论是刘德献此书，还是刘歆校书时发现此书，都说明该书是秦汉以前的著作。刘歆之类儒生对其增删的可能虽然存在，但基本骨架和内容都应该是原作者底定。对原作者的认定，顾颉刚先生由于太看重其中的法家理念，所以定其为"齐国以及别的法家"。郭沫若先生经过综合研判，认定其为"荀卿子之弟子"。平心而论，郭先生的判断应该更接近真实。《周官》所设定的职官制度，更多反映的是荀子一派的政治理想。因为荀子是儒家学派中最先"援法入儒"的人物，所以该书充满一些法家色彩乃是顺理成章的事。不过该书总的倾向，是儒法互补，德刑并用，突出了荀子一派儒家思想的特色。其中讲德治、礼教、富民、教民的内容在官制的各个层面都有显现，这正是儒学的基本理念。如《天官》中的大宰之职是以"六典""佐王治邦国"：

> 大宰之职，掌建邦之六典，以佐王治邦国；一曰治典，以经邦国，以治官府，以纪万民；二曰教典，以安邦国，以教官府，以扰万民；三曰礼典，以和邦国，以统百官，以谐万民；四曰政典，以平邦国，以正百官，以均万民；五曰刑典，以诘邦国，以刑百官，以纠万民；六曰事典，以富邦国，以任百官，以生万民。[1]

---

[1] 孙诒让：《周礼正义》，第58页。

其中的"教典"和"礼典"主要是儒学的内容，而"治典"和"事典"中也不乏儒学的意念。再如大宰掌控的"以八统驭万民"："一曰亲亲，二曰敬故，三曰进贤，四曰使能，五曰保庸，六曰尊贵，七曰达吏，八曰礼宾。"① 基本上也是儒学的内容。特别是其中的"以九两系邦国之民"，强调的是如何"得民"，展现的显然是儒家的民本思想：

> 一曰牧，以地得民；二曰长，以贵得民；三曰师，以贤得民；四曰儒，以道得民；五曰宗，以族得民；六曰主，以利得民；七曰吏，以治得民；八曰友，以任得民；九曰薮，以富得民。②

地官中的司徒之职，主要职责就是"掌民"，所以关于其职掌的内容更能集中体现儒家的"民本"意识。在认定山林、川泽、丘陵、坟衍、原隰"五物者民之常"后，推出了对民的"十二教"：

> 一曰以祀礼教敬，则民不苟；二曰以阳礼教让，则民不争；三曰以阴礼教亲，则民不怨；四曰以乐礼教和，则民不乖；五曰以仪辨等，则民不越；六曰以俗教安，则民不偷；七曰以刑教中，则民不虣；八曰以誓教恤，则民不怠；九曰以度教节，则民知足；十曰以世事教能，则民不失职；十有一日以贤制爵，则民慎德；十有二曰以庸制禄，则民兴功。以土宜之法辨十有二土之名物，以相民宅，而知其利害，以阜人民，以蕃鸟兽，以毓草木，以任土事。辨十有二壤之物，而知其种，以教稼穑树艺。以土均之法辨五物九等，制天下之地征，以作民职，以令地贡，以敛财赋，以均齐天下之政。③

进而又详细记载了如何"聚万民""养万民""安万民""登万民""教万民""纠万民"等系列措施：

---

① 孙诒让：《周礼正义》，第76页。
② 孙诒让：《周礼正义》，第109页。
③ 孙诒让：《周礼正义》，第705—713页。

凡造都鄙，制其地域而封沟之，以其室数制之。不易之地家百亩，一易之地家二百亩，再易之地家三百亩。乃分地职，奠地守，制地贡而颁职事焉，以为地法，而待政令。

以荒政十有二聚万民：一曰散利，二曰薄征，三曰缓刑，四曰弛力，五曰舍禁，六曰去几，七曰眚礼，八曰杀哀，九曰蕃乐，十曰多昏，十有一曰索鬼神，十有二曰除盗贼。

以保息六养万民：一曰慈幼，二曰养老，三曰振穷，四曰恤贫，五曰宽疾，六曰安富。

以本俗六安万民：一曰媺宫室，二曰族坟墓，三曰联兄弟，四曰联师儒，五曰联朋友，六曰同衣服。

正月之吉，始和布教于邦国都鄙，乃县教象之法于象魏，使万民观教象，挟日而敛之，乃施教法于邦国都鄙，使之各以教其所治民。令五家为比，使之相保；五比为闾，使之相受；四闾为族，使之相葬；五族为党，使之相救；五党为州，使之相赒；五州为乡，使之相宾。

颁职事十有二于邦国都鄙，使以登万民。一曰稼穑，二曰树艺，三曰作材，四曰阜蕃，五曰饬材，六曰通财，七曰化材，八曰敛材，九曰生材，十曰学艺，十有一曰世事，十有二曰服事。

以乡三物教万民而宾兴之。一曰六德，知、仁、圣、义、忠、和；二曰六行，孝、友、睦、姻、任、恤；三曰六艺，礼、乐、射、御、书、数。

以乡八刑纠万民：一曰不孝之刑，二曰不睦之刑，三曰不姻之刑，四曰不弟之刑，五曰不任之刑，六曰不恤之刑，七曰造言之刑，八曰乱民之刑。

以五礼防万民之伪而教之中，以六乐防万民之情而教之和。凡万民之不服教而有狱讼者，与有地治者听而断之，其附于刑者，归于士。

祀五帝，奉牛牲，羞其肆，享先王亦如之。大宾客，令野修道委积。大丧，帅六乡之众庶，属其六引，而治其政令。大军旅，大田役，以旗致万民，而治其徒庶之政令。若国有大故，则致万民于王门，令无节者不行于天下。大荒、大札，则令邦国移民、通财、舍禁、弛力、薄征、缓刑。岁终，则令教官正治而致事。正岁，令于教官曰："各共尔职，修乃事，以听王命，其有不正，则国有常刑。"①

这些规定展示的是儒家对民实施富之、教之、轻徭薄赋、节俭省刑等基本政策措施的主要内容。

春官宗伯的主要职掌是以礼制佐王治国理民，而以礼治国恰恰是儒家的最基本理念。在他掌控的各种礼仪中，比较突出地展示了儒家"哀死吊伤"与"亲和万民"的初衷：

以凶礼哀邦国之忧，以丧礼哀死亡，以荒礼哀凶札，以吊礼哀祸灾，以禬礼哀围败，以恤礼哀寇乱，以宾礼亲邦国。②

以嘉礼亲万民；以饮食之礼，亲宗族兄弟；以昏冠之礼，亲成男女；以宾射之礼，亲故旧朋友；以飨燕之礼，亲四方之宾客；以脤膰之礼，亲兄弟之国；以贺庆之礼，亲异姓之国。③

而春官中的大司乐是掌管学校教育和社会教育的主官，其职责是通过乐、舞之类教育提高人民的素质，达到"和邦国""谐万民"的目的：

大司乐掌成均之法，以治建国之学政，而合国之子弟焉。凡有道者有德者，使教焉，死则以为乐祖，祭于瞽宗。以乐德教国子中、和、祗、庸、孝、友。以乐语教国子兴、道、讽、诵、言、语。以乐舞教国子舞《云门》《大卷》《大咸》《大磬》《大夏》《大濩》《大武》。以六律、六同、五声、八音、六舞大合乐，以致鬼神示，以和邦国，以谐万民，以安宾客，以说远人，以作动物。④

---

① 孙诒让：《周礼正义》，第 735—771 页。
② 孙诒让：《周礼正义》，第 1345—1348 页。
③ 孙诒让：《周礼正义》，第 1359—1365 页。
④ 孙诒让：《周礼正义》，第 1711—1731 页。

地官系统中还有一个名叫保氏的官，其职责是"谏王恶"和"养国子以道"。他教导国子的课程基本上是儒家倡导的那些以礼乐为中心的内容：

> 保氏掌谏王恶，而养国子以道，乃教之六艺，一曰五礼，二曰六乐，三曰五射，四曰五驭，五曰六书，六曰九数；乃教之六仪，一曰祭祀之容，二曰宾客之容，三曰朝廷之容，四曰丧纪之容，五曰军旅之容，六曰车马之容。①

所有这些资料表明，《周官》鲜明地体现了儒家共同的基本的政治理念，即德治、礼乐和民本。另外，荀子一派儒家比孔、孟等儒学大师更重视礼治和刑罚，特别将法制引入儒学体系之中，形成了礼法兼重、德刑并用的治国理政思想，改变了孔、孟"德主刑辅"的主导倾向，使德治和法治成为互补协和的两轮。在《周官》中，此一倾向也得到鲜明的昭示。如在设定的天官大宰的职责中，就明确规定法、则和柄的运作：

> 以八法治官府：一曰官属，以举邦治；二曰官职，以辨邦治；三曰官联，以会官治；四曰官常，以听官治；五曰官成，以经邦治；六曰官法，以正邦治；七曰官刑，以纠邦治；八曰官计，以弊邦治。②
>
> 以八则治都鄙：一曰祭祀，以驭其神；二曰法则，以驭其官；三曰废置，以驭其吏；四曰禄位，以驭其士；五曰赋贡，以驭其用；六曰礼俗，以驭其民；七曰刑赏，以驭其威；八曰田役，以驭其众。③
>
> 以八柄诏王驭群臣：一曰爵，以驭其贵；二曰禄，以驭其富；三曰予，以驭其幸；四曰置，以驭其行；五曰生，以驭其福；六曰夺，以驭其贫；七曰废，以驭其罪；八曰诛，以驭其过。④

---

① 孙诒让：《周礼正义》，第1019页。
② 孙诒让：《周礼正义》，第62页。
③ 孙诒让：《周礼正义》，第67页。
④ 孙诒让：《周礼正义》，第71页。

在宰夫的职责中，重点规定了它以法督责王廷和各级官府的工作：

> 宰夫之职，掌治朝之法，以正王及三公、六卿、大夫、群吏之位，掌其禁令。叙群吏之治，以待宾客之令，诸臣之复，万民之逆。掌百官府之征令，辨其八职：一曰正，掌官法以治要；二曰师，掌官成以治凡；三曰司，掌官法以治目；四曰旅，掌官常以治数；五曰府，掌官契以治藏；六曰史，掌官书以赞治；七曰胥，掌官叙以治叙；八曰徒，掌官令以征令。①
> 掌治法以考百官府、群都县鄙之治，乘其财用之出入。凡失财用、物辟名者，以官刑诏冢宰而诛之。其足用、长财、善物者，赏之。②
> 以式法掌祭祀之戒具与其荐羞，从太宰而视涤濯。凡礼事，赞小宰比官府之具。凡朝觐、会同、宾客，以牢礼之法，掌其牢礼、委积、膳献、饮食、宾赐之飧牵，与其陈数。③

宫正的职责是依法实施对王宫的管理，使其各项工作有条不紊地运行：

> 宫正掌王宫之戒令、纠禁。以时比宫中之官府次舍之众寡，为之版以待，夕击柝而比之。国有故，则令宿，其比亦如之。辨外内而时禁，稽其功绪，纠其德行，几其出入，均其稍食，去其淫怠与其奇衺之民，会其什伍而教之道艺。月终则会其稍食，岁终则会其行事。凡邦之大事，令于王宫之官府次舍，无去守而听政令。春秋以木铎修火禁。凡邦之事跸宫中庙中，则执烛。大丧，则授庐舍，辨其亲疏贵贱之居。④

司会和司书的职责是依法征收各种税费并管理其使用：

---

① 孙诒让：《周礼正义》，第189—193页。
② 孙诒让：《周礼正义》，第197页。
③ 孙诒让：《周礼正义》，第199—201页。
④ 孙诒让：《周礼正义》，第212—226页。

第十三章 《周官》和《礼记》的政治思想 551

　　司会掌邦之六典、八法、八则之贰，以逆邦国都鄙官府之治。以九贡之法致邦国之财用，以九赋之法令田野之财用，以九功之法令民职之财用，以九式之法均节邦之财用。掌国之官府、郊野、县都之百物财用凡在书契版图者之贰，以逆群吏之治，而听其会计。①

　　司书掌邦之六典、八法、八则、九职、九正、九事邦中之版，土地之图，以周知入出百物，以叙其财，受其币，使入于职币。凡上之用财用，必考于司会。三岁，则大计群吏之治，以知民之财器械之数，以知田野夫家六畜之数，以知山林川泽之数，以逆群吏之征令。凡税敛，掌事者受法焉。及事成，则入要贰焉。凡邦治，考焉。②

这里对典、法、则等规范的强调显示的是极强的法制意识。

夏官系统的官员大部分与军事有关，其中特别强调依法杀罚的重要性，这显然与"子为政，焉用杀"③ 的孔子理念拉开了距离：

　　以九伐之法正邦国，冯弱犯寡则眚之，贼贤害民则伐之，暴内陵外则坛之，野荒民散则削之，负固不服则侵之，贼杀其亲则正之，放弑其君则残之，犯令陵政则杜之，外内乱，鸟兽行，则灭之。④

《周官》设定的执掌刑政者是秋官系列中的官员，其掌门人大司寇的职责就是"帅其属而掌邦禁，以佐王刑邦国"⑤，即全面掌控全国从中央到地方的司法系统，制定各种法典、规则，推进各种级别的司法活动，包括盟会、祭祀的依法正常进行：

---

① 孙诒让：《周礼正义》，第 474—475 页。
② 孙诒让：《周礼正义》，第 479—483 页。
③ 《论语·颜渊》，《十三经注疏》，中华书局 1982 年版，第 2504 页。
④ 孙诒让：《周礼正义》，第 2284—2291 页。
⑤ 孙诒让：《周礼正义》，第 2710 页。

大司寇之职，掌建邦之三典，以佐王刑邦国，诘四方，一曰刑新国用轻典，二曰刑平国用中典，三曰刑乱国用重典。以五刑纠万民，一曰野刑，上功纠力；二曰军刑，上命纠守；三曰乡刑，上德纠孝；四曰官刑，上能纠职；五曰国刑，上愿纠暴。以圜土聚教罢民，凡害人者，置之圜土而施职事焉，以明刑耻之。其能改者，反于中国，不齿三年，其不能改而出圜土者，杀。以两造禁民讼，入束矢于朝，然后听之。以两剂禁民狱，入钧金，三日乃致于朝，然后听之。以嘉石平罢民，凡万民之有罪过而未丽于法，而害于州里者，桎梏而坐诸嘉石，役诸司空。重罪旬有三日坐，朞役；其次九日坐，九月役；其次七日坐，七月役；其次五日坐，五月役；其下罪三日坐，三月役。使州里任之，则宥而舍之，以肺石达穷民。凡远近惸独老幼之欲有复于上而其长弗达者，立于肺石，三日，士听其辞，以告于上，而罪其长。正月之吉，始和布刑于邦国都鄙，乃县刑象之法于象魏，使万民观刑象，挟日而敛之。凡邦之大盟约，莅其盟书，而登之于天府，大史、内史、司会及六官皆受其贰而藏之。凡诸侯之狱讼，以邦典定之；凡卿大夫之狱讼，以邦法断之；凡庶民之狱讼，以邦成弊之。大祭祀，奉犬牲。若禋祀五帝，则戒之日，莅誓百官，戒于百族。及纳亨，前王，祭之日，亦如之。奉其明水火。凡朝觐会同，前王，大丧亦如之。大军旅，莅戮于社。凡邦之大事，使其属跸。①

司寇之下设置名目繁多的各种司法官员，分别管理和推行各级各类司法活动：

士师之职，掌国之五禁之法，以左右刑罚，一曰宫禁，二曰官禁，三曰国禁，四曰野禁，五曰军禁，皆以木铎徇之于朝，书而县于门闾。②

乡士掌国中，各掌其乡之民数而纠戒之，听其狱讼，察其辞，

---

① 孙诒让：《周礼正义》，第2741—2761页。
② 孙诒让：《周礼正义》，第2782页。

辨其狱讼，异其死刑之罪而要之，旬而职听于朝。①

遂士掌四郊，各掌其遂之民数，而纠其戒令，听其狱讼，察其辞，辨其狱讼，异其死刑之罪而要之，二旬而职听于朝。②

县士掌野，各掌其县之民数，纠其戒令，而听其狱讼，察其辞，辨其狱讼，异其死刑之罪而要之，三旬而职听于朝。③

方士掌都家，听其狱讼之辞，辨其死刑之罪而要之，三月而上狱讼于国。④

讶士掌四方之狱讼，谕罪刑于邦国。⑤

朝士掌建邦外朝之法，左九棘，孤卿大夫位焉，群士在其后；右九棘，公侯伯子男位焉，群吏在其后；而三槐、三公位焉，州长众庶在其后。左嘉石，平罢民焉；右肺石，达穷民焉。⑥

司民掌登万民之数，自生齿以上皆书于版，辨其国中与其都鄙及其郊野，异其男女，岁登下其死生。⑦

司刑掌五刑之法，以丽万民之罪。墨罪五百，劓罪五百，宫罪五百，刖罪五百，杀罪五百。若司寇断狱弊讼，则以五刑之法诏刑罚，而以辨罪之轻重。⑧

这里对各种法规设置的全面、细密，对司法分工的精细、明确，对司法活动上下联动的把控，对量刑适度的掌握，都达到相当高的水准，说明《周官》设计者缜密的思考和匠心之运也达到了相当高的水平。顾颉刚先生由此将《周官》定为法家著作，正是特别看重这个方面。

二　宏伟的王室和政府架构

《周官》的作者显然是依据西周王室和政府架构的资料，加以理想化的大胆而细密的推衍，幻化出他们理想的宏伟王室和政府架构的蓝

---

① 孙诒让：《周礼正义》，第2794—2795页。
② 孙诒让：《周礼正义》，第2802—2803页。
③ 孙诒让：《周礼正义》，第2805—2807页。
④ 孙诒让：《周礼正义》，第2809—2810页。
⑤ 孙诒让：《周礼正义》，第2812—2813页。
⑥ 孙诒让：《周礼正义》，第2817页。
⑦ 孙诒让：《周礼正义》，第2833页。
⑧ 孙诒让：《周礼正义》，第2835—2841页。

图。从总体上看，这是一个"宫中府中俱为一体"的设政行政方案。在这个宫府一体的架构中，国王虽然是高高在上的最高统治者，但在整个职责设定中却没有他的具体职责，这实际上是将他放在了"无为而治"的君位上，此一设定似乎掺入了一些道家的政治理想。

在《周官》设定的这个宫府一体的架构中，天官掌门人大宰（亦称太宰）是王室事务和国家政务的总枢纽，掌控"六典"，"佐王治邦国"，既"统百官"，又"生万民"，显然是国王之下统御宫、府的总管。所以他的属官中，既有大量政务官员，也有大量宫中的服务人员，总员额是3980人。举凡国家的行政、民政、军务、财政、司法、礼仪、风俗等无所不统：

> 以八统诏王驭万民：一曰亲亲，二曰敬故，三曰进贤，四曰使能，五曰保庸，六曰尊贵，七曰达吏，八曰礼宾。①
>
> 以九职任万民：一曰三农，生九谷；二曰园圃，毓草木；三曰虞衡，作山泽之材；四曰薮牧，养蕃鸟兽；五曰百工，饬化八材；六曰商贾，阜通货贿；七曰嫔妇，化治丝枲；八曰臣妾，聚敛疏材；九曰闲民，无常职，转移执事。②
>
> 以九赋敛财贿：一曰邦中之赋，二曰四郊之赋，三曰邦甸之赋，四曰家削之赋，五曰邦县之赋，六曰邦都之赋，七曰关市之赋，八曰山泽之赋，九曰币余之赋。③
>
> 以九式均节财用：一曰祭祀之式，二曰宾客之式，三曰丧荒之式，四曰羞服之式，五曰工事之式，六曰币帛之式，七曰刍秣之式，八曰匪颁之式，九曰好用之式。④
>
> 以九贡致邦国之用：一曰祀贡，二曰嫔贡，三曰器贡，四曰币贡，五曰材贡，六曰货贡，七曰服贡，八曰斿贡，九曰物贡。⑤

这表明，大宰实际是地官、春官、夏官、秋官、冬官等所有官员的

---

① 孙诒让：《周礼正义》，第76页。
② 孙诒让：《周礼正义》，第78—79页。
③ 孙诒让：《周礼正义》，第90页。
④ 孙诒让：《周礼正义》，第100页。
⑤ 孙诒让：《周礼正义》，第103—104页。

上司，对所有政务都有领导、监督之责。再如，对各种赋税的征收和使用由天官中的大府掌控，其精细的程度也令人叹为观止：

> 大府掌九贡、九赋、九功之贰，以受其货贿之入，颁其货于受藏之府，颁其贿于受用之府。凡官府都鄙之吏及执事者，受财用焉。凡颁财，以式法授之。关市之赋以待王之膳服，邦中之赋以待宾客，四郊之赋以待稍秣，家削之赋以待匪颁，邦甸之赋以待工事，邦县之赋以待币帛，邦都之赋以待祭祀，山泽之赋以待丧纪，币余之赋以待赐予。凡邦国之贡以待吊用，凡万民之贡以充府库，凡式贡之余财以共玩好之用，凡邦之赋用，取具焉。岁终，则以货贿之入出会之。①

同时，大宰还统御王宫的一切事务，为以国王、嫔妃、王子为核心的所有王室成员提供细致入微的服务。其中，为他们饮食服务的有膳夫、庖人、内饔、外饔、亨人、酒正、酒人、浆人、笾人、醢人、盐人等，为他们提供医疗服务的有医师、食医、疾医、疡医等，为王后提供衣、履、冠、带服务的有典丝、典枲、内司服、缝人、染人、追师、屦人、夏采等。

由于大宰职任全局，所以，他的职责与司徒、宗伯、司马、司寇、司空等多有交集和重叠。从其分工情况看，他更多以法典统御和指导其他机构的运行。

地官的掌门人是司徒，他掌控的司徒府是从中央到地方的国家行政事务的总汇。从横的方面讲，它囊括行政、民政、司法、财政、税收以及农、林、牧、工、商等各行业的管理，从纵的方面讲，它管理王畿内的乡、州、党、族、闾、比和王畿之外的遂、县、鄙、酇、里、邻等行政机构的运行。政务多而杂，所以官吏员额多达41695人，是六官中员吏最多的机构。在各类各级机构中，分工已经十分细密。如在遂这一级行政机构中，设三个主要官员遂人、遂师、遂大夫，分别管理不同的政务：

---

① 孙诒让：《周礼正义》，第444—450页。

> 遂人掌邦之野。以土地之图经田野，造县鄙形体之法。五家为邻，五邻为里，四里为酂，五酂为鄙，五鄙为县，五县为遂，皆有地域，沟树之，使各掌其政令刑禁，以岁时稽其人民，而授之田野，简其兵器，教之稼穑。①
> 遂师各掌其遂之政令戒禁，以时登其夫家之众寡、六畜、车辇，辨其施舍与其可任者。经牧其田野，辨其可食者，周知其数而任之，以征财征。作役事则听其治讼。②
> 遂大夫各掌其遂之政令，以岁时稽其夫家之众寡、六畜、田野，辨其可任者与其可施舍者，以教稼穑，以稽功事，掌其政令、戒禁，听其治讼。③

针对市场商贸活动，有多达 12 个机构的官员分工协作，进行管理：

> 司市掌市之治、教、政、刑、量度、禁令。④
> 质人掌成市之货贿、人民、牛马、兵器、珍异。⑤
> 廛人掌敛市絘布、总布、质布、罚布、廛布，而入于泉府。⑥
> 胥师各掌其次之政令，而平其货贿，宪刑禁焉。⑦
> 贾师各掌其次之货贿之治，辨其物而均平之，展其成而奠其贾，然后令市。⑧
> 司虣掌宪市之禁令，禁其斗嚣者与其虣乱者，出入相陵犯者，以属游饮食于市者。⑨
> 司稽掌巡市，而察其犯禁者与其不物者而搏之。掌执市之盗贼，以徇，且刑之。⑩

---

① 孙诒让：《周礼正义》，第 1121 页。
② 孙诒让：《周礼正义》，第 1144 页。
③ 孙诒让：《周礼正义》，第 1151 页。
④ 孙诒让：《周礼正义》，第 1054 页。
⑤ 孙诒让：《周礼正义》，第 1076 页。
⑥ 孙诒让：《周礼正义》，第 1081 页。
⑦ 孙诒让：《周礼正义》，第 1088 页。
⑧ 孙诒让：《周礼正义》，第 1090 页。
⑨ 孙诒让：《周礼正义》，第 1091 页。
⑩ 孙诒让：《周礼正义》，第 1092—1093 页。

> 胥各掌其所治之政，执鞭度而巡其前，掌其坐作出入之禁令，袭其不正者。①
>
> 肆长各掌其肆之政令。陈其货贿，名相近者相远也，实相近者相尔也，而平正之。敛其总布，掌其戒禁。②
>
> 泉府掌以市之征布敛市之不售货之滞于民用者，以其贾买之，物楬而书之，以待不时而买者。③
>
> 司门掌授管键，以启闭国门。几出入不物者，正其货贿，凡财物犯禁者举之，以其财养死政之老与其孤。④
>
> 司关掌国货之节，以联门市。司货贿之出入者，掌其治禁与其征廛。⑤

春官的掌门人是宗伯，他的职责是掌控祭祀、礼乐、文化教育以及天文历法等众多方面的事务，即所谓"帅其属而掌邦礼，以佐王和邦国"，"掌建邦之天神、人鬼、地示之礼，以佐王建保邦国"⑥。该官属员总计3673人，在六大职官系统中人数是较少的。春官系统中也有极其精细的分工，其中五史的地位比较重要，掌握着各种法典、文书和历代流传下来的典籍，对各级官府的行政活动具备一定的监督职能：

> 大史掌建邦之六典，以逆邦国之治，掌法以逆官府之治，掌则以逆都鄙之治。凡辨法者考焉，不信者刑之。凡邦国都鄙及万民之有约剂者藏焉，以贰六官。六官之所登。若约剂乱，则辟法，不信者刑之。⑦
>
> 小史掌邦国之志，奠系世，辨昭穆。若有事，则诏王之忌讳。大祭祀，读礼法，史以书叙昭穆之俎簋。大丧、大宾客、大会同、大军旅，佐大史。凡国事之用礼法者，掌其小事。卿大夫之丧，赐谥读诔。⑧

---

① 孙诒让：《周礼正义》，第1093页。
② 孙诒让：《周礼正义》，第1094页。
③ 孙诒让：《周礼正义》，第1095页。
④ 孙诒让：《周礼正义》，第1101—1103页。
⑤ 孙诒让：《周礼正义》，第1105—106页。
⑥ 孙诒让：《周礼正义》，第1296页。
⑦ 孙诒让：《周礼正义》，第2079—2082页。
⑧ 孙诒让：《周礼正义》，第2089—2103页。

内史掌王之八枋之法，以诏王治。一曰爵，二曰禄，三曰废，四曰置，五曰杀，六曰生，七曰予，八曰夺。①

外史掌书外令，掌四方之志，掌三皇五帝之书，掌达书名于四方。若以书使于四方，则书其令。②

御史掌邦国都鄙及万民之治令，以赞冢宰。凡治者受法令焉。掌赞书，凡数从政者。③

春官中有一大批专门从事占卜的部门和众多吏员，这表明，在《周官》著者心目中与天地、神祇、鬼魅的对话和沟通有着举足轻重的意义：

大卜掌三兆之法，一曰玉兆，二曰瓦兆，三曰原兆。④

卜师掌开龟之四兆，一曰方兆，二曰功兆，三曰义兆，四曰弓兆。⑤

龟人掌六龟之属，各有名物。天龟曰灵属，地龟曰绎属，东龟曰果属，西龟曰靁属，南龟曰猎属，北龟曰若属，各以其方之色与其体辨之。⑥

菙氏掌共燋契，以待卜事。⑦

占人掌占龟，以八筮占八颂，以八卦占筮之八故，以视吉凶。⑧

筮人掌三易，以辨九筮之名，一曰《连山》，二曰《归藏》，三曰《周易》。⑨

占梦掌其岁时观天地之会，辨阴阳之气，以日、月、星、辰占六梦之吉凶。一曰正梦，二曰噩梦，三曰思梦，四曰寤梦，五曰喜梦，六曰惧梦。⑩

---

① 孙诒让：《周礼正义》，第 2129 页。
② 孙诒让：《周礼正义》，第 2136—2139 页。
③ 孙诒让：《周礼正义》，第 2140 页。
④ 孙诒让：《周礼正义》，第 1924 页。
⑤ 孙诒让：《周礼正义》，第 1946 页。
⑥ 孙诒让：《周礼正义》，第 1950 页。
⑦ 孙诒让：《周礼正义》，第 1955 页。
⑧ 孙诒让：《周礼正义》，第 1959 页。
⑨ 孙诒让：《周礼正义》，第 1964 页。
⑩ 孙诒让：《周礼正义》，第 1968—1974 页。

第十三章 《周官》和《礼记》的政治思想

> 眡祲掌十辉之法，以观妖祥，辨吉凶。一曰祲，二曰象，三曰鑴，四曰监，五曰闇，六曰瞢，七曰弥，八曰叙，九曰隮，十曰想。掌安宅叙降，正岁则行事，岁终则弊其事。①
>
> 大祝掌六祝之辞，以事鬼神示，祈福祥，求永贞。一曰顺祝，二曰年祝，三曰吉祝，四曰化祝，五曰瑞祝，六曰筴祝。②
>
> 小祝掌小祭祀，将事侯禳祷祠之祝号，以祈福祥，顺丰年，逆时雨，宁风旱，弥灾兵，远辠疾。③
>
> 丧祝掌大丧劝防之事。④
>
> 甸祝掌四时之田表貉之祝号。⑤
>
> 诅祝掌盟、诅、类、造、攻、说、禬、禜之祝号。⑥
>
> 司巫掌群巫之政令。若国大旱，则帅巫而舞雩。⑦
>
> 男巫掌望祀望衍授号，旁招以茅。⑧
>
> 女巫掌岁时祓除、衅浴。⑨

这个巫、祝、占、卜的系列，很可能是综合了夏、商、西周的占卜系统而进行了新的编排。

夏官的掌门人是大司马，其主要职责是统帅全国军队"佐王平邦国"，即维持全国治安，平定反侧，同时还对全国地方军政事务负有监督之责：

> 大司马之职，掌建邦国之九法，以佐王平邦国；制畿封国，以正邦国；设仪辨位，以等邦国；进贤兴功，以作邦国；建牧立监，以维邦国；制军诘禁，以纠邦国，施贡分职，以任邦国；简稽乡民，以用邦国；均守平则，以安邦国；比小事大，以和邦国。⑩

---

① 孙诒让：《周礼正义》，第1979—1984页。
② 孙诒让：《周礼正义》，第1985页。
③ 孙诒让：《周礼正义》，第2032页。
④ 孙诒让：《周礼正义》，第2043页。
⑤ 孙诒让：《周礼正义》，第2055页。
⑥ 孙诒让：《周礼正义》，第2060页。
⑦ 孙诒让：《周礼正义》，第2062页。
⑧ 孙诒让：《周礼正义》，第2072页。
⑨ 孙诒让：《周礼正义》，第2075页。
⑩ 孙诒让：《周礼正义》，第2280—2284页。

大司马府吏员总计4071人，他们中的绝大多数人与军事活动有关联。按其设定，全国军队的编制和组成如下：

> 凡制军，万有二千五百人为军，王六军，大国三军，次国二军，小国一军，军将皆命卿；二千有五百人为师，师帅皆中大夫；五百人为旅，旅帅皆下大夫；百人为卒，卒长皆上士；二十五人为两，两司马皆中士；五人为伍，伍皆有长。①

大司马的属官也有着精细的分工，如其中有一个职方氏，主要职责是掌管全国的行政区划，同时与量人、掌固、司险、司疆、候人等官员互相配合，熟悉并掌控各地的地理形势、山川要隘、道路坦曲、物候民情，这显然都是为军事行动服务的：

> 职方氏掌天下之图，以掌天下之地，辨其邦国、都鄙、四夷、八蛮、七闽、九貉、五戎、六狄之人民与其财用、九谷、六畜之数要，周知其利害。乃辨九州之国，使同贯利。②

> 乃辨九服之邦国，方千里曰王畿，其外方五百里曰侯服，又其外方五百里曰甸服，又其外方五百里曰男服，又其外方五百里曰采服，又其外方五百里曰卫服，又其外方五百里曰蛮服，又其外方五百里曰夷服，又其外方五百里曰镇服，又其外方五百里曰藩服。凡邦国千里，封公以方五百里，则四公，方四百里则六侯，方三百里则七伯，方二百里则二十五子，方百里则百男，以周知天下。③

由于兵器、戎装、马匹等在军事上具有特殊的功用，所以与之有关的员吏设置就比较多，如与马有关的员吏就有近十人：

> 马质掌质马。马量三物，一曰戎马，二曰田马，三曰驽马，皆有物贾。④

---

① 孙诒让：《周礼正义》，第2237页。
② 孙诒让：《周礼正义》，第2636—2640页。
③ 孙诒让：《周礼正义》，第2684—2685页。
④ 孙诒让：《周礼正义》，第2374页。

第十三章　《周官》和《礼记》的政治思想　561

驭夫掌驭贰车、从车、使车。①
校人掌王马之政。②
趣马掌赞正良马，而齐其饮食，简其六节。③
巫马掌养疾马而乘治之，相医而药攻马疾，受财于校人。④
牧师掌牧地，皆有厉禁而颁之。⑤
廋人掌十有二闲之政教，以阜马、佚特、教駣、攻驹及祭马祖、祭闲之先牧及执驹、散马耳、圉马。⑥
圉师掌教圉人养马，春除蓐、衅厩、始牧，夏庌马，冬献马。射则充椹质，茨墙则剪阖。⑦
圉人掌养马刍牧之事，以役圉师。⑧

秋官的掌门人是大司寇，其职责是"帅其属而掌邦禁，以佐王刑邦国"⑨，《周官》详细记载其职能。作为最高的司法官，他管理全国的法典、刑杀、狱讼、盟约、自然资源，兼及盟会、大祭祀、接待宾客和藩国使臣，属下官吏总计3660人。

大司寇的属官中有一个"大行人掌大宾之礼及大客之仪，以亲诸侯"⑩，他管理外服的晋见与贡物：

> 邦畿方千里，其外方五百里谓之侯服，岁壹见，其贡祀物。又其外方五百里谓之甸服，二岁壹见，其贡嫔物。又其外方五百里谓之男服，三岁壹见，其贡器物。又其外方五百里谓之采服，四岁壹见，其贡服物。又其外方五百里谓之卫服，五岁壹见，其贡材物。又其外方五百里谓之要服，六岁壹见，其贡货物。九州之外谓之蕃

---

① 孙诒让：《周礼正义》，第2602页。
② 孙诒让：《周礼正义》，第2603页。
③ 孙诒让：《周礼正义》，第2623页。
④ 孙诒让：《周礼正义》，第2625页。
⑤ 孙诒让：《周礼正义》，第2626页。
⑥ 孙诒让：《周礼正义》，第2627页。
⑦ 孙诒让：《周礼正义》，第2631页。
⑧ 孙诒让：《周礼正义》，第2633页。
⑨ 孙诒让：《周礼正义》，第2710页。
⑩ 孙诒让：《周礼正义》，第2945页。

国，世壹见，各以其所贵宝为挚。①

综合大司马属官职方氏关于外九服邦国的记载，说明当时中国人的地理概念和国际视域已经远远超越黄河、长江流经的中原地区了。

冬官司空系列在《周官》原著中缺失，估计其内容是管理各类手工业的官吏设置以及对各类手工业产品技术规范的设定。

应该承认，《周官》一书设定的以西周名义出现的职官制度是一个全面、细密、严谨的宏大架构，而这个宫府一体的蓝图又不是西周实际上存在的制度，所以基本上不能作为研究西周制度史的资料（当然有一定参考价值）。但是，如果将其作为政治思想史的资料，则是很值得重视的。因为到战国晚期，七雄之间的战争日益激烈，战争的性质已经由春秋时期的争霸主盟变成了统一全国。而政治、经济、文化和民族融合等统一因素的增长，由分裂走向统一的历史趋势已经为人们所察知，所以当梁惠王问孟子"天下恶乎定"时，孟子作了"定于一"的回答。稍后于孟子的荀子看到的统一趋势更加明显，顺应这一历史潮流，他创造出一套系统严整并且具有极强可操作性的适宜于统一国家统治的学说，即内儒外法、德刑并用的理论。他的弟子韩非则更进一步，创造了"以吏为师""以法为教"、专制集权的更适合统一国家需要的统治理论。在这种形势下，一批荀子弟子，打着周公的旗号，为即将实现统一的未来中国的当政者设计宫府一体的职官制度蓝图就是顺理成章的事。贯穿《周官》一书的基本政治思想一是儒法互补、德刑并用；一是中央集权，设置从中央到地方高度联动的机构和官员，将朝廷政令通过各级官府贯彻到穷乡僻壤。这正是荀子思想在政府组织方面的体现和延伸，是其弟子们活学活用荀子思想的创新之作。

三 《周官》的深远影响

在中国历史上，《周官》是一部影响巨大而深远的巨著，特别是后世各朝代进行政治制度改革方面的资鉴作用，其影响超过任何其他著作。因为它闪烁着大圣人周公的光辉，利用它改革官制会增强权威性和神圣性；因为它提供的这一幅官制蓝图体现了外儒内法、德刑并用的统治思想，找

---

① 孙诒让：《周礼正义》，第2974—2980页。

到了君王和臣民利益的结合点,易于为统治者和被统治者所接受;因为它严整、细密,体系完备,具有很强的可操作性,比较容易贯彻实施。所以,它备受青睐,不断被思想家颂扬鼓吹,不断被政治家频繁利用。

西汉末年,刘歆发现《周官》后,被已经掌控朝廷实权并谋划篡政的王莽充分利用。例如,居摄三年(8)九月,王莽的母亲去世,此时居于"摄皇帝"位子上的王莽为如何给母亲服孝犯了难。当时他的头号理论策士刘歆与博士诸儒七十八人上奏,以《周官》为据给王莽斟酌出一套四不像的礼仪:

> 居摄之义,所以统立天功,兴崇帝道,成就法度,安辑海内也。昔殷成汤既没,而太子蚤夭,其子太甲幼少不明,伊尹放诸桐宫而居摄,以兴殷道。周武王既没,周道未成,成王幼少,周公屏成王而居摄,以成周道。是以殷有翼翼之化,周有刑错之功。今太皇太后比遭家之不造,委任安汉公宰尹群僚,衡平天下。孺子幼少,未能共上下,皇天降瑞,出丹石之符,是以太皇太后则天明命,诏安汉公居摄践阼,加以成圣汉之业,与唐虞三代比隆也。摄皇帝遂开秘府,会群儒,制礼作乐,卒定庶官,茂成天功。圣心周悉,卓尔独见,发得《周礼》,以明因监,则天稽古,而损益焉。犹仲尼之闻《韶》,日月之不可阶,非圣哲之至,孰能若兹!纲纪咸张,成在一匮,此其所以保佑圣汉,安靖元元之效也。今功显君薨,《礼》"庶子为后,为其母缌。"传曰:"与尊者为体,不敢服其私亲也。"摄皇帝以圣德承皇天之命,受太后之诏居摄践阼,奉汉大宗之后,上有天地社稷之重,下有元元万机之忧,不得顾其私亲。故太皇太后建厥元孙,俾侯新都,为哀侯后。明摄皇帝与尊者为体,承宗庙之祭,奉共养太皇太后,不得服其私亲也。《周礼》曰"王为诸侯缌缞","弁而加环绖",同姓则麻,异姓则葛。摄皇帝当为功显君缌缞,弁而加麻环绖,如天子吊诸侯服,以应圣制。[①]

王莽篡汉建立新朝以后,《周官》又成为他改革官制的蓝本。如他分全国为九州,设五等爵位,裂地分封,授爵授茅土;在中央设三公、

[①] 班固:《汉书》卷99上《王莽传上》,第4090—4091页。

九卿、二十七大夫、八十一元士等，就是受了《周官》的启发。

南北朝时期，北朝的少数民族统治者，也仿照《周官》改革职官制度。如北周的开国皇帝周文帝宇文泰在任西魏录尚书事、郡王、总揽国政的时期，就于恭帝三年（556）依《周官》进行官制改革：

> 三年春正月丁丑，初行《周礼》，建六官。以太祖（即宇文泰）为太师、大冢宰，柱国李弼为太傅，大司徒赵贵为太保，大宗伯独孤信为大司马，于谨为大司寇，侯莫陈为大司空。初，太祖以汉魏官繁，思革前弊。大统中，乃命苏绰、卢辩依周制改创其事，然为撰次未成，众务犹归台阁。至是始毕，乃命行之。①

这是历史上完全依据《周官》组建政府的第一次。唐玄宗曾命臣下依据《周官》编撰了《唐六典》，宋朝的陈振孙曾对该书有这样的评价：

> 《唐六典》三十卷，题"御撰，李林甫等奉敕注"。按韦述《集贤记注》："开元十年，起居舍人陆坚被旨修《六典》，上手写白麻纸凡六条，曰'理、教、礼、政、刑、事'典，令以类相从，撰录以进。张说以其事委徐坚思之，历年未知所适。又委毋煚、余钦、韦述，始以令式入六司，象《周礼》六官之制，其沿革并入注，然用功艰难。其后张九龄又以委苑，二十六年奏草上，至今在书院，亦不行。"今按《新书·百官志》皆取此书，即太宗贞观六年所定官令也。《周官》"六职"视《周礼》"六典"，已有邦土邦事之殊，不可考证。《唐志》内、外官与周制迥然不同，而强名《六典》可乎？善乎范太史祖禹之言曰："既有太尉、司徒、司空，而又有尚书省，是政出于二也。既有尚书省而又有九寺，是政出于三也。"本朝裕陵（宋神宗）好观《六典》，元丰官制尽用之，中书造命，门下审覆，尚书奉行，机事往往留滞，上意颇以为悔云。②

陈振孙这里所揭示的是《唐六典》与唐朝实际官制的矛盾，认为依

---

① 令狐德棻等：《周书》卷2《文帝纪下》，中华书局1995年版，第36页。
② 陈振孙：《直斋书录解题》卷6，四库全书本。

据《周官》设定官制是一种泥古不化的迂阔之行。然而，由于《周官》涂满圣油，不仅后世的思想家经常从那里寻找灵感，一些政治家也不时依据它进行制度改革。最典型的是王安石，他在"熙宁变法"中就仿照《周官》的理财制度设置"制置三司条例"，实施了包括农田水利、青苗、均输、保甲、免役、市易、保马、方田诸役等不少新法，惹得反对新法的一些守旧派人物干脆从否定《周官》与周公的联系入手给新法来了个釜底抽薪。不管历史上对《周官》有多少争论，但总有思想家不断为它唱赞歌，总有政治家打出它的旗号进行变法改革。这说明，《周官》在很大程度上成为一个思想文化符号，以其永恒的魅力给后人以启示。

第三节 《礼记》的政治思想

一 天人合一论

三礼中的《仪礼》主要记载冠、乡射、饮酒、燕、聘、觐、祭、婚、丧、嫁、娶等各种典礼的仪则，复杂而翔实。其中显示的政治思想突出了礼制在国家和社会生活中的作用。该书的著作权历来有周公和孔子两说，最大的可能就是孔子整理的六经中的《礼》，它实际上是夏商周三代礼制的总汇。

《礼记》一书，按照《隋书·经籍志》的说法，为"仲尼弟子及后学者所记"：

> 汉初，河间献王又得仲尼弟子及后学者所记一百三十一篇献之，时亦无传之者。至刘向考校经籍，检得一百三十篇，向因第而叙之。而后又得《明堂阴阳记》三十三篇、《孔子三朝记》七篇、《王史氏记》二十一篇、《乐记》二十三篇，凡五种，合二百十四篇。戴德删其烦重，合而记之，为八十五篇，谓之《大戴记》。而戴圣又删《大戴》之书，为四十六篇，谓之《小戴记》。汉末马融，遂传《小戴》之学。融又定《月令》一篇，《明堂位》一篇，《乐记》一篇，合四十九篇；而郑玄受业于融，又为之注。[①]

[①] 魏征等：《隋书》，中华书局1995年版，第925—926页。

从《礼记》一书展现的基本思想倾向看，将其定为"仲尼弟子及后学者所记"是有道理的。再具体一点说，该书应该是孔门弟子中曾子、子思一派的学人所记述，比较接近孟子一派，与荀子一派有明显的距离。

《礼记》一书，在天人关系问题上，基本上继承孔子、子思的思想而又有所发展：承认天命鬼神的存在，而人则是天地产生出来的精华，是"天地之德"和"天地之心"：

> 故人者，其天地之德，阴阳之交，鬼神之会，五行之秀气也。①
> 故人者，天地之心也，五行之端也，食味、别声、被色而生者也。②

而人一旦产生出来，他就具有了主观能动性，尤其是其中的"圣人"，不仅能够与天地鬼神交感，而且能够"参天地之化育"：

> 圣人参于天地，并于鬼神，以治政也。③
> 故圣人作则，必以天地为本，以阴阳为端，以四时为柄，以日星为纪，月以为量，鬼神以为徒，五行以为质，礼义以为器，人情以为田，四灵以为畜。以天地为本，故物可举也。以阴阳为端，故情可睹也。以四时为柄，故事可劝也。以日星为纪，故事可列也。月以为量，故功有艺也。鬼神以为徒，故事可守也。五行以为质，故事可复也。礼义以为器，故事行有考也。人情以为田，故人以为奥也。四灵以为畜，故饮食有由也。④

《礼记》进而强调，人间的规范如礼、乐、仁、义都是"应天""从天"，是天的意志幻化出来的，所以就是天经地义：

> 天高地下，万物散殊，而礼制行矣。流而不息，合同而化，而

---

① 孙希旦：《礼记集解》，中华书局1989年版，第608页。
② 孙希旦：《礼记集解》，第612页。
③ 孙希旦：《礼记集解》，第604页。
④ 孙希旦：《礼记集解》，第612—613页。

乐兴焉。春作夏长，仁也。秋敛冬藏，义也。仁近于乐，义近于礼。乐者敦和，率神而从天。礼者别宜，居鬼而从地。故圣人作乐以应天，制礼以配地。礼乐明备，天地官矣。①

天尊地卑，君臣定矣。卑高以陈，贵贱位矣。动静有常，小大殊矣。方以类聚，物以群分，则性命不同矣。在天成象，在地成形，如此，则礼者，天地之别也。②

显然，在《礼记》的作者看来，天地鬼神还有着巨大的神力，在天人关系上处于主导地位，人是被放到天地鬼神的所有预设中的。

二 以礼为核心的思想体系

《礼记》通篇阐发的是以礼为核心的思想体系。

《礼记》一书，相当多的篇幅是记述各种礼仪的内容，《仪礼》所涉及的方方面面，它也几乎涉及。在这方面，二者可以补充、互证。不过，《礼记》在思想的阐释方面，内容比《仪礼》丰富多了，可以这样说，在阐释儒家以礼为核心的思想方面，它是巅峰之作。

《礼记》认定，礼是所有政治制度、社会仪则、人伦道德、法律规范、祭祀典仪的总法则，是国家社会有序运行的根本保证：

夫礼者，所以定亲疏，决嫌疑，别同异，明是非也。③

道德仁义，非礼不成；教训正俗，非礼不备；分争辨讼，非礼不决；君臣上下，父子兄弟，非礼不定；宦、学事师，非礼不亲；班朝、治军、莅官、行法，非礼威严不行；祷祠、祭祀、供给鬼神，非礼不诚不庄。是以君子恭、敬、撙、节、退、让以明礼。④

这就是说，礼是一个无所不包的体系，涵盖了人类社会所有的制度与规范，是国家和社会秩序的总汇，是它在制约着国家和社会的生机与活力。那么，礼是哪里来的呢？《礼记》的回答是圣人本于天地而作：

---

① 孙希旦：《礼记集解》，第 992 页。
② 孙希旦：《礼记集解》，第 993 页。
③ 孙希旦：《礼记集解》，第 6 页。
④ 孙希旦：《礼记集解》，第 8—9 页。

> 是故夫礼，必本于大一，分而为天地，转而为阴阳，变而为四时，列而为鬼神。其降曰命，其官于天也。夫礼必本于天，动而之地，列而之事，变而从时，协于分艺。其居人也曰养，其行之以货、力、辞让、饮食、冠、昏、丧、祭、射、御、朝、聘。①

因为礼是圣人本于天地而作，这就使礼具有了神圣无比的光环。进一步，《礼记》又将礼与忠信、仁义等当时最重要的道德信条联系起来，让其进入以礼为核心的思想体系中：

> 先王之立礼也，有本有文。忠信，礼之本也；义理，礼之文也。无本不立，无文不行。礼也者，合于天时，设于地财，顺于鬼神，合于人心，理万物者也。是故天时有生也，地理有宜也，人官有能也，物曲有利也。故天不生，地不养，君子不以为礼，鬼神弗飨也。居山以鱼鳖为礼，居泽以鹿豕为礼，君子谓之不知礼。②
>
> 故圣王修义之柄，礼之序，以治人情。故人情者，圣王之田也，修礼以耕之，陈义以种之，讲学以耨之，本仁以聚之，播乐以安之。③
>
> 故礼也者，义之实也。协诸义而协，则礼虽先王未之有，可以义起也。④
>
> 义者，艺之分，仁之节也。协于艺，讲于仁，得之者强。
>
> 仁者，义之本也，顺之体也，得之者尊。⑤
>
> 天下之礼，致反始也，致鬼神也，致和、用也，致义也，致让也。致反始，以厚其本也。致鬼神，以尊上也。致物用，以立民纪也。致义，则上下不悖逆矣。致让，以去争也。合此五者以治天下之礼也，虽有奇邪，而不治者则微矣。⑥

---

① 孙希旦：《礼记集解》，第616页。
② 孙希旦：《礼记集解》，第625页。
③ 孙希旦：《礼记集解》，第617—618页。
④ 孙希旦：《礼记集解》，第618页。
⑤ 孙希旦：《礼记集解》，第619页。
⑥ 孙希旦：《礼记集解》，第1218页。

《礼记》还特别将礼和乐联系起来，揭示二者互补、互动、互助的关系，高扬礼乐文化的本色和底蕴：

> 君子曰："礼、乐不可斯须去身。致乐以治心，则易、直、子、谅之心油然生矣。易、直、子、谅之心生则乐，乐则安，安则久，久则天，天则神。天则不言而信，神则不怒而威，致乐以治心者也。致礼以治躬则庄敬，庄敬则严威。心中斯须不和不乐，而鄙诈之心入之矣。外貌斯须不庄不敬，而慢易之心入之矣。故乐也者，动于内者也；礼也者，动于外者也。乐极和，礼极顺，内和而外顺，则民瞻其颜色而不与争也，望其容貌而众不生慢易焉。故德辉动乎内，而民莫不承听；理发乎外，而众莫不承顺。故曰：'致礼、乐之道，而天下塞焉，举而措之无难矣。'乐也者，动于内者也。礼也者，动于外者也。故礼主其减，乐主其盈。礼减而进，以进为文；乐盈而反，以反为文。礼减而不进则销，乐盈而不反则放，故礼有报而乐有反。礼得其报则乐，乐得其反则安。礼之报，乐之反，其义一也。"①

而仁、义、学、乐、顺都与礼紧密连在一起，组成一个环环相扣的链条，围绕礼和谐运行：

> 故治国不以礼，犹无耜而耕也；为礼不本于义，犹耕而弗种也；为义而不讲之以学，犹种而弗耨也；讲之以学而不合之以仁，犹耨而弗获也；合之以仁而不安之以乐，犹获而弗食也；安之以乐而不达于顺，犹食而弗肥也。②

《礼记》认为，礼的最大特点是"别"，即将人群按严格的等级区别开来，使社会上的每一个人都被固定在不同的等级序位上，承担相应的义务，享有相应的权利，彼此和谐相处：

> 哀公问于孔子曰："大礼何如？君子之言礼，何其尊也！"孔

---

① 孙希旦：《礼记集解》，第1225页。
② 孙希旦：《礼记集解》，第619页。

子曰："丘也小人，不足以知礼。"君曰："否。吾子言之也。"孔子曰："丘闻之，民之所由生，礼为大。非礼无以节事天地之神也，非礼无以辨君臣、长幼之位也，非礼无以别男女、父子、兄弟之亲，昏姻、疏数之交也。君子以此之为尊敬然，然后以其所能教百姓，不废其会节。有成事，然后治其雕镂、文章、黼黻以嗣。其顺之，然后言其丧算，备其鼎、俎，设其豕、腊，修其宗庙，岁时以敬祭祀，以序宗族，即安其居，节丑其衣服，卑其宫室，车不雕几，器不刻镂，食不贰味，以与民同利。昔之君子之行礼者如此。"①

最后，《礼记》将礼视为"君之大柄"，赋予它"治政安君"的最核心的功能："是故礼者，君之大柄也。所以别嫌明微，傧鬼神，考制度，别仁义，所以治政安君也。"② 认定君王只要认真以礼为工具，就能取得治国安邦的最佳成效。

三 "古之为政，爱人为大"

《礼记》以礼为核心的思想体系，在政治思想方面体现为以爱人、尊君为基点的民本主义：

子曰："民以君为心，君以民为体。心庄则体舒，心肃则容敬。心好之，身必安之；君好之，民必欲之。心以体全，亦以体伤；君以民存，亦以民亡。《诗》云：'昔吾有先正，其言明且清，国家以宁，都邑以成，庶民以生。谁能秉国成？不自为正，卒劳百姓。'"③

孔子侍坐于哀公，哀公曰："敢问人道谁为大？"孔子愀然作色而对曰："君之及此言也，百姓之德也。固臣敢无辞而对，人道政为大。"公曰："敢问何谓为政？"孔子对曰："政者，正也。君为正，则百姓从政矣。君之所为，百姓之所从也。君所不为，百姓何从？"公曰："敢问为政如之何？"孔子对曰："夫妇别，父子亲，

---

① 孙希旦：《礼记集解》，第1258—1259页。
② 孙希旦：《礼记集解》，第602页。
③ 孙希旦：《礼记集解》，第1328页。

君臣严，三者正，则庶物从之矣。"公曰："寡人虽无似也，愿闻所以行三言之道，可得闻乎？"孔子对曰："古之为政，爱人为大。所以治爱人，礼为大。所以治礼，敬为大。敬之至矣，大昏为大，大昏至矣。大昏既至，冕而亲迎，亲之也。亲之也者，亲之也。是故君子兴敬为亲，舍敬，是遗亲也。弗爱不亲，弗敬不正。爱与敬，其政之本与？"①

孔子遂言曰："古之为政，爱人为大。不能爱人，不能有其身；不能有其身，不能安土；不能安土，不能乐天；不能乐天，不能成其身。"②

在这里，《礼记》表述了它基本的政治思想。这就是，其一，君民是生死与共的共同体，君为心，民为体，谁也离不开谁，"君以民存，亦以民亡"。其二，君为正，百姓从，即国君为政必须身正，成为全国臣民道德的楷模和表率，而百姓也必须绝对服从这样的国君的意旨。其三，"古之为政，爱人为大"，即要求国君为政必须从爱人出发，将爱与敬贯穿于为政的始终，为百姓谋福利。其四，为政所做的一切都必须在礼的统摄下进行，做到"夫妇别，父子亲，君臣严"这一"三正"所设定的目标。为政的基本内容是"治民"，这里应该遵循的基本原则是"德治"和教化：

圣人南面而听天下，所且先者五，民不与焉：一曰治亲，二曰报功，三曰举贤，四曰使能，五曰存爱。五者一得于天下，民无不足，无不赡者；五者一物纰缪，民莫得其死。圣人南面而治天下，必自人道始矣。③

先王之所以治天下者五：贵有德，贵贵，贵老，敬长，慈幼。此五者，先王之所以定天下也。贵有德何为也？为其近于道也。贵贵，为其近于君也。贵老，为其近于亲也。敬长，为其近于兄也。慈幼，为其近于子也。是故至孝近乎王，至弟近乎霸。至孝近乎王，虽天子必有父；至弟近乎霸，虽诸侯必有兄。先王之教，因而

---

① 孙希旦：《礼记集解》，第1260页。
② 孙希旦：《礼记集解》，第1264页。
③ 孙希旦：《礼记集解》，第905—906页。

弗改，所以领天下国家也。①

子曰："立爱自亲始，教民睦也。立敬自长始，教民顺也。教以慈睦，而民贵有亲；教以敬长，而民贵用命。孝以事亲，顺以听命，错诸天下，无所不行。"②

这个德治与教化的主要内容，其实还是礼制规定的那些政治和伦理的基本原则。由于历史已经进入战国时期，三代的朝代更替，各诸侯国的兴亡升沉，不时进行的各种政治和社会变革也已经是司空见惯的现象，所以对于政治和社会的变化发展必须予以承认：

立权、度、量，考文章，改正、朔，易服色，殊徽号，异器械，别衣服，此其所得与民变革者也。③

但是，《礼记》同时坚持，在历史前进的过程中，还有永恒不变的东西，这就是以"亲亲""尊尊"为内容的礼：

其不可得变革者则有矣。亲亲也，尊尊也，长长也，男女有别，此其不可得与民变革者也。④

这里正显示了儒家保守的一面，他们将自己认定的最美好的制度和思想凝固化。他们不了解，世界上的事物，除了变是永恒之外，再也没有永恒的东西了。这一思想后来被董仲舒所继承和发展，而且给了一个更经典的表述：天不变道亦不变。

四　君子人格与儒行

君子人格是儒家学派极其重视的一个问题，孔子、孟子、荀子等儒学大师都对其进行了充分论述。在儒家看来，君子既是实践儒家政治理想的矢志不渝的追求者，更是实践儒家道德理想的最高典范。他们可以

---

① 孙希旦：《礼记集解》，第1214页。
② 孙希旦：《礼记集解》，第1215页。
③ 孙希旦：《礼记集解》，第906页。
④ 孙希旦：《礼记集解》，第907页。

是国君、将相之类的大人物，也可以是与高官显贵不沾边的小百姓，他们能否成为君子的唯一标准是是否胸怀理想、无私无畏，执着奋斗、不计成败，不惧杀身成仁，敢于舍生取义，是不是"富贵不能淫，贫贱不能移，威武不能屈"的大丈夫。他们将小人树立为君子的对立面，不时在对小人卑劣品格的贬斥中彰显君子人格的光辉。

《礼记》作为儒家后学留下的一部典籍，同样以大力张扬君子人格为职志。在《表记》中，对君子的人格修养进行阐发：

> 子曰："君子不失足于人，不失色于人，不失口于人。是故君子貌足畏也，色足惮也，言足信也。"
> 子曰："君子慎以辟祸，笃以不揜，恭以远耻。"
> 子曰："君子庄敬日强，安肆日偷。君子不以一日使其躬儳焉如不终日。"①

这里，《礼记》认为君子一定是在言行各方面都不失于人，不输于人，所以能给人以凛然正气、可畏不可犯的形象。因为君子敬慎笃厚，所以能够远离耻辱，什么时候也不会陷入困境。更因为君子一直"庄敬日强"，严格约束自己的言行，所以不会出现把握不住自己、节操不终的现象。

《儒行》通过鲁哀公与孔子对话的形式，借孔子之口，阐发了儒家学派的理想和品格，进而表明，儒家之行展示的就是君子人格。

这种"儒行"所展示的君子人格，首先是"自立"，即以自己的理想、品格和能力立于世上，怀忠信，抱仁义，不向任何暴政低头；自己虽无求于人，但国家和社会却有求于他：

> 儒有席上之珍以待聘，夙夜强学以待问，怀忠信以待举，力行以待取。其自立有如此者。②

其次，儒家的君子人格体现在独特的容貌和言谈举止，特别是内足忠信、仁义、多文而不求于外在金玉、土地、财富的品性，所以具有

---

① 孙希旦：《礼记集解》，第1298—1299页。
② 孙希旦：《礼记集解》，第1399—1400页。

"近人"的亲和力：

> 儒有不宝金玉，而忠信以为宝；不祈土地，立义以为土地；不祈多积，多为以为富；难得而易禄也，易禄而难畜也。非时不见，不亦难得乎！非义不合，不亦难畜乎！先劳而后禄，不亦易禄乎！其近人有如此者。①

> 儒有忠信以为甲胄，礼义以为干橹；戴仁而行，抱义而处；虽有暴政，不更其所。其自立有如此者。②

再次，儒家的君子人格还体现在"可杀而不可辱"的刚毅之品，"博学""笃行""容众"的"宽裕"之性，"举贤援能"的利国情怀：

> 儒有可亲而不可劫也，可近而不可迫也，可杀而不可辱也。其居处不淫，其饮食不溽，其过失可微辨而不可面数也。其刚毅有如此者。③

> 儒有博学而不穷，笃行而不倦，幽居而不淫，上通而不困；礼之以和为贵，忠信之美，优游之法；慕贤而容众，毁方而瓦合。其宽裕有如此者。④

> 儒有内称不辟亲，外举不辟怨，程功积事，推贤而进达之，不望其报，君得其志。苟利国家，不求富贵。其举贤援能有如此者。⑤

最后，儒家的君子人格更体现在先人后己的博大胸怀和在天子诸侯面前不失"强毅"和"砥厉廉隅"的大丈夫风范：

> 儒有闻善以相告也，见善以相示也；爵位相先也，患难相死也；久相待也，远相致也。其任举有如此者。⑥

---

① 孙希旦：《礼记集解》，第1401页。
② 孙希旦：《礼记集解》，第1403页。
③ 孙希旦：《礼记集解》，第1403页。
④ 孙希旦：《礼记集解》，第1405页。
⑤ 孙希旦：《礼记集解》，第1406页。
⑥ 孙希旦：《礼记集解》，第1406页。

> 儒有上不臣天子，下不仕诸侯，慎静而尚宽，强毅以与人，博学以知服；近文章，砥厉廉隅；虽分国，如锱铢，不臣不仕。其规为有如此者。①

至此，《礼记》以礼为核心的政治思想最后落实到君子人格的塑造。它认为，只要具备了君子人格的儒者成为立世的表率，并将其理想变成执政的方针贯彻到实践之中，他们期望的人间盛世也就降临了。

---

① 孙希旦：《礼记集解》，第 1407 页。

第十四章 《吕氏春秋》的政治思想

第一节 吕不韦其人

一 阳翟大贾的理想

吕不韦是秦庄襄王时期和秦王嬴政前期的秦国丞相，是主持修撰《吕氏春秋》的著名杂家的代表人物。

公元前254年，在位56年的秦昭襄王去世后，他的儿子孝文王嬴柱继位。或许因为昭襄王活得年纪太大，孝文王接班时已是53岁高龄。孝文王登基时可能已经是病入膏肓，所以王座上的尊荣并未给他带来回春之象，在位仅三个月即溘然长逝。由于吕不韦的精心运作，使其非嫡生的儿子嬴子楚即异人得以继立，他就是庄襄王。庄襄王的继立颇具传奇色彩，其中的关键人物是阳翟大贾吕不韦。这位商人出身的传奇人物，不仅是一位高瞻远瞩的政治家，而且是一位极善运筹帷幄的军事谋略家，还是一位擅长提纲挈领、综合百家的思想家。他使看起来绝对与王位无缘的异人得以顺利继承昭襄王留下的王位，打出了自己出场的第一记精彩绝伦的组合拳。《战国策·秦策五》详细记述了吕不韦运作此事的经过：

> 濮阳人吕不韦贾于邯郸，见秦质子异人，归而谓父曰："耕田之利几倍？"曰："十倍。""珠玉之赢几倍？"曰："百倍。""立国家之主赢几倍？"曰："无数。"曰："今力田疾作，不得暖衣余食；若建国立君，泽可以遗世，愿往事之。"秦子异人质于赵，处于聊城。故往说之曰："子僕有承国之业，又有母在中，今子无母于中，外托于不可知之国，一日倍约，身为粪土。今子听吾计事，求

归,可以有秦国。吾为子使秦,必来请子。"乃说秦王后弟阳泉君曰:"君之罪至死,君知之乎?君之门下无不居高尊位,太子门下无贵者。君之府藏珍珠宝玉,君之骏马盈外厩,美女充后庭。王之春秋高,一日山陵崩,太子用事,君危于累卵,而不寿于朝生。说有可以一切而使君富贵千万岁,其宁于泰山四维,必无危亡之患矣。"阳泉君避席曰:"请闻其说。"不韦曰:"王年高矣,王后无子,子傒有承国之业,士仓又辅之。王一日山陵崩,子傒立,士仓用事,王后之门必生蓬蒿。子异人,贤材也,弃在于赵,无母于内,引领西望,而愿一得归。王后诚请而立之,是子异人无国而有国,王后无子而有子也。"阳泉君曰:"然。"入谓王后,王后乃请赵而归之。赵未之遣,不韦说赵曰:"子异人,秦之宠子也,无母于中,王后欲取而子之。使秦而欲屠赵,不顾一子以留计,是抱空质也。若使子异人归而得立,赵厚送遣之,是不敢倍德畔施,是自为德讲。秦王老矣,一日晏驾,虽有子异人,不足以结秦。"赵乃遣之。异人至,不韦使楚服而见。王后悦其状,高其智,曰:"吾楚人也。"而自子之,乃变其名曰楚。王使子诵,子曰:"少弃捐在外,尝无师傅所教学,不习于诵。"王罢之,乃留止。间曰:"陛下尝轫车于赵矣,赵之豪杰,得知名者不少,今大王反国,皆西面而望。大王无一介之使以存之,臣恐其皆有怨心,使边境早闭晚开。"王以为然,奇其计。王后劝立之。王乃召相,令之曰:"寡人子莫若楚,立以为太子。"子楚立,以不韦为相,号曰文信侯,食蓝田十二县。王后为华阳太后,诸侯皆致秦邑。①

以上《战国策》关于异人在吕不韦运筹下取得太子地位并进而登上王位的记载,已经具有鲜明的传奇性和戏剧性。你看,商人出身的吕不韦在这里展现的计算心机、投入与回报的考量、极其高明的运作手腕,特别是善于审时度势的不凡眼光,都一一表露无遗了。司马迁的《史记·吕不韦列传》,除了引用《战国策》的资料外,显然更多地使用了其他文献,所以其记述的有关吕不韦的事迹,与《战国策》的记载就颇多歧异。司马迁显然当时面对多种记述与传闻,而根据自己的判

---

① 刘向:《战国策》,第275—281页。

断加以取舍，完成了他那篇《吕不韦列传》。较之《战国策》，司马迁的记述似乎有更多出彩的地方：

> 子楚为秦质子于赵。秦数攻赵，赵不甚礼子楚。子楚，秦诸庶孽孙，质于诸侯，车乘进用不饶，居处困不得意。吕不韦贾邯郸，见而怜之，曰："此奇货可居。"乃往见子楚，说曰："吾能大子之门。"子楚笑曰："且自大君之门，而乃大吾门！"吕不韦曰："子不知也，吾门待子门而大。"子楚心知所谓，乃引与坐，深语。吕不韦曰："秦王老矣，安国君得为太子。窃闻安国君爱幸华阳夫人，华阳夫人无子，能立适嗣者，独华阳夫人耳。今子兄弟二十余人，子又居中，不甚见幸，久质诸侯。即大王薨，安国君立为王，则子毋几得与长子及诸子旦暮在前者争为太子矣。"子楚曰："然。为之奈何？"吕不韦曰："子贫，客于此，非有以奉献于亲及结宾客也。不韦虽贫，请以千金为子西游，事安国君及华阳夫人，立子为适嗣。"子楚乃顿首曰："必如君策，请得分秦国与君共之。"吕不韦乃以五百金与子楚，为进用，结宾客；而复以五百金买奇物玩好，自奉而西游秦，求见华阳夫人姊，而皆以其物献华阳夫人。因言子楚贤智，结诸侯宾客遍天下，常曰："楚也以夫人为天，日夜泣思太子及夫人。"夫人大喜。不韦因使其姊说夫人曰："吾闻之，以色事人者，色衰而爱弛。今夫人事太子，甚爱而无子，不以此时早自结于诸子中贤孝者，举立以为适而子之，夫在则重尊，夫百岁之后，所子者为王，终不失势，此所谓一言而万世之利也。不以繁华时树本，即色衰爱弛后，虽欲开一语，尚可得乎？今子楚贤，而自知中男，次不得为适，其母又不得幸，自附夫人，夫人诚以此时拔以为适，夫人则竟世有宠于秦矣。"华阳夫人以为然，承太子闲，从容言子楚质于赵者绝贤，来往者皆称誉之，乃因涕泣曰："妾幸得充后宫，不幸无子，愿得子楚立以为适嗣，以托妾身。"安国君许之，乃与夫人刻玉符，约以为适嗣。安国君及夫人因厚馈遗子楚，而请吕不韦傅之，子楚以此名誉益盛于诸侯。①

---

① 司马迁：《史记》卷 85《吕不韦列传》，第 2505—2508 页。

以上记述，将吕不韦这个大商贾的价值理想和为人品性作了较之《战国策》更鲜明生动的描述。一句"奇货可居"，一句"吾门待子门而大"，可以说是准确地再现了具有宏远政治眼光的大商人在战国时代的典型环境中的典型性格。驱动吕不韦活动的是利益的考量，是以最小的投入换取最大回报的计算。而为了获取最大的利益，不惜以身家性命为赌注。他以重金为异人谋取未来的太子之位，同时更以未来的国君位子打动异人，完全是为了自己获得百倍于经商的富贵利禄。他以金银珍宝开道，先与华阳夫人之姊拉上关系，进而攀结上华阳夫人，特别是以其晚年的利益拨动她的心弦。交易一环扣一环，在利益的驱动下，每一桩交易都顺利获得成功，再加上其他必然和偶然因素的契合，异人终于获得了连他自己想也不敢想的太子地位，继而登上王位。而吕不韦也如愿以偿地当上秦国丞相，达到了人臣能够达到的最高职位。

秦庄襄王继位三年即于公元前247年病逝，他遗下的秦王之位由他13岁的儿子嬴政继承。嬴政就是后来的秦始皇。登基伊始，他"尊吕不韦为相国，号称仲父"。吕不韦达到了他政治权力的巅峰。如果说，庄襄王在位的三年，吕不韦无论在事实上还是名分上都是他辅佐的话，那么，从嬴政继位到始皇十年（前237）吕不韦免相前的9年多时间内，吕不韦就成为秦国实际的当政者。这期间，他几乎不受任何制约地在秦国发号施令，一言九鼎，权倾朝野。他家僮万人，食客数千，封邑10万户，其拥有的财富已经大大超过经商的回报。此时的吕不韦，权势如日中天，达到了顶点。他权利双收，威名远扬。

二 跃上巅峰的悲剧

在秦王嬴政以孩提继位的近10年间，是吕不韦最得意的岁月。在相国兼仲父的位子上，他有理由睥睨一切，顾盼自雄。然而，好像应了他自己的话——"物极必反，盈则必亏"，处于巅峰的吕不韦即将陷入深渊。不过，他自己还浑然不觉，因为巨大成功的光环已经使他双目迷离，辨不清东西南北了。

吕不韦碰上了嫪毒案，这是一个他无论如何也躲不过去的致其于死命的陷阱。这一案件是与嬴政的母亲，那位风流成性的王太后赵姬连在一起的。

由于王太后曾经是吕不韦的"邯郸姬"，吕不韦因为与庄襄王异人有莫逆之交而将其转让。异人死后，吕不韦以顾命大臣的身份，以"仲父"的名号辅佐嬴政，他与嬴政母亲接触的机会就多了起来。此时吕不韦与赵姬旧情复燃是完全有可能的，因为一边是30岁左右寡居的王太后，一边是正值盛年的相国吕不韦，并且这位相国还是有恩于他们母子的一位风流倜傥的政治家，一位与之有着十数年交往的老情人。如果说，在异人在世时他们纵然心有灵犀也难以沟通的话，那么，在异人去世之后，他们沟通的机会与条件显然是很多的，他们很有可能在此后成为一对难分难舍的情人。《史记·吕不韦列传》记载的"秦王年少，太后时时窃私通吕不韦"，不见得就是出于后人的编造。但是，太后与吕不韦都明白，宫禁森严，随着嬴政年龄增长，他们偷情暴露的危险也日益增大。为了避祸，吕不韦抽身而退显然就是最明智的选择。而为了满足太后的需要，吕不韦送给太后一个假宦官也是顺理成章的事，于是便有了吕不韦本传的如下一段记载：

> 始皇帝益壮，太后淫不止。吕不韦恐觉祸及己，乃私求大阴人嫪毐以为舍人，时纵倡乐，使毐以其阴关桐轮而行，令太后闻之，以啗太后。太后闻，果欲私得之。吕不韦乃进嫪毐，诈令人以腐罪告之。不韦又阴谓太后曰："可事诈腐，则得给事中。"太后乃阴厚赐主腐者吏，诈论之，拔其须眉为宦者，遂得侍太后。太后私与通，绝爱之。有身，太后恐人知之，诈卜当避时，徙宫居雍。嫪毐常从，赏赐甚厚，事皆决于嫪毐。嫪毐家僮数千人，诸客求宦为嫪毐舍人千余人。①

对于这样一段颇带传奇色彩的记载，不少论者持怀疑态度，马非百否认嫪毐是吕不韦引荐给太后的，而认定他是太后在邯郸时的情人："嫪毐者亦邯郸人。太后居邯郸时绝幸爱之。及太后归秦，毐亦偕来，为宦者，遂得侍太后。"② 这一说法没有史料支持，显系一种推断。马先生一方面力主吕不韦与赵姬有染；另一方面又认定嫪毐与赵姬在邯郸时已经私通，这恐怕很难说得通。邯郸时期，作为豪家之女的赵姬自嫁于异人后即终日与之厮守一起，吕、嫪与之私通的可能性微乎其微。倒

---

① 司马迁：《史记》卷85《吕不韦列传》，第2511页。
② 马非百：《秦集史》，第109页。

是异人死后吕不韦将嫪毐作为礼物送给太后似乎更符合情理。郭沫若先生解释说:《史记》"介绍嫪毐的一节,完全像《金瓶梅》一样的小说,我看,这可能是出于嫪毐的捏诬反噬"①。这一论断亦不过是推测之词。马、郭都想为吕不韦洗刷,仿佛一旦承认他与太后的暧昧关系,就会影响到他的形象。这大可不必。秦国地处西陲,与戎狄杂处,在两性关系上比较随便。如昭王的母亲宣太后就与义渠王有染,并且生了两个儿子。她同时又酷爱面首魏丑夫,死时还想拿他殉葬。赵姬在异人死后的作为,几与宣太后无异。嬴政或许早就知晓,如果不牵扯权力之争,不危及自己的尊位,他也不至于发难。

吕不韦找嫪毐代替自己与太后私通,自以为找到了一个万全之策:一方面自己能够全身而退,避免了一旦事泄的尴尬与危险;另一方面也使太后有一个新宠服务,不会忌恨自己。然而,颇有商人计算意识的吕不韦,这次却打错了算盘。尽管嫪毐曾是吕不韦的舍人,又经他的推荐成为太后的面首,一时宠贵莫比,照理应该对吕不韦感恩戴德了吧?但是,吕不韦忘记了,商人只讲交易,不讲情谊与道德。特别是,具有法家政治传统的秦国,人与人之间"刻薄寡恩",世态炎凉,利尽则交亡。嫪毐既然攀上了高枝,对昔日的主人自然也就可以弃之如敝屣。这样一来,吕不韦与嫪毐,就由昔日的主人与奴才的关系,变成了你死我活的竞争关系。嫪毐以假宦官入主太后之宫以后,很快获得太后的宠幸,一连生下两个儿子。此后的嫪毐有恃无恐,他不满足于面首的地位,于是千方百计招揽宾客,并假太后之名,特别假太后之手从嬴政和吕不韦那里索要权力。秦始皇八年(前239),"嫪毐封为长信侯。予之山阳地,令毐居之。宫室车马衣服苑囿驰猎恣毐。又以河西太原郡更为毐国"②。嫪毐的权势达到了顶点,他也就面临着覆灭的下场了。其实,嫪毐之类丑角走向灭亡是必然的,因为这种结果完全是咎由自取。本来,吕不韦给他安排的角色是十分简单而又明确的:名义上的宦官,实际上的面首,只要能够满足太后的需要,讨得太后的欢心就可以了。富贵当然可以得一点,但不宜太多;权力也可以要一点,但不能太大,更不可张扬。关键在于不能暴露自己的真实身份。只有一切低调处理,才有较高的安全系数。如果嫪毐有自知之明,一直安于其位,使朝野甚至

---

① 《郭沫若全集》历史编2,第396页。
② 司马迁:《史记》卷6《秦始皇本纪》,第227页。

不知有此人存在，他的安全还是有保证的。即使做不到这一点，而是略有张扬，让不少人知道他是太后的面首，但不参与权力的争夺，他仍然具有较高的安全系数，因为人们，尤其是权力中人，只要不感到自己的权力受到威胁，有被窃夺的危险，就不会开罪嫪毐而冒犯太后。然而，这个嫪毐实在太无自知之明，他不安于自己的地位，总想凭恃与太后的床笫之欢索取越来越多的权力和财富。他已经获得厚重的赏赐，得到越来越多的权力，"事皆决于嫪毐"，他仍不知餍足。他已经富可敌国，封侯赏地，拥有家僮数千人和数以千计的宾客，他还是欲壑难平，又异想天开地企图让自己的儿子取得嬴政的国君之位。他的贪得无厌不仅侵犯了权臣的利益，而且威胁到嬴政的王位，这样一来，他就将自己置于矛盾的焦点，等待他的也就只能是灭亡了。秦始皇八年（前239），嫪毐获得长信侯的封爵与太原郡的封邑之后，得意忘形，不仅大肆张扬，而且进而谋划让自己与太后生的儿子取得王位。这就使他与嬴政和其他朝臣的冲突不可避免了。刘向《说苑·正谏》记载："毐专国事，浸益骄奢，与侍中左右贵臣俱博饮，酒醉，争言而斗，瞋目大叱曰：'吾乃皇帝之假父也，窭子何敢乃与我亢？'所与斗者走，行白皇帝。皇帝大怒。"① 其飞扬跋扈之态可见一斑。《史记·吕不韦列传》这样记载：

> 始皇九年，有告嫪毐实非宦者，常与太后私乱，生子二人，皆匿之。与太后谋曰："王即薨，以子为后。"于是秦王下吏治，具得情实，事连相国吕不韦。九月，夷嫪毐三族，杀太后所生两子，而遂迁太后于雍。诸嫪毐舍人皆没其家而迁之蜀。②

《史记·秦始皇本纪》对此有更详细的记载：

> 九年……四月……长信侯毐作乱而觉，矫王御玺及太后玺以发县卒及卫卒、官骑、戎翟君公、舍人，将欲攻蕲年宫为乱。王知之，令相国昌平君、昌文君发卒攻毐。战咸阳，斩首数百，皆拜爵，及宦者皆在战中，亦拜爵一级。毐等败走。即令国中：有生得毐，赐钱百万；杀之，五十万。尽得毐等。卫尉竭、内史肆、佐弋

---

① 董治安主编：《两汉全书》第9册，第5491页。
② 司马迁：《史记》卷85《吕不韦列传》，第2512页。

竭、中大夫令齐等二十人皆枭首。车裂以徇，灭其宗。及其舍人，轻者为鬼薪，及夺爵迁蜀四千余家，家房陵。①

综合以上资料，可以推断嫪毐事件的大致眉目：一，嫪毐的专恣张扬引发众怒，其中有人向嬴政告发。二，嫪毐狗急跳墙，矫王命发动叛乱，铤而走险，企图取嬴政之位而代之。太后在此事件中处境尴尬，不知所措。三，嬴政毅然决定平叛，命相国指挥平叛的军事行动，于是就有了咸阳街头的一场血战。四，嫪毐及其党徒惨败，其中重者夷三族，轻者流放，迁蜀者四千余家，可见牵连之广。五，太后为自己不检点的行为付出了沉重代价：自己遭软禁，与嫪毐所生的两个儿子也被扑杀。嫪毐事件不是什么奴隶主与封建主之间的阶级斗争，而是一场典型的宫闱之祸、权力之争。嫪毐的失败实在是咎由自取，罪有应得。因为他的发迹不是靠文韬武略，而是凭借太后的宠幸。但他不知收敛，恃宠而骄，横行不法，甚至觊觎嬴氏宗族经历数百年奋斗而得来的王权和江山社稷，实在太不自量力了。他的毁灭，仅仅标志着一出污秽至极的丑剧的落幕而已。

对嫪毐事件的处理，第一次展示了嬴政这位青年国王的果断与魄力，而在中国由分裂走向统一的时代，历史特别钟爱统一之王的这种品格。

嫪毐事件也改变了吕不韦的命运。不管他是否意识到，死神已经向他步步靠近并发出狰狞的狂笑。嫪毐案发之时，嬴政似乎还未觉察吕不韦与嫪毐的密切关联。据郭沫若考证，嬴政任命的平叛统帅之一的相国昌平君，就是吕不韦，② 可见当时对他还是信任的。及至抓获嫪毐，加以审讯，大概嫪毐就和盘托出了吕不韦与太后的关系，以及他由吕不韦舍人进入宫廷服侍太后的全过程，其中或许不乏添枝加叶恶意中伤之辞，于是"事连相国吕不韦"。郭沫若认定，主要由于嫪毐的"反噬"使吕不韦蒙上了百口莫辩的不白之冤。其实，不用"反噬"，只要嫪毐实话实说，供出他由吕不韦舍人如何变成假宦官、真面首的实情，吕不韦也就难逃干系了。吕不韦既然被牵进嫪毐案，嬴政也就有了惩罚他的理由："王欲诛相国，为其奉先王功大，及宾客辩士为游说者众，王不

---

① 司马迁：《史记》卷6《秦始皇本纪》，第227页。
② 《郭沫若全集》历史编2，第397页注。

忍致法。"第二年,"免相国吕不韦,及齐人茅焦说秦王,秦王乃迎太后于雍,归复咸阳,而出文信侯就国河南"。然而,吕不韦虽然就国河南闭门思过,但他毕竟是蜚声列国的大名人,并且曾为秦国的强盛立下了汗马功劳,因而成为各诸侯国关注的焦点和诸侯国君争相敦请的"奇货":"岁余,诸侯宾客使者相望于道,请文信侯。"诸侯国君没有想到,他们这样做的结果,恰好加速了吕不韦灭亡的步伐:"秦王恐其为变,乃赐文信侯书曰:'君何功于秦?秦封君河南,食十万户。君何亲于秦?号称仲父。其与家属徙处蜀!'吕不韦自度稍侵,恐诛,乃饮鸩而死。"① 这一年是秦始皇十二年(前235)。吕不韦死后,他的宾客无论临葬与否,都受到严厉惩罚:"十二年,文信侯不韦死,窃葬。其舍人临者,晋人也逐出之;秦人六百石以上夺爵,迁;五百石以下不临,迁,勿夺爵。自今以来,操国事不道如嫪毐、不韦者籍其门,视此。"② 一生轰轰烈烈、位极人臣、权倾朝野、享尽人间荣华富贵的吕不韦最后在绝望中自杀身亡,被一抔黄土掩埋于河南洛阳北邙山下的大道旁边。伴随他长眠的是北邙山上的春花秋月,以及万里黄河奔腾不息的涛声。

吕不韦是一个极富传奇色彩的人物。他虽以经商起家,但却以投机政治开始了自己不平凡的生涯。他以精确的算计一步步施展自己的谋划,每一步都取得了预期的成功。当他将异人、嬴政父子两代送上王位,而他本人也以相国之尊执掌秦国的政柄时,他大概认定权位与富贵铁定会伴随他直到寿终正寝了。然而,此后吕不韦的算计就开始失灵了,因为他遇到的敌对势力是他始料不及的。他低估了反对他的力量,最后被这些力量推向毁灭之路。

吕不韦遇到的第一支反对力量是秦国的旧贵族。不错,秦国历史上有着较开放的用人传统,不少客卿如百里奚、商鞅、张仪、甘茂、范雎、蔡泽、李斯以及蒙骜、蒙武、蒙恬、蒙毅父子兄弟等非秦国人而受到重用。但是,秦国贵族并不甘心军政大权被外国客卿把持,他们不时抓住机会向客卿发难,或取代,或驱逐,或诛杀,使不少客卿抱恨终天。吕不韦依恃王权荣登相位,大权独揽,几可为所欲为。然而,他却忽略了在他旁边还有强大的贵族势力,这些人对他握有重权并不心甘情

---

① 司马迁:《史记》卷85《吕不韦列传》,第2513页。
② 司马迁:《史记》卷6《秦始皇本纪》,第231页。

愿，而是每时每刻都盼他失势倒台。当吕不韦被牵进嫪毐之案时，秦国的贵族势力必定推波助澜，为将吕不韦势力彻底清除出朝堂而奔走呼号。

吕不韦遇到的第二支反对力量是嫪毐集团。本来，嫪毐不过是吕不韦的舍人，一个无德无才的流氓无赖，他只是凭借漂亮的脸蛋和强健的身躯赢得了太后的宠幸，而这个角色还是吕不韦为他精心安排的。照理他应该感谢吕不韦并扮演好这个角色。但是，这个嫪毐却是中山狼的品性，得到太后的宠爱后，他的野心就急剧膨胀，不仅侵夺吕不韦的相权，甚至还觊觎王权，"事皆决于嫪毐"。在他周围，麇集着一批流氓、打手和善于钻营的利禄之徒，骄横不法，胡作非为。这样，嫪毐就由吕不韦的奴才异化为吕不韦的对立面。嫪毐根本不把自己昔日的主人放在眼里，他的党徒更是狗仗人势，双方于是日趋对立，成为势如水火的两大权势集团。这两大权势集团的对立和斗争不仅秦国朝野皆知，连别国一些信息灵通人士也时有所闻。《战国策·魏策四》有如下一段记载：

> 秦攻魏急。或谓魏王曰："今王能用臣之计，亏地不足以伤国，卑体不足以苦身，解患而怨报。秦四境之内，执法以下至于长挽者，故毕曰：与嫪氏乎？与吕氏乎？虽至于门闾之下，廊庙之上，犹之如是也。今王割地以赂秦，以为嫪毐功；卑体以尊秦，以因嫪毐。王以国赞嫪毐，以嫪毐胜矣。王以国赞嫪毐氏，太后之德王也，深于骨髓，王之交最为天下上矣。秦、魏百相交也，百相欺也。今由嫪氏善秦而交为天下士，天下孰不弃吕氏而从嫪氏？天下必舍吕氏而从嫪氏，则王之怨报矣。"①

这两大集团的斗争极易暴露彼此龌龊丑恶的一面，从而为秦王诛除他们制造了口实。而这两个集团即使在面临灭顶之灾的时候，也没有忘记找机会给对方一击。当嫪毐集团阴谋败露，吕不韦肯定是喜忧参半：喜的是可以借机消灭这个竞争对手，忧的是暴露自己与嫪毐那见不得人的幕后谋划，怕与嫪毐集团同归于尽。嫪毐反叛之形乍现，秦王即命两相国督兵平叛。不消说吕不韦是积极参与了这一军事行动

---

① 刘向：《战国策》，第920页。

的。除了必须服从秦王的命令外,吕不韦很可能也打着自己的小算盘:迅速消灭嫪毐集团杀人灭口,使自己与嫪毐的关系免于暴露。然而,嫪毐本人并没有死于双方的对战中,而是被生擒了。他一番兜底的交代,吕不韦与太后以及嫪毐的关系全部曝光,"事连相国吕不韦"。嫪毐临死前可能还在得意地窃笑:我死了,你也活不成!果不其然,盛怒中的秦王打算将吕不韦同嫪毐一起送上断头台,只是因为说情者众多,又念及他辅佐父子两代的功劳,暂时宽恕了他。第二年,随着嫪毐一案全部真相的明晰,秦王再也不能容忍吕不韦留在相国的位子上。秦始皇十年(前237),吕不韦免相。接着,齐人茅焦为太后辩护,使秦王回心转意,恢复了母子亲情。其间,太后与嫪毐余孽及其同情者,想必一面为太后洗刷,一面继续向吕不韦身上泼脏水,进一步加深秦王对吕不韦的忌恨。这些活动显然奏效了。在太后回归咸阳的同时,吕不韦却不得不按照秦王的诏令"就国河南"。至此,吕不韦基本上失掉了在秦国经营多年的根基,而他与嫪毐集团的怨结还没有解除。十二年(前235),当吕不韦在秦王的威逼下结束自己生命的时候,嫪毐那些流放蜀地的舍人却又回归咸阳了。这两个集团势力的此消彼长,透出了他们之间你死我活的尖锐斗争的信息。这个斗争的结果是两个集团的同归于尽。最大的受益者不是别人,而是为集权于一身殚精竭虑的秦王嬴政。

吕不韦遇到的第三支反对力量,也是最大的反对力量是秦王嬴政。嬴政虽然不是吕不韦的儿子,但吕不韦却是嬴政除父母之外最亲近的人。吕不韦看着他出生,看着他与父母一起在邯郸过着囚徒般的日子。回归咸阳后,又看着他成长为一个任性执拗的少年。再后,又看着他13岁登上王位,直至亲政,成为一个大气雄才、多谋善断、敢作敢为、残酷无情的青年国王。在这一过程中,吕不韦对嬴政当仁不让地负起"保傅"之责,精心佑护,悉心教导,按照他心目中英明君王的形象进行培养。从一定意义上讲,他组织人编写的《吕氏春秋》,就是他留给嬴政的一部人生与帝王的教科书。吕不韦对嬴政的关爱和期许超过父亲对亲生儿子的热望,他简直把嬴政视为自己生命的延续。特别在庄襄王死后,身为"仲父"的吕不韦在潜意识中已经将自己定位为嬴政的生身父亲了。然而,吕不韦大错特错了。不要说他不是嬴政的亲生父亲,就算他真是嬴政的亲爹,嬴政也不会事事顺着他,如同百姓一样,亲生父子之间也会产生矛盾，何况他们之间并不存在这一层血缘关系。嬴政从孩提时代起，就目睹了国君的专权之恣。登基之后，他作为国王的意识肯定与日俱增。而吕不韦却一直以父亲的身份，喋喋不休，不厌其烦地尽其教导的责任，这种情况势必让嬴政日生反感。嬴政已经由一个不谙世事的儿童变成可以为所欲为的国王了。这时，大概除了自己的生身母亲外，他已经把所有人都看成自己的臣子，并且要求他们以对待国王的礼仪对待自己。吕不韦的最大失误在于：当嬴政已经完成了由孩提到国王的角色转变以后，他却没有完成由"仲父"到臣子的角色转换。如此一来，二人之间的冲突也就不可避免了。在长大成人的嬴政眼里，吕不韦已经不是昔日和蔼可亲的"仲父"，而是横亘在自己前进路上的绊脚石。他时刻想找一个推开吕不韦的理由，终于等来了嫪毐事件。其实，即使不发生嫪毐事件，嬴政也会以别的理由将吕不韦集团清除掉，至少也要剥夺他的权力。吕不韦的悲剧在于，作为一个政治家，他只知进不知退。他虽然聪明绝顶，精于计算，在为异人谋取王位的策划中步步成功，并终于为自己谋到了人臣的最高职位，实现了权力、荣誉、财富并于一身的理想。但是，登上最高官位的吕不韦却权令智昏、利令智昏，失去了往日审时度势的本领，在应该急流勇退的时候没有勇退，对于权势的贪恋使他成为嬴政必须清除的对象。如果他明白秦国的权力只能属于秦王，而他手中的权力只不过来自王权的授予，现在秦王要收回这一权力，他就应该心悦诚服地奉还，告老回家颐养天年。吕不韦计不出此，已经犯下了一个绝大的错误，使自己陷于被动。免相以后，就国河南的封地。此时他的处境还未到最危险的时候。如果他闭门谢客，虔诚思过，不与外事，也许秦王不至于非置他于死命不可。可是，吕不韦回到封地后并不行韬晦之计，相反，而是频繁地接待各诸侯国的使者宾客，这在客观上无异于向人们显示自己还拥有很大的影响和威势，而这正是秦王最忌讳的事情。至此，秦王决心逼他自尽，吕不韦的悲剧也就不可挽回地上演了最后的一幕——自杀身死。

  吕不韦的生命本不该如此早结束，可是，悲剧毕竟发生了，一个绝顶聪明的商人凭借自己的机智权谋和精心运作取得了那个时代最大的政治上的成功，但又因自己的一再失误而使骄人的荣华富贵化为过眼云烟。政治的残酷无情和不可捉摸再一次让人们开了眼界。

第二节 《吕氏春秋》的政治思想

一 《吕氏春秋》的编纂

《吕氏春秋》可能是秦庄襄王继位、吕不韦任相国后即开始主持编撰的一部著作。吕不韦执掌秦国的政柄之后，一方面继承秦昭王的开拓进取精神，取得了政治和军事上的辉煌业绩；另一方面也关注政治思想理论建设，留下了一部《吕氏春秋》，从而在中国思想史上也占据了一个不可或缺的位置。《吕氏春秋》是他召集宾客集体编撰的一部著作：

> 当是时，魏有信陵君，楚有春申君，赵有平原君，齐有孟尝君，皆下士喜宾客以相倾。吕不韦以秦之强，羞不如，亦招致士，厚遇之，至食客三千人。是时诸侯多辩士，如荀卿之徒，著书布天下。吕不韦乃使其客人人著所闻，集论以为八览、六论、十二纪，二十余万言。以为备天地万物古今之事，号曰《吕氏春秋》。布咸阳市门，悬千金其上，延诸侯游士宾客有能增损一字者予千金。①

以上记述表明，似乎吕不韦是为了与"战国四公子"比赛养士，为了与荀卿之徒一样"著书布天下"，才萌生了集合宾客著书的动机。这显然是一种表面的皮相观察。我们并不否认战国各国诸侯贵族养士和诸子著书立说之风对吕不韦的影响，但是，已经取得秦国相位的吕不韦此时正如丽日中天，他不仅在秦国，而且在列国之间也有着显赫的威势，是一个"一怒而诸侯惧，安居而天下息"的大人物，完全用不着再通过养士与著书立说扩大自己的影响和树立自己的威望。此时的吕不韦正面临着即将出现统一大帝国的美好前景，他踌躇满志，顾盼自雄。他要为统一的帝国立法，为建立统一的主流意识形态而擘画，以便呵护他的主君及其帝国在平稳中走向繁荣昌盛。正如元代学者陈澔所说："吕不韦相秦十余年，此时已有必得天下之势，故大集群儒，损益先王之礼，而作此书，名曰《春秋》，将欲为一代兴王之典礼也。"② 吕不韦

---

① 司马迁：《史记》卷85《吕不韦列传》，第2510页。
② 许维遹：《吕氏春秋集释·附考》，第620页。

在《吕氏春秋·序意》中有点得意地夫子自道：

> 良人请问十二纪，文信侯曰："尝得学黄帝之所以诲颛顼矣。爰有大圜在上，大矩在下，汝能去之，为民父母。盖闻故之清世，是法天地。凡十二纪者，所以纪治乱存亡也，所以知寿夭吉凶也。上揆之天，下验之地，中审之人，若此则是非可不可无所遁矣。"①

尽管口气大了点，但显示了吕不韦超前的远见卓识，必须未雨绸缪，预立备用，为未来的统一王朝企划统一的行为规范和政治伦理。吕不韦虽然是一个商人，但他的目光和思想始终在商业之外。他曾经在经商时穿行于列国之间，不仅广泛接触各国政要，而且也认识不少思想家，在"百家争鸣"的氛围中体味了思想的力量，对各种思想流派的优长和缺失形成了自己明晰的认识与取舍标准。他的三千食客中肯定汇集了当时各种思想流派的代表，他们也肯定都以各自的学说去影响吕不韦。吕不韦既然准备为未来的统一帝国建立一种统一的意识形态，取百家之长冶于一炉就是最便捷最适宜的途径。于是他便主持并领导了中国历史上第一次大规模的集体编书活动，也是兼综诸子百家学说的一次有意识的尝试。事实上，思想发展的规律就是不断地分化与综合，各学派在相互辩诘中互相吸收对方的思想观点，有时争辩为主潮，有时兼综为时尚，而对其影响最大的则是时代的走向。如果说春秋末期到战国中期，各学派以辩诘为主，到战国晚期则出现明显的兼综倾向。因为国家在走向统一，与之相适应，思想学术也必然要走向批判的综合。《庄子·天下》《荀子·非十二子》《韩非子·显学》，就是批判地总结百家争鸣思潮的最初尝试。不过，庄子、荀子、韩非子三人的批判综合主要是张扬自己的学派，批判别的学派，虽然也指出了其他学派的优长和存在价值，但总体上是批判多于综合。吕不韦首先是一个政治家，他本人并未参与思想家们的论争，当然也就没有标出自己的学派属性。因而他对各学派的兼综就比较客观、冷静，从未来的实用出发，从现实政治和社会的需要出发，更多地看到各学派的长处，综合多于批判。他认为春秋战国时代的思想家各有特点，各有优长，如"老聃贵柔，孔子贵仁，

---

① 许维遹：《吕氏春秋集释·附考》，第616页。

墨翟贵廉,关尹贵清,子列子贵虚,陈骈贵齐,阳生贵己,孙膑贵势,王廖贵先,儿良贵后"①,因而各学派应该取长补短:"物固莫不有长,莫不有短,人亦然。故善学者,假人之长以补其短,故假人者遂有天下。"②在取长补短的前提下,达到思想的统一,共同为大一统的国家服务:"故一则治,异则乱;一则安,异则危。夫能齐万物不同,愚智工拙皆尽力竭能,如出乎一穴者,其维圣人矣乎!"③

由于吕不韦几乎兼综了诸子百家中的所有学派,所以《吕氏春秋》一书就给人以明显的驳杂的感觉,吕不韦和该书也因此被后世认定为"杂家"的首席代表和典型著作。不过,如果由此认为《吕氏春秋》就是对先秦诸子的不分轩轾的拼凑,是杂乱无章的堆砌,那显然是不准确的。吕不韦虽然看到诸子各家的优长,但他及其编辑团队并不是平均平等地对各家进行吸收综合,而是以儒家为主,有选择地兼综各家。因为这时的一位儒学大师荀子已经对先秦诸子,尤其是儒学进行了初步的总结,为未来的统一国家损益出来一套兼综儒法的统治思想,比较适应封建统治施政的需要。以至于清末"戊戌六君子"之一的谭嗣同即将"荀学"定为"二千年之学",即封建统治思想而大张挞伐。吕不韦对荀学一派情有独钟,因为其中的"尊君""爱民""隆礼""正名"等主张,正与吕不韦加强大一统中央集权和对百姓实行"德治"的思想相契合。在以儒学为指导的前提下,《吕氏春秋》吸收了法家关于法、术、势的理论和墨家"节葬"的思想、道家"修身养性""贵己贵生"的理念,以及农家的"重本"意识和兵家的"以战止战"理论等。不过,由于吕不韦本人的思想学术水平不高,加上他本人也不可能投入太多的精力用于该书的编辑,特别是,因为该书是宾客们的集体创作,基本上是按每个人的学术专长分头撰稿,不可能做到首尾一贯、前后照应,因而粗疏、重复、拼凑、抵牾之处就很难避免。尽管他将该书悬于咸阳市门,广泛征求修改意见,甚至给予"能增损一字者予千金"的奖赏,但无人站出来指证其中的缺失。个中原因,正如高诱所说,"非能也,畏其势耳"。不久,吕不韦失势遭贬,他的家族和宾客都受到毁灭性的打击,再也不会有人为此书的完善而耗费精力,该书也就大体

---

① 许维遹:《吕氏春秋集释》,第405—406页。
② 许维遹:《吕氏春秋集释》,第83页。
③ 许维遹:《吕氏春秋集释》,第407页。

上以当时的原貌流传至今。高诱曾这样概括该书的特点："此书所尚，以道德为标的，以无为为纪纲，以忠义为品式，以公方为检格，与孟轲、孙卿、淮南、扬雄相表里也。"① 这一概括比较接近事实。

二 理想意识形态和政治模式的构建

《吕氏春秋》的自然观与认识论大致折中于儒、道二家而以道家为主，认为"太一""道""精气"是宇宙的根本：

> 太一出两仪，两仪出阴阳。阴阳变化，一上一下，合而成张。浑浑沌沌，离则复合，是谓无常。天地车轮，终则复始，极则复反，莫不咸当。日月星辰，或疾或徐，日月不同，以尽其行。四时代兴，或暑或寒，或短或长。万物所出，造于太一，化于阴阳。②

这个"太一"就是"不可为形，不可为名"的"至精"之"道"，也就是老子讲的"可以为天下母"的"道"。在《尽数》篇中，"精气"又成了法力无边的造物主，成了"太一"与"道"的化身或替代物：

> 精气之集也，必有入也。集于羽鸟，与为飞扬；集于走兽，与为流行；集于珠玉，与为精朗；集于树木，与为茂长；集于圣人，与复明。精气之来也，因轻而扬之，因走而行之，因美而良之，因长而养之，因智而明之。③

《吕氏春秋》尽管竭力寻求天下万物的本原，但却没有一个清晰的逻辑系统，对儒、道、阴阳五行等学说的损益又缺乏内在联系的构建，因而显得神秘、粗疏。其中以五行配季节，以五德终始描述自然界与人类社会的运行秩序等，生拼硬凑的痕迹十分明显。《吕氏春秋》中不乏运动和进化的理念，如《恃君》篇所言：

---

① 许维遹：《吕氏春秋集释》，第15页。
② 许维遹：《吕氏春秋集释》，第90—91页。
③ 许维遹：《吕氏春秋集释》，第53页。

> 凡人之性，爪牙不足以自守卫，肌肤不足以捍寒暑，筋骨不足以从利辟害，勇敢不足以却猛禁悍，然且犹裁万物，制禽兽，服狡虫，寒暑燥湿不能害，不唯先有其备，而以群聚耶？群之可聚也，相与利之也。利之出于群也，君道立也。故君道立则利出于群，而人备可完矣。昔太古尝无君矣，其民聚生群处，知母不知父，无亲戚兄弟夫妻男女之别，无上下长幼之道，无进退揖让之礼，无衣服履带宫室畜积之便，无器械舟车城廓险阻之备，此无君之患。……圣人深见此患也，故为天下长虑，莫如置天子也；为一国长虑，莫如置君也。①

这里表述的社会进化观点和"群"的观念，实际上不过是荀子与韩非思想的复述，谈不上创新，只不过说明他具有进化意识而已。同时，还应该看到，与荀子一样，《吕氏春秋》的发展变化观点是不彻底的，贯穿着以"圜道"命名的循环论："日夜一周，圜道也。""物动则萌，萌而生，生而长，长而大，大而成，成乃衰，衰乃杀，杀乃藏，圜道也。"②

《吕氏春秋》最丰富的内容是其政治思想。其中汇集了儒、道、法、墨、农等诸家的理论。例如，它倡导"公天下"的观念：

> 昔先圣王之治天下也必先公，公则天下平矣，平得于公。……有得天下者众矣，其得之以公，其失之必以偏。凡主之立也生于公……天下非一人之天下也，天下之天下也。阴阳之和，不长一类。甘露时雨，不私一物。万民之主，不阿一人。③
>
> 置君非以阿君也，置天子非以阿天子也，置长官非以阿长官也。德衰世乱，然后天子利天下，国君利国，官长利官。此国所以递兴递废也，乱难之所以时作也。④

这些观点，基本上是由《礼记·礼运》篇的"大道之行也，天下

---

① 许维遹：《吕氏春秋集释》，第474—476页。
② 许维遹：《吕氏春秋集释》，第64页。
③ 许维遹：《吕氏春秋集释》，第17—18页。
④ 许维遹：《吕氏春秋集释》，第476、53页。

为公"引申转化来的。不过,《礼运》篇描绘的"天下为公"的"大同"社会是原始社会的史影,而《吕氏春秋》所谓的"公天下"并不是要求以百姓为主,而是要求天子、国君、官长能够以天下为念,多为百姓着想,不要只考虑个人利益,如此国家才能长治久安。

《吕氏春秋》也有赞誉"禅让"的话:

> 尧、舜,贤主也,皆以贤者为后,不肯与其子孙,犹如立官必使之方。今世之人主皆欲世勿失矣,而与其子孙,立官必不能之方,以私欲乱之也。①
>
> 自上世以来,天下亡国多矣,而君道不废者,天之利也。故废其非君,而立其行君道者。②

《吕氏春秋》对"禅让"的颂赞并不表明它要求当今社会必须实行禅让制度,而是委婉地说明改朝换代是合理的。这不仅因为夏、商、周三代的更替已经使人们认同了改朝换代的合理性,而且面对现实,人们也知道"禅让"只是一种空幻的理想,没有任何实际操作的可能性。"贤者为后"只能通过改朝换代的办法部分地加以实现。

《吕氏春秋》的政治思想中最突出的是关于"德治"的理论:

> 为天下及国,莫如以德,莫如行义,不赏而民劝,不罚而邪止。③
>
> 凡用民,太上以义,其次以赏罚。其义则不足死,赏罚则不足去就,若是而能用其民者,古今无有。④
>
> 古之君民者,仁义以治之,爱利以安之,忠信以导之,务除其灾,思致其福。故民之于上也……若五种之于地也,必应其类而蕃息于百倍,此五帝三王之所以无敌也。⑤
>
> 凡君之所以立,出乎众也。立已定而舍其众,是得其末而失其

---

① 许维遹:《吕氏春秋集释》,第66—67页。
② 许维遹:《吕氏春秋集释》,第674—675页。
③ 许维遹:《吕氏春秋集释》,第450页。
④ 许维遹:《吕氏春秋集释》,第455页。
⑤ 许维遹:《吕氏春秋集释》,第460页。

本。得其末而失其本，不闻安居。……夫以众者，此君人之大宝也。①

强调以"德""义"治民，"爱利以安之，忠信以导之"，其关键还在于"务除其灾，思致其福"，即给百姓以看得见的实际利益。"德治"思想的核心是"民本"，"宗庙之本在于民"②，而能否得到民拥护的关键在于是否得"民心"，所以"先王先顺民心，故功名成"，"凡举事，必先审民心，然后可举"③。为了得"民心"，必须"爱民""忧民""利民"，祛除为政中的"暴虐奸诈"：

> 圣人南面而立，以爱利民为心，号令未出而天下皆延颈举踵矣。④
> 上世之王者众矣，而事皆不同。其当世之急，忧民之利、除民之害同。⑤
> 执民之命，重任也，不得以快志为故。⑥
> 暴虐奸诈之与义理反也，其势不得俱胜，不两立。⑦

《吕氏春秋》还将加强君主的个人修养作为"德治"的重要内容，讲的是儒家"修齐治平"和"内圣外王"的一套理论：

> 为国之本在于为身，身为而家为，家为而国为，国为而天下为。故曰：以身为家，以家为国，以国为天下。⑧
> 圣王成其身而天下成，治其身而天下治。故善响者，不于响于声；善影者，不于影于形；为天下者，不于天下于身。⑨

---

① 许维遹：《吕氏春秋集释》，第85页。
② 许维遹：《吕氏春秋集释》，第257页。
③ 许维遹：《吕氏春秋集释》，第175页。
④ 许维遹：《吕氏春秋集释》，第182页。
⑤ 许维遹：《吕氏春秋集释》，第518页。
⑥ 许维遹：《吕氏春秋集释》，第495页。
⑦ 许维遹：《吕氏春秋集释》，第145页。
⑧ 许维遹：《吕氏春秋集释》，第408页。
⑨ 许维遹：《吕氏春秋集释》，第56页。

《吕氏春秋》所展示的政治思想中，明显受道家思想影响的是它的"君道无为论"。它认为"示能""自奋""有为"，事必躬亲的君主是失掉自我、失掉本分的君主，也是"亡国之主"，所以是绝对应该摈弃的：

亡国之主，必自骄，必自智，必轻物。自骄则简士，自智则专独，轻物则无备。无备召祸，专独位危，简士壅塞。欲无壅塞必礼士，欲位无危必得众，于无召祸必完备，三者，人君之大经也。①

世主之患，耻不知而矜自用，好愎过而恶听谏，以至于危。耻无大乎危者。②

一个好的君主必然是一个"清静无为"的君主，因为无为，故能"使众"；因为无为，故能使"千官尽能"；因为无为，故而能"无不为"：

夫君也者，处虚素服而无智，故能使众智也；智反无能，故能使众能也；能执无为，故能使众为也。无智、无能、无为，此君之所执也。③

大圣无事而千官尽能。④

古之王者，其所为少，其所因多。因者，君术也；为者，臣道也。为则扰矣。……故曰：君道无知无为，而贤于有知有为，则得之矣。⑤

明君者，非遍见万物也，明于人主之所执也。有术之主者，非一自行之也，知百官之要也。知百官之要，故事省而国治也。⑥

有道之主，因而不为，责而不诏；去想去意，虚静以待。不伐之言，不夺之事，督名审实，官复自司。以不知为道，以奈何为实。⑦

---

① 许维遹：《吕氏春秋集释》，第499—500页。
② 许维遹：《吕氏春秋集释》，第578页。
③ 许维遹：《吕氏春秋集释》，第583页。
④ 许维遹：《吕氏春秋集释》，第381页。
⑤ 许维遹：《吕氏春秋集释》，第388页。
⑥ 许维遹：《吕氏春秋集释》，第394页。
⑦ 许维遹：《吕氏春秋集释》，第396页。

> 古之善为君者，劳于论人，而佚于官事，得其轻也。不能为君者，伤形费神，愁心劳耳目，国愈危，身愈辱，不知要故也。①
>
> 天子不处全，不处极，不处盈。全则必缺，极则必反，盈则必亏。②

类似的论述还有很多。《吕氏春秋》所论的"君道无为"包含了大量君人南面之术，其中不乏法家"术"的理论，唯一的目的就是使君主既能长久保持尊位不倾而又不必劳神费力，既能执国之要又不用事必躬亲，既能使自己佚乐闲适而又能知臣之所为，不为所欺。所有这一切，显然都是为国君考虑的，要的是君尊臣卑，君逸臣劳，以便国君以高屋建瓴之势驾驭群臣和统治万民。

《吕氏春秋》在鼓吹"德治"，主张对百姓施以忠、孝、仁、义教化的同时，也没有忘记赏罚的作用。与韩非的惩罚万能论不同，它认为惩罚必须适度，决不能流于烦苛："礼烦则不庄，业烦则无功，令苛则不听，禁多则不行。"③ 而适度的赏罚则是维持正常社会秩序，保证"民无不用"的条件：

> 善罚信乎民，何事而不成，岂独兵乎！④
>
> 为民纪纲者何也？欲也恶也。何欲何恶？欲荣利，恶辱害。辱害所以为罚充也，荣利所以为赏实也。赏罚皆有充实，则民无不用矣。⑤

《吕氏春秋》也主张奖励耕战，这既是法家思想的重要内容，也是秦国治国理政的传统。吕不韦尽管是经商起家，知道商业利润远远高于农业生产的收入，但是，作为一个政治家，他更清楚农业生产在国民经济中的主导地位和它对于战争胜负的重要意义：

> 霸王有不先耕而成霸王者，古今无有。⑥

---

① 许维遹：《吕氏春秋集释》，第 41 页。
② 许维遹：《吕氏春秋集释》，第 571 页。
③ 许维遹：《吕氏春秋集释》，第 462 页。
④ 许维遹：《吕氏春秋集释》，第 591 页。
⑤ 许维遹：《吕氏春秋集释》，第 456 页。
⑥ 许维遹：《吕氏春秋集释》，第 575 页。

> 古先圣王之所以导其民者，先务于农。民农非徒为地利也，贵其志也。民农则朴，朴则易用，易用则边境安，主位尊。民农则重，重则少私义，少私义则公法立，立专一。民农则其产复，其产复则重徙，重徙则死其处而无二虑。民舍本而事末则不令，不令则不可以守，不可以战。民舍本而事末，则其产约，其产约则轻迁徙，轻迁徙则国家有患，皆有远志，无有居心。民舍本而事末则好智，好智则多诈，多诈则巧法令，以是为非，以非为是。①

这是民本思想的全面而充分的阐述，其中心就是稳定的农业和稳定的农民不仅是国家社会安定的基础，而且是国家军事力量的源泉。离开农民的安定和农业的发展，战争也就没有了最丰厚的资源。这一法家最重要的思想，作为商鞅之后秦国坚定不移的国策，在六世之后被吕不韦和嬴政坚持下来并做了创造性的发展，这是秦国最后完成统一六国的最重要的原因。

春秋战国以来，列国之间的战争愈演愈烈，特别是战国中期以后，战争的规模越来越大，愈来愈惨烈，一次投入数以十万计的将士，持续数月甚至经年的战争屡见不鲜。惨烈的战争造成众多生灵涂炭，巨量的财富化为缕缕青烟。因而在百姓和相当一批思想家中激起了强烈的反战情绪，在老子、孔子、墨子和孟子那里，"非攻""非战"和"偃兵"之论高唱入云。吕不韦却不为这种时论所左右，他清醒地看到战争不可替代的功用，所以《吕氏春秋》就为"义兵"大吹法螺：

> 古之贤王有义兵而无有偃兵。家无怒笞则竖子婴儿之有过也立见，国无刑罚则百姓之悟相侵也立见，天下无诛伐则诸侯之相暴也立见。故怒笞不可偃于家，刑罚不可偃于国，诛伐不可偃于天下，有巧有拙而已矣。故古之圣王有义兵而无有偃兵。大有以噎死者，欲禁天下之食，悖。有以乘舟死者，欲禁天下之船，悖。有以用兵丧其国者，欲偃天下之兵，悖。夫兵不可偃也，譬之若水火然。善用之则为福，不能用之则为祸。若用药者然，得良药则活人，得恶药则杀人，义兵之为天下良药也亦大矣。②

---

① 许维遹：《吕氏春秋集释》，第598—599页。
② 许维遹：《吕氏春秋集释》，第134—136页。

> 今之世，学者多非乎攻伐。……夫攻伐之事，未有不攻无道而罚不义也。攻无道而伐不义，则福莫大焉，黔首利莫厚焉。禁之者，是息有道而伐有义也，是穷汤、武之事而遂桀、纣之过也。[1]

对比儒、墨的反战态度，应该说，儒、墨那里多的是义愤，而《吕氏春秋》多的是理智的思考。

《吕氏春秋》还汲取了其他许多学派的思想内容。有些学派，如阴阳家、农家等的思想资料，全赖该书保存下来。但因其创新之处不多，就没有罗列的必要了。

总之，《吕氏春秋》是我国历史上第一部集体编纂的百科全书式的思想学术著作，它以儒学为主，兼综各家，其"德主刑辅"、耕战结合的政治思想，比较适应未来统一帝国的需要，可惜由于吕不韦未得善终，中途败亡，嬴政统一六国后在统治思想与统治政策的选择上偏离了较正确的轨道，使吕不韦苦心孤诣地对未来指导思想的设计付诸东流。这是吕不韦的悲剧，更是秦始皇的悲剧。由于《吕氏春秋》继承多于创新，加上它与吕不韦这位名声欠佳的人物联系在一起，因而其在中国思想学术史上的评价不高，没有获得应有的地位，这是不公平的。吕不韦同时还是一个善于运筹帷幄的军事谋略家，在他的有生之年，先是协助庄襄王，后是辅佐嬴政，加速了秦军对东方六国攻伐的步伐，在秦国统一华夏的进程中功不可没。

---

[1] 许维遹：《吕氏春秋集释》，第138—139页。

主要参考文献

（战国）孙膑著，张震泽撰：《孙膑兵法校理》，中华书局1984年版。
（东汉）应劭撰，吴树平校释：《风俗通义校释》，天津人民出版社1980年版。
（汉）王符，（清）汪继培笺，彭铎校正：《潜夫论笺》，中华书局1979年版。
（汉）许慎撰，（清）段玉裁注：《说文解字注》，上海古籍出版社1981年版。
（唐）虞世南编：《北堂书钞》，中国书店1989年影印本。
（宋）李昉等：《太平御览》，上海古籍出版社1960年影印本。
（宋）马端临：《文献通考》，中华书局2011年版。
（明）程荣纂辑：《汉魏丛书》，吉林大学出版社1992年影印本。
（明）于慎行，（清）黄恩彤参订，李念扎等点校：《读史漫录》，齐鲁书社1996年版。
（清）顾炎武著，（清）黄汝成集释：《日知录集释》，岳麓书社1994年版。
（清）梁玉绳：《史记志疑》，中华书局1981年版。
（清）马国翰辑：《玉函山房辑佚书》，上海古籍出版社1990年版。
（清）皮锡瑞：《经学历史》，周予同注释，中华书局1959年版。
（清）王夫之：《读通鉴论》，中华书局1975年版。
（清）严可均校辑：《全上古三代秦汉三国六朝文》，中华书局1958年版。
（清）赵翼著，王树民校正：《廿二史劄记校正》，中华书局2013年版。
（清）朱彝尊撰，中华书局编辑部编：《经义考》，中华书局1998年影印本。

安作璋、王志民主编，王志民、张富祥：《齐鲁文化通史·远古至西周卷》，中华书局 2004 年版。

安作璋、熊铁基：《秦汉官制史稿》，齐鲁书社 1984 年版。

安作璋主编：《山东通史》（先秦卷），山东人民出版社 1993 年版。

白钢主编，王宇信、杨升南：《中国政治制度通史》第 2 卷，人民出版社 1996 年版。

白寿彝总主编：《中国通史》（第一、二、三卷），上海人民出版社 1989—1994 年版。

班固：《汉书》，中华书局 1962 年版。

毕沅、阮元：《山左金石志》，小琅嬛仙馆嘉庆二年刻。

陈鼓应注译：《老子今注今译》，商务印书馆 2003 年版。

陈鼓应注译：《庄子今注今译》，中华书局 1983 年版。

陈来、王志民主编：《中庸解读》，齐鲁书社 2019 年版。

陈亮：《龙川集》，四库全书本。

陈寅恪：《金明馆丛稿初编》，上海古籍出版社 1980 年版。

陈振孙：《直斋书录解题》，四库全书本。

陈直：《文史考古丛刊》，天津古籍出版社 1988 年版。

《大戴礼记》，四库全书本。

戴表元：《剡源文集》，四库全书本。

丁原明：《黄老学论纲》，山东大学出版社 1997 年版。

董粉和：《中国秦汉科技史》，人民出版社 1994 年版。

董治安主编：《两汉全书》，山东大学出版社 2009 年版。

《二程遗书》，四库全书本。

《二十五史补编》，中华书局 1955 年版。

范文澜：《中国通史简编》，人民出版社 1949 年版。

方授楚：《墨学源流》，中华书局 1937 年版。

房玄龄等：《晋书》，中华书局 2009 年版。

傅勤家：《中国道教史》，商务印书馆 1937 年版。

高明：《帛书老子校注》，中华书局 1996 年版。

葛兆光：《中国思想史》（第一卷），复旦大学出版社 1998 年版。

宫长为、刘宗元主编：《嬴秦文化研究与成果转化》，山东大学出版社 2021 年版。

顾德融、朱顺龙：《春秋史》，上海人民出版社2019年版。
顾颉刚等：《古史辨》（1—7册），上海古籍出版社1982年影印本。
郭沫若：《郭沫若全集》（历史编1—4），人民出版社1982年版。
郭淑珍、王关成：《秦军事史》，陕西人民教育出版社2000年版。
郭预衡主编：《唐宋八大家散文总集》，河北人民出版社1995年版。
韩养民：《秦汉文化史》，陕西人民教育出版社1986年版。
何炳棣：《读史阅世六十年》，中华书局2012年版。
何宁：《淮南子集释》，中华书局1998年版。
胡孚琛、吕锡琛：《道学通论：道家·道教·仙学》，社会科学文献出版社1999年版。
胡寄窗：《中国经济思想史》（上），上海人民出版社1962年版。
胡适：《中国哲学史大纲》，东方出版社1996年版。
胡适：《中国中古思想史长编》，华东师范大学出版社1996年版。
皇甫谧：《帝王世纪》，四库全书本。
黄怀信等：《逸周书汇校集注》，上海古籍出版社1995年版。
黄震：《黄氏日钞》，四库全书本。
翦伯赞：《秦汉史》，北京大学出版社1983年版。
荆门市博物馆编：《郭店楚墓竹简》，文物出版社1998年版。
李发林：《山东汉画像石研究》，齐鲁书社1982年版。
李锴：《尚史》，四库全书本。
李兴斌等注译：《武经七书新译》，齐鲁书社2018年版。
李学勤：《东周与秦代文明》，文物出版社1984年版。
李泽厚：《美的历程》，生活·读书·新知三联书店2009年版。
梁启超：《饮冰室合集》，中华书局1989年版。
梁涛：《郭店竹简与思孟学派》，中国人民大学出版社2008年版。
《列宁选集》，人民出版社1972年版。
林剑鸣：《秦汉史》（上册），上海人民出版社1989年版。
林剑鸣：《秦史稿》，上海人民出版社1981年版。
林剑鸣等：《秦汉社会文明》，西北大学出版社1985年版。
刘敞：《公是集》，四库全书本。
刘向：《烈女传》，丛书集成本。
刘贻群编：《庞朴文集》第2卷，山东大学出版社2005年版。

刘泽华主编：《中国政治思想史·先秦卷》，浙江人民出版社 1996 年版。

刘知几：《史通》，四库全书本。

柳诒徵编著：《中国文化史》（上册），大百科全书出版社 1988 年版。

卢南乔：《山东古代科技人物论集》，齐鲁书社 1979 年版。

吕思勉：《吕思勉读史札记》，上海古籍出版社 1982 年版。

马非百：《秦集史》，中华书局 1982 年版。

《马克思恩格斯选集》，人民出版社 1972 年版。

《毛泽东选集》（四卷本），人民出版社 1966 年版。

孟祥才：《先秦秦汉史论》，山东大学出版社 2001 年版。

孟祥才：《孟子传》，齐鲁书社 2013 年版。

孟祥才：《先秦人物与思想散论》，上海古籍出版社 2019 年版。

孟祥才：《孔子新传》，人民出版社 2021 年版。

孟祥才：《孟子新传》，人民出版社 2021 年版。

孟祥才：《嬴秦的战争岁月》，山东大学出版社 2021 年版。

孟祥才、胡新生：《齐鲁思想文化史：从地域文化到主流文化》，山东大学出版社 2002 年版。

牟钟鉴、张践：《中国宗教通史》（上、下），社会科学文献出版社 2000 年版。

南阳汉代画像石学术讨论会办公室编：《汉代画像石研究》，文物出版社 1987 年版。

皮锡瑞：《经学通论》，中华书局 1954 年重印商务印书馆《国学基本丛书》本。

齐思和：《中国史探研》，中华书局 1981 年版。

钱宝琮主编：《中国数学史》，科学出版社 1981 年版。

钱穆：《先秦诸子系年》，商务印书馆 2017 年版。

秦观：《淮海集》，四库全书本。

秦蕙田：《五礼通考》，四库全书本。

卿希泰、唐大潮：《道教史》，中国社会科学出版社 1994 年版。

饶宗颐：《饶宗颐东方学论集》，汕头大学出版社 1999 年。

山东大学《商子译注》编写组：《商子译注》，齐鲁书社 1982 年版。

《山东汉代画像石选集》，齐鲁书社 1982 年版。

上海师范大学古籍整理组校点：《国语》，上海古籍出版社1978年版。
史浩：《尚书讲义》，四库全书本。
睡虎地秦墓竹简整理小组编：《睡虎地秦墓竹简》，文物出版社1978年版。
孙诒让：《周礼正义》，中华书局2013年版。
田静：《秦宫廷文化》，陕西人民教育出版社1998年版。
童书业：《先秦七子研究》，齐鲁书社1982年版。
童书业编著：《春秋左传研究》，上海人民出版社1980年版。
王葆玹：《今古文经学新论》，中国社会科学出版社1997年版。
王昶辑：《金石萃编》，中国书店1985年影印本。
王国维校：《水经注校》，袁英光、刘寅生整理标点，上海人民出版社1984年版。
王克奇：《传统思想新论》，齐鲁书社2000年版。
王明：《道家和道教思想研究》，中国社会科学出版社1984年版。
王先谦：《荀子集解》，沈啸寰、王星贤点校，中华书局2013年版。
王先谦撰集：《释名疏证补》，上海古籍出版社1984年影印本。
王懿荣：《汉石存目》，雪堂丛刊本1915年刻。
王友三主编：《中国宗教史》（上、下），齐鲁书社1991年版。
王云度、张文立主编：《秦帝国史》，陕西人民教育出版社1997年版。
王云度：《秦汉史编年》，凤凰出版社2011年版。
魏裔介：《兼济堂文集》，四库全书本。
魏征等：《群书治要》，商务印书馆四部丛刊本。
吴毓江：《墨子校注》，中华书局2006年版。
肖川等：《中国全史·中国秦汉教育史》，人民出版社1994年版。
徐卫民：《秦都城研究》，陕西人民教育出版社2000年版。
许地山：《道教史》，华东师范大学出版社1996年版。
许维遹：《吕氏春秋集释》，梁运华整理，中华书局2016年版。
杨伯峻编著：《春秋左传注》，中华书局2009年版。
杨伯峻译注：《论语译注》，中华书局1980年版。
杨宽：《战国史》，上海人民出版社2003年版。
余英时：《士与中国文化》，上海人民出版社1987年版。
《御制诗集》，四库全书本。

袁梅：《诗经译注》，齐鲁书社1985年版。
岳庆平：《中国全史·中国秦汉习俗史》，人民出版社1994年版。
岳庆平、尚琤：《中国秦汉艺术史》，人民出版社1994年版。
张纯一：《晏子春秋校注》，梁运华点校，中华书局2014年版。
张岱年：《中国哲学大纲》，中国社会科学出版社1994年版。
张文立：《秦始皇帝评传》，陕西人民教育出版社1996年版。
张文立：《秦俑学》，陕西人民教育出版社1999年版。
张亚初、刘雨：《西周金文官制研究》，中华书局1986年版。
章太炎：《章氏丛书》，浙江省图书馆1919年版。
赵明诚：《金石录》，四库全书本。
赵晔：《吴越春秋》，苗麓点校，江苏古籍出版社1986年版。
中国画像石全集编辑委员会编：《中国画像石全集》，山东美术出版社、河南美术出版社2000年版。
中国社会科学院近代史研究所编：《范文澜历史论文选集》，中国社会科学出版社1979年版。
周予同：《中国经学史讲义》，上海文艺出版社1999年版。
朱维铮编：《周予同经学史论著选集》，上海人民出版社1983年版。
《诸子集成》，上海书店1986年影印版。
［日］安居香山、中村璋八辑：《纬书集成》，河北人民出版社1994年版。
［日］泷川资言考证，水泽利忠校补：《史记会注考证附校补》，上海古籍出版社1986年版。